我
思

敢於運用你的理智

成唯識論講話

唯識學叢書

慈航 著

長江出版傳媒｜崇文書局

圖書在版編目（CIP）數據

成唯識論講話 / 慈航著．
—武漢 ：崇文書局，2018.9（2024.1 重印）
（唯識學叢書）
ISBN 978-7-5403-5115-1

Ⅰ．①成…
Ⅱ．①慈…
Ⅲ．①唯識宗—研究
Ⅳ．① B946.3

中國版本圖書館 CIP 數據核字 (2018) 第 164419 號

我
思

敢於運用你的理智

成唯識論講話

出　　品　崇文書局人文學術編輯部
策 劃 人　梅文輝 (mwh902@163.com)
責任編輯　梅文輝
裝幀設計　甘淑媛
出版發行　長江出版傳媒｜崇 文 書 局
地　　址　武漢市雄楚大街 268 號 C 座 11 層
電　　話　(027)87293001　郵政編碼　430070
印　　刷　湖北新華印務有限公司
開　　本　880mm×1230mm　　1/32
印　　張　21
字　　數　465 千
版　　次　2018 年 9 月第 1 版
印　　次　2024 年 1 月第 4 次印刷
定　　價　138.00 元

（讀者服務電話：027—87679738）

目　录

自序

《成唯識論》十卷雄文，內容雖是複雜，但一經研究，就明白是有一定的線索，這線索是依據世親菩薩所造的《唯識三十頌》，一句一句地解釋下去的。讀者不要怕枝上岔枝，葉傍長葉，只要能夠拿到《三十頌》的繩子，一句一句挨次研究，那就可清清楚楚。最好是把正文背熟，或者就會明了一半。

古來大德註解《成唯識論》，方便讀者的，要算蕅益大師的《唯識心要》，和智素法師他們公孫三代所合著的《成唯識論音響補遺》，是研究唯識最好的兩部入門書，讀者讀了這兩部書，可能把《成唯識論》的正文消下來，正文懂得了，再研究窺基大師的《述記》；以及《義蘊》《演秘》《樞要》等等的唐疏，纔算有繩子可牽。不然的話，難免弄得頭痛眼花。我現在做這部白話註解，可算是方便中的方便。好像要到大雄寶殿，是不能不經過頭山門一樣。

本來講解這一部論，能夠恰到好處，那是很不容易的。為什麼呢？因為照正文直譯吧，未免太呆板！稍微自由一點吧，又不免嫌嚕囌！處於這兩難之地，只好想到那裡寫到那裡，任其自然好了。因為若過於考究其文，一定難免要傷其義；真要做到文義兼暢，恐怕不易做到。所以只好放其文而顧其義，這是本編的目的。其餘的話，請看凡例。

一九五二年正月初五日晨

凡例

一、本編分段，全依《成唯識論音響補遺》，可互相對照。

二、本編不分科，以免麻煩割截，並可檢《補遺》對照。

三、本編並非文言對照，蓋免其呆板，求其自然。

四、本編原為方便初機，如博大高深者，可研讀唐時各註疏。

五、本編初試筆，如有不妥之處，請諸多指教。

編者識

成唯識論講話（卷一）

稽首唯識性，滿分清淨者；我今釋彼說，利樂諸有情。

稽首，是頂禮。唯識性，是法寶。滿清淨者，是佛寶。分清淨者，是僧寶。我，是指護法等論師。彼說，是指世親菩薩所造的《唯識三十頌》。利樂，是得到大菩提大涅槃的利益快樂。有情，是有情識的一切眾生。（滿是圓圓滿滿，分是一份一份。）

我們護法等，來恭恭敬敬頂禮佛法僧三寶，為的是甚麼事情呢？就是因為我們現今要解釋世親菩薩所造的《唯識三十首頌》啊！我們要解釋這頌的目的，並不是為自己的名聞利養和恭敬，而為的是要希望一切眾生通通得到成佛的快樂。

今造此論，為於二空有迷謬者生正解故；生解為斷二重障故。由我法執，二障具生。若證二空，彼障隨斷。斷障為得二勝果故。由斷續生煩惱障故，證真解脫；由斷礙解所知障故，得大菩提。

此論，是指的《成唯識論》。二空，就是我空和法空。迷是迷昧，謬是錯謬。正是不謬，解是不迷。二重（讀平聲）障，就是煩惱障和所知障。我執，是執著以為是有主宰。法執，是執著以為是有實體。二勝果，是大菩提和大涅槃。續生，就是繼續生死。真解脫，就是涅槃的斷德。礙解，就是障礙正解。大菩提，就是般若的智德。真，簡別不是二乘相似的涅槃。大，簡別不是二乘偏空的智慧。都是指佛果而說。

我們現今要造這部釋論，為的要使於我空和法空有迷昧和錯謬的人（凡夫、外道、二乘、餘宗），對於唯識的道理，生起一種真正的了解。生解為甚麼事情呢？為的是要斷除煩惱障和所知障。因為眾生有了我執和法執，所以二障就具足生起來了。設若能夠證得二空真如之理，那末，彼煩惱障和所知障自然即刻會斷除。斷了這兩種障，試問有甚麼好處呢？因為斷了兩種障，可以得到兩種殊勝的果報故。怎樣知道呢？一、因為斷了繼續生死煩惱障的原故，可以證得佛的真正解脫。二、因為斷了障礙正解所知障的原故，可以證得佛的廣大菩提。煩惱障：就是貪瞋癡慢疑不正見等種種煩惱，這些煩惱本身就是染污；所以說，煩惱即是障。所知，是一切所緣的境界，本來不是障，因為它本身不是染污的東西；但是有一種人坐井觀天，得少為足，不肯進求廣大深法，以為自己的智慧了不起。所以說，所知雖不是障，然被得少為足的障來障礙了許多境界。

又為開示：謬執我法，迷唯識者；令達二空，於

唯識理，如實知故。

開，是開導；示，是指示。執，是執著。唯，是不離；識，是認識。理，是道理。實，是真實；知，是了知；故，是原故。

解釋這個《唯識三十頌》，還有一個道理，就是他們對於一切所見所聞的境界，都以為是實在的，不知道完全是各人自己心

識所變的。換句話說，就是不能離開各人自己的認識。所以他們執著以為有一個實在的身體，和身外有許多萬物。因為他們把這種太深的成見，堅執不捨的原故，所以論師們纔來造論開導指示他們，使令他們通達所執的身體，固然是不可得；就是身外的萬事萬物，亦復不可得。因此，對於唯識的道理就能照他那樣的內容，真真實實的知道了。

　　復有迷謬唯識理者：或執外境，如識非無；或執內識，如境非有；或執諸識，用別體同；或執離心，無別心所。為遮此等種種異執，令於唯識深妙理中得如實解，故作斯論。

　　復，是復次。或，是不定。外境，是色、聲、香、味、觸五塵的境界。非無，就是有。內識，就是各人自己的心識。非有，就是無。用，是功用；體，是體性。心所，就是心識上各種功用。遮，是遮除。異，是不同。深，是深廣；妙，是微妙。作，是製造；此，是這一部；論，是討論。

　　還有一個意義，就是一般對於唯識的道理迷昧或錯謬的人，一共有四種：第一種偏執外面的境界，同內識一樣都是有的，這是小乘的一切有部。第二種偏執裏面的心識，也同外面的境界一樣都是沒有，這是清辯論師空宗的一派。第三種偏執心體只有一個——阿賴耶的識精；而分開到眼、耳、鼻、舌、身、意六根門頭上去，而變成了六用。所謂“元以一精明，分成六和合”；又云“一處成休復，六用皆不行”。這都是說，心識的功用雖然是各別，而體性卻是相同，這是大乘性宗的一派。第四種偏執只有心王而沒有心所的，這是小乘經部裏覺天論師的一派。以上四種都是不合乎唯識的正理，因為唯識家的主張，一是外境是無；二是心識是有；三是心識是八體八用；四是離開心王之外，是有心所的自體和作用。唯識家要破除上面各種不同的偏執，令他們對於唯識裏面甚深微妙的真理，得到一種如理真實的了解，所以纔來造這一部《唯識三十頌》的釋論。世親菩薩的《三十頌》本來有十家註釋，各有十卷，總共有百卷。後來玄奘法師把百卷的廣文糅譯成十卷，所以叫做《成唯識論》。

若唯有識，云何世間，及諸聖教，說有我法？

若，是設若。世間，是世界上的人。聖教，是佛教的經論。我，有主權、宰判的作用；法，是有軌範、保持的作用。

照你們唯識家所說，宇宙萬有、森羅萬象、根身器界，一切的一切，都不能離開各人自己心識所變的話；那末，為甚麼世界上的人都說在心內有一個主宰的我，和心外有種種形形色色不同的法呢？不但是世界上的人人都是這樣說，就是你們聖教的經論裏面，也常常說有聲聞、緣覺、菩薩、諸佛的我，和四諦、十二因緣、六度、四攝的法呢。縱然世界上的人，有偏執說得不對，那末，為什麼沒有偏執的聖教，還說有我相和法相呢？

頌曰：由假說我法，有種種相轉；彼依識所變。此能變唯三：謂異熟思量，及了別境識。

頌，是偈頌。假，有兩種：一、無體隨情假；二、有體施設假。種種相，是我相和法相；轉，是轉變和轉起。彼，是我法；依，是依託；變，是變現和轉變。異熟，是第八識。思量，是第七識。了別，是前六識。

前面問聖教為什麼說我法，所以現在舉出本頌來答。頌上說：“你問的是：‘如果一切法都是心識所變的話，那末，佛教的經論上為甚麼也說了許多我相和法相呢？’”答的意思就是說：“不錯！佛經上雖然說了許多我相和法相的名詞，然而都是方便的‘假說’，你不要以為說了都是實在的啊！”這“我”和“法”有種種的意義，到下面論文上自然會解釋。那末，先來請問你一下：這許多我相和法相是從甚麼地方轉變出來的呢？是從每人八個識的心王和心所，由自證分轉變出見分和相分出來的啊！由見分轉出我相的影子，由相分現出法相的影子。所變的雖然是有無量無數，而能變的唯有三類：第一類是第八異熟識，第二類是第七思量識，第三類是前六識了別境識。因為第八識是異時而熟的果報識；第七識的功用，是恆審思量第八識為我；前六識是明了分別六塵的粗顯境界。詳細的解釋，到後面會告訴你。

論曰：世間聖教說有我法；但由假立，非實有性。我謂主宰；法謂軌持。

世，是三世；間，是十方。聖，是聖人；教，是教法。主，是主張；宰，是宰判。軌，是軌範；持，是保持。

這是解釋第一句頌的。意思是說，無論是世間上所說的我法，或是聖教上所說的我法，都是假立的，並不是一定有實在的體性。甚麼叫做我呢？我，是有自在和判斷的功用。甚麼叫做法呢？法，是有生解和不捨自相的功用。

彼二俱有種種相轉。我種種相：謂有情命者等；預流一來等。法種種相：謂實德業等；蘊處界等；轉謂隨緣施設有異。

彼二，是我相和法相；種種相，是有許許多多的名詞。有情，是有情識的眾生；命者，是有命根的人；等，是受者我和作者我，一共有十六種知見。預流，是預入聖人之流的初果羅漢；一來，是二果羅漢，因為他還要來欲界受生一次；等，是三果、四果，以及緣覺、菩薩、佛陀。實，是宇宙萬有的實體；德，是實體上的德相；業，是體相上的業用；等，是大有性、同異性、和合性，以及數論師的二十五諦。蘊，是五蘊；處，是六根六塵的十二處；界，是六根、六塵、六識的十八界；等，是等於四諦、十二因緣、六度、四攝等。隨緣，是隨各種不同的因緣；施設，是安立許多各別的名義。

前面所說的我相和法相，名字也有許多的不同。例如世間所安立的我，有的時候叫做有情，有的時候又叫做命者；在聖教所安立的名稱，有初果、二果、三果、四果、緣覺、菩薩、佛陀，這許多假名。至於所說的法相：勝論師有所謂六句義——實、德、業、大有性、同異性、和合性，以及數論師的二十五諦等。聖教所安立的世間法，所謂三科——五蘊、十二處、十八界；出世法有所謂三乘——四諦、十二因緣、六波羅蜜等。這許多各各不同的名稱，都是因為它們的因緣有異，所以名稱也就有差別了。

　　如是諸相，若由假說，依何得成？

　　如是，上面這樣許多許多的我相和法相，設若照你們唯識家所說的都是由假而說的；那我們倒要請問請問，究竟是依託甚麼東西而成立的呢？

　　　彼相皆依識所轉變而假施設。識謂了別。此中識言，亦攝心所，定相應故。變謂識體，轉似二分。相見俱依自證起故。依斯二分，施設我法。彼二離此，無所依故。

彼相，是我相和法相；依，是依託；識，通指八個識的自體；施，是施為；設，是敷設。了，是明了；別，是分別。攝，是攝取；心所，是心王所有的附屬品。相應，是有聯絡的關係。變，是轉變；識體，是每個識的自體。似，是相似；二分，是見分和相分。見分，是能見的一分功用；相分，是所見的一分影像。自證，是識體自己證明不錯；起，是生起。

你前面不是問"我相和法相依託甚麼東西得成立"的嗎？我告訴你，它們是依託各個識的自體轉變出來的，只是方便施設種種虛假的名字吧了。甚麼叫做識呢？識，就是有明了分別的意義；不過這個地方所說的識，不是單單指八個識的心王，就是與八識心王有關係的心所，也攝收在這識字裏面。因為心所好像臣屬一樣，是和心王有相應和合的關係的。甚麼叫做變呢？變，就是每個識從它的自體轉起，好像有二分的境界生起來。因為所緣的相分，和能緣的見分，都是從各個識體上的自證分變起來的。依據這見分和相分的道理，來施設建立這我相和法相的兩種名稱——依見分立我相，依相分立法相；如果離開了見分和相分的話，那末，我相和法相也就沒有依託了。

> 或復內識轉似外境。我法分別熏習力故，諸
> 識生時變似我法。此我法相雖在內識，而由分別
> 似外境現。諸有情類無始時來，緣此執為實我
> 實法。

熏，是熏染；習，是習慣；力，是力量。無始，是時間很久很久以前。緣此，是因此。

還有一種道理可以知道我法是虛假，怎樣可以知道呢？就是

因為內識的關係，而轉起了外面的虛妄境界。由過去時常分別我法的原故，在內識中留下了熏習力，所以諸識生起的時候，又好像變起了一種假我假法。由這個道理我們可以知道：假我假法的相狀雖然是在內識所變，而由我們妄生分別的原故，本來沒有外境，以熏習的力量便現起外境了。所以一切眾生從無始以來，因此就執著它有實在的我和實在的法，其實那裏有實在的我法呢？

　　如患夢者，患夢力故；心似種種外境相現。緣

　此執為實有外境。

　　如，是譬如；患，是患病；夢，是眠夢。力，是力用。心，是內心；似，是相似。

　　前面說的我相和法相，是虛假不實在的東西。恐怕你不相信，所以說個譬如給你聽：好像害重病和眠夢的人，本來是沒有一切外境；但因害病和眠夢的原故，內心現起種種外面的境界相狀，因此，就執著以為有實在的外境。

　　愚夫所計：實我實法，都無所有；但隨妄情，而

　施設故，說之為假。內識所變，似我似法，雖有

　而非實我法性；然似彼現，故說為假。外境隨情

　而施設故，非有如識；內識必依因緣生故，非無

　如境。由此便遮增減二執。境依內識而假立故，唯

　世俗有；識是假境所依事故，亦勝義有。

　　愚夫，不但是凡夫，連外道二乘都包含在內，只要是執著有實我實法的都是；計，是計執。妄，是虛妄；情，是情執。非有如識，就是非如識有。非無如境，就是非如境無。遮，是遮去；增，是增加；減，是減少。世俗，就是世間通俗。勝義，就是殊勝意義。

如果把上面那兩個害病和眠夢的譬如明白了的話，那末，一切凡夫、外道、二乘、權教，他們所執著的實我和實法，也就都無所有了；但是隨他們自己的虛妄的情執，而去施設安排了許多假名罷了！因為這個原因，所以說它是假。還有一件事要注意：內識所變現的假我假法，雖然好像是有，而仔細研究起來，它實在是沒有實我實法的體性，不過是彼心識所現的影像，所以說它是假。可見一切外境都是隨各人的情執所現，就在現起的外境上替它方便的安立許多名字；因為完全是虛假，所以不能同心識一樣都是有了。至於裏面的心識，必定是仗因托緣而生的，都是有的，不能說同外境一樣沒有。因此就會知道外境沒有，可以遮除增加為有的執著；知道內識是有，可以遮除減少為無的執著。因為外境是依託內識而假立的原故，但是世間上俗人說為是有；內識是假境所依託的體，那是約殊勝的意義上說是有。

> 云何應知實無外境，唯有內識似外境生？實
> 我實法不可得故。

應當怎樣知道外面的境界，是實在沒有，唯獨有裏面的心識，好像有外面的境界生起呢？因為實在的我和實在的法是不可得啊。

> 如何實我不可得耶？

為甚麼實我是不可得呢？

> 諸所執我，略有三種：一者執我體常周遍，量
> 同虛空，隨處造業受苦樂故。二者執我，其體雖
> 常，而量不定，隨身大小有卷舒故。三者執我體
> 常至細，如一極微，潛轉身中作事業故。

諸，是凡。略，是總略。常，是恆常；周，是周圓；遍，是普遍。量，是範圍。卷，是束起來；舒，是放開來。極微，是極微細。潛，是潛藏在裏面。苦，是苦報；樂，是樂報。

我有兩種，一是外道所執的我，二是小乘所執的我。現在先講外道所執的我。外道所執我，可分三種，第一種叫做大我，就是妄執大我的體性是恆常的、周圓的、普遍的。這大我的範圍好像同虛空一樣大，又能夠隨在甚麼地方，可以造業受報，這不是矛盾嗎？第二種叫做不定我，它的體性雖然也是恆常，而它的範圍大小倒是不定。好像油滴水一樣，能夠隨從眾生身體的大小，可收可放。第三種叫做小我，它的體性雖然是恆常，而範圍最細，好像極微那樣小，它也是潛藏在眾生身體裏面作一切事業。其實這三種說法，都是自語相違，到下面破的時候，自然會知道。

初且非理。所以者何？執我常徧，量同虛空，應不隨身受苦樂等。又常徧故，應無動轉，如何隨身能造諸業？又所執我，一切有情為同為異？若言同者：一作業時，一切應作；一受果時，一切應受；一得解脫時，一切應解脫，便成大過。若言異者：諸有情我，更相徧故，體應相雜。又一作業一受果時，與一切我處無別故。應名一切所作所受。若謂作受，各有所屬，無斯過者，理亦不然。業果及身，與諸我合，屬此非彼，不應理故。一解脫時，一切應解脫，所修證法，一切我合故。

三種之中，現在先來說第一個大我，就不合乎道理！怎樣知道呢？因為他既然執著大我是恆常，是普徧，範圍同虛空一樣大的話，那末，就應當不可以隨身來受苦受樂。再說大我如果真是恆常普徧同虛空一樣大，就應當不會動轉，那怎樣可以隨身造業呢？我現在再來問問你：「你們所執著的實我，一切眾生還是同一個我呢？還是各各不同？」設若你說一切眾生都是共一個我，那末，一個人作業的時候，豈不是一切人同作；一個人受果報的時候，也應當一切人同受；這樣一來，假定一個人解脫了生死的時候，豈不是一切眾生通通解脫了嗎？那就成大過失了！設若你說這大我是各各不同的話，那末，一切眾生各有各的我體，那些我體都同虛空一樣大，豈不是大家的我體，交相普徧，混雜在一處嗎？這個過失還是同前面一樣：一人作業就是一切人作業；一人受報應當一切人同受報；一人得解脫就是一切人得解脫。甚麼道理呢？因為同一切眾生的我沒有兩個處所啊。所以應當叫做一切人所作，一切人所受了。設若你說「作和受都是各歸各的，沒有混雜的過患」，這個道理是不對的。因為你所造的業、所受的果，以及你這個身體，都和其他一切人的我合在一處；你說屬自己不屬於別人，這種偏理是說不通的，因為無論你所修的法和所證的果，都和一切眾生的我合在一處啊。所以妄執大我，此路不通。

　　中亦非理。所以者何？我體常住，不應隨身
　　而有舒卷；既有舒卷，如橐籥風，應非常住。又
　　我隨身，應可分析，如何可執我體一耶？故彼所
　　言，如童豎戲。

　　橐，是囊橐；有底曰囊，無底曰橐。籥，是簫笛之類。橐籥，外有套而內有管者。童豎，就是童子纔會豎立的時候，說其無知。

前面的大我固然是不對，就是中間的不定我，也是不合乎正理。甚麼道理呢？因為你這個我體如果是常住的話，那就不應當來隨從眾生的身體，或大或小，而為舒放和卷縮。現在既然有舒放和卷縮，那就好像古來的一種橐籥裏面的風一樣，可蓄可放，那應當就不是常住的了！再說如果你這個我體，是可以隨身轉變的話，身體可以分析，那末我體亦應可以分析；既然可以分析，那你怎樣可以執著是一呢？所以你說的話，真好像小孩子玩耍一樣。

後亦非理。所以者何？我量至小，如一極微，如何能令大身徧動？若謂雖小，而速巡身，如旋火輪，似徧動者。則所執我，非一非常。諸有往來，非常一故。

最後一家主張小我，也不合乎正理。甚麼原因呢？因為你說的我量至小，好像一粒極微一樣；既是至小，怎樣可以使令大身徧動呢？設若你說：「雖然很小，因為在身上速巡的次第轉動，好像旋轉的火輪一樣瞬息週轉。」既是次第週轉，那你所執著的小我，就不是一，不是常了，因為它是有去來的東西啊。

又所執我，復有三種：一者即蘊；二者離蘊；三者與蘊非即非離。

前面所破，是外道的三種我執，現在再來說小乘犢子部等所執的我相。這也有三種，第一執五蘊法就是我，這叫做即蘊我；第二執離開五蘊法外有一個實在的我，這叫做離蘊我；第三執不即五蘊也不離五蘊的我，這叫做非即非離蘊我。

初即蘊我，理且不然。我應如蘊，非常一故。又內諸色，定非實我，如外諸色，有質礙故。心心

所法，亦非實我，不恆相續，待眾緣故。餘行餘
色，亦非實我，如虛空等，非覺性故。

內諸色，就是眼、耳、鼻、舌、身的內五根。外諸色，就是色、
聲、香、味、觸的外五塵。心心所，就是心王和心所。餘行，就是
除了小乘法中的四十六個相應行外，其餘（大乘）的五個心所；還
有小乘十四個心不相應行外，其餘（大乘）的十個不相應行。餘
色，就是除了五根五塵之外的無表色，叫做法處所攝的色。

在這三種之中，先來說第一種即蘊我。在道理上說來，即蘊
我是不對的，因為五蘊無常，同時五蘊是五個單位的和合。如果
你這個我就是五蘊，那末，我也就是無常非一了！若再把五蘊分
開來說，色蘊裏面的內五根決定不是實我。甚麼理由呢？因為有
物質的障礙，同外面的五塵一樣是虛假。其次受、想、行的三蘊，是
屬於心所；識蘊，是屬於心王。這四蘊也非實我，因為它要等待
眾緣，是不能常久相續的。斷斷續續的東西怎能說它是我呢？除
了上面五陰之外，其餘大乘所說的餘行餘色，也不是實我，因為
它們不是覺體，同虛空一樣。

中離蘊我，理亦不然。應如虛空，無作受故。

前面的即蘊我固然不對，現在的離蘊我也不合乎正理。怎樣
知道呢？因為離開了五蘊，就不會作業，也不會受報，這應當同
虛空一樣了，那怎樣可以叫做我呢？

後俱非我，理亦不然。許依蘊立，非即離蘊。應
如瓶等，非實我故。又既不可說有為無為；亦應
不可說是我非我。故彼所執，實我不成。

犢子部等，他們建立三聚法，所謂有為、無為、非有為非無

為。在有為法中又分為三種：過去法、現在法、未來法；再加上一個無為法，最後還有一個不可說，意思就是不可說它是有為，也不可說它是無為，所以叫做不可說藏，合起來叫做五法藏。現在唯識家破他說：你這個俱非我，在道理上說起來也不對！因為一方面你說"我"是依託五蘊而立的，另一方面你又說"我"不即蘊，也不離蘊。這樣一來，豈不是同花瓶一樣嗎？花瓶依託泥團而成，它是不即泥團，也不離泥團的；可是這瓶相完全是假法，那末，你這個依託五蘊而立的我，怎樣可說是實呢？還有，既然不可說它是有為或是無為，當然也不可以說它是我不是我了。所以犢子部等所執的實我是不可以成立的。

　　又諸所執，實有我體：為有思慮？為無思慮？若有思慮，應是無常，非一切時，有思慮故；若無思慮，應如虛空，不能作業，亦不受果。故所執我，理俱不成。

　　再說，若你們所執的實我，一定是有實體的話，那我倒要請問你："你這個實我，是有思慮，還是沒有思慮？"設若你說是有思慮的話，那應該是無常了。甚麼原因呢？因為並不是一切時都有思慮啊！設若你說這個實我是沒有思慮，那就應當同虛空一樣；虛空既然不能作業，也就不會受報。所以你們小乘犢子部所執的實我，在道理上都是不能成立的。

　　又諸所執，實有我體：為有作用？為無作用？若有作用，如手足等，應是無常；若無作用，如兔角等，應非實我。故所執我，二俱不成。

　　又你們小乘人所執的實在我體，到底是有作用呢？還是沒有作用呢？設若是有作用的話，那就好像手足一樣，應當是無常纏對。設若是沒有作用，那又同兔角一樣，更應當不是實我。可見你們所執著的實我，無論是有作用或沒有作用，都不能成立。

　　又諸所執，實有我體，為是我見所緣境不？若非我見，所緣境者，汝等云何知實有我？若是我見，所緣境者，應有我見，非顛倒攝，如實知故。若爾，如何執有我者？所信至教，皆毀我見，稱讚無我。言無我見，能證涅槃；執著我見，沉淪生死。豈有邪見能證涅槃；正見翻令沉淪生死？

　　我見，就是執著有一個實我的見解。顛倒，就是錯誤。實知，就是一點都沒有錯誤。至教，就是聖教——小乘《阿含經》。毀，是毀棄。稱，是稱揚；讚，是讚歎。無我，就是知道沒有實體。涅，是不生；槃，是不滅。翻，就是反過來的意思。沉，是沉溺；淪，是漂淪。

　　這一段文，不大好懂，須要注意。若知道它是反面的文章，不懂也就會懂了！此段文意思是說：你們小乘人所執著的實在我體，是不是我見所緣的境界呢？設若不是我見所緣的境界，那末，你們又怎樣知道有一個實我？設若是我見所緣的境界，那末，這個我見就應當不是顛倒的知見所攝，因為你知道的我，是真真實實的啊！設若真是這樣的話，為甚麼你們這班執有實我的小乘人，所信奉的聖教——《阿含經》，都是毀棄這個我見（邪見），而稱揚讚歎無我呢？經裏面說，沒有我見的人，纔能夠斷煩惱而證到不生不滅的涅槃；如果執著有我見的人，一定會沉溺漂淪在生死的大海裏。（注意！下面這兩句話是反說的。）意思就是說，如果照你們現在的思想——我見是正見，而無我見反成了邪見；那末，豈有無我的邪見能證涅槃，而有我的正見反沉淪生死呢？恐怕沒有這個道理吧。

　　又諸我見，不緣實我，有所緣故，如緣餘心。我
見所緣，緣非實我，是所緣故，如所餘法。

　　緣餘心，就是緣餘法之心，是指的前五識。所餘法，就是前五識所緣的五塵相分境。兩個餘字都是指的我見之餘的五識心和五塵法。

　　這裏先立兩個量，預備來結束。先立一個能緣的量，來顯唯識。

　　宗：我見不緣實我。

　　因：有所緣故。

　　喻：如緣餘心。

　　意思就是說：既然稱為我見，當然不能緣實我，甚麼理由呢？因為我見有它自己能緣的見分，即指第六識和第七識的見分，好像前五識一樣，各有各的能緣五塵之見分心，所以我見決定不能緣實我。這是用我見自己能緣的見分心來結束的，第二再來立一個我見所緣的境來顯唯識。

　　宗：我見所緣定非實我。

　　因：是所緣故。

　　喻：如所餘法。

　　這個量的說法和前面有點不同，意思就是說，我見所緣的境界，決定不是實我。甚麼理由呢？因為我見的見分決定有它自己的相分來做所緣境，好像前五識的見分，也是各有各的五塵相分境來所緣。這兩個量是一個意思，為甚麼要分做兩回來說呢？豈

不是重複了嗎？殊不知前一是顯我見有它自己的見分做能量，後一個是顯我見有它自己的相分做所量；我見的能量固然不能緣實我，就是我見的所量當然也不是實我。因為我見有能量和所量的兩個意義，所以分做兩回來說，並不是重複。在《成唯識論》上有很多這種因明量的規則，所以這裏說得較為詳細一點，以後就容易知道了。

是故我見，不緣實我；但緣內識，變現諸蘊，隨自妄情，種種計度。

這是一個結論。由上面種種理由，我們可以知道，我見決定不能緣實我；但是緣內心自己所變現的五蘊緣生法，它是依他起的幻有。因為六七二識的妄情，對此生起了種種計度，就成偏計所執的實我了；過患就在此一執，所以唯識家纔來破斥他。

然諸我執略有二種：一者俱生，二者分別。

俱生，就是與身俱有的一種執著，所謂"先天帶來的"。分別，是長大之後知道的，所謂"後天學習的知識與經驗"。

現在把前面外道所說的種種我和小乘所說的種種我，把它總起來說有兩種，一種叫做俱生我執，一種叫做分別我執。

俱生我執：無始時來，虛妄熏習，內因力故，恆與身俱；不待邪教及邪分別，任運而轉，故名俱生。

試問俱生我執是怎樣來的呢？是過去無始以來，受了一種虛妄熏習由無明內因的力量，所以恆常與身同有，不要等待別人的邪教以及自己的邪分別，就自然的轉起，所以叫做俱生。

此復二種：一常相續，在第七識，緣第八識，起自心相，執為實我。二有間斷，在第六識，緣識所變五取蘊相，或總或別，起自心相，執為實我。

不要弄錯了！現在所講的是俱生我執。此中又分為兩種，一是恆常相續不斷的：這是第七末那識的見分去緣第八阿賴耶識的見分時，而在七八兩頭的見分上所變出了一個相分，第七識的見分就老實不客氣的執著這所變的相分為常，為一，為普徧，為有主宰的實我。其實這相分（影像）那裡是常一週徧有主宰的實我呢？不過是這第七識戴了無明（癡）的眼鏡，而妄生分別罷了！所以說「以心緣心真帶質，中間相分兩頭生」，就是這個意思。第二種呢？那是有間斷的，就是在第六意識中，緣第八識所變的五蘊相分（影像），或者在五蘊的總相上，或者在五蘊的別相上，都是從自己心識上所變的影像，去執著是常一週徧有主宰的實我。上面這一個「五取蘊」的名詞很是古怪的！因為五蘊就是五蘊，為甚麼要在五蘊上再加上一個「取」字呢？這個取字的意義太重大了！因為取就是取著，也就是執著。要知道，取是因，蘊是果，意思就是說，如果沒有執取起惑造業的因，那裡會感召這五蘊根身的苦果呢？反過來說，如果沒有這五蘊根身，那又用甚麼東西去執取起惑造業呢？可見這「取蘊」兩個字是「狼狽為奸」啊！而眾生所以稱為眾生，亦即在此一取字，而諸佛菩薩以及二乘聖人，只有蘊而沒有取了，所以稱為無漏五蘊。因為這取字的意義很重要，所以我特別的提出來說明。

　　此二我執，細故難斷。後修道中，數數修習，勝生空觀，方能除滅。

此二我執，就是俱生我執中的常相續和有間斷的兩種我執。修道位，在小乘是二果和三果羅漢，在大乘是二地至七地菩薩。數數（音朔，念入聲），是常常的意思。生空觀，就是觀察我相不可得，叫做我空觀。勝，就是比見道位以前用功的力量，更加殊勝。

上面俱生我執中，有第七識和第六識兩種分別，這兩種我執是從無始以來就與生身同來的，所以深刻細密，不容易斷除。要在大乘菩薩修道以後的位中，到了二地菩薩以上的地位，常常修習殊勝的我空觀智，纔能夠將這兩種我執滅除。

分別我執，亦由現在外緣力故，非與身俱，要

待邪教及邪分別，然後方起，故名分別。

分別，是出胎以後漸漸長大了，由熏習而生起，所謂後天。邪教，是外人教的；因為自己以前不懂得甚麼東西叫做我。邪分別，就是由人家教過了之後，自己覺得是有一個我。

前面是講俱生我執，現在來講分別我執。分別我執是怎樣有的呢？雖然有裏面無明力量的因，但還要加上外面的助緣，分別我執纔能夠生起。這種我執不是同生身一齊來的，是要等待後來受了邪人的教授，以及自己內心起了不正當的思維，然後纔會生起，所以叫做分別。

唯在第六意識中有，此亦二種：一緣邪教所

說蘊相，起自心相，分別計度，執為實我。二緣

邪教所說我相，起自心相，分別計度，執為實我。

這分別我執在第七識上是完全沒有的，唯在第六意識中纔有。這也有兩種，第一種是緣邪教所說的五蘊義相，在自己心相上生起，而分別計度執著，以為是實我。第二種是緣邪教的我相，也在自心上起了影像，而分別計度執為實我。這裏我們所懷疑的，就是"蘊相和我相"有甚麼分別？要知道這都是在名字上起了執

著。所謂邪教，一定有言說；有言說一定有名字；有名字就產生"五蘊"或"我"的觀念了。

> 此二我執，麤故易斷。初見道時，觀一切法生空真如，即能除滅。

第六意識中這兩種分別我執，比較從前兩種俱生我執的行相要麤一點，所以易斷。在大乘最初見道的時候，初地菩薩就能觀察一切我空所顯的真如，就能夠把這兩種分別的粗我執斷除了。

> 如是所說一切我執：自心外蘊，或有或無；自心內蘊，一切皆有。

心外蘊，是本質境。心內蘊，是相分境。有，必定是有影像；無，是無影像。

如前面所說，無論是外道或小乘一切的我執，如果是自心之外有一個五蘊的義相，那或有影像，這是第七識所計的我；若是第六意識所計的我，心外之蘊，那是完全沒有影像；若心內蘊，那無論是第七識或第六識，卻都是有影像的。這是甚麼原故呢？就是說，只要是見分的親所緣緣，那都是有相分的影像現起，所以說，無論六七兩個識都是一樣有影像境的。

> 是故我執，皆緣無常五取蘊相，妄執為我。

因此之故，前面所執的一切我執，都是緣的無常中五取蘊上的觀念，虛妄執著以為有一個實在的我；設若用智慧去觀察，就知道完全是子虛烏有的了。

> 然諸蘊相，從緣生故，是如幻有。妄所執我，橫計度故，決定非有。

讀者注意！這一段文是唯識家的真實話。他說：無論五蘊中的色法，或是受想行的心所法，及識蘊的心法，都是從因緣所生，依他所起。這依他有，是同幻術一樣所變的假有；而一般愚人在依他的假有法上，執著有一個實我，那完全是強橫計較度量，是決定沒有的。

故契經說：苾芻當知，世間沙門、婆羅門等，所有我見，一切皆緣五取蘊起。

契經，就是佛所說的教法。契的意思就是上契諸佛之至理，下契眾生之根機。苾芻，是比丘，此為玄奘法師新譯的變音。沙門，華言勤息，所謂"勤修眾善，止息諸惡"。婆羅門，華言淨行種，是印度的一種宗教。

所以佛經上說："比丘啊！你們應當要知道，無論是世間上的凡夫，或出家修行的沙門，以及在家修行的婆羅門，他們所執著的我見，都是因為攀緣五取蘊而起的。"

實我若無，云何得有憶識、誦習、恩怨等事？

外人有一個問難，就是說："如果沒有一個實我的話，為甚麼過去的事能夠記憶，現在的事能夠認識，未來的事又能夠讀誦和學習呢？為什麼待我有恩的人，我常常心中感激他；對我有冤讎的人，我心中怨恨他呢？還有其他的很多事，都能記憶在心，這又是甚麼原故呢？"

所執實我，既常無變，後應如前，是事非有；前應如後，是事非無。以後與前，體無別故。若謂我用，前後變易，非我體者，理亦不然。用不離體，應常有故；體不離用，應非常故。

破他的理由就是"既常無變"四個字。因為他們所執的實我，既然是恆常不會變動，那末，縱然就是學習了之後，也應當同未學習以前的一樣不會；或者，未學習以前，也要同學習了之後一樣會。我這理由，就是因為你們自己的主張：前後的我體是沒有兩樣的啊。設若你們又說："我體雖然是沒有變易，而我的功用是有前後的轉變。"這道理也不對，因為用是不能離開體的；體既不變，用應當同體一樣常有。反過來說，體也不能離開用；用既無常，那末，體也應當同用一樣無常。

　　然諸有情，各有本識，一類相續，任持種子。與一切法，更互為因，熏習力故，得有如是憶識等事。故所設難於汝有失，非於我宗。

前面既然破了別人，那末，唯識家又是怎樣說法呢？他說："一切眾生各人都有根本的阿賴耶識，它是非善非惡一類的無記性，同時又是非常非斷的相續性。所以它能夠任運保持一切法的種子功用，這種子是同宇宙萬有森羅萬象的現行法互為因果。"平常唯識家有兩句話"現行熏種子，種子生現行"。現行熏種子，現行是因，種子是果；如果是種子生現行的話，那種子又是因，而現行又成果了，所以叫做更互為因。這就是因為熏習的力量，自然會得到回憶和認識等事。所以你們所設的問難，在你們自己方面反而有過失，而在我們唯識家的宗旨，一點都沒有錯誤。

　　若無實我，誰能造業，誰受果耶？

外人又提出了一個問難："設若照你們唯識家說，一定沒有實我的話，那末，誰去造業受報呢？"

　　所執實我，既無變易，猶如虛空，如何可能造業受果？若有變易，應是無常。

唯識家駁斥他說："如果照你們所執的實我，既然是沒有變易，那末，豈不是同虛空一樣，怎樣可以造業，又怎樣可以受果報呢？設若是有變易的話，那就應當是無常了。"

然諸有情，心心所法，因緣力故，相續無斷，造業受果，於理無違。

照唯識家說，一切有情識的眾生心與心所的活動，由內因外緣的助力，前後相續，無有間斷，所以能夠起惑造業；同時亦因內外因緣的力量，而能感受果報。這在道理上一點也不會違背。

我若實無，誰於生死，輪迴諸趣？誰復厭苦，求趣涅槃？

外人又問："如果這個我實在是沒有的話，那末，甚麼東西去受生死輪迴諸趣呢？既然沒有實我，試問那一個去厭苦，又有誰去求趣不生不滅的涅槃呢？"

所執實我，既無生滅，如何可說生死輪迴？常如虛空，非苦所惱，何為厭捨求趣涅槃？故彼所言，常為自害。

唯識家駁斥他說："你們所執的實我，既然是沒有生滅，那末，怎樣可以說甚麼生死輪迴呢？既然同虛空一樣，沒有苦能惱害他，還說甚麼厭捨生死而求向涅槃呢？所以他所說的話，都是常常自害自己。"

然有情類，身心相續，煩惱業力，輪迴諸趣；厭患苦故，求趣涅槃。

然而我們有感情的眾生，從無始以來身心相續，向來沒有間斷過，由貪瞋癡等煩惱所造的業力，以致有輪迴諸趣；因為厭離災患苦難的原故，所以求向涅槃的妙果。

　　由此故知，定無實我；但有諸識，無始時來，前
　滅後生，因果相續。由妄熏習，似我相現。愚者
　於中，妄執為我。

現在把前面所說的我執，總結起來說：由上面種種教理的原故，就可以證明決定沒有實我。既然沒有實我，那末，從甚麼地方現出來的我相呢？但有諸識，從無始以來剎那剎那前滅後生，所以有因果相續。本來沒有實我，但因眾生的虛妄熏習，好像有我相現前，以致在似我之中，虛妄執著以為實我。

　　如何識外，實有諸法，不可得耶？外道餘
　乘，所執外法，理非有故。

上面所說的我執，已經告一段落，現在來談談法執。怎樣知道心識之外實有諸法不可得呢？因為外道和其餘的小乘，他們所執著的外法，在道理上研究起來，是沒有的。

　　外道所執，云何非有？

外道所執的實法，怎樣知道是沒有呢？

　　且數論者，執我是思。受用薩埵、剌闍、答
　摩，所成大等二十三法。然大等法，三事合成，是
　實非假，現量所得。

數論者，是印度的一種哲學派。我，是他們主張的神我；思，是思慮。薩埵，是貪。剌闍，是瞋。答摩，是癡。二十三法：除了冥諦和神我外，即中間二十三法（大、我心、色、聲、香、味、觸、地、水、火、風、空、眼根、耳根、鼻根、舌根、身根、手、足、語具、排泄器、生殖器、肉團心）。三事，就是薩埵、剌闍、答摩。現量，就是現

在、現有、現露。

外道很多，現在先說印度的數論派。數論外道所執著的神我有思，所以能夠受用貪瞋癡它們所變的中間二十三法；然而所變的中間大等二十三法，由貪瞋癡三事合成，是實實在在而不是假的，就是因為現在可以見得到的。

> 彼執非理。所以者何？大等諸法，多事成故；如軍林等，應假非實。如何可說現量得耶？

彼數論師所執著的很沒有道理！因為他自己說："中間大等二十三法，是貪瞋癡三法合成。"好像聚卒成軍，多木成林一樣，應假非實，怎樣可以說是現量所得見呢？

> 又大等法，若是實有，應如本事非三合成。薩埵等三，即大等故，應如大等亦三合成。轉變非常，為例亦爾。

又中間大等二十三法，設若是實有的話，應當同本事的貪、瞋、癡一樣，也不是三事合成。反過來說，貪、瞋、癡等，也應當同大等二十三法一樣，也是三事合成，甚麼理由呢？因為貪、瞋、癡三種就是大等二十三法啊！明白了三事合成的道理，其餘的三事有轉變而大等反而沒有轉變，三事是無常而大等反而不是無常。所以說，照這樣可以推例而知。

> 又三本事，各多功能，體亦應多，能體一故。三體即徧，一處變時，餘亦應爾。體無別故。

又貪、瞋、癡三種事，你說每一種都有很多的功用，那末，功用既然有多，體性也應當有多。甚麼原因呢？因為功能和體性是一種啊！貪、瞋、癡既然普徧到二十三法上去，那末，一處變動的時候，其餘的一切應當通通變動，因為體性沒有兩個啊。

　　許此三事，體相各別，如何和合，共成一相？不應合時，變為一相；與未合時體無別故。若謂三事體異相同，便達己宗，體相是一。體應如相，冥然是一；相應如體，顯然有三。故不應言，三合成一。

設若你們自己允許貪、瞋、癡這三種事，無論體性和相狀都是不同，既然是不同，好像風馬牛一樣，怎樣可以和合而成為一相呢？你一定又會說："未合時是三相，合了之後就變成了一相。"那也不應當說，合時就變成了一相！因為無論你合與未合，它的體性是沒有兩樣啊！設若你又說："貪、瞋、癡三件事，體性雖然是各別，而相倒是相同。"如果真是這樣說法，那又違背你們自己的宗旨，說體相是一的啊！如果體相是一的話，那末，體就應當同相一樣，就冥冥然不分彼此而是一相；反過來又可以說，相也應當同體一樣，就顯顯然然，明明白白分開三種不同！所以你們不應當說"三事和合而成的一相"。

　　又三是別，大等是總。總別一故，應非一三。

還有貪、瞋、癡三件事是別，而大等二十三法是總。總和別既是一，那別也不成其為別，總也不成其為總，所以這樣就不成為一或三了。

　　此三變時，若不和合，成一相者，應如未變，如何現見，是一色等？若三和合，成一相者，應失本別相，體亦應隨失。

這個貪、瞋、癡三法已經轉變了的時候，設若又不和合而成功一相，那末，就應當同沒有轉變的時候一樣，為甚麼現在又看見是一樣的色相呢？設若三法和合，已經成了一種色相的話，那就應當失去了本有的三種別相；相既失掉了，那三法之體就應當隨相而失。

> 不可說三各有二相：一、總，二、別。總即別故，總亦應三，如何見一？若謂三體，各有三相，和雜難知，故見一者。既有三相，寧見為一？復如何知三事有異？若彼一一皆具三相，應一一事皆成色等。何所闕少，待三和合？體亦應各三，以體即相故。

同時也不可說貪、瞋、癡三種上各有二種相：一是總相，二是別相。然而要知道，總不能離別。那末，別是三，總也就當是三，為甚麼又看見是一呢？設若你又說：「三事的體，每一個體都各有三相，就好像紅、綠、黃三種顏色和雜在一起，不容易見到三相，只看見一相一樣。」這話仍不合乎正理。因為既然有三相，那就是三相啊！為甚麼又看見是一相呢？同時，又怎樣知道三事是不同呢？設若三法，每一法都有明白、躁動、闇昧三相，那就應當無論那一件事，就可以成就色等諸相，有甚麼會缺少，一定要等這三件事和合纔會成功呢？同時又要知道，相既然有三種，那體也應當有三種，甚麼原因呢？因為體就是相啊。

> 又大等法，皆三合成，展轉相望，應無差別。是則因果，唯量諸大，諸根差別，皆不得成。若爾，一根應得一切境；或應一境一切根所得。世間現見情與非情、淨穢等物，現比量等，皆應無異。便為

大失。

又中間大等的二十三法，都是貪、瞋、癡三事合成的話，這樣大家展轉對望，應當彼此沒有種種差別。這樣一來，三事的因、二十三法的果，甚麼五唯量、五大、十一根，這各色各樣的差別，統統就不能夠成就了。如果真正照這樣說起來，那譬如一個眼根，就應當看得見色、聲、香、味、觸、法六種境界；或一種境界，六根都可以隨便去緣，用不著分疆定界，甚麼眼只可以見色，耳只可以聞聲。若果真是這樣，世間上現見的一切，無論有情的眾生、無情的器界，乃至清淨的、穢污的、現量的、比量的，所有一切的一切，都沒有差別，那這過失恐怕太大了吧。

故彼所執，實法不成。但是妄情計度為有。

依上面種種的道理說起來，數論師所執著的實法是不能成立的；僅是虛妄的情執，計度而有罷了。

勝論所執，實等句義，多實有性，現量所得。

勝論，是印度一種哲學派。實等句，是等於六句：①實，②德，③業，④大有性，⑤同異性，⑥和合性。實，是宇宙萬有的體。德，是體上的相。業，是體相上的業用。大有性，是能有宇宙萬有的實德業。同異性，是每一法上都有同有異。和合性，能令千差萬別的東西使它和合在一處。多實，是多分實有；有性，就是大有性。現量，能夠直覺其境。

前面是說數論派，現在再來談談勝論派。他們所執的是六句義中五句都是實，而大有性還是可見的現量境。

彼執非理。所以者何？諸句義中，且常住者，若能生果，應是無常，有作用故，如所生果。若

不生果，應非離識，實有自性，如兔角等。諸無
常者，若有質礙，便有方分，應可分析，如軍林
等，非實有性；若無質礙，如心心所，應非離此
有實自性。

實句裏面有九種：①地，②水，③火，④風，⑤空，⑥時，⑦
方，⑧我，⑨意。九句中地、水、火、風是無常，其餘是常。

他這種執著對不對呢？當然不對。怎樣知道他不對？就拿他
在六句中主張常住來說，試問能生果不能生果？設若是能夠生果
的話，那就應當是無常；因為它是有作用的原故，同所生的果法
一樣，都是無常。設若不能夠生果的話，那就不應當離開心識之
外，實在有一個法的自體，好像心中思想兔角一樣，是不能離開
自己的心念。上面一段是破常住的，在六句義中凡是無常的東
西，設若是有質礙，那一定便有方向和分位，就應當可以分析的。好
像軍隊和樹林一樣，自己都是沒有自體；設若沒有質礙的話，那
又好像同心王心所一樣，也是應當離開了這個心識沒有自性的。

又彼所執地、水、火、風，應非有礙，實句義
攝；身根所觸故，如堅、濕、煖、動。即彼所執堅、
濕、煖等，應非無礙，德句義攝，身根所觸故。如
地水火風。

德中有二十四種：①色，②香，③味，④觸，⑤數，⑥量，⑦
別性，⑧合，⑨離，⑩彼性，⑪此性，⑫覺，⑬樂，⑭苦，⑮
欲，⑯瞋，⑰勤勇，⑱重性，⑲液性，⑳潤，㉑行，㉒法，㉓
非法，㉔聲。業是作用，也有五種：①取，②捨，③屈，④伸，⑤行。

又他們所執實句裏面的地、水、火、風是有質礙的，現在可以

破他說：“應非有礙。”甚麼原故呢？因為他們自己說：“是身根所觸的原故，如堅、濕、煖、動一樣，不是有礙，也不是實句裏面所攝。”反過來又可以說：“就是你們所執的堅、濕、煖、動，說是無礙，在德句裏面所攝，那我們也可以破你，不是無礙，也不是德句所攝。甚麼理由呢？因為你們自己說：‘也是身根所觸。’”同一個身根所觸的因，所以弄得兩個宗都不能成立，這是一個理由。還有眼根所見的理由，也是一樣的破法；只要把風字除了它就可以。因為風只可以身根觸，不可以眼根見，所以要除了風。前面是用堅、濕、煖、動的性，後面是用青、黃、赤、白的色，但破法是一樣。結論前面是：故知無實地、水、火、風與堅、濕等各別有性，亦非身觸實地、水、火、風。後面是：故知無實地、水、火三與青色等各別有性，亦非眼見實地、水、火。這一段文你只要照著我這個方法去讀幾遍，自然會懂。

　　又彼所執實句義中有礙常者，皆有礙故，如麤地等。應是無常。

　　又他們所執著的在實句義裏面空時兩種是有礙常，我們現在破他應當是無常。甚麼理由呢？因為同粗地一樣，都是有質礙，所以都是無常。勝論師他們所執著的“空和時”都是有質礙，真是沒有道理。

　　諸句義中，色根所取，無質礙法，應皆有礙。許色根取故。如地、水、火、風。

　　諸句義中色根所取在德句裏面的香、味、聲等，勝論師他們說的是無礙法，我們破他應當都是有礙。甚麼理由呢？因為你們自己說的同地、水、火、風一樣，都是眼根等所取，所以都是有礙。

又彼所執，非實德等，應非離識，有別自性。非
實攝故，如石女兒。非有實等，應非離識，有別
自性。非有攝故，如空華等。

非實德等，就是不是實句中所攝德業等五句。非有實等，就
是不是大有性所攝實德業等五句。

又勝論師所執"不是實句所攝"的德業等五句，亦無道理。德
業等五句既然同實句沒有關係，不屬實句所攝，那就應當不能離
開心識而另外有德業等五句的自體。甚麼原因呢？因為你們自己
說的，不屬於實句所攝，那豈不是同石女兒一樣？試看石女那裡
有兒呢？那完全是自己心識的想像，可見是不離心識變現的。第
二量是說："如果不是大有性所攝的實德業等五句的話，那這實等
五句也是應當不能離開自己的心識，而另外有實德業等五句的自
性。"因為你們自己說的，不是大有性所攝的啊！那豈不是同空花
一樣嗎？空花這件東西，它本來就沒有自體，不過是自己的心識
想像而有，當然也是不離心識。

彼所執有，應離實等，無別自性。許非無故，如
實德等。若離實等，應非有性。許異實等故，如
畢竟無等。如有非無，無別有性。如何實等有別
有性？若離有法有別有性，應離無法有別無法；彼
既不然，此云何爾？故彼有性，唯妄計度。

勝論師所執的縱然有大有性，也應當離開了實德業就沒有另
外一個大有性。甚麼原因呢？因為他們自許大有性是非無，那就
應當同實德業一樣，不能離開另外有；設若離開了實德業，那就
應當沒有大有性。甚麼原因呢？因為他們自許大有性是離開了實

德業；既離實等，那就同龜毛兔角一樣畢竟無了。如果是有的東西，非無之法，那一定不能離開實德業而有一個另外的大有性。設若離開有法另外有一個性，那末，應當離開無法也另外有一個無的性，你贊成嗎？你如果不贊成的話，"彼既不爾，此云何然"？怎樣可以說離開有法另外有一個有性呢？所以我們知道，他們勝論師所執著的大有性，完全是虛妄計度的啊。

又彼所執，實德業性，異實德業，理定不然。勿此亦非實德業性，異實等故，如德業等。又應實等非實等攝。異實等性故，如德業實等。地等諸性，對地等體，更相徵詰，準此應知。如實性等，無別實等性。實等亦應無別實性等；若離實等，有實等性，應離非實等，有非實等性。彼既不爾，此云何然？故同異性，唯假施設。

實德業性，是同異性。同，如水和水是同性；異，如水同火是異性。實德業性，是總同異性。地等諸性，是別同異性。勿，就是不可的意思；此，指同異性。實性等，是實句同異性。地等諸性，是別同異性。

這裏破同異性的文，比較難懂一點，我們先把頭緒理出來！其實只有七件事：①實，②德，③業，④地，⑤水，⑥火，⑦風。實德業是總說；地水火風是別說。這樣我們只要說一個實，和說一個地就夠了，其餘的就可以例知，就免得麻煩了。現在就來把它簡單化吧。

他們所說的實上同異性，是離開實體法上有的，這個道理決定不對。你不可以說這個同異性，不是實法上的同異性，是和實體是異，同德業一樣。其次，如果同異性離開實法上有的話，那末，你這個實也就不是實體上所攝，甚麼原因呢？因為你說不同實體上的同異性啊。實句明白了之後，德業只要換上一個字就可以了。總同異說過了，再來說別同異。你們又說地上同異性，是離開地法上有，這個道理也決定不對。你不可以說這個同異性，不是地法上的同異性，是和地是異，同水、火、風一樣。如果同異性離開地法上有的話，那末，你這個地方就不是地法上所攝。甚麼原因呢？因為你說不同地法上的同異性啊。地句明白了之後，水、火、風只要換上一個字就可以了。前面說的實德業是總同異，現在說的地、水、火、風是別同異。以下就算是結論了。

如果實上的同異性，沒有另外一個同異性，那末，實上當然也就沒有另外一個同異性。設若離開實體法有一個實的同異性，那末，應當離開非實有一個非實的同異性，當然你不贊成啊！所以你們執著的同異性，那裏有一個實在的呢？不過是方便虛假施設罷了。總同異性既然是虛假，那別同異性是虛假更不必說了。

> 又彼所執，和合句義，定非實有。非有實等，諸
> 法攝故，如畢竟無。彼許實等，現量所得，以理
> 推徵，尚無實有；況彼自許，和合句義，非現量
> 得，而可實有？設執和合，是現量境。由前理故，亦
> 非實有。

印度勝論師的教義有六句：①實，②德，③業，④大有性，⑤同異性，⑥和合性。前面五句義已經說過了，現在就來討論第六句的合義。和合句的意義，也非實有。怎樣知道呢？因為他們自己說的，和合句是假法，不是大有性及實德業所攝；既是假法，那

和龜毛兔角的畢竟無，有甚麼差別呢？老實同你們說，前面實德業等五句，你們許為是現量可以看得見的，現在用道理推問起來，尚且沒有實體，何況這個和合義？你們自己也許不是現量可得，還可以說它是實有嗎？設若你們執著和合也是現量境界的話，由前面種種的道理說起來，也不是實有。

> 然彼實等，非緣離識，實有自體，現量所得。許所知故，如龜毛等。

然而彼勝論師所執著的實德業等，不是離開識有一個實體是現量可以緣得到的。甚麼理由呢？因為自許是意識所緣的境界，好像同龜毛兔角一樣，是沒有實體的，這是結所量不出唯識。

> 又緣實智，非緣離識，實句自體，現量智攝。假合生故，如德智等。廣說乃至緣和合智，非緣離識，和合自體，現量智攝。假合生故，如實智等。

上面是結所量是唯識，現在結能量也是唯識。又緣實句的智，並不是緣離開唯識實句的自體現量智所攝，乃是同假法和合而生之智，如同緣德智是一樣。緣實句的智是假智；緣其餘的五句的智，同是一樣的假智。

> 故勝論者實等句義，亦是隨情妄所施設。

因上面種種原故，所以勝論派所執著的實等六句義，也都是隨自己的情執，虛妄所施設的。

> 有執有一大自在天：體實、徧、常，能生諸法。

印度的外道平常說有九十六種，在這裡總為十三家。除了上面所說的數論和勝論兩家外，現在第三家也是印度一種宗教，叫做大自在天；在佛經上說是欲界第六天，或者說是色界頂摩醯首羅天王。有三目，騎白牛，執白拂，是統理世界的主人。他們這一派說他的體是實，是徧，是常，能生萬法。

　　彼執非理。所以者何？若法能生，必非常故；諸非常者，必不徧故；諸不徧者，非真實故；體既常徧，具諸功能，應一切處時，頓生一切法。待欲或緣方能生者，違一因論；或欲及緣，亦應頓起，因常有故。

他們所執著的大自在天，對不對呢？當然不對！因為凡是能生的東西，必定不是恆常的；凡不是恆常，必定不是普徧的；凡是不徧的，一定不是真實的。體既然是常徧，具足了許多功能，那末，應當一切處、一切時，能夠頓生一切法。如果是要等待我們自己的慾望，或者要另外一種助緣纔能生起，那就違背了你們自己的主張，說一切法都是由一個大自在天所生的論調。或者欲和緣也應當頓起，用不著待不待，因為你說是常有。

　　餘執有一大梵、時、方、本際、自然、虛空、我等：常住實有，具諸功能，生一切法。皆同此破。

大梵，是色界初禪大梵天王。本際，是說世界最初好像混沌一樣，然後分為兩段：上為天，下為地。我，就是神我。

　　除了上面三家，其餘的可以總起來說，無論你的主張是怎樣，名稱只管你怎樣不同，然而都是主張一因所生，是常住，是實有；具足許多功德，能生一切宇宙萬有，都同大自在天的主張，一樣破除。

　　有餘偏執，明論聲常，能為定量，表詮諸法；有執一切聲皆是常，待緣顯發，方有詮表。

明論聲，是聲生論。一切聲，是聲顯論。聲生論，是主張本無聲，由所作而生。聲顯論，是主張本有聲，由因緣而顯。

除了上面幾家之外，還有其餘的聲論師也有兩派：一派叫做聲生論，他們的主張，聲是常住，因為能夠表示詮顯一切法，這音聲可以作一切法的決定量，此所謂明論派。還有一派叫做聲顯論，他們的主張，一切聲都是常住，不過要等待助緣而顯，纔能發聲，方能夠詮顯表示出來。

　　彼俱非理。所以者何？且明論聲，許能詮
故，應非常住。如所餘聲。餘聲亦應非常。聲體
如瓶衣等，待眾緣故。

無論你是聲生論或聲顯論，所執都非真理。怎樣見得呢？因為你說音聲是有詮表，既有詮表，當然就不是常住；因為不是一切時都有詮表，這豈不是同其餘的一切外聲一樣，要等待助緣，而後纔發聲嗎？內聲尚且如此，其餘的外聲更不必談，當然是無常；因為要等待眾緣，然後纔能夠顯發啊，同花瓶和衣服一樣。

　　有外道執：地、水、火、風，極微實常，能生麤
色。所生麤色不越因量；雖是無常，而體實有。

印度當時的外道多極了，除了前面幾種，又有一種外道，他們執著地、水、火、風四大的極微，是實是常；由極微的細色，而能夠和合生出粗色。所生出粗的果色，不能超出極微的因量；所以果色雖是無常，而極微的因量，其體是實有，是常。

　　彼亦非理。所以者何？所執極微，若有方
分，如蟻行等，體應非實；若無方分，如心心所，應
不共聚，生粗果色。既能生果，如彼所生，如何

可說極微常住？

你們所說的極微是常，也是不合真理的。甚麼原因呢？因為你們所執的極微，設若是有方分的話，那就同螞蟻子一行一行的一樣，體性就不是實在的了。設若是沒有方向和分位的話，那就和心王心所一樣，應當不能共聚在一處，而生出粗的果色來。既然能夠生果，那就和所生的果色是一樣的無常，怎樣可以說極微是常住呢？

> 又所生果，不越因量。應如極微，不名粗色。則
> 此果色，應非眼等色根所取。便違自執。

你們自己又說："所生的粗果色，是不能超出極微的範圍。"那粗色的範圍豈不是同極微一樣大嗎？那也就不叫做粗色了。這樣一來，這個粗果色應當不是眼根所見得到的，那就違背你們自己所執著的眼根能見到粗果色的宗旨了。

> 若謂果色，量德合故，非粗似粗，色根所取。所
> 執果色，既同因量，應如極微，無粗德合；或應
> 極微亦粗德合。如粗果色，處無別故。

設若你說這粗果色本來非粗，是因為有了許多極微的東西而和合的原故，所以本來不是粗色，而變成了好像是粗色，為眼根所見所取。你這話是不對的，因為你們所執的粗果色，既然同極微的因量一樣大，那就應當同極微一樣，沒有粗德和合。反過來說，或者極微也應當是粗德合，好像粗果色一樣；因為極微同粗德的處所是一樣。

> 若謂果色偏在自因，因非一故，可名粗者。則
> 此果色，體應非一；如所在因，處各別故。既爾，此

果還不成粗，由此亦非色根所取。

設若你說果的粗色是普徧在自己極微因上，極微的因不是一粒，可以叫做粗，那末，這個果色的體應當也不是一個；就如所在的因——極微——一樣，各住各的位子。設若照這樣說起來，這果色還不能成粗；因為粗色既然同極微一樣，那當然也不是眼根所能見到的。

> 若果多分，合故成粗。多因極微，合應非細。足成根境，何用果為？既多分成，應非實有。則汝所執，前後相違。

照上面的道理推論起來，設若這個果色是因為合的原故而成為粗色，那末，也可以說，用許多極微的因放在一個地方，也應當不是微細的東西，就可以做眼所見的境界，那要粗果色做甚麼呢？還有一個道理：這個果色既然是多分而成立的，那當然就不是有。這樣一來，前面所執著果色是實在的，現在又變了不實，豈不是前後相違嗎？

> 又果與因，俱有質礙，應不同處，如二極微。若謂果因體相受入，如沙受水，藥入鎔銅，誰許沙銅體受水藥？或應離變，非一非常。

再說，粗色的果和細色的因，既然都有質礙，那就不應當同一處所，好像兩個極微一樣。恐怕他會強詞奪理說：“果色和微因雖然是兩個不同，但是果色可以容受因微，因微也可以進入果色；好像沙能夠容受水，藥汁可以放進鎔化了的銅裏面去一樣。”你這種說法只好自己聽聽而已，別人是不會贊成的；試問那一個人贊成沙能夠容受水，而藥可以進入鎔銅裏面去呢？你如果不相信我的話，你可以拿兩個盃子，一盃子滿滿的水，一盃子滿滿的沙，隨便你怎樣倒法，不是水離開了，就是沙跑出來了。藥汁放進了鎔銅裏面去，立刻就變壞了，那還成甚麼藥汁呢？可見你說的果色是一和常的話，怎樣可以成立呢？

又粗色果，體若是一；得一分時，應得一切。彼此一故，彼應如此。不許違理，許便違事。故彼所執，進退不成。但是隨情，虛妄計度。

假定說，粗的果色體整個是一的話，那末隨便得到了那一分的時候，應當就可以叫做得到了一切，因為彼此是一體啊。彼此既然是一體，那末彼處就應當如此處是一樣，你贊成嗎？如果不贊成的話，那就違背前面所說粗果色體是一的道理；設若贊成的話，那對於事實又通不過去。所以他們所說的實法，無論是許與不許，都是不能夠成立，不過隨外道各人的情執虛妄計度罷了。

然諸外道，品類雖多，所執有法，不過四種。

這是總結的文，就是印度當時的外道雖有九十六種之多，如果把他們總括起來，執著實有實法的，不過是四種罷了。

一執有法與有等性，其體定一。如數論等。

有法，是所生之法；有等性，是能生之性。數論師說：「二十五諦中間的二十三諦是所生之法，頭一個冥性是能生之性。這能生和所生之體，決定是一。」這是第一種數論師所說。

彼執非理。所以者何？勿一切法即有性故。皆如有性，體無差別。便違三德我等體異；亦違世間諸法差別。又若色等即色等性，色等應無青黃等異。

法有千差萬別，能生之性無二。可見數論師等所執著的法和性是一，在道理上說起來是不對的。因性既是一，就不可以說千差萬別的法；若說萬法一性，那一切法豈不是同性一樣，沒有差別了嗎？那就違背你們自己所說"德性是一，我等二十三法體是各別"的宗旨了。世間上人都說諸法各各不同，你說法性無二，這豈不又違世間嗎？如果青黃赤白等色都沒有分別，這又違背了現量。所以這是第一種不對。

二執有法與有等性，其體定異。如勝論等。

前面說的所生之法和能生之性是一，如果是不合理的話，那勝論師所執著的能生的大有性和所生的實德業，體是各別，那總該對了吧？

彼執非理。所以者何？勿一切法，非有性故，如已滅無，體不可得。便違實等自體非無；亦違世間現見有物。又若色等，非色等性，應如聲等，非眼等境。

他們所執著的仍不合理！甚麼原因呢？因為你不可以說，一切法沒有能生的性啊！如果沒有能生的性，當然也就沒有所生的法。試問沒有母親，那裏有兒子呢？這好像已經滅壞了的東西一樣，連體性也沒有了，那就違背了你們自己所執著的"實德業的自性是有"的宗旨了。同時世界上的人大家都明明白白現在看見都有物，若說沒有，這又不是違背世間嗎？還有，如果色法上沒有色性的話，那好像音聲和眼睛沒有關係一樣，豈不是違背現量嗎？

三執有法與有等性，亦一亦異。如無慚等。

梵語"勒沙婆"，此云"苦行"，又云"尼犍"，此云"離繫"。是露形外道，不顧羞恥，故名無慚。

第三家他們所執著的，是法和性，可以說它是一，也可以說它是異，這好像一班無慚外道一樣。

> 彼執非理。所以者何？一異同前一異過故。二相相違，體應別故。一異體同，俱不成故。勿一切法，皆同一體。或應一異，是假非實。而執為實，理定不成。

他這種說法，那更是不對。怎樣知道呢？你若說是一，同前面破一是一樣；你若說是異，同前面破異也是一樣。所以一異同前兩家是一樣的過失。同時，無論甚麼人都知道：既然是一就不是異，既然是異就不是一；因為兩種是相違，體應當是各別。拿一來破異，拿異來破一，結果是兩敗俱傷！不可以說一切法都是同一個體；或者，說一也是假，說異也是假。而你們一定要說是實法，這道理是決定不能成立。

> 四執有法與有等性，非一非異。如邪命等。

邪命，在印度叫做若提子，又叫做尼犍陀若提子，或簡稱尼犍，譯為邪命，六師外道之一。

第四家又執法和性，也不是一，又不是異，這是邪命外道的一派主張。佛教說邪命有五種：①高聲顯威，②自說功德，③說人供養，④占相看命，⑤墾土掘地求生活。

> 彼執非理。所以者何？非一異執，同異一故。非一異言，為遮為表？若唯是表，應不雙非；若但是遮，應無所執；亦遮亦表，應互相違；非表

非遮，應成戲論。又非一異，違世共知，有一異物，亦違自宗，色等有法，決定實有。是故彼言唯矯避過。諸有智者勿謬許之。

第四家所執的雙非，那更是不對！怎樣知道呢？因為若說非一，當然是異；若說非異，當然是一，那和第三家亦一亦異，有甚麼地方不同？現再問你："這非一非異的這句話，是遮詞還是表詞？"設若是表詞，那就不應當雙非；如果是遮詞，應當就沒有所執！又是遮又是表，那是互相違背的；又不是表，又不是遮，那就成戲論了。同時世間上人所能知道的，不是一，就是異；現在你說不是一，又不是異，那就違背了世間上人所知道的事；一異俱非，也就違背了你自己的宗旨——色等諸法決定是實有。因為上面這許多原故，他所說非一非異的話，完全是矯亂不正、逃避過失的譎辯；凡有智慧的人，你不要錯謬允許他，以為是佛教說的"離四句，絕百非"的離言自性，那就要上他的大當了！

餘乘所執，離識實有色等諸法，如何非有？

前面是講的外道法執，現在再來講小乘的法執。餘乘，就是大乘之外的其餘小乘，他們所執的"離開心識之外，實有色等六塵諸法"，怎樣能說它沒有呢？

彼所執色，不相應行，及諸無為，理非有故。

大乘百法："色法十一心法八；五十一個心所法；二十四個不相應；六個無為共百法。"小乘七十五法："色法十一心法一；四十六個心所法；一十四個不相應；三個無為七十五。"因為小乘不執著心王和心所是離心而有，故不必破之。現在要破的就是色法十一個、不相應行十四個、無為法三個，拿道理說起來就知道它是沒有。

　　且所執色，總有二種：一者有對，極微所成；二

者無對，非極微成。

　　現在先破小乘所執的色法，總起來有兩種：一種叫做有對礙
的色法，他們說是極微所成。還有一種沒有對礙的色法，那就不
是極微所成。

　　彼有對色，定非實有。能成極微非實有故。

　　現在先講有對礙的色法，決定不是實有。因為能成的極微，就
不是實有。

　　謂諸極微，若有質礙，應如瓶等是假非實；若

無質礙，應如非色，如何可集成瓶衣等？

　　現在就來研究這個極微，到底是有質礙，還是沒有質礙呢？設
若是有質礙的話，那就應當同瓶等一樣，因為瓶等是假法不是實
有啊！設若你說是沒有質礙的話，那又好像同虛空一樣，怎樣可
以合集而成功花瓶和衣服一樣呢？

　　又諸極微，若有方分，必可分析，便非實有。

　　再來研究這個極微，有方向分位，還是沒有方向分位？設若
極微有方向和分位的話，那必定是可以分析，便不是實在有的
東西。

　　若無方分，則如非色，云何和合承光發影？日

輪纔舉照柱等時，東西兩邊，光影各現；承光發

影，處既不同，所執極微，定有方分。又若見觸

壁等物時，唯得此邊，不得彼分；既和合物，即

諸極微。故此極微，必有方分。

既然有方分可以分析，那末，無方分好不好呢？設若真是無方分的話，那就同非色之虛空一樣，怎樣可以和合而成粗色，一面承光，而另一面就發射影子？例如早上太陽纔出來的時候，照到了柱子，如果東邊是承光，那西邊一定會現影；承光發影的地方既然是不同，那你們所執著的極微，決定是有方分，這是一個證明。還有看見東邊板壁的時候，而西邊就不能同時看見；或者，手摩觸到這邊，就不能同時摩觸那邊，這都可以證明有彼此方分的界線。既然你說和合的東西是極微所成，那末，極微必定是有方分的了。

又諸極微，隨所住處，必有上下，四方差別。不爾，便無共和集義。或相涉入，應不成粗。由此極微，定有方分。

又諸極微，無論細到甚麼樣子，它總還是物質；不然，那就是虛空，怎樣可以和合而成粗色呢？所以一粒極微的住處，四方八面，一定有許多極微和它比鄰；不然的話，就沒有眾多極微和集的意義。如果你勉強說，好像光影一樣，可以互相涉入的話，那就應當不會成粗色。由此就可以知道，極微一定是有方分。

執有對色，即諸極微。若無方分，應無障隔。若爾，便非障礙有對。是故汝等，所執極微，必有方分。

你們所執的有對色，即諸極微，一定是有方分。設若沒有方分的話，那應當就沒有障隔。如果真是這樣，那就不是障礙有對了！但事實不然，因此之故，你們所執的極微，必有方分。

有方分故，便可分析。定非實有。

因為有方分的原故，那一定可以分析，就不是實有。

故有對色，實有不成。

由此之故，你們說的有對色，說它是實有，是不能成立的。

五識豈無所依緣色？

前五識豈不是沒有所依的眼、耳、鼻、舌、身五根，和所緣的色、聲、香、味、觸五塵嗎？因為這五根五塵都是色法啊。

雖非無色，而是識變。謂識生時，內因緣力，變似眼等，色等相現。即以此相為所依緣。

五根五塵，雖然不是實在的色法，但可以說是識變。就是說，八個識生現行的時候，都是從第八識裏面種子因緣的勢力，變現根身和器界的相分；前五識又依此相分的根，緣此相分的塵，為本質色做疏所緣緣；又在自己五識上再變一重相分色為親所緣緣。

然眼等根，非現量得；以能發識，比知是有。此但功能，非外所造。外有對色，理既不成。故應但是內識變現。發眼等識，名眼等根，此為所依生眼等識。

我們要知道，眼等五根不是現量可以看得見的，是因為它能夠發生五識，所以是比知有根。這個根的道理是因為它有發識的功用和能力，所以說它是根，並不可以說它是外面的色法所造成的。那末，外面的有對色在道理上說起來既然不能成立，因此之故，應當說是內識變現纏對。因為能夠發生眼等五識，所以纏叫它是眼等五根，這就是眼識它們所依託的根，而發生五識。

此眼等識，外所緣緣，理非有故。決定應許：自識所變，為所緣緣。

此眼等前五識,設若用外色來作所緣緣,在道理上研究起來,是決定沒有!外色既然不是,那用甚麼東西來做所緣緣呢?決定應當贊成用自己心識所變的相分,纔可以做自識見分的親所緣緣。

　　謂能引生,似自識者;汝執彼是此所緣緣。

你們小乘把能夠牽引生起自識的,就執著它可以做這識的所緣緣。

　　非但能生。勿因緣等,亦名此識,所緣緣故。

做所緣緣的條件要有兩個,一是能生,二是帶相。設若但有能生,沒有帶相,那是不可以做所緣緣。因緣、增上緣、等無間緣,它們都有引生的功能,即因不能帶相,所以它們都不能作所緣緣。

　　眼等五識,了色等時,但緣和合,似彼相故。

他們小乘說:「只要眼等五識明了色等五塵的時候,但緣和合的粗色,就可作所緣緣,因為自識好像從彼境界引生。」

　　非和合相,異諸極微,有實自體。分析彼時,似
　　彼相識,定不生故。彼和合相,既非實有,故不
　　可說,是五識緣。勿第二月等,能生五識故。

不是和合的粗相,離開極微之外,有一個和合的實體。怎樣知道呢?因為把和合的粗相一分析了的時候,似和合粗相的識,一定再不能生起了!這個和合的粗相既然不是實有,所以不可說是前五識所緣的境界;因為不可說捏目所見的第二個月亮,也能生起前五識啊。所以凡是虛假的東西,都不能夠作所緣的條件。

　　非諸極微,共和合位,可與五識,各作所緣;此
　　識上無極微相故。非諸極微,有和合相;不和合

時，無此相故。非和合位，與不合時，此諸極微，體
相有異。故和合位，如不合時，色等極微，非五
識境。

不是說許多極微共和合在一個時候，就可以給前五識各各作
所緣緣啊！因為前五識上就沒有極微的相狀。不是極微本身有甚
麼和合的粗相；因為不和合的時候，就沒有這粗相可得。你要知
道，並不是不和合位同和合的時候，這極微的體相有不同啊！所
以無論你和合也好，不合和也好，總而言之，這色等的極微都不
是前五識所緣的境界罷了。

有執色等，一一極微，不和集時，非五識境；共
和集位，展轉相資，有粗相生，為此識境。彼相
實有，為此所緣。

還有一種執著，他說：「色等一個一個極微，假使沒有和集以
前，那當然不是前五識所緣的境界。如果和集了之後，你靠我，我
靠你，這樣大家互相幫助，就有粗相生起，可以作前五識所緣的
境界，這實有的和集相便可以作前五識的所緣緣了。」

彼執不然。共和集位，與未集時，體相一故。瓶
甌等物，極微等者，緣彼相識應無別故。共和集
位，一一極微，各各應捨微圓相故。非粗相識，緣
細相境。勿餘境識，緣餘境故。一識應緣，一切
境故。

你這種執著，還是不對！因為無論你共和集位，同未和集時，極
微的體相總是一樣。花瓶茶盃的形相雖然有各各不同，而能成的
極微是一樣無二，所以緣彼極微相的識，應當沒有各各不同。到

了共和集的時候，一粒一粒極微統統都捨棄了微圓的相，所以你不可以用緣和集粗相的識，去緣極微的細相境。如果用粗相識去緣細相境，那眼識可以緣音聲，耳識也可以嗅香臭；或者，一個識也可以緣一切境。你贊成嗎？你當然不會贊成。

許有極微，尚致此失；況無識外真實極微？

贊成有實在的極微，尚且有這許多過失，何況唯識家不贊成心識之外，有真實的極微呢？那更是荒謬。

由此定知：自識所變，似色等相，為所緣緣。見託彼生，帶彼相故。

由上面種種道理推論起來，可以知道，外色既然不能作所緣緣，決定是自己八識所變的相分為所緣緣了。此具足兩個條件：第一，自識的見分託彼相分而生；第二，又能帶彼相分而起。所以相分色纔可以作所緣緣。

然識變時，隨量大小，頓現一相；非別變作，眾多極微，合成一物。

然而自識變現相分之時，隨從境界的範圍或大或小，頓現一相；並不是先變了許多極微，然後再把它和合起來，纔可以成功一物。這就是唯識家和外道小乘不同的地方。

為執粗色，有實體者。佛說極微，令彼除析；非謂諸色，實有極微。諸瑜伽師，以假想慧，於粗色相，漸次除析，至不可析，假說極微。雖此極微，猶有方分，而不可析；若更析之，便似空現，不名為色。故說極微是色邊際。

外人反問唯識家說："為甚麼你們也說有極微呢？"因為一般

人執著粗色有實體的，所以佛告訴他："你把極微分析分析，看看它有沒有實體？"不是說了極微就有極微的實體，這是佛開示一班用功人的方法——瑜伽師，就是心境相應，用假想的觀慧，在粗色的相狀上，慢慢的去分析，到了再不可分析的時候，假說它叫做極微；雖然叫做極微，其實還是有方分。但這極微，用普通的方法已不可再去分析了；設若還要分析的話，那極微就成虛空的狀態了，那怎能再叫它是色法呢？所以說，極微是色空的邊際。

由此應知：諸有對色，皆識變現，非極微成。

由此就應當知道，凡是有對礙的色法，都是眾生內心所變現的，並不是由甚麼極微和合而成的粗色。

餘無對色，是此類故，亦非實有；或無對故，如心心所，定非實色。諸有對色，現有色相，以理推究，離識尚無；況無對色，現無色相，而可說為真實色法？

有對礙的色法既然都不是實有，那其餘無對礙的色法，縱然是色法的同類，也不會實有的。既是無對礙的話，那就同心王心所一樣，根本上就不是實色。試想想看，一切有對礙的色法可算是現有色相，此現有的一切色法，用道理推究起來，離開心識之外，尚且沒有實體；何況沒有對礙的色法，不見現有的色相，還能說它是真實的色法嗎？故你們——小乘——所執的實有色法，皆是錯誤的妄見。

表無表色，豈非實有？

前面講的是方圓大小長短的形色，現在再來講行住坐臥俯仰屈伸的表色。表色，是身行有所表示的動作；無表色，是沒有表示的心理動態。這兩種色難道不是實有的嗎？

　　此非實有。所以者何？且身表色：若是實
有，以何為性？

　這表色和無表色也不是實有，甚麼理由呢？現在先來研究這
身上的表色，你如果說身行的動作是實在有的，那我倒要請問："以
甚麼東西來做它的體性呢？"

　　若言是形，便非實有，可分析故；長等極微，不
可得故。

　設若你說是形色，那更不是實有，因為凡是有形色的東西，都
可以分析；而長短的極微，那更不會有的。

　　若言是動，亦非實有，纔生即滅，無動義故。有
為法滅，不待因故；滅若待因，應非滅故。

　設若你說表色是以動為體性的，那也不是實有；因為有為法
都會剎那剎那即生即滅的，根本上就沒有動的實在性。所以有為
的生滅法，它本來就是這樣，用不著等待甚麼原因，然後纔能滅
除；如果滅要待因的話，那也就不叫做有為法了。

　　若言有色，非顯非形，心所引生，能動手等，名
身表業，理亦不然。此若是動，義如前破；若是
動因，應即風界；風無表示，不應名表。又觸不
應通善惡性，非顯香味，類觸應知。

　設若你說有一種色法，不是青、黃、赤、白的顯色，也不是大、
小、方、圓的形色，是由心力所引生的色，能夠令手足而動，這就
叫做身表業；這種說法，在道理上也是不對！怎樣知道呢？此若
是動，那前面已經破過了；設若是動的原因，那應當就是風界。然

而風是沒有表示，不應當叫做表色。身根是通善、惡、無記三性的，而觸塵是無記性，香和味也都是無記性。這個意思就是告訴我們，香、味、觸三種都不是表色，也都不是善惡，所以不是動因。聲是語表，所以五塵都不是身表。

故身表業，定非實有。

這一句是結，因上面種種的原故，你們所說的身表業，決定不是實有。

然心為因，令識所變，手等色相，生滅相續，轉

趣餘方，似有動作。表示心故，假名身表。

然而以第六識內心為因，令第八識所變根身相分色，好像有相似在那裏相續，似有動作，行住坐臥，俯仰屈伸。表示內心的原故，假名叫做身表。

語表亦非實有聲性。一剎那聲，無詮表故；多

念相續，便非實故。外有對色，前已破故。

身表固然不能成立，語表也不是實有聲性，因為頭一剎那的音聲，不能詮表意義；如果音聲要多念相續，聯接起來纔有意義，那就不是實的。音聲屬於無見有對，前面已經破了。

然因心故，識變似聲，生滅相續，似有表示，假

名語表，於理無違。

語表，也是因第六識心動的原故，繫動了第八阿賴耶識，變現了相分聲，在那裡前後相續，好像有所表示，實際上沒有實在的語音。這只能說"假名語表"，在理上纔能講得通，否則便違背真理了。

表既實無，無表寧實？

前面所講的表色，用道理講起來，都沒有實在，那無表色又怎樣可以說是實在的呢？

> 然依思願，善惡分限，假立無表，理亦無違。謂此或依發勝身語善惡思種，增長位立；或依定中止身語惡現行思立。故是假有。

試問無表色是怎樣來的呢？這有兩條路：一是在散心位時，自己心中或思善思惡，這是思心所的活動；或者願善願惡，這是欲心所的活動表現。由思願兩種現行而熏成功的種子，在善惡上有分齊定限；如果是假立無表色，在道理上是不違背的！就是說，這無表色或依託發起殊勝善惡思心所的種子在增長位的時候，有防惡發善與防善發惡的功能，假名無表色。第二種是依善定中能夠止息身語惡的現行思心所上立的，這也是假立。這一假立的說法，就和小乘不同了。

> 世尊經中，說有三業；撥身語業，豈不違經？

外人問："在佛經上是說的有身口意三種業，你們唯識家只說唯識，沒有身口二業，這豈不是違背了佛經嗎？"

> 不撥為無；但言非色。

我並不是說，完全沒身口二業；不過是說，它不是色法，是由思心所主動罷了。

> 能動身思，說名身業；能發語思，說名語業。審決二思：意相應故，作動意故，說名意業。

思有三種，一是審慮思，二是決定思，三是發動思。能夠發動身表的思心所，叫做身業；能夠發動語表的思心所，叫做語業。至於審慮和決定兩個思心所，那是同意識相應，能夠起動意識的原故，所以叫做意業。

> 起身語思，有所造作，說明為業。是審決思，所
> 遊履故；通生苦樂異熟果故，亦名為道。故前七
> 業道，亦思為自性。

這思心所能夠發動身語有所造作，所以又叫做業。這身語的造作，一定是經過審決思和決定思所遊所履；同時這思心所能使令身語去造業，或善或惡，所以會通生苦樂兩種異熟的果報，因此又可以叫做路。不但意識所起的貪、瞋、癡，是以思心為自性，就是身業所造的殺、盜、婬，語業所造的妄言、綺語、兩舌、惡口，這七種業道也是以思心所為自性的。

> 或身語表，由思發故，假說為業；思所履故，說
> 名業道。

或者，無論是身表還是語表，都由思心所來發動，所以方便叫做業。因為身語二表都是思心所經過的地方，因此就叫做業道。

> 由此應知：實無外色；唯有內識，變似色生。

這是結束前面所破的一切色法。所以說，由此就應當知道，外面的色法實在是沒有，唯有每個眾生內識變現的影像相分，纔有外面的相似色法生起。

> 不相應行，亦非實有。所以者何？得非得
> 等，非如色心及諸心所，體相可得；非異色心及
> 諸心所，作用可得。由此故知，定非實有；但依
> 色等，分位假立。

行蘊有二：一是相應行，就是四十六個心所，因為它們是同心王相應，所以叫做相應行。二是不相應行，就是十四個得非得

等，因為它們是不同心王相應，所以叫做不相應行。這十四個不相應行，也不是實有。怎樣知道呢？因為得非得等這十四個，不能同色法、心法，及諸心所法，有體有相可得；又不能離開色法、心法，及諸心所法，有作用可得。又因為沒有能緣的功用，所以不同心王心所相應。又不是質礙的東西，所以不同色法相應。又因為是有生滅的法，所以又不同無為法相應。由這種種的原故，所以知道它決定不是實有；不過是依託色法、心法，或心所法等分位上假立罷了。

此定非異色心心所有實體用，如色心等。許蘊攝故。或心心所，及色，無為所不攝故，如畢竟無，定非實有。或餘實法，所不攝故，如餘假法，非實有體。

在《成唯識論》上，以這種方法說明個中道理的很多，就是用因明量——宗因喻的方法，來簡單的說明。這裡有三個量，第一個約它有體用來說：宗，這十四個不相應行法，不是離開色心等有實體用的；因，因為自許是五蘊所攝的原故；喻，好像色心等法一樣。第二個約它沒有體用來說：宗，此不相應行，定非實有；因，因為心王、心所、色法、無為法，都不攝的原故；喻，好像畢竟無的龜毛兔角一樣。第三個約假有來說：宗，此不相應行定非實有；因，因為其餘的實法所不攝；喻，好像其餘的假法一樣，不是實有體性。餘實法，是小乘之餘的七心法、五心所、三無為。餘假法，是小乘之餘的十不相應法。到下面再詳說。

且彼如何知得非得，異色心等，有實體用？

先假說問答："你怎樣知道得非得等，離開色心等法，有實在的體用呢？”

　　契經說故。如說如是補特伽羅成就善惡；聖
者成就十無學法；又說異生不成就聖法；諸阿羅
漢不成就煩惱。成不成言，顯得非得。

補特伽羅，華言數取趣，就是眾生。十無學法：①正語，②
正業，③正命，④正念，⑤正定，⑥正見，⑦正思惟，⑧正精
進，⑨正解脫，⑩正智。異生，異類受生，就是凡夫。阿羅漢，含
三義：①殺賊，②無生，③應供，就是小乘的四果。煩惱，就是
貪、瞋、癡、慢、疑、不正見等根本煩惱和許多隨煩惱。契經，就是
上契十方諸佛之理，下契一切眾生之機。

設若問：“怎樣知道有得非得呢？”他答：“佛經上說過的，好
像說：‘凡夫一定成就了有善有惡，聖人成就了五分法身，這就是
成就。凡夫不成就無漏法，阿羅漢不成就煩惱，這叫做不成就。以
上這成不成的說法，就是顯得非得的意思。’”

　　經不說此異色心等，有實體有，為證不成。

你雖然拿佛經來證明，然而經上沒有講得非得等，離開了色
心等法，有實的體用；所以你拿經來證明，是不能夠成立。

　　亦說輪王成就七寶。豈即成就他身非情？若
謂於寶有自在力，假說成就；於善惡法，何不許
然，而執實得？若謂七寶在現在故，可假說成；寧
知所成善惡等法，離現在有？離現實法，理非有
故。現在必有善種等故。

輪王有四：①鐵輪王，②銅輪王，③銀輪王，④金輪王。七
寶：①輪寶，②如意寶，③象寶，④馬寶，⑤將軍寶，⑥寶藏

臣，⑦玉女寶。

照你說"佛經上說過的就算成就"，那佛經上也有說輪王有成就七寶，是不是輪王成了輪寶和如意寶，輪王自己就變了無情之物？成就象寶和馬寶，就變了畜生？成就將軍寶和寶藏臣，就變了臣屬？成就女寶，就變了女人嗎？這當然不會。設若你說輪王對於七寶有自在的力用，是假說成就，那末，對於善惡法，也是有自在感生苦樂的力用；假說成就，有甚麼不可以呢？為什麼一定要執著有一個實在的得？設若講七寶是因為在現在的原故，可假說成，那末，你怎樣知道所成的善惡等法，離開現在有？因為離開現在的實法，理上就沒有，現在法必定有善種的原故。

又得於法有何勝用？

再要問一問："究竟這個得，對於一切法有甚麼殊勝的功用？"

若言能起，應起無為。一切非情，應永不起。未得已失，應永不生。若俱生得，為因起者，所執二生，便為無用。又具善、惡、無記得者，善、惡、無記，應頓現前。若待餘因，得便無用。

小乘說，有為法有八種：①本生，②隨生，③本住，④隨住，⑤本異，⑥隨異，⑦本滅，⑧隨滅。前本生叫做本相，後隨生叫做隨相。小乘說，本生可以生隨生，隨生又可以生本生，隨生又叫做生生。

設若你說這個得，因為是能起，那末，一切眾生應當生起無為。反過來說，無情的花草樹木，它們是沒有甚麼得，那應當是永遠不會生長，為甚麼沒有得也會長起呢？還有，沒有得應當永遠不會生，或者得了之後又失掉了，也再不會得到；但是在事實上，未得的可以生起，失了的可以再得。設若你說“無始以來有一種與身俱生的得，來做一種生起的因”，那就同萬物都是從一因生是一樣，同你們所說的“本生生隨生，隨生又生本生”的主張，豈不是相違嗎？同時，俱生得，是屬於善、惡、無記三性的，那一時就可以頓起三性；設若你說，要等待其餘的因緣纔能夠生起的話，那你們執著這個得，就沒有用了。

　　若得於法，是不失因。有情由此，成就彼故。諸
可成法，不離有情；若離有情，實不可得。

　　設若這個得對於一切法是不失的因，所以有情由此得的因，就可以成就彼善惡等法。如果是這樣說法，要知道凡是可成的東西，都不能離開有情；設若離開了有情，那還有甚麼得？

　　故得於法，俱為無用。

　　因上面種種的原故，所以這個得對於一切法上，實在是沒有用處。

　　得實無故，非得亦無。

　　十四個裏面第一個得既然實在是沒有，那末，第二個非得當然也是沒有。

　　然依有情，可成諸法，分位假立，三種成就：一
種子成就，二自在成就，三現行成就。

　　種子，是業因；自在，是業力；現行，是業果。①染污法，②無記法，③生得善法。彼種子，設若沒有被定力所損伏，沒有被無漏道所永害，沒有被邪見損伏，好像斷善根一樣，這都叫做種子成就。若是加行所生善，這叫做自在成就。現在一切法，這叫做現行成就。

然而依據有情，可以成就之法，方便立為三種成就：①種子成就，②自在成就，③現行成就。

翻此假立，不成就名。此類雖多，而於三界，見所斷種，未永害位，假立非得，名異生性。於諸聖法未成就故。

正面既然是得，反面當然就是非得。這不成就的種類雖然是很多，然而對於三界見道所斷的煩惱，種子沒有到永遠損害的時候，這是方便建立叫做非得，名為凡夫性，因為對於聖人的無漏法沒有成就的原故。

復如何知，異色心等，有實同分？

十四個不相應行，第一叫做得，第二叫做非得，第三叫做同分；就是在眾人相同裏面的一分。你怎樣知道離開色法心法，另外有一個實在的同分呢？

契經說故。如契經說：此天同分，此人同分，乃至廣說。

因為佛經說了的原故。好像佛經上說：“大家同是天人，就是天人中一分；若是人，那就是人中一分。”設若推廣來說，菩薩同菩薩，佛同佛，各各都有同分啊！

此經不說：異色心等，有實同分。為證不成。

你拿經來證明，然而經上並沒有說，離開色法和心法之外，有甚麼實在的眾同分；所以你拿它來做證明，是不能成立的。

若同智言，因斯起故，知實有者。則草木等，應有同分。又於同分起同智言。同分復應有別同分。彼既不爾，此云何然？

同智，是了解同分之智；同言，是表詮同分之言。設若你說：“因為有了解同分之智，和表詮同分之言，因此同分起，所以知道它實有同分。”若是照這樣說起來，那末，草木我們也可以了解是那一類，同時也可以說出它是那一類，難道可以叫它是松同分、柏同分、蘭同分、菊同分嗎？因為佛經上沒有說無情之物也有同分。還有，設若是因為同智和同言，就說實有同分，這樣一來，同分之中又可再分別同分，這樣分了又分，試問分到那一年，纔能分清楚？豈不是要犯無窮的過失嗎？設若不是這樣，那為甚麼又要說它有一個實在的眾同分呢？

若謂為因，起同事欲，知實有者，理亦不然。宿習為因，起同事欲。何要別執有實同分？

同事，同所作事。同欲，同所樂欲。設若你說：“以同分為因，然後纔能起同事或同欲，所以知道有一個實在的眾同分。”這種道理也是不對！因為這是從前學為因，所以現在當然會起同事和同欲，為甚麼要另外執著有一個實在的眾同分呢？

然依有情身心相似，分位差別假立同分。

上面既然破了別人，而唯識家又怎樣呢？只用假立兩個字就不同了！所以說：“然而依託眾生的身心相似，或者，在分位上有一點差別，假立同分的名字罷了。”

復如何知，異色心等，有實命根？

又怎樣知道，離開色法和心法，有實在的命根呢？

契經說故。如契經說：壽、煖、識三。應知命根，說名為壽。

因為佛經上有這樣說：“第一有壽，第二有煖，第三有識。”因此，就知道命根叫做壽命。

　　此經不說，異色心等，有實壽體。為證不成。

　　經上沒有說，離開色心等法，有一個實在的壽體；所以你拿經來證明，也是不能成立。

　　又先已成色不離識；應此離識無別命根。又若命根，異識實有；應如受等。非實命根。

　　又在前面說了許多：色法是不能離開心識的，那末，煖也是色法裏面的一種，也是不能離開心識。如果壽煖都離開識心，那還有甚麼命根呢？還有，設若命根離開了心識是實有的話，那應當同受想一樣，離開了心識不是命根；那末，命根離開了心識，也應當沒有實在的命根。

　　若爾，如何經說三法，義別說三？如四正斷。住無心位，壽煖應無。豈不經說，識不離身？既爾，如何名無心位？彼滅轉識，非阿賴耶。有此識因，後當廣說。

　　四正斷，又叫做四正勤：①未生惡令不生，②已生惡令斷，③未生善令生，④已生善令增長。四法同一個慧心所，約義開四。煖，是阿賴耶識相分；壽，是阿賴耶識種子；識，是阿賴耶識現行。三法同是一個阿賴耶識，約義分三。無心定，是指滅盡定。

　　文分三節：（一）設若三法都是識的話，為甚麼經上要分開說壽、煖、識三法呢？答：「因為約義不同，所以分開說三，好像在一個慧心所之中，約善惡有未生和已生不同，所以分之為四。」（二）問：「既是一識義別說三，那末，入滅盡定的時候，為甚麼不捨棄壽命呢？」答：「所以佛經上說：『入滅盡定的人，因為識還沒有離身，所以壽命還是照樣存在。'"（三）問："人滅盡定的人，既然還有心識，那為甚麼又叫他是無心定呢？"答："所謂無心，是沒有前七識，並不是沒有第八阿賴耶識，建立有阿賴耶識的原因，下面有詳細的說明。"

此識足為界趣生體；是徧恆續異熟果故。無
勞別執，有實命根。

界，欲界、色界、無色界的三界。趣，地獄趣、餓鬼趣、畜生趣、人趣、天趣的五趣。生，胎生、卵生、濕生、化生的四生。徧，是普徧三界都有。恆，是恆常沒有一刻間斷。續，是相續輪迴。異熟果，就是異時而熟的果報識——第八識。

這個第八阿賴耶識，足能夠做三界、五趣、四生受報的體。它是普徧的、恆常的、相續的去受隔世成熟的果報，用不著另外執著有一個實在的命根。

然依親生此識種子。由業所引，功能差別，住
時決定，假立命根。

所以叫做命根的話，是依據此第八阿賴耶識親生自己現行法的種子，這種子由過去善惡業的所引生的功能各各差別不同，所以住世的長短也有決定，這是在名字上假立叫做命根。

復如何知二無心定，無想異熟，異色心等，有
實自性？

二無心定：一、無想定；二、滅盡定。無想異熟，就是無想天，又叫做無想報，就是無想定所生的天。

又怎樣知道無想定、滅盡定、無想天報，這三個東西離開了色心等法，有實在的自性呢？

若無實性，應不能遮心心所法，令不現起。

設若這三法沒有實在的體性，那就應當不能夠遮礙心王和心所，令它不生起現行；既有遮礙的功用，可見是有實體。

若無心位，有別實法，異色心等，能遮於心名無心定；應無色時，有別實法，異色心等，能礙於色，名無色定。彼既不爾，此云何然？又遮礙心，何須實法？如堤塘等，假亦應遮。

照你們小乘這樣說，設若這三種無心位離開色心等法，另外有一種實法，能夠遮礙於心，令它不起現行，就叫做無心定；那末，應當無色的時候，離開色心等法，也要另外有一個實法，能夠遮礙色法，而不起色的現行，纔叫做無色定。你贊成嗎？如果不贊成有一個實法能遮礙於色，那你為甚麼又要說有一個實法來遮礙於心呢？同時，又要知道，遮礙於心，何必一定要有實法呢？好像堤塘一樣，假法也可以遮礙於水不往外流啊。

謂修定時，於定加行，厭患粗動心心所故，發勝期願，遮心心所。令心心所，漸細漸微；微微心時，熏異熟識，成極增上，厭心等種。由此損伏心等種故，粗動心等暫不現行。依此分位，假立二定。此種善故，定亦名善。

就是說，在修定的時候，正在加功用行，對於前六識心王心所，以及第七識染污的心王心所，很討厭它們；好像有病患一樣，在加行時，發起一種殊勝的期望，遮礙這些心王心所，令這些心王心所從粗至細，從細至微，微之又微，久久討厭的心，熏在這第八異熟識上，成功了一種極增上的厭心的種子。由這一種加行厭患的勢力，把這些心種慢慢的損減或暫伏，一到了粗動的心王心所不起現行的時候，依這種分位，方便建立無想定和滅盡定兩種假名。因為種子是善，所以這兩種定也叫做善定。

　　無想定前，求無想果，故所熏成種，招彼異
　熟識。依之粗動想等不行。於此分位，假立無想。依
　異熟立，得異熟名。

在修無想定的時候，他的願望，就是求生無想天，所以久久就熏習了種子，招感無想天的異熟識報體。到了無想天之後，所以下界之粗動心王心所想等就不現行；在這分位上，假立無想的名稱。因為是依託異時而熟建立的，所以也得到了異熟的名稱。

　　故此三法，亦非實有。

所以前面這無想定、滅盡定、無想報這三法，也不是實有。

成唯識論講話（卷二）

復如何知諸有為相，異色心等，有實自性？

又怎樣知道，一切有為法的生住異滅相，是離開色法和心法等之外，有一種實在的自性呢？

契經說故。如契經說：有三有為之有為相，乃至廣說。

因為佛經說過的：有三種有為法之相，把住和異合為一相，因為異相不能離開住相。

此經不說，異色心等，有實自性。為證不成。

這經裏面沒有說離開色心等法之外，有甚麼實在的自性；所以你拿經來證明，是不能成立。

非第六聲便表異體。色心之體，即色心故。非能相體定異所相，勿堅相等異地等故。若有為相異所相體；無為相體應異所相。

八囀聲：①體聲，②業聲，③具聲，④為聲，⑤從聲，⑥屬聲，⑦依聲，⑧呼聲。第六聲就是屬聲，有屬他的意義。能相，如生滅；所相，如色心。

不可以說，因為有第六的屬聲，便能夠表示另外有一個異體。例如色法和心法的體性，就是色法和心法上有；不能說，離開色心等法之外，有甚麼色心的體性；並不是能相的生、住、滅，離開了色心等法的所相。試想想，堅、濕、煖、動的能相，能離開地、水、火、風的所相嗎？當然是不可以的。設若照你們說，有為法的生、住、滅，一定離開了色心等法的體；那末，無為法的相，也可以離開無為法的體了。

又生等相，若體俱有。應一切時，齊興作用。若相違故，用不頓興。體亦相違，如何俱有？又住異滅，用不應俱。

又生、住、異、滅的四相，設若這四種體性同時俱有，那末，一切時應當同起作用。假定說，生、住、滅三相是互相違背，用不頓興，那末，體性也應當是相違，為甚麼可以說是同時俱有呢？還有，住、異、滅三相的作用，也是不應當同起。

能相所相，體俱本有；用亦應然，無別性故。若謂彼用更待因緣。所待因緣，應非本有。又執生等，便為無用。

能相的生、住、滅，所相的色心等法，這兩種體性都是本有，那末，兩種能所相的功用也應當是本有；因為體和用是不能離開啊！設若用是要更待因緣，那末，所等待的因緣，應當就不是本有；這樣一來，你們所執著的生、住、異、滅四相，對於色心等法上，就沒有關係了。

所相恆有，而生等合。應無為法，亦有生等。彼此異因不可得故。

假定說，色心等法的所相是恆有的，因為和生住異滅的能相合在一起的原故，所以使色心等法也成了無常相。如果照這樣說起來，無為法的所相是恆有，假定也和生住異滅合起來的話，豈不是無為法也變成了無常相嗎？因為有為法和無為法，都可以用生等合的因，沒有彼此不同啊！

> 又去來世，非現非常。應似空華，非實有性。生名為有，寧在未來？滅名為無，應非現在。滅若非無，生應非有。又滅違住，寧執同時？住不違生，何容異世？故彼所執，進退非理。

這裏應先明小乘和大乘不同的主張。小乘說：“生是屬於未來，滅是屬於現在。”大乘說：“生是屬於現在，滅是屬於過去。”又小乘住滅可以同時，生住屬於隔世。故被大乘破云：（一）過去和未來都不是現見，也不是恆常，所以應當同空花一樣，不是實有的體性。（二）生是叫做有，怎樣可以說它是未來？滅，明明是無，那就不應當說是現在。反過來說，滅，設若不是無，那末，生，就不應當是有。（三）滅，明明是違背生，你怎樣可以執著是同時？住，是不會違背生的，為甚麼要說它是異世？因此之故，他們所執著的，無論是進滅在現在，退生在未來，都不合乎道理。

> 然有為法，因緣力故，本無今有，暫有還無，表異無為，假立四相。

然而有為法，都是由因緣之力，本來是沒有，而現今暫有；有了之後，結果還是沒有。這不過表示同無為法不同，假立生住異滅四相。

> 本無今有，有位名生；生位暫停，即說為住；住

別前後，復立異名。暫有還無，無時名滅。

本來是沒有，而現今有了，在有位叫做生。生了之後，暫時停一停，就叫做住。在暫住的時候，有昨天、今天和明天的前前後後，所以叫做異。雖然是暫有，最後是還無，在無的時候又叫做滅。

前三有故，同在現在；後一是無，故在過去。

前面生、住、異三種是有，所以同在現在；後一種滅法是無，既然是滅了，當然是屬於過去了。

如何無法與有為相？表此後無，為相何失？

外人問："滅法既然是沒有，怎樣可以給有體法作相？"論主答："並不是表現法有，但表法後無，這有甚麼過失呢？"

生表有法先非有；滅表有法後是無；異表此法非凝然；住表此法暫有用。

生，是表示這一法先沒有而現在有了；滅，是表示這一法現在雖然是暫有，後來還是沒有；異是表示這一法，不是永遠凝然常住不變的；住，是表示這一法暫時有一點作用罷了。

故此四相，於有為法，雖俱名表，而表有異。此依刹那，假立四相。

所以這生、住、異、滅四種相，在有為法上雖然都叫做表，而表的意義，內容就有些不同了。這是依一刹那中方便建立的四相。

一期分位，亦得假立。初有名生；後無名滅；生已相似相續名住；即此相續，轉變名異。是故四相，皆是假立。

上面是說的一刹那中有生、住、異、滅四相是假立的，其實從生至死在一期分位上，也可以假立四相。試看最初有的時候，就叫做生；後來死了，就叫做滅；生了之後，在這幾十年的中間，好像是一樣在那裏繼續下去，中間沒有停止過，這叫做住；在這前後念念轉變的時候，就叫做異。因此之故，我們可以知道，這一期生、住、異、滅的四相，也都是假立的啊。

　　復如何知，異色心等，有實詮表，名句文身？

　　名，是名字；句，是句讀；文，就是字。一名，叫做名；二名連在一起，叫做名身；三名以上連在一起，叫做多名身。一句，叫做句；二句連在一起，叫做句身；三句以上連在一起，叫做多句身。一字，叫做文；二字連在一起，叫做文身；三字以上連在一起，叫做多文身。

　　又怎樣知道，離開色心等法，有一個實在的東西，能夠做詮表，叫做名句文身呢？

　　契經說故。如契經說：佛得希有名句文身。

　　上面是問，現在是答。你問小乘怎樣知道嗎？是因為佛經上有說過的原故。佛經上不是說，佛得到了一種希奇少有的名身、句身，和文身嗎？故知是實有。

　　此經不說異色心等有實名等。為證不成。

　　你們小乘拿佛經來證明，這經上沒有說離開了色法和心法，有甚麼實在的名句文身；所以你拿它來證明，是不能夠成立。

　　若名句文異聲實有。應如色等，非實能詮。

　　再進一步研究，設若名、句、文是離開聲實有，那名、句、文同色、香、味一樣，就不是實在的能詮；因為色、香、味是離開聲有的，所以離開了音聲就不能詮表了。

　　謂聲能生名、句、文者，此聲必有音韻屈曲，此足能詮，何用名等？

就是說，聲如果能生名、句、文的話，那末，這聲它本身就有音韻和屈曲的意義，也足足能夠詮表意義。為甚麼又要另外再加上一個名、句、文來呢？豈不是頭上安頭嗎？

若謂聲上音韻屈曲，即名句文，異聲實有。所見色上形量屈曲，應異色處，別有實體。

設若又說，聲上的音韻屈曲，就是名、句、文，這音韻屈曲的名、句、文，是離開聲實有的話，那末，我們所看見色上的方圓大小長短形量屈曲，應當也離開色處，另外有一個實體了。假定離開了色沒有方圓大小，那末，離開了聲也當然沒有名、句、文身，是同樣的道理。

若謂聲上音韻屈曲，如絃管聲，非能詮者；此應如彼聲，不別生名等。又誰說彼定不能詮。

假定你說，聲上的音韻屈曲，好像琴瑟的絃聲，和笙簫的管聲一樣，是不能詮表意義。如果真是照這樣說，那末，聲上也不能另外生出甚麼名句文身來做詮表。又是那一個說彼音聲，決定不能夠做能詮呢？

聲若能詮，風鈴聲等，應有詮用。此應知彼，不別生實名句文身。若唯語聲能生名等，如何不許唯語能詮？

假定你們說，設若聲就能夠詮表，那末，風吹鈴的聲，應當也要有詮表的功用，可見單聲是沒有詮表的。那末，從聲生出名句文來詮表好不好呢？那用不著另生名、句、文，聲自己就可以詮表，何必又多此一舉？所以設若你說語聲能生名、句、文的話，為甚麼又不許單單語聲可以詮表呢?

何理定知,能詮即語? 寧知異語,別有能詮?

此文分兩段,前段責經部師:"甚麼理由知道能表詮意義的就是語聲呢?"後段責正理師:"怎樣知道離開語聲,另外有一個實在的能詮——名句文身?"

語不異能詮,人天共了。執能詮異語,天愛非餘。

天愛,是譏為最愚癡的人。意思就是說,這種愚人無論何人都不愛,只有天愛,甚可憐愍的意思。

言語和名、句、文,本來不是兩個,無論是人是天,都共知道的。正理派一定要執著說:"名、句、文同語聲是不同。"那只有最愚蠢的人這種說法,其餘的人決定是不會這樣的亂說。

然依語聲分位差別,而假建立名句文身。

問:"既然聲體就是能詮,那為甚麼佛經上也說有名、句、文身呢?"答:"因為在語聲上或者是依字分位,或依名分位,或依句分位,所以佛就方便建立名、句、文身,並不是離開語聲另外有一個實在的東西。"

名詮自性;句詮差別;文即是字,為二所依。

名,能夠詮表一切法的自體。例如說:這是水,這是火,這是花,這是草。句,能夠詮表一切法的差別。例如說:這是冷,這是熱,這是紅,這是青。文,就是字,名和句,都同是依託文字的。

此三離聲,雖無別體;而假實異,亦不即聲。

這名、句、文三種,離開了語聲,雖然是沒有另外的體性,因為語聲是實法有種子,名、句、文是假法沒有種子;在不相應行裏面，所以沒有種子。然而假實雖然不同，不即聲，亦不離聲，所以叫做非即非離。

　　由此法詞，二無礙解，境有差別。聲與名等，蘊
　　處界攝，亦各有異。

佛有四無礙解：①義無礙解，②法無礙解，③詞無礙解，④樂說無礙解。法無礙解緣假名，詞無礙解緣實聲。法對所詮義說，詞對眾生機說。聲，是色蘊、聲處、聲界所攝。名、句、文，是行蘊、法處、法界所攝。

　　由這一種道理，法無礙解和詞無礙解，緣假實二境各有差別。就是在五蘊、十二處、十八界、三科之中，所攝也各有不同，註中一閱便知。

　　且依此土，說名句文，依聲假立，非謂一切。諸
　　餘佛土，亦依光明、妙香味等，假立三故。

上面這種說法，不過是我們這個娑婆國土，依音聲為教體，不是說一切佛土都是這樣。其餘的佛土有以光明為佛事，是屬於色；有以妙香為佛事，是屬於香；有以味塵為佛事，是屬於味；還有以觸塵、以法塵作佛事的，可見十方佛土六塵都可以作佛事。由此可知名、句、文身，是依聲假立的。

　　有執隨眠，異心心所，是不相應，行蘊所攝。

除了前面十四種之外，還有一家小乘，他們執著隨眠（煩惱）的種子，離開色法、心法、心所法之外，有一種煩惱種子，是屬於不相應行蘊裏面所攝；他們說，煩惱的現行是屬於相應行染污心所裏面所攝。

　　彼亦非理。名貪等故，如現貪等，非不相應。

他這種說法也不合乎道理！因為你們說的隨眠種子，還是叫做貪、瞋、癡、慢。種子同現行煩惱是一樣，都是屬於相應行心所裏面所攝，為甚麼把種子和現行要分做兩家呢？可見煩惱種子，不是不相應行所攝。

執別有餘不相應行。準前理趣，皆應遮止。

小乘所執的十四種不相應行，他們執著說是實在的法，已經完全被唯識家破除了！還有執其餘的：①流轉，②定異，③相應，④勢速，⑤次第，⑥時，⑦方，⑧數，⑨和合性，⑩不和合性，這十種不相應行法也是實在的；那只要照前面所說的道理，統統遮止，就不能夠成立了。

諸無為法，離色心等，決定實有，理不可得。

小乘有三種無為：①虛空無為，②擇滅無為，③非擇滅無為；離開了色法、心法、心所法，他們說：「決定是實有。」在道理上檢討起來，實在是不可得的。

且定有法，略有三種：一、現所知法，如色心等。二、現受用法，如瓶衣等。如是二法，世共知有，不待因成。三、有作用法，如眼耳等。由彼彼用，證知是有。無為非世共知定有，又無作用，如眼耳等。設許有用，應是無常。故不可執無為定有。

現在我們先講講，所謂定有的法，總略起來，分為三種：①是現在所知道的事物，好像色法和心法一樣。②是現在所受用的東西，這好像花瓶和衣服一樣。上面這兩種東西，世界上的人大家都共知道是有的，用不著等待甚麼理由來成立。③是有作用的東西，好像眼根神經一樣，看雖然看不見，由眼、耳、鼻、舌、身彼彼各有功用，所以證知是有根。然而無為法又不是世間上人大家共知是有，又沒有作用，同眼根等一樣，所以不知；假設有作用，那應當是無常。所以更不可以執著無為法決定是實有。

> 然諸無為，所知性故；或色心等，所顯性故。如
> 色心等。不應執為，離色心等，實無為性。

無為法，我們怎樣知道呢？①是佛菩薩所知的境界。②是色心等法，我空法空所顯的真如性，是不能離開色心之外別有的。

> 又虛空等，為一為多？

在虛空無為、擇滅無為、非擇滅無為這三種無為之中，先來討論這個虛空無為：還是一個，還是很多呢？

> 若體是一，徧一切處，虛空容受，色等法故，隨
> 能合法，體應成多。一所合處，餘不合故。不爾，諸
> 法應互相徧。若謂虛空不與法合，應非容受，如
> 餘無為。又色等中，有虛空不？有應相雜，無應
> 不徧。

先要知道，虛空無為和我們所看見的虛空是兩件事，你纔能夠把這一段文所說的話，分得清楚。虛空無為的體性，設若是一的話，那末，虛空無為應當普徧到一切虛空處所上去；然而虛空能夠容受一切色法，但色法不是一，是無量無數的多法，那末，你這個虛空無為，也要隨從能合的虛空和所合的色法，就不是一而變成了多咧！為甚麼要說它變成多呢？因為虛空在圓器裏面，就不是在方器裏面；在此處，就不在彼處。所合的器物既然有多，而能合的虛空也應當有多；因為一個處所合到了虛空，其餘的處所當然沒有合到。可見虛空無為就不是一啊！假定不是這樣，那末，一

合就一切合，應當互相徧滿，一切法也沒有彼此的差別，有這種道理嗎？設若你說虛空無為不和一切色法合的話，那應當不能容受，同其餘的無為法有甚麼兩樣呢？再請問：“一切色法中有虛空否？”如果是有，那應當和色法相雜的；設若沒有的話，那就應當不普徧。

> 一部一品結法斷時，應得餘部餘品擇滅。一
> 法緣闕得不生時，應於一切得非擇滅。執彼體
> 一，理應爾故。

部，是部分，有見道部分、修道部分。見道，是初果；修道，是二果三果。結法，就是煩惱。緣闕，就是缺了生煩惱的緣。品，是品類，有上上品、上中品、上下品；中上品、中中品、中下品；下上品、下中品、下下品。三界：欲界、色界、無色界。欲界，有一地九品；色界，有四地九品；無色界，有四地九品。三界九地，九九共有八十一品思惑、八十八品見惑。

上面是說的虛空無為，現在是說的擇滅無為，和非擇滅無為。擇滅，是擇智慧滅煩惱而證得滅理。這意思就是說，如果擇滅無為是一的話，那末，斷了三界見惑的時候，豈不是連三界的思惑也斷了嗎？或者，一品的煩惱斷了的時候，豈不是連九九八十一品的煩惱統統都斷了嗎？因為你執擇滅無為是一，所以應當這樣。至於非擇滅無為，它是不由擇法而證得的滅理，那是因為缺了生煩惱的緣。如果非擇滅無為也是一的話，那末，一法缺緣得到了不生的時候，應當對於一切法都要得到非擇滅；因為你既然執著體是一，這道理就應當是這樣。

> 若體是多，便有品類，應如色等非實無為。虛

空又應多徧容受。

上面是破無為法的體是一，現在是破無為法的體是多。設若體是多的話，那便有品類各各不同，就應當同色法等一樣，沒有實在的無為了。還有，無為法既然是有多的話，那虛空無為就應當有許多普徧的容受。

餘部所執離心心所。實有無為，準前應破。

除了上面三種無為之外，還有其餘的小乘，他們所執著的離開心王心所之外，還有甚麼四種、六種、九種無為，那都可以照前面三種無為一樣破法。

又諸無為，許無因果故，應如兔角，非異心等有。

有為法是由因緣生，所以是因果法。無為法既然不是因緣生，所以不是因果法；那應當和兔角一樣，怎樣可以離開了心法和色法之外，有甚麼實在的無為法呢？無為法就是一切法的體性啊。

然契經說，有虛空等諸無為法。略有二種。

前面既然統統破了人家，然而佛經上為甚麼要說虛空等各種無為呢？這理由總略起來說有兩種。

一依識變，假施設有。謂曾聞說，虛空等名；隨分別有，虛空等相。數習力故，心等生時，似虛空等，無為相現。此所現相，前後相似，無有變易，假說為常。

兩種說法之中，現在先說第一種，是依託我們自己的心識所變，是方便施設假有的。就是說，過去的時候聽過了佛經上有說到虛空無為等種種的名字,然後隨我們自己的意識在那裡分別,以為是實有,所以現出了虛空無為等種種相分的境界。由常常熏習的原故,所以心等生時,好像有虛空無為等相分顯現。這所現的相分,前後又好像相似,沒有甚麼變動,假說是常住不變的無為。

> 二依法性,假施設有。謂空無我,所顯真如,有
> 無俱非。心言路絕,與一切法,非一異等。是法
> 真理,故名法性。

我們已經知道,第一種是依眾生自己心識所變的相分。第二種那是依託宇宙萬有、森羅萬象形形色色一切色心等法的體性,是方便施設叫做有,也就是我空法空所顯的真如性。說它是有固然是不對,說它是無也是不對。它的真相不但說不到,並且也想不到,所以叫做心言路絕!同一切法不是一,也不是異。怎樣不是一呢?因為一切法是有生有滅,無為法是沒有生滅,所以不是一。怎樣又不是異呢?因為一切法是由無為法所成,好像波由水起,器依金作一樣。而無為法又依一切法所顯,好像即波見水,即器觀金一樣,所以又是不異。這無為法就是一切法的真理,所以叫做法性,就是法的體性。

> 離諸障礙,故名虛空。由簡擇力,滅諸雜染,究
> 竟證會,故名擇滅。不由擇力,本性清淨,或緣
> 闕所顯,故名非擇滅。苦樂受滅,故名不動。想
> 受不行,名想受滅。此五皆依真如假立。真如亦
> 是假施設名。遮撥為無,故說為有;遮執為有,故
> 說為空。勿謂虛幻,故說為實。理非妄倒,故名
> 真如。不同餘宗,離色心等。有實常法,名曰真如。

這是唯識家六種無為的說法，最為精采！（一）怎樣叫做虛空無為呢？這是因為離開了一切法的障礙，所以叫做虛空無為。（二）怎樣叫做擇滅無為呢？這是因為由揀擇智慧力的原故，把許多雜染不清淨的煩惱，統統滅掉了，而究竟親證領會了真理，所以叫做擇滅無為。（三）怎樣叫做非擇滅無為呢？這是因為不是由揀擇的力量，是由它本體是清淨，根本上就沒有煩惱；或者是因為缺了生煩惱的緣，使令煩惱永遠不得生起，而所顯的真理，所以叫做非擇滅無為。（四）到了色界第四禪天頂上，火災、水災、風災，三災都不能到了。不但是苦受沒有了，連喜受和樂受都沒有，完全是捨念清淨；三果羅漢所證的真理，所以叫做不動無為。（五）想心所和受心所都不現行了，是滅盡定所證的真理，所以叫做想受滅無為。上面這五種無為，都是依託真如無為假立的。其實真如這個名詞也是方便施設的，因為有一種人，他說一切法都是沒有，為了要遮除他這種無見，所以唯識家方便對他說有。又因為他一定執著是實有，所以又同他說是空。不可以說是虛幻，所以又同他說實。然而真理又不是虛妄和顛倒，所以又叫做真如。可見唯識家的道理不同其餘小乘的宗旨，說甚麼離開色法、心法、心所法之外，有一個實在恆常不變的東西，所以叫做真如無為。這一段文，希望讀的人，能夠再三玩味一下，包管對於佛教唯識學上的道理，會感覺到無窮無盡的妙趣！

　　故諸無為，非定實有。

　　無為法尚且不是實有，何況一切有為的生滅法呢？至此，一班堅執法的人，可以捨棄法見了吧！

　　外道餘乘，所執諸法，異心心所，非實有性；是

所取故；如心心所。能取彼覺，亦不緣彼；是能

取故；如緣此覺。

這裏有兩個宗因喻的比量,頭一個量說所緣是法見的相分,第二個量說能緣是法見的見分。外道同小乘他們所執著的諸法，離開心王心所之外，是沒有一個實在體性的；因為是能緣的見分所取的相分境，好像其餘的心王心所相分一樣，這是說所緣的相分。至於能緣的見分，也不能緣心外的實法；因為相分只有被見分所見，見分也只能緣自己的相分，同其餘的心王心所的見分一樣。

諸心心所,依他起故,亦如幻事,非真實有。為

遣妄執,心心所外,實有境故,說唯有識。若執

唯識,真實有者,如執外境,亦是法執。

一切心王心所，也不是真實有。甚麼原因呢？因為是依他生起的原故。好像幻術所變化的事物。那末，為甚麼又要說有唯識呢？因為要遣除一般人虛妄執著在心王心所之外，有實在的境界，所以方便說有唯識。設若一定執著唯識是真實有的話，同那執著外境是實在有的人一樣，也是法執；亦同前破。讀了這一段文，可知平日執唯識和破唯識的這兩種人，都會啞然一笑！

然諸法執,略有二種:一者俱生,二者分別。

把前面外道和二乘所有的法執，總略起來有兩種：一種是俱生的法執，第二是分別的法執。

俱生法執,無始時來,虛妄熏習,內因力故,恆

與身俱。不待邪教,及邪分別,任運而轉,故名

俱生。

先說俱生法執是從何而來。俱生法執，是無始以來的虛妄熏習，潛藏在八識田中；因為內在有這熏習的因力，所以它恆常與身同有了。此種法執用不著別人告訴和自己去思惟，它自自然然的就會生起來，所以叫做俱生。

此復二種：一常相續，在第七識，緣第八識，起自心相，執為實法。二有間斷，在第六識，緣識所變，蘊處界相，或總或別，起自心相，執為實法。

俱生法執分開來也有兩種，第一種是恆常相續的，那是在第七識的法我見去緣第八識，而生起自心的相分，執為實法。第二種有間斷的法執，那是在第六識攀緣第八識所變的五蘊、十二處、十八界的相分境；或五蘊的總相，或五蘊的別相；在第六意識上又生起自心的相分，而執為實法。

此二法執，細故難斷。後十地中，數數修習，勝法空觀，方能除滅。

這兩種法執比較下面的分別法執，要細得很多，所以難斷。究竟在甚麼時候纔斷得了呢？要在從初地以後，二地三地四地五地，乃至十地，常常去修習殊勝的法空觀，纔能夠除滅了。

分別法執，亦由現在外緣力故，非與身俱。要待邪教，及邪分別，然後方起，故名分別。

前面說的是俱生法執，現在來說分別法執：這分別的法執，試問是從甚麼地方來的呢？也是由現在外緣的力用。這一種法執，它不是同身體一齊來的，要等待長大了之後，受了外人的邪教，以及自己內心思維的邪分別，然後纔會生起，所以叫做分別法執。

唯在第六意識中有。此亦二種：一緣邪教，所說蘊處界相，起自心相，分別計度，執為實法。二緣邪教所說自性等相，起自心相，分別計度，執為實法。

分別法執第七識是沒有，唯有在第六意識中有。這分別法執分開來也有兩種：一是聽了人家所說有甚麼五蘊、十二處、十八界這種種法相，就在這本質的法相上，而自己心中又生起了一種相分，在這相分上去分別，去計度，執著它是實在的法，這是第一種。第二種是聽了人家所說，好像數論師的自性和勝論師的大有性等等法相，也在這些本質法相上，生起自己心中的影像相分，又在這影像上，執著以為有實在的法。

此二法執，粗故易斷。入初地時，觀一切法，法空真如，即能除滅。

這兩種分別法執，比較前面的俱生法執，那要粗得多了，所以容易斷。只要一入到大乘初地菩薩的時候，觀察一切法的法空真如，就能夠滅除這分別法執。

如是所說，一切法執。自心外法，或有或無；自心內法，一切皆有。

如是前面所說的一切法執，如果不是自己心識所變的法，那或者是有相分，或者沒有相分，倒也不定。如果是從自己內識所變的法，那一切都有相分境。

是故法執，皆緣自心，所現似法，執為實有。

因這一種原故，我們就可以知道，所有一切的法執，都是緣自己心識中所變現的相分境，而自己還不知道是虛假的，一定要執著是實有的法。

然似法相，從緣生故，是如幻有。所執實法，妄
計度故，決定非有。

然而一切法都是相似而有，因為是從眾緣所生，所以是如幻
而有。無論凡夫、外道、二乘、權教，他們所執著的實法，是屬於
虛妄計度的原故，所以決定非有。

故世尊說，慈氏當知：諸識所緣，唯識所現，依
他起性，如幻事等。

因此之故，所以釋迦世尊在《解深密經》上告訴彌勒菩薩
說：「慈氏！你應當知道，我們每一個人心識所攀緣的境界，你切
切不要誤會，以為是外面實有的境界；其實還是各人自己的心識
所顯現出來的，完全是依託眾緣的他法所生起的，好像是幻術所
變化的人物等，完全是虛假的。」

如是外道餘乘所執，離識我法，皆非實有。故
心心所，決定不用外色等法，為所緣緣。緣用必
依實有體故。

這樣上面所說的，無論是外道以及小乘，他們所執著離開心
識之外，以為有一個實我實法，其實都不是實有。因此之故，我
們就可以知道，各人的心王心所，決定不用外面的色、聲、香、味、
觸，為眼、耳、鼻、舌、身五識的所緣緣；因為所緣相分色的功用，必
定依託自己心識上的自證分實體而後纔有的，決定不緣徧計所執
的假法。

現在彼聚心心所法，非此聚識親所緣緣。如
非所緣，他聚攝故。

凡說聚，當然不是單獨的，必定有多數為一聚，在此即指心

王心所是也。如眼識心王必定同眼識心所為一聚,耳識心王必定同耳識心所為一聚,其餘例此。彼聚此聚,若在凡夫,以第六意識為此聚,餘七識為彼聚;蓋第六可通緣餘七,而餘七不能通緣。若在聖人,則可互緣,互為彼此。

譬如說,現在眼識一聚的心王和心所,決定不能作耳識的親所緣緣;而耳識一聚的心王和心所,也決定不能作鼻識的親所緣緣。甚麼原因呢?蓋唯識家說,親所緣緣,必定要各識自己所變的相分,纔是各識自己的見分親所緣緣。如果是他一聚所攝的音聲,決定不是眼識能見得到;好象鼻識所攝的香臭,耳識怎樣能夠聽得到呢?所以說"如非所緣的境界",因為是他聚所攝啊。

同聚心所,亦非親所緣;自體異故;如餘非所取。

不但外面的色法不可以作親所緣緣,連別聚的王所也不能作此識的親所緣緣。再嚴格一點說,同屬於眼識一聚的心所法,也不能作眼識的親所緣,好像受心所,不能夠親緣想心所。甚麼理由呢?因為雖是同一聚,然而每一法各有各的體相用啊,好像別人的境界我不能見到一樣。

由此應知,實無外境;唯有內識,似外境生。是故契經伽他中說:如愚所分別,外境實皆無;習氣擾濁心,故似彼而轉。

這是結論,並且引佛說的話來證明。由前面種種的道理,就應當知道:實在沒有外面的境界,唯獨有內面的心識所變現的相分,好像有外境生起。所以佛在《密嚴經》上告訴我們說:"愚癡凡夫所分別的境界,實在是沒有的;不過因為無始以來熏習留下的氣分，來擾亂我們的自心罷了。雖說像有外境轉起，唯是自心的妄現境界，那有實在的外境呢？”

有作是難：若無離識實我法者，假亦應無。謂假必依真事似事共法而立。如有真火，有似火人，有猛赤法，乃可假說此人為火。假說牛等，應知亦然。我法若無，依何假說？無假說故，似亦不成。如何說心，似外境轉？

真事，指實我實法；似事，指似我似法。猛赤法，猛，指火的烈焰；赤，指火的顏色。牛等，亦指猛性。猛，指牛的兇惡；性，指牛的愚蠢。

有一種外人問道：“如果照你們唯識家所說，離開心色之外，沒有一個實我實法，那末，假我假法也應當沒有；因為假法必定依託真事和似事共法上建立的。例如先要有一種真火，然後纔有似火的人。也是兇猛和赤色，纔可以假說這是火人。假說牛，也是這樣；要有真牛的兇猛和愚蠢，恰好有人也同牛一樣，纔可說此人似牛。把上面這兩個例明白了，就可以知道假我假法，必定是依託實我實法而有的；你如果一定要說沒有實我實法的話，那假我假法也就不應當建立了。假既沒有，似亦不立，那你又為甚麼要說心似外境轉起呢？”

彼難非理。離識我法，前已破故。依類依實，假說火等，俱不成故。

你所設的問難，在道理就不對！因為你們所說的“離開心識之外，有一個實我實法”，前面已經統統破了。其實你說的依似，不是依似，只可說依類，類是同類。你說的依真，不是依真，只可說依實，實是俗事。因為是依類依事，纏說火等牛等，也是不能成立。

依類假說，理且不成。猛赤等德，非類有故。若無共德而假說彼；應亦於水等，假說火等名。

你說因為火是猛而且赤，人亦如是，故名依類。然火能化有為無，轉生成熟之德，此人無之。但是依類，既無共德，可說火人；何不於水，亦可假說為火？

若謂猛等，雖非類德，而不相離，故可假說。此亦不然。人類猛等，現見亦有互相離故。

設若你說：「人之猛赤，雖然不能同火德相類，但是猛赤二法決不相離；如人色赤者必性猛，而性猛者其色必赤，所以可說火人。」這種說法也是不對，因為人類猛赤，不一定相同。我們常常看見，赤色者，他的性不一定是猛；性猛者，他的色不一定是赤，所以猛赤也有相離的。

類既無德；又互相離。然有於人，假說火等。故知假說不依類成。

人同火雖然是有類，然而無火之德，並且猛赤有時候是相離；但是有許多人，也可以假說他是火人。因此，我們就可以知道，假說也不一定是依類而成。

依實假說，理亦不成。猛赤等德，非共有故。謂猛赤等，在火在人，其體各別，所依異故。無共假說，有過同前。

前面是依類破，現在是依實破。依類是說人沒有火之德，依實是說人不是火之體。實是實事，人是人，人是有情之實事；火是火，火是無情之實事。同時，人也沒有火的化有為無，變生成熟之德，所以人和火怎樣可以合為一談？因此，你就依據實來假說，理也是不成；因為火上的猛赤，不是人上共有。甚麼理由呢？因為猛的性和赤的色，一個是在火上，一個是在人上；兩個所依託的實事就不一樣，那有共德？你說的是依實不是依類，有過失也是和前面一樣。

> 若謂人火，德相似故，可假說者，理亦不然。說
> 火在人，非在德故。

設若你又說："人和火，猛赤的德有相似的地方，故可假說。"這在道理上也是不對！因為說火人應當在人體上立，不應當在德上說。若說人火有似德，你想，人那有化有為無和變生成熟的德呢？可見你的說法是錯誤了。

> 由此假說，不依實成。

由上面種種道理，可見假說不一定是依實事而成，假法也可以說啊。

> 又假必依真事立者，亦不應理。真謂自相；假
> 智及詮俱非境故。謂假智詮，不得自相，唯於諸
> 法共相而轉。亦非離此，有別方便，施設自相為
> 假所依。然假智詮，必依聲起；聲不及處，此便
> 不轉。能詮所詮，俱非自相。故知假說，不依真事。

你們還說"假法必定要依託真事立"的話，這道理也不能成立！因為真是一切事物的本體，這種事物的本體，不是用分別及言說可以得到它的實境，因為分別和言說不能夠親證得一切事物的本體。所以分別和言說，不過在一切事物的概念上而轉起罷

了；也不是離開這事物的概念，而另外有一種利便的方法，能夠表示得出來。可見施設自相，不過是為假說所依託而已。然而假借分別和言說，必定要依託聲音而生起，如果聲音及不到的地方，這分別和言說就有了它的作用。所以無論是能詮的言說以及所詮的意義，都不是事物的本體。所以我們就知道，假說，決定不是依託真事而有的。

由此但依似事而轉。似謂增益，非實有相。聲依增益似相而轉，故不可說假必依真。

因為上面的道理，我們可以知道，所謂假說並不是依真事而起，但依影像的似事而轉起的。似的意思就是增加的假相，並不是實有。因為聲音的言說，是依託增益的影像而起；譬如說火，不過是表達火的意義而已，令人可知，揀別不是非火罷了，不見得說火，就能夠生起燒的作用吧？所以，不可說假必定要依真事。

是故彼難不應正理。

因這一種原故，他們小乘種種問難，不應道理。

然依識變。對遣妄執，真實我法，說假似言。由此契經伽他中說：為對遣愚夫，所執實我法；故於識所變，假說我法名。

然而是依託心識所變的相分影像，因為要對治遣除凡夫、外道、二乘、權教這許多人，他們所虛妄執著有一個真實的我法，所以纔假說似這句話。因此在佛經上有一首偈頌也這樣說："因為要對治遣除一般愚癡的人，所執著有一個實在的我和實在的法，所以在各人自己心識上所變現的影像，而假說我法的名字而已，那裏有一個真實的我法本體呢？"這一段是結文，近結小乘的法執，遠結外道和小乘所有的我執和法執。"由假說我法，有種種相轉，彼依識所變"這三句已經完了，下面再來說"此能變唯三，謂異熟思量，及了別境識"三句。

　　識所變相，雖無量種；而能變識，類別唯三。

　　自己心識所變的相分，雖然是有無量無數的種類，而能變的八識只有三類：①第八識，②第七識，③前六識。

　　一謂異熟：即第八識，多異熟性故。二謂思量：即第七識，恆審思量故。三謂了境：即前六識，了境相粗故。及言，顯六合為一種。

　　梵語毗播迦，華言異熟，含三義：①異時而熟，謂從因至果，時間有異。②變異而熟，謂從生至熟，種有變異。③異類而熟，謂從因至果，性質有異；因是善惡性，果是無記性，故名異類。多異熟性，即揀別第七識完全不是果報識；前六識只有少分果報，它還要有現在的助緣。至於第八識，那完全是由過去的因，而成熟現在的果，故名異熟性。思是思慮，量是度量；恆是恆常，審是審察。這是揀別前五識是非恆非審的思量，第六識是審而非恆的思量，第八識是恆而非審的思量。唯有第七識在有漏位，是恆審思量第八阿賴耶識的見分為我，在無漏時也恆審思量無我，所以第七識是恆審思量的意義。前六識它們的行相和所緣的境界都是粗而顯的，所以大家都是知道的。及字，有連繫和合集的意義，就是把六個識合在一處說。

　　三能變：第一種是異熟識，因為第八識的異熟性，比較其餘的識為多。第二種是思量識，因為第七識它的恆審思量功用，比較其他為勝。第三種是了別境識，其餘的識雖然都有了別境界的功用，然而前六識的行相較顯，境界較粗。至於偈頌上面有一句"及了別境識"這一個及字的意義，就是顯把前六識合在一處說的意思。

此三皆名能變識者，能變有二種。

前面這三種都叫做能變的名，因為它有兩種能變：一是因中能變，二是果地能變。

一因能變：謂第八識中等流、異熟二因習氣。等流習氣，由七識中，善惡無記，熏令生長；異熟習氣，由六識中，有漏善惡，熏令生長。

等流因，是二取習氣，即善、惡、無記，三性種子各生現行。異熟因，是諸業習氣，即前六識所造的善惡業，除第七識及無記性。等流習氣是因緣，異熟習氣是增上緣。

在能變方面分為二種：一是因能變，二是果能變。現在先講因能變，在因能變中又分二：一是等流因，二是異熟因。甚麼叫做等流習氣呢？就是前七個識熏下來的善惡無記三性的種子，這叫做等流因；將來這種子還生三性，叫做等流果。甚麼叫做異熟習氣呢？就是前六識所造的善惡業，而將來得到異熟識的無記果，所謂"因是善惡，果招無記"，這叫做異熟果。這兩種習氣的因，未生者令熏生，已生者令熏長，所以叫做熏令生長。

二果能變：謂前二種習氣力故，有八識生，現種種相。

上面所說的是因能變，現在所說的是果能變，在果能變中又分為二：一是等流果，這是由等流因結成的三性現行果；二是異熟果，這是由異熟因結成的第八的無記果。所以說，果能變是由

前面兩種習氣的力故，而變現了八個識的見分、相分，以及相應的
心所，所以叫做現種種相。

等流習氣，為因緣故，八識體相差別而生，名
等流果。果似因故。

等，是平等；流，是流類。體，是內二分，自證分和證自證
分；相，是外二分，相分和見分。差別而生，就是心種子生心現
行果；色種子生色現行果；有漏種生有漏現行果；無漏種生無漏
現行果。果似因，所以叫做等流，是一切法的親因緣。

異熟習氣，為增上緣。感第八識，酬引業力，恆
相續故，立異熟名。感前六識，酬滿業者，從異
熟起，名異熟生，不名異熟，有間斷故。即前異
熟及異熟生，名異熟果，果異因故。

異，是異時；熟是成熟。習，是熏習；氣，是氣分。增，是
增加；上，是向上。酬，是酬答；引，是牽引。業，是思心所，造
作為業。恆相續，是指第八識，叫做真異熟果。感，是招感。滿，是
圓滿。有間斷，是指前六識，它們是真異熟識所生，所以只可叫
做異熟生，而不可以叫做真異熟。第八識是酬引業，名為總報，如
畫師繪圖；前六識是酬滿業，名為別報，如弟子填彩。所以同受
人中的總報，而有智愚、貧富、貴賤、美醜種種差別，即別報之證明。

前面等流行習是親因緣。現在異熟習氣是增上緣，也就是助
緣；能夠感招第八識的酬報引業力，它是恆常相續，沒有一秒鐘
停止，叫做真異熟，就是第八識。能夠感招前六識的酬報滿業力，它
是有間斷，只可叫做異熟生，不能叫做真異熟。無論是第八識的
真異熟，以及前六識的異熟生，它們都是異時而熟，變異而熟，異

類而熟，所以都叫做異熟，因為都是果異因的原故。

　　此中且說我愛執藏，持雜染種，能變果識，名
為異熟。非謂一切。

　　上面本來是單說第八識的真異熟，然而附帶又說到前六識的異識生；現在恐怕我們誤會到前六識身上去，所以打我們一個招呼，說是單指第八我愛執藏持雜染種的阿賴耶識，並不是連前六識異熟生也說在裏面。

　　雖已略說能變三名；而未廣辨能變三相。且
初能變，其相云何？

　　《唯識》的本頌有三十首。前面六句，是一頌半，不過說了一個頭子，也可說是引子；真正說到唯識的正義，從此以下纔是。所以說，雖然已經說過了三個名字，而三個名字裏面的意義，還沒有詳細的解說，所以下面就來先解釋頭一個名義。

　　頌曰：初阿賴耶識、異熟、一切種；不可知執
受、處、了，常與觸、作意、受、想、思相應，唯捨
受。是無覆無記，觸等亦如是，恆轉如暴流，阿
羅漢位捨。

　　這就是世親菩薩所造的《唯識三十頌》的本頌。初能變的第八識，只有兩頌半，一共十句，在平常說，叫做"八段十義"，現在把它分十二門：①初阿賴耶識，叫做自相門。②異熟，叫做果相門。③一切種，叫做因相門。④不可知，叫做不可知門。⑤執受處，叫做所緣門。⑥了，叫做行相門。⑦常與觸作意受想思相應，叫做相應門。⑧唯捨受，叫做受俱門。⑨是無覆無記，叫做三性門。⑩觸等亦如是，叫做心所例王門。⑪恆轉如暴流，叫做

因果法喻門。⑫阿羅漢位捨，叫做伏斷位次門。這是依據《唯識音響》分段的，這頌只好這樣暫時分段，至於詳細開廣來解釋，下面自有論文。

論曰：初能變識，大小乘教，名阿賴耶。此識具有能藏、所藏、執藏義故。謂與雜染互為緣故。有情執為自內我故。此即顯示初能變識所有自相，攝持因果為自相故。此識自相，分位雖多，藏識過重，是故偏說。

乘，是車的譬喻。大乘是大車，能任重致遠；小乘是小車，但個人得度。梵語阿賴耶，華言藏。藏有能含藏、被覆藏、被執藏三義。內我，即指第八識見分是一，是常，是徧，是主宰。自相，是第八識自體。分位雖多，有八種：①依止執受相，②最初生起相，③有明了性相，④有種子性相，⑤業用差別相，⑥身受差別相，⑦處無心定相，⑧命終時分相。藏識過重，是指我愛執藏現行位。

在十二門中先講第一門——自相門，即阿賴耶識。前是世親菩薩的本頌，這是護法等菩薩的釋論。論上解釋說：初能變識的名詞，無論是大乘教的《阿毗達摩經》，或是小乘教的《阿含經》，都一致的叫做阿賴耶。為甚麼要叫它是阿賴耶呢？因為它能夠含藏一切法的種子，所以叫做能藏。又因為它被前七識的雜染現行法所熏，所染，所遮，所蓋覆，所以第八識又叫做所藏，也就是被覆藏。同時又被第七識所執著，所以第八識又叫做執藏。前七識熏第八識，而第八識又生前七識，所以叫做互為緣。眾生有能愛之心，所以叫做有情，正指第七識，它執著第八識見分為我，所以又叫做我愛執藏。上面這一段話，就是說明阿賴耶得名藏識——

能藏、所藏、執藏——的所以然。一方面對種子說它是因，一方面對前七識說它是果，所以攝持因果就是它的自相；然而因為執藏的過失最重，所以偏說阿賴耶的名稱。

> 此是能引，諸界趣生，善不善業異熟果故，說名異熟。離此，命根眾同分等，恆時相續，勝異熟果，不可得故。此即顯示初能變識所有果相。此識果相雖多位多種；異熟寬不共，故偏說之。

界，是三界；趣，是五趣；生，是四生。善，是自他俱利；不善，是自他俱害。命根，是壽煖識三和合；眾同分，是眾生。異熟寬，由凡夫、二乘、菩薩都有；不共，果有五種：①異熟果，②等流果，③增上果，④士用果，⑤離繫果。除了離繫果是無漏的聖果，中間三種是通有漏和無漏，前七識都共，唯有真異熟果單是第八識獨有，所以叫做不共。

這是十二門中第二門——果相門，指異熟。第八識有三個名字：前面的阿賴耶，是約它的自體說，它的範圍最狹，只是凡夫有，因為有我執；連二乘都沒有，何況佛菩薩呢？異熟是果報識，不但凡夫有，連二乘以及菩薩都有，要到金剛道後纔異熟空，所以範圍寬。這異熟的果報是怎樣來的呢？它是由在生造的善業或惡業，由這善惡的業，牽引第八識到三界、五趣、四生裏面去受報。如果離開了這第八識，其他的命根、眾同分等，都沒有去受果報的資格；因為它們是有間斷的，恆時相續的勝異熟果它們是沒有的。這就是說明第八識的果相，在有漏位共有四種。其餘的三種，前七識也有，唯有這異熟果，那是第八識獨得其名；在三位之中，善惡業果位比較前面我愛執藏位要寬得多，從凡夫到等覺菩薩都有，所以偏說。

> 此能執持，諸法種子，令不失故，名一切種。離
> 此，餘法能偏執持諸法種子，不可得故。此即顯
> 示，初能變識，所有因相。此識因相，雖有多種，持
> 種不共，是故偏說。

現在說第三因相門。賴耶能夠執持一切法的種子，使令它能
夠不會遺失，所以叫做一切種識。如果離開了這第八識的話，其
餘前七識，或心所法，或色法，或不相應法，乃至無為法，這些
不是間斷，就是無體，乃至堅凝，所以都沒有含藏種子的資格。唯
第八識有相續執持種子的功能，所以第八識有因相的意義。然因
相有：①持種因，②俱有因，③同類因，④相應因。持種因唯第
八識獨有，其餘的三種因餘識也有，所以不說。

> 初能變識，體相雖多，略說唯有如是三相。

這是結文。就是說，初能變的第八識，內容的含義雖然很多，然
而總括起來說，唯有前面自相、果相、因相三種。

> 一切種相，應更分別。

初能變的第八識雖然有三相，然而一切種的因相，內容最複
雜，所以不得不開開來，詳細分別的說一說。

> 此中何法名為種子？謂本識中，親生自果，功
> 能差別。此與本識，及所生果，不一不異。體用
> 因果，理應爾故。

這種子義，分四大段來解釋，現在是解釋第一段的"種子
相"。這裏所說的那一樣東西纔叫做種子呢？就是說，這第八根本
識裏面所含藏的一切法種子，它能夠親生起各各不同的現行果

法，這種差別的功能就叫做種子。再請問這種子和第八識，以及所生出現行的果法，究竟是一體呢？還是異體？答曰：「也不是一，也不是異」。怎樣知道是非一非異呢？因為識是體，種子是用。體是體，用是用，所以非一；然而體不離用，用不離體，所以又非異。種子是因，現行是果，因是因，果是果，所以非一；然而因不離果，果不離因，所以又非異。這非一非異的道理，本來就是這樣。

　　雖非一異，而是實有。假法如無，非因緣故。

　　恐怕有人問：「你說種子和本識，以及現行的果法，是非一非異，那恐怕是假有吧？」答曰：「雖然是非一非異，然而種子是實有。如果你一定要說種子是假法沒有的話，那種子就不是一切法的因緣了。」

　　此與諸法，既非一異，應如瓶等，是假非實。

　　外人來問難道：「你說這種子和現行諸法，是非一非異，那好像瓶和泥團一樣，也是非一非異，是假法而不是實在的啊。」

　　若爾，真如應是假有；許則便無真勝義諦。

　　這是唯識家反難他的，你說種子和諸法是非一非異，應是假有，那末，真如也是和諸法非一非異，難道真如也是假法嗎？試問你許不許真如也是假法呢？若許的話，豈不是沒有真勝義諦嗎？

　　然諸種子，唯依世俗，說為實有，不同真如。

　　然而一切種子法，它是依他起的世俗有，在道理上說實有，不同真如是勝義上說實有。實有的意義雖然是一樣，然而世俗和勝義二諦卻不同，所以要簡別。

種子雖依第八識體，而是此識相分非餘；見
分恆取此為境故。

種子雖然是依託第八識體，然而是第八識的相分，而不是其
餘的三分——見分、自證分、證自證分。因為第八識自己的見分，恆
常取自己的相分為所緣的境界。

諸有漏種，與異熟識，體無別故，無記性攝。因
果俱有善等性故，亦名善等。諸無漏種，非異熟
識性所攝故。因果俱是善性攝故，唯名為善。

這裏先分兩種：一是有漏種，二是無漏種。在有漏中又分兩
類：約體性說，種子和識體是一樣，都是無記性；約功能說，種
子既然是三性，生起的現行當然也是三性。至於無漏種，第八識
體只管是無記性，它卻是善性，所以說，種子的因和現行的果，那
都是善性攝啊。

若爾，何故決擇分說，二十二根，一切皆有
異熟種子，皆異熟生？

決擇分，《瑜伽師地論》分為五分，第二分叫做決擇分。二十
二根：①眼根，②耳根，③鼻根，④舌根，⑤身根，⑥意根，⑦
命根，⑧男根，⑨女根，⑩苦根，⑪樂根，⑫憂根，⑬喜根，⑭
捨根，⑮信根，⑯精進根，⑰念根，⑱定根，⑲慧根，⑳未知
當知根，㉑已知根，㉒具知根。前十九根是有漏，後三根是無漏。

設若照你這樣說，無漏種子都是善的話，那為甚麼《瑜伽師
地論·決擇分》裏面又說，二十二根連後面三根也都是異熟種
子，從異熟識所生？豈不是無記性嗎？

雖名異熟，而非無記。依異熟故，名異熟種。異

性相依，如眼等識。或無漏種，由熏習力，轉變
成熟，立異熟名。非無記性所攝異熟。

這一段是答他的問難。就是說，雖然名字叫做異熟，而它的
性質，卻是屬於善性，而不是無記。問："那為甚麼又要叫它是無
記呢？"是因為依託第八異熟識的原故，所以叫做異熟種。好像
眼識是有三性，眼根是無記性，三性的眼識既然可以依託無記的
眼根，那末，無漏的善種也可以依無記的第八識啊；異性可以相
依。還有一種說法，無漏的種子，由熏習的勢力轉變到成熟的時
候，因為它也是從因至果，從生至熟，變異而熟，所以也立異熟
的名字。它是善性所攝的異熟，並不是無記性所攝的異熟，這最
要弄個清楚。以上在研究種子四大段中第一段種子相已經說完了。

此中有義：一切種子，皆本性有，不從熏生，由
熏習力，但可增長。

現在來研究第二段，種子究竟是本有呢？到底是新熏呢？一
共有三家，頭一家說種子是本有。所以此中有義：一切種子，無
論是有漏種或是無漏種，都是本來就有的，並不是後天的熏習纔
生起來的。那佛經上為甚麼又說前七識的現行有熏習呢？那是由
熏習增長，並不是說由熏習纔生起，這要弄個清楚。

如契經說：一切有情，無始時來，有種種界，如
惡叉聚，法爾而有。界即種子，差別名故。又契
經說：無始時來界，一切法等依。界是因義。《瑜
伽》亦說：諸種子體，無始時來，性雖本有，而由
染淨新所熏發。諸有情類，無始時來，若般涅槃
法者，一切種子皆悉具足；不般涅槃法者，便闕

三種菩提種子。如是等文，誠證非一。

惡叉，是印度一種毒果，一苞三子，中國沒有。法爾，作當然解；如水之下流，磁器落地會破，人會死，花草會壞，這都是法爾當然的道理。無始，就是很久很久，找不到它的最初。瑜伽，是《瑜伽師地論》，義譯相應，就是心境相應。般，當入字解；涅槃，就是不生不滅。三種菩提，就是聲聞菩提、緣覺菩提、如來菩提。種子，是指無漏種子。

主張種子是本有的，不能說了就算了，所以引經來證明。好像佛經上說："一切眾生，從久遠久遠的時候以來，就有各各不同的種子；好像印度一種毒果子一樣，很多很多的聚在一處，是本來有的。"這界字，就是種子差別的異名，這是一種證明。還有經上說："無始的時候以來，這種子就是一切現行的果法平等所依託。"這個界字，就是因的意義。不但是經上這樣說，就是在彌勒菩薩的《瑜伽師地論》上也這樣說："一切種子的自體，在無始時來，種子的體性雖然是本有，然而還要由染污或清淨的兩種現行，常常去熏習它，纔可以發出現行的果法來！可見無漏種子是因，好像豆種一樣；而染淨等是緣，好像水土一樣，因和緣和合起來，纔能生出果法來。設若沒有豆種，單有水土是不能生，那末，沒有無漏種子，怎樣生出無漏的現行來呢？可見有情識的眾生有兩類：設若可以入涅槃的話，他當然具足有無漏種子；如果不可以入涅槃的話，那當然沒有三種出世的無漏的種子。"我這還是簡單的說了三個證明，其實這種子的本有論，在經論中說得是很多很多的。

又諸有情，既說本有五種性別，故應定有法

爾種子，不由熏生。又《瑜伽》說：地獄成就三
無漏根，是種非現，又從無始展轉傳來，法爾所
得，本性住種。由此等證，無漏種子，法爾本有，不
從熏生。有漏亦應法爾有種，由熏增長，不別熏生。

五種性別：①聲聞種性，②緣覺種性，③如來種性，④不定
種性，⑤凡夫種性。凡夫種性沒有出世無漏的種子；但地獄中的
罪人，尚且有無漏種子，可見它是法爾本有具足的。

前面是引經論來證明，現在是用理由來證明。第一，眾生既
然說有五種的種性不同，那前面三種無漏種子，決定是本有的，並
不是由熏習纔生的。第二，地獄裏面受苦的眾生尚且有無漏種
子，並沒有起現行，可見也是本有的。第三，從無始展轉傳來，這
是法爾本有的種子。由上面簡單的三種理由來證明有本有的無漏
種子，不是由新熏纔生的。無漏種子既然可以本有，那末，有漏
種子當然也是本有，不過由熏習可以增長，不是另外熏生起來的。

　　如是建立因果不亂。

這是頭一家的斷案。因為本有的無漏種子，生起無漏的現
行；本有的有漏種子，生起有漏的現行。無漏生無漏，有漏生有
漏，這纔可以建立因果，不亂起來。

　　有義：種子皆熏故生。所熏能熏，俱無始有。故
諸種子，無始成就。種子既是習氣異名，習氣必
由熏習而有。如麻香氣，華熏故生。

頭一家主張種子是本有，第二家剛剛相反的，他們主張種子
是由新熏，學理是可以互相討論的，只要你說得過去就行了。所
以第二家說："種子都是由熏習纔能生起。"問："既然是由熏習纔

生，為甚麼經論上又說是無始有的呢？"答："說無始有，不一定說無始本有，無始熏習也可以說啊！所以無論能熏的現行和所熏的種子，都可以說是無始。還有一個道理：種子，又叫做習氣；習是熏習，氣是氣分，就是熏習過了留下來的氣分。種子既然是習氣的異名，習氣必定是由熏習纔有。這熏習的意義，如果不容易明白的話，可以說個譬喻：好像印度有一種胡麻，他們拿來壓油塗身，因為沒有香氣，所以把一種香的花——好像茉莉花、芝蘭花、桂花之一類，與胡麻放在一起去榨油，連胡麻也就有了香氣。"這好像中國人把花放在茶葉裏面一樣，這就是熏習的一種證明。

如契經說：諸有情心，染淨諸法，所熏習故，無

量種子之所積集。論說：內種定有熏習，外種熏

習或有或無。

這是引經論來證明種子是由熏習而來的。好像經上說："一切眾生的心，都是由染污法或清淨法所熏習的原故，所以熏習留下來的種子，就積集起來了。"論上也這樣說："如果是第八識裏面所有的一切種子，那一定由熏習纔有；至於外面的穀麥等種，因為它自有根種展轉傳來，所以說'或無熏習'。"

又名言等三種熏習，總攝一切有漏法種。彼

三既由熏習而有，故有漏種，必藉熏生。

三種熏習，又名三種習氣：一名言習氣，二有支習氣，三我執習氣。

又名言、有支、我執這三種熏習，它們總攝了一切有漏染污法的種子。這三種種子既然由熏習而有，所以一切有漏法的種子，必定要依藉熏習而生。

　　無漏種生，亦由熏習。說聞熏習，聞淨法界
　等流正法而熏起故。是出世心種子性故。

　　淨法界，就是清淨法界，真如妙理。等流正法，等，是平
等；流，是流類；就是諸佛菩薩，如清淨妙理所說的教法，此教
法能詮表此清淨法界之正法，非別有所說，所以叫做平等流類。

　　有漏種既然是由熏習而有，無漏種當然也是由熏習而生。試
問無漏種是怎樣熏來的呢？佛經上說，是由我們過去時，聞過了
佛菩薩從清淨法界平等流出來的正法而熏起的。這清淨的聞所熏
習，就是出世心的無漏種子性啊。

　　有情本來種性差別，不由無漏種子有無，但
　依有障無障建立。

　　頭一家說，有五種性別的不同；這種性的差別，是建立在有
無種子的差別中。然而第二家的主張，所以有五種性別不同，不
是因為有無種子的差別，是因為有障和無障的分別。

　　如《瑜伽》說：於真如境若有畢竟二障種者，立
　為不般涅槃法性；若有畢竟所知障種非煩惱者，一
　分立為聲聞種性，一分立為獨覺種性；若無畢竟
　二障種者，即立彼為如來種性。

　　《瑜伽》，是《瑜伽師地論》。真，是不虛妄；如，是不變壞；真
如，就是一切法的本性。畢竟，就是究竟，也就是永遠的意思；二
障，就是煩惱障和所知障。煩惱，就是貪、瞋、癡等種種煩惱，真
性被煩惱所障蔽，所以叫做煩惱障。所知，是境，因為它被所知
的境界所障，得少為足，不求深廣的智慧，被淺淺的知見所障礙，所
以叫做所知障。不般涅槃，就是不可以入出世的涅槃。①凡夫二

障未除，②二乘但斷一分煩惱障，③如來二障皆滅。

好像《瑜伽師地論》上說：在真如境上，設若兩種障都永遠不斷的話，這就叫做不入涅槃的凡夫；設若所知障未斷，單斷煩惱障的人，這就叫做二乘；設若能夠把二障通通都斷了的話，當然就是佛的種性了。

故知本來種性差別，依障建立，非無漏種。

由前面種種道理，我們就可以知道，所以本來有五種種性的差別者，是依據有二障和無二障來建立的；並不是因為有無漏種子，和沒有無漏種子的關係。

所說成就，無漏種言，依當可生，非已有體。

頭一家又說，你看地獄裏面罪大惡極的眾生，他們雖然是受苦，然而還是有無漏種子。第二家破他說，他們有無漏種子，是說出了地獄之後，得到了人身，聞法熏成的無漏種子，並不是說在地獄中就已經有了無漏種子的本體。這是本有與新熏的不同之處。

有義：種子各有二類。一者本有：謂無始來，異熟識中，法爾而有，生蘊處界功能差別。世尊依此，說諸有情，無始時來，有種種界，如惡叉聚，法爾而有，餘所引證，廣說如初。此即名為本性住種。

第一家單說種子是本有，固然是不對，就是第二家單說種子是始起，也是不對。所以第三家護法菩薩的正義，說種子各有二類。各有，是指有漏種和無漏種；二類，指本有種和新熏種。第一家的本有思想是說，從無始以來在我們第八識中，法爾當然就有的。這種子就是生五蘊、十二處、十八界各各功用能力差別不同的東西。世尊依據這種道理，所以說："一切有情識的眾生，從無始以來，就有種種的種子，好像印度的一種惡叉果一樣，聚在一處。這種種子不是纔起的，是自然而有。"其餘所引的經論來證明，要開廣來說，和頭一家一樣，用不著再說，這叫做"本性住種"。

二者始起：謂無始來，數數現行，熏習而有。世尊依此說有情心，染淨諸法，所熏習故，無量種子，之所積集。諸論亦說，染淨種子，由染淨法熏習故生。此即名為習所成種。

第二種是始起，就是說，從無始以來，常常生起了現行，這樣慢慢的熏習而有。所以世尊依據這個道理，說一切有情識的眾生心，都是由染淨諸法所熏習的。由此無量無邊的現行法熏習過了之後，所以留下了無量無邊的印象——種子、習氣，積集在阿賴耶識裏面。不但經上這樣說，就是在許多論上也這樣說："無論是有漏法或無漏法，所有染淨諸法的種子，完全是由染淨諸法的現行熏習而來。"這就叫做"習所成種"。

若唯本有，轉識不應與阿賴耶為因緣性。

設若照你頭一家說，種子唯是本有，那末，前七識就不應當給第八阿賴耶識作因緣的體。因為經論上都是這樣說："前七識的現行法去熏習第八識。"可見前七識就作了第八識的因緣了。假定沒有熏習只有本有的話，那經論上所說的，豈不是變了虛語嗎？

如契經說：諸法於識藏，識於法亦爾；更互為果性，亦常為因性。此頌意言：阿賴耶識與諸轉識，於一切時展轉相生，互為因果。

諸法，指前七識雜染現行法；識藏，指阿賴耶識。互為因性：（一）前七識給第八識作兩種因：①現在法作長養因，②未來法作攝植因。（二）第八識給前七識作兩種因：①種子生因，②所依止因。互為因果：現行熏種子，前七識能熏者為因，第八識被熏者為果。種子生現行，第八識裏面的種子能生者為因，前七識被生的現行法為果。

好像大乘經裏面說：前七識雜染現行的一切法對於第八藏識，或者是第八藏識對於前七識的雜染現行一切法，它們總是互相為因，互相為果的。這在上面已註明，所以這首頌上的意思，就是說的第八識和前七識的關係，無論在甚麼時候，它們是互為因果的。

《攝大乘》說：阿賴耶識，與雜染法，互為因緣；如炷與燄，展轉生燒；又如束蘆，互相依住。唯依此二，建立因緣。所餘因緣，不可得故。若諸種子，不由熏生，如何轉識，與阿賴耶，有因緣義？非熏令長，可名因緣；勿善惡業，與異熟果，為因緣故。又諸聖教，說有種子，由熏習生，皆違彼義；故唯本有，理教相違。

《攝大乘》是一部論，是無著菩薩造的，內容約十種意義，就把大乘的道理，包攝在裏面。雜染，就是善、惡、無記三種東西，參雜在一個地方，就是前六識有漏法的現行。炷是燈心，燄是燈燄。生是生起，燒是燃燒。束是束縛，蘆是蘆柴。

在無著菩薩所造的《攝大乘論》上面這樣說："第八阿賴耶識同前七識的有漏現行法，是可以互相做因緣的。"就是說，前七識的現行法去熏第八識，那前七識就是因，第八識就變成果。若是第八識裏面的種子，又生起了前七識的現行來的話，那第八識是因，前七識又叫做果法了。這樣的現熏種，種生現，所以叫做互為因緣。這個互為因緣的道理如果不懂，可說個譬喻：好像點油燈一樣，燈焰燒燈心，燈心又生燈焰；這燈焰是譬如前七識的現行，燈心好像第八識的種子；這餤燒炷，炷生焰，是譬如互為因緣。還有蘆束互為依持的譬喻，那也是說明前七識和第八識的互相依託的深切關係的。唯有前七和第八互為因緣的道理，纔可以建立因緣的意義；除了這個辦法，其餘的外物都不可以做因緣的條件。

　　設若照你頭一家那種說法，種子不是由熏習纔生的話，那論上為甚麼又說"前七轉識與第八藏識，有互為因緣的關係"呢？我也知道你一定會說："我不是說不熏，不過熏是'本有的種子'使它增長起來；並不是完全沒有本有種子，只要熏習就可以生種子起來。"是不是這個意思？設若是的話，那就不對！因為不可以說令它增長起來，就可以把它當做因緣。甚麼原因呢？不可以把善惡的業，就當做第八識異熟果的因緣啊；善惡業只可叫做增上緣，不可叫做因緣。同時，許多經論上都說種子是由熏習生起的；你一定要說種子是本來就有，不是由熏習生的話，這不但是違背了道理，並且違背了聖教。

　　　若唯始起，有為無漏，無因緣故，應不得生。有
　　漏不應為無漏種，勿無漏種，生有漏故。許應諸
　　佛，有漏復生；善等應為不善等種。

　　不過照你第二家說的"完全沒有本有種子，都是由熏習纔生起來的"，那也是不對！因為無漏的善法有兩種，一種是無為的無

漏法，那是不生不滅的涅槃，當然用不著種子；若是有為的無漏法——四智菩提，那不能說沒有種子。試問這種子是由甚麼地方熏習得來呢？我老實告訴你，你無論怎樣去熏，熏的都是有漏法種——善種，而不能熏成無漏法的善種。這話是怎樣說的呢？因為所熏的——唸佛、誦經、持咒、聽法、修善，只可以做增上的助緣，而不可以做親因緣。因為這個道理，設若你單單說始起，而不說本有，那有為無漏的種子，就沒有因緣，應當不能生起了。既然沒有本有的無漏種子，那不能用有漏種子，來當做無漏種子。假定有漏可以生無漏，那無漏種也可以生有漏，你贊成嗎？如果贊成的話，那將來無漏的佛果，也要再生起有漏了；善種尚且不可以做不善的種子，那有漏種更不可以做無漏種了。這就是說，假定你不贊成有本有的無漏種，那在凡夫和資糧加行，以及七地菩薩以前，就沒有法子來熏得有為無漏四智菩提的種子了。

分別論者，雖作是說，心性本淨，客塵煩惱，所染污故，名為雜染。離煩惱時，轉成無漏，故無漏法，非無因生。而心性言，彼說何義？若說空理，空非心因，常法定非諸法種子，以體前後，無轉變故。若即說心，應同數論，相雖轉變，而體常一。惡無記心，又應是善；許則應與信等相應，不許便應非善心體；尚不名善，況是無漏？有漏善心，既稱雜染，如惡心等，性非無漏，故不應與無漏為因，勿善惡等，互為因故。

《分別論》是一部論的名字。《分別論》者是造這部論的人，就是世親菩薩。客是對主人說的，塵是對虛空說的。主人沒有來去，而客是有來去；虛空是不動搖的，而微塵是有動搖的；這都是譬如煩惱是外來的。煩是煩雜，惱是惱亂；紛煩之法，惱亂身心，就是貪、瞋、癡等是也。有漏通善惡無記三性，無漏純是善性。空理，是真空的空性。數論，是印度的一種哲學派。相，是二十五諦中間的二十三法。體，是冥諦中的薩埵、剌闍、答摩。

　　造《分別論》的世親菩薩，雖然在論上有這樣說："真心的體性是本來清淨的，不過是因為外面來的客塵煩惱，被它們所染污了，所以叫做雜染。如果離開了煩惱的時候，轉成了無漏，所以無漏法並不是無因而有。"你拿《分別論》上的話，來證明無漏是有因，那我倒要來請問："他說的這'心性'兩個字，是甚麼意義？"設若是說的真空理性，那空性不可做心的因緣。甚麼原因呢？因為空理是恆常不變的東西，不能做一切法的種子；因為種子是要有生滅的條件，而空理的體性，它是前後沒有轉變的，怎樣可以做種子呢？假定你說"空理就是心性"，這樣一來，豈不是同數論師所說的二十五諦一樣嗎？（中間二十三法的相，是有轉變的；而頭一個冥諦的體，是常是一。）如果真是照這種說法，那有漏的善、惡、無記的三性是不必分別，豈不是惡和無記，就是善性嗎？你贊成不贊成？如果贊成，那就應當和信等十一種善法相應；設若不贊成，那就不是善心的體性。善性尚且不可以叫，怎樣又可以說它是無漏性？有漏的善心都叫它是雜當不淨，同惡心是一樣，它的體性不是無漏，所以不可以做無漏的因緣。甚麼道理呢？不可以把善法做惡法的因，或把惡法做善法的因，善惡無記三性來互為因緣啊！

　　　若有漏心，性是無漏；應無漏心，性是有漏；差

別因緣，不可得故。又異生心，若是無漏，則異
生位，無漏現行，應名聖者。若異生心，性雖無
漏，而相有染，不名無漏，無斯過者，則心種子，亦
非無漏，何故汝論，說有異生，唯得成就無漏種
子？種子現行性相同故。然契經說：心性淨者，說
心空理，所顯真如，真如是心真實性故。或說心
體非煩惱故，名性本淨，非有漏心，性是無漏，故
名本淨。

異生，就是眾生，因為眾生是變異受生，又是異類受生，所
以叫做異生。現行，就是現出了行相可見。聖者，就是聖人，是
說佛菩薩都能自正正人，故名聖者。契經，就是佛經；佛經是上
契十方諸佛之理，下契一切眾生之機，故名契經。真是不偽，如
是不變，就是指的十法界平等共有的真心。

設若你說“有漏心的體性就是無漏”，那也可以反過來說“無
漏心的體性也是有漏”，因為有漏和無漏差別的因緣沒有兩個，那
我們凡夫的心就是無漏了；這樣，在凡夫位上的時候，豈不就有
無漏現行嗎？無漏既然現行，那凡夫就應當叫做聖者，為什麼不
呢？設若你說：“凡夫的心，體性雖然是無漏，而表相有染污，所
以不能叫做無漏。”這有什麼過失呢？如果照這樣說起來，那心的
種子也不是無漏。心種既非無漏，為甚麼你們的論上，又說凡夫
分上，可以成就無漏種子呢？種子既然是無漏，現行當然也是無
漏，因為種子和現行，體性和相狀是一樣啊。要知道佛經上所說
的“心性清淨”的話，是說修我空法空觀的人，而破了我執和法
執，所顯現的二空真如的理性；真如，也就是心的真實性。或者

說是心的真體就不是煩惱，這樣就叫做本淨，並不是說，凡夫的有漏心，它的體性就是無漏，叫做本淨。

由此應信：是諸有情，無始時來，有無漏種，不由熏習，法爾成就，後勝進位，熏令增長，無漏法起，以此為因。無漏起時，復熏成種；有漏法種，類此應知。

由上面種種道理就應當相信，一切眾生無始以來就有無漏種子，不是由後來熏習纔有的，法爾如是成就了無漏種子。到了修行有殊勝進步的位分時，本有的無漏種子就一天一天的增長起來。所以一切無漏的現行果法，都是以此無漏種子為因，到了無漏種子生起了現行的時候，又來熏成無漏種子。這樣的種生現，現熏種，漸轉增勝，直至無漏種完全現起的時候，即成就圓滿究竟的果位了。無漏種是本有的，那有漏種不說也可以知道了。

諸聖教中，雖說內種定有熏習；而不定說一切種子，皆熏故生。寧全撥無本有種子？然本有種，亦由熏習，令其增盛，方能得果，故說內種，定有熏習。其聞熏習，非唯有漏；聞正法時，亦熏本有無漏種子，令漸增盛，展轉乃至生出世心，故亦說此名聞熏習。聞熏習中，有漏性者，是修所斷，感勝異熟，為出世法勝增上緣。無漏性者，非所斷攝，與出世法正為因緣；此正因緣，微隱難了，有寄麤顯，勝增上緣，方便說為出世心種。

在經論中雖然說阿賴耶識裏面的內種，一定由熏習而來，然而說熏長也可以，不一定就是說一切種子都是熏習所生的吧？你怎樣可以說沒有本有的種子呢？然而本有的種子也是由熏習令它慢慢增長起來，纔能夠得果，所以說內種一定要有熏習。這一種聞法的熏習不一定完全是有漏，就是聽聞正法的時候，也可以熏習本有的無漏種子，令無漏種子慢慢增盛起來。如果本有的無漏種子起了現行，而無漏的現行又熏成無漏種子，因這樣展轉熏習的關係，出世的無漏道心便能生起了，所以也叫它是聞熏習。這樣，我們就可以知道，在聞熏中如果是屬於有漏性的話，那是屬於修道所斷的煩惱，它也能夠幫助召感殊勝的異熟果，這是作出世法的增上緣。若在聞熏習中是屬於無漏性的話，那就不是所斷的東西，這正是給出世法作正因緣。不過這種正因緣的種子，很微細隱覆起來了，所以不容易知道，那只好寄託在粗顯的殊勝增上緣上面；這是方便說它是出世心種。其實出世心的種子，還是無始以來就有的。

　　依障建立種性別者，意顯無漏種子有無。謂若全無無漏種者，彼二障種，永不可害，即立彼為非涅槃法；若唯有二乘無漏種者，彼所知障永不可害；一分立為聲聞種性，一分立為獨覺種性。若亦有佛無漏種者，彼二障種，俱可永害，即立彼為如來種性。故由無漏種子有無，障有可斷不可斷義。

　　障，就是障礙；二障，就是煩惱障和所知障。非涅槃，就是有漏法。聲聞，就是阿羅漢。獨覺，就是出無佛世的辟支佛。

　　前面說依障有無，來建立種性的差別，其實，這就是顯示無漏種的有無。意思就是說，設若完全沒有無漏種子的話，那二障的種子永遠的不可損害了，因此就說它是無涅槃性的東西；設若單有二乘的無漏種，那只可以損害煩惱障種，而所知障的種子，是永遠的不可以損害；此這叫做聲聞種性和獨覺種性。設若有佛的無漏種子，那末，煩惱障的種子和所知障的種子，通通都可以損害，就叫它是如來種性。我們把上面這三種原因分別清楚了之後，就可以知道，因為無漏種子的有無，所以障有可斷和不可斷的分別。說明白一點，有無漏種子的刀，就可斷二障的柴；若是沒有無漏種的刀，這二障的柴就沒有法子可以斷得了了！

　　然無漏種，微隱難知，故約彼障，顯性差別；不爾，彼障有何別因，而有可害不可害者？若謂法爾有此障別，無漏法種，寧不許然？若本全無無漏法種，則諸聖道，永不得生；誰當能害二障種子，而說依障立種性別？既彼聖道，必無生義，說當可生，亦定非理。然諸聖教，處處說有本有種子，皆違彼義，故唯始起，理教相違。由此應知：諸法種子，各有本有，始起二類。

　　微是微細，隱是隱覆。不爾，如果不是這樣。法爾，就是應當這樣。

　　然而，隱覆在八識田中的無漏種子，是非常微細難知的，因此，祇能約它的二障有無，來顯示它們五性的差別。如果不是這樣，彼二障有甚麼各別的原因，說有可害和不可損害的差別？設若你說本來就有這二障的差別，用不著其他的原因，那末，你可以說本有，我也可以說無漏法的種子也是本來有的，你怎樣可以不贊成呢？設若完全沒有這無漏法的種子，那就可以知道，這無漏法的聖道，是永遠的不會生起！試問還有甚麼東西，來損害這二障的種子，而說依障來建立種性的差別？既然無漏聖道不能生起，說甚麼將來可以生起，決定沒有這個道理！然而在唯識的經論中，都說有本有的種子，你現在要說沒有，這豈不是違背了經論上的意義嗎？所以你們的主張單說起來，不贊成本有，在道理和經教上都是相違的！由這個原因我們就應當知道，一切法的種子各有二類：一是本有的種子，一是始起的種子。

　　然種子義，略有六種。一、剎那滅：謂體纔生，無間必滅，有勝功力，方成種子。此遮常法，常無轉變，不可說有，能生用故。

　　上面是討論種子是怎樣有的，現在是研究做種子的資格；他告訴我們，一共有六個條件：第一個是要剎那滅，滅就是"生、住、異、滅"的滅。此有：①大期生滅，②一期生滅，③剎那生滅三種。大期生滅，是有情未斷煩惱以前的無量生死；一期生滅，是現實一期生命的生死；剎那生滅，是心裡的念念生滅。現在說剎那滅，有兩種簡別：一是生滅法，簡別不是無生滅法；二是簡別不是無始生滅和一期生滅。條件是要體性一生起的話，中間沒有另外一個甚麼東西在那裡隔住，即刻就滅下去了！能夠這樣的，纔有殊勝的功用和能力，纔可以叫做種子。這個條件就是不贊成恆常不變的東西，好像虛空和真如，它們都是恆常不變的，所以不能說有生起現行果法的作用，因此虛空和真如都不能叫做種子。

　　二、果俱有：謂與所生現行果法，俱現和合，方成種子。此遮前後及定相離，現種異類，互不相違，一身俱時有能生用；非如種子，自類相生，前後相違，必不俱有。雖因與果有俱不俱，而現在時可有因力，未生已滅，無自體故，依生現果，立種子名，不依引生，自類名種，故但應說，與果俱有。

種子和現行有四種分別：①現行熏種子，②種子生現行，③種子引種子，④現行引現行。現熏種，是異類同時；種生現，也是異類同時：種引種，是同類異時；現引現，也是同類異時。不過前三種是因緣，第四種是等流。

現在說果俱有的條件，不但簡別第四種的現引現不是果俱有，就是第三種引種，也是前後相生的。現熏種雖然是果俱有，然而現行法是有間斷的；所以果俱有的條件，唯是"種子生現行"的第二種，纔是因果同時而有的。所以說，能生的種子同所生的現行果法，是現在和合的。這就簡別了種引種的前後剎那，不能做種子的條件。雖然現行和種子的關係是異類的，然而是同時，所以合乎果俱有的條件。所以說，要是一身，不是他身；要因果同時，不是前後異時，纔有能生的功用。不同種子引種子，是自類相生，前後是相違的，所以不是同時俱有。雖然前面三種之中，因同果法，有同時和不同時，而現今所說的，不是說未來和過去的，是說現在時纔有因的能力來生果法。若是未來和過去法，那是沒有自體，故以現行的果法來立種子的名稱，不依第三種，種引種的自類種子，所以說"果俱有"。

三、恆隨轉：謂要長時一類相續，至究竟位，方成種子。此遮轉識，轉易間斷，與種子法，不相應故。此顯種子，自類相生。

第三個條件，要恆隨轉；就是長期的一類相續，不是常，也不是斷，要前滅後生，一直到究竟成熟的時候，纔叫做種子。這就是遮除前六轉識的容易間斷，間斷的東西是不合種子規則的。同時前六轉識是三性互易的，不是一類相生的，所以轉識不可做種子的條件。

四、性決定：謂隨因力，生善惡等，功能決定，方成種子。此遮餘部，執異性因，生異性果，有因緣義。

種子第四個條件，就是它的體性要有決定性，就是"什麼因，生什麼果"。例如善因生善果，惡因生惡果，無記因生無記果；這生果法的功能要決定，方可以叫做種子。像小乘善生惡、惡生善的說法，在唯識家看，是沒有做種子資格的。

五、待眾緣：謂此要待自眾緣合，功能殊勝，方成種子。此遮外道執自然因，不待眾緣，恆頓生果；或遮餘部，緣恆非無，顯所待緣，非恆有性，故種於果，非恆頓生。

待是等待。功是功用，能是能力；殊是特殊，勝是超勝。遮是遮除，就是不贊成的意思；外道，就是心外求道，指印度的異教徒。餘部，就是大乘之餘，指的小乘。

種子第五個條件，就是要等待眾緣，方有果生。意思就是說，如果要種子生起現行果法的話，除了種子本身之外，還要其餘的眾多助緣、功用和能力，這樣，纔可以叫做種子。這就是不贊成印度有一種外道，他們主張一切法都是無因自然而生，用不著等待眾緣，可以恆常頓時生一切果法；或者遮除其餘的小乘，緣也是恆常有的主張。如果真是恆常有緣的話，那末，無論甚麼時候都可以生果，在事實上又不是這樣。可見緣是要等待而有的，並不是恆常而有。所以種子的因對於現行的果法，決定要待緣纔可以生起，並不是恆常頓生。

> 六、引自果：謂於別別色心等果，各各引生，方
> 成種子。此遮外道執唯一因，生一切果。或遮餘
> 部，執色心等，互為因緣。唯本識中，功能差別，具
> 斯六義，成種非餘。

種子第六個條件就是引自果；各各不同的因，而引生各各不同的現行果。例如色法的種子，只可以生色法的現行；心法的種子，只可以生心法現行。各各引生自果，纔可以叫做種子；這就是破除外道"一因能生一切果"的主張。或者，遮除小乘執著"色法的種子，生心法的現行；而心法的種子，生色法的現行"，這樣的色心互為因緣，那怎樣可以呢？

最後幾句是總結上面六義，所以說，唯有第八根本識中裏面所含藏的種子，纔具足前面這六個條件；也唯具此六個條件，方能叫做種子，其餘的皆沒有做種子的資格。

> 外穀麥等，識所變故，假立種名，非實種子；此
> 種勢力，生近正果，名曰生因；引遠殘果，令不
> 頓絕，即名引因。

近正果：近是直接，如豆生芽。遠殘果：遠是間接，如芽生幹，開花結豆。正果，是存在，如人身；殘果，是死後，如屍骸。

至於外面的穀和麥，大家不知道的以為是穀種麥種，其實不

是親種。因為它本身還是現行的果法，真實的親種是含藏在阿賴耶識裡面；所以外面的穀麥，還是阿賴耶識所變現的相分，假名種子，不是真實種子。這種種子生果的勢力，有兩種：一種是生正果，因為它接近果的原故，所以叫做生因；一種是引殘果，它比較上疏遠一點，所以叫做引因。

　　內種必由熏習生長，親能生果，是因緣性；外種熏習，或有或無，為增上緣，辦所生果，必以內種，為彼因緣，是共相種，所生果故。

如果是第八阿賴耶識裏面所含藏的種子，那種子必定是由熏而生，或由熏習而長。因阿賴耶識裏面的種子，它是親（直接）生一切現行的果法，所以是親因緣。至於外面的穀麥等種，或用熏，好像茶葉用芝蘭花來熏習；或者不用熏，好像桂花蘭花，它本身上就有香氣，用不著別個東西來熏它，所以說“或有熏習，或無熏習”。不過這一種外面的熏習，作增上緣是可以，不能作親因緣。如果真真要成辦一切現行的果法，那必定要用內種來做它們的因緣；因為外面的一切山河大地、森羅萬象，都是大家阿賴耶識共變的相分種子所生出來的現行果法。

　　依何等義，立熏習名？所熏能熏，各具四義，令種生長，故名熏習。何等名為所熏四義？一、堅住性：若法始終，一類相續，能持習氣，乃是所熏。此遮轉識，及聲風等，性不堅住，故非所熏。二、無記性：若法平等，無所違逆，能容習氣，乃是所熏。此遮善染，勢力強盛，無所容納，故非所熏，由此如來第八淨識，唯帶舊種，非新受熏。三、可熏性：若法自在，性非堅密，能受習氣，乃是所熏。此遮心所，及無為法，依他堅密，能受習氣。四、與能熏共和合性：若與能熏同時同處，不即不離，乃是所熏。此遮他身，剎那前後，無和合義，故非所熏。唯異熟識，具此四義，可是所熏，非心所等。

現在要講到熏習上來了。但熏習也有兩種，就是所熏和能熏。所熏有四個條件，能熏也有四個條件，纔能夠令種子或生或長，否則是沒有熏習資格的。所熏的四個條件是甚麼？第一個是堅住性，就是一件東西從始至終是三性不分的一類，又是相續不斷的，具有這樣的條件，纔可以叫做所熏——執持習氣；使熏成的種子，不散不失，前六轉以及聲和風，沒有相續不斷的堅住性，所以它們不能做所熏。

第二是無記性，設若有一件東西，它是平等性，善來它也受熏，惡來它也受熏，它容納了善惡性，卻沒有善惡的違逆現象，具有此義，方可以叫做所熏。但純善或純惡的東西，它們的勢力強，彼此互不相順，不能容納，是不能做所熏的。佛的第八識唯是清淨的善法，所以它不能做所熏。

第三是可熏性，就是一件東西，它自己可以做主，不會被別人束縛，能夠得到自由自在；並且它的體性是虛疏的，不是堅密的，能夠容受善惡的熏習，唯其如此，纔可以做所熏。這是遮除心所和無為法的，因為心所沒有主權，不得自在；無為法又是堅密的，所以它們不是所熏。

第四要和能熏和合：能所熏要同在一剎那時間，又要同處；能

所熏都是自己身上的，別人的能熏不可以來熏我的所熏。所以能
熏和所熏雖不即一個，然而也不相離；這樣能所和合，纔可以發
生熏習的作用。這就是遮除別人的識，不可以熏我的第八識，以
及前後相隔，也不能作為所熏；因為"自他"和"前後"都沒有
和合的意義啊，所以都不能做所熏。說了半天，究竟那一個纔能
做所熏呢？唯有凡夫位上的第八異熟識，纔完全具足上面這四種
意義，所以纔可以做所熏。然而單是第八識的心王心所，還是不
可以，因為它缺了第三個條件，自己不能夠自在做主啊。

何等名為能熏四義？一、有生滅：若法非
常，能有作用，生長習氣，乃是能熏。此遮無為，前
後不變，無生長用，故非能熏。二、有勝用：若有
生滅，勢力增盛，能引習氣，乃是能熏。此遮異
熟心心所等，勢力羸劣，故非能熏。三、有增減：若
有勝用，可增可減，攝植習氣，乃是能熏。此遮
佛果，圓滿善法，無增無減，故非能熏。彼若能
熏，便非圓滿，前後佛果，應有勝劣。四、與所熏
和合而轉：若與所熏，同時同處，不即不離，乃
是能熏。此遮他身，剎那前後，無和合義，故非
能熏。唯七轉識，及彼心所，有勝勢用，而增減
者，具此四義，可是能熏。如是能熏與所熏識，俱
生俱滅，熏習義成，令所熏中，種子生長，如熏
苣藤，故名熏習。

前面是講的所熏條件，現在來講能熏的條件。能熏的條件也

有四個，第一是有生滅：假如有一法，不是恆常不變的，能夠有作用，能夠生起或增長習氣，這纔可以叫做能熏。無為法，它是前後不會轉變的，沒有生和長的作用，所以不可以做能熏。

第二是有勝用：設若是生滅的東西，它有勢力增盛起來，能夠引生習氣，纔可以叫做能熏。第八識的異熟果報，它的心王和心所都是無記性，勢力非常的羸劣，所以不能夠做能熏。

第三是有增減：設若有勝用，可增可減的東西，能夠攝植習氣，纔可以叫做能熏。這就是說，一到了佛果，他是圓滿了善法，再不能加增或減少，所以佛果不能做能熏。如果佛還要熏的話，那佛的功德也就不能稱為圓滿了。

第四是與所熏和合：就是說，能熏和所熏要同在一刹那，又要是自己的，這叫做"同時同處"；也不是一，也不能離開，有這樣的條件，纔叫做能熏。這就是遮除——別人的不能做我的能熏，前後兩刹那也不能做能所熏。唯是自身的和合的，纔能做能熏。

明白了上面這四個條件，我們就可以知道，做能熏的資格，只有前七轉識的心王和心所，因為它們有殊勝的勢用，又可以增減。具足上面這四個條件，纔可以做能熏。

現在要把能熏和所熏，總結起來：能所是同生同滅的，熏習的意義纔可以成立。有了前七識能熏的條件，纔能夠令所熏第八識裏面所生的種子，慢慢增長起來。好像印度有一種胡麻一樣，因為它要榨香油，所以它先用香的東西去熏；前七識心王和心所的現行，去熏第八識心王的種子，就好像這樣，所以叫做熏習。

能熏識等，從種生時，即能為因。復熏成種，三法展轉，因果同時，如炷生燄，燄生焦炷；亦如蘆束，更互相依，因果俱時，理不傾動。能熏生種，種起現行，如俱有因，得士用果。種子前後，自類相生，如同類因，引等流果。此二於果，是因緣性，除此，餘法皆非因緣。設名因緣，應知假說。是謂略說一切種相。

能熏的前七識，從第八識裏面的種子生起的時候，就能夠為因。種子生起了現行，由現行再熏成種子。這樣的"種生現，現熏種"，叫做三法展轉；無論是種生現，或現熏種，那都是因果同時的。好像燈心生燈燄，或燈燄燒燈心，這也是三法展轉。又好像蘆茅綑縛在一處，這也是譬如前七識和第八識是互相為依的。這因果同時的道理是很穩固的，一點都不會搖動。

現熏種，種生現，在十因上叫做俱有因，在五果上叫做人為的士用果。前念的種子引生後念的種子，這是自類相生，這在十因中叫做同類因，在五果中叫做同等流類的果。上面這俱有因對於士用果，同類因對於等流果，都屬於因緣性。除了這俱有因和同類因之外，其餘的都不是因緣，縱然說是因緣，也是方便說的。上面講了種子許許多多的道理，也不過是略略說了一下種子的意義而已。

此識行相所緣云何？謂不可知，執受處了。了，謂了別，即是行相；識以了別為行相故。處，謂處所，即器世間；是諸有情所依處故。執受有二，謂諸種子及有根身。諸種子者，謂諸相名，分別習氣；有根身者，謂諸色根，及根依處。此二皆是識所執受，攝為自體，同安危故。執受及處，俱是所緣。阿賴耶識，因緣力故，自體生時，內變為種，及有根身，外變為器。即以所變，為自所緣，行相仗之，而得起故。

上面已經把阿賴耶識的自相、果相、因相的一切種相都講過了，現在來講不可知的根身、器界和行相。先講一個"了"字，甚麼叫做了呢？就是了別，也就是行相。因為識就是用了別來做它的行相。

處，又是甚麼呢？就是我們所依住的這個器世界，也就是我們這班有情識的眾生所依住的處所啊。

甚麼是執受呢？執受有兩種，一種是種子，一種是根身。種子是甚麼？就是相的習氣、名的習氣、分別的習氣。習氣，就是熏習的氣分，也就是種子的別名。根身，也有兩種，一種是看不見的神經，一種是看得見的身體。這種子和根身都是第八識所執持，所領受的。因為這個第八識是攝受根身為自體，所以安則同安，危則同危。

執受根身和器界處所的阿賴耶識，由因緣的力量，所以自體生起的時候，裏面就變成種子及有根的身體，而外面就變出了山河大地的器世界。這阿賴耶識就用自己所變的相分，又拿它來當自己所緣的境界。因為阿賴耶識見分的行相要依仗這根身器界的相分，這見分纔能夠生起。

此中了者，謂異熟識，於自所緣，有了別用。此了別用，見分所攝。然有漏識，自體生時，皆似所緣、能緣相現，彼相應法，應知亦爾。似所緣相，說名相分；似能緣相，說名見分。若心心所，無

所緣相，應不能緣自所緣境。或應一一，能緣一
切，自境如餘，餘如自故。若心心所，無能緣相，應
不能緣，如虛空等，或虛空等，亦是能緣。故心
心所，必有二相。如契經說：一切唯有覺所覺義
皆無；能覺所覺分，各自然而轉。

前面講第八識的所緣——根身、器界、種子，現在來講第八識
的能緣——見分。現在所說的"了"是甚麼呢？就是第八異熟識，對
於自己所緣的境上，有一種明了分別的作用；這一種了別的作
用，是屬於能見的一分所攝。然而，在我們凡夫有漏的識上，自
體生起的時候，都好像有所緣的相和能緣的見這兩種相狀顯現起
來；第八識的心王既然有這能所的見相二分，那末，同它相應的
五個心所，當然也是一相。好像有所緣的相狀，所以叫做相的一
分；好像有能緣的相狀，所以叫做見的一分。反過來說，設若心
王和心所如果沒有所緣的相，那見分就不能夠緣自己的境界。自
己既然沒有自己的相分，給它自己的見分所緣，那只好去緣別識
的境別；這樣一來，每一個識都可以緣一切的境界。例如眼識也
不一定緣色的境界，也可以緣聲，緣香……緣法的境界了。自識
的境界同餘識的境界是一樣，那末，餘識的境界也可以同自識的
境界一樣給我緣啊！這是說，沒有自己所緣的相分是不可以。設
若心王和心所沒有能緣的相，那就不應當有能緣的功用；既然沒
有能緣的功用，那就同虛空一樣了，因為虛空是沒有能緣的功用
啊。反過來說，虛空也同心王心所一樣，也有能緣的功用啊。依
上面種種的道理說起來，那心王和心所必定有能緣和所緣的"見
相二分"。不但道理上說起來，應當有見相二分，就是契經上也這

樣說："一切法都是假的，都是由心識幻現出來的。"可見所覺了的一切法義都是沒有的，只有識體上轉變出來的能覺的見分和所覺的相分而已。

> 執有離識所緣境者，彼說外境是所緣，相分名行相，見分名事。是心心所自體相故。心與心所，同所依緣，行相相似，事雖數等，而相各異，識受想等，相各別故。達無離識所緣境者，則說相分是所緣，見分名行相，相見所依自體名事，即自證分。此若無者，應不自憶心心所法，如不曾更境，必不能憶故。心與心所，同所依根，所緣相似，行相各別，了別領納等，作用各異故。事雖數等，而相各異，識受等體有差別故。

有一種人他們執著離開心識之外，有一種實在的所緣境界。他們說：外境是所緣，相分是行相，而見分纔是心識的體。因為見分是心王心所的體，而相分是心王心所的行相。心王和心所同所依託的根，同所緣的境，既然依和緣都是相同，所以它們的行相是相似。雖然心王的體和心所是同等，然而它們的行相是各各不同。因為識的行相是了別，受的行相是領納，想的行相是計度名言，行的行相是造作，所以心王和心所的行相是各各不同。

如果能夠了達離開識之外，沒有所緣境的話，那就是相分來做所緣的境界，見分是屬於行相，而相分所依的自體纔叫做事，就是自證分。如果沒有這個自證分的自體的話，那心王心所也就不會回憶到從前所做的事，好像你從來就沒有看見過的人物，你決定回憶不起來。

　　心王和心所雖然是所依的根相同，所緣的也是相似，然而，它們的行相倒是各各不同；識是了別的行相，受是領納的行相，想是計度的行相，行是造作的行相，所以功用各別。你不要以為王所都是以自證分為事，其實行相是有各異的。因為識的體和受的體，受的體和想的體，想的體和行的體，是各各有差別的。

　　然心心所，一一生時，以理推徵，各有三分：所量、能量、量果別故；相見必有所依體故。如《集量論》伽他中說：似境相所量，能取相自證；即能量及果，彼三體無別。又心心所，若細分別，應有四分，三分如前，復有第四證自證分；此若無有，誰證第三？心分既同，應皆證故。又自證分應無有果，諸能量者，必有果故。不應見分是第三果。見分或時非量攝故。由此見分，不證第三；證自體者，必現量故。此四分中，前二是外，後二是內；初唯所緣，後三通二：謂第二分但緣第一；或量非量，或現或比。第三能緣第二第四。證自證分，唯緣第三。非第二者，以無用故，第三第四，皆現量攝，故心心所，四分合成。具所能緣，無無窮過。非即非離，唯識理成。是故契經伽他中說：眾生心二性，內外一切分；所取能取纏，見種種差別。此頌意說，眾生心性，二分合成。若內若外，皆有所取能取纏縛，見有種種，或量非量，或現或比，多分差別，此中見者，是見分故。

　　然而心王和心所每一個生起的時候，設若用道理推論起來，各各都有三分：第一是所量，第二是能量，第三是量果；所量是相分，能量是見分，相分和見分的所依自體，那就是自證分。

　　在《集量論》偈頌裏面有這樣的說法：好像是外面的境界是所量，能取相的就是能量，自證分就是量果。這所量的相分和能量的見分，以及自證分的量果，其用雖然不同，其體是沒有差別的。

　　又心王和心所大概的是照上面三分就可以了，設若再仔細來分別一下，應當要有四分；三分是如前面一樣，再加上一個證自證分。為甚麼又要加上它做甚麼？設若沒有它的話，拿甚麼東西來證明第三的自證分不錯呢？因為見分要自證分去證，那末，自證分的證明者，是甚麼人呢？那就是證自證分啊。因為三和四同是內心的一分，所以應該有證。設若自證分緣見分的時候，那見分是所量，自證分是能量；如果沒有第四證自證分來證明的話，那自證分就沒有量果了，因為凡是有能量，一定要有量果。你一定會說："不用證自證分做量果，用第二見分做量果，不是一樣嗎？"要知道，見分通三量，有時候是非量，是錯量，是靠不住，所以不應當用見分做量果，因為證自體的，必定要現量纔可以。

　　每一個心王或心所，都有四分：①相分，②見分，③自證分，④證自證分。這四分裏面相分和見分是屬於外，自證分和證自證分是屬於內。又相分單屬於所緣的境，後面三分不但做所緣，並且可以做能緣。就是說，見分但緣相分，有的時候是正量，有的時候又是錯量，現量和比量都有。第三自證分不但能緣見分，並且能緣證自證分。至於第四證自證分，只可緣第三自證分。請問證自證分也緣見分嗎？不緣。甚麼理由呢？因為既有自證分去緣它，所以用不著第四。第三的自證分和第四證自證分，都是屬於現量，所以可以互量，又可以互證。因這種道理，無論是心王或是心所，都是四分合成的。有所緣，又有能緣；第三既然可以反證第四，所以用不著第五、第六……就不會犯無窮的過了。這四分是一個嗎？不是。那末可以離開嗎？不可以。具有這四分，唯識的道理纔可以成立。

所以經上有一首偈頌也說："眾生的心有兩種性，裏面二分為一性，外面二分又為一性；所取是相分，能取是見分，被這二分所纏縛住了，所以纔見到有種種差別的不同。"

如是四分，或攝為三。第四攝入自證分故。或攝為二，後三俱是能緣性故，皆見分攝。此言見者，是能緣義。或攝為一，體無別故。如《入楞伽》伽他中說：由自心執著，心似外境轉，彼所見非有，是故說唯心。如是處處說唯一心；此一心言，亦攝心所。故識行相，即是了別；了別，即是識之見分。

上面這相分、見分、自證分、證自證分，這四分也可以合為三分，就是把證自證分合在第三分裏面。或合為二分也可以，就是相分是一分所緣的，後三分合為一分是能緣的，都屬於見分所攝。這個地方所說的見，不是單單指的第二，凡是有能緣的功用，都叫做見分。或合為一分也可以，因為四分沒有兩個體性啊。

好像《入楞伽經》偈頌裏面這樣說："由我們自己心中有了執著，雖然是由自心變現的境界，也認為有實在外境的顯現；其實所見的山河大地，那有真實呢？因為唯識家說'一切法是唯識所變'啊！"這樣的道理，在許多經論上也說"唯是一心"。不過這一心不是單單指的一個心，不但是八個識，連五十一個心所也在內，其實是包含了五位百法。照上面這許多說法，我們就可以知道，識的行相就是了別，了別也就是識之見分。

> 所言處者，謂異熟識，由共相種成熟力故，變似色等，器世間相，即外大種，及所造色。雖諸有情，所變各別，而相相似，處所無異，如眾燈明，各偏似一。誰異熟識，變為此相？有義：一切。所以者何？如契經說：一切有情，業增上力，共所起故。有義：若爾，諸佛菩薩，應實變為此雜穢土。諸異生等，應實變為他方、此界，諸妙淨土。又諸聖者，厭離有色，生無色界，必不下生，變為此土，復何所用？是故現居，及當生者，彼異熟識，變為此界，經依少分，說一切言，諸業同者，皆共變故。

前面講的是識的見分，現在來講識的相分。第八識的相分有三種，所謂根身、器界、種子，而現在是專講器界。所謂“處”者是甚麼呢？就是第八識裏面所含藏了的共相的種子；眾生的共相種子到了成熟的時候，即變現了似色等一種器世間的相狀，這就是外面的地、水、火、風的四大種，及色、香、味、觸的所造色，所謂“能所八法”。

雖然有情所變的各各不同，但相狀是相似的，處所是無異的。這意思恐怕不容易懂，所以來說個譬喻：好像幾百盞燈光在一處，光雖然是由各各不同的燈上放出來的，然而各各燈上的光，都普偏在這一處，又分不出彼此來，所以好像是一。

現在要討論這個器世界，是甚麼人的第八識所變的呢？這有三家的主張不同，第一家的主張說：“是一切眾生大家共變的，因經上說：‘由一切眾生所作的業，增上的勢力，共同生起的這一個世界。’”

第二家覺得他這種說法不對！如果真是照你這種說法，那末，諸佛菩薩也應當實實在在變成這一種齷齪的穢土。就是一切眾生也應當變出或他方或此界一切清淨的妙土來。還有哩，一種三果阿那含的聖人，他們是討厭這個色界，離開了這個色界而生到無色界去了，他們必定不願意再生到這欲界和色界中來！因為他們變這些穢土，又有甚麼用處呢？因上面這種種的道理，我們就可以知道，凡所變的器界，一種是為現在，一種是為了當來去受生用的，那末，他的第八識就變成了此界或他方的住處。經上說一切，不是儱侗含渾的一切，是依據少部分同造這一種業的人的一切，就是造的業是相同的，所以大家纔可以共變。

有義：若爾，器將壞時，既無現居，及當生者，誰異熟識，變為此界？又諸異生，厭離有色，生無色界，現無色身，預變為土，此復何用？設有色身，與異地器，麤細懸隔不相依持，此變為彼，亦何所益？然所變土，本為色身依持受用，故若於身，可有持用，便變為彼。由是設生他方自地，彼識亦得變為此土；故器世界，將壞初成，雖無有情，而亦現有。此說一切共受用者。若別受用，準此應知，鬼人天等，所見異故。

第三家護法菩薩的意義，他說：如果照你第二家這樣的說法，那末，世界將壞的時候，既然沒有現住的人，也沒有當生的人，試問是那一個人的第八識，來變現這個世界呢？還有一種眾生，他很討厭這個欲界和色界，他修行用功離開了這下界，而生到上面的無色界天上去了。無色界的人既然沒有色身，他要老早變好了這個有質礙的世界，有甚麼用處呢？沒有色身，固然用不著住處，就是有色身的話，也不要住在下界這種垢穢的處所！因為隔了地的器界，粗細差得太遠，是不能依住的；而上界的身識來變出下面的器界，有甚麼利益呢？

然而所變的土地，本來是為色身依持受用的，所以，設若對於身體有依持的受用，那當然要從各人自變。因為這一種原故，設若就是生到他方或此界，他地的識也可以變現此地的土；所以世界將壞或初成，雖然是沒有眾生，還是照常的可以現有。

這還是說的一切山河大地共受用的。至於各人別受用的境界，照這個道理，可以推例而知；好像鬼和人，人和天，各各所見的境界，當然不同的。

> 諸種子者，謂異熟識，所持一切有漏法種，此識性攝，故是所緣。無漏法種，雖依附此識，而非此性攝，故非所緣。雖非所緣，而不相離，如真如性，不違唯識。

第八阿賴耶識的相分有三種，前面所說是器界，現在要講的是種子。這許多種子就是藏在第八異熟的果報識裏面，所持的設若是有漏法種，那和第八識是一樣，都是無記性，也是第八識所緣的境界。如果是無漏種子，雖然也是依附這第八識，然而不是無記性，完全是屬於善性，所以不是第八識所緣的境界。雖然不是有漏識所緣，然而和識也不是相離，好像真如性一樣，它也不是有漏識所攝，還是不違背唯識的道理。

有根身者：謂異熟識，不共相種，成熟力故，變似色根，及根依處，即內大種，及所造色。有共相種，成熟力故，於他身處，亦變似彼；不爾，應無受用他義。

第八識相分三種之中，器界和種子已經講過了，所以現在再來講根身。這根身和器界不同，器界是共相種，根身是不共相種。這根身是第八識不共相種，由這不共相的種子成熟了有力的原故，所以變似色根，以及看得見的外面這眼睛、耳朵、鼻孔、舌頭、身體的五官。這是屬於身上的地、水、火、風四大種，以及色、香、味、觸的所造色。

這外面看得見的根依處——眼睛、耳朵、手足等，也有共相種成熟的，所以對於別人的身處，也有共變。假定完全沒有我們的關係，那為甚麼可以借別人的眼睛代我看信，耳朵代我去聽電話，手代我寫字，而腳代我去走路呢？可見別人的五官，有一部分也是我們共變的啊。

此中有義：亦變似根。《辯中邊》說：似自他身，五根現故。有義：唯能變似依處，他根於己，非所用故。似自他身，五根現者，說自他識，各自變義，故生他地；或般涅槃，彼餘尸骸，猶見相續。前來且說業力所變，外器內身，界地差別，若定等力，所變器身，界地自他，則不決定；所變身器，多恆相續。變聲光等，多分暫時，隨現緣

力，擊發起故。略說此識，所變境者，謂有漏種，十

有色處，及墮法處，所現實色。

有一家說：“不但變外面的根依處，並且也變他人的淨色根。”《辯中邊論》上就這樣說：“有自己和他人的五根身，都可以變現。”

第二家說：“但可以共變他人的根依處，這是因為有共受用。至於變他人的淨色根，對於我們有甚麼用處呢？你前面拿《辯中邊》說的話來證明，不知道它說的‘似自他身五根現’者，它是說‘自己的識變自己的根，他人的識變他人的根’，並不是互變，乃是各各自變。因此，人死了生到別處去了，或者入涅槃了，因為外面的根依處，有大家共變的原故，所以人雖然是死了，而留下來的屍骸，我們大家還看見存在，這就可以證明有大家共變的實事。”

照上面所講，還是業力所變的外面的器界和內面的根身，欲界和色界有五地的不同。若是由定力或神通力所變的器界、根身、界地和自他，那是沒有決定的；若是所變化的人身和物質，都好像很長時間的在那兒存在；若是變化的音聲或是光明，那時間祇是很短的，暫時現一現就沒有了！因為隨一種因緣的力量，而繫發生起的。

在上面說了這許多的話，都是略略的說了一點第八識自己所變的境界；就是說的有漏種子，和五根五塵的十種有色處，以及法處所攝的無見無對色，和禪定所現的實色。

何故此識，不能變似心心所等，為所緣耶？有漏識變，略有二種：一、隨因緣勢力故變；二、隨分別勢力故變。初必有用，後但為境。異熟識變，但

隨因緣，所變色等，必有實用。若變心等，便無
實用。相分心等，不能緣故。須彼實用，別從此
生，變無為等，亦無實用，故異熟識，不緣心等。至
無漏位，勝慧相應，雖無分別，而澄淨故，設無
實用，亦現彼影；不爾，諸佛應非徧智。故有漏
位，此異熟識，但緣身器及有漏種，在欲色界，具
三所緣。無色界中，緣有漏種。厭離色故，無業
果色，有定果色，於理無違，彼識亦緣，此色為境。

這裏有一個問答，就是說：“為甚麼但可以變色，而不能變心
王心所，來做所緣呢？”答：“在我們凡夫有漏識變的時候有兩
種：一是隨從因緣的勢力變；二是隨從分別的勢力變。若是由因
緣勢力變的話，那是有功用的；如果是由分別變的話，那只可以
做所緣的境，而沒有實在的功用。

甚麼叫做因緣變呢？是有種子和助緣。甚麼叫做分別變？不
是由種子變的。就是說，若是由第八異熟識變的，它是隨從種子
因緣所變的法，所以是有實用的。設若是變心法，那是沒有實用，相
分心等是不能夠緣的；設若要有實用的話，那就非要從種子生纔
可以，所以現行識所變的是無用。變無為也是一樣，因為無為是
理性，所以也沒有實用。因此，異熟識但緣根身、器界、種子相分
的色法，而不緣心等，就是這個意思。

一到了無漏位的時候，它是和勝慧相應，雖然是無分別智，然
而他的心水好像大海一樣的澄淨，設若沒有實用，但是可以現彼
心影。如果不是的話，那諸佛也不應當有普徧的智慧。

所以我們現在就可以結論：若是在凡夫有漏位的時候，這個

第八的異熟識，但可以緣根身、器界，以及有漏的種子。就是說，在欲界和色界的有情，他的第八識是能緣三種境界——根身、器界、種子。若是在無色界中，因為沒有業果色，所以不緣根身和器界，只緣有漏種子罷了。無色界的人雖然沒有業果色，然而還有定果色，所以還有它所緣的色境，在道理上也可以說得通。

> 不可知者，謂此行相，極微細故，難可了知；或此所緣，內執受境，亦微細故，外器世間，量難測故，名不可知。云何是識取所緣境，行相難知？如滅定中，不離身識，應信為有。然必應許，滅定有識，有情攝故，如有心時。無想等位，當知亦爾。

上面為甚麼把種子、根身、器界上面都要加一個"不可知"呢？這就是說，第八識能緣的行相是極微細，所以是難可了知。不但是緣的行相，微細難可了知，就是所緣執持的根身和種子，也是微細得不可知；而所緣的器界又太廣大，不容易測量，所以都是不可知。

為甚麼第八識所緣的境界和能緣的行相，都是不可知呢？我們可以舉個例：好像入滅盡定的人，有一個不離身的識，我們應當相信是有。然而為甚麼要贊滅盡定還有心識呢？因為入滅盡定的人，他雖然沒有身語的動作，但是他並不是枯木，照常是屬於有情識的眾生所攝，同未入定以前有心識的時候是一樣。入滅盡定的人有細識，入無想定的人也是一樣。

成唯識論講話（卷三）

　　此識與幾心所相應？常與觸、作意、受、想、思相應。阿賴耶識，無始時來，乃至未轉，於一切位，恆與此五心所相應，以是遍行心所攝故。觸謂三和，分別變異，令心心所，觸境為性；受想思等，所依為業。謂根境識，更相隨順，故名三和。觸依彼生，令彼和合，故說為彼，三和合位。皆有順生心所功能，說名變異，觸似彼起，故名分別。根變異力，引觸起時，勝彼識境，故《集論》等，但說分別，根之變異。和合一切心及心所，令同觸境，是觸自性。

　　現在來問："第八識有幾個心所同它相應？"答："有五個遍行心所常常和它相應：①觸，②作意，③受，④想，⑤思，這五個同第八識相應。"因為第八阿賴耶識從無始以來，一直到沒有轉識成智以前，在三界九地之中都是同這遍行五個心所相應，因為這五個是普遍八個識啊。

　　現在先來講頭一個觸，怎樣叫做觸呢？觸就是根境識三和合

"分別"和"變異"，能夠令心王和心所，同前面的境界相接觸，這就是它的體性；後面的受、想、思……種種的心所，統統都是依靠觸過了以後纔有的，這就是它的業用。現在要提出專門來解釋三和，怎樣叫做三和呢？就是"根""境""識"這三個東西，是互相隨順，所以叫做三和。觸心所又是依託這根境識所生，又能夠令根、境、識和合，所以說"為彼根、境、識三和合的時候而有"。

怎樣又叫做變異呢？就是說觸心所，在根、境、識三和合的時候，有順生其餘的作意、受、想、思，以及別境和善、惡一切心所，這就叫做變異。

怎樣又叫做分別呢？就是說觸心所，有似前根、境、識三和合的功用的能力，所以叫做分別。

觸心所本來是根、境、識三法和合的功用，而《雜集論》上為什麼說"分別根之變異"呢？那是因為根的變異力，能夠引觸生起的作用，比較識和境力量來得殊勝，所以纔說根之變異。其實，觸心所生起，根境識三法一樣也不能少；假使缺少了一樣的話，那就不能夠接觸了。這道理是很容易明白，你去慢慢的考慮一下。所以能夠令根、境、識三法和合，生起一切心王和心所，去接觸對面的境界，這就是觸的自性。

　　既似順起，心所功能，故以受等，所依為業。起盡經說：受想行蘊，一切皆以觸為緣故，由斯故說識觸受等，因二三四，和合而生《瑜伽》但說：與受想思，為所依者，思於行蘊，為主勝故。舉此攝餘。《集論》等說：為受依者，以觸生受，近而勝故。謂觸所取，可意等相；與受所取，順益等

相，極相鄰近，引發勝故。然觸自性，是實非假，六
六法中，心所性故，是食攝故，能為緣故，如受
等性，非即三和。

上面是說觸的自性，現在是說觸的業用。觸的業用是怎樣
呢？因為觸既然是能夠順起心所的功用，所以受、想、思以下的一
切心所，都是依觸而生的，這就是觸心所業用。這可拿《起盡經》
來證明，經上說：「受、想、行三蘊，一切都是由觸的助緣，纔得
生起。」因此，所以說識是由「根、塵」二和而生；觸是由「根、
塵、識」三和而生；受、想、思以下的心所，都是由「根、塵、識、
觸」四和而生。

然而《瑜伽師地論》為甚麼又說觸為受、想、思為所依，而不
是說「行」為所依？因為行蘊裏面包括的東西太多，範圍很大；不
過行蘊是以思心所為主，因為思是造作為體，所以它的功用特別
的殊勝，故說為思，舉思可以攝其餘的心所。那末，《集論》上為
甚麼又說「觸為受所依」呢？這是因為由觸生受，觸和受是靠近
的關係，所以功用殊勝。好比說，觸是取歡喜或不歡喜的境界，受
是取有順益或無順益的境界，所以觸和受是極相鄰近，觸能夠引
發受心所生起，故名為勝。

又因為小乘的經部師，說觸是由「根、塵、識」三和合而生，觸
自己沒有自體，所以唯識家不贊成，說觸是有實體的。六六法，上
面的六是指六根，六法是六識、六觸、六受、六想、六思、六愛。六
觸，就是眼觸、耳觸、鼻觸、舌觸、身觸、意觸。四食，就是段食、
觸食、思食、識食。還有，十二因緣中有「觸緣受」。在六六法中
有六觸，在四食之中有觸食，在十二因緣中有「觸為受緣」，怎樣

可以說"觸是假法無體"呢？觸的自性同受想思一樣，各有體性，可見不是三和無體啊！

作意，謂能警心為性。於所緣境引心為業。謂此警覺，應起心種，引令趣境，故名作意。雖此亦能，引起心所，心是主故，但說引心。有說：令心迴趣異境，或於一境持心令住，故名作意。彼俱非理，應非徧行，不異定故。

上面講的是觸，現在來講作意。作意的體性，就是能夠警動心王和心所的種子生起；作意的業用，就是能夠引心王和心所，到所緣境界的地方上去。因為作意能夠引起心王心所的種子，又能牽引心王心所到所緣的境上，有這兩種功用，所以叫做作意。既然也能夠引起心所，為甚麼但說引心呢？這是因為心是主故，所以但說引心；因為說到引心，心所也就包含在裏面了。

還有兩個意思，一種是說作意，能夠令心迴轉到異境上去；另一種說作意，能夠令心專注一個境界上面。但這兩種說法都不對！因為令心迴轉，那就不是徧行所攝；令心專注一境，那又屬於定的功用了。

受謂領納順違俱非境相為性，起愛為業。能起合離非二欲故。有作是說，受有二種：一境界受，謂領所緣。二自性受，謂領俱觸。唯自性受，是受自相，以境界受，共餘相故。彼說非理！受定不緣俱生觸故。若似觸生，名領觸者；似因之果，應皆受性。又既受因，應名因受，何名自性？若謂如王食諸國邑；受能領觸，所生受體，名自性受。理

亦不然！違自所執，不自證故。若不捨自性，名
自性受，應一切法，皆是自性受。故彼所說，但
誘嬰兒。然境界受，非共餘相，領順等相，定屬
己者，名境界受，不共餘故。

上面是講作意，現在來講受。受的體性就是領納，或領納順
境，或領納違境，或領納不順不違的中庸境。受的業用就是能起
愛，如果受的順境，那就希望欲合不要離；設若是受到逆境，一
定是希望欲離而永遠的不要合；至於不是順也不是逆的境界，那
當然無所謂了。

不過另外有一家說：受也有兩種分別，一種叫做境界受，那
當然是領納到所緣的境界；還有一種叫做自性受，他說這受是領
納俱生的觸。甚麼叫做俱生觸？就是說："受是由觸所生，轉過頭
來又來受觸。"他說："這兩種受中唯有自性受，纔是受的自相；至
於境界受，那是一切心王心所都有它們所緣的境界，不單是受心
所纔有境界，所以叫做'共餘相。'"這種說法對不對呢？當然不
對！怎樣知道它不對呢？因為受決定不緣"俱生觸"！設若照你的
說法"因為從觸生就要受觸"，那世間上一切法都是果從因生，都
要去受因囉？也都叫做自性受嗎？還有，既然是受因，那就應當
叫做因受，為甚麼又要叫做自性受呢？設若你又說："好像'王食
國邑'一樣，因為王是由國邑而生，所以又食國邑的物；因此，受
是由觸而生，所以又領納受的自體，這樣就叫做自性受。"那更是
不對！甚麼原因呢？那有自己受自己的道理？你想，世間有沒有
手指自己觸手指，刀自己割刀？因此，凡是受只可以受他，那裡
能受自己呢？若說自受，此不但違背了你前面自己所說的受觸，並

且自己也不能證明自己啊。

設若你又說，不捨自性所以叫做自性受，那宇宙萬有一切法豈不都可以叫做自性受嗎？因為一切法都是不捨自性啊！所以他前面說甚麼自性受，那完全是騙小孩的話。同時也應該知道，觸是觸對，作意唯警覺，想唯取像，思唯造作；那末，受唯領納，那裡是其餘心所的共相呢？因為受順境就不受違境，受違境就不受中庸的境，所以受只有受境界，是不共其餘心所的。

　　想，謂於境取像為性；施設種種名言為業。謂
　要安立，境分齊相，方能隨起，種種名言。

想的體性，就是對於見過了的境界之後，去取它的影像。想的業用，就是安排施設種種的名字的言句。因為要安立境界的分齊，所以纔能夠生起種種的名言。

　　思，謂令心造作為性；於善品等，役心為業。謂
　能取境，正因等相；驅役自心，令造善等。此五
　既是遍行所攝，故與藏識，決定相應。其遍行相，後
　當廣釋。此觸等五，與異熟識，行相雖異，而時
　依同，所緣事等，故名相應。

思的體性，就是令心去造作；思的業用，就是對於善事或惡事役心去做，能夠取正因或邪因的相狀。若是聽了正法，當然會去作善；假定聽了邪教，那就難免去作惡了。

上面這觸、作意、受、想、思五種，是屬於遍行所攝。因為這五個心所，決定同第八阿賴耶識是相應的。遍行的意義，到後面會詳細的解釋。這觸等五個心所，同第八識行相雖然是不同，然而心所和心王，是同時，同所依的根，同所緣的境，同做一件事，二

同二等，所以叫做相應。

> 此識行相，極不明了，不能分別，違順境相。微
> 細一類，相續而轉，是故唯與捨受相應。又此相
> 應受，唯是異熟，隨先引業轉，不待現緣，任善
> 惡勢力轉故。唯是捨受，苦樂二受，是異熟生，非
> 真異熟，待現緣故，非此相應。

這個第八阿賴耶識的行相，它是最不清楚，因為它不能夠分
別或者順境或者違境。它的行相很微細，不分違順一類的中庸
境，在那前滅後生相續的起伏，所以唯有同捨受相應。

又和第八識的相應受，也是非善非惡的無記性。它是隨從過
去所造的引業，而受現成的果報，並不要等待現在甚麼東西的助
緣，任從過去善惡業的勢力而轉移，所以完全是捨受。至於苦受
或樂受，那是前六識異熟生的責任。因為前六識從第八異熟識所
生，所以前六識不是真正受果報的異熟識。如果要等待現在衣服、
飲食、臥具、湯藥這種種的助緣，那就不同這捨受相應了。

> 又由此識，常無轉變，有情恆執，為自內我，若
> 與苦樂二受相應，便有轉變，寧執為我？故此但
> 與捨受相應。若爾，如何此識，亦是惡業異熟？既
> 許善業，能招捨受，此亦應然；捨受不違苦樂品
> 故。如無記法，善惡俱招。

又因為這第八阿賴耶識，它是恆常一類的沒有轉變的，所以
我們有情的第七識執著第八識為自己主宰的內我；設若同苦受或
樂受來相應的話，那就有轉變了。既然是常常的轉變，那怎樣可
以把它當做有主宰的東西呢？所以第八阿賴耶識，但和捨受相應。

或問："照你這樣說起來，那為甚麼這阿賴耶識，也是惡業所招感的異熟果呢？"答覆這個問題很簡單，就是說："你們既然贊成善業可以招異熟果，那為甚麼不贊成惡業也可以招異熟果呢？"因為賴耶是捨受，所以纔不會違背苦和樂的品類，好像無記法一樣，好壞都能夠容受。

如何此識，非別境等，心所相應？互相違故。謂欲，希望所樂事轉；此識任業，無所希望。勝解，印持決定事轉；此識瞢昧，無所印持。念，唯明記曾習事轉；此識昧劣，不能明記。定，能令心專注一境；此識任運，刹那別緣。慧，唯簡擇得等事轉；此識微昧，不能簡擇。故此不與別境相應。

外人問：你怎樣知道這第八阿賴耶識，和以下的別境、善、惡、不定等心所不相應呢？因為是互相違背的原故。我們就先講別境吧！例如欲心所，它是希望所歡喜的事而轉起；這第八識它是任憑前六識所作的業怎樣而定的，它自己是無所希望。勝解心所哩，它底功用是印證執持決定的事上而轉起；這第八識它是瞢瞢昧昧，它那裡有甚麼印持呢？念心所，它唯有分明記憶曾經學習過的事；然而，第八識它是一個昏昧下劣性的東西，它那裡能夠明記呢？定心所的話，它能夠使令心專注意一種境界；這第八識它是任運的刹那刹那，念念別緣的。慧心所哩，它的功用唯是揀擇或者是好，或者是壞，等等事起；這第八識的功用是非常的微昧，它完全不能揀擇甚麼，所以第八阿賴耶識，因了上面種種的關係，所以不同五個別境心所相應。

此識唯是異熟性故。善染污等，亦不相應；惡作等四，無記性者，有間斷故，定非異熟。法有四種：謂善、不善、有覆無記、無覆無記。阿賴耶識何法攝耶？此識唯是無覆無記，異熟性故。異熟若是善染污者，流轉還滅應不得成。又此識是善染依故。若善染者，互相違故，應不與二俱作所依。又此識是所熏性故。若善染者，如極香臭，應不受熏，無熏習故，染淨因果俱不成立。故此唯是無覆無記。覆，謂染法，障聖道故；又能蔽心，令不淨故。此識非染，故名無覆。記，謂善惡，有愛非愛果，及殊勝自體可記別故；此非善惡，故名無記。

上面是講的第八識同五個別境心所沒有關係，現在來說同善、惡、不定等心所都沒有關係。是甚麼原因呢？因為這個第八識，它是無記的異熟性。所以第八識和善性以及染污等都是不相應的。至於悔、眠、尋、伺這四種不定，它們雖然是無記性，然而又是有間斷的東西，決定不是由過去的因而招感現在的異熟果。

一切法的性質大別分為四種：①善性，②不善性，③有覆無記性，④無覆無記性。試問阿賴耶識是甚麼性質所攝呢？答：“這阿賴耶識是無覆無記異熟性所攝。”

異熟識設若是屬於善性，或者是屬於染性的話，那無論是流轉的凡夫以及還滅的聖人，應該都不得成就。還有，這第八識是善法和染法共所依託的。設若第八識是單屬於善，那就會違背於惡；若是單屬於惡，那又會違背於善，所以說是互相違故，同時，也不可以作善染兩種的所依處了。又第八識它是屬於所熏的東西，設若它是極善的東西，那就不能受染熏；如果是惡，那也不能受善熏；好像極香和極臭的東西，它是不能受熏的。第八識如果失掉了熏習的意義，那一切染淨的因果，統統都不能夠成立！因此，第八識唯是無覆無記。

覆是甚麼意義呢？覆，是染污的東西，能夠障礙無漏的聖道，又能夠障蔽本有的真心，使令它不得清淨。然而，因為第八識的本身，它不是染污，所以叫做無覆。記，又是甚麼意義呢？就是作善有可愛的果，作惡有非愛的果，有善惡的體性可以記別。這第八阿賴耶識既然不是善惡的性質，所以叫做無記。

觸等亦如是者，謂如阿賴耶識，唯是無覆無記性攝。觸、作意、受、想、思亦爾。諸相應法，心同性故。又觸等五，如阿賴耶，亦是異熟。所緣行相俱不可知，緣三種境，五法相應，無覆無記，故說觸等亦如是言。有義，觸等如阿賴耶，亦是異熟，及一切種。廣說乃至無覆無記，亦如是言，無簡別故。彼說非理，所以者何？觸等依識，不自在故。如貪信等，不能受熏；如何同識，能持種子？

現在要講到遍行五個心所了。遍行五究竟同第八識的性質是怎樣啊？第八識既然是無覆無記，那觸、作意、受、想、思這五個心所當然也是一樣；因為凡是和心王相應的東西，它的性質必定是相同，所以也是無記性。五個心所除了和心王同是無記外，同時也是異熟性；就是所緣和行相，也是不可知，所緣的也是根身、器界、種子三種境界。所以這觸等五法的相應，也是無覆無記性；因此，故說"觸等亦如是"這一句話。

還有一家的異解，那就太儱侗了！他說："這五個心所也和阿賴耶識一樣，是異熟報體；也是一切種子的性，一切的一切，通通都和第八識心王一樣。""亦如是"這三個字，沒有一點的簡別，那怎樣對呢？怪不得下面要破他了。

你說的不合乎道理啊！甚麼原因呢？因為觸等五個心所，它們是依託第八識的心王；它們離開了心王，自己是不能夠自由自在生起的。好像信等的善心所，和貪等的煩惱心所，都是不能夠受熏的；心所怎樣可以和心王一樣能夠執持種子呢？

> 又若觸等，亦能受熏，應一有情有六種體。若爾，果起從何種生？理不應言，從六種起，未見多種生一芽故。若說果生唯從一種，則餘五種，便為無用。亦不可說，次第生果，熏習同時，勢力等故。又不可說六果頓生。勿一有情，一剎頃，六眼識等，俱時生故。

還有一種壞處！假若觸等五個心所，也能夠受熏的話，那應當一個眾生有六個種子的體啊！設若真是這樣的話，那末，現行果生起的時候，是從那一個種子生的呢？在道理上說起來，不應當說"一個現行的果法，是從六個種子生起來的"；因為我們沒有看見過各種不同的種子，合起來共生一種芽的事實。如果說現行果法生起的時候，是單從一樣種子生的，那末，其餘的五個種子（一個心王，五個心所），豈不是多餘而沒有甚麼功用了嗎？也不可以說"是一個一個的次第生起"，因為熏的時候是同時熏，而生的時候是次第，恐怕沒有這種道理吧！也不可以說"一個心王種，五個心所種，同一刹那頓生六個現行果"，因為一個眾生不可以同在一時，而生六個眼識的現行果啊！

誰言觸等，亦能受熏持諸種子？不爾。如何觸等如識名一切種？謂觸等五，有似種相，名一切種。觸等與識，所緣等故。無色觸等，有所緣故。親所緣緣，定應有故。此似種相，不為因緣生現識等，如觸等上，似眼根等，非識所依。亦如似火，無能燒用。

外人聽到論主上面這種說法，覺得論主把意思歪曲了，因此他們把自己的主張，再為解釋："我們並沒有說，觸等五個心所，也能夠受熏和執持種子。"論主說："如果你們不是這樣說，那為甚麼又說觸等五個心所，也同心王一樣，叫做一切種子呢？"外人答："我們所說的觸等五個心所，也叫做一切種的話，那是因為觸等五個心所，有相似的種相，所以叫做一切種。以下說出三個原因：（一）觸等五個心所和第八識的心王，所緣境同等。（二）生到無色界中去，它們觸等五個心所，還是有它們所緣的境界。（三）每一個王所，有見分一定有它們的相分，來做親所緣緣，那決定是應當有的。你不要誤會，要知道這一種似種相，不是作因緣的種子，來親生現行的識果。好像觸等所變的似根，不是眼識所依託的；所變的似火，沒有燒的功用，是一樣的道理。所以觸等所變的似種，但作所緣緣，不作親因緣，這道理是說得通的。

彼救非理！觸等所緣，似種等相，後執受處，方應與識而相例故。由此前說，一切種言，定目受熏，能持種義。不爾，本頌有重言失。

論主說外人轉救很不合理！因為觸等所緣的似種，要到後面所說執受處的時候，方可以同心王相例。因這個道理，所以前面所說的一切種，決定是說受熏和持種的意義。如果不是的話，這裏說似種，下面又說似種，那頌中豈不是有重複的過失嗎？

> 又彼所說，亦如是言，無簡別故。咸相例者，定不成證！勿觸等五，亦能了別；觸等亦與觸等相應。由此故知：亦如是者，隨所應說，非謂一切。

又前面所說的"亦如是"這三個字，如果一點都沒有簡別，心所和心王，一切的一切，通通都一樣的相例，那決定不能夠成立。因為不可以說觸等五個心所，也和心王一樣的是了別義；就是說相應，難道觸也和觸相應嗎？當然沒有這個道理。因此，我們就可以知道，"亦如是"這三個字是有簡別的。換句話說，有的地方可同心王一樣，有的地方是不同心王一樣的，不可以一概說之。

> 阿賴耶識，為斷為常？非斷非常，以恆轉故。恆，謂此識，無始時來，一類相續，常無間斷，是界趣生施設本故。性堅持種令不失故。轉，謂此識，無始時來，念念生滅，前後變異，因滅果生，非常一故。可為轉識熏成種故。恆言遮斷，轉表非常，猶如暴流，因果法爾。

這裏有一個問答，就是說："這個阿賴耶識究竟是斷滅的呢？還是常住的呢？"答："不是斷滅，也不是常住。"甚麼理由呢？因為它是恆流的，所以沒有斷滅；然而，又是常常轉變的，所以也不是常住。

怎樣叫做恆呢？就是說，這阿賴耶識它從無始時以來，不是純善，也不是純惡，是非善非惡的無記性，所以叫做相續。因為阿賴耶識是常無間斷的，所以它是三界、五趣、四生、宇宙萬有的根本啊！又因為阿賴耶識它的性格是堅住的，所以能夠執持一切法的種子，使令它不會遺失。

怎樣又叫做轉呢？就是說，這阿賴耶識從無始以來，都是刹那刹那，念念生滅的；前念和後念都是有變動不同，前念過去了，後念又繼續起來，所謂因滅果生，當然不是常，也不是一。因為不是常住和斷滅，所以纔可以給前七識來熏成種子。

唯識學上以"恆"字說明賴耶不是斷滅的，以"轉"字說明賴耶不是常住的東西。好像山上流下來的瀑布一樣，說它是常是斷都不可以，因為它有種子的因和現行的果法，所以當然不是斷常。

> 如暴流水，非斷非常；相續常時，有所漂溺。此識亦爾：從無始來，生滅相續，非常非斷，漂溺有情，令不出離。又如暴流，雖風等擊，起諸波浪，而流不斷；此識亦爾，雖遇眾緣，起眼識等，而恆相續。又如暴流，漂水上下，魚草等物，隨流不捨；此識亦爾，與內習氣，外觸等法，恆相隨轉。

因為阿賴耶識非斷非常、恆轉的道理不容易懂，所以說個譬喻給你聽：好像萬丈懸崖流下來的瀑布水一樣，若說它是斷滅的嗎，然而，天天都看見它在那兒前後相續的流動；若說它是常住的嗎，而前後的流動相，又時刻在那兒變異，所以叫做非斷非常。同時，暴流水還有兩個意義：一是可漂流，一是可沉溺。阿賴耶識也像暴流一樣，業浪滾滾，起伏不斷，前滅後生；一切有情都漂流沉溺在這藏識的大海裏，不能出離。

這暴流的譬喻，還有一個意思，就是暴流雖然是被風擊動，生起波浪，然而不斷的還是照常的流下去。這阿賴耶識也是這樣，雖然是遇到了眾緣，現起了前六識的波浪，然而，還是照常的相續不斷。

暴流還有一個意義：漂流的水上上下下，而水裏面的魚和水面上的浮萍草，雖然是隨水流，然而不捨離本處，隨上下而漂流。這阿賴耶識就是這樣，它和內面習氣的魚以及外面觸等的草都是恆相隨轉的。

> 如是法喻：意顯此識，無始因果，非斷常義。謂
> 此識性，無始時來，刹那刹那，果生因滅。果生
> 故非斷；因滅故非常。非斷非常，是緣起理。故
> 說此識，恆轉如流。

像上面所舉的許多法喻，它的意義都是顯示這阿賴耶識，無始以來，就有因果的關係，既然有因果的關係，當然是非常非斷了。因為阿賴耶識的體性，無始以來，就是刹那刹那的生滅；後念的果法生起了之後，前念的因法纔謝落過去。因此，果生當然不是斷，因滅所以也不是常；不是斷，不是常，這不是緣起的正理是甚麼呢？所以纔說這阿賴耶識恆常轉變，正同暴流水一樣的狀況。

> 過去未來，既非實有；非常可爾，非斷如
> 何？斷豈得成緣起正理？過去未來，若是實有，可
> 許非斷，如何非常？常亦不成緣起正理。

這一段問答，真有興趣！外人問：“你們唯識家都是說‘過去

法和未來法都不是實有'，這可以說不是常住，而不能說它不是斷滅；而斷滅的東西，怎樣可以成立緣起的正理呢？"你看唯識家答得多妙："照你們一切有部的人說'過去法和未來法，如果也是實有'的話，可以說它不是斷滅；然而，不能說它不是常住啊！難道常住的東西可以成立緣起的正理嗎？"

　　豈斥他過，己義便成？若不摧邪，難以顯正；前因滅位，後果即生；如稱兩頭，低昂時等；如是因果，相續如流，何假去來，方成非斷？因現有位，後果未生，因是誰因？果現有時；前因已滅，果是誰果？既無因果，誰離斷常？若有因時，已有後果；果既本有，何待前因？因義既無，果義寧有？無因無果，豈離斷常？因果義成，依法作用，故所詰難，非預我宗；體既本有，用亦應然，所待因緣，亦本有故；由斯汝義，因果定無，應信大乘緣起正理。

外人說："是不是但講人家的過失，自己的宗義便可以成立？"論主答："設若不摧破邪執，怎樣可以顯示正理呢？"下面就是唯識家所說的因果定義。他說："甚麼叫做因果呢？就是前念正滅的當兒，後念即刻就生起來了！這生滅不是前後兩剎那，是同在一剎那說生滅的。這道理如果不容易懂，可以舉個例來說明。好像我們平常用的秤子秤東西一樣，這一頭低下去，那一頭同時即刻就抬起來了；並不是先低後高，也不是先高後低，高低決定是同時，這種淺顯的道理，連小孩子也知道。所以阿賴耶識裏面的種子生現行，現行熏種子，不是常，也不是斷。因果生滅的相續，好像暴流一樣，何必要假借過去法和未來法是實有，纔能夠成立不會斷滅呢？」

外人又來一個問難：「如果照你們唯識家這種說法，因是現有的位子，試問後果還沒有生起以前，這因是那一家的因呢？好像還沒有生兒子，這母親是甚麼人的母親呢？還有，你們又說『果法是現有』，然而過去的因老早就滅去了，試問這果是那一家的果呢？好像母親老早就死了，這個初生的小孩，是那一個母親生的呢？這樣一來，因也沒有，果也沒有，你們還強詞奪理的說甚麼離斷離常，我們真不相信！」

試看唯識家答得真巧妙：「設若照你們外人說『正在因的時候，就已經有了後果』，那末，果法既然老早本來就有了，那就用不著前面的因了！好像兒子老早本來就有了，那要母親做甚麼？反過來說，如果過去的因，已經老早就沒有了，那後面的果法，是從甚麼東西生出來的呢？好像沒有母親，怎樣會生兒子呢？所以你們外人的說法，那真是無因無果，更不能離開斷常。」

因此我們就可以知道，因果的道理所以能夠成立，那都是依據一切法的作用來說的。因為有了現行的果法，所以推知它決定有種子，世間沒有無因而生果法的道理。如果沒有因法，當然就沒有果法；這道理連小孩都可以懂，並不是很深奧的。所以你們外人的問難，過失是在你們自己身上，不與我們相干。如果一定要照你們的說法，體既然是本有，那用，當然也是本有，連所等待的因緣，也是本有。如果一切的一切通通都是本有，又何必要因呢？因此就可以知道，你們所說本有的意義，就決定沒有因果了！那你們就應當相信我們大乘唯識家緣起的正理。

謂此正理，深妙離言，因果等言，皆假施設。觀現在法，有引後用，假立當果，對說現因。觀現在法，有酬前相，假立曾因，對說現果。假謂現識，似彼相現。如是因果，理趣顯然，遠離二邊，契會中道，諸有智者，應順修學。

在唯識家方面說，這唯識學上的真理，實在是甚深和微妙，不可以用言說來表示的。所以說因說果，都是方便施設的假法。

唯識的因果是怎樣說的呢？他是觀察現在每一法，都有引生後果的功用，由此假立當來的果法，那是對說現因說的。再用智慧來觀察，現在一切的果法是從甚麼地方來的呢？當然是酬答從前的因相。因此，假立從前曾經過的因，所以是對說現在的果法。因此，我們就可以知道，唯識家所說的因果，都是以現在法為中心。因為現在是果法，所以說過去是因法；因為現在是因法，所以未來是果法。所以因果二法，都是在現在一刹那上建立的。怎樣叫做假呢？假，就是在現在這識上，好像有酬曾因，生當果的作用，其實都是約義而立，並不是真實有的。

如是唯識家所說的因果，道理和宗趣，都是很明顯的，遠離了斷常二邊，契合非空非有的中道。凡是有智慧的人，應當隨順修學這唯識的道理。

有餘部說：雖無去來，而有引果，恆相續義。謂現在法，極迅速者，猶有初後生滅二時：生時酬因，滅時引果；時雖有二，而體是一。前因正滅，後果正生；體相雖殊，而俱是有。如是因果，非假施設；然離斷常，又無前難。誰有智者，捨此信餘？

這是小乘另外一家似是而非的說法。他們說：“雖然是沒有過去和未來的法，然而還是照常有因果恆常相續的意義。這道理是怎樣的說法呢？這在現在法上，就是最快的時候，還有初後生和滅的兩種時間。在這一念中生起的時候，就叫做酬因；設若滅的時候，就叫做引果。時間雖然說是有先有後，而念體還是一個。前念正滅的時候，後念同時就生起來了；前後二念的體性和行相雖然有一點不同，然而還是同時。

“像我們這樣說的因果，它的體性是實在的，並不是虛假施設的。一方面可以離了斷常兩種邪見，另一方面又可以免除了前面的難題，試想想看，那一個有智慧的人，捨去了我這種說法，來相信別的教說呢？”

> 彼有虛言，都無實義。何容一念，而有二時？生滅相違，寧同現在？滅若現在，生應未來；有故名生，既是現在，無故名滅，寧非過去？滅若非無，生應非有；生既現有，滅應現無。又二相違，如何體一？非苦樂等，見有是事。生滅若一，時應無二；生滅若異，寧說體同？故生滅時，俱現在有，同依一體，理必不成。經部師等，因果相續，理亦不成！彼不許有阿賴耶識，能持種故。由此應信大乘所說因果相續，緣起正理。

你看唯識家破斥他們真是理直氣壯！就是說：“你們這班人所說的話，都是虛假，沒有一點實在的意義。你們自己想想，怎樣可以容許一剎那中同時有生和滅兩個時間並存呢？因為生和滅好像和暗一樣，是互相違背的，怎樣可以同是現在的？假定滅是現在的話，那生應當是在未來。因為是有，所以叫做生，既然是現在，那末，無，就叫做滅，豈不是已經過去了嗎？反過來說，滅，設若不是無，那末，生，應當就不是有。依正理來說，生既然是現有，那滅一定就沒有。因為生滅同明暗一樣，無論怎樣是不能同時而有。

"並且生滅二相，誰也知道是相違的。好像苦樂一樣，你不可以說'苦樂二相是可以同時'，我們向來就沒有看見過有這件事。

"生滅設若是一，那時就應當沒有兩樣；如果生滅是異的話，怎樣可以說體是一樣呢？因這一點原故，生滅二時都是現在有，同依一個體，這道理一定不能夠成立。

"還有小乘的經部師他們的主張，雖然是贊成種子生現行，現行熏種子的因果相續，然而因為他們不承認有第八阿賴耶識，能夠含藏種子的原故，所以他們雖說因果相續，還是不能夠成立。由上面種種的道理，我們就應當相信大乘唯識家所說的'種生現，現熏種'，因果相續的緣起正理。"

此識無始恆轉如流，乃至何位當究竟捨？阿羅漢位，方究竟捨。謂諸聖者，斷煩惱障，究竟盡時，名阿羅漢。爾時此識，煩惱粗重，永遠離故，說之為捨。

現在來說阿賴耶識伏斷的位次。這阿賴耶識它是無始以來恆常流轉，好像流水一樣，向來沒有停止過。試問要到甚麼位次，纔把它完全的捨棄了呢？要到阿羅漢位，纔完全的把它捨棄了。就是說，四果的聲聞、中乘的辟支、七地菩薩，以及佛果，他們都已經斷了煩惱障，所以都可以叫做阿羅漢。到這個時候，這個阿賴耶識所有的粗重煩惱，纔永遠的離開了，所以說它叫做捨。

此中所說阿羅漢者，通攝三乘無學果位。皆
已永害煩惱賊故；應受世間妙供養故；永不復受
分段生故。云何知然？《決擇分》說：諸阿羅漢、
獨覺、如來，皆不成就阿賴耶故。《集論》復說：若
諸菩薩得菩提時，頓斷煩惱，及所知障，成阿羅
漢，及如來故。

這裡所說的阿羅漢，不單單指聲聞四果，連三乘無學的果位
都攝在裏面。怎樣知道呢？因為具足殺戒、應供、無生三義。在羅
漢的聖境中，即永遠損害了煩惱的惡賊，所以他們應受人間天上
的供養，永遠地再不會受這分段生死的苦報了。怎樣知道呢？在
《瑜伽師地論·抉擇分》裏面說："一、聲聞的阿羅漢，二、辟支迦
羅的獨覺，三、大乘的佛果，這三種人都是不成就阿賴耶的——我
愛執藏。"在《雜集論》上也說："設若最後身的菩薩，正要成佛
的時候，把煩惱障和所知障即刻就頓斷了，就叫做如來。如果所
知障還沒有斷除，但斷除了煩惱障，那只好叫做聲聞。"

若爾，菩薩煩惱種子，未永斷盡，非阿羅漢，應
皆成就阿賴耶識。何故即彼《決擇分》說：不退
菩薩，亦不成就阿賴耶識？彼說二乘，無學果
位，迴心趣向大菩提者，必不退起煩惱障故；趣
菩提故，即復轉名不退菩薩。彼不成就阿賴耶
識，即攝在此，阿羅漢中，故彼論文，不違此義。

外人問："照你們這樣說起來，菩薩的煩惱種子，既沒有完全
斷盡，那應當都有染污的阿賴耶識存在，這豈不是不能叫做阿羅

漢嗎？可是為甚麼在《瑜伽師地論》第二《抉擇分》裏面說‘到了不退地菩薩的時候，也都不成就阿賴耶識’，這豈不是互相矛盾嗎？此說如何會通呢？”

試看唯識家回答得多巧妙！他說：“在《瑜伽師地論》中，說菩薩也不成就阿賴耶識，那是就迴小向大的二乘人說的；他們已經先證了無學果位，後來因某種因緣的啟示，又發心回小向大——迴小乘心趣向大乘菩提果。他們既然從前已經斷過了煩惱，那裡還會再退起煩惱呢？當然是不會。因為他趣向佛果菩提的原故，所以又轉過來叫做不退菩薩。說不退菩薩不成就阿賴耶識，就是攝在這一類回心向大的大阿羅漢裏面。所以《瑜伽師地論》的論文和《成唯識論》所說的意義，是一樣的，一點都不會違背。”

又不動地以上菩薩，一切煩惱永不行故。法駛流中，任運轉故。能諸行中起諸行故。剎那剎那轉增進故。此位方名不退菩薩。然此菩薩，雖未斷盡異熟識中煩惱種子，而緣此識我見愛等，不復執藏為自內我；由斯永捨阿賴耶名，故說不成阿賴耶識，此亦說彼名阿羅漢。

還有一種說法，就是到八地以上的菩薩，他們的一切煩惱也是永遠地不會生起現行。他們的我執雖然是沒有了，然而法執還是在那兒微細的流注，任運自然的轉變。這法執現行，一方面和煩惱障沒有關係，同時也不會障礙行菩薩道的事情。所以能在六度之中，隨便修那一度，而其他的諸度，也就能夠兼修了。同時他們的功行，是剎那剎那，念念之間，都有增長和前進的。所以如果到了八地以上的菩薩，纔叫做不退菩薩。然而，這種菩薩雖然沒有斷盡第八識裏面所含藏的煩惱種子，但是，第七識的見分緣第八識的見分，這我見和我愛，它們是再不執著第八識為內我了！既然不執著第八識的見分為內我，因此，也就捨棄了阿賴耶這個我愛執藏的名稱，所以不叫做阿賴耶識。這第八地以上的不退菩薩也是阿羅漢的名稱。

有義：初地以上菩薩，已證二空所顯理故；已得二種殊勝智故；已斷分別二重障故；能一行中，起諸行故。雖為利益起諸煩惱；而彼不作煩惱過失，故此亦名不退菩薩。然此菩薩，雖未斷盡俱生煩惱；而緣此識所有分別我見愛等，不復執藏為自內我，由斯亦捨阿賴耶名，故說不成阿賴耶識，此亦說彼名阿羅漢。故集論中作如是說：十地菩薩雖未永斷一切煩惱；然此煩惱猶如咒藥，所伏諸毒，不起一切煩惱過失。一切地中如阿羅漢已斷煩惱，故亦說彼名阿羅漢。

這一種異說不合乎正義，所以被下面所破。他說：「不但是八地以上的菩薩，就是初地以上的菩薩，他們也已經證到了二空所顯的真如理，已經得到了二種最殊勝的生空智和法智，已經把分別的煩惱障和所知障斷除了，也能夠在一行之中修無量行。雖然為利益眾生而方便起諸煩惱，然而，沒有真實的煩惱過失，所以初地以上的菩薩，就可以叫做不退菩薩，何必要等到八地以上呢？然而，初地以上的菩薩，雖然沒有斷盡俱生的煩惱，而第七識緣第八識所有的分別——我見和我愛等煩惱，它們已經再不會執著阿賴耶識我愛執藏為自己的內我了。因為這個原故，所以也捨棄了阿賴耶的名稱，因此，就不成為阿賴耶識了，這也可以叫他們是阿羅漢。然而，他們內心的俱生煩惱不起，就好像禁咒和迷藥一樣，它雖是一條毒蛇或是蜈蚣，它們本來是可以毒人，然而，被禁咒或迷藥伏住了它，所以它不能夠動彈，也就失掉了它們的動力了。初地以上的菩薩就是這樣，他們雖然還有俱生煩惱的毒蛇，然而被功德和禪定的咒藥降伏了，所以雖然有煩惱的存在，然而，不會被它們煩惱所害，就是這個意思。"

"從初地到十地，所謂'一切地'，都和阿羅漢一樣，都是已經斷了煩惱，所以他們也都叫做阿羅漢。"

彼說非理。七地已前猶有俱生我見愛等，執藏此識為自內我，如何已捨阿賴耶名？若彼分別我見愛等，不復執藏，說名為捨，則預流等諸有學位，亦應已捨阿賴耶名，許便違害諸論所說。

彼說非理這一句話，正是唯識家破斥他們的話。為甚麼要說他們不對呢？因為，初地到六地、七地菩薩已前，還有從無始以來與身俱生的我見我愛等，執藏第八識為自己的內我，你怎樣可以說是已經捨棄了阿賴耶的名字呢？設若你說"因為七地以前分別的我見我愛等已經再不執藏識為我，這樣就叫做捨"，那末，初果阿羅漢等，諸有學位的時候，他們也是斷了分別我執，豈不也捨去了阿賴耶的名稱嗎？如果你贊成的話，那就違背了許多經論上所說的話了。

地上菩薩所起煩惱，皆由正知不為過失，非預流等得有斯事，寧可以彼例此菩薩？彼六識中，所起煩惱，雖由正知，不為過失。而第七識，有

漏心位，任運現行，執藏此識，寧不與彼預流等
同？由此故知，彼說非理。然阿羅漢，斷此識中
煩惱粗重，究竟盡故，不復執藏，阿賴耶識為自
內我；由斯永失阿賴耶名，說之為捨。非捨一切，第
八識體。勿阿羅漢，無識持種，爾時便入，無餘
涅槃。

外人看見唯識家破了他們所說的道理，現在又來設救。他
說："初地以上所起的煩惱，他們都是有正知，所以他們雖有煩惱
而沒有過失。不是小乘的初果等，有這種功能，你們唯識家怎樣
可以用小乘的初果來例彼菩薩？"

是的！他們地上菩薩，依前六識所起的煩惱，雖然是由正知
而沒有過失，然而依第七識有漏心位的時候，他們還是任運很自
然的現行執藏這第八識為內我，怎樣不是同小乘初果等相同
呢？因此，我們就可以知道他們所說的是不對啊。

然而，阿羅漢斷除了第八識裏面所含藏的煩惱粗重的種子，既
然粗重的煩惱通通永斷盡了，還有什麼執藏阿賴耶識為自己的內
我呢？因此，就永遠地把阿賴耶的名字——我愛執藏——捨掉
了，所以纔叫做捨，並不是把第八識的體也捨掉了。如果連體也
都捨掉了的話，那豈不是阿羅漢沒有了識體去執持種子嗎？那時
候便去入無餘涅槃了。

然第八識，雖諸有情，皆悉成就；而隨義別，立
種種名。謂或名心：由種種法，熏習種子，所積
集故。或名阿陀那：執持種子，及諸色根，令不
壞故。或名所知依：能與染淨，所知諸法，為依

止故。或名種子識：能遍任持，世出世間，諸種
子故。此等諸名，通一切位。

以下是說同在一個第八識上，隨義的寬狹所以有各種立名的
不同：

第一個名字叫做心。心的義是積集，它是由種種諸法的現行
去熏習所留下來的種子，而積集在裏面。

第二個名字叫做阿陀那。阿陀那的義是執持，是因為它能夠
執持諸法的種子，和執持這根身不至於爛壞。

第三個名字叫做所知依。所知依的義是依止，它是能給所知
的一切諸法作依止的。

第四個名字叫做種子識。種子的義就是因，第八識它能夠普
遍堪能執持世間法及出世間法一切所有的種子。上面這四種名
稱，無論是凡夫、三乘聖人，以及佛果，都是共有的，所以說“通
一切位”。

或名阿賴耶：攝藏一切雜染品法，令不失
故。我見愛等執藏以為自內我故。此名，唯在異
生，有學：非無學位，不退菩薩，有雜染法執藏
義故。或名異熟識：能引生死，善不善業，異熟
果故。此名，唯在異生，二乘，諸菩薩位；非如
來地，猶有異熟，無記法故。或名無垢識：最極
清淨，諸無漏法，所依止故。此名，唯在如來地
有；菩薩、二乘，及異生位，持有漏種，可受熏習，未
得善淨，第八識故。如契經說：如來無垢識，是
淨無漏界，解脫一切障，圓鏡智相應。阿賴耶名，過

失重故，最初捨故，此中偏說。異熟識體，菩薩
將得菩提時捨。聲聞獨覺，入無餘依涅槃時捨。無
垢識體，無有捨時，利樂有情，無盡時故，心等
通故，隨義應說。

第五個名字叫做阿賴耶。阿賴耶的義是藏，藏有三義：約它
能含藏一切法的種子說，叫做能藏；約它被前七識所熏染說，就
叫做所藏；約被第七末那識的無明見分執之為我說，那又叫做我
愛執藏。正文上說：「攝藏一切雜染品法，令不失故。」這是指的
能藏和所藏；我見愛等執藏以為自內我故，這就是指的我愛執
藏。這阿賴耶我愛執藏這個專名，因為它還有我執，所以唯有凡
夫和初果、二果、三果的有學位纔有；一到了無學的四果，以及八
地以上的不退菩薩，它們是再沒有雜染有漏法執藏的義了。所以
此名最狹，唯凡夫和有學獨有。

第六個名字叫做異熟識。異熟識的義是果報，因為它能牽引
我們凡夫去受生死，在世作的善，去受樂的果報；在世作的惡，就
去受苦的果報。這個異熟果報識的名字，除了佛果沒有以外，其
餘的凡夫、二乘、菩薩都有。因為異熟識是無覆無記性，佛果是純
粹的無漏善，所以不可以說「如來還有異熟性的無記法」。異熟識
的範圍，比較前面的阿賴耶要寬，因為通於三乘聖人都有，唯除
如來；比較後面的無垢識又要狹些，因為它不通如來位。

第七個名字叫做無垢識。無垢的義是清淨，它是最極清淨，一
切所有的無漏功德都是依止它。這個無垢識的名稱唯有如來獨
有。就是菩薩和二乘以及凡夫，他們的第八識裏面，還執持著有
漏種子，並且可以受前七識現行的熏習，因為他們還沒有得到善

淨的第八識。好像佛經上說："佛的無垢識它是清淨無漏的體性，因為佛的第八識無論是煩惱障或所知障，通通都解脫了纏縛，所以它是和大圓鏡智相應了。"這個無垢識的範圍很狹，唯佛獨有，不通其他的出世聖者——菩薩、二乘——及凡夫。

阿賴耶的名字，過失最重，所以三乘的無學果，最初就捨棄它的壞名，就是這裏偏說的捨。至於異熟識體，那是要到成佛的時候纔捨。所謂"金剛道後異熟空"；若是聲聞和獨覺，那要到入無餘涅槃的時候纔捨。只有無垢識體，那是永遠永遠沒有捨棄的時候，因為佛陀利益安樂有情的功德，它是沒有窮盡的時間。前面的心、阿陀那、所知依、種子識，這四個名字，是通於凡夫和聖人的；後面的阿賴耶、異熟識、無垢識這三個名字不是共通的，是隨從他們各人的意義，應對而說的。

然第八識，總有二位：一有漏位，無記性攝，唯與觸等，五法相應，但緣前說，執受處境。二無漏位，唯善性攝。與二十一心所相應。謂遍行五，別境五，善十一，與一切心，恆相應故。常樂證知，所觀境故。於所觀境，恆印持故。於曾受境，恆明記故。世尊無有，不定心故。於一切法，常決擇故。極淨信等，常相應故。無染污故。無散動故。此亦唯與捨受相應。任運恆時平等轉故。以一切法為所緣境，鏡智遍緣一切法故。

然而第八識，分開來看有兩位：一是有漏的凡位，二是無漏的聖位。在有漏位的第八識，它是無覆無記性所攝。它和心所只有觸、作意、受、想、思五法相應。它所緣的境，就是前面所說過的根身、器界和種子。若是無漏位，那完全是屬於善性，而心所法也就多起來了！一共有二十一個：遍行五個、別境五個、善有十一個。因為遍行是遍行八個識都有，所以說「與一切心恆相應故」。常樂證知所觀境，是指欲心所；於所觀境恆印持，是指勝解心所；於曾受境恆明記，是指念心所；世尊無有不定心，是指定心所；於一切法常抉擇，是指慧心所；以上是說和五種別境心所相應。極淨信等常相應，是指的十一個善心所和它相應。為甚麼不和根本煩惱及隨煩惱相應呢？因為佛沒有染污相。又為甚麼不和四個不定法相應呢？因為佛沒有散動的相。至於受心所，那也是捨受，因為它沒有苦樂和憂喜，所以是中庸的平等轉。至於它的對象，是以一切法為所緣境，甚麼原因呢？因為和大圓鏡智相應的心所，是遍緣一切法的。

云何應知此第八識，離眼等識有別自體？聖教正理，為定量故。謂有大乘阿毘達摩契經中說：「無始時來界，一切法等依；由此有諸趣，及涅槃證得。」此第八識，自性微細，故以作用而顯示之。頌中初半，顯第八識為因緣用。後半，顯與流轉還滅作依持用。界是因義，即種子識。無始時來，展轉相續，親生諸法，故名為因。依是緣義，即執持識，無始時來，與一切法，等為依止，故名為緣。

從此為界，前面都是第八識十句頌，以下是用五教十理來證明有第八識。先假問起：「你們唯識家怎樣知道這個第八識離開了眼等前六識另外有自體呢？」論主答：「因為有大小乘的經論及十種理由，來做決定的衡量，而知道是有。"

第一種是有一部叫做《大乘阿毘達摩經》裡面有一首頌說："我們每一個眾生從無始以來，就有種種各別的因種，這種子就是宇宙萬有的一切現行法，大家都依託賴耶而存在。依託了有漏種子，所以由此就有六道的凡夫；若是依託無漏的種子，那就有四聖涅槃法可以證得。"

這個第八識它的體性比較前六識，當然要微細得多！所以只好用它的作用來顯示它。四句頌裡面，前兩句是顯示第八識的因緣用，後兩句是顯示凡夫的流轉和聖人的還滅，作兩種依持用。

頌中"無始時來界"的界字，是甚麼意義呢？是因的意義，也就是種子識。這第八識裡面所含藏的種子，從無始以來就"現行熏種子，種子生現行"的展轉相續了，親生一切現行的果法，所以叫做因。"一切法等依"的依字，是緣的意義，那就是執持識；從無始以來，就給一切現行的果法，大家同等的依止中，所以叫做緣。

> 謂能執持，諸種子故，與現行法為所依故，即變為彼，及為彼依，變為彼者，謂變為器，及有根身。為彼依者，謂與轉識作所依止。以能執受五色根故，眼等五識，依之而轉。又與末那為依止故，第六意識依之而轉。末那意識轉識攝故。如眼等識，依俱有根。第八理應是識性故；亦以第七為俱有依。是謂此識為因緣用。

現在來解釋緣的作用。就是說，能夠執持一切種子，給一切現行的果法為所依託，"即變為彼，及為彼依"。甚麼叫做變為彼，就是種子變現出了器界和根身；什麼叫做為彼依，就是第八識給前七識作依止。因為第八識能夠執持和領受這五根身為自體，而令它不爛壞。同時眼、耳、鼻、舌、身這五識，就是依託五根而生起的，這是依色根而起的。至於第六識，那是依心根而起的，那就是以第七末那識的根為依止，而後纔有第六意識生起來的。因為末那和第六意識，都是屬於轉識所攝，同眼識它們一樣，都有俱有依的根。第八既然也是屬於識體，所以應當也有所依；可見"七依八，八依七"叫做俱有依。上面所說的就是第八識的因緣用。

　　由此有者：由有此識；有諸趣者，有善惡趣。謂由有此第八識故，執持一切，順流轉法，令諸有情，流轉生死。雖惑業生皆是流轉；而趣是果，勝故偏說。或諸趣言，通能所趣；諸趣資具，亦得趣名。諸惑業生，皆依此識，是與流轉，作依持用。

　　這是解釋第三句流轉門。就是說，因為有了這阿賴耶識，纔有這三界、六道、四生，去上昇或下墮的流轉現象。就是說，有這第八識的原故，纔能夠執持一切隨順流轉的染污法，令一切眾生去流轉生死。雖然惑、業、苦三種都是生死的流轉，然而，諸趣是屬於苦果，它的流轉化比較殊勝，所以偏說。或者"諸趣"這兩個字，通於能趣的惑業和所趣的苦果；因為惑業是諸趣果報的資具，也可以把諸趣的名稱包含在內。凡是惑、業、苦，這三道，都是依託這阿賴耶而存在的，所以，賴耶就是有情生命流轉的依持總樞。

　　及涅槃證得者，由有此識故，有涅槃證得。謂由有此第八識故，執持一切順還滅法，令修行者，證得涅槃。此中但說能證得道，涅槃不依此

識有故。或此但說所證涅槃,是修行者正所求
故。或此雙說,涅槃與道,俱是還滅品類攝故。謂
涅槃言,顯所證滅。後證得言,顯能得道。由能
斷道,斷所斷惑,究竟盡位,證得涅槃。能所證
斷,皆依此識,是與還滅,作依持用。

這是解釋第四句還滅的依持用,也是要第八識。就是說,"涅
槃之理和證得之道",都是要有第八識,纔可以說得通。因為由有
這個第八識的原故,纔能夠執持一切隨順還滅的清淨法,令我們
修行的人,可以證得到不生不滅的涅槃。不過這裡所說的是能證
得的道諦,而涅槃的滅諦,那不是依染污的阿賴耶識而有。或者
但說所證的涅槃,是修行的人正所求之目的;或者是雙說涅槃和
道諦,因為這兩樣都是屬於還滅品類所攝。若是把它們兩種分開
來說的話,涅槃,是顯所證的滅諦;證得,是顯能得的道諦。是
由能斷的道諦,來斷除所斷的惑業,到了究竟把惑業斷除的地
位,那就親證到涅槃寂滅的境界了。能證的道和所證的滅,能斷
的道和所斷的惑,都是依這第八識為總機關,所以阿賴耶識是作
還滅門依持的作用。

又此頌中,初句,顯示此識自性無始恆有。後
三,顯與雜染清淨二法總別,為所依止。雜染法
者:謂苦集諦,即所能趣,生及業惑。清淨法者:謂
滅道諦,即所能證,涅槃及道。彼二皆依此識而
有。依轉識等,理不成故。或復初句,顯此識體
無始相續。後三,顯與三種自性為所依止。謂依
他起,遍計所執,圓成實性,如次應知。今此頌

中，諸所說義，離第八識，皆不得有。

現在再把前面那四句頌，作幾種配合的來說一說。無始時來界的這一句頌，就是顯示這第八識的自體，是無始以來恆有的。一切法等依的後三句頌，是顯示這第八識給雜染法和清淨法、總相和別相做依止的東西。雜染法是甚麼？就是苦果和集因，也就是能趣的惑業和所趣的生死。清淨法是甚麼？就是滅諦和道諦，也就是能證的道諦和所證的涅槃。雜染和清淨這兩條都是依託這阿賴耶識而有的，假定你要說依託前七識的話，在道理上是不能成立的。

還有一種說法，第一句無始時來界，是顯第八識體是無始相續的。後三句：一切法等依，是指依他起自性；由此有諸趣，是指遍計所執自性；及涅槃證得，是指圓成實自性。所以說，三種自性為所依止，如次應知。上面這首頌裡面，所說的各種意義，如果離開了第八阿賴耶識的話，都是不得有的。

即彼經中復作是說：「由攝藏諸法，一切種子識；故名阿賴耶，勝者我開示。」由此本識具諸種子，故能攝藏諸雜染法，依斯建立阿賴耶名，非如勝性轉為大等。種子與果，體非一故。能依所依，俱生滅故。與雜染法，互相攝藏。亦為有情執藏為我，故說此識名阿賴耶。已入見道諸菩薩眾，得真現觀，名為勝者。彼能證解阿賴耶識，故我世尊正為開示。或諸菩薩皆名勝者。雖見道前，未能證解阿賴耶識。而能信解，求彼轉依，故亦為說。非諸轉識，有如是義。

在《大乘阿毘達摩經》中還有一首頌，頌裏這樣的說："因為第八識中攝藏了許多東西，所以名字叫做'一切種子識'。還有一個名字，叫做阿賴耶。這種深奧的道理，要菩薩根性的人，佛纔和他們說。"

這就是因為根本識中含藏了一切法的種子，所以被前七識雜染現行法所熏染，依此纔建立能藏、所藏、阿賴耶的名稱。這阿賴耶的體相用，和印度數論外道所說的二十五諦中，由冥諦而生覺，由覺生我心、五唯量、五大、十一根，最後歸神我受用的這種說法不同。

因為第八識裏面的種子和現行的果法，它們的體性不是同一的。就是能依的諸法和所依的識體，那都是生滅的。"與雜染法，互相攝藏"這是指能藏和所藏，"亦為有情執藏為我"這是指我愛執藏。因為第八識有這三藏的原故，所以叫做阿賴耶識。

甚麼人是勝者呢？要到初地以上，已經證入了見道的菩薩，他們得到了真實現在的觀察，纔可以叫做勝者。因為他們能夠親證了解阿賴耶識，所以佛纔來和他們開導和指示。

或者，不一定要登地，就是地前的十信、十住、十行、十迴向、四加行的菩薩，都可以叫做勝者。雖然在初地見道以前，沒有能夠親證了解阿賴耶識；但是，他們能夠信解有阿賴耶識，來希望求彼轉依！所謂"轉有漏成無漏，轉染成淨"，所以，佛也和他們說阿賴耶識。前面這許多道理，唯有第八識纔擔當得起，並不是前七識有這種意義。

《解深密經》亦作是說："阿陀那識甚深細，一切種子如暴流；我於凡愚不開演，恐彼分別執為

我。”以能執持諸法種子，及能執受色根依處；亦
能執取結生相續；故說此識名阿陀那。無性有情
不能窮底，故說甚深；趣寂種性不能通達，故名
甚細。是一切法真實種子，緣擊便生轉識波浪，恆
無間斷，猶如暴流。凡即無性，愚即趣寂；恐彼
於此起分別執，墮諸惡趣，障生聖道；故我世尊
不為開演。唯第八識，有如是相。

阿陀那，是執持的意義。色根，就是淨色根；依處，就是根
依處。結生，就是受生。無性有情，就是凡夫。趣寂種性，就是
二乘。

五教十理，這屬於第三種教——《解深密經》。這頌裏面的
意思就是說，第八識還有一個名字，叫做阿陀那識，它的行相和
所緣非常的深，又非常的細。在這裏面的種子，生、住、異、滅的
變換，好像高巖上飛下來的瀑流那樣快；所以，佛對於沒有出世
三乘無漏種的凡夫以及執著有實法的二乘，都不對他們開示和演
說這八識的內容。甚麼原因呢？恐怕他們要分別執著第八識是
一，是常，是遍，是主宰的我啊！

阿陀那，就是執持的意義。它執持甚麼東西呢？第一，是執
持裏面一切法的種子；第二，是能執受五種色根的神經；第三，是
能執受外面這五種形相的根依處，令它們不至於爛壞；第四，又
能夠執持父母的精血去受胎。因為第八識有這幾種特別的功用，所
以叫它是執持識。為甚麼要說它是甚深呢？因為沒有三乘無漏種
子的凡夫，他們不能夠窮究到徹底。為甚麼又要說它是甚細呢？那
是因為一般趣向空寂二乘根性的人，不能夠通達。這第八識裏面

所含藏的種子，纔可以叫做真實種子；不像外面穀麥豆等等是世俗人叫做種子，其實說起來不能叫做種子。這第八識裏面的種子如果一遇到了各種條件具足，它自自然然會擊發前七識的波浪現行出來的。它們是恆常的、沒有一刻間斷的，所以形容它同瀑布水一樣的急流。

甚麼叫做凡呢？就是沒有無漏種子的人天。甚麼叫做愚呢？就是趣向空寂的愚法二乘。為甚麼佛不和他們說第八識呢？恐怕他們來分別第八識，執著以為有一個實在的東西來做主宰的我啊。有了我，那一定有我見；有了我見，那又有我所見；一執著外境是實有，就要起惑，造業，墮三惡道——地獄、餓鬼、畜生——了！而障礙生起無漏的正道，所以佛不和他們開示這第八識。上面這許多意義，唯有這第八識纔有這許多說法。

《入楞伽經》亦作是說："如海遇風緣，起種種波浪；現前作用轉，無有間斷時。藏識海亦然，境等風所擊；恆起諸識浪，現前作用轉。"眼等諸識，無如大海恆相續轉，起諸識浪。故知別有第八識性。此等無量大乘經中，皆別說有此第八識。

現在是屬於第四種大乘教裏面所引的《楞伽經》。在這頌裏面說：好像大海裏面的水，遇到了風的緣，便生起種種大波和小波；我們豈不是親眼看見，現在面前的種種作用轉變起來嗎？沒有一點間斷的時間。這譬喻如果是懂了的話，那末，我們的阿賴耶識，也和大海一樣，被外面的境界所擊動了。因此，就恆常生起前七識現行的波浪，也有現在六根門前種種作用的轉變生起。

上面這種道理若是指的眼耳鼻等的前七識，它們是沒有好像同大海一樣，恆常相續轉起識浪的資格。因此之故所以知道，除了前六識之外還有一個第八識的體性。上面這許多道理，不單單是一部經或一部論，可說是有許許多多的經論中，都說除了前六識之外，另有一個第八阿賴耶識的存在。

> 諸大乘經，皆順無我，違數取趣；棄背流轉，趣
> 向還滅；讚佛法僧，毀諸外道；表蘊等法，遮勝
> 性等；樂大乘者，許能顯示，無顛倒理，契經攝
> 故。如增一等，至教量攝。

這一段最好是先立一個因明論上宗因喻三支比量的表：

```
宗 —— 諸大乘經至教量攝
    ┌ 皆順無我，違數取趣故
    │ 棄背流轉，趣向還滅故
因  ┤ 讚佛法僧，毀諸外道故
    │ 表蘊等法，遮勝性等故
    └ 樂大乘者，許能顯示無顛倒理，契經攝故
喻 —— 如《增一》等
```

上面這個表的意思，就是恐怕小乘人不相信前面所引三種經——《大乘阿毘達摩經》《解深密經》《入楞伽經》——和經上所引的五首頌，是佛說的，所以不得不用理論，和他們小乘人所相信的《阿含經》，來配合在一塊，使他們不得不信。意思就是說："一切所有的大乘經都是佛說的。"甚麼理由呢？第一，是隨順佛說的人無我，而違背有情的我執，這是和小乘所說明的我空是一樣。第二，是棄背流轉的生死，趣向還滅的涅槃，這和小乘所說的四諦法也是一樣。第三，是讚揚佛法僧三寶利生的功德，而毀壞外道的邪知邪見，這也是和小乘人破邪顯正是一樣。第

四，是表顯有為法都不能超出五蘊、十二處、十八界的生滅法，絕對的不贊成甚麼數論師所說的二十五諦，以及勝論師所說的六句義，這是和小乘人所主張的緣生無我的道理是一樣。第五，是好樂大乘的人，他們自己許可大乘經也是顯示無顛倒的正理，是契經所攝。同小乘人所相信的四《阿含》——《增一阿含》《長阿含》《中阿含》《雜阿含》——是同樣的都是佛說。這樣多的充實的理由和鐵一般的事實，還不夠證明大乘經典是佛說的嗎？

又聖慈氏，以七種因，證大乘經，真是佛說。一先不記故。若大乘經，佛滅度後，有餘為壞，正法故說；何故世尊，非如當起諸可怖事，先預記別？二本俱行故。大小乘教，本來俱行，寧知大乘獨非佛說？三非餘境故。大乘所說，廣大甚深，非外道等，思量境界。彼經論中，曾所未說；設為彼說，亦不信受；故大乘經，非非佛說。四應極成故。若謂大乘是餘佛說，非今佛語；則大乘教，是佛所說，其理極成。五有無有故。若有大乘，即應信此諸大乘教，是佛所說。離此大乘不可得故。若無大乘，聲聞乘教，亦應非有。以離大乘，決定無有，得成佛義。誰出於世，說聲聞乘，故聲聞乘，是佛所說，非大乘教，不應正理。六能對治故。依大乘經，勤修行者，皆能引得無分別智，能正對治一切煩惱，故應信此是佛所說。七義異文故。大乘所說意趣甚深，不可隨文而取其

義，便生誹謗，謂非佛語，是故大乘真是佛說。如
《莊嚴論》頌此義言：“先不記俱行，非餘所行
境；極成有無有，對治異文故。”

前面幾個頌，是引佛說的大乘經，來證明六識之外，還有成
立第八識的許多大乘經教。然而，遇到了一班小乘人，他們說大
乘經根本上就不是佛說的，那你又有甚麼辦法呢？所以，彌勒菩
薩所造的一部《大乘莊嚴論》，有一首頌裏面這樣的說法：一、
先不記故，二、本俱行故，三、非餘境故，四、應極成故，五、有無
有故，六、能對治故，七、義異文故。用這七種理由，來成立大乘
經典真是佛說，使小乘人再不能不相信。

（一）甚麼叫做“先不記”故呢？如果大乘經是佛滅度之後，其
餘一班想要破壞正法的邪魔杜撰私造，假託是佛說的；那末，佛
在世的時候，為甚麼不預早的就和弟子們說“將來我滅度了之
後，有這種邪魔來說甚麼大乘的教法，來破我的正法”呢？佛既
不預說，當然大乘經決不是欲破壞佛法的人私造假託的。

（二）甚麼叫做“本俱行”故呢？就是說，如果連小乘佛法都
沒有，那當然不談；設若允許有小乘教法，那同時決定要贊成有
大乘教法。因為在事實上有些人（小乘），是專為自己個人了生
脫死的，有些人（大乘）完全忘記了自己，去修六度萬行，以成
佛普度眾生為目的。既有自利與利他的兩種人，當然就有大乘教
與小乘教的分別了，你們只求自了的小乘人為甚麼要說大乘經典
不是佛說的呢？真是豈有此理！

（三）甚麼叫做“非餘境”故呢？你說大乘經既然不是佛說，難
道是外道說的嗎？要知道，大乘經裏面所說的道理，非常的廣大

和甚深，決定不是一班外道他們能夠思量到的境界；同時，我們看了一切外道的經論上，向來也就沒有見到有大乘教法上這種意義；就是和外道說大乘中這種道理，他們也是不相信的。因為這種原故，我們就可以知道，一切大乘的經典決定"是佛說的"。你們小乘人說大乘經不是佛說，那怎麼可以呢？

（四）甚麼叫做"應極成"故呢？假定你們小乘人又說："大乘經是佛說的也可以，不過是別的佛所說的。或是過去佛說的，或是現在他方佛說的，不是我們釋迦牟尼佛所說的。"如果照你這種說法，不問是那一位佛的，而可以斷定大乘經是佛說的，都是雙方贊成的，這道理是至極的成就了。

（五）甚麼叫做"有無有"故呢？設若你們小乘人不承認有大乘經，那當然不談；如果承認有大乘經的話，那就非要承認大乘經是佛說的不可！因為離開了這種大乘經，另外再去找一種大乘經，是找不到的。同時，還要知道：因為有大乘經，纔能明白大乘的理，而去修大乘菩薩的行，證到大乘的佛果。成了佛之後，纔可以說法度生，令一切凡夫外道，轉凡成聖，捨邪歸正，而成羅漢果了。假定沒有大乘經，怎樣會明了大乘的理，而修大乘的菩薩行，成大乘究竟的佛果呢？佛既沒有，誰來說聲聞法，這一來連小乘經也沒有了！所以你們贊成聲聞經是佛說，來非議大乘經不是佛說，那是不合乎正理的。

（六）甚麼叫做"能對治"故呢？就是因為一切眾生能夠依照大乘經裏面說的六度萬行的道理去修行，那一定能夠引起根本無分別智，正可以對治一切貪、瞋、癡、慢、疑、不正見種種的煩惱；所以應當相信一切大乘經都是佛說的。

（七）甚麼叫做"義異文"故呢？因為大乘經裏面的道理，意趣非常的深，不可隨文自己覺得，不是我們凡夫常識上所知道的事理，便生懷疑而起誹謗！就說大乘的道理不是佛說，那是不對的；所以決定要信仰大乘經一定是佛說的。

試看彌勒菩薩造的《大乘莊嚴論》上這首頌說得多概括。他說：①先不記，②俱行，③非餘所行境，④極成，⑤有無有，⑥對治，⑦異文故。就把上面的七個原因說完了。

餘部經中亦密意說：阿賴耶識，有別自性。謂大眾部，阿笈摩中，密意說此名根本識。是眼識等所依止故。譬如樹根，是莖等本；非眼等識，有如是義。上座部經分別論者，俱密意說此名有分識。有謂三有；分是因義。唯此恆徧，為三有因。化地部說此名窮生死蘊。離第八識，無別蘊法，窮生死際，無間斷時。謂無色界，諸色間斷。無想天等，餘心等滅。不相應行，離色心等，無別自體，已極成故。唯此識名，窮生死蘊。說一切有部增一經中，亦密意說此名阿賴耶，謂愛阿賴耶，樂阿賴耶，欣阿賴耶，喜阿賴耶。謂阿賴耶識，是貪總別三世境故，立此四名。有情執為真自內我，乃至未斷，恆生愛著。故阿賴耶識，是真愛著處。不應執餘五取蘊等。謂生一向苦受處者，於餘五取蘊不生愛著，彼恆厭逆餘五取蘊，念我何時，當捨此命，此眾同分，此苦身心，令我自在受快樂故？五欲亦非真愛著處。謂離欲者，於五妙欲，雖不貪著，而愛我故。樂受亦非真愛著處。謂離第三靜慮染者，雖厭樂受，而愛我故。身見亦非真愛著處。謂非無學，信無我者，雖於身見不生貪著，而於內我，猶生愛故。轉識等亦非真愛著處。謂非無學，求滅心者，雖厭轉識等，而愛我故。色身亦非真愛著處。離色染者，雖厭色身而愛我故。不相應行，離色心等，無別自體，是故亦非真愛著處。異生有學，起我愛時，雖於餘蘊，有愛非愛，而於此識，我愛定生。故唯此是真愛著處。由是彼說阿賴耶名，定唯顯此阿賴耶識。

本論用"五教""十理"來證明有阿賴耶識。前四種是引的大乘經論，現在第五是引的幾種小乘經。所以說，其餘的小乘經裏面，雖然不是顯說，然而，在密意的方面也有說阿賴耶識，即除開了前六識，另外有它的體性。

第一，是在小乘裏面大眾部的《阿含經》中，說這第八識是根本識。這第八識是眼、耳、鼻、舌、身、意前六識所依止的。好像樹根一樣，是莖幹枝葉花果的根本，這道理當然不是眼等前六識有這種功用。

第二，不但小乘中大眾部有密意的這種說法，就是在小乘中上座部造《分別論》的人，也有這密意說——第八識——有分識。有，就是三界的有情；分，就是因的意思。唯有這第八識，纔是"恆常普徧"做三界眾生去受生的因。恆，是簡別前六識五種無心位是有間斷的；徧，是簡別前五識及色法是不通無色界的。唯有這阿賴耶識，是通於三界九地及五種無心位都有。

第三，小乘中的化地部也說，這第八識叫做"窮生死蘊"。彼部說蘊有三種：①一念蘊，那是屬於一剎那的。②一期蘊，那是屬於從生至死中間這一期階段的。③窮生死蘊，那就是從無始以來，一直到沒有了脫生死以前都是的。試看除了這第八識可以擔當這責任之外，還有那一個能夠替代它呢？怎樣知道這是阿賴耶的功用？若說是色法，無色界的眾生就間斷了！若說是前六識，無想天的眾生也就間斷了！除了色心二法之外，難道是不相應行法嗎？可是不相應行，連它們自己還是依託色心的，怎能負起有情生死相續的大責任？這是大小乘雙方贊成的道理。所以，這"窮生死的五蘊"，那只有第八識纔能夠"名符其實"的擔當起來。

第四，還有小乘最出名的薩婆多部的《增一阿含經》裏面，也有這第八識的密意說。它更明顯的說了四個阿賴耶：①愛，②樂，③欣，④喜。本來四個字的意義是一樣，都是耽著戀戀不捨的意思。如果把它分別來說，愛是總句。現世耽著叫它是樂；過去曾經也耽著過，所以叫它是欣；未來還是一樣的照常愛著它，所以叫做喜。立這四名，就是因為我們有情執著第八識，為自己內面的真我。一直到沒有破我執以前，都是恆常生起愛著。所以阿賴耶識，纔是我們一切三界九地的眾生，共同真實愛著的處所。不應當說是：①五取蘊，②五欲，③樂受，④身見，⑤前六識，⑥色身，⑦不相應行等，是一切眾生共有的愛著！怎樣知道呢？假定說：

一、"五取蘊"是眾生共同愛著的話，那一向生在苦受處所裏面的人（地獄、餓鬼、畜生），他們的五蘊身是苦得不得了，時時刻刻都在那兒厭離它，既是時刻要捨棄這五蘊身，可見五蘊身，不是有情的愛著處；對於五蘊身雖然厭離，但對於阿賴耶識，還是照常的執之為我——我愛執藏。

二、如果說"五欲"境界是有情的貪著處，那三果阿那含等，他們已經斷除了欲界的貪慾，就是色界微妙的五欲也不耽著；然而，對於阿賴耶識的內我，他們還是念念不捨——我愛執藏。

三、如果說"樂受"是我們凡夫共同耽著的，那也不見得！試看三禪以上的天人，他們都是喜樂雙忘的捨念清淨，那裏還有樂受呢？然而，對於阿賴耶識還是有照樣的愛著——我愛執藏。

四、如果說"身見"是我們凡夫共同耽著的地方，那有學的聖人——初果、二果、三果，他們都同樣的能於正法信解無我，而沒有我見；然而，對於阿賴耶識的內我，還是照樣的執著——我愛執藏。

五、如果又說"前七識可以做一切眾生共同的愛著處"，則三果阿那含他們入了滅盡定的時候，已經把前七識的心王和心所，通通都停止不行了，然而，他們還執著第八識為內我，所以不能夠馬上證四果阿羅漢，這就是因為還有我愛執藏啊。

六、還有人說"這'色身'豈不是我們一切眾生共同的愛著處嗎？"那也不見得；好像無色界的人他們雖然是離開色染，然而，對於阿賴耶識，他們一樣還有很深的愛著——我愛執藏。

七、或者說"'不相應行'可以做我們凡夫真愛著處吧？"那更不可以！因為它本身離開了色心等法，就沒有自體，所以也不是我們眾生真愛著處；一切凡夫真的愛著還是第八識的內我——我愛執藏。

以上說了七個異計，都不能算是凡夫共同的愛著處；凡夫之所以稱之凡夫，也就是因為他有我執，如果真的破了我執的話，那就不能叫他是凡夫，而稱為聖者了！所以，無論是異生或有學，生起我愛的時候，對於其餘——五取蘊、五欲、樂受、身見、轉識、色身——的，有愛或不愛，然而，對於阿賴耶識，可說是沒有那一個凡夫不愛；所以，唯有這第八識，纔是我們凡夫真愛著處。因為有這許多理由，所以，阿賴耶這個名字，只有安在第八識上。

> 已引聖教，當顯正理。謂契經說：雜染清淨，諸法種子之所集起，故名為心。若無此識，彼持種心不應有故。謂諸轉識，在滅定等，有間斷故。根、境、作意、善等類別，易脫起故。如電光等，不堅住故。非可熏習，不能持種。非染淨種，所集起心。此識一類，恆無間斷。如苣藤等，堅住可熏。契當彼經，所說心義。若不許有，能持種心，非但違經，亦違正理。謂諸所起染淨品法，無所熏故，不熏成種，則應所起唐捐其功。染淨起時，既無因種；應同外道，執自然生。

在“五教”“十理”中，五教已經講完了，現在來講十理中頭一種“持種心”。在佛經上說，雜染法和清淨法的種子聚焦在一個地方，能夠生起現行，這就叫做心。設若沒有這第八識的話，那這持種心就不應當有了。

因為前七識在滅盡定的時候，所有的心王心所統統都不行了！因為前六識所依的根和所緣的境，以及作意的心所，還有善、惡、無記三性，是常常互換，所以容易脫落。好像天上閃電的光明一樣，它們是不堅住的東西，那怎樣可以受熏呢？既然不能持種，那當然不是染淨種所集起的心。第八識為甚麼又可以呢？因為第八識它不是三性互易，它完全是一類無記的捨受；並且，就是到了佛果，它還是能夠執持無漏種子不失，它那裡有間斷呢？好像印度一種胡麻，它可以受花的香熏，而容納香氣；既然是堅住性，當然是可熏。這第八識既然能夠執持染淨的種子，那這種說法和那部經上所說的持種心，正是相合。

反過來說，設若不允許有能夠持種的第八識，那不但是違背了佛經，並且會違背了正理。因為，只有所起染淨法的能熏，而沒有受熏的東西；既然沒有東西受熏，那怎麼會留下習氣的種子呢？既然沒有種子，那從前所熏下來的習氣，豈不是徒勞無功！這是犯了有因無果的毛病！現在既然沒有東西受熏，那將來再生現行的時候，又成了無因而有果的大弊。這一來，就和外道所執著的一樣，他們說"一切法都是無因，而自然會生出果法來"！

　　色不相應，非心性故。如聲光等。理非染淨，內法所熏。豈能持種？又彼離識無實自性，寧可執為內種依止？轉識相應，諸心所法，如識間斷，易脫起故，不自在故，非心性故，不能持種，亦不受熏。故持種心，理應別有。有說六識無始時來，依根境等，前後分位，事雖轉變，而類無別。是所熏習，能持種子。由斯染淨因果皆成，何要執有第八識性？彼言無義，所以者何？執類是實，則同外道；許類是假，便無勝用，應不能持內法實種。又執識類，何性所攝？若是善惡，應不受熏，許有記故，猶如擇滅。若是無記，善惡心時，無無記心，此類應斷。非是善惡，類可無記。別類必

同，別是性故。又無心位，此類定無，既有間斷，性
非堅住。如何可執持種受熏？又阿羅漢，或異生
心，識類同故，應為諸染無漏法熏，許便有失。又
眼等根，或所餘法，與眼等識，根法類同，應互
相熏。然汝不許。故不應執識類受熏。又六識身，若
事若類，前後二念，既不俱有，如隔念者，非互
相熏，能熏所熏，必俱時故。執唯六識，俱時轉
者，由前理趣，既非所熏，故彼亦無能持種義。

假定你說：「色法和不相應法豈不是也可以持種嗎？」要知
道，色法和不相應法它們不是心體。好像音聲和光明一樣，在道
理上說起來，並不是染污和清淨兩種裏面的東西可以熏習；熏習
尚且不能，怎樣又可以持種？同時，還要知道，色法是識所變的，不
相應法是識所分位；這兩樣東西如果離開了識心，它們自己根本
上就沒有自體，你們怎樣可以執著它為裏面的種子所依託的東
西呢？

那末，前六識的心王以及它們的心所，可以持種嗎？更不可
以。因為前六識是間斷的東西，而它們的心所自己更沒有自在，和
心王一樣，都是容易脫落的東西。又不是心體，所以不能持種，也
不能受熏！所以說到能夠執持種子的心，在道理上是應當另有的。

還有另外一種說法：他說前六識從無始以來，它們是依六根
六境，以及作意和善、惡、無記三性前後分位的差別；然而所作過
了的事雖然是有轉變，而後念的識類還是照樣的無別；既然可以
受熏，當然可以持種；由這一種道理，無論是染淨的種子，都可
以成立。為甚麼一定要堅執著有第八識呢？

　　他這種說法是沒有義理的！甚麼原因呢？因為你們執著後念的識類是有實體的，那同印度有一類外道的思想同樣了。反過來說，如果許可後念的識類是假的，那末，假法當然就沒有殊勝的功用，也就不應當能夠持內法實在的種子了。

　　同時，還要知道，後念的識類在善、惡、無記三性之中，是屬於那一性所攝呢？假定識類是屬於善性或者惡性，那都不應當受熏！因為善性不受惡熏，惡性不受善熏；好像香臭兩種東西，是不能互相受熏的，這在前面“所熏四個條件”中講過了。因為善性和惡性是屬於有記，好像“擇滅無為”的無漏善一樣，是不能受染污所熏。設若你又說：“後念的識類不是善性或惡性，是非善非惡的無記性好嗎？”那也不對！你可以自己想想：前念識體是善，後念識類當然也是善；前念識體如果是惡，後念的識類不消說，當然也知道是惡。既然是善和惡的識體，那裡有“無記性的識類”呢？決定不會有這件事。不可以說“前念的識體是善或惡，而後念的識是無記”；因為後念的識類是跟著前念識體一樣，就是說，父親姓甚麼，兒子只好跟他姓就是了。所以說，識體是善惡的各別，而識類也就同它一樣，別類必定同別類的識體。

　　還有，無想定、滅盡定、無想天、睡眠無夢、悶絕時，在這五位無心位中，後念的識類已經斷絕了；假定還有後念的識類，那也就不應當叫做“無心位”。後念的識類既然是有間斷，體性不是堅住的東西，那怎樣可以持種和受熏呢？

　　假定不承認有第八識能夠受熏持種的話，一味的只說識類是無記；那阿羅漢的無漏善熏下來的識類是無記，而凡夫的有漏惡熏下來的識類也是無記，這樣一來，聖凡也就沒有分別了！阿羅漢就是凡夫，而凡夫也就是阿羅漢了。這就犯大過了！

　　還有，識既然有識類，那末，根應當也有根類，境當然也有境類。根類和境類你們小乘人既不贊成有受熏，可見識類也是不能受熏。

　　由上面種種道理說起來，不贊成有第八識，而單單說是前六識生起的話，既不能受熏，當然不能持種。應當就要相信有第八識。

> 　　有執色心，自類無間，前爲後種，因果義立。故
> 先所說，爲證不成。彼執非理。無熏習故。謂彼
> 自類，旣無熏習，如何可執前爲後種？又間斷
> 者，應不更生？二乘無學，應無後蘊；死位色心，爲
> 後種故。亦不應執，色心展轉，互爲種生。轉識
> 色等？非所熏習，前已說故。

　　小乘經部師他們說：從前一刹那的色，可以引生後一刹那的色；從前一刹那的心，可以引生後一刹那的心，以及它們相應的心所；這樣的無間而生，前爲因，後爲果，這樣因果的道理，豈不是照樣的可以成立，爲甚麼要一定有阿賴耶識？所以你們唯識家，前面雖然是說了許多引證，還是不能成立。

　　你們經部師說這話，是沒有道理的！甚麼原因呢？因爲種子必定是熏習而來。色法和前六識的心法，不能夠受熏，在前面不是說過了許多？旣然不能受熏，怎樣又可以說爲前後種呢？

　　還有凡夫已經間斷了的東西，應當不能再生起來。好像從無色界死了之後，再生到色界來；從無想天死了之後，再退到有想地來。從滅盡定起來。阿羅漢，辟支佛，他們入了無餘涅槃。如果你們小乘人不贊成有第八識能夠執持從前色心諸法的種子，那後蘊再生起時，豈不是無因而有果嗎？所以你們說的色心自類，只

可作等無間緣，或所緣緣，決定不是種子的因緣。

更不可以說色法和心法互相而生，這是因爲經部師他們說：無色界雖然是沒有色，然而還是有心；無想天雖然是沒有心，但是他們照常還是有色；心種可以生色，色種也可以生心，這不是有因緣的意義嗎？誰知他們忘記了色法和前六識是不能受熏，所以根本就沒有種子了。前面不知道說過了多少，還要再說嗎？

> 有說三世諸法，皆有因果感赴，無不皆成。何勞執有能持種識？然經說心爲種子者，起染淨法勢用強故。彼說非理。過去未來，非常非現。如空華等，非實有故。又無作用，不可執爲因緣性故。若無能持染淨種識，一切因果皆不得成。有執大乘遣相空理爲究竟者，依似比量，撥無此識及一切法，彼特違害前所引經。知斷證修染淨因果，皆執非實，成大邪見。外道毀謗染淨因果，亦不謂全無，但執非實故。若一切法皆非實有，菩薩不應爲捨生死，精勤修集菩提資糧。誰有智者，爲除幻敵，求石女兒用爲軍旅？故應信有能持種心，依之建立染淨因果。彼心即是此第八識。

在小乘一切有部，他們主張過去法、現在法、未來法。三世法都是實有，所以因果的感應，沒有不可以成立的。何必要一定執著有一個第八識來持種子呢？然而，經上爲甚麼又說"心"來做種子？那是因爲約他生起染法和淨法勢用的強盛說的。

他這種說法當然是不合乎道理。因爲過去法是已經謝落了，未來法還沒有生起，可見不是恒常，也不是現有，好像病眼見空花一樣，根本上就沒有空花。過去法和未來法，既然沒有作用，當然不可以執著，不可以做種子的因緣體。如果沒有一個執持染淨的種子識，那一切世間六凡的因果，以及出世間四聖的因果，通通都不可以成立了。

上面的小乘諸說，是不合道理的。還有一種冒牌的大乘，他們執著遣相的空理，當做究竟，他們所依托的是似比量，來撥無說沒有這阿賴耶識，似及一切善惡因果法，所以他倆所說的話，通通都是違背了前面所引的經據。

甚麼理由呢？因為這樣一來，甚麼知苦，斷集，苦滅，修道，這許多世間的因果和出世的因果，通通都說沒有，那豈不是成了一種大邪見嗎？就是一班外道他們毀謗沒有染淨的因果，也不過說造惡因，不受苦果；作善因，沒有樂果罷了，並不是說連染淨法也沒有啊。

假定照你們說：一切法都是沒有，當然也沒有生死了。但菩薩為甚麼要捨生死呢？既然是沒有，連菩薩也沒有，那菩薩為甚麼要精進去修集菩提的資糧呢？試問：那一個有智慧的人，要滅除幻化的敵人，去求石女生的兒子，用他來做軍旅呢？明知敵人也是幻化的，石女是沒有兒子的，又要去做這種舉動，那豈不是無聊嗎？

把上面所說的道理，如果真明白了之後，就應當信仰有一個能夠執持一切染淨種子的識，依托它來建立染污和清淨的因果，這個持種心是那一個呢？就是唯識家所說的第八阿賴耶識。

又契經說：有異熟心，善惡業感。若無此識，彼異熟心，不應有故。謂眼等識，有間斷故。非一

切時是業果故。如電光等，非異熟心。異熟不應
斷已更續。彼命根等，無斯事故。眼等六識業所
感者，猶如聲等，非恒續故。是異熟生，非眞異
熟。定應許有眞異熟心，酬牽引業，遍而無斷，變
為身器，作有情依。身器離心，理非有故。不相
應法，無實體故。諸轉識等，非恒有故。若無此
心，誰變身器。復依何法恒立有情？又在定中，或
不在定；有別思慮，無思慮時，理有眾多身受生
起。此若無者，不應後時身有怡適，或復勞損。若
不恒有眞異熟心，彼位如何有此身受？非佛起於
善心等位，必應現起眞異熟心。如許起彼時。非
佛有情故。由是恒有眞異熟心，彼心即是此第
八識。

這是十理中，用第二種異熟心，來證明有第八識。同時也引
佛經來證明。佛經上說：有一種叫做異熟心的。它是由自己前世
所造的善惡業，而感得今生來投胎這個第八識的異熟果。設若沒
有這個第八識的話，那佛經上所說的異熟心，就不應當有。

或者說；沒有第八識，眼、耳、鼻、舌、身、意前六識，豈不是
可以做異熟心嗎？要知道眼等前六識是有間斷的東西，不是一切
時都是受業果，好像閃電一樣。所以前六識不是異熟心。如果是
異熟心的話，那就不應當間斷了之後，再來相續。這就是說的“命
根”和“眾同分”，它們都是有間斷的，也不可以做異熟心。因爲
眼等前六識業所感的，同聲音一樣，它們不是恆常相續的；只可

以叫做異熟識所生，不可以叫做眞的異熟識。

如果明白了上面所說的各種原因，那我們就要決定應當允許有第八識的異熟心；它是酬報前世所造牽引受生的業。它是普遍到三界九地四生中去，中間沒有一刹那間斷過，它的功用，可以變起“根身”“器界”作我們有情的依止。這根身和器界如果離開了異熟心的話，在道理上說起來，就會沒有了。

至於二十四個不相應行法，他們自己的本身，就沒有實體。前六識已經說過了，它們是間斷，不是恆常有的。設若沒有這個眞異熟心，試問：那一個來變起這根身和器界？又依托甚麼東西，來恆常建立有這衆生呢？

還有：在定中的時候，就沒有思慮；不在定中，當然就有思慮。沒有思慮，內心非常的適悅快樂！一有了思慮，那煩惱的苦痛就生起來了！可見在定中雖然是沒有思慮，然而，爲甚麼一出了定的時候，身上又覺得有適悅的快樂呢？設若沒有這恆有的異熟心，那末，在定位的時候，爲甚麼還有這適悅快樂的身受呢？

還有一件事可以證明有異熟心。就是除開了佛之外，其餘九法界的有情，連菩薩也在內。除了佛果的善，其餘的九界，當然是善、惡、無記，三性互起。我們就可以知道：必定有異熟心現起。“金剛道後異熟空”。只有除了佛沒有，其餘的，連等覺菩薩，還有眞異熟的果報識。由上面所說的道理，可知道一定有異熟心，這異熟心是那一個呢？當然就是這個第八識。

又契經說：有情流轉五趣四生，若無此識彼趣生體不應有故。謂要實有，恒遍無雜，彼法可立正實趣生。非異熟法，趣生雜亂，住此起餘趣

生法故。諸異熟色及五識中業所感者，不遍趣
生，無色界中全無彼故。諸生得善及意識中業所
感者，雖遍趣生，起無雜亂，而不恒有。不相應
行無實自體，皆不可立正實趣生。唯異熟心及彼
心所，實恒遍無雜，是正實趣生。此心若無，生
無色界，起善等位，應非趣生。設許趣生攝諸有
漏，生無色界，起無漏心，應非趣生，便違正理，勿
有前過及有此失故。唯異熟法是正實趣生。由是
如來非趣生攝，佛無異熟無記法故。亦非界攝，非
有漏故。世尊已捨苦集諦故，諸戲論種已永斷
故。正實趣生，既唯異熟心及心所。彼心心所，離
第八識，理不得成。故知別有此第八識。

十理中第三就是界趣生體。界是三界，趣是五趣，生是四生。所
以在佛經中又說：一切衆生流轉到三界、五趣、四生裏面去，就是
因爲有這個第八識。如果沒有第八識的話，那他們五趣、四生、果
報的體，就不應當有了。

趣生的體是甚麼呢？就是說：第一要實有，第二要恆常，第
三要普徧，第四要不雜亂。如果不是眞異熟識的東西，那五趣和
四生就會犯雜亂的過失，甚麼原因呢？例如：在人趣中修上品十
善業則生天趣；若造上品十惡則生地獄趣。中品和下品，也是這
樣，這豈不是有雜亂嗎？

第二，異熟果報所生的色法——五色根，以及香味觸，還有
色法和聲法中一分。還有前五識異熟生的無記法，它們雖然是不
雜亂，然而無色界的衆生又沒有，所以也不是趣生的報體。

　　第三，善有修得和報得，報得善，是前世修習了許多善法，而今生一生下來就有，這種善是與身同生，所以叫做俱生善。以及第六意識中業所感的異熟生無記，這兩種雖然是普遍三界，又不雜亂，然而在無想定、滅盡定、無想天、睡眠、悶絕，道五種無心位中間又間斷了！既然不是恆有，當然也不是趣生的報體。

　　第四，不相應行里面的命根和衆同分，它們的本身，離開了心王、心所和色法，就沒有實體，所以也不可立爲是正實趣生。把上面四種既然都簡除了，那唯有第八識現行的心王和心所，才具足實有、恆常、普徧、無雜這四種意義，所以才是眞實趣生的報體。

　　如果沒有這第八識的話，那生到無色界的有情，既然沒有色，又沒有前五識，唯有意識起善心的時候，那應當就沒有趣生的報體，因爲沒有眞異熟識的報體了。假定說：無色界的有情，因爲沒有斷煩惱，所以生起的善是屬於有漏所攝，還可以叫做趣生。那末，三果阿那含，他們已經生到無色界，並且已經斷了欲界的煩惱，他們所起的善法，當然是無漏，那應當不算有情吧？試問：許不許呢？如果許的話，那就會違背道理了，甚麼原因呢？因爲在理上說起來：只要是沒有出三界，在三界之內的人，都叫做趣生；那怕就是證了四果阿羅漢的人，他們雖然斷了煩惱，來世不再去受生，然而因爲他的身體還存在，所以還是衆生所攝。如果要免除前面四種過患，及剛才的誤失，那只要贊成有第八識，才是眞眞實實的受生體。因這種道理，我們就可以知道：佛不屬於衆生數所攝，因爲佛沒有染污的第八異熟識了！當然不爲有漏三界裏面所攝。因爲佛已經捨棄了"惑業苦"的苦集二諦，所以一切有漏法的種子，也就完全斷除了。

　　我們最後的結論，眞實的趣生，只有第八識的心王心所，如果離開了第八識，是不可以。所以知道：除了前六識之前，一定有第八的異熟識。

　　又契經說：有色根身，是有執受。若無此識，彼能執受，不應有故。謂五色根，及彼依處，唯現在世是有執受。彼定由有能執受心。唯異熟心，先業所引，非善染等。一類能遍，相續執受，有色根身。眼等轉識，無如是義。此言意顯眼等轉識，皆無一類能遍相續執受自內有色根身。非顯能執受唯異熟心。勿諸佛色身無執受故。然能執受有漏色身，唯異熟心。故作是說。謂諸轉識，現緣起故，如聲風等。彼善染等，非業引故，如非擇滅。異熟生者，非異熟故，非遍依故，不相續故，如電光等。不能執受，有漏色身。諸心識言，亦攝心所，定相應故，如唯識言。非諸色根，不相應行，可能執受，有色根身，無所緣故，如虛空等。故應別有能執受心。彼心即是此第八識。

在十理中，現在是屬於第四個理由有執受，佛經上說：凡是有一個色法的根身，他一定有一個東西來執受他。設若沒有這個第八識，那他所說的能執受就不應當有。這色根是指的甚麼呢？就是說的眼、耳、鼻、舌、身五種神經和外面看得見的五種形狀。這個五根的身體，唯有現在的時候，才有執持和感覺，可見一定有一個能執受的心。

說到能够執受的話，唯有這第八識的異熟心，它是從過去世所造的引業，所感的總報，它也不是純善，又不是純惡，它是非善非惡的無記性；是一類徧滿全身的；從生至死，中間這幾十年，它都能相續的執受。所謂能夠執受這有色的根身，只有第八識才有這種功能，好像眼等的前六轉識，一定沒有這執受根身的意義。

換句話的意思就是說，眼等前六識，因爲它們沒有一類能徧、相續、執受自己的內我，和根身不壞的功能。並不是說：唯有凡夫的有漏識才能夠執受，而諸佛的無漏識就沒有執受佛身的功能。不過是說：執受凡夫有漏的色身，那是專門屬於有漏異熟心的責任罷了。

這原因就是說：前六識的功用，它都是因爲現在的緣而現起的，好像音聲和風一樣，沒有執受的功用。還有前六識又是通於善惡，所以不是業所引的總報，好像非擇滅無爲一樣；它是自性本來清淨，不是由智力斷惑而顯的無爲。前六識它既然是屬於異熟識所生，那當然就不是眞異熟性。同時前六識都是各依各的根，例如眼識是單依眼根，耳識是單依耳根，就是身識也不過單依身根的感覺而已。見和聞，有它甚麼事？所以叫做非徧依。同時，又是間斷的東西，好像閃電一樣的不堅住，所以它不能夠執受有漏的色身。

說到心識這一句話，那不單是說心王，連心所也包含在裏面，因爲心所和心王是決定相應的。或有人說：前六識的心王或者不能執受，而前六識的心所大約能夠執受吧？所以說：同識一樣，都是不能執受。

五色根，和不相應行，都是不能執受，甚麼原因呢？因爲五色根是被執受的，它不是能執受；不相應行中的命根和衆同分，它們是沒有實體。所以根和不相應，都沒有能緣的意義，所以也沒有所緣，和虛空一樣。我們知道了上面種種的道理，就應當知道在六識外，有一個能執受的心才對，此能執受的心是那一個呢？當然就是第八識。

又契經說：壽煖識三，更互依持，得相續住。若無此識，能持壽煖，令久住識，不應有故。謂諸轉識，有間有轉，如聲風等。無恒持用，不可立為持壽煖識。唯異熟識，無間無轉，猶如壽煖，有恒持用，故可立為持壽煖識。經說三法更互依持。而壽與煖一類相續。唯識不然，豈符正理？雖說三法更互依持，而許唯煖不遍三界。何不許識獨有間轉？此於前理非為過難。謂若是處，具有三法，無間轉者，可恒相持。不爾，便無恒相持用。前以此理，顯三法中所說識言，非詮轉識，舉煖不遍，豈壞前理？故前所說，其理極成。又三法中，壽煖二種，既唯有漏，故知彼識，如壽與煖，定非無漏。生無色界，起無漏心，爾時何識能持彼壽。由此故知有異熟識，一類恒遍能持壽煖，彼識即是此第八識。

第五個理由：就是持壽、煖、識。佛經上說：壽命，煖氣，識心，這三樣来西，它們是相互依持的。就是你依靠我，我依靠他，他又依靠你，這樣的互相依靠，才可以相續而住。設若沒有這第八識的話，試問：這能持壽煖，使令能夠久住於世這個識，就不應當有。

　　或者說前六轉識，豈不是可以執持壽煖嗎？要知道：前六識它們是有間斷和有轉易的，好像音聲和風一樣，它們沒有恆常執持的功用，所以不可立爲能夠執持壽煖的第八識。

　　前六識既然不可以執持壽煖，那末，試問：那一個才能夠執持呢？唯有第八異熟識，因爲它是無間斷的和無轉易的。好像壽命和煖氣一樣，都有執持從生至死一期生命的功用。因此，才可以立爲執持壽煖不壞的第八識。

　　經上面說：壽，煖，識，三樣東西，你依靠我，我依靠他，他又依靠你，三個人互相依靠，壽命和煖氣，既然是一類的相續，豈有識一個人就不是一類相續，能夠符合正理嗎？

　　外人難：經上雖然是有說“壽，煖、識”三法互相依持，然而經上也許說煖氣是屬於色法，無色界的有情，就沒有煖氣！煖法既然可以不徧無色界，而識法又爲甚麼不可以間斷呢？

　　唯識家答：你這一個問難，對於我前面所說的三法更互依持的道理，並不能指出我的過失！甚麼意思呢？因爲我所說的，正是指欲界和色界的衆生，具有“壽、煖、識”三法沒有間斷和轉變的時候說的，所以能夠恒常互相執持，設若不是指三法同時有的話，那就沒有互相執持的功用。我前面所說的道理，正是顯示三法中所說的識，並不是講前六識。你現在拿煖法不遍無色界的理由，來壞我前所說的三法互依的道理，怎樣可以破壞得了呢？因爲有壽煖，一定是有識；而有壽和識不一定有煖啊！所以我前面所說的道理，是很可以成立的。

　　還有：三法中，壽和煖，既是有漏，所以也可以知道，前面我所說三法和合中的識，同壽煖一樣也是有漏。例如三果阿那含的聖人，他生到無色界天中去了。然而他生起的，還是有漏心。假定沒有這第八異熟識來持有漏種，那試問：用甚麼識來執持他的壽命呢？你不能用無漏種來執持有漏的色身吧？因爲：煖是第八識的相分上的色法；壽是命根，是依親生第八識上現行種子上假立的，從凡夫一直到等覺菩薩，只要是異熟識未空以前，都是有漏。識既然是有漏，而他的命根當然也是有漏。因此，我們就可以知道：有第八的異熟識，它是無始以來，一類的無記，又是恒常周遍三界，能夠執持壽煖二法，這識是甚麼識呢？當然是第八異熟識啊！

又契經說：諸有情類，受生命終，必住散心，非無心定。若無此識，生死時心，不應有故。謂生死時，身心惛昧，如睡無夢、極悶絕時。明了轉識，必不現起。又此位中，六種轉識，行相所緣，不可知故。如無心位，必不現行。六種轉識，行相所緣，有必可知，如余時故。眞異熟識，極微細故，行相所緣，俱不可了。是引業果，一期相續，恒無轉變。是散有心，名生死心，不違正理。有說五識，此位定無。意識取境，或因五識，或因他教，或定爲因。生位諸因，既不可得，故受生位，意識亦無。若爾，有情生無色界，後時意識應永不生。定心必由散意識引。五識他教，彼界必無，引定散心，無由起故。若謂彼定由串習力，後時率爾能現在前；彼初生時，寧不現起？又欲色界，初受生時，串習意識，亦應現起。若由惛昧，初未

現前,此即前因,何勞別說。有餘部執生死等位,別
有一類微細意識,行相所緣俱不可了。應知即是
此第八識。極成意識,不如是故。

十理中第六是生死時候的心。佛經上說:一切眾生,受生和
命終,這兩個時候,必定是住在散心位。並不是在無心或定心。假
若沒有這個第八識的話,那這受生和臨死的時候,前六識的作
用,通通不起現行了!爲甚麼心窩還是動,喉嚨還有微細的氣息,難
道沒有個主人翁的心嗎?

意思就是說:生時和死時,這時候前五識的身,以及第六識
的心,完全是惛昧,好像熟睡沒有夢的時候一樣。這個極悶絕的
時候,前六識必定不會現起。還有在受生和臨死的時候,前六識
的行相和它的所緣,都是不可了知。好像入了無想定和滅盡定的
時候一樣,前六識都是不現行了!如果生時和死時,還有前六識
的話,那它們的行相和所緣,必定是可知的,應當和平常的人一
樣有知覺啊!

因爲第八是眞異熟識,它的行相和所緣,都是極微細,所以
不可知。它是由前生所作的業,而引生現在的總報主,它是從受
生到臨死,中間這一個期間,在沒有完全棄捨這個盡命以前,它
都是恒常沒有轉移和變動的,是散心位,不是定心位;是有心位,不
是無心位。把這第八識拿它來當做受生和臨死主人翁的心,那才
不會違背正理啊。

還有一種異解的說法。他說:在受生和臨死的時候,前五識
固然是沒有,就是第六意識取境界的時候,也要有三個原因:第
一、五俱意識,那是要和前五識同時起的;第二、散位獨頭意識,那

是要聽別人家說了邪正的教理，然後才起邪正的思惟；第三、定中獨頭意識，這是因爲修種種禪定而得的。在受生位這三種因既然統統沒有，所以沒有意識。異說的目的，因爲他不相信有第八識中種子爲因，他拿前面三個因來做因，所以下面被唯識家所破。

唯識家破：設若照你道種說法，那我要請問你：有一類衆生，生到了無色界的時候，後時第六意識，應當永遠不生了！甚麼原因呢？因爲定心必定是先由散意加行引起；散意又必定由五識和他教所引起。然而，五識和他教，在無色界根本上就沒有，那所說的由加行引定心，由他教引散心，豈不是廢話麼？因爲無色界，既然沒有五識、他教和散位所引，所以意識就無由得起。

設若你又說：無色界雖然是沒有三因，然而彼定是由從前的慣習的力，所以後時定力忽然間可以現前。照你說由慣習力，後時可起；那我也可以說：由慣習力，初生時就可以生起，何必要等待後時呢？還有無色界既然你贊成定心是由慣習力忽然間現起，那我也可以說：欲界和無色界，初受生的時候，也可以由從前慣習的力，意識現起，爲甚麼不可以呢？設若你又說：生時意識所以不起的原因，是因爲惛昧的原故，所以初生時意識不能現前。若照這樣說起來，這就是意識不現起原因，何必要另外說甚麼三因？

還有另一種小乘人說：受生時和臨死時，另外有一種微細的意識，這一種微細的意識，它的行相和所緣都是不可了知的。要知道你說的這個微細意識，就是第八阿賴耶識，如果是平常所說的意識，那它的行相和所緣，都是可以了知的，不同它一樣。

又將死時，由善惡業，下上身分，冷觸漸起。若

無此識，彼事不成，轉識不能執受身故，眼等五
識各別依故、或不行故，第六意識不住身故、境不
定故。遍寄身中恒相續故，不應冷觸由彼漸生。唯
異熟心，由先業力，恒遍相續，執受身分。捨執
受處，冷觸便生。壽煖識三，不相離故。冷觸起
處，即是非情。雖變亦緣，而不執受。故知定有
此第八識。

這也是一種證明，除開了前六識之外，有一個第八識。就是
說一個人將要死的時候，在生若是善事作得多，那是足下先冷
起，這是顯示最後的識是向上而昇。在生時如果惡事作得多，那
是從頭頂上先冷起，這是顯示最後的識是由下而墮。設若沒有這
第八識的話，這冷觸或由上或由下這件事就會沒有。假定不是第
八識的原故，而前六識它們決定不會執受這根身。

這原因就是因爲眼、耳、鼻、舌、身，這前面五個識，它們都是
各別所依托的。所謂：眼識依眼根，耳識依耳根，鼻識依鼻根，舌
識依舌根，身識依身根，這就是各別依，不是周遍依。前五識有
時缺緣也是不生。例如，眼識缺了光明的緣，就不能生起眼識；耳
根壞了，耳識就不能聞聲；香氣沒有來，鼻識就不起；味道沒有
到舌頭上來，舌識就不知道甚麼味；外物沒有打在身上，身識就
不知道痛癢。見前五識隨便缺了一緣就不現起了。第六意識它根
本就不是依托前五根，所以是不住在身上。又第六意識，或緣色
法，或緣心法，成緣過去，或緣現在，或緣未來，所以它是徧緣
一切處，它是周徧寄托在身上的，是恒常相續的，所以不應當說
冷觸是由第六意識漸捨的。

照上面這許多原因說起來，那唯有第八識的異熟心，它是由前世所造的業而感得的果報，所以是恒常、周徧、相續不斷，能夠執受這身分。第八識在全身，它捨棄到甚麼地方，那個地方卽刻就會冰冷了。因爲"壽命"和"煖觸"，是不能離開"識心"的。如果一離開了"識心"，"壽煖"卽刻也卽隨它離開。所以冷觸一生起的地方，那"塊肉"，就和"泥土"一樣，是屬於無情了，不能再叫做"有情的衆生"。這器界雖然也是第八識所變的，並且是它所緣的，但是第八識不執受它。由這種道理，我們就可以知道在六識外，決定還有一個第八的異熟識。

又契經說：識緣名色，名色緣識。如是二法，輾轉相依，譬如蘆束，俱時而轉。若無此識，彼識自體不應有故。謂彼經中自作是釋。名，謂非色四蘊，色謂羯邏藍等。此二與識相依而住，如二蘆束更互爲緣，恒俱時轉，不相捨離。眼等轉識，攝在名中，此識若無，說誰爲識。亦不可說名中識蘊，謂五識身，識謂第六，羯邏藍時，無五識故。又諸轉識，有間轉故，無力恒時執持名色。寧說恒與名色爲緣？故彼識言，顯第八識。

羯邏藍是雜穢。頞部曇是皰。閉尸是軟肉。健南是堅肉。盋羅奢佉是肢節。

現在是說十理中的第七緣起依。在阿含經上就有說"識緣名色，名色緣識"。我們先要知道，五蘊裏面的色，當然是屬於色蘊；名，是攝"受、想、行、識"四蘊。識緣名色這句話，就是說：因爲先有一個投胎識的緣，所以然後才有名色的五蘊；又因爲有名色的緣，而後投胎的這個識，才有地方安住。所以，識與名色，是互相爲依。好像兩根蘆柴，束縛在一個地方，同時不倒。設若沒有這個第八識，那識緣名色的這個識，就不應當有了。

這在阿含經上就有解釋，它說：名色的名，就包含了非色法的——受想行（識）四蘊。色，那就是父精母血雜穢等名法，這五蘊的名和色二法，都是同投胎的識，相依而住。好像兩根束蘆一樣，是更互爲緣的，所以是恒常同時轉生，不相捨離的。

如果你說：識緣名色的識，是指的前六識可以嗎？要知道前六識的識，是攝在名色裏面的——受、想、行(識)那名中去了，你不能說自己的識又依自己的識！可見識緣名色的識，是指受、想、行、識以外的阿賴耶識了。如果你一定要說沒有第八阿賴耶識的話，那識緣名色這個識，是指那一個呢？

因爲又不可以說是名色裏面那個識蘊。那個識蘊，是指“五識身”。識是指的第六意識。初投母胎在頭一個七天裏面，羯邏藍位——凝滑中，那裏有五識呢？因餘五識是要依托五根，五根都沒有長成，當然沒有五識。

還有前六是有間斷和轉變的，它們沒有力來執持這個名色不壞，它只可做被執持的，不能够做能執持的。你怎樣可以說恆常和名色為緣？所以阿含經上所說的“識緣名色，名色緣識”這個識，決定是指的第八阿賴耶識。

成唯識論講話（卷四）

又契經說：一切有情皆依食住。若無此識，彼識食體，不應有故。謂契經說，食有四種：一者段食，變壞為相。謂欲界繫香味觸三，於變壞時，能為食事。由此色處，非段食攝，以變壞時，色無用故。二者觸食，觸境為相。謂有漏觸，纔取境時，攝受喜等，能為食事。此觸雖與諸識相應，屬六識者，食義偏勝。觸麤顯境，攝受喜樂，及順益捨，資養勝故。三意思食，希望為相。謂有漏思，與欲俱轉，希可愛境，能為食事。此思雖與諸識相應，屬意識者，食義偏勝。意識於境，希望勝故。四者識食。執持為相。謂有漏識，由段、觸、思，勢力增長，能為食事。此識雖通諸識自體，而第八識，食義偏勝。一類相續，執持勝故。由是《集論》說此四食、三蘊、五處、十一界攝。此四能持有情身命，令不壞斷，故名為食。

第八個理由就是識食體。所以佛經又說："三界一切的眾生都要依食而住。"設若沒有這第八識，那四食裏面的"識食"就不應當有了。這四食的說法是出在佛經上，第一種叫做段食。段是形段，它的義相，就是食下去了，要消化變壞。這是在欲界的眾生，所食下去的東西，一定有香氣、味道和冷熱的觸塵。同時，要消化了之後，纔可以叫做食事。因此，我們就可以知道，若不消化，但是眼睛看看，無論怎樣好看，對於肚子的飽滿，是沒有關係，所以單是色法，不能叫做段食。因為食下去消化變壞了，這色相上的好看，是沒有用了。

第二種叫做觸食，它的意義就是和境界接觸。就是說，我們凡夫的有漏識一同外境接觸的時候，就能夠攝受歡喜快樂的境界，這纔可以叫做食事。這個觸心所雖然和六個識都有相應，然而，屬於第六意識的觸，食的意義更加殊勝。第六識的食義所以殊勝的原故，就是因為它能夠觸粗的境界和顯的境界，所以能夠攝受喜樂，以及有順益的捨受，資養最為殊勝。

第三叫做意思食，它的意義就是希望。有漏的思心所和欲心所，同時俱轉。心中希望可愛的境界，纔可以叫做食事。這個思心所雖然六個識都有相應，然而，屬於第六意識的思，食義比較偏勝多，因為意識對於境界希望特別的殊勝。

第四種叫做識食，它的意義就是執持。因為我們凡夫的有漏識，都是由段食，或是觸食，或是思食，由這幾種勢力把識身增長起來，纔能夠成為食事。這個識雖然是通於一切識的自體，然而，第八識的食義偏勝。甚麼原因呢？因為第八識是一類相續的，所以它執持根身，能夠使它不致爛壞，功用特別強勝。

因此，《集論》裏面說：這段食、觸食、思食、識食四食中，在五蘊裏面，段食是色蘊，觸食和思食是行蘊，識食當然是識蘊——

三蘊所攝。在十二處裏面，段食是香、味、觸三處，觸食和思食是法處，識食是識處——五處所攝。在十八界中段食是香味觸三界，觸思二食是法界，識食是六識界及意根界——十一界所攝。以上這四食能夠執持有情的身命，使令身體不致爛壞斷滅，所以纔叫它是食。

　　段食，唯於欲界有用。觸、意思食，雖遍三界；而依識轉，隨識有無。眼等轉識，有間有轉，非遍恆時，能持身命。謂無心定、熟眠、悶絕、無想天中，有間斷故。設有心位，隨所依緣，性界地等有轉易故。於持身命，非遍非恆。諸有執無第八識者，依何等食？經作是言，一切有情，皆依食住。非無心位，過去未來，識等為食。彼非現常，如空華等，無體用故。設有體用，非現在攝。如虛空等，非食性故。亦不可說，入定心等，與無心位，有情為食。住無心時，彼已滅故。過去非食，已極成故。又不可說，無想定等，不相應行，即為彼食。段等四食，所不攝故。不相應法，非實有故。有執滅定等，猶有第六識，於彼有情，能為食事。彼執非理，後當廣破。又彼應說：生上二界，無漏心時，以何為食？無漏識等，破壞有故，於彼身命不可為食。亦不可執無漏識中，有有漏種，能為彼食。無漏識等，猶如涅槃，不能執持，有漏種故。復不可說：上界有情，身命相持，即互為食。四食不攝，彼身命故。又無色無身命，無能持故。眾同分等，無實體故。由此定知，異諸轉識，有異熟識，一類恆遍，執持身命，令不斷壞。世尊依此，故作是言：一切有情，皆依食住。唯依取蘊，建立有情。佛無有漏，非有情攝。說為有情，依食住者，當知皆依示現而說。既異熟識，是勝食性，彼識即是此第八識。

在四種食中段食唯在欲界的眾生纔有用，所謂欲者，就是飲食慾、睡眠欲和男女的淫慾。觸食和意思食雖然是遍於三界，但是它依識而轉生。因為"觸和思"是屬於心所，心所必定要依託心王的。可說是：有識時，纔有觸和思；如果沒有識的時候，那觸和思也就沒有了，所以說"隨識有無"。然而，眼、耳、鼻、舌、身、意的前六識，有時候是有間斷和轉易的；既不是遍三界，又不是恆時有，試問怎樣能夠執持身命呢？前六識為甚麼會有間斷呢？因為無想定、滅盡定、熟眠、悶絕、無想天，在這五個無心位的時候，都是間斷了。五個無心位，前六識有間斷，或者可以說得過去；然而，在有心位的時候，豈不是完全有六識嗎？有心位雖然是有，但是又因為各識所依的根、所緣的境，善、惡、無記三性，三界、九地，有的時候都是常常轉易。所以前六識本身不是遍，又不是恆，怎樣能夠執持身命呢？一般人一定執著說"沒有第八識"的話，那末，倒要請問："依甚麼識食，經上說'一切眾生都是依食而住'呢？"

或者，另外有一種人說："過去的識和未來的識，豈不是可以做識食的體嗎？"這纔是笑話！過去和未來既不是現有，又不是恆常，豈不是同病眼所看見的空華一樣，那裏有實在空華的體用呢？縱然有體用，也不是屬於現在所攝，同虛空一樣，當然不是食的體性啊。

也不可以說：“在無心定以前，加行心的時候，可以作無心位的食體嗎？”那更是不可。因為住無心位的時候，彼加行心已經滅了。過去的識不能夠做現在的食事，這大小乘雙方都是贊成的。

也不可以拿佛經上“禪悅為食”的一句話，來證明無想定和滅盡定有食事。要知道，段食、觸食、意思食、識食這四種食裏面，不攝這二定的。並且，二定是屬於不相應行，它是從色法、心法、心所法三位分出來的，它本身尚且無體，怎樣可以做食事呢？

還有另一種人執著“滅盡定和無想定還有第六意識存在，所以對於有情還是能夠作食事”，這一種說法是不合乎道理的，在後面有詳細破他的。設若滅盡定中的人還有有漏第六意識的話，那末，滅盡定的人生到色界和無色界，起無漏心的時候，試問這時用甚麼第六識來做食事呢？你不能說“就用無漏意識來做食事”，因為無漏起時，是破壞有漏身的，有漏身是障，無漏識是治；障治是相違的，怎可用無漏識來持有漏身呢？所以不可為食。

也不可執著說：“無漏識裏面藏了有漏種，這有漏種豈不是可以做他的食嗎？因此，滅盡定的人有漏的根身，所以不會爛壞。”這話就不通！因為無漏識同涅槃一樣，怎樣可以執持有漏的種子呢？

也不可說：“色界和無色界的眾生可以用身來持命，或用命來持身；這身命相持，豈不是可以做互為食事嗎？”那也不對，因為，佛只說四食，這身食和命食，四食裏面不攝。況且無色界中的有情根本上就沒有色身，它怎樣能夠持命呢？命根和眾同分都是屬於不相應行，自己無實體，怎樣可以做食事。

因為有了上面種種的理由，我們決定就可以知道：和前六識不同，另外有一個第八的異熟識；它是一類的，又是恆常普遍的，所以它能夠令這身命不爛壞，不間斷。佛就依據這種意義，說一切眾生都是要依食而住的。

這種四食的說法但是依凡夫五取蘊上來說的。因為佛是沒有"有漏"了，所以佛不攝在有情中。然而佛不也要東西食嗎？怎樣不是有情所攝呢？要知道，佛要食東西上，那是約應化身示現而說的，佛的法身和報身，那裏要東西食呢？

既然這第八異熟識是識食的體，那所說的識食，不是第八識是那一個呢？

又契經說：住滅定者，身語心行，無不皆滅。而壽不滅，亦不離煖。根無變壞識不離身，若無此識，住滅定者，不離身識，不應有故。謂眼等識，行相麤動，於所緣境，起必勞慮。厭患彼故，暫求止息，漸次伏除，至都盡位。依此位立，住滅定者。故此定中，彼識皆滅。若不許有微細一類，恆徧執持，壽等識在，依何而說識不離身？若謂後時彼識還起，如隔日瘧，名不離身。是則不應說心行滅。識與想等，起滅同故。壽煖諸根，應亦如識，便成大過。故應許識如壽煖等，實不離身。又此位中，若全無識，應如瓦礫，非有情數，豈得說為住滅定者？又異熟識，此位若無，誰能執持諸根壽煖？無執持故，皆應壞滅。猶如死屍，便無壽等。既爾，後識必不還生，說不離身，彼何所屬？諸異熟識捨此身已，離託餘身，無重生故。又若此位，無持種識，後識無種，如何得生？過去未來不相應法，非實有體，已極成故。諸色等法，離識皆無，受熏持種，亦已遮故。然滅定等，無心位中，如有心位，定實有識。具根壽煖，有情攝故。由斯理趣，住滅定者，決定有識，實不離身。

第九個理由，就是入滅盡定的時候，還有心識。所以佛經上又說：住滅盡定的人，身行的出入息、語行的尋伺、心行的受想，這三種都不行了；然而壽命還存在，身上照常的有煖氣，可見識心還沒有離開身體。設若沒有這第八識的話，在佛經上說的住滅盡定的人，還有不離身的識，那就不應有了。

或說：“不離身的識，是說前六識，可以嗎？”不可以。甚麼原因呢？因為眼等前六識，它們的行相是粗而好動，對於所緣的境界生起的時候，必定有勞苦的思慮；因為常常厭患這種勞慮，所以暫時希望止息它一下。祇是把勞慮伏住不起，這就好像搬大石頭壓草一樣；最後統統把勞慮滅除了，那就好像斬草除根；到了這樣境界的時候，那就說他是滅盡定的人。所以在滅盡定的時候，前六識是完全不現行了！設若不允許有一種微細的一類恆常、普遍，能夠執持壽命和煖氣的識的存在，那依據甚麼原因說識不離身呢？

設若你又說：“在定的時候，已經沒有了前六識，但是一出了定之後，前六識又恢復原狀。這樣就叫做識不離身；好像患瘧疾一樣，一天好，一天壞。"如果照你這樣說起，那就不應當叫做滅盡定的人，心行的受想也已經滅了。要知道，受想兩個心所它們和六識心王生則同生，滅則同滅，沒有一刻離開過；如果識滅了，壽命和煖氣當然一齊都捨棄了，那和死人一樣，還叫甚麼滅盡定的聖人呢？那就有了很大的過失！因此，就應當贊成有一個識和壽煖一樣，都沒有離開這個身體，纔可以叫做滅盡定啦。

還有，在這個滅盡定位中設若完全沒有了識的話，那就同石頭和瓦片一樣了，不是屬於有情所攝了；成了無情之物，怎樣還可以叫他是住滅盡定的人呢？

還有，這個第八的果報識在滅盡定位設若沒有它的話，那末，倒要來請問："是那一個來執受保持這個壽命和煖氣呢？"如果沒有東西來執受的話，那身體一定會爛壞，豈不是同死屍一樣嗎？那就會沒有壽命了。如果真是這樣，從滅盡定起來的時候，應當就沒有識生起來；那佛經上所說的"識不離身"，究竟是屬於那一個識呢？如果第八果報識已經捨棄了這個身體，那就離開了這個身體，而更再投託第二個其餘的身體，決定沒有重生的道理。

又設若這滅盡定位，如果沒有這個執持種子的識，那從滅盡定再起來的時候，豈不是沒有種子嗎？既然沒有種子，怎樣可以再生起現行？至於過去的識已經過去了，未來的識還沒有生起，乃至二十四種不相應行法，它們離開了色法、心法、心所法，自己是沒有實體的，這是大家贊成的。至於一切的色法，那都是識心所變的；離開了識心當然是無體，色法不能受熏，也不能持種，前面已經說過了！

然而，滅盡定、無想定、無想天、熟睡、悶絕，在這五無心位的時候，所無的不過是前六識不現行，並不是沒有第八識。所以在五無心位時，同有心位是一樣，具有根身、壽命、煖氣。由這一種道理，證明住滅盡定的人，決定是有他的細識，這樣叫做識不離身。

若謂此位，有第六識，名不離身，亦不應理。此定亦名無心定故。若無五識，名無心者，應一切定，皆名無心。諸定皆無五識身故。意識攝在六轉識中，如五識身，滅定非有。或此位識，行相所緣，不可知故，如壽煖等，非第六識。若此位有，行相所緣，可知識者，應如餘位，非此位攝。本為止息行相所緣可了知識，入此定故。又若此位，有第六識，彼心所法，為有為無？若有心所，經不應言，住此定者，心行皆滅。又不應名，滅受想定。此定加行，但厭受想，故此定中，唯受想滅。受想二法，資助心強，諸心所中，獨名心行。說心行滅，何所相違。無想定中，應唯想滅，但厭想故。然汝不許，既唯受想，資助心強，此二滅時，心亦應滅。如身行滅，而身猶在，寧要責心，令同行滅？若爾，語行尋伺滅時，語應不滅，而非所許。然行於法，有遍非遍。遍行滅時，法定隨滅；非遍行滅，法或猶在。非遍行者，謂出入息。見息滅時，身猶在故。尋伺於語，是遍行攝。彼若滅時，語定無故，受想於心，亦遍行攝。許如思等，大地法故。受想滅時，心定隨滅，如何可說，彼滅心在？

假定你說：“在滅盡定的時候，還有第六識存在，這樣叫做識不離身，好不好呢？”這是不應當有這種道理！甚麼理由呢？因為滅盡定又叫做“無心”定，如果還有第六識的話，那怎樣可以叫做“無心”定呢？

假定你又會說：“滅盡定所以又叫做無心定，是因為沒有前五識，並不是說沒有第六識。”如果照你們這種說法，那一切定都應當叫無心定，因為二禪以上都是沒有前五識了。要知道第六意識，也是攝在前六轉識之內，和前五識是一樣，所以滅盡定中第六意識也是一樣的沒有。

還有一種說法：滅盡定中的識，這識的行相是不可知，所緣的境界也是不可知，和壽煖一樣，都不是第六識的境界。假定滅盡定中的識，這識的行相和所緣都是可以了知的話，那應當和其餘的有心位是一樣，就不是滅盡定位所攝。本來就是因為要止息行相和所緣可以了知的識，纔來入這個滅盡定。

還有一個道理：如果滅盡定位還有第六意識的話，那倒要請問：“第六意識的心所法到底有沒有？”設若有心所的話，經上就不應當說“住滅盡定的人，受想兩個心所法——心行都滅除了”，也不應當叫它是“滅受想定”。

恐怕他說：“受想兩個雖滅，還有其餘的心所不滅。”這話是沒有道理的。因為此定在加行的時候，但討厭受和想這兩個心所，所以一到了入此定的時候，但滅除了受想。因為受和想兩個心所滅，資助心王的力強烈一點，所以在五十一個心所法中，唯有受想兩個心所，單單獨獨叫做“心行”，所以叫做“心行滅”——受想滅，這和經上說的有甚麼相違呢？這是小乘人救的。

唯識家破：照你這樣說起來，那末，無想定中應當也是單單沒有一個想心所罷了，還有其餘的心所啊，因為他但是討厭想一個心所。然而你為甚麼又不贊成無想定位有其餘的心所呢？既然唯有受想兩個心所資助心王的勢力較強，那末，受想兩個心所滅了，前六識的心王豈不是也同它一起滅掉了？

好像身行的出入息雖然是滅息了，然而，身法還是照樣的存在，那裏要一定意識的心王，要跟受想的心所一起滅呢？

如果照你這樣說，那末，語行的尋伺滅了，言語應當不滅，你們為甚麼又不允許呢？

你們要知道，"行和法"有遍和不遍兩種分別，不可儱侗而論。設若是"遍行"滅了的時候，那這個"法"一定是隨它而滅；設若是"非遍行"滅了的話，那這個"法"或者照常的還可以存在。"非遍行"好像"出入息的身行"，它雖然是停止了，然而"身法"還照常的存在，因為它是屬於"非遍行"啊。至於"尋伺的語行"，它是屬於遍行所攝，所以尋伺滅了的時候，語法一定是沒有了。"受想的心行"它也是屬於遍行所攝，好像我們大家贊成的觸、作意……思、欲、勝解、念、定、慧，這八個大地法的心所，它們如果統統都罷工了，而老闆自己難道照常的去做工嗎？還不是跟著他們工人一齊休息。

所以我們就可以知道，如果"受想的心行"滅了的時候，那"心法的意識"一定要隨受想而滅的，怎樣可以說"受想雖滅，而意識還是存在"呢？

又許思等，是大地法；滅受想時，彼亦應滅。既爾，信等此位亦無。非遍行滅，餘可在故。如何可言有餘心所？既許思等，此位非無；受想應然，大地法故。又此定中，若有思等，亦應有觸。餘心所法，無不皆依，觸力生故。若許有觸，亦應有受，觸緣受故。既許有受，想亦應生，不相離故。如受緣愛，非一切受皆能起愛。故觸緣受，非一切觸皆能生受。由斯所難，其理不成。彼救不然，有差別故。謂佛自簡，唯無明觸所生諸受為緣生愛。曾無有處簡觸生受。故若有觸，必有受生；受與想俱，其理決定。或應如餘位，受想亦不滅。執此位中，有思等故。許便違害心行滅言。亦不得成，滅受想定。若無心所，識亦應無；不見餘心，離心所故。餘遍行滅，法隨滅故。受等應非大地法故。此識應非相應法故。許則應無所依緣等。如色等法，亦非心故。

觸、作意、受、想、思、欲、勝解、念、定、慧，這十種心所的性質，不專屬純善，也不專屬純惡，它是非善非惡中庸性。然而作善作惡，都是先要經過它們的許可，然後纔能夠去作善或作惡。這十種心所在《大乘百法論》說前五種叫遍行，後五種叫別境，是分為二類。而在小乘論上它是不分，總名叫做"大地法"。例如"大地"好人和壞人都要走的。這十種，作善作惡，都要"經過"它們的"地方"，所以叫做"大地法"。

還有，你們允許"思等十種"同是大地法所攝，那末，受想滅的時候，思等八法應當一齊同滅，因為都是"大地法"。如果真是這樣，那善惡等心所在滅盡定位也是沒有了。你不可以說"受想的心行雖然是滅了，而善惡的心所，還可以照常的存在"，那就非講蠻理不可。所以，受想二心所滅掉了之後，其餘的思等以及善惡心所在滅盡定位中決定是不能存在的。

如果你們又許可思等心所，在滅盡定位還是有的話，那受想兩個心所也應當是有的；因為十個人同是大地法，要有大家有，要無一齊無纔對啊。又，滅盡定中設若還有"思"等的話，有思一定先要有"觸"。甚麼原因呢？因為以下一切的心所法，都是依託觸的力量纔會生起的。設若允許有觸，那就應當有受；在十二因緣的教理上說，"觸緣受故"。既然許可有受，那又應當有想；因為"受和想"向來是不離開的。

小乘救：好像十二因緣中也說"受緣愛"，並不是說一切受都能夠生起愛；所以"觸緣受"也是一樣，並不是說一切觸都能夠生受。由這種道理，你們前面所難我的話是不能成立的。

大乘破：你這種救法是不對的，因為"觸緣受"和"受緣愛"這兩種意義是有差別的，你不能儱侗的一起拿來說。因為佛自己親口就簡別說過了：唯有"因無明觸所生的受纔會生愛"，沒有聽見說"因無明觸纔會生受"；所以，受生愛倒是不一定，而有觸一定有受，有受那就一定有想啊，這種道理是決定無疑了！

不然的話，滅盡定和其餘的有心定是一樣，也有受想兩個心所了。你們執著滅盡定中還有思等心所，如果真是這樣，那就違背了經上說的"受想心行滅"這句話；同時，既然還有受想，那滅盡定也就不能叫做"滅受想定"了。

設若沒有心所，那心識也應當沒有；沒有看見過其餘的心識，而離開了心所。好像其餘"尋伺的語行"滅了的話，那語法也跟隨它滅了；這樣，"受想的心行"滅了，而第六識的"心法"當然也一起滅了。設若還存心王，但沒有心所，那受等心所就不能叫做大地法，因為不能夠遍一切心王。照你們說"心所滅，而心王獨存"，那就不能叫心所是相應法。設若贊成意識和受想是不相應，那意識應當就沒有心所；那論上為甚麼說："心王和心所是同所依的根，同所緣的境，同一個時候，同一件事。"那同無知的色法一樣，怎樣可以叫做心所呢？立一個比量：

宗——此滅盡定識應無所依所緣

因——亦非心故

喻——如色等法

又契經說：意法為緣，生於意識。三和合觸，與觸俱起，有受想思。若此定中有意識者，三和合故，必應有觸。觸既定與受想思俱，如何有識，而無心所？若謂餘時三和有力，成觸生觸，能起受等。由此定前厭患心所，故在定位，三事無能，不成生觸，亦無受等。若爾，應名滅心所定，如何但說滅受想等？若謂厭時，唯厭受想，此二滅故。心所皆滅。依前所厭，以立定名。既爾，此中心亦應滅，所厭俱故，如餘心所。不爾，如何名無心定？又此定位，意識是何？不應是染，或無記性。諸善定中，無此事故。餘染無記心，必有心所故。不應厭善，起染等故。非求寂靜，翻起散故。若謂是善，相應善故，應無貪等，善根相應。此心不應是自性善，或勝義善。違自宗故。非善根等，及涅槃故。若謂此心，是等起善，加行善根所引發故。理亦不然。違自宗故。如餘善心，非等起故。善心無間，起三性心，如何善心由前等起？故心是善，由相應力。既爾，必與善根相應，寧說此心獨無心所？故無心所，心亦應無。如是推徵，眼等轉識，於滅定位，非不離身。故契經言：不離身者，彼識即是此第八識。入滅定時，不為止息，此極寂靜執持識故。無想等位，類此應知。

還有在契經上說：意根和法塵兩種東西做助緣，中間能生意識。由根、塵、識三種和合，所以生觸。與觸同起的有受、想、思。設若滅盡定中還有意識，那末，由根、塵、識三和合的原故，必定應當有觸。觸既然決定同受、想、思俱起，那怎樣可以說"有意識而沒有心所"呢？

設若你又說："不是入滅盡定，其餘的時候，根、塵、識三和合有力，所以能夠成就觸而生起觸；有了觸，所以又能夠生起受想等心所。因為這樣在滅盡定以前，討厭這個心所，所以到了滅盡定的時候，根、境、識三事的能力就失掉了，所以不能生觸，當然也沒有受想。"

設若照你們這樣說起來，那應當叫做滅心所定，為甚麼但說滅受想定呢？

設若你又說："因為在定前加行的時候，是單單厭離這受想兩個心所，如果受和想滅了之後，其餘的心所也統統滅了；不過是依據在前面加行的時候，他所討厭的但是受想，所以纔安它叫做滅受想定。"

既然是這樣，那不但是受想滅，意識也應當同時而滅。甚麼原因呢？因為厭受想，同時也厭心，所厭是同。受想滅，其餘的心所都滅；那末，受想滅，意識也應當滅。如果意識不滅的話，怎樣可以叫無心呢？

又，滅盡定中如果有意識的話，試問這定中的意識，是甚麼性質呢？滅盡定中不應當是惡性或無記性，因為凡是善定，決定沒有惡及無記。如果有染和無記，那就應當有二十六種煩惱心所，也有遍行、別境、不定等心所了。既然稱它是善定，那就不應當厭善而生起染污；也不可以說，求禪定的人，反過來還生起散亂嗎？

設若你說：“滅盡定中的意識是善，那一定是相應善，因為意識本身不是善，要和信等十一種善心所相應，所以叫做相應善。無貪、無瞋、無癡這三種是一切善法的根本，所以叫做善根。”

要知道：意識的本身並不是自性善，也不是勝義善；因為自性善是慚心所和愧心所，它們的自性就是善。勝義善就是涅槃常樂我淨。因為你們小乘人自己也贊成意識是相應善，如果現在又說“意識也是自性善或勝義善”，那豈不是矛盾嗎？因為意識不是有為的三善根和無為的涅槃法，所以不是自性善和勝義善。

設若你又說：“意識雖然不是自性善或勝義善，但是可以叫它是等起善，或由加行善所引起發生的好不好呢？”在道理上說起來也不對。甚麼原因呢？因為你們小乘人自己既然已經贊成意識只有相應善，不是等起善及加行善；你現在如果說意識是等起善或加行善，那豈不又是矛盾嗎？因為等起是前後同等而起，加行是由加功用行而引起。意識是三性互易，有時候是善，然有時候又是惡，也有時候是無記，滅盡定中怎樣可以說是等起善和加行善呢？

因此之故，如果說意識是善的話，那只可以說是相應善。既然是這樣，那意識必定要和無貪、無瞋、無癡三種善根相應，纔可以叫做善。這樣一來，在滅盡定中的意識也有善心所和它相應，那還叫甚麼滅盡定呢？怎樣可以說滅盡定中但有意識而沒有心所呢？

你如果贊成我說的"滅盡定中是應當沒有心所"，那也應當贊成滅盡定中決定沒有意識。

照上面這許多道理說起來，眼等前六識在滅盡定中一定是離開身的，所以經上說："不離身的識，那只有這第八識纔可以。"就是入滅盡定的時候，這第八識還沒有停止休息；因為滅盡定是最極寂靜，能夠執持這第八識。滅盡定中有第八識，無想定、無想天、睡眠和悶絕的時候是一樣，前六識雖然是停止了作用，然而，第八識還照常的在那兒微細的流注。

又契經說：心雜染故，有情雜染；心清淨故，有情清淨。若無此識，彼染淨心，不應有故。謂染淨法，以心為本。因心而生，依心住故。心受彼熏，持彼種故。然雜染法，略有三種：煩惱、業、果，種類別故。若無此識，持煩惱種，界地往還，無染心後，諸煩惱起，皆應無因。餘法不能持彼種故。過去未來，非實有故。若諸煩惱，無因而生，則無三乘學無學果。諸已斷者，皆應起故。若無此識，持業果種，界地生還，異類法後，諸業果起，亦應無因；餘種餘因，前已遮故。若諸業果，無因

而生，入無餘依涅槃界已，三界業果，還復應生。煩
惱亦應無因生故。又行緣識，應不得成。轉識受
熏，前已遮故。結生染識，非行感故。應說名色，行
為緣故。時分懸隔，無緣義故。此不成故，後亦
不成。

這就是第十種理由。經上又說：“因為我們心上有了雜染，所
以眾生就成了雜染；如果心裏頭是清淨的話，那末，我們眾生也
就清淨。”設若沒有這個第八識，那經上所說的染淨心，就不應當
有啊。意思就是說，無論是染污法或是清淨法，都是以心來做根
本的；這染淨一切法也都是因心而生，同時也都是依心而住。是
甚麼原因呢？因為心受染淨法所熏習，所以心纔能夠執持留下來
的習氣不失，這叫做“受熏持種”。

然而，雜染法分開來也有三種：①煩惱雜染，②業雜染，③
果雜染。這三種類別不同。

設若沒有這個第八識來執持煩惱（貪癡慢等）種子的話，那
末，三界九地到了沒有染污心之後，如果煩惱再起，豈不是無因
而起嗎？甚麼理由呢？因為除了第八識以外，其餘的轉識等都沒
有執持種子的資格。同時，過去的是已經過去了，未來的還沒有
生，所以都不是實有。設若從上界墮到欲界來，沒有欲界的煩惱
種子，而可以生起欲界的煩惱；那末，阿羅漢、緣覺、如來這已斷
除煩惱的三乘聖者，豈不還有再生煩惱的可能嗎？如此則有成佛
還可轉為凡夫的過失了。

還有，設若沒有這個第八識，來執持這業果種子的話，那末，好
像下界昇上界，或從上界又墮落到下界來，在這不同的界地，現

行的業果如果再生起的時候，豈不是沒有從種子可以生嗎？如果你又說"或者善性可以生惡性的果，或者色法可以做心法的因，或者前六識也可以持種"，那都是不對的，這在前面我都講過了。設若業果可以無因而生的話，那末，縱然證了阿羅漢涅槃之後，豈不是三界有漏的業果，再會生起來嗎？因為煩惱也可以無因而生啊。

還有，佛經上說的十二因緣裏面"行緣識"，就是從前所作善惡的行為，引生現在的識果，也不應當成立啦。假定你又說："'行緣識'是不一定要第八識的，前六識豈不也一樣的受熏持種嗎？"其實這在前面我已經說過六識不可以受熏的道理了，你現在說它能受熏持種，這道理那能成立呢？或者，你又說："去投生那個時候染污的第六意識，豈不是可以作'行緣識'的識嗎？"不可以。因為去受生時的那個染污識，是中陰身的意識，它不是由行為而感果的識啊。如果"行緣識"的識，成立不起來的話，那只好說"行緣名色"，好嗎？也不可以。因為行是過去所造的業，名色是現在母胎裏面的東西，時間隔了這樣遠，那裏還有做"助緣"的義呢？這樣一來，識沒有，名色也沒有，那下面的六入、觸、受……那裏還有呢？

> 諸清淨法，亦有三種：世、出世道、斷果別故。若無此識，持世出世清淨道種，異類心後，起彼淨法，皆應無因；所執餘因，前已破故。若二淨道，無因而生，入無餘依涅槃界已，彼二淨道，還復應生，所依亦應無因生故。又出世道，初不應生。無法持彼，法爾種故。有漏類別，非彼因故。無

因而生，非識種故。初不生故，後亦不生。是則
應無，三乘道果。若無此識，持煩惱種，轉依斷
果，亦不得成。謂道起時，現行煩惱；及彼種子，俱
非有故。染淨二心，不俱起故。道相應心，不持
彼種。自性相違，如涅槃故。去來得等，非實有
故。餘法持種，理不成故。既無所斷，能斷亦無，依
誰由誰而立斷果？若由道力，後惑不生，立斷果
者，則初道起，應成無學。後諸煩惱，皆已無因，永
不生故。許有此識，一切皆成。唯此能持，染淨
種故。證有此識，理趣無邊，恐厭繁文，略述綱
要。別有此識，教理顯然，諸有智人，應深信受。

上面所說的有漏染污種，要有第八識纔能夠執持；現在來說
清淨法種，也要有第八識纔能夠執持它。清淨法有三種：①是世
間淨，就是伏惑的道；②是出世間淨，就是無漏善；③是所斷果
清淨，那就是所證的理。

假定沒有這個第八識，來執持世間和出世間的清淨道種，那
在世間道後再進生出世間道，或在出世間道後再退迴世間道，這
樣"異類心後"而生起的淨法，豈不是沒有種子嗎？如果除了第
八識之外，你所說的別種原因能夠持種的話，我在前面不是說了
許多理由告訴你是不可以嗎？設若世間道和出世間道，這兩種淨
道可以無因生起的話，那末，入了無餘涅槃之後，那世間道和出
世間道豈不是應當再生起嗎？無因可以生果，那不但二淨道可以
無因而生，就是所依的身和智也可以無因而生啊。

還有，如果沒有第八識來執持本有的無漏種子，那初果出世

的見道也就不應生起了，因為沒有東西來執持它的種子。假定你又說：“有漏的聞熏習豈不是可以作出世道的嗎？”那怎樣可以呢？因為有漏和無漏兩種性類不同，所以聞熏習只可以作無漏道的增上緣，而不可作無漏的因緣啊。如果無因可以生果，便同外道的說法一樣，果法不是從識裏面的種子而生了。當然囉，最初沒有無漏種子生果，那以後更沒有無漏種子生果，這樣一來，三乘的聖果應當永遠的沒有啊；但事實上不是這樣，可見有第八識來執持無始以來本有的無漏種子啊。

不但如此，設若沒有這個第八識來執持煩惱種子，那將來轉識成智，轉凡成聖，轉染成淨，這個菩提、涅槃的智果和斷果也不能成立了；因為沒有病，藥有甚麼用處呢？所以沒有煩惱的現行，無漏道也就無用了。同時也要知道，無漏也不可以持有漏種；因為染和淨的兩種心性是相違的，好像明暗一樣，不能同時並起啊。因為和無漏道相應的心，是不能夠持彼有漏種的，這好像涅槃不能和染污法同時一樣。至於甚麼過去法或未來法，以及得等的不相應法，它們自己都沒實體，那能持種呢？同時前六識、色根、命根、眾同分，以及第八識的心所，也沒有資格持種，因為在前面說過，說它們受熏持種，在道理上不能夠成立啊。既然沒有所斷的煩惱，當然也就沒有能斷的無漏道；有漏和無漏道既然都沒有，那末，依甚麼惑，由甚麼道來建立這個斷德的涅槃果呢？

假定你又說：“由最初見道的力量，所以後來的煩惱就不能生起，這樣，就立為斷果。”那末，照你這樣說，在見道的時候，就應當叫做無學啊。後來的煩惱既然是無因，那應當就永遠再不能生煩惱了。

如果你們贊成有這個第八識的話，那受熏持種的道理都可以成立。因為唯有這個第八識，纔能夠執持染污法和清淨法的種子。

其實說起來，證明有第八識的道理很多很多，恐怕大家厭繁，所以只好把要緊的大綱來說一說。我們可以得到一個斷案：除了一般人所公認的前六識之外，還有一個第八識，無論是經論上或道理上，都很明白的；所以希望有智慧的人，應當深深的信受纔對。初能變的第八識已竟。

　　如是已說，初能變相。第二能變，其相云何？頌曰："次第二能變，是識名末那；依彼轉緣彼，思量為性相。四煩惱常俱，謂我癡我見，並我慢我愛，及餘觸等俱。有覆無記攝，隨所生所繫；阿羅漢滅定，出世道無有。"論曰：次初異熟能變識後，應辯思量能變識相。是識聖教，別名末那；恆審思量，勝餘識故。此名何異第六意識？此持業釋，如藏識名，識即意故。彼依主釋，如眼識等，識異意故。然諸聖教，恐此濫彼，故於第七，但立意名。又標意名，為簡心識。積集，了別，劣餘識故。或欲顯此，與彼意識，為近所依。故但名意。

第八識的教理在前面可算是大略的講過了，現在再來講講第七識，分做十段來講。一、釋名門：次第二能變，是識名末那。二、所依門：依彼轉。三、所緣門：緣彼。四、體性門：思量為性。五、行相門：思量為相。六、染俱門：四煩惱常俱，謂我癡我見，並我慢我愛。七、餘相應門：及餘觸等俱。八、三性門：有覆無記攝。九、界繫門：隨所生所繫。十、伏斷門：阿羅漢滅定，出世道無有。現在先來講第一釋名門，試問第七識叫做甚麼名字呢？

長行論文上說：在次第上說起來，初能變這八識說過了之後，就應當再來辯論第二能變思量的第七識。這個第七識在經論上都叫它是"末那"，翻成中國的意思，就叫做"意"。意的意義就是恆常審察思量，在凡夫位執著第八識的見分為我，在聖人位就知道無我了。這種恆審思量的功用，那它是勝過了其餘的識了。因為前五識是非恆非審的思量，第六識是審而非恆的思量，第八識是恆而非審的思量。唯有第七識又能恆常，又是審察，所以恆審思量勝過其餘的前後七個識。

問："第七識叫做意，但此和第六識的意識有甚麼地方不同呢？"第七識在六離合釋中，叫做持業釋。體能夠執持自己的業用，是依自己得名；好像藏識一樣，藏就是識。意就是識，所以叫他"識即意"故。第六識在六離合釋中叫做依主釋，它是要依託一個主人的，好像眼識一樣。眼識是要依託眼根的，第六意識它是要依託第七識的意根。所以識是識，意是意；識是第六，意是第七，識不同意啊。然而經論上恐怕第七和第六，都叫做意識，會混濫起來，所以第六叫做意識，而第七只叫做"意"了。

還有一個意思：第七識之所以叫做意的，因為積集的功用不如第八識的心，而了別的功用又不如前六識，所以只好叫做意。或者第七同第六是靠近的原故，又是給第六意識所依託，所以叫它是意。

依彼轉者，顯此所依。彼，謂即前初能變識。聖說此識依藏識故。有義：此意以彼識種，而為所依，非彼現識。此無間斷，不假現識，為俱有依，方

得生故。有義：此意以彼識種，及彼現識，俱為
所依。雖無間斷，而有轉易，名轉識故。必假現
識，為俱有依，方得生故。轉，謂流轉，顯示此
識，恆依彼識，取所緣故。

上面是解釋第一釋名門，現在來解釋第二所依門。怎樣叫做
依彼轉呢？依彼轉這一句話，就是顯示第七識所依託的是那一
個呢？

這個"彼"字就是前面初能變的第八識，因為佛經說這個第
七識是依託第八的阿賴耶識——藏識。

請問第七識是依託第八的種子識呢？還是依託第八的現行識
呢？這有兩家說的不同。

第一家說："這個第七識，但是依託第八識的種子識，不是依
託第八識的現行識。甚麼原因呢？因為第七識它是恆常不間斷的
東西，所以它不要用第八識的現行識來做俱有依，就可以生起第
七識的現行來。"

第二家又說："這個第七識不但是依託第八識的種子識，並且
也要依託第八識的現行識，兩樣東西都要依。你說的第七識雖然
是無間斷，然而，一到了無漏的聖道生起的時候，第七識也有轉
染污成清淨的時候；間斷雖無，轉易仍有，所以第七識也叫做轉
識。因此，第七識不單是依託第八的種子識，並且還要依託第八
的現行識，來做俱有依，纔可以生起第七識的現行果法來。所謂
俱有依者，就是七八二識不能離開，有則同有的意思。"

轉，又是甚麼意思呢？就是"流轉"的意思。流是相續義，轉
是生起義，這就是顯示這個第七識，恆常依託第八識；反過來又

把它所依託的第八識，做所緣的境界。

諸心心所，皆有所依。然彼所依，總有三種：一
因緣依，謂自種子，諸有為法，皆託此依，離自
因緣，必不生故。二增上緣依，謂內六處，諸心
心所，皆託此依，離俱有根，心不轉故。三等無
間緣依，謂前滅意，諸心心所，皆託此依，離開
導根，必不起故。唯心心所，具三所依，名有所
依，非所餘法。

上面是正說第七識，現在來總說八個識的心王和心所，都有
它們所依託的東西。然而它們所依託的東西，總起來一共有三種：

第一種叫做因緣依。因緣依是甚麼呢？就是每一法本身的種
子。因為只要說是有為法，都一定要依託這種子；假定離開了因
緣的種子，那必定不會生起現行的果法來。

第二種叫做增上緣依。增上緣依是甚麼呢？那就是眼、耳、鼻、
舌、身、意內六根。所以，八識的心王和心所都是依託這內六種的
淨色根。例如眼識的心王心所如果離開了俱有依的眼根，這眼識
的心王心所必定不會轉生。

第三種是等無間緣依。等無間緣依是甚麼呢？就是前一剎那
滅的意，無論一切心王和心所，都要依託這開導依。如果離開了
這開導依的根，那後念也決定不會生起。

照上面這種道理說起來，唯有八識的心王和心所，具足這三
種所依，所以纔叫做有所依。只有心王心所纔有所依，其餘的色
法就沒有開導依，至於不相應行法以及無為法，連因緣依、增上緣
依都沒有了。

初種子依。有作是說：要種滅已，現果方生。無種已生，《集論》說故，種與芽等，不俱有故。有義：彼說為證不成。彼依引生，後種說故。種生芽等，非勝義故。種滅芽生，非極成故。燄炷同時，互為因故。然種自類，因果不俱。種現相生，決定俱有。故《瑜伽》說：無常法與他性為因，亦與後念自性為因，是因緣義。自性言顯種子自類，前為後因。他性言顯種與現行，互為因義。《攝大乘論》亦作是說：藏識染法，互為因緣。猶如束蘆，俱時而有。又說種子與果必俱。故種子依，定非前後。設有處說：種果前後，應知皆是隨轉理門。如是八識，及諸心所，定各別有種子所依。

前面略標三依，現在再來把因緣依詳細來解釋一下。初種子依，就是因緣依。說到種子依，有兩家主張不同，頭一家他們說：「要種子滅了以後，現行的果法纔可以生起來。」他說：「這道理《雜集論》上不是說過了嗎？可見種子的因和現行的芽，不是同時有的。」這是小乘經部師所說的。

第二家他說：「你拿《雜集論》來證明是不能成立的。因為《雜集論》上所說的是，前念的種子引生後念的種子，那當然哪！如果前念種子不讓位，那後念的種子怎樣可以就座呢？所以說它『種滅芽生』，『因滅果生』。其實種生芽這一句話，是世俗人說的，不是約勝義說的。至於『母親已經死了，再來生小寶寶』。」——種滅芽生，那一個贊成呢？只有現行熏種子，現行是因，種子是果；種子生現行，種子是因，現行是果。這樣叫做互為因果，好像「燈燄燒燈心，燈心生燈燄"一樣的道理，也是互為因果。

然而，前念的種子引生後念的種子，既然都是種子，所以叫做自類。因為是前後二念，所以不是同時。至於種生現或現熏種，雖然是異類，然而是同時。所以因果同時是決定有的。

因此之故，所以《瑜伽師地論》上說：凡是無常法的東西，可以給他性做因——現熏種，種生現；又可以給自性做因——種引種。這三種都有因緣的意義，所以說自性這句話，那是說明前念的種子，引生後念的種子，是屬於自類，是前念來做後念的因啊。至於說他性這句話，那是說明種生現，現熏種，是互相為因的。它們雖然是異類，然而是屬於同時的。

就是在《攝大乘論》上也有這樣的說法："第八藏識和前七識的有漏雜染法是互相為因緣的，又好像束縛起的蘆柴一樣，大家是互相依靠的。"論裏面又說："種子的因和現行的果，必定是同時的。"所以這裏所說的種子依，是同一刹那，決定不是前後兩刹那。縱然有些經論上，說種子和果法是前後異時，那應當知道，都是隨順小乘而轉變大乘的教理來說的，這只可以叫做方便門，不是真實的意義。

照前面種種的道理說起來，那八個識的心王和心所一定各各有它的種子，來做它的因緣依。

> 次俱有依。有作是說：眼等五識，意識為依。此現起時，必有彼故。無別眼等，為俱有依。眼等五根，即種子故。《二十唯識》伽他中言："識從自種生，似境相而轉，為成內外處，佛說彼為十。"彼頌意說：世尊為成十二處故，說五識種，為

眼等根。五識相分，為色等境。故眼等根，即五
識種。《觀所緣論》亦作是說："識上色功能，名
五根應理；功能與境色，無始互為因。"彼頌意
言：異熟識上，能生眼等色識種子，名色功能，說
為五根，無別眼等。種與色識，常互為因，能熏
與種，遞為因故。第七八識，無別此依。恆相續
轉，自力勝故。第六意識，別有此依。要託末那，而
後起故。

上面是說種子依，現在來說俱有依。有四家說法不同，第一
家說：眼、耳、鼻、舌、身前五識，那一定要以第六意識為依。因為
前五識現起的時候，必定有第六同時意識俱有，所以除了意識之
外，沒有另外眼等五根來做俱有依。那末，請問眼等五根是甚麼
東西呢？是五識的種子啊，這在《二十唯識頌》裏面就說："識從
自種生，似境相而轉，為成內外處，佛說彼為十。"這首頌裏面的
意思就是說："佛說六根和六塵、十二處的教法，即說明了五識的
種子就是五根，五識的相分就是五境，所以眼等的五根就是五識
的種子了。"不但《二十唯識頌》這樣說，就是陳那菩薩所造的
《觀所緣緣論》中，也有這樣的說法："識上色功能，名五根應理；功
能與境色，無始互為因。"這首頌上的意思就是說："第八識上有
一種能生五識的種子，這叫做功能，這功能就是五根。"可見這是
約生識義名根，並不是真真實實有一個四大種所造的色根。因
此，我們就知道，種子的功能和現行的眼識，是恆常互相為因。就
是能熏的現行與所熏的種子，或能生的種子與所生的現行，是遞
相為因啊。

這是前五識的所依。至於第七識和第八識是用不著別人來做依，因為它們是恆常相續轉變生起，本身的力量殊勝，所以不要所依。第六意識它倒是一個所依，因為它要依託第七的末那識纔可以生起。

有義彼說理教相違。若五色根，即五識種，十八界種，應成雜亂。然十八界各別有種，諸聖教中處處說故。

現在是第二家對於頭一家那種說法，不大贊同，所以用九種理由來破斥他。第一有十八界的種子雜亂過失。因為設若五根就是五識的種子，六根、六塵、六識、十八界應當就有雜亂的過失；因為你把色法的根，來做心法的種，這不是雜亂是甚麼？然而，佛經上所說的十八界，實實在在各有各的種子，在其他的經論上處處都是這樣說法。

又五識種，各有能生，相見分異，為執何等，名眼等根？若見分種，應識蘊攝。若相分種，應外處攝。便違聖教，眼等五根，皆是色蘊內處所攝。

第二約相見分離。又五識的種子，每一識都有能生的見分種和相分種，二分不同。你現在說五根就是五識的種子，請問是五識的見分種呢，還是五識的相分種呢？若是見分種，見分是有知的心法，是屬於識蘊所攝。五色根是色法，說它是心法，不但是違教，也是違理。若是相分種，相分雖然是色法，然而它是屬於外六塵所攝，而五根又是屬於內六根所攝。把五根來做五塵的相分種，對於教和理也是相違。

又名五根，即五識種；五根應是五識因緣，不應說為增上緣攝。

第三約增上緣難。又，設若五根就是五識的種子，那末，五根應當就是五識的親因緣，不應當說五根是五識的增上緣所攝。

又鼻舌根，即二識種，則應鼻舌，唯欲界繫，或應二識，通色界繫。許便俱與聖教相違。眼耳身根，即三識種，二地五地，為難亦然。

第四約界地難。界是三界，地是九地。欲界一地、色界四地、無色界四地，三界分為九地。這裏有一個意思先要弄清楚，就是：五根，除了無色界沒有五根，而欲界和色界這五地都是有根，所以五色根到色界的第四禪還有。五識就不然，欲界的一地前五識是完全有，而色界初禪的第二地只有眼耳身三個識；因為色界的天人用不著段食，所以沒有香和味二塵。既然沒有香味二塵，所以也用不著鼻、舌二識了；因此，鼻、舌二識只有欲界有，而色界是沒有鼻、舌二識。但是鼻、舌二根倒不是這樣，它們是通於色界頂第四禪的。其次就是眼、耳、身三識，只至色界初禪第二地為止，二禪以上就沒有眼、耳、身三個識了。然而，眼、耳、身三根它是一直通到色界頂等四禪，算是第五地了，先把這一點弄清楚。如果照你前面所說的"五色根就是五識種"的話，那末，設若根就識，那鼻、舌二根也只在欲界有，不能通於色界頂；如果識就根，鼻、舌二識不只在欲界，也可以通於色界頂了。這是約鼻、舌來說界，至於眼、耳、身，那是要約地來說。如果根就識，眼、耳、身三根也只可在色界初禪的第二地，不能通至色界第四禪的第五地；設若識就根，那眼、耳、身三識也不只在初禪的第二地，可以一直通到第四禪的第五地了。如果真是這樣，那不但是違背教理，也可以叫它是天翻地覆了。

又五識種，既通善惡，應五色根，非唯無記。

第五約三性難。我們要知道，五識是通善、惡、無記三性，五根只是無記性。設若五根就是五識種的話，那五根應當就不是無記性，也要通三性纔對啊。

又五識種，無執受攝，五根亦應非有執受。

第六約執受難。五根是第八識執持和覺受。五識，第八識不執受。五根如果是五識種，那五根和五識一樣，也不是第八識執受。

又五色根，若五識種，應意識種，即是末那。彼以五根為同法故。

第七約同法難。大乘唯識家說"在第六意識之外還有第七末那識的意根"，如果照你們說"五根就是五識種"，那末，意根當然也是意識種，因為六根六識是同法。假定你說"意根不是意識種"，那五根當然也不是五識種了。

又《瑜伽論》，說眼等識皆具三依，若五色根即五識種，依但應二。

第八約三依不具難。三依：①因緣依——種子。②增上緣依——五色根。③等無間緣依——前念意。又《瑜伽師地論》上說："眼等五識都有三依。"設若照你們說"五根是五識的種子"，那豈不是缺了增上緣依嗎？只有因緣依和等無間依二種依了。

又諸聖教，說眼等根，皆通現種，執唯是種，便與一切聖教相違。

第九約根通種現難。有許多經論上說："五根有種子，有現行。"你現在說五根是五識種，那五根不是沒有現行，這豈不和一切經論的宗旨相違嗎？

　　有避如前所說過難，朋附彼執。復轉救言，異
　熟識中，能感五識，增上業種，名五色根，非作
　因緣，生五識種。妙符二頌，善順《瑜伽》。

　　上面是把五根當五識的種子，一共有九種過患。然而還有一
家覺得如果把五根當做生五識的親因緣，那當然是不對。如果把
五根當做生五識的增上緣業種，不是識種，那總可以吧？這樣，對
於《二十唯識論》和《觀所緣緣論》的兩個頌既相符合，同時，對
於《瑜伽師地論》也就相順。我想此說該不會再有過失了吧？

　　彼有虛言，都無實義。應五識根非無記故。又
　彼應非唯有執受，唯色蘊攝，唯內處故。鼻舌唯
　應欲界繫故。三根不應五地繫故。感意識業應末
　那故。眼等不應通現種故。又應眼等非色根故。又
　若五識皆業所感，則應一向無記性攝。善等五識
　既非業感，應無眼等，為俱有依。故彼所言，非
　為善救。

　　你來幫忙救的人，說的話也是不對。甚麼理由呢？如果你把
五根當做業種，業通三性，那末，根也應當通三性，不應當單是
無記性，這和前面第五難——三性難相同。此其一。

　　又，業種是無執受，五色根是有執受，如果五根是業種，那
五根也是無執受，這和前面第六難——執受難相同。此其二。

　　又，業是屬於思心所，設若感召的是見分種，見分是屬於識
蘊，那五根也應當屬於識蘊，那五根也應當屬於識蘊所攝了。你
贊成嗎？如果感召的是相分種，相分是屬於外六塵，那六根也應

當是外六塵，不是內六處所攝了。這和前面第二難——相見分難相同。此其三。

業種通三界，鼻識和舌識，唯在欲界有，鼻根和舌根，色界都有。如果照你說「五根是識種」的話，那鼻、舌二根只好和鼻、舌二識一樣，唯在欲界，不能到色界去了！這是屬於界亂。還有地亂：因為眼、耳、身三識只到色界初禪第二地為止，而五根可以到色界第四禪是第五地；如果照你說的五根是五識的業種，那眼、耳、身三根也只好跟眼、耳、身三識在色界初禪的第二地，不能到色界第四禪的第五地了。這和前面第四難——界地難相同。此其四。

如果感五識業種是五根的話，那感意識的業種，豈不是第七識的意根嗎？這和前面第七難——同法難相同。此其五。

又，五根是通種子和現行，你現在只說根種是業種，又把五根的現行放棄了，這和前面的第九難——根通種現難相同。此其六。

又，業是思心所，屬於心法。你現在說「五色根是業種」，那五根也是心法，不是色法了。這和前面第一難——十八界雜亂相同。此其七。

又，眼等五識通三性，若是滿業所感的是無記性，無記性的識有無記根做俱有依增上緣依。若是三性的識，是沒有五根的俱有依，三依缺了一依，這和前面第八難——三依不具難相同。此其八。

你雖然出來幫忙，把五根做識種的親因緣，換上做業種的增上緣，自己以為無過，誰知照樣的犯了八種過，所以你所救的主張一樣不能成立！

又諸聖教，處處皆說，阿賴耶識，變似色根，及根依處，器世間等。如何汝等，撥無色根？許眼等識，變似色等，不許眼等，藏識所變。如斯迷謬，深違教理。然伽他說：種子功能，名五根者，為破離識實有色根，於識所變，似眼根等，以有發生五識用故，假名種子，及色功能。非謂色根即識業種。

又一切經論上處處都說第八阿賴耶識，變現了相似的淨色根和外面五官的根依處，以及山河大地的器世間。為甚麼你們說五識不要五色根來做俱有依呢？你們既然贊成眼耳等前五識來變似色等五塵，為甚麼又不贊成五色根是第八阿賴耶識所變的相分色呢？你們這樣的迷昧和錯謬，實於教理違背得太遠了。

然而前面偈頌上說的種子上的功能叫做五根，這是為的要破除一般人主張離開了心識之外，實在有一種外色根的。對於自己的藏識所變現的根身，有發生五識的功用，方便叫它是種子，是色功能；並不是說這五色根就是識種或是業種，那就大錯特錯了。

又緣五境明了意識，應以五識為俱有依。以彼必與五識俱故。若彼不依眼等識者，彼應不與五識為依。彼此相依，勢力等故。又第七識，雖無間斷，而見道等，既有轉易，應如六識，有俱有依。不爾，彼應非轉識攝，便違聖教轉識有七。故應許彼有俱有依。此即現行第八識攝。如《瑜伽》說：有藏識故，得有末那。末那為依，意識得轉。彼論意言：現行藏識為依止故，得有末那。非由彼種。不爾，應說有藏識故，意識得轉。由此彼說，理教相違。是故應言：前五轉識，一一定有二俱有依，謂五色根，同時意識。第六轉識，決定恆有一俱有依，謂第七識。若與五識俱時起者，亦以五識為俱有依。第七轉識，決定唯有一俱有依，謂第八識。唯第八識恆無轉變，自能立故，無俱有依。

前面是講前五識的俱有依，現在來說六七八三個識。又，緣色、聲、香、味、觸五境的時候，第六的同時意識又叫做明了意識，應當用前五識來做俱有依。因為第六必定和前五是同時俱起。第六設若不依託眼等五識的話，那第六應當就不和前五識來做依。可見前五識既然要依託第六識，第六識當然也要依託前五識，彼此相依，勢力是相等的。這是第六識的俱有依。

又，第七識，你前面說它是無間斷，用不著依託別人。你忘記了，在見道和修道的時候，也有轉有漏成無漏的；可見應當同前六識一樣，也有俱有依。如果第七識用不著俱有依的話，那第七識應當就不是轉識所攝，那就違背了經論上常說轉識一共有七個了。因此之故，所以應當允許第七也有俱有依。是那一個呢？就是第八阿賴耶的現行識啊。

好像在《瑜伽師地論》上也有說："因為有第八藏識的原故，纔可以得有第七的末那識。又因為有了第七末那識來做依，第六意識纔可以轉起。"在《瑜伽師地論》上所說這話的意思，就是第八現行的藏識來做依止，纔有第七識的末那；可見是依現行，而不是依種子啊。如果第七識不要依託第八識的話，那只要說"有第八藏識及第六意識就可以轉生起來了”，何必要多轉一個彎說“有藏識故，得有末那；末那為依，意識得轉”做甚麼？這可見第七識決定要依託第八的現行識來做俱有依啊。

由前面種種的道理看起來，就可以知道，頭一家所說的是違背道理和經教的。也就可以斷定，前五識每一個識都有兩個俱有依，一個是依五根，一個是依同時意識。第六識決定依第七識，設若和五識同起的時候，那又要再加前五識做俱有依。第七識決定有一個俱有依，就是第八識。唯有第八識它是恆常沒有轉變的，自己能夠自立生起，所以用不著別人來做俱有依。這是第二家說法。

　　有義此說猶未盡理。第八類餘，既同識性，如何不許有俱有依？第七八識，既恆俱轉，更互為依，斯有何失？許現起識，以種為依。識種亦應許依現識，能熏異熟，為生長住依，識種離彼，不生長住故。又異熟識，有色界中，能執持身，依色根轉。如契經說：阿賴耶識，業風所飄，遍依諸根，恆相續轉。《瑜伽》亦說：眼等六識，各別依故，不能執受有色根身。若異熟識，不遍依止有色諸根，應如六識，非能執受，或所立因，有不定失。是故藏識，若現起者，定有一依，謂第七識。在有色界亦依色根。若識種子，定有一依，謂異熟識。初熏習位，亦依能熏，餘如前說。

這是第三家的說法。他說：前面第二家說的比較頭一家雖然是好一點，然而，在道理上研究起來，還沒有究竟。因為第八識既然和其餘的識都是同類，都是屬於識體，那為甚麼不允許它有俱有依呢？第七識和第八識兩個人既然是恆常俱起，第七既然可以依第八，那末，第八依第七又有甚麼過失呢？

還有，你既然允許現行識要依託種子，那種子識也應當依託現行。因為能熏的現行識可以使令種子生長，而所熏種子的異熟識，也能夠使令現行識安住，因為種子識離開了現行識，就不能夠生長安住了。

這是說，第八識一定要以第七識做俱有依。不過，如果生在欲界的眾生，第八識除了依託第七識之外，還要再加上依託根身，因為第八識它是能夠執持根身為自體，同時也是依託五色根而轉起的。在佛經上就有這樣的說法："第八阿賴耶識它是由過去所造的業風所飄動，所以周偏依託諸根的全身，在那裏恆常相續的生滅。"就是在《瑜伽師地論》上也有這樣的說法：眼、耳、鼻、舌各識，它們是各依各的根，例如眼識只可以依託眼根，不可以依託耳根，所以它們的功用只可以見色，聞聲，嗅香，知味，而不能執持根身不壞和令生覺受。設若第八異熟的總報識，不能夠周遍依託全身的諸根，那應當和前六識一樣，各管各的工作，而不執持根身了，同時也犯了因明論理上的不定過。因為同是一個"不徧依止根身"的因，能執受和不能執受都有，所以犯了不定過。

由上面的道理說起來，第八阿賴耶識設若生起現行的話，決定有一個依，就是第七識。若是生到欲界和色界，那又要再加上一個根身來做依。如果是識種子，那決定有一個依。就是第八異熟識，最初熏習位的時候，要再加上一個能熏現行識來做依。其餘的說法可以照前面第二家說。

　　有義：前說皆不應理。未了所依與依別

故。依，謂一切有生滅法，仗因託緣，而得生住。諸所仗託，皆說為依。如王與臣，互相依等。若法決定，有境，為主，令心心所取自所緣，乃是所依。即內六處。餘非有境，定為主故。此但如王，非如臣等。故諸聖教，唯心心所，名有所依。非色等法，無所緣故。但說心所，心為所依；不說心所，為心所依，彼非主故。然有處說：依為所依，或所依為依，皆隨宜假說。由此五識俱有所依，定有四種：謂五色根，六七八識。隨闕一種，必不轉故。同境，分別，染淨，根本，所依別故。聖教唯說，依五根者，以不共故。又必同境，近相順故。第六意識，俱有所依，唯有二種：謂七八識。隨闕一種，必不轉故。雖五識俱，取境明了，而不定有，故非所依。聖教唯說，依第七者，染淨依故。同轉識攝，近相順故。第七意識，俱有所依，但有一種，謂第八識。藏識若無，定不轉故。如伽他說：「阿賴耶為依，故有末那轉；依止心及意，餘轉識得生。」阿賴耶識俱有所依，亦但一種，謂第七識。彼識若無，定不轉故。論說藏識，恆與末那，俱時轉故。又說藏識，恆依染污，此即末那。而說三位無末那者，依有覆說。如言四位，無阿賴耶，非無第八。此亦應爾。雖有色界，亦依五根，而不定有，非所依攝。識種不能，現取自

境，可有依義，而無所依。心所所依，隨識應說。復
各加自相應之心。若作是說，妙符理教。

現在是第四家護法菩薩的正義。他說：前面三家所說的俱有
依，雖然是各有千秋，然而沒有明了所依和依的不同。要知道
"依"的範圍"寬"，"所依"的範圍"狹"。

"依"是甚麼規則呢？依，就是一切有為的生滅法，都是仗因
托緣而得生住；可見凡所要仗托的東西，都是叫做"依"。好像國
王和大臣一樣，王依臣，臣依王，是互相為依的，這範圍就太大
了；只要是因緣所生法，都叫做"依"。

"所依"又有甚麼規則呢？有四個規則：①決定，②有境，③
為主，④令心心所取自所緣。具足了這四種規則，一個也不缺，這
樣纔可以叫做"所依"。是那一個纔有這種資格呢？只有內六處的
六根它纔有具足這四個條件。除了六根之外，其餘的好像：第六
識不一定依前五識，第八識也不一定依五色根，識種也不一定依
能熏的現行。四大種、命根、五塵、種子它們雖然有決定義，然而，它
們本身又是無知的色法，沒有能緣慮的功能，所以又缺了有境
義。觸、作意、受、想、思五個徧行心所，它們雖然有"決定和有境"兩
種意義，然而，又缺了"為主"的條件！因為它們自己都要依託
心王生起，離開了心王，它們那裡可以自己為主呢？第八識的現
行對種子說，雖然有"決定、有境、為主"三個條件，然而，又缺
了第四個條件！因為現行識不能夠令種子識去緣自己的境界，所
以研究的結果，唯有六根的現行，方能作八識的俱有依，所依是
王而不是臣了。所以經論上說：唯有八個識的心王和心所，纔可
以叫做"有所依"。因為色法等它們自己的本身，都沒有能緣的作

用，那裡還有甚麼所緣的境界呢？只可以說心所一定要依託心王，不可說心王也一定要依託心所，因為心所是不能為主的。

然而，有許多經論上又說："依就是所依，或所依就是依。"要知道這種混合的說法，是方便隨宜假說的，不能把它當做規律。因此，我們就可以知道：

前五識有四種依：①五色根，②第六識，③第七識，④第八識。這四個依缺了一個五識就不能生起，甚麼原因呢？因為五識是依託五根，來同緣五境，所以要五色根為依。前五識沒有第六識，就不能有深刻的分別，所以前五識是以第六意識為分別依。第七識染污，前六識就隨它染污；如果第七識清淨，前六識也隨它清淨，所以前五識是以第七識為染淨依的。第八識是一切識的根本——種子所藏處，所以前五識又以第八識為根本依。前五識的俱有依也就是增上緣依，要有四種：五色根和六七八三個識做它的依。然而，經論上有時候說五識依五根，不說依六七八識的話，那是因為：一、眼識唯依眼根，乃至身識唯依身根，不共依的原故，不像六七八三個識是五識大家共依的；二、是因為五識和五根是同緣五境，好像"眼識和眼根是緣色境"，是靠近而相順的原故。

至於第六識的所依，只有兩個就夠了，如果缺少了一個，那意識就不能夠生起。你前面說意識雖然有時候和前五識同緣五境，但是不一定，因為還有獨頭意識哩。所以經論上有時候但說依第七，不說依第八的話，因為第七是第六的染淨依，同時大家也都是屬於轉識所攝，也是近而相順的原故。

第七識的所依只要一個就夠了，就是第八識。如果沒有第八識來做它的所依，那第七識決定不會轉起，好像有一首頌上說："有阿賴耶識為依，纔有第七識轉起；依止第八識的心以及第七識的意，然後前六識纔可以得生起來。"

那末，第八識要有所依嗎？就是第七識。如果不依第七識的話，第八識也就不得生起。所以論上說："第八識決定要依託第七識同時轉起。"又說："第八的染污就是恆常依託這個染污的第七識，這就是末那識。"至於說"三位無末那"——阿羅漢位、滅盡定位、出世道位，所謂"無"者，是說"沒有"染污有覆無記的末那，不是說連清淨無漏的第七識體都沒有了。好像說"四位無阿賴耶"——聲聞位、緣覺位、菩薩位、如來位，是說"沒有"我愛執藏的阿賴耶識，不是說連菴摩羅第八無垢識的體都沒有了。

雖然你前面所說的生到欲界色界要依五色根，然而還是不定，所以不是"所依"的定義。至於識種它是相分的色法，所以不能夠自取境界，但有"依"的義，沒有"所依"的義了。

八個識的心王它們所依有多和少不同，那它們心所的所依又怎樣呢？那只好隨各個識一樣罷了，不過再加上和它相應的心王就好了。假定能夠照我上面這種說法，那纔可以叫做合乎正理哩。

後開導依，有義五識，自他前後，不相續故。必第六識，所引生故。唯第六識，為開導依。第六意識，自相續故；亦由五識所引生故，以前六識，為開導依。第七八識，自相續故，不假他識，所引生故；但以自類為開導依。有義：前說未有究理。且前五識，未自在位，遇非勝境，可如所說。若自在位，如諸佛等，於境自在，諸根互用。任運決定，不假尋求。彼五識身，寧不相續。等流五識，既為決定，染淨，作意，勢力引生。專注所緣，未能捨頃，如何不許多念相續？故《瑜伽》說：決定心後，方有染淨。此後乃有，等流眼識，善不善轉，而彼不由自分別力，乃至此意不趣餘境。經爾所時，眼意二識，或善或染，相續而轉。如眼識生，乃至身識，應知亦爾。彼意定顯經爾所時，眼意二識，俱相續轉。既眼識時，非無意識。故非二識，互相續生。

三依，前面所說過的種子依和增上緣依，現在來說等無間緣依，又叫做開導依。怎樣叫做開導依呢？這有三家說法不同。頭一家說："五識它們的前後念是不能相續的，必定要有第六意識來引生纔可以。所以唯有用第六識來做它們的開導依。至於第六意識，一方面它自己前後可以相續，同時，又可引生前五識，所以第六意識一共要六個識來做它的開導依。至於七、八二識，它們都是自己前後可以相續的，用不著別個識來幫忙引生，所以第七識和第八識都是用自己的前後自類來做開導依。"這是第一家對八個識的開導依的分別。

而第二家呢？他以為前面這種說法是不對的。因為你說前五識自他前後是不能相續的，這是約我們凡夫六根不能互用沒有到自在位的時候，又遇到的不是特別強有力的境界，這樣說法或者可以。設若到了自在位的時候，好像諸佛一樣，對於一切境界都能夠得大自在，就是六根也能夠互用，一見到境界，就能夠決定，那裡還要去尋求而後纔能夠決定呢？像佛菩薩的五識身，那裡還有甚麼不相續呢？至於後念等流的五識，它們既然老早就決定好了，那後念或染污或清淨，又為作意心所的勢力所引生，專一注意它所緣的境界，一頃刻間都沒有能夠離過，怎樣不允許它可以多念相續呢？

所以在《瑜伽師地論》上說：「在決定心之後，纔有染污心，從此以後，乃有等流的眼識，或是善或是不善轉生起來。完全由意識引生眼識相續流轉，用不著眼識自己的力量去分別，一直到意識沒有轉到別種境界上去，它引生的功用是有很大力量的。經過了這樣久的時間，眼識和意識兩個人無論是好是壞，都是這樣的相續下去。意識和眼識既然是這樣，那意識和耳識、鼻識、舌識、身識，不消說，也知道是和眼識同樣，可推類而知了。」

這論上所說的意思，就是決定顯示經過了這樣久的時間，眼識和意識都是同時相續流轉下去的，既然有眼識的時候就有意識，可見是同時，不是二識前後來互相引生。這就是不贊成前面那一家的說法——前五識是由第六識開導，第六識是由前五識引生，那是不對的。

> 若增盛境，相續現前，逼奪身心，不能暫捨，時五識身，理必相續。如熱地獄，戲忘天等。故《瑜伽》言：若此六識，為彼六識等無間緣，即施設此，名為意根。若五識前後定有意識，彼論應言，若此一識，為彼六識，等無間緣；或彼應言若此六識，為彼一識等無間緣。既不如是，故知五識有相續義。

你說「前五識有時候也有間斷」，那是對平淡不相干的境界可以這樣說，若是特別一種殊勝的境界，那裡會間斷呢？它忙也來不及！好像熱地獄，是受苦忙；戲忘天，是受樂忙。他們都是逼奪身心，一彈指的工夫也不給你休息，這時候的前五識在道理上想起來，必定是相續不斷的。地獄中受苦和天上遊戲，就是一個證明。

所以在《瑜伽師地論》上也有這樣說：設若此前念的六識，做彼後念的六識，等無間緣——前念滅引生後念，這就叫做意根。根是生的意義，可見前五識用不著第六意識來引，是各引各的啊。

假定六個識不是各引各的話，前五識要由第六生，第六也要前五識來引，那《瑜伽師地論》上就應當這樣說："一個意識作六個識的等無間緣。"或說："六個識是一個意識的等無間緣。"然而論上並不是這樣說，可見前五識它們自己可以前後相續，用不著第六意識來管閒事。

　　五識起時，必有意識，能引後念，意識令起，何假五識為開導依？無心睡眠，悶絕等位，意識斷已，後復起時，藏識末那，恆既相續，亦應與彼為開導依。若彼用前，自類開導，五識自類，何不許然？此既不然，彼云何爾？平等性智，相應末那，初起必由第六意識，亦應用彼，為開導依。圓境智俱第八淨識，初必六七，方便引生。又異熟心，依染污意。或依悲願，相應善心。既爾，必應許第八識，亦以六七為開導依。由此，彼言都未究理。應說五識，前六識內，隨用何識為開導依。第六意識，用前自類，或第七八為開導依。第七末那，用前自類，或第六識為開導依。阿陀那

識，用前自類及第六七為開導依。皆不違理，由
前說故。

這裡先難第六同時意識。就是說：第六同時意識既然自己有
力量前後相引，那要前五識來做甚麼？還有在無心位——無想定、
滅盡定、無想天，以及熟睡和迷悶這五個時候，意識已經間斷了；然
而，七、八二識它們是恆常相續的，所以，以後意識再生起的時
候，一定是用七、八二識來做意識的開導依。

假定你說：意識再起的時候，不用七、八二識來做開導依，可
以用自己前念的意識來做後念意識的開導依。那末，既然意識可
以，這前五識豈不也可以用前念的前五識來做後念的開導依
嗎？要你第六意識來打岔做甚麼？所以，要可以，兩個都可以；若
不可以，兩個都不可以。

至於說到第七識要轉成平等性智的時候，那是要借重第六識
修二空觀。觀行的工夫成功了，第七識纔能夠轉成平等性智，可
見第七識是要用第六識來做開導依的。

至於第八識最初要轉成大圓鏡智的時候，這有兩種說法：一
是要轉依的時候，那是要借重第六識轉的妙觀察智和第七識轉的
平等性智，用六七兩個智，來引生第八大圓鏡智做它的開導依。一
是第八異熟識沒有轉依的時候，那只好用第六識相應的悲願心。可
見第八識無論是轉不轉，都是要用六七來開導依。由這種道理說
起來，可見前面那一家統統都說得不對。

所以我的結論：前五識是用前六識做開導依，第六識是用自
己和七、八二識做開導依，第七識是用自己或第六做開導依，第八
識是用自己和六、七二識來做開導依。前五識六個依，第六識三個

依，第七識兩個依，第八識三個依。他還說自己不違理，其實是一塌糊塗了。

有義：此說亦不應理。開導依者，謂有緣法，為主，能作等無間緣。此於後生心心所法，開闢引導，名開導依。此但屬心，非心所等。若此與彼無俱起義，說此與彼有開導力。一身八識，既容俱起，如何異類，為開導依？若許為依，應不俱起。便同異部，心不並生。又一身中，諸識俱起，多少不定。若容互作，等無間緣，色等應爾。便違聖說：等無間緣，唯心心所。然《攝大乘》說：色亦容有等無間緣者，是縱奪言。謂假縱小乘，色心前後，有等無間緣，奪因緣故。不爾，等言應成無用。若謂等言，非遮多少，但表同類，便違汝執異類識作等無間緣。是故八識，各唯自類，為開導依，深契教理。自類必無俱起義故。心所此依，應隨識說。

這是第三家護法菩薩所說開導依的正義。他說：前面那種說法是不對的。應當怎樣說法呢？他說：真正的開導依要合得上幾個條件：①要是有緣法，②要能為主。有緣，是有緣慮，但屬心法，而色法就沒有緣慮的功能了。為主，但屬心王，而心所就沒有為主的勝用了。所以說，要有緣慮，又能夠為主，纔能夠作等無間緣。它對於後念的心王心所有開闢和引導的功能，所以纔叫做開導依。可見開導依的資格，但屬於心王，而不是心所。

假定你說"眼識和耳識沒有同時俱起的功能"，那還可以說"此識有引生彼識的功能，來幫助做開導的力量"。如果一個身體既然容許八個識可以同時俱起，那末，為甚麼這個識要那個來做開導依呢？設若你一定要說別個識可以做這個識的開導依，那就應當不能同時俱起了。假定你又說"不俱起又有甚麼過失呢？"有啊！有同小乘人說的心識不可以並生一樣的錯謬。還有，一身中諸識同起，或二識，或三識，或四識，或五識，多和少也是不一定。設若容許彼此可以互作等無間緣的話，那無知的色法——根和境，眼根可以作耳根的等無間緣，色塵也可以作聲塵的等無間緣，這樣一來，那就違背經論上說的"等無間緣只有心法纔有，而色法是沒有"的道理了。所以只有自己前唸作後念的開導依，而眼識決定不能作耳識的開導依的。

然而，《攝大乘論》有時候也說"色法也可以作等無間緣"的話，那是一種縱奪的言辭。就是說，假定小乘說"色法和心法前後念可以互為因緣——前念的色法可以做後念心法的因緣；或者前念的心法可以做後念色法的因緣"，那都不合正理的。所以唯識家奪他說"不是作因緣，不過作等無間緣或增上緣"。可見說色法也可以作等無間緣，是一時的方便，並不是真真的色法也有等無間啊。如果不是的話，這等無間緣的"等"字，便成了沒有用處。因為"等"字有兩個意義：①等者，就是相等，應當一樣沒有多多少少，纔可以說等；②等者，就是同等，應當自己前念和後念同等，不可以別類和自類，纔可以說是等。如果你說"等字，但是表同類，不是遮多少"，那又違背你說的異類的識也何作等無間緣了。

因這一種原故，所以八個識只有自類前念滅下去，來做後念生起的開導依，這樣的說法那很合乎經論和正理的。因為如果是自類，前後決定不可以同時生起。心王既然是自類前念引起後念，那末，心所不也可以知道也是自類，前引後為等無間緣的開導依嗎？

雖心心所，異類並生，而互相應，和合似一，定俱生滅，事業必同。一開導時，餘亦開導，故展轉作等無間緣。諸識不然，不應為例。然諸心所，非開導依，於所引生，無主義故。若心心所等無間緣，各唯自類，第七八識，初轉依時，相應信等。此緣便闕。則違聖說：諸心心所，皆四緣生。無心睡眠，悶絕等位，意識雖斷；而後起時，彼開導依，即前自類，間斷五識，應知亦然。無自類心，於中為隔，名無間故。彼先滅時，已於今識為開導故。何煩異類為開導依？然聖教中說前六識，互相引起，或第七八依六七生，皆依殊勝增上緣說。非等無間故不相違。《瑜伽論》說：若此識無間，諸識決定生，說此為彼，等無間緣。又此六識，為彼六識等無間緣，即施設此名意根者，言總意別，亦不相違。故自類依，深契教理。

這裏有一個問難，就是說：「如果諸識同起，不能作等無間緣；那心王和心所也是同起，應當不可以作後念的等無間緣。」答：「那不可以為例。」

雖然心王和心所是異類又是並生，王所如果相應和合緣境的時候，好像是一個，所以王所決定是同生同滅。所作的事業也是相同，所以一個心王作開導的時候，其餘的心所一齊幫忙來作開導。所謂心所和心王相應有五種條件：①同一所緣的境，②同一所依的根，③同一剎那轉，④同一體性，⑤同成一事。所以王所都可以作後念的等無間緣，而諸識雖異類，不能和王所一樣，拿它來做例。

心所做後念的等無間緣雖然是可以，然而做開導依是不可以的。因為緣是由的意義，依是主的意義；心所只可以做緣，不可以做依。所以說"心所非開導依"，對後念雖然是有引生的功用，然而沒有為主的意義。

前念一法能夠引生後念一聚，就是說，前念的心王不但可以引生後念的心王，並且也能夠引生後念的心所。不然的話，設若心王和心所等無間緣，各各唯有引自類，如此，有漏的七、八二識豈不是沒有信等十一個善心所了嗎？此就缺了四緣中的等無間緣，而違背了經論所說的心法有四緣生的道理了。

又在無想定、滅盡定、無想天、睡眠、悶絕這五無心位的時候，第六意識雖然是間斷了，而後來再生起意識的時候，還是由前念來做開導依。意識既然是這樣，則其餘間斷的五識也是一樣了。因為前後的自類心，時間不問它經過了多久，中間總不會間隔的，所以叫它是無間。因為前念雖然是滅了，然而對於後念已經做了開導，所以用不著別個識來做開導依。

然而在許多經論上，說前六識是互相引起；第七依第六，第八依第七，這都是依殊勝的增上緣說，並不是作無間緣，所以沒有相違。在《瑜伽師地論》所說的彼此是"自類前後分彼此"的——前念為此，後念為彼，並不是異識的彼此。就是說，此前念的眼識作彼後念眼識的等無間緣。眼識是這樣，那末，六個識都是前後自類做等無間緣，所以又叫等無間意。因為"彼此"這兩個字言總意別，並不是指自他的彼此，是指前後的彼此，所以就不會相違經中的道理了。

所以說來說去，還是各識自類後以前依，纔合乎教理。

傍論已了，應辯正論。此能變識，雖具三所依；而依彼轉言，但顯前二。為顯此識依緣同故。又前二依，有勝用故。或開導依，易了知故。如是已說此識所依。所緣云何？謂即緣彼，彼謂即前此所依識，聖說此識，緣藏識故。有義：此意緣彼識體，及相應法。論說末那我我所執，恆相應故。謂緣彼體及相應法，如次執為我及我所。然諸心所不離識故，如唯識言，無違教失。有義：彼說理不應然。曾無處言，緣觸等故。應言此意，但緣彼識，見及相分，如次執為我及我所。相見俱以識為體故。不違聖說。有義：此說亦不應理。五色根境，非識蘊故。應同五識亦緣外故。應如意識緣共境故。應生無色者，不執我所故。厭色生彼，不變色故。應說此意，但緣藏識，及彼種子，如次執為我及我所。以種即是彼識功能，非實有物。不違聖教。

本來現在所討論的，是專指第七識。因為一說到依——因緣依、增上緣依、等無間緣依，所以把八個識統統都扯上了。傍論其他的識，總算可以告一段，現在還是再講到第七識的正面了。前面說到雖然有三個所依，然而在偈頌上說的"依彼轉"三個字，但顯第七識的種子依和俱有依，不指第三開導依。因為第七識的依是依第八識全體四分（種子依），緣是緣第八識的見分（俱有依）。又，因緣依有親生的勝用，增上緣依有助生的勝用，故顯前二依。因為開導依容易知道，所以不說。第七識的所依是第八識，總算明白了，現在要來談第七識的所緣了。

第七識的所緣又是那一個呢？就是第八識。經論上說："第七識以第八藏識為所緣境。"不過對於"我"和"我所"執有四家主張不同：

第一家說："心王是我，心所是我所。"他說："這第七識的意，緣彼第八識的體以及第八識相應的五個心所。因為論上也說：第七識的末那識有我執和我所執，恆常相應。緣第八識體，執之為我；緣第八識的心所，執為我所。然而心所是不離心王的，所以說到'唯識'兩個字，是把心王和心所都包含在內，這樣對於經教就沒有過失了。"

第二家說："見分是我，相分是我所。"他批評前面那一家說："你說得很不對，因為經論上沒有一處說第七識能夠緣第八識的觸等五個心所。既不能緣心所，請問緣甚麼呢？但緣第八識的見分和相分。緣見分執為我，緣相分執為我所。"難云："既然是緣相見，為甚麼又說緣彼？"答云："因為見相都是依識體而有，所以也不會違背經說。"

第三家說："緣現行為我，緣種子為我所。"他說："緣心所固然是不對，就是緣相分也是不對。因為相分是屬於色法，五根和五境。第七識是內緣，不能夠外緣。若緣相分，就有三個理由不

對：①應當和前五識一樣緣外境，②應當和第六識緣共相境，③
生到無色界的有情，既然是無色，那裡有甚麼相分，怎樣可以說
執它為我所呢？因為厭色的人纔可以生到無色界，當然再不會變
色而緣。

"照這樣說起來，應當說：'第七識緣第八識的現行為我，緣
第八識的種子為我所。'你不要以為第七識不能緣種子的實法，其
實種子是約它的功能而說，所以種子是屬於假法。此也不會違背
經論的。"

有義：前說皆不應理。色等種子，非識蘊故。論
說種子是實有故。假應如無，非因緣故。又此識
俱薩迦耶見，任運一類恆相續生，何容別執有我
我所？無一心中，有斷常等，二境別執，俱轉義
故。亦不應說，二執前後。此無始來，一味轉故。應
知此意，但緣藏識見分，非餘。彼無始來，一類
相續，似常一故。恆與諸法，為所依故。此唯執
彼，為自內我。乘語勢故，說我所言。或此執彼
是我之我，故於一見，義說二言。若作是說，善
順教理。多處唯言有我見故。我我所執，不俱起
故。未轉依位，唯緣藏識。既轉依已，亦緣真如
及餘諸法。平等性智，證得十種平等性故。知諸
有情，勝解差別，示現種種佛影像故。此中且說
未轉依時，故但說此緣彼藏識。悟迷通局，理應
爾故。無我我境，徧不徧故。如何此識緣自所

依？如有後識，即緣前意。彼既極成，此亦何咎？

這是第四家護法菩薩的正義。他的主張：第七識的見分只可以緣第八識的見分，執之為我。決定不緣第八識的相分。甚麼原因呢？因為：①相分是屬於色法，②色法是根身和器界，都是屬於外緣。第七識既然不緣色法，並且不向外緣，所以第七識只有緣第八識的見分，而不緣相分。

所以他說：前面第二家說"緣相分"，固然是不對，就是第三家說"緣種子"，也是不對。因為種子是屬於色法，但不是識蘊所攝。同時，論上說"種子是實有的東西"，如果是假的話，那應當和沒有是一樣，假的東西也不能做果法的因緣。還有一個原因，就是第七識在有漏位的時候，它決定和我見是一同生起。要知道，有了我見，就不能有我所見，因為不能夠容許一心中有兩個見。好像有了常見，就不能容許再有斷見，是一樣的道理。也不可以說"前念執我，後念執我所"，因為第八識無始以來都是一味，沒有前後有兩種差別。

依據上面的理由就可以知道，第七識的見分只有緣第八識的見分，決不能緣餘分了，因為第八識無始以來都是一類相續的。本來不是常，又好像是常；本來不是一，又好像是一。它是恆常給一切法的種子所依託的，同時，又因為第七識執第八識為自己的內我。

既然單執我，而不執我所，那為甚麼又說"我和我所"？說我所，不過是說話聯帶的語勢。例如說兄帶弟，所謂兄弟；說夫帶妻，所謂夫妻；說父帶子，所謂父子；說我帶所，所謂我及我所。或者，第七執第八是第七之我，所以在一個我見之上，在意義上分為兩種，我及我所；並不是在我之外，另外還有一個我所。設若能夠照我這樣的說法，纔順乎教理。有許多經論上都是這樣說："有了我見，我執和我所執不可以並起。"

第七識在凡夫沒有轉染成淨的時候，唯有緣第八識的見分。如果轉成了平等性智以後，那就能夠緣真如以及緣下地菩薩勝解和作意的差別。又能示現種種佛的影像。十種平等性：①諸相增上喜愛，②一切領受緣起，③遠離異相非相，④弘濟大慈，⑤無待大悲，⑥隨諸有情所樂示現，⑦一切有情我愛所說，⑧世間寂靜皆同一味，⑨世間諸法苦樂一味，⑩修植無量功德究竟。

前面所說的，是約沒有轉依的時候，說第七識但緣第八識的見分。迷的時候是局，範圍很狹；悟的時候是通，範圍較寬，道理上就應當這樣。第七識轉和未轉，緣境大大的不同。已轉依位，能夠悟，所以通達了無我，能夠徧緣。未轉依位，它是迷，局勢於我，因此就不能夠徧緣了。

很奇怪的，第七識是依託第八識，為甚麼緣也是緣它所依的第八識呢？說個譬喻：後念可以緣前念，前念也是後念所依，後念又可以緣它所依的前念；它可以緣依，所以第七識也可以緣依，有甚麼過咎？是用增上緣的依，又來作所緣緣的緣，是可以的。

> 頌言思量為性相者，雙顯此識，自性行相。意以思量為自性故。即復用彼為行相故。由斯兼釋所立別名。恆審思量名末那故。未轉依位，恆審思量，所執我相；已轉依位，亦審思量，無我相故。

現在說到第四門——第七識的性相門了。頌上說"思量為性相"這句話，就是雙顯第七識的自性是思量，行相也是思量的意思。思是思慮，量是量度。八個識雖然都有思量，然而，第七識獨得末那思量的名字，這因為它有"恆審思量"的特別勝用的原故。在未轉依的時候，第七識它是恆常審察思量第八識的見分為我；一到了轉依的時候，它是恆審思量無我了。

此意相應有幾心所？且與四種煩惱常俱。此中俱言，顯相應義。謂從無始，至未轉依，此意任運恆緣藏識。與四根本煩惱相應。其四者何？謂我癡，我見，並我慢，我愛，是名四種。我癡者：謂無明。愚於我相，迷無我理，故名我癡。我見者：謂我執。於非我法，妄計為我，故名我見。我慢者：謂倨傲。恃所執我，令心高舉，故名我慢。我愛者：謂我貪。於所執我，深生耽著，故名我愛。並，表慢愛有見慢俱。遮餘部執無相應義。此四常起，擾濁內心，令外轉識，恆成雜染。有情由此生死輪迴，不能出離，故名煩惱。

第五門叫做相應門。相應是心所，第七識的心所本來有十八個，現在先說四個同它常時俱起的煩惱。這個"俱"字就是顯相應的意義，就是說，從無始以來一直到沒有轉依以前，這個第七識都是任運恆常緣第八識，並且同四個根本煩惱一刻也不肯離開。那四個呢？就是我癡、我見、我慢、我愛。

甚麼叫做我癡呢？我癡就是無明，對於我相愚昧無知；本來是虛幻，它誤為真實，不明白無我的道理，所以叫做我癡。甚麼叫做我見呢？我見就是我執，在無我的上面，它虛妄計執著有我，所以叫做我見。甚麼叫做我慢呢？我慢就是高傲，仗恃自己所執的我，令自己的心高舉起來，所以叫做我慢。甚麼叫做我愛呢？我愛就是我貪，在所執著的我上而深深生起耽著，所以叫做我愛。頌上還有一個"並"字，是表示"慢和愛可以和見同起，見和慢也可以和愛同起"，這是簡別小乘一切有部的主張："見愛慢"三個人好像"風馬牛"一樣沒有關係的意思。

因為第七識有了這四個根本煩惱常常的和它在一起，因此便把內心擾亂得混濁起來了。因為內心的混濁，所以外面的轉識，也就成功了有漏齷齪的雜染不清淨的東西了。而我們有情識的眾生也就是由此起惑，造業，而受生死輪迴的苦報，不能夠出離，所以叫做煩惱——紛煩之法，惱亂身心。

> 彼有十種，此何唯四？有我見故，餘見不生。無一心中，有二慧故。如何此識，要有我見？二取邪見，但分別生，唯見所斷。此俱煩惱，唯是俱生，修所斷故。我所邊見，依我見生。此相應見，不依彼起。恆內執有我，故要有我見。由見審決，疑無容起。愛著我故，瞋不得生。故此識俱，煩惱唯四。見愛慢三，如何俱起？行相無違，俱起何失？《瑜伽論》說：貪令心下，慢令心舉，寧不相違？分別俱生，外境內境，所陵所恃，麤細有殊，故彼此文，義務乖反。

根本煩惱本來有十個：①貪，②瞋，③癡，④慢，⑤疑，⑥我見，⑦邊見，⑧邪見，⑨見取見，⑩戒禁取見。現在第七識為甚麼只有四個，少了六個呢？這原因是因為有了我見，所以其餘四種見就生不起來。因為凡是見一定要有慧，然而一念中不能同時有兩個慧，所以有了我見，就沒有其餘的四個見。

第七識為甚麼要有我見呢？因為見取、戒禁取、邪見這三個見是後天的、由分別而起的，它是由見道所斷的煩惱。第七識的煩惱它是先天的、和身一齊同來的，所以叫做與身俱生，這種煩惱是要由修道纔可以斷得了。斷見和常見是屬於邊見，邊見當然是依我見而有，然而，有我見卻沒有邊見。因為第七識是恆常向內而執有我，所以第七識一定要有我見。

見和疑是相反的，因為有了見，所以就能夠審察和決斷，當然沒有疑。愛和瞋又是相違，所以有了愛，瞋當然生不起來。因此，和第七識相應的根本煩惱，唯有四個——癡見慢貪。

在小乘薩婆多一切有部的人說："見、愛、慢三法是不能俱起的。"大乘唯識家答："見、愛、慢三種行相它們是不會相違的，所以見、愛、慢三法同起有甚麼過失呢？"小乘人說："《瑜伽師地論》上不是說：'貪能夠令心低下，慢能夠令心高舉。'一上一下，一高一低，豈不是相違嗎？"大乘家答："你們沒有弄清楚分別煩惱和俱生煩惱的不同，外面的境界和內面的境界也是有異。慢有兩種不同，一種是輕慢欺凌別人，行相很麤；一種是仗恃自己，那它的行相很細。你說的是分別煩惱，是屬於外境，它的行相是麤浮，貪和慢一高一下當然不能並起。而第七識的'貪慢'是俱生的，是向內的，是微細的，所以貪和慢是不會相違。粗細內外既然不同，所以《瑜伽師地論》和《成唯識論》二論所說，是不會相違的。"

> 此意心所，唯有四耶？不爾，及餘觸等俱故。有義：此意心所唯九，前四，及餘觸等五法，即

觸，作意，受，想，與思，意與徧行，定相應故。前
說觸等，異熟識俱。恐謂同前，亦是無覆。顯此
異彼，故置餘言。及是集義。前四後五，合與末
那，恆相應故。此意何故無餘心所？謂欲，希望
未遂合事，此識任運緣遂合境，無所希望，故無
有欲。勝解，印持曾未定境，此識無始，恆緣定
事，經所印持，故無勝解。念，唯記憶曾所習事，此
識恆緣現所受境，無所記憶，故無有念。定，唯
繫心專注一境，此識任運剎那別緣，既不專一，故
無有定。慧，即我見，故不別說。善是淨故，非
此識俱。隨煩惱生，必依煩惱前後分位差別建
立。此識恆與四煩惱俱。前後一類，分位無別。故
此識俱，無隨煩惱。惡作，追悔先所造業。此識
任運恆緣現境，非悔先業，故無惡作。睡眠，必
依身心重昧，外眾緣力，有時暫起。此識無始一
類內執，不假外緣，故彼非有。尋伺，俱依外門
而轉，淺深推度，粗細發言。此識唯依內門而轉，一
類執我，故非彼俱。

第六心所相應門。先問：“第七識的心所只有四個根本煩惱
嗎？”不。以及有其餘觸等心所俱起。這有兩家的主張，頭一家
說：“第七識的心所只有九個；根本煩惱四個，再加上徧行五個，就
是觸、作意、受、想、思，因為第七識同五徧行決定是相應的。前面
說觸等五個徧行，和第八異熟識是俱起，恐怕有人會說：‘和前面

第八識一樣，也是無覆無記性的。'其實不同。第八識是無覆無記，第七識是有覆無記，正顯第七和第八不同，所以纔來安一個'餘'字。同時要知道，及，是集的意義。前面四個根本煩惱、後面五個徧行，合起九個心所，都同第七識恆常相應。"

請問第七識為甚麼沒有其餘的心所相應呢？因為欲，它是希望沒有遂合的事；第七識它是任運自然的緣遂合的境界，它用不著希望，所以沒有欲。勝解，它是印持未定的境界，第七識它是從無始以來，恆常緣的決定事，老早已經有了印持，所以用不著勝解。念，它是完全記憶從前曾學習過的事情，第七識它是恆常緣現前所受的境界，用不著記憶，所以它沒有念。定，是繫心專注一境，第七識它是任運的剎那各別而緣，既然不是專一，所以沒有定。慧，有我見一定有邪慧，所以不必再說。第七識對於五個別境，只有一個慧，其餘的四個沒有。十一種善法它完全是清淨的體性，第七識是有覆無記性，所以善性和它沒有關係。隨煩惱生起的時候，必定是依託根本煩惱前後分位的差別來建立的；第七識恆常同四個根本煩惱相應，前後它是一類的，沒有分位的差別，所以第七識沒有隨煩惱。

惡作，它是惡所先作，是追悔從前所作的業；第七識它是任運恆常緣現在的境界，它並不追悔先業，所以它沒有惡作。睡眠，它必定是依託身心昏昧，由外緣的勢力有時暫起；第七識它是無始以來一類向內執第八識見分為一為常，不假借外緣，所以第七識沒有。尋和伺，它們都是依託外門而起的。不過尋是淺的推度，發言粗略；伺是深的推度，發言細密。第七識既是向內一類的執我，所以和尋伺無關。

有義：彼釋餘義非理。頌別說此有覆攝故。又闕意俱隨煩惱故。煩惱必與隨煩惱俱，故此餘言，顯隨煩惱。此中有義，五隨煩惱，徧與一切染心相應。如《集論》說：惛沉、掉舉、不信、懈怠、放逸，於一切染污品中，恆共相應。若離無堪任性等，染污性成，無是處故。煩惱起時，心既染污，故染心位，必有彼五。煩惱若起，必由無堪任、囂動、不信、懈怠、放逸故。掉舉雖徧一切染心，而貪位增，但說貪分。如眠與悔，雖徧三性心，而癡位增，但說為癡分。雖餘處說，有隨煩惱，或六或十。徧諸染心，而彼俱依，別義說徧，非彼實徧一切染心。謂依二十隨煩惱中，解通粗細無記不善，通障定慧，相顯說六。依二十二隨煩惱中，解通粗細二性，說十。故此彼說，非互相違。然此意俱，心所十五。謂前九法，五隨煩惱，並別境慧。我見雖是別境慧攝，而五十一心所法中，義有差別，故開為二。何緣此意，無餘心所？謂念等十，行相粗動。此識審細，故非彼俱。無慚無愧，唯是不善。此無記故，非彼相應。散亂，令心馳流外境。此恆內執一類境生，不外馳流，故彼非有。不正知者，謂起外門，身語意行，違越軌則。此唯內執，故非彼俱。無餘心所，義如前說。

這是第二家的說法。他說：前面頭一家的解釋這個"餘"字，意義還不大合乎道理。你不要以為"餘"字，也是指無覆無記，因為頌上面明明告訴我們"有覆無記性"。同時也缺了和第七識同時相應的隨煩惱，因為有根本煩惱，必定有隨煩惱同它俱起，所以這個"餘"字就是指的隨煩惱。不過分別這個隨煩惱，有四家不同。

第一家說：有五個隨煩惱，是普徧到一切染污心上相應的。好像在《雜集論》上有說：① 惛沉，② 掉舉，③ 不信，④ 懈怠，⑤ 放逸。因為這五個大隨煩惱是對於一切的染污品類中，都是恆常共相應的。因為若離開了無堪任的惛沉等煩惱，能夠成就那染污性，是決定不會的。如果煩惱一生起的時候，心既然成了染污，所以在染污心位，必定有這五個。為甚麼會生起煩惱呢？一定是由無堪任的惛沉和囂動的掉舉，以及不信、懈怠、放逸所致的原故。

問：《瑜伽師地論》上說掉舉單同貪心一分相應，你為甚麼說掉舉普徧一切染心呢？答：掉舉雖然是徧一切染心，然而因為它對於貪位方面比較上要加增一點，所以說掉舉是貪分。好像睡眠與追悔，這兩個本來是通於善、惡、無記三性的，然而因為它們兩個對於癡位比較上重一點，因此，所以說它們兩個是屬於癡分所攝。

還有，在《瑜伽師地論》上又說第七識的隨煩惱有六個或十個，都是徧一切染污心的，你現在為甚麼單說這五個呢？不錯，《瑜伽師地論》上雖然是這樣說，不過它都是依據另外一種意義說的，並不是說它們這六個或十個實實在在是徧一切染污心的。在隨煩惱中有兩種說法，一種說："隨煩惱有二十個。"一種說："隨煩惱有二十二個；那是在二十個之外，再加上邪欲和邪勝解。"若是二十個中，只說六個；若是二十二個，那就是十個。那為甚麼《瑜伽師地論》上，人家說六個或十個，你為甚麼只說五個呢？這就是"解通粗細"的關係。解就是行相，粗是前六識，細是第七識。意思就是說：《瑜伽師地論》說六說十，是指的前六識不善性；現在這裡說五，是指的第七識有覆無記性。因為不善性和有覆無記性都是障礙定慧，所以說它是染污。

然而和第七識相應的心所有多少呢？一共有十五個，就是徧行五個、根本煩惱四個、隨煩惱五個、別境中的慧，一共十五個。我見雖然也有慧，然而五十一個心所法中，意義有差別；別境中的慧是無記性，我見中的慧是惡性，所以開為兩種。

第七識為甚麼沒有其餘的心所？因為忿等十個小隨煩惱，它們的行相非常的粗動；第七識的行相，審察非常微細的，所以第七識沒有十個小隨。無慚、無愧的兩個中隨煩惱，它們的性質完全是不善；第七識既然是無記，所以同它沒有關係。大隨煩惱裡面的散亂，它們是馳流外境；第七識是內執一類境生，不向外境馳流的，所以沒有散亂。不正知，也是由外門的身語意起了違越軌則的邪知；第七識既然是內執，所以同它無關。至於沒有其餘的心所，同前面頭一家說的一樣。

有義：應說六隨煩惱，徧與一切染心相應。《瑜伽論》說：不信、懈怠、放逸、忘念、散亂、惡慧。一切染心，皆相應故。忘念、散亂、惡慧若無，心必不能起諸煩惱。要緣曾受境界種類，發起忘念，及邪簡擇，方起貪等諸煩惱故。煩惱起時，心必流蕩，皆由於境，起散亂故。惛忱、掉舉，行相互違，非諸染心，皆能徧起。論說五法，徧染心者，解通粗細，違唯善法。純隨煩惱，通二性故。說十徧言,義如前說。然此意俱,心所十九。謂前九法,六隨煩惱,並念定慧,及加惛沉。此別說念,準前慧釋。並有定者,專注一類,所執我境,曾不捨故。加惛沉者,謂此識俱,無明尤重,心惛沉故。無掉舉者,此相違故。無餘心所,如上應知。

第二家他說:有六個大隨煩惱是徧與一切染心相應的。在《瑜伽師地論》上說:①不信,②懈怠,③放逸,④忘念,⑤散亂,⑥惡慧,這六個大隨煩惱,是同一切染心都是相應的。設若沒有忘念、散亂、惡慧這三個染污心所的話,那心上必定不能生起一切煩惱。心中緣曾受過的境界,發起一種忘念以及邪的簡擇,方能夠生起貪等種種煩惱。煩惱生起的時候,他的心必定是流蕩的,這都是由於緣了境界而生起的散亂。惛沉和掉舉這兩個行相是互違的,所以不是凡有染污心,都能夠有它們兩個。

論上面只說五個大隨煩惱徧染心的話,因為它的行相可通粗細,煩惱只是違背善法。如果是純粹的隨煩惱,它就是不善性和有覆無記性了。如果是前六識的不善性,它的行相是粗;如果是第七識的有覆無記性,它的行相是細,所以說"解通粗細"。二十二種隨煩惱說有十個,那也是通粗細說的。

所以現在總起來說,同第七識相應的心所一共有十九個,就是徧行五個、根本煩惱四個、大隨煩惱六個、別境三個,再加上惛沉,豈不是十九個嗎?問:為甚麼另外又要再加上念做甚麼?同慧一樣,慧既然有惡慧及無記慧,所以念也有邪念和無記念。為甚麼又要加上定呢?因為第七識是專注一類的第八識為我境,向來是不肯捨離。為甚麼又要加惛沉呢?那是因為第七識和恆行不共無明相應的關係最重，所以有惛沉。那為甚麼又沒有掉舉呢？因為有了惛沉，不能再有掉舉，它們兩個是相違啊。為甚麼又沒有其餘的心所呢？那是照前面所講過的一樣。

有義：復說十隨煩惱，徧與一切染心相應。瑜伽論說：放逸、掉舉、惛沉、不信、懈怠、邪欲、邪勝解、邪念、散亂、不正知。此十，一切染污心起。通一切處三界繫故。若無邪欲、邪勝解時，心必不能起諸煩惱。於所受境，要樂合離，印持事相，方起貪等，諸煩惱故。諸疑理者，於色等事，必無猶豫。故疑相應，亦有勝解。於所緣事，亦猶豫者，非煩惱疑。如疑人杌。餘處不說，此二徧者，緣非愛事，疑相應心，邪欲，勝解，非粗顯故。餘互有無，義如前說。此意心所有二十四。謂前九法，十隨煩惱，加別境五。準前理釋。無餘心所，如上應知。

這是第三家，說有十個隨煩惱徧同一切染污心相應的。《瑜伽師地論》上說：①放逸，②掉舉，③惛沉，④不信，⑤懈怠，⑥邪欲，⑦邪勝解，⑧邪念，⑨散亂，⑩不正知。這十個，一切染污心生起的時候，它們是通於一切處三界的繫縛。設若沒有邪欲和邪勝解的時候，那心也必定不會生起煩惱。對於所受的境界，順的要合，逆的要離，印持事相，纔會生起貪等煩惱。

這裏有一個問難，意思就是說：勝解是對於決定的境界，是印持為性。疑，是猶豫為性，這兩個東西是相違的。為甚麼邪解也徧諸染心呢？答：凡是疑理的人，對於一切的諦理上雖然是迷惑，然而在色等事上沒有猶豫，所以和疑相應也有勝解。設若對於所緣的事上也有猶豫的話，那不是煩惱的疑。好像晚上看見一棵樹樁，疑為是人。問：邪欲和邪解如果是徧一切染污心，那別種經論上為甚麼不說邪欲和邪解呢？不說的原故，那是因為緣不可愛的事情，邪欲微薄；如果和疑相應，就沒有邪解，因為它不是粗煩，所以略而不說，並不是完全沒有邪欲和邪解。

除了上面二十四種心所法之外，其餘的心所或有或無，意義都在前面說過了。所以和第七識相應的心所有二十四，謂前面徧行五法、根本煩惱四法、隨煩惱十個、別境五個，準前面的道理解釋。至於沒有其餘的心所，照上面所說過的一樣。

有義：前說皆未盡理。且疑他世為有為無？於彼有何欲勝解相？煩惱起位，若無惛沉，應不定有無堪任性。掉舉若無，應無囂動。便如善等，非染污位。若染心中，無散亂者，應非流蕩，非染污心。若無失念，不正知者，如何能起，煩惱現前？故染污心，決定皆與，八隨煩惱，相應而生。謂惛沉、掉舉、不信、懈怠、放逸，忘念、散亂、不正知。忘念、不正知、念、慧為性者，不徧染心。非諸染心，皆緣曾受，有簡擇故。若以無明，為自性者，徧染心起。由前說故。然此意俱，心所十八。謂前九法，八隨煩惱，並別境慧。無餘心所，及論三文，準前應釋。若作是說，不違理教。

第四家的正義：前面三家都說得不對。甚麼原因呢？因為懷疑來世，到底是有呢，還是沒有呢？對於這種事，有甚麼欲和勝解呢？在煩惱生起的時候，設若沒有惛沉，那就不應當無堪任的能力。掉舉若無，那就應當不會囂動，就同善法一樣，也就不是染污位。設若染污心中沒有散亂的話，那應當不會流蕩，當然也就不是染污心。設若沒有失念和不正知，那怎樣能夠生起煩惱現前呢？照上面這樣說起來，就可以知道，如果是染污心的話，一定同八個大隨煩惱相應生起。就是：①惛沉，②掉舉，③不信，④懈怠，⑤放逸，⑥忘念，⑦散亂，⑧不正知。忘念和不正知它們是以“念”和“慧”為體的，也不是徧一切的染污心。因為並不是一切的染污心，都是緣曾受的境界，都有簡擇的。設若是以無明來做自性，那當然是徧一切染心，這在前面就已經說過了。

現在我們就可以斷定：第七識的心所只有十八個——五徧行、四根本、八大隨、別境中一個慧心所。為甚麼只有十八個而沒有其餘的心所呢？這在前面三家所討論的也差不多。如果照我上面這種說法：同第七識相應的心所只有十八個，所謂“八大徧行別境慧，貪、癡、我見、慢相隨”（《八識規矩頌》語），那不但不會違背經誦，也就不會違背正理了。

成唯識論講話（卷五）

　　此染污意，何受相應？有義：此俱唯有喜受；恆內執我生喜愛故。有義：不然！應許喜受，乃至有頂。違聖言故。應說此意四受相應。謂生惡趣，憂受相應，緣不善業，所引果故。生人欲天初二靜慮，喜受相應，緣有喜地善業果故。第三靜慮，樂受相應，緣有樂地，善業果故。第四靜慮，乃至有頂，捨受相應，緣唯捨地，善業果故。有義：彼說亦不應理。此無始來，任運一類，緣內執我，恆無轉易，與變異受，不相應故。又此末那，與前藏識，義有異者，皆別說之。若四受俱，亦應別說。既不別說，定與彼同。故此相應，唯有捨受。未轉依位，與前所說，心所相應。已轉依位，唯二十一心所俱起。謂徧行、別境各五，善十一。如第八識，已轉依位，唯捨受俱，任運轉故。恆於所緣，平等轉故。

前面是研究第七識到底有幾個心所和它相應？結果，是決定了一十八個。現在是討論第七識在五種受中，是同甚麼受相應呢？這有三家說法不同：

第一家說：「同第七識相應的只有喜受，因為第七識恆常執著第八識為內我，生起一種喜愛，所以和喜受相應。」

第二家說：「不對！甚麼原因呢？因為第七識是跟隨第八識生三界，假定第七識生到無色界頂上去——非想非非想處，而喜受只到色界二禪為止，如果喜受也隨第七識到非非想地，那豈不是違背了經論上所說的話嗎？所以應當說第七識有四個受和它相應——憂、喜、樂、捨。理由是：如果生到三惡趣裏面去了，那就和憂受相應，因為它是緣不善業所引的果報。如果生到人間或欲界天上以及色界的初禪和二禪，那又和喜受相應，它是緣有喜地的善業果。如果是生到第三禪，那又和樂受相應，它是緣有樂地的善業果。如果是生到第四禪以及到無色界頂，那又是和捨受相應，它是緣捨地的善業果。」

第三家又說：「你說的也是不對！因為第七識是無始以來任運的一類，緣第八識為自己的內我。它是恆常沒有轉變更易過，所以第七識和‘苦樂憂喜’的變異受是不相應的。如果第八識是捨受，而第七識不是捨受，那應當說第七識是甚麼受呢？設若第七識是同‘憂喜樂捨’四受相應的話，那應當會另外說啊。現在既然不另外說，那一定是和第八識相同；因此，和第七識相應的唯有捨受。在沒有轉識成智的時候，同前面所說的是一樣，和第七識相應的心所只有十八個；如果是已經轉成了平等性智，那就有二十一個心所和它相應了，就是遍行五個、別境五個、善十一個。同第八轉識成智是一樣，只有同捨受相應，它是任運而轉，第七識如果是轉識成智之後，它恆常所緣的是平等性故。」

　　末那心所，何性所攝？有覆無記所攝，非
餘。此意相應四煩惱等，是染法故。障礙聖道，隱
蔽自心，說名有覆；非善不善，故名無記。如上
二界，諸煩惱等。定力攝藏，是無記攝。此俱染
法，所依細故。任運轉故，亦無記攝。若已轉依，唯
是善性。

　　前面是討論第七識和甚麼受心所相應，現在要討論第七識在
三性中是屬於那一性了。所以問：“第七識是屬於甚麼性所
攝？”答：“是‘有覆無記’性所攝，不是其餘的善性、不善性或
無覆無記性。”

　　第七識在沒有轉識成智以前，是和我癡、我見、我慢、我貪四
個根本煩惱相應的，所以它是染污法。染污的東西是障礙聖道
的，是隱蔽清淨心性的，所以說它是有覆。因為它不是純善，又
不是純惡，所以只好叫它是無記了。無記的意思如果不懂的話，說
個譬喻你聽：好像色界和無色界的天人，他們還是有貪、慢、癡、
疑的存在，不過他們被禪定的勢力壓覆住了，所以煩惱不容易現
行。這又好像毒蛇雖然是厲害，然而被迷藥昏住了，所以牠不能
害人了。因此色界和無色界的眾生雖然有煩惱，然而被定力所伏
住了，所以便成無記性了。第七識的染污法因為它們所依託的心
王是微細的，並且是任運而轉的，所以也是無記所攝。這是說，第
七識沒有轉識成智的時候，是有覆無記；設若已經轉識成智了，那
完全是屬於善性，這一層先要知道。

　　末那心所，何地繫耶？隨彼所生，彼地所
繫。謂生欲界，現行末那，相應心所，即欲界繫。乃

至有頂，應知亦然。任運恆緣，自地藏識，執為內我，非他地故。若起彼地，異熟藏識，現在前者，名生彼地，染污末那，緣彼執我，即繫屬彼，名彼所繫。或為彼地，諸煩惱等，之所繫縛，名彼所繫。若已轉依，即非所繫。

現在要問：「第七識在三界中是屬於那一界所繫呢？」這很容易答覆，就是：「第八識生到那一界，而第七識就跟隨它到那一界。」就是說，欲界的現行第七識以及和它相應的心所，那當然是欲界繫。色界和無色界也是一樣，就是第八識如果是生到無色界非想非非想處，而第七識也只好跟它一齊走，到非非想處去。所以說，第七識是任運恆緣自地的第八識為內我，隔界和隔地那是不緣了。設若那一地第八識現前了，就叫做生那一地；而染污的第七識就緣它執之為我，也就繫屬彼地，所以叫做彼所繫。或者被這一地的煩惱所繫縛，也叫做彼所繫，這也是約還沒有轉識成智以前說的。設若是已經轉識成智的話，那當然就不是三界所繫，而三界也就不能繫縛第七識了。

此染污意，無始相續，何位永斷，或暫斷耶？阿羅漢、滅定、出世道無有。阿羅漢者，總顯三乘無學果位。此位染意種及現行，俱永斷滅，故說無有。學位滅定，出世道中，俱暫伏滅，故說無有。謂染污意，無始時來，微細一類任運而轉。諸有漏道，不能伏滅。二乘聖道，有伏滅義。真無我解，違我執故。後得無漏，現在前時，是彼等流，亦違此意。真無我解，及後所得，俱無漏故，名出世道。滅定既是，聖道等流，極寂靜故，此亦非有。由未永斷此種子故，從滅盡定，聖道起已，此復現行，乃至未滅。然此染意，相應煩惱，是俱生故，非見所斷。是染污故，非非所斷。極微細故，所有種子，與有頂地，下下煩惱，一時頓斷，勢力等故。金剛喻定，現在前時，頓斷此種，成阿羅漢，故無學位，永不復起。二乘無學，迴趣大乘。從初發心，至未成佛，雖實是菩薩，亦名阿羅漢。應義等故，不別說之。

第九伏斷門。這個有染污的第七識，從無始以來都是相續不斷，要到甚麼位置，纔可以永斷？又到甚麼位置，而暫時斷呢？答：阿羅漢位就永斷，滅盡定和出世的無漏道暫斷。這個阿羅漢不是單單指的聲聞四果阿羅漢，是連辟支佛、八地以上的菩薩以及佛果，都在阿羅漢裏面所攝，所以說，總顯三乘的無學果位。染污的第七識，種子以及現行統統都永遠的斷滅了。在三果的滅盡定以及修出世的無漏觀，也都能夠暫時的伏滅，所以說是無有。

就是說，這個染污的第七識，從無始以來它的行相都是微細的在那兒任運而轉的。所以如果是有漏道，怎能夠滅除它的染污呢？要到了二乘的聖道，纔有伏滅的可能性。因為有了真無我的見解，也即違背我執了。就是無漏的後得智現前的時候，因為是根本智的等流，所以也是違反此識的我執。真無我解以及以後所得的無漏智，因為都是屬於無漏，所以都叫做出世道。

滅盡定，既然也是聖道的等流，這種定非常的寂靜，所以也沒有我執。三果的聖人雖然是在滅盡定中，然而，因為沒有把煩惱種子永遠地斷掉了，所以從定起來以後，煩惱又再起現行，所以沒有把煩惱完全滅了。這是約有學說的，並不是無學果也是這樣。

還有：這個染污的第七識，相應的煩惱它是俱生就有，並不是後來緣分別的，所以要在修道位纔斷得了。見道位是斷不了的，然而又是屬於染污的原故，所以也不是無漏的東西，到底是可以斷除的。不過第七識的染污和第六識不同，它是非常的微細，所以它的染污法種子要到無色界非非想處地九品煩惱中的下下品，纔一刹那頓斷；因為智和煩惱勢力相等，所以纔可以尅伏它。一到了最後的金剛喻定現起的時候，纔能夠頓斷煩惱的種子，而成阿羅漢。所以要到了無學的果位，煩惱纔永遠的再不生起。

就是先已經證了阿羅漢和辟支佛果，然後再迴小向大，從初發菩薩心起，一直到未成佛以前，他雖然是菩薩，還是可以叫他是阿羅漢。因為應斷的煩惱、應了的生死、應受的供養是一樣相等，所以不另外說他。

此中有義：末那唯有煩惱障俱。聖教皆言：三位無故。又說：四惑恆相應故。又說：為識雜染依故。有義：彼說教理相違。出世末那，經說有故。無染意識，如有染時，定有俱生，不共依故。論說藏識，決定恆與一識俱轉，所謂末那。意識起時，則二俱轉，所謂意識，及與末那。若五識中，隨起一識，則三俱轉。乃至或時頓起五識，則七俱轉。若住滅定，無第七識，爾時藏識，應無識俱，便非恆定一識俱轉。住聖道時，若無第七，爾時藏識，應一識俱。如何可言，若起意識，爾時藏識，定二俱轉？《顯揚論》說：末那恆與四煩惱相應，或翻彼相應恃舉為行，或平等行，故知此意，通染不染。若由論說：阿羅漢位，無染意故，便無第七；應由論說：阿羅漢位，捨賴耶故，便無第八。彼既不爾，此云何然？

這裏頭一家說："第七識唯有和煩惱障相應，所以經論都是說，到了三個位子的時候，都沒有末那。"又說："因為同四個煩惱恆常相應。"又說："為前六識雜染所依託。"

第二家說："他這種說法不對，因為和理教都是相違的。出世的清淨末那，經上說是有的。沒有染污的意識和有染污的意識，一定都有一個不共所依託的根；就是染污意識是依託染污的意根，如果是清淨的意識，那也要依託清淨的意根，所以叫做不共所依。"

就是在《瑜伽師地論》上也有說："第八識無論是轉不轉，決定恆常有一個識和它同時俱轉。"是那一個呢？就是所說的末那。若是意識要生起的時候，也是兩個識同起，就是第六識和第七識，若是前五識中，隨便有一個識生起的時候，就例如眼識再加上第六和第七，豈不是有三個識同起嗎？若是前五識同時都起，再加上六七兩個識，那就有七個識同時而起。設若住在滅盡定的時候，前六識都沒有了。如果連第七識也沒有了的話，那末，這個時候的第八識就沒有識和它同起了，就違背經論上所說的"第八識決定有一個識和它同起"。還有，那怕就是住在聖道位的時候，設若沒有第七識的話，那這個時候只好說自己一個識起，怎樣可以說"若起意識的時候，這時第八識有兩個識（六和七）同它俱轉"呢？上面這許多說法都是證明有出世的清淨末那。

還有，《顯揚聖教論》上也有這樣的說法：第七末那識它是恆常和四個煩惱相應。或者，把和第七識相應的我慢轉過來而成為平等，這樣，我們就可以知道，末那是通染和不染兩種的。染，是有覆無記的人我見；不染，是通無覆無記的法我見，以及和善性的平等性智相應的末那。

如果照論上說"阿羅漢位沒有了染污意，就沒有了第七識"的話，那應當阿羅漢位就捨棄染污的藏識纔對啊。然而染污的執藏雖然是捨棄了，而清淨的無垢識還是照常的存在；那也可以知道，人我見的末那雖然是沒有了，而法我見的末那以及和平等性智相應的末那也還是存在的。

又諸論言：轉第七識，得平等智。彼如餘智，定有所依，相應淨識。此識無者，彼智應無。非離所依，有能依故。不可說彼，依六轉識。許佛恆行，如鏡智故。又無學位，若無第七識，彼第八識，應無俱有依。然必有此依，如餘識性故。又如未證補特伽羅無我者，彼我執恆行。亦應未證法無我者，法我執恆行。此識若無，彼依何識？非依第八，彼無慧故。由此應信，二乘聖道、滅定、無學，此識恆行。彼未證得，法無我故。又諸論中，以五同法，證有第七，為第六依。聖道起時，及無學位，若無第七，為第六依，所立宗因，便俱有失。或應五識，亦無有依。五依有依，六亦應

爾。是故定有，無染污意，於上三位，恆起現前。言
彼無有者，依染意說，如說四位，無阿賴耶，非
無第八。此亦應爾。

上面是違教，下面是違理，一共有四種：一、平等智無依。就
是說，論上面講：轉第七識得平等性智的時候，它和其餘的三智
是一樣的，一定有智所依託的識，這就是和智相應的淨識。假定
沒有這個淨識的話，那這個平等性智也是沒有。不可以說"離開
了所依的識，而能夠得到能依託的智"。又不可以說"平等性智是
依託前六識的"。因為前六識是有間斷的，而平等性智是恆無間斷
的，和大圓鏡智一樣。

二、第八識無依。在無學位設若沒有第七識的話，那第八識就
沒有俱有依了。然而第八識必定以第七識為俱有依，同前六識一
樣，都要有它的俱有依。

三、法我見無依。好像沒有證到補特伽羅（有情）無我的人，他
的我執一定是恆常現行；那末，未有證到法無我的人，法我執當
然也是恆常現行。如果沒有第七識的話，那人我執和法我執是依
託那一個識呢？不應當說是依託第八識，因為第八識沒有別境中
的慧心所，無慧就不能推度有我見。由了這個道理，就應當要相
信：二乘的無漏道、三果的滅盡定、四果的無漏位，人我見雖然是
沒有了，而第七識還是照常現行的，所以法無我還沒有證得。

四、第六識無依。又許多論中說：前五識既然要依五根，那意
識也要依意根。聖道起時，以及無學位，設若第六識沒有根依的
話，那所宗和因一定會犯過失的。就是說，第六識如果沒有意根
為依，那前五識也不應當有五根為依；反過來說，前五識如果要

有五根為依，那意識也要有意根為依。因為六個識同是屬於轉識所攝，又都叫做依根識，所以有則俱有，無則俱無，不可厚彼而薄此。

由上面所說的四種理由，就可以決定在阿羅漢、滅盡定、出世道這三位中，都有清淨末那現前的。經論上說"三位無末那"，是說沒有染污的末那，並不是說連清淨的末那也沒有了。好像說"四位（聲聞、緣覺、佛果、七地以上菩薩）無賴耶"是說沒有執藏的阿賴耶，並不是異熟識和佛果的無垢識體也沒有了。明白了第八識的道理，那第七識也就明白了。

此意差別，略有三種：一、補特伽羅我見相應；二、法我見相應；三、平等性智相應。初通一切異生相續，二乘有學，七地以前一類菩薩，有漏心位，彼緣阿賴耶識，起補特伽羅我見。次通一切異生、聲聞、獨覺相續，一切菩薩法空智果不現前位，彼緣異熟識，起法我見。後通一切如來相續，菩薩見道，及修道中，法空智果，現在前位，彼緣無垢，異熟識等，起平等性智。

這個第七識差別如果把它分開來說，簡單的可分為三種：第一種叫做人（補特伽羅）我見相應的末那，第二種法我見相應的末那，第三種是平等性智相應的末那。

第一種人我見相應的末那，是甚麼人有呢？那當然是一切凡夫、聲聞、緣覺，沒有到無學位的人，菩薩是七地以前的一類，他們都是在有漏心位的人。他們都是第七識的見分緣第八識見分的時候，而生起的人我見。

第二種法我見相應的末那，那又是甚麼人呢？一切凡夫不消說，當然是有的；即連聲聞、緣覺乃至一切菩薩，只要法空智果沒有現前的時候，他們的人我見雖然是沒有了，而第七識的見分緣第八識相分——根身、器界、種子，它還是照常的執有實法。所以第七緣第八異熟識，即有法我見的存在了。

第三種是平等性智相應的末那，又是甚麼人有呢？那就是一切諸佛，以及菩薩見道或修道中，法空智的果已經現在前的時候，那個時候的第七識緣第八識是無垢的清淨識，所生起的就是平等性智。

補特伽羅我見起位，彼法我見，亦必現前。我執必依法執而起。如夜迷杌等，方謂人等故。我法二見，用雖有別，而不相違，同依一慧，如眼識等。體雖是一，而有了別青等多用，不相違故，此亦應然。二乘有學聖道、滅定現在前時，頓悟菩薩於修道位，有學漸悟生空智果，現在前時，皆唯起法執，我執已伏故。二乘無學，及此漸悟，法空智果，不現前時，亦唯起法執，我執已斷故。八地以上，一切菩薩，所有我執，皆永不行，或已永斷，或永伏故。法空智果，不現前時，猶起法執，不相違故。如契經說：八地以上，一切煩惱，不復現行；惟有所依所知障在，此所知障，是現非種。不爾，煩惱亦應在故。法執俱意，於二乘等，雖名不染；於諸菩薩，亦名為染，障彼智故。由此亦名有覆無記。於二乘等，雖名不染；於諸菩薩，亦名為染，障彼智故。由此亦名有覆無記。於二乘等說名無覆，不障彼智故。是異熟生攝。從異熟識，恆時生故，名異熟生，非異熟果。此名通故，如增上緣，餘不攝者，皆入此攝。

要知道，人我見生起的時候，他的法我見也必定會現前，因為我執必定是依託法執而生起的。好像一個人，在晚上看見了一棵立著的樹段，他便把它當做人。人依樹有，我依法起。言都是心識虛幻的妄現而已，那有真實呢？

我見和法見，用雖有別而體不相違背，因為同屬於一個慧心所。好像眼識一樣，識體雖一，而了別青黃赤白的功用卻有很多差別。但境界的差別是不相違背識體的，所以我法二見也是一樣的道理。

①二乘有學的聖道位和滅盡定位，②頓悟菩薩的修道位，③有學漸悟生空智果現前的時候，都只有法執，而我執的現行已伏住了，不能夠生起。

①二乘無學，②漸悟菩薩，法空智果不現前的時候，也只有法執，我執已經斷了。

到了八地以上的菩薩，所有的我執統統都不現行了，或者已經永遠斷滅了，或者永遠伏除了；如果法空智果沒有現前的時候，還是照常起法執，也是不相違的。

好像經上有說：八地以上的菩薩，一切煩惱都再不起現行了。雖然有所依託的所知障存在，然而這所知障是現行不是種子；不爾，那煩惱也應當存在了。

有法執的第七識，對於二乘人雖然不叫做染污，然而對於菩薩還是染污的。甚麼原因呢？因為能障蔽菩薩的法空智。因為這個原因，所以在菩薩方面說，還是叫做有覆無記；在二乘方面說，只可叫做無覆無記，因為不妨礙二乘人的我空智生起。

這個有法執的第七識，它雖然是隨第八識生到何處，就繫在何處，然而只可以叫做異熟生。為甚麼叫它是異熟生呢？因為它是第八識的異熟去受生，所以叫做異熟生，不可以叫做異熟果。此異熟生的名字範圍很大，所以叫做通；不像第八識異熟果的名字那樣狹，因為除了第八識之外，都不能叫做異熟果啊，所以稱做局。好像四緣中的增上緣一樣，除開因緣、所緣緣、等無間緣之外，統統都叫做增上緣，其餘所不攝的，都歸到這裏來。所以和法執相應的第七識也是異熟生所攝，不過不是真異熟果罷了。

云何應知此第七識，離眼等識，有別自體？聖教正理，為定量故。謂薄伽梵，處處經中，說心意識，三種別義。集起名心，思量名意，了別名識，是三別義。如是三義，雖通八識，而隨勝顯。第八名心，集諸法種，起諸法故。第七名意，緣藏識等，恆審思量，為我等故。餘六名識，於六別境，粗動間斷，了別轉故。如《入楞伽》，伽他中說："藏識說名心；思量性名意；能了諸境相，是說名為識。"

一般人常識上只知道眼、耳、鼻、舌、身、意前六識的狀況，至於七識和八識大多數人是不知道的，所以要用經論和正理來證明的。問："怎樣知道這個第七識離開了眼、耳、鼻、舌、身、意前六識之外，有一個第七識的識體呢？"答："因為有經論和正理來做定量。

就是說，佛在許多的經上，有這樣說："心、意、識三種意義不同：集起叫做心，思量叫做意，了別叫做識。"這就是三種別義。

這集起、思量、了別三種意義，雖然八個識可以通用，然而隨勝方面來說，第八叫做心，因為它聚集一切法的種子，能夠生起一切法的現行，所以"心"義為勝。第七識叫做意，它唯一的功用，能夠緣第八識的見分，它是恆常審察思慮量度第八識的見分為一，為常，為遍，為主宰的，所以"意"義為勝。前六識纔叫做識，因為眼識了別色，耳識了別聲，鼻識了別香，舌識了別味，身識了別痛癢，意識了別印象。這六種識都是了別粗動的境界，所以"識"義為勝。

好像佛在《入楞伽經偈頌》裏面說："藏識說名心，思量性名意，能了諸境相，是說名為識。"這還說得不明白嗎？

又大乘經，處處別說，有第七識。故此別有。諸大乘經，是至教量。前已廣說，故不重成。《解脫經》中，亦別說有此第七識。如彼頌言："染污意恆時，諸惑俱生滅；若解脫諸惑，非曾非當有。"彼經自釋此頌義言：有染污意，從無始來，與四煩惱恆俱生滅，謂我見、我愛，及我慢、我癡。對治道生，斷煩惱已，此意從彼，便得解脫。爾時此意，相應煩惱，非唯現無，亦無過未，過去未來，無自性故。如是等教，諸部皆有。恐厭廣文，故不繁述。

　　還有，在大乘經上有許多的經，都說在前六識外，有一個第七識，所以知道別有。一切大乘經是聖教量，這在前面第八識裏面已經說了許多，所以不必再重來用教理成立。

　　就是在《解深密經》裏面，也有說到這個第七識。好像在它的偈頌裏面就這樣說：“染污意恆時，諸惑俱生滅；若解脫諸惑，非曾非當有。”在經裏面它自己就有解釋這首頌的意思，就是說：有一個染污的第七識，它是從無始以來，和四個根本煩惱相應，同生同滅。那四個呢？就是：①我見，②我愛，③我慢，④我癡。要到對治的無漏道生起的時候，斷了煩惱，那末，這個有煩惱的末那纔得解脫。到了這個時候，這個和煩惱相應的第七識不但是現在沒有，就是過去、未來也沒有實體啊。上面引出的經教其實不止這一兩部，許多經論上都有。恐怕我們討厭文繁，所以不多說了。

　　已引聖教，當顯正理。謂契經說：不共無明，微細恆行，覆蔽真實；若無此識，彼應非有。謂諸異生，於一切分，恆起迷理，不共無明，覆真實義，障聖慧眼。如伽他說：“真義心當生，常能為障礙；俱行一切分，謂不共無明。”是故契經說異生類，恆處長夜，無明所盲，惛醉纏心，曾無醒覺。若異生位，有暫不起。此無明時，便違經義。俱異生位，迷理無明，有行不行，不應理故。此依六識，皆不得成。應此間斷，彼恆染故。許有末那，便無此失。

　　前面是用經典來證明，現在拿道理來說明。經中說：“有一個叫做‘不共無明’的東西，它的行相是微細恆常在那兒現行的，因此，就蓋覆遮蔽了我們的真心。如果沒有這個第七識的話，那不共無明也應當沒有，因為不共無明只有依靠第七識啊。」

這就是說，一切凡夫無論在甚麼時候，那怕在事相上雖然是做了一點善事，然而第七識它還是照常的現起迷理的不共無明，把二空所顯真如之理而蓋覆住了，把真無漏道清淨的慧眼而障蔽不明。

好像偈頌上面說：「我們的真實心本來應當生起的，就是被一個壞東西，常常障礙住它，所以在甚麼時候都不能現行了。這是甚麼人呢？就是不共無明啊。」

所以經上說：「一切異類受生的有情，他們所以恆常住在長夜黑暗的地方，就是被這不共無明所盲了眼；好像昏醉了的人纏縛了心一樣，向來都沒有醒覺過。」

如果不相信我這話，設若在眾生位上，有暫時不起這不共無明的時候，那就違背了佛說的話。在眾生位上，這個迷理的無明有現行，有不現行，那是不應理的，難道佛也會說錯話嗎？

這不共無明設若不是依託第七識，是依託第六識的話，那第六識有間斷，則不共無明應當也有間斷了。反過來說，不共無明是常恆染污的；那末，第六識也應當是常恆染污的了，那還有修善的機會嗎？所以，若贊成有第七識，便沒有上面這兩種過失了。

染意恆與四惑相應，此俱無明，何名不共？有義：此俱我見慢愛，非根本煩惱，名不共何失？有義：彼說理教相違！純隨煩惱中，不說此三故。此三，六十煩惱攝故。處處皆說染污末那，與四煩惱恆相應故。應說四中，無明是主。雖三俱起，亦名不共。從無始際，恆內惛迷，曾不省察，癡增上故。此俱見等，應名相應。若為主時，應名不共；如無明故，許亦無失。有義：此癡名不共者，如不共佛法，唯此識有故。若爾，餘識相應煩惱，此識中無，應名不共。依殊勝義，立不共名，非互所無，皆名不共。謂第七識，相應無明，無始恆行，障真義智，如是勝用，餘識所無，唯此識有，故名不共。既爾，此俱三亦應名不共。無明是主，獨得此名。或許餘三，亦名不共。對餘癡故，且說無明。

現在要解釋這“不共”的意義，一共有三家。先問：“染污的第七識恆常同四個煩惱相應的這個無明，為甚麼要叫它是不共呢？”

第一家說：“因為這些和無明同有的我見、我慢、我愛這三個煩惱，不是屬於根本所攝，因此纔叫做不共，這有甚麼過失呢？”

第二家說：“你這種說法無論對於理或教，都是相違的。甚麼原因呢？因為純粹的隨煩惱中，沒有看見這三個在內，這三個煩惱明明是在十個根本煩惱（貪、瞋、癡、慢、疑、身、邊、邪、見、戒）裏面所攝，無論那一部經都這樣說：‘染污的末那決定是同四個根本煩惱相應的。’

“應當這樣的說法：‘癡見慢愛四個之中是以愚癡的無明為主，所以它們三個雖然是同起，因為無明是為主的原故，所以叫做不共。還有，這個無明是從無始以來，恆常向內我執著的昏迷，一向也沒有省察到無我，它是愚癡增上，所以也叫它是不共無明。’

"問難：'癡增上，無明為主，因此，無明叫做不共；那末，其餘三個——見、慢、愛，它們既不是為主，當然不能叫做不共，那應當叫做相應見或相應慢或相應愛，可以嗎？'

"答：'設若為主的時候，那也可以叫做不共。例如流轉生死，是貪愛為主；若是障礙聖道，那又是見和慢為主了。所以和無明一樣為主時，都可以叫做不共，許它也沒有過失。'"

第三家說："這個第七識的癡所以叫做不共的原因，這好像法數上說的十八不共法（①身無失，②口無失，③意無失，④無不定心，⑤無異想心，⑥無不知捨心，⑦欲無減，⑧念無減，⑨精進無減，⑩智慧無減，⑪解脫無減，⑫解脫知見無減，⑬身業隨智慧行，⑭口業隨智慧行，⑮意業隨智慧行，⑯知過去世無礙，⑰知現在世無礙，⑱知未來世無礙），這十八種唯有佛獨具的，不同三乘人（阿羅漢、辟支佛、菩薩）共有，所以叫做'不共佛法'。這個比喻如果明白了，那末，所謂不共無明者，唯此第七識獨有，別個識沒有，因此，纔叫做不共。"

這是依殊勝的意義，立這不共的名字；並不是說第七識沒有，前六識有，也可以叫做不共。就是說，和第七識相應的無明，它是從無始以來恆常的現行，能夠障礙真實的理和無漏智。這種無明有這樣大的力量，特別的勝用，那除了第七識，像別個識的無明，決定沒有這種能力，唯有第七識纔有，所以叫做不共。

問難：照這樣說起來，第七識以無明為主，所以叫做不共無明。若是以流轉生死為主，也可以叫它不共貪愛；或者以障礙聖道為主，那也可以叫做不共見慢，可以嗎？

是的。以無明為主，所以叫做不共無明。若是流轉生死為主，當然也可以叫做不共貪愛；見慢也是同樣的道理。不過現在是對前六識相應無明來說的，所以單說這不共無明。

　　不共無明，總有二種：一恆行不共，餘識所無。二獨行不共，此識非有。故《瑜伽》說：無明有二：若貪等俱者，名相應無明；非貪等俱者，名獨行無明。是主獨行，唯見所斷。如契經說：諸聖有學，不共無明，已永斷故，不造新業。非主獨行，亦修所斷。忿等皆通見所斷故。恆行不共，餘部所無。獨行不共，此彼俱有。

　　就是不共無明，也要分為兩種：一是恆行不共無明，唯有第七識有，而前六識是決定沒有。二是獨行不共無明，唯有第六識有，而第七識是決定沒有。這兩意義要把它記住。

　　所以《瑜伽師地論》上說：“無明有二：無明設若和貪等同起的，所以叫它是相應無明。這無明如果不同貪等同起的，所以叫它是獨行無明。”

　　設若不與十種小隨煩惱同時，能單獨生起，這叫做是主獨行；因為它的力用粗猛，能生餘惑，發惡業故，顯是分別煩惱，所以是見道所斷。好像佛經上說：“諸聖有學初二三果，他們已經把獨行不共的粗煩惱，已經斷滅了，所以不會再造新業。”設若是和十種小隨煩惱同起，自己無力自起，那就是非主獨行無明，這種煩惱比較要微細得多，所以要到修道時候，纔能夠斷得了。

　　如果是恆行不共無明，那是要到修道的時候纔斷得了，見道時餘部是不能斷除的。設若是獨行不共無明，那修道和見道，都可以同斷。

　　又契經說：眼色為緣，生於眼識。廣說乃至

意法為緣，生於意識。若無此識，彼意非有。謂
如五識，必有眼等，增上不共俱有所依。意識既
是六識中攝，理應許有如是所依。此識若無，彼
依寧有？不可說色，為彼所依，意非色故。意識
應無，隨念計度，二分別故。亦不可說，五識無
有俱有所依。彼與五根俱時而轉，如芽影故。又
識與根，既必同境，如心心所，決定俱時。由此
理趣，極成意識，如眼等識，必有不共，顯自名
處。等無間不攝增上生所依，極成六識，隨一攝故。

第二個理由，就是以意法為緣，生於意識，來做比例。《阿
含經》上說：眼根和色塵來為助緣，所以就生起了眼識。眼識既
然是這樣，其餘的耳識、鼻識、舌識、身識當然也是一樣。這樣由
意根和法塵的助緣，中間當然生起意識。假定沒有這第七識來做
意根的話，那第六識就不得生起了。因為但有法塵，而沒有意根，意
識是不能生的。好像前五識，必定有眼等五根的增上緣，來做
五識各別不共的俱有依。第六意識既然也是前六識所攝，在道理
上說起來，應當也要允許有意根，來做意識的俱有依纔對。如果
沒有第七識來做意根的話，那第六意識也就不得有了。

又不可以說："用肚子裏面這個色法的肉團心，來做意根。"甚
麼原因呢？意根不是色法。還有，如果意識也是依色法來做根的
話，那意識也和眼識一樣，只有自性分別，而沒有隨念分別和計
度分別了。

又不可以說："五識也不要五根來做俱有依。"因為五識和五
根是同時緣境。五識好像芽，五根好像種，芽是不能離開種。五

識好像影，五根好象形，影是不能離開形的。因為識和根是同時緣境，這好像心王和心所一樣，決定是同時的。

因為有了上面種種理由，就可以知道：雙方共許的意識，和眼識它們是一樣，必定有一個各別不共的根，來顯它們自識各別不共的名。這不是前引後的等無間緣開導依，因為不是它所攝的，明明是屬於增上緣的俱有依根所攝的。這是因為大家贊成的六識中，隨一識所攝。

又契經說：思量名意。若無此識，彼應非有。謂若意識現在前時，等無間意，已滅非有。過去未來，理非有故。彼思量用，定不得成。既爾，如何說名為意？若謂假說，理亦不然。無正思量，假依何立？若謂現在，曾有思量，爾時名識，寧說為意？故知別有第七末那，恆審思量，正名為意。已滅依此，假立意名。

第三用思量的義，來證有第七識。佛經上既然說"思量就叫做意"，那末，設若沒有這個第七識，那經上說的思量名意，是指的甚麼識呢？

假定你說："第六意識在現在一剎那時雖然叫做識，如果落到了第二剎那時，那前一剎那就叫做意。是等無間緣意。"要知道，你說的等無間緣意，是已經過去了。既然過去了，乃是已滅之法；已經滅了的東西，那裡還有思量呢？況且過去法已經過去了，未來法還沒有來，所以過去和未來的法在道理上是建立不起來的。那末，思量的作用決定是沒有的。既然是這樣，那怎樣可以說叫它是意的名字呢？

設若你又講"它是假說的名字"，在道理上也是不對。因為如果沒有一個正義的思量，那假的名字又依託甚麼東西安立呢？

如果你又說："第六意識在現在的時候，它是有思量，豈不可以叫做意嗎？"要知道，小乘的教理現在時只可叫做識，而不可以叫做意啊。

因了這一種原因，所以知道六識之外，還有一個第七的末那識啊。因為它是恆常審察的思量，所以正名叫做意。已滅的無間滅意，那是依這思量意方便立的名字。

> 又契經說：無想、滅定、染意若無，彼應無別。謂彼二定，俱滅六識，及彼心所。體數無異。若無染意，於二定中，一有一無，彼二何別？若謂加行、界地依等有差別者，理亦不然。彼差別因，由此有故。此若無者，彼因亦無。是故定應別有此意。

第四個理由是：如果沒有第七識的話，那無想定和滅盡定也就沒有分別了，因為這兩個定都是同滅了前六識的心王及心所。體是心王，數是心所；王所同滅，所以叫做無異。如果沒有染污的第七識，那末，在這兩個定中為甚麼一個有染污（無想定），一個無染污（滅盡定）？這就是無想定但滅前六而沒有滅第七，而滅盡定兼滅了第七識染污的王所，所以滅盡定纔是無漏清淨的聖定。

如果你說"是因為二定的加行、界地、依等的差別，所以二定不同"，那也不對，因為二定各種差別的原因還是在有染污的第七識。如果沒有染污的第七識，那二定差別的原因也就沒有了。二定的五種差別：①所依差別，②自體差別，③假立差別，④作意差別，⑤界地差別。所依差別：無想定是依外道的邪教，滅盡定是依正教的正定。自體差別：無想定是有漏體，滅盡定是無漏體。假立差別：依有覆第七，假立無想定；依無覆第七，假立滅盡定。作意差別：無想定是作意出離想，滅盡定是作意止息想。界地差別：無想定是在色界的第四禪，滅盡定雖在無色界的有頂天而是無漏。無想定和滅盡定所以有上面這五種差別的原故，就是因為有這個染污的第七識。由這個原因，所以知道在六識外有第七識。

又契經說：無想有情，一期生中，心心所滅。若無此識，彼應無染。謂彼長時，無六轉識；若無此意，我執便無。非於餘處，有俱縛者，一期生中，都無我執。彼無我執，應如涅槃。便非聖賢，同所訶厭。初後有故，無如是失。中間長時無故，有過。去來有故，無如是失。彼非現常，無故，有過。所得無故，能得亦無。不相應法，前已遮故。藏識無故，熏習亦無。餘法受熏，已辯非理。故應別有染污末那，於無想天，恆起我執，由斯賢聖同訶厭彼。

第五個理由，就是佛經上說："無想天的有情從生至死，在這五百劫的一期生中，所有前六識的心王和心所，統統都滅除了。"假定說，沒有這個第七識的話，那生到無想天的有情，也就應當沒有染污。

但無想天的有情有五百大劫的時間，前六識的心王和心所都不起現行了。設若沒有這個染污的第七識，那就不會有我執生起了。凡夫所以稱他是凡夫，就是因為他有我執；如果沒有我執的話，那也就不叫做凡夫了。無想天的有情如果沒有我執，那就應當和證到了涅槃一樣；既證涅槃，大小乘的聖人和賢人為什麼還呵厭他們呢？可見無想定是不究竟的。

外人救："最初半劫和最後半劫還有第六識的生起我執，不一定要有第七識。"破云："然而，中間四百九十九劫沒有前六識，這時如果沒有第七識的話，試問是那一個起我執呢？所以有過失。"又救云："過去和未來照常有第六識，還是有我執，這不是沒有過失嗎？"破云："過去和未來既不是現在，又不是恆常，還是沒有第六識的我執。如果不是第七識的我執，試問是那一個來執我呢？可見有過。還有，所得的無想異熟報如果沒有的話，那能得的無想天有情當然也是沒有。你不能說是不相應行裏面所攝的無想異熟，就是實在的，因為不相應行是心、心所、色三法上分位的，離開了三法，自己是無體的。這在前面已經破過了。有第八識，一切雜染法的種子纔有藏處。有第八識的被執，一定就有第七識的能執。如果沒有藏識，那熏習也就沒有了。因為除了第八識可以受熏之外，其餘的東西來受熏，從前已經說過了不對。因了上面種種的原故，我們應當知道，除了前六識之外，還有一個染污的第七識。雖然是生到了無想天，然而照常的還是恆起我執。因為這一種原故，所以一切大小乘的聖賢，大家都是共同呵厭它，不願意生到無想天上去。"

又契經說：異生善染，無記心時，恆帶我執。若無此識，彼不應有。謂異生類，三性心時，雖外起諸業；而內恆執我，由執我故，令六識中，所起施等，不能亡相。故《瑜伽》說：染污末那，為識依止，彼未滅時，相了別縛，不得解脫。末那滅已，相縛解脫。言相縛者，謂於境相，不能了達，如幻事等。由斯見分相分所拘，不得自在，故名相縛。依如是義，有伽他言："如是染污意，是識之所依；此意未滅時，識縛終不脫。"又善無覆無記心時，若無我執，應非有漏。自相續中，六識煩惱，與彼善等，不俱起故。去來緣縛，理非有故。非有他惑，成有漏故；勿由他解，成無漏故。

第六個理由，就是前六識無論作甚麼善事，而第七識的我執還是照常有的。經上說：在凡夫位雖然有時候是善性，然而，還是恆常帶有我執。設若沒有第七識的話，那行善的時候就不應當有我執。

就是說，在凡夫位起惡和無記的時候，固然不必說，那一定有我執；就是前六識作善的時候，而第七識還是照常的向內執著第八識見分為我。因為第七識向內執我的原故，所以前六識雖然有時候行佈施、持戒等善法，然而還是不能夠忘相。

所以《瑜伽師地論》上說："染污的第七識為前六識染污的依止。"就是說，如果第七識染污沒有滅除，那前六識分別相的纏縛，無論怎樣總是不得解脫。一定要到第七識的煩惱滅除了之後，那外面一切的相縛纔可以解脫。相，就是相分；了別，就是見分。

怎樣叫做相縛呢？就是對於一切所緣的境界，不能夠用智慧去觀察，了達一切法都是如幻如化，不是實在的；由此見分被相分所拘，弄得兩下都不得自在，因此叫做相縛，也就是被境相所縛。

依據上面這許多意義，所以偈頌上說：如是染污的意，是前六識所依止的；這第七識的染污如果沒有滅除的話，前六識的煩惱是不能夠解脫的。

還有，如果是善及無覆無記心的時候，設若沒有我執，那應當不是有漏纏對。在前後念的自己相續中，前六識的煩惱和善心所是不能同時並起的；就是說，前六識正在行佈施的時候，貪心所煩惱是不能同時生起。也不可以說"現在的煩惱雖然不能和善法同時，然而由從前或將來的煩惱，影響了現在的善法執著"，這話是不對的，因為過去和未來，在理論上說起來，是沒有的。也不是因了受者心中有煩惱，而令施心成有漏；更不可因了受者是無漏淨田，也能令施者有漏心而成無漏。由此，我們就可以知道，前六識雖然是善，所以照常還是有漏。這就是因為染污的第七識恆常在那兒執著第八識見分為內我的原故。

又不可說：別有隨眠，是不相應，現相續起，由斯善等，成有漏法。彼非實有，已極成故。亦不可說：從有漏種，生彼善等，故成有漏。彼種先無因，可成有漏故。非由漏種，彼成有漏。勿學無漏心，亦成有漏故。雖由煩惱，引施等業，而不俱起，故非有漏正因；以有漏言，表漏俱故。又無記業，非煩惱引，彼復如何得成有漏？然諸有漏，由與自身現行煩惱俱生俱滅，互相增益，方成有漏。由此熏成有漏法種。後時現起，有漏義成。異生既然，有學亦爾。無學有漏，雖非漏俱，而從先時有漏種起，故成有漏，於理無違。由有末那恆起我執，令善等法有漏義成。此意若無，彼定非有。故知別有此第七識。證有此識，理趣甚多。隨《攝大乘》，略述六種。諸有智者，應隨信學。然有經中說六識者，應知彼是隨轉理門。或隨所依六根說六，而識類別，實有八種。

又不可以說："離開了心王和心所，另外有一個東西，名字叫做隨眠，也是煩惱的別名，它是屬於不相應行法所屬的。如果這隨眠現行相續生起了的時候，所以影響到善事也成了有漏。"要知道，說到不相應行法，離開了心法、心所法、色法，根本上它自己就沒有獨立的自體，這在前面已經說過了，你們也是贊成的。

也不可以說："從有漏的種子生起的善法，便成了有漏。"那我倒要來問一問："這種種子是由甚麼原因而成了有漏呢？不是因為有漏種而成有漏。不可以說在有學的無漏心中，也有有漏種嗎？"可見有學的人，還有有漏；這就是因為有第七識染污的我執存在，所以令他有漏，就是這個原因。

雖然是由過去的煩惱，引起了現在佈施而成了染污，然而究竟不是同起。可見這從前的煩惱，不是現在佈施有漏的正因，因為一講到有漏，是要與煩惱同起。既然佈施的時候，不和貪煩惱同起，可見它不是有漏的正因。還有，好像第六識的無記業，它不是等待現在的因緣，當然不是煩惱所引起的，但它為甚麼也會成有漏？可見行佈施等善事時是有漏的原因，完全是染污的第七識執內我的過咎。

然而要知道，一切有漏法正是因為和自身的現行煩惱，是同生同滅的。六識和七識它們是狼狽為奸，互相增加我執，方成有漏。這樣一來，由現行而熏成了種子，由種子又生起現行，所以，一切的一切都成了有漏。凡夫既然是這樣的熏習，而有學的初、二、三果又何嘗不然。

四果的無學有漏的異熟根身，雖然不是現行煩惱，然而由從前有"有漏異熟舊種"，要到金剛道後異熟識纔空，不過以後再不會熏起新種。既有有漏的舊種，在道理上，無學聖人有有漏的異熟根身，也不會違背。

這可見就是因為有染污的第七識，在那兒對第八識的見分恆常執為內我，所以前六識雖然修一切善法，還是不能忘相而成有漏，就是因為這染污末那在裏面搗鬼。假定沒有這染污的第七識，那第六識也不執著五蘊身為我。

由上一層一層的道理推想起來，就可以知道，除開了前六識之外，還另外有一個第七識。其實證明有這第七識的道理還多得很，現在不過依據《攝大乘論》上，略略說了這六種。所以，希望一般有智慧的人，應當隨順信仰有這第七末那識的學說。

然而有許多經裏面，單說前六識，不說第七識，這又是甚麼意思呢？應當知道：這是隨順小乘的教理，轉變大乘的教理而說的。或者，是因為所依的根既然只有六種，所以能依的識也只有六種。其實，三能變分類是有八個識。

（第二能變的第七識已經講完了。）

　　如是已說第二能變。第三能變，其相云何？頌曰："次第三能變，差別有六種；了境為性相，善不善俱非。"論曰：次中思量，能變識後，應辯了境，能變識相。此識差別，總有六種；隨六根境，種類異故。謂名眼識,乃至意識。隨根立名,具五義故。五,謂:依、發、屬、助、如根。雖六識身,皆依意轉,然隨不共,立意識名。如五識身,無相濫過。或唯依意,故名意識。辯識得名,心意非例。

如是上面已經說過了第二能變的第七識,現在第三能變它的義相又是怎樣呢?關於第三能變的義相,如果把它分開來說,它們的差別一共有六種,這六種都是以明了境界為體性的,也是以明了境界為行相的。在三性中,無論是善或是不善,或是非善非不善的無記都有。

這第三能變的前六識要分為九門來解釋:①差別門,②體性門,③行相門,④三相門,⑤心所相應,⑥受俱門,⑦共依門,⑧俱轉門,⑨起滅分位門。

現在先講第一差別門。論上說:在第二思量能變第七識之後,即來辯別了境能變前六識的行相。這了境的行相分開來有六種差別的不同,因為它是隨從內面的六根和外面的六塵中間所生起的,種類當然不同了。怎樣的不同呢?就是眼識、耳識、鼻識、舌識、身識、意識的種類差別,它們的生起,就因為隨從眼根、耳根、鼻根、舌根、身根、意根,所以即安立六識的名字。並且這六識隨六根具足說起來,還有五個意義:就是:依、發、屬、助、如。意思就是說,這六識是:①依根之識,②根所發識,③屬根之識,④助根之識,⑤如根之識。

問:“若識隨根而立名,那六個識都是隨意根而有染淨,那都可以叫做意識,何以不呢?”答:“因為六個識是隨從六根,六根既然不同,所以六識當然不共。意識是依託意根而立名,同五識依託五根得名是一樣，也就不會有混濫的過咎。或者，但依託意根，所以安立意識的別名。現在是單單辯論識得名的所以然，你不要把心和意也扯在一起來說。因為心是集起義，意是思量義，七八二識不是依根立名的。」

　　或名色識，乃至法識。隨境立名，順識義故，謂於六境，了別名識。色等五識，唯了色等。法識通能，了一切法。或能了別法，獨得法識名。故六識名，無相濫失。此後隨境立六識名，依五色根，未自在說，若得自在，諸根互用。一根發識，緣一切境。但可隨根，無相濫失。《莊嚴論》說：如來五根，一一皆於五境轉者。且依麤顯同類境說。《佛地經》說：成所作智，決擇有情，心行差別，起三業化，作四記等。若不徧緣，無此能故。然六轉識所依所緣，麤顯極成，故此不說。前隨義便，已說所依。此所緣境，義便當說。

　　然而，有許多經上，看到叫做色識、聲識、香識、味識、觸識、法識。這又是甚麼意思？這是因為：若是隨根立名，那就叫做眼識、……意識；若是隨境立名，所以叫做色識……法識。因為識是緣慮，緣慮色故，所以叫做順識。就是對於六境都有了別，所以都叫做識。

　　問：「色識了別色，所以叫做色識；那末，法識能別色、聲、香、味、觸、法的一切法，那應當都叫做法識纔對，何以不呢？」答：「因為要分開六種境界：眼見色，耳聞聲，鼻嗅香，舌嘗味，身感觸，所以意知法，只可以叫做法識，免得有混濫的過失。」

後一種說法是隨境立名,所以立色識、聲識、香識、味識、觸識、法識六個識的名字。這是約凡夫位上,五根沒有得到自在互用方面說的。若是聖人得到了自在,六根可以互用,一根發識可以緣六境,那又作樣辦法呢? 其實,還是照常隨甚麼根,得什麼名。例如隨眼根得眼識的名,若是隨耳根,當然就得耳識的名字,那裡會有相濫的過失呢?

問:"在《莊嚴論》上說:'佛的每一根只能緣到一種境。'這又是甚麼意思?"答:"這是約五種粗境和顯境而說,其實如來每一根都能夠緣到五種塵境。所以《佛地經》上說:佛的前五識轉成了'成所作事智'以後,他能夠用這智去決擇一切有情心中的行相,各各差別的不同,而生身、口、意三業不思議的教化——身能現通,口能說法,意能鑒機。還能夠作四種記別:①一向記,②分別記,③反詰記,④捨置記。這四記別也是佛的智慧,設若佛一根不能夠偏緣五境的話,那怎樣有這種功能呢?"

然而,約麤顯說,前六識它是內依六根,外緣六境的。此說凡聖都贊成,所以不說一根能緣一切境。前面不過是隨義理上的方便,所以臨時談到佛的每一根都能夠緣到一切境,不單單局住一根只能夠緣自己一種境界。上面已經說過了,六識所依的是六根,而六識所緣的六境,不過是因為義便而說說罷了。

次言了境為性相者,雙顯六識,自性行相。識以了境,為自性故;即復用彼,為行相故。由斯兼釋,所立別名,能了別境,名為識故。如契經說:眼識云何? 謂依眼根,了別諸色,廣說乃至意識云何? 謂依意根,了別諸法,彼經且說,不

共所依，未轉依位，見分所了，餘所依了，如前
已說。

現在來解釋第二性相門。前六識是以了境為它的體性，同時，也是以了境為它的行相，所以這是雙顯前六識的自性和行相。因為識是用了境為它的自性，也就用了別為它的行相，因此，就兼釋所立"識"別名。因為能了別境，就叫做識，簡別不是無知的"土木金石"。

好像佛經上這樣說："甚麼叫做眼識呢？它是依託眼根，去了別色塵，所以叫做眼識。眼識是這樣，其餘的耳識、鼻識、舌識、身識、意識都是一樣。"意識是怎樣呢？它是依託意根，了別法塵。經上說："六種識是依託各各不共的六根所依，在凡夫沒有轉識成智的時候，是見分所了別的。"至於其餘的共所依，好像前五識的分別依、染淨依、根本依，這在前面傍論三依的時候，已經說過了。

此六轉識，何性攝耶？謂善、不善、俱非性攝。俱非者，謂無記。非善不善，故名俱非。能為此世、他世順益，故名為善。人天樂果，雖於此世，能為順益，非於他世，故不名善。能為此世、他世違損，故非不善。惡趣苦果，雖於此世，能為違損，非於他世，故名不善。於善不善，益損義中，不可記別，故名無記。此六轉識，若與信等，十一相應，是善性攝。與無慚等，十法相應，不善性攝。俱不相應，無記性攝。

現在講第三門，前六識對於善、惡、無記三性中，是屬於那一

性所攝？謂：三性都有。有時是善，有時是惡，有時是俱非。怎樣是俱非？俱非就是無記。它不是善，也不是不善，所以叫做俱非。

能夠為今生以及來生，都有順的利益，所以叫做善。然而，現在得到人天的樂果，現世雖然是有快樂，對於來生，還是不知道怎樣，所以不能叫做真善。

對於現世以及後世都有損害，所以叫做不善。地獄、餓鬼、畜生三惡趣的苦果雖然現世受苦，而不是對於他世，然而還是不善。

對於善的利益和不善的損害這兩種意義，都不可以記別，所以叫做無記。

前六識設若和信、慚、愧等十一種善心所相應，那就屬於善性所攝；如果同無慚、無愧等十法（忿、恨、覆、惱、嫉、慳、害、瞋、無慚、無愧）相應，則屬於惡性所攝，其餘的十六種煩惱，或通三性。

有義：六識三性不俱。同外門轉，互相違故。五識必由意識導引，俱生同境，成善染故。若許五識，三性俱行，意識爾時應通三性，便違正理，故定不俱。《瑜伽》等說：藏識一時，與轉識相應，三性俱起者，彼依多念。如說一心，非一生滅，無相違過。

現在明六識對於善、惡、無記三性，可不可同時而起？頭一家說：「六識的三性是不可以同時俱起的，因為它們都是向外面緣境，所以三性是互相違背的。」還有一個理由，就是前五識起的時候，必定要由意識導引。前五識和第六識它們起則同時，同緣一境；善則俱善，惡則俱惡。如果贊成前五識的三性可以同時現行，那末，意識這個時候也應當通於三性，那就違理了，所以前五識的三性決定不能同時現行。

在《瑜伽師地論》上雖然說"第八識和前六識相應的三性，可以同時現起"，那是依據多念說的。好像說一心，並不是說一刹那，所以沒有相違的過失。

有義：六識三性容俱。率爾、等流、眼等五識，或多或少，容俱起故。五識與意，雖定俱生，而善性等，不必同故。前所設難，於此唐捐。故《瑜伽》說：若遇聲緣從定起者，與定相應，意識俱轉，餘耳識生，非謂彼定，相應意識，能取此聲。若不爾者，於此音聲，不領受故。不應出定，非取聲時，即便出定。領受聲已，若有希望，後時方出。在定耳識，率爾聞聲，理應非善。未轉依者，率爾墮心，定無記故。由此誠證，五俱意識，非定與五善等性同。諸處但言五俱意識，亦緣五境，不說同性。《雜集論》說：等引位中，五識無者，依多分說。若五識中，三性俱轉，意隨偏注，與彼性同。無偏注者，便無記性。故六轉識，三性容俱。得自在位，唯善性攝。佛色心等，道諦攝故。已永滅除，戲論種故。

第二家說："前六識的三性可以同起。"他說："率爾心是無記，等流心有善染。眼等五識如果五境齊現，識也多起；設若二境現前，識就少起。這樣，眼識起率爾的無記，耳識起等流善，鼻識起等流不善，這不是三性可以同起嗎？五識雖然和意識俱生，但性質倒不必相同，那你前面設的難題豈不是沒有用了嗎？

所以在《瑜伽師地論》上，有這樣的說法：設若在定的時候，一遇到了音聲，從禪定起來的話，這時候就有同定相應的意識和耳識同時現行。決不是不要耳識而定中獨頭意識就能取聲，也不是單單耳識聞聲就能夠出定，要先一遇到音聲，耳識又聞到了，而定中意識有了希望，然後纔出定。這意思就是說"聞聲的耳識是無記，出定的意識是善等流"。

因為在定的耳識它是率爾間聞聲，在理論上說起來，當然不是善識。在凡夫位沒有轉識成智的時候，耳識的率爾墮心，決定是無記。由此就可以證明，五俱意識不一定要和前五識性質相同；耳識雖是無記，而意識照常還是善性。

有許多經論中，雖說五俱意識也緣色聲等五境，但沒有說"意識一定要和前五同性質"。

問：《雜集論》上說"在等引定中是沒有前五識"，為甚麼你前面說"在定中還有耳識可以聞聲"？答：那是依多分時久，沒有前五識，若是少分時間不久，耳識照常可以聞聲。

不過話又要說迴頭，就是意識對於五識究竟偏重專注，還是不偏重專注？例如眼識偏重專注是善，而眼俱意識當然是善。如果耳識偏重專注是惡，那耳俱意識也只好是惡。設若鼻識這時是偏重專注無記，這時候的鼻俱意識也只好是無記。可見前六識是容有三性的。

上面所說的都是約未轉依凡夫位而說的，所以是通三性。設若是已經轉識成智到了佛果，得到自在位的時候，那唯是善性。佛的根是無漏色，佛的識是無漏心，都是屬於道諦所攝。因為佛已經把一切有漏的種子，統統都滅除了，無記的種子尚且都沒有了，那不善的種子更不消說，早已沒有了。

六識與幾心所相應？頌曰："此心所徧行，別境善煩惱，隨煩惱不定，皆三受相應。"論曰：此六轉識，總與六位心所相應，謂徧行等。恆依心起，與心相應，繫屬於心，故名心所。如屬我物，立我所名。心於所緣，唯取總相，心所於彼，亦取別相，助成心事，得心所名。如畫師資，作模填彩。故《瑜伽》說：識能了別事之總相，作意了此所未了相，即諸心所取所別相。觸能了此，可意等相。受能了此，攝受等相。想能了此，言說因相。思能了此，正因等相。故作意等，名心所法。此表心所，亦緣總相。餘處復說：欲亦能了可樂事相。勝解亦了決定事相。念亦能了串習事相。定慧亦了得失等相。由此於境，起善染等。諸心所法，皆於所緣兼取別相。

現在要說到六個識，要同幾個心所相應？這裡我要先打個招呼，就是唯識家平常說："前五識是同三十四個心所相應，第六識纔同五十一個心所相應。"那末，下面的說法最好把它分開一下，纔不至於儱侗。

問："六識同幾個心所相應呢？"答："頌上說：'六識的心所分為六位——①徧行有五個，②別境有五個，③善有十一個，④根本煩惱有六個，⑤隨煩惱有二十個，⑥不定有四個，一共有五十一個。'"第四句我以為要放在後面去解釋。

論上說：這六個轉識總同六位五十一個心所相應。這六位為甚麼要叫它是心所呢？它有三個定義：①恆常依託心王起，②它是同心王相應，③它們都是繫所屬於心王。有此三義，所以叫做心所。例如屬於我的物件，所以說它是“我所”有的。

問：“心王和心所的功用有甚麼地方不同呢？”答：“心王對於所緣的境界，但取它了別的總相；而心所不但是取總相，並且要兼取別相，因為它們是幫助心王的工作成功，因此，纔得到心所的名字。好像畫圖一樣，心王好像師父繪圖，心所好像徒弟填彩。填彩的心所只可以將五彩配置方位，明白界線，你切切不可以填出圖外面去，那是犯了規矩啊，可見心所切切不可離心王。”

所以在《瑜伽師地論》上說：“識的心王能夠了別事物的總相，作意的心所就是明了心王沒有完全明了之相。”這就是說，心所並且取事物的別相。觸心所它能夠了別事物的可意或不可意等相，受心所是能了別攝受等相，想心所它是了別言說的因相，思心所是了別正因還是邪因等相。所以上面這作意、觸、受、想、思都叫做心所法。這種說法就是表示心所法，不但是緣別相，並且緣總相。

還有，許多經論上說：欲心所也能夠了別可樂的事相，勝解心所它是了別決定的事相，念心所是了別一種慣習的事相，定和慧兩種心所是了別是得還是失，換一句話，就是在善惡是非上去觀察。

經過了上面的徧行和別境十種心所過細的了別之後，由此在境界上或生起十一種善心所上那一種，或是在二十六種煩惱心所中生起那一種。這許多心所都是在所緣的境上，而兼取別相。

雖諸心所，名義無異，而有六位種類差別。謂遍行有五，別境亦五，善有十一，煩惱有六，隨煩惱有二十，不定有四，如是六位，合五十一。一切心中定可得故，緣別別境而得生故，唯善心中可得生故，性是根本煩惱攝故，唯是煩惱等流性故，於善染等皆不定故。然《瑜伽論》，合六為五，煩惱隨煩惱，俱是染故。復以四一切，辯五差別：謂一切性，及地、時、俱。五中遍行具四一切；別境唯有初二一切；善唯有一，謂一切地；染四皆無；不定唯一，謂一切性。由此五位，種類差別。

雖然大家都叫做心所，然而分開來的種類，倒有六種差別，就是：遍行五個、別境五個、善十一個、根本煩惱六個、隨煩惱二十個、不定法四個。總起來有六位，分開來有五十一個。

因為五遍行，一切心中八識心王都有它們五個。五別境它們是緣各別境，而得生故。至於十一個善心所，那唯獨善心中纔有。六種根本煩惱它們的體性，就是染污法的根本所攝。二十種隨煩惱那是煩惱的等流，四種不定那是對於善和染污都不定。

不過在《瑜伽師地論》上把六位心所合為五位，就是把根本煩惱和隨煩惱合而為一位，因為它們的體性同是染污的。並且把四種一切來辯這五位差別，四一切就是一切性——善、惡、無記三性；一切地——三界九地；一切時——現在一切時；一切俱——八識心王。

遍行，是具四一切：一切心、一切性、一切地、一切時。別境，唯有兩種：一切性、一切地。善，唯有一種，即一切地。煩惱，四種皆無。不定，唯一種，即一切性。這就是五位種類的差別。

此六轉識，易脫不定，故皆容與三受相應。皆領順違，非二相故。領順境相，適悅身心，說名樂受。領違境相，逼迫身心，說名苦受。領中容境相，於身於心，非逼非悅，名不苦樂受。如是三受，或各分二。五識相應，說名身受，別依身故。意識相應，說名心受，唯依心故。又三皆通有漏無漏。苦受亦由無漏起故。或各分三：謂見所斷，修所斷，非所斷。又學、無學，非二，為三。或總分四：謂善、不善、有覆、無覆，二無記受。有義：三受容各分四。五識俱起，任運貪癡，純苦趣中，任運煩惱，不發業者，是無記故。彼皆容與苦根相應。

現在來說前六識對於三受的關係：因為前六識都是容易轉變的，所以不定。因此，三受都與其相應。不過有時候領納順境，即成樂受；有時候領納逆境，那又成苦受了；如果不是順境，又不是逆境，那就不是苦樂的中庸的捨受。

領納到順境，能夠適悅於身心，就叫做樂受；領納到違境，能夠逼迫於身心，就叫做苦受；如果是領納到中庸的境界，對於前五識的身以及第六意識的心，不是逼迫，也不是適悅，那就叫做不苦不樂的捨受了。

上面這三受或分為二受，就是身受和心受，同前五識相應的受就叫做身受，因為它是各別依託五根身的；若是同意識相應的受，那就叫做心受，因為它完全是依託心的。又，這苦受、樂受、捨受不但是通於凡夫的有漏，並且通於聖者的無漏。因為，修行的聖者也要經過一番苦行，所以苦受有的是因為修無漏道諦所生起的。

這苦、樂、捨三受或者分為兩個三種，第一，是約"斷"的方面來說：設若是分別惑相應的三受，那是屬於見道所斷；如果是俱生惑相應的三受，那是屬於修道所斷；假定不是見惑，又不是思惑，與無漏相應的三受，那當然是非所斷。第二，是約"學"位方面來說：若是斷了見惑，就是有學位；如果連思惑都斷了，那是無學位；見思二惑都沒有斷，那當然是"非學"的凡夫了。

或分為四：自樂是善，苦受是不善，不苦不樂是二種無記。或苦樂捨三受中容各有四。就是：①善心相應的三受，②不善相應的三受，③有覆無記相應的三受，④無覆無記相應的三受。

這裡有一個有覆無記通苦受的答問。問的意思就是："有覆無記也有苦受嗎？"答的意思就是："同前五識俱起的貪癡以及純苦趣中的煩惱，只要是任運而起不發業的，這二類任運而起的煩惱是屬於有覆無記，它們都是同苦根相應。"

《瑜伽論》說：若任運生一切煩惱，皆於三受現行可得。若通一切識身者，徧與一切根相應。不通一切識身者，意地一切根相應。《雜集論》說：若欲界繫，任運煩惱，發惡行者，亦是不善。所餘，皆是有覆無記。故知三受各容有四。或總分五：謂苦、樂、憂、喜、捨。三中苦樂各分二者，逼悅身心相各異故，由無分別有分別故，尤重輕微有差別

故，不苦不樂不分二者，非逼非悅相無異故，無
分別故，平等轉故。諸適悅受，五識相應，恆名
為樂。意識相應，若在欲界，初二靜慮近分，名
喜，但悅心故。若在初二靜慮根本，名樂名喜，悅
身心故。若在第三靜慮近分根本，名樂。安靜尤
重無分別故。諸逼迫受，五識相應，恆名為苦。

這是引論來證明有覆無記通苦受。在《瑜伽師地論》上這樣
說：設若是任運而生起的一切煩惱，那對於三受都可以現行。設
若通六識身都相應，那和苦樂捨三根都有關係；如果不和前五識
身相應，那只有第六意識和苦樂捨三根有關係。

還有，《雜集論》上也這樣說：若是欲界的繫縛，任運的煩惱
發惡行的話，那是屬於不善；所餘的就是欲界煩惱不發惡行的，以
及色界、無色界任運的煩惱，那都是有覆無記。由此我們就可以知
道，苦、樂、捨三受是通於善性、不善性、有覆無記性、無覆無記
性的。

或者，又分為五受：①苦受，②樂受，③憂受，④喜受，⑤
捨受。如果是三受的話，那是把苦樂二受分為二種：假使前五識
身感到逼迫或舒適的，就叫做苦樂；如果是逼悅意識身的，那就
叫做憂喜，因為身和心、逼迫和適悅，相各不同。前五識是沒有計
度分別，而意識是有計度分別的。又前五識的逼悅是輕，意識的
逼悅是重，這稍微有一點差別。至於不苦不樂，那不問身心，都
是一樣。因為它既不是逼，又不是悅，苦樂二相既然不分，所以
它是無所分別，叫做平等轉起。

如果是適悅受，它是同前五識相應的受，所以恆常叫它是樂

受。設若同第六意識相應的受，則有三種分別：若在欲界以及初禪二禪的近分，沒有到根本定的時候，都叫做喜受。如果在初禪和二禪的根本定中，那又叫做樂，又可以叫做喜。如果在第三禪，無論是近分或到了根本，那都叫做樂了。因為第三禪的安靜更深，所以不分別它是近分還是根本，都是一樣的安樂。色界每禪各三，前二名近分，第三名根本。

上面講的是適悅受，現在來講逼迫受。設若是同前五識相應的受，那恆常都叫做苦；因為前五識沒有計度分別的原故，所以不叫做憂。

> 意識俱者，有義：唯憂。逼迫心故。諸聖教說：意地慼受，名憂根故。《瑜伽論》說：生地獄中，諸有情類，異熟無間，有異熟生，苦憂相續。又說地獄尋伺憂俱，一分鬼趣，傍生亦爾。故知意地，尤重感受，尚名為憂。況餘輕者？有義：通二。人天中者，恆名為憂，非尤重故。傍生鬼界，名憂名苦。雜受純受，有輕重故。捺落迦中，唯名為苦，純受尤重，無分別故。《瑜伽論》說：若任運生一切煩惱，皆於三受現行可得，廣說如前。

如果是同第六意識同起的受，那有兩家說法不同。頭一家說：「是屬於憂受，因為它是逼迫於心的。」在經論上都是說：「意地的煩惱都是憂根。」《瑜伽師地論》上也說：「生在地獄裏面的有情，他們所感的異熟果報身，是沒有間斷的，並且也有前六識的異熟生。前五識所感受到逼迫是叫做苦，第六意識所感到的逼迫就叫做憂；一刻也沒有給他們休息，所以叫做相續。」論上又說：「地獄裏面的有情和意識相應的尋伺，那都是同憂根同起。不但地獄的有情意地逼迫是屬於憂根，就是有一部分的鬼趣和傍生，他們意地的逼迫也是憂根，所以說亦爾。」

因此，我們就知道，意地深重的煩惱尚且叫做憂，何況其餘的諸趣，輕微的逼迫怎能不叫做憂受呢？

第一家說意地的逼迫叫做憂受，第二家說通二——苦受和憂受都有。設若是在人間和天上的有情，意地的逼迫那恆常都叫做憂，因為人天的逼迫比較四惡的逼迫，要輕微一些，沒有他們那樣厲害。傍生和鬼趣的逼迫在五識叫做苦，在意識叫做憂。因為傍生和鬼趣有一類是雜受，苦較輕一點；還有一類是純受，所以苦當然重一點。因為有輕重的原故，輕者名憂，重者名苦。至於地獄裏面的有情，那純粹深重的逼迫，所以完全叫做苦受。梵語捺落迦，華言叫做苦器，就是在生作惡的人，死後就要去刀山、劍樹、爐湯、爐炭等一切器界裏受苦。既然是純受苦的地方，那裏還要分別甚麼身受和心受呢？

所以在《瑜伽師地論》上說：「設若是任運所生的一切煩惱，那都可以和三受相應。」這可以證明和意識同時起的逼迫，是通於苦受，這在前面已經說過。

又說俱生薩迦耶見，唯無記性。彼邊執見，應知亦爾。此俱苦受，非憂根攝。論說：憂根非無記故。又瑜伽說：地獄諸根，餘三現行，定不成就。純苦鬼界，傍生亦爾。餘三定是樂喜憂根，以彼必成，現行捨故。

《瑜伽師地論》說：「薩迦耶的我見及斷常兩種邊見，都是有覆無記性所攝，這二見相應的苦受當然是苦根，而不是憂根所攝。"彼論上有說："憂根不是無記性。"

《瑜伽師地論》又說："地獄裏面的眾生，在二十二根之中其餘的三根——樂根、喜根、憂根，在地獄中決定是不會現行的。"地獄的有情是這樣，而純苦的鬼界和傍生也是沒有"樂、喜、憂"三根的現行，只有"苦受"罷了。

餘三，決定指的是"樂、喜、憂"三根，現行是沒有的。地獄裏面沒有樂根，這不必說也是知道的。至於七和八就有兩家諍論了，第一家說"第七是意根，第八是憂根"，而第二家說"第七是苦根，第八是捨根"，他的理由就是：地獄裏的現行必定是捨根。

　　豈不容捨，彼定不成。寧知彼文，唯說容受？應不說彼定成意根，彼六容識有時無故。不應彼論，唯說容受。通說諸根，無異因故。又若彼論依容受說，如何說彼定成八根？若謂五識，不相續故，定說憂根為第八者。死生悶絕，寧有憂根？有執苦根為第八者，亦同此破。設執一形，為第八者，理亦不然，形不定故。彼惡業招，容無形故。彼由惡業，令五根門恆受苦故，定成眼等。必有一形，於彼何用？非於無間大地獄中，可有希求淫慾事故。由斯第八定是捨根。第七八識，捨相應故。如極樂地，意悅中樂，無有喜根。故極苦處，意迫名苦，無有憂根。故餘三言，定憂喜樂，餘處說彼有等流樂，應知彼依隨轉理說。或彼通說：餘雜受處，無異熟樂，名純苦故。

這裡要先明白兩家的諍點：第一家既然是以意憂二根為七八，第二家是以苦捨二根為七八。以各說的理由不同，所以互為爭難了。

初師難捨根，立意根為第七。他說："地獄的有情完全是不可意境，那裡容許有捨受呢？並且論上說'餘三不成就'，你怎樣知道不是捨受不成就，而一定說樂、喜、憂不成就呢？"所以初家要去了捨根，而建立憂根。論上說八根現行，你怎樣又知道一定是捨根呢？又若贊成第七是苦根，那憂根又不能成立。所以去了苦根和捨根，而立意根為第七，憂根為第八。

第二家破意根立捨根為第八。意根，是總意根，它是依託現行八個識上而立名。前六識在五種無心位中既然沒有，可見意根就不能成就；意根既然不能成就，那第七還是苦根；第七既是苦根，那第八當然是捨根而不是憂根了。

第一家說："許捨根為第七，立憂根為第八。"他又說："論上說八種現行，究竟沒有指出捨受現行，它是通說八根，沒有特別的因由，就有捨根在內啊。縱然彼論上指的是捨根，那到第七就為止，而第八還是憂根。因為地獄中的有情，前五識既然間斷，那裡有苦根？沒有苦根，那第八還不是憂根嗎？"

但第二家不承認，故他仍破憂根為第八，立苦根為第七。他說："設若你說：'前五識是有間斷的，所以沒有苦根，來立憂根為第八。'那我倒要請問你：'死時和生時都是悶絕時，這時候那裡有憂根呢？既然沒有憂根，那第七還是苦根，而第八不照常是捨根嗎？'"我們看看古來人為學的精進，為了這一個"根"字，而反復駁難，真是佩服極了。

還有一種人，他執著喜根為第八，那照前面所說的一樣破法。設若還有一種人，執著男根或女根一種形根為第八，那更不對。因為地獄中不一定有男女的形相；他們既是惡業所招感，也許已沒有男女的形相了。他們這班人都是由於惡業所招感，所以使五根，眼所見的色、耳所聞的聲，都是苦境，所以有五根就夠了。若一定要說有男根或女根，試問有甚麼用處？是不是在無間大地獄裏面，還希求淫慾的事情嗎？

由上面這許多道理，可以知道第八決定是捨根，因為第七識和第八識都是同捨受相應。好像第三禪的極樂地一樣，他們雖然沒有前五識，然而第六意識的適悅也可以叫做樂受的，因為他們沒有喜根了。因此，極苦處、地獄、鬼趣、傍生、意地的逼迫，可以叫做苦受，不是憂受了。所以餘三者不成就，是指的"憂、喜、樂"三根。

至於其餘的經論上有時說"地獄中也有等流樂"，應當知道，這種說法是隨順彼說而轉變自己的道理，或者是通說："其餘的雜受處，好像畜生中也得到一點飲食，熱地獄中也有一些涼風，寒地獄中也有一些溫煖，這一種叫做等流樂。"現在是說純苦的地獄，那裡有異熟的快樂呢？所以叫做純苦。

> 然諸聖教，意地感受，名憂根者，依多分說。或隨轉門，無相違過。《瑜伽論》說：生地獄中諸有情類，異熟無間有異熟生，苦憂相續。又說地獄尋伺憂俱，一分鬼趣，傍生亦爾者，亦依隨轉門。又彼苦根，意識俱者，是餘憂類，假說為憂。或彼

苦根，損身心故，雖苦根攝，而亦名憂。如近分喜，益身心故。雖是喜根，而亦名樂。《顯揚論》等，具顯此義。然未至地，定無樂根。說彼唯有十一根故。由此應知，意地感受，純受苦處，亦苦根攝，此等聖教，差別多門。恐文增廣，故不繁述。

然而有許多經論上又說："意識上苦受，也叫做憂根。"這是依據天、人、修羅、鬼、畜多分方面說憂；唯有惡趣裏面，纔有純苦的一分。或者是隨順外人，轉變自己的教理來說的是憂根，那也不會相違的。

《瑜伽師地論》說："生在地獄中的有情，受異熟果報苦是無間斷的。前六識是異熟生的果執，五識是苦受，意識是憂受，苦和憂在地獄中是沒有片刻停止的。"又說："地獄中的有情也有和意識相應的尋伺同起的憂，不但地獄中的有情是這樣，也有一部分的鬼趣以及傍生，也是這樣。"這都依據隨順外人，轉變自己的教理來說的。

就是和意識同起的苦根，或是餘趣憂根的同類，那是假說為憂根的；或是損害身心的，雖是苦根，也可以叫做憂根。好像沒有達到初禪和二禪根本定的時候，叫做近分定；他們的身心都是很快樂的，雖然是喜根，然而還是叫做樂根，這在《顯揚聖教論》上說得很詳細的。然而，未至根本禪的時候，雖然叫做樂受，然而沒有樂根。他說："未至定，只有眼、耳、鼻、舌、身、意、命、苦、憂、喜、捨這十一根，那裡有樂根在內呢？"

由此，我們就知道，意識中的苦受純受苦處，也是苦根所攝，而不是憂根。經論中關於它們的道理說得很多，我恐怕把論文增多起來，所以不要再說了。

有義：六識三受不俱。皆外門轉，互相違故。五俱意識，同五所緣。五三受俱，意亦應爾。便違正理，故必不俱。《瑜伽》等說：藏識一時，與轉識相應，三受俱起者，彼依多念。如說一心，非一生滅，無相違過。有義：六識三受容俱。順違中境，容俱受故。意不定與五受同故。於偏注境，起一受故。無偏注者，便起捨故。由斯六識，三受容俱。得自在位，唯樂喜捨，諸佛已斷，憂苦事故。

現在討論到六識與三受俱不俱的問題了。此有兩家說法的不同，頭一家說：「六識都是向外門轉的，他們是互相違背的，就是五俱意識和五識同緣的時候，五個識如果容許有苦、樂、捨三受，那意識也應當有三受。試想想看：一念中有苦、樂、捨三受，合乎正理嗎？所以三受不能夠同時而有。《瑜伽師地論》上雖然說『藏識一時同前七識相應的三受同起』，那是依多念說的，並不是說一念中有三受。好像說一心，並不是一心就是一生滅，多生滅也可以叫做一心。所以《瑜伽師地論》上說的，和這裡說意識不同時俱有三受的道理，是不會相違的。」

第二家說：「六個識的三受可以同時俱起；或是順境，或是違境，或是中容境，可以俱受。然而意識倒不一定和五識的三受相同，若是專心一志注意一種境界，那當然起一種受；設若沒有偏注這種境界，那當然是捨受。因為這種道理，六識對於三受是可以同起。」

這還是約未得自在位說的，若是得到了自在位，那只有樂、喜、捨三受，因為諸佛是已經斷了憂和苦的事了。

前所略標六位心所。今應廣顯彼差別相。且初二位，其相云何？頌曰："初徧行觸等，次別境謂欲、勝解、念、定、慧，所緣事不同。"論曰：六位中初徧行心所，即觸等五，如前廣說。此徧行相，云何應知？由教及理，為定量故。此中教者，如契經言：眼色為緣，生於眼識。三和合觸，與觸俱生，有受想思，乃至廣說。由斯觸等，四是徧行。又契經說：若根不壞，境界現前，作意正起，方能生識。餘經復言：若復於此作意，即於此了別。若於此了別，即於此作意。是故此二，恆共和合，乃至廣說。由此作意，亦是徧行。此等聖教，誠證非一。理謂識起，必有三和。彼定生觸，必由觸有。若無觸者，心心所法，應不和合觸一境故。作意引心，令趣自境。此若無者，心應無故。受能領納順違中境，令心等起歡感捨相。無心起時，無隨一故。想能安立，自境分齊。若心起時，無此想者，應不能取境分齊相。思令心取正因等相，造作善等。無心起位，無此隨一，故必有思。由此證知，觸等五法，心起必有，故是徧行。餘非徧行，義至當說。

前面已經把六位心所略略的標出來了，現在把六位心所的差別相再來詳細的說明一下。在六位心所之中先來講講頭一位和第二位的義相。

先舉出世親菩薩的本頌來說：第一位叫做徧行，此有五個，就是：①觸，②作意，③受，④想，⑤思。第二位叫做別境，此也有五個，就是：①欲，②勝解，③念，④定，⑤慧。這五個為甚麼叫它們是別境呢？因為這五個心所各各所緣的境事不同，所以得名為別境了。

現在來說，這六位心所中第一位徧行心所，就是觸、作意、受、想、思。這五個心所的意義在前面第八識中已經講過了，但這五個徧行的義相又怎樣知道呢？這由教及理可以做定量來決定的。

這裡所指的教，好像經上說："眼根是增上緣，色塵為所緣緣；有了這兩種助緣，所以中間就生起了眼識。由這眼根、色塵、眼識三法和合的緣故，所以又生起觸來，和觸同起的又有受、想、思。"這在經上說得很詳細，因此就可以知道，觸、受、想、思這四種心所是屬於徧行的。

經上又說："設若眼根沒有壞，境界又現前，並且'作意'也正生起的時候，然後纔能夠生識。"這在其餘的經上也說："若是在這件事上有了作意，那就在這件事上會有了別；設若在這件事上有了了別，那在這件事上一定是有了作意，所以了別和作意這兩件事是恆常共同和合的。"關於這個道理，在經上說得很詳細。因此，作意心所也是徧行五個裏面的一個。證明有徧行五個心所，並不是一部經，而且許多經論上都有這種說法。

前面所引的是教，現在來說理：我們知道，凡是識起的時候，必定有"根、境、識"三法和合，纔可以生觸。換句話說，必定要有觸，然後纔有識的生起；設若沒有觸的話，那心王和心所也就不會和合了。作意的功用，它能夠引心王趣向自己所緣的境界上去；設若沒有作意的話，那心也就不會向前取境了。受心所的功用就是領納順心的境界或違心的境界以及中容的境界；受的作用真大，它能夠使令心王和心所有時候生歡喜，有時候生煩惱，也有時候平平淡淡的過日子，雖沒有心念生起，但在苦、樂、捨的三受中總不能夠完全的離開，還是有一捨受與其相應的。想的功用，它能夠安立了一種境界的模形；設若心起的時候，如果沒有這個想心所，那就應該不會取境界的模形。思的功用，它是取正因或邪因的兩種行為，即去作善和作惡的事業。沒有心念生起的時候，在苦樂捨三受之中不去做一種工作；若有心起，做這種工作的主使人是那一位？就是思心所啊。

因此，可以知道，上面這觸等五個心所法，只要是心一動的時候，就有它們五個心所來幫忙，所以這五個心所纔名符其實的可以稱徧行哩。這意義到後面會說出它的所以然。

次別境者：謂欲至慧。所緣境事，多分不同。於六位中，次初說故。云何為欲？於所樂境，希望為性，勤依為業。有義：所樂，謂可欣境，於可欣事，欲見聞等，有希望故。於可厭事，希彼不合，望彼別離，豈非有欲？此但求彼不合離時，可欣自體，非可厭事。故於可厭及中容境，一向無欲。緣可欣事，若不希望，亦無欲起。有義：所樂，謂所求境。於可欣厭，求合離等，有希望故。於中容境，一向無欲。緣欣厭事，若不希求，亦無欲起。有義：所樂，謂欲觀境，於一切事，欲觀察者，有希望故。若不欲觀，隨因境勢，任運緣者，即全無欲，由斯理趣，欲非偏行。有說：要由希望境力，諸心心所，方取所緣。故經說欲為諸法本。彼說不然。心等取境，由作意故。諸聖教說：作意現前能生識故。曾無處說，由欲能生，心心所故。如說諸法，愛為根本，豈心心所，皆由愛生？故說欲為諸法本者，說欲所起一切事業。或說善欲，能發正勤。由彼助成一切善事，故論說此勤依為業。

前面是講偏行，現在來說別境。何為別境五呢？就是欲、勝解、念、定、慧。因為它們這五個心所所緣的境事，多部分的工作是不同，所以叫別境。

甚麼叫做欲呢？就是對於自己所好樂的境界，它的體性是希望，它的業用是給精進所依託，就是一個人要有高尚的希望，然後纔會發起精進心。關於此，有三家的解釋不同。

第一家說："所樂的定義，是說可欣的境界。因為對於很歡喜的事，纔想去見，去聞，這就是心裏面的希望——欲——的驅使。"問：對於討厭的事，希望它不要合，很想它離開去，豈不是也有欲嗎？答：這不過希望它不要合，而要離，然而可欣事的自體它究竟不是可厭的東西。

因此，對於可厭的事以及非苦非樂的事，那是不會有欲。老實說，就是看見到好玩的事，心裏不想去看，還是照常沒有欲心所。

第二家說："所樂的定義就是對於境界上有所求：不但對於快樂的事情生起欲合的希望，就是對於苦惱的事情也有欲離的希望，只有對於不苦不樂的事它纔沒有合離的慾望，那纔可以叫它是無欲。老實說，就是見到好的事，心裏不想要合；見到壞的事，心裏也不想要離，那還是沒有欲心所的。"

第三家說："所樂的定義就是欲觀境，意思就是說：不問它是好的壞的，只要它是對於一切事物上，心裏面要想去觀察，有了一種希望，那一定有欲。設若不要去觀察，隨順境界的勢力任運去緣的話，那是沒有欲的。由這一種道理，所以欲不能叫做徧行。"

還有異解的說法："要由希望境界的勢力，心王心所纔去取所緣的境界；所以經上說：'欲是一切法的根本。'"這種說法那裡對呢？心王和心所去取境界，那是因為作意的原故。在經論裏面說"作意如果現前了，那就能夠引生識起來"，向來沒有看見說"是由欲心所纔能夠生起心王心所起來"。一切法都是以愛為根本，難道一切的心王心所都是由愛所生的嗎？

至於說"欲是一切法的根本"，那是說"由欲所起的一切事業，或是說善欲能夠發起正勤"；有了善欲，能夠助成一切的善事，所以論上說："欲的業用是給勤來所依託。"

云何勝解？於決定境，印持為性，不可引轉為業。謂邪正等教理證力，於所取境，審決印持。由此異緣不能引轉。故猶豫境，勝解全無。非審決心，亦無勝解。由斯勝解，非徧行攝。有說心等取自境時，無拘礙故，皆有勝解。彼說非理。所以者何？能不礙者，即諸法故。所不礙者，即心等故。勝發起者，根作意故。若由此故，彼勝發起。此應復待餘，便有無窮失。

勝解是甚麼意義？就是對於決定的境界，能夠印持為它的體性，不可以引轉，就是它的業用。意思就是說，由邪或正的言教、道理、自證的力量，對於所取的境界上去審慮，決擇，印證執持。由此，就是有了差別的因緣，也不能夠引動轉移他的志願。因此，可以知道，如果是猶豫不決的境界，那完全是沒有勝解的，就是沒有審慮和決擇的心，也是沒有勝解。由此就可以明白，勝解不是徧行所攝。

另外還有一種說法：心王和心所取自己所緣境界的時候，不被所緣的所拘礙，這就是因為有了勝解的力量。

這種說法對不對呢？當然是不對。甚麼原因呢？因為能不礙的，就是所緣的一切法；所不礙的，就是能緣的一切心。說到能夠發起殊勝的增上緣，那是根和作意的功用。設若由此，就說因勝解力，根和作意方能夠作勝緣發起心王心所能緣的功用，那也是不對。假定心王心所是由勝解的緣，而勝解也要由其他的緣，這樣一往上面推去，豈不是會犯無窮的過失嗎？

云何為念？於曾習境，令心明記，不忘為性，定依為業。謂數憶持，曾所受境，令不忘失，能引定故。於曾未受體類境中，全不起念。設曾所受，不能明記，念亦不生。故念必非徧行所攝。有說：心起，必與念俱，能為後時憶念因故。彼說非理。勿於後時，有癡信等。前亦有故，前心心所，或想勢力，足為後時，憶念因故。

甚麼叫做念呢？就是對於曾經學習過的境界，能夠使令心中分明記憶。這明記不忘便是它的體性，為定所依託的就是念的業用。因為能夠常常去憶持曾經所受過的境界，使令他不會忘記遺失，所以久久就能夠引生禪定。對於向來沒有受過的境界，那當然不會生起憶念；設若曾經所受過的境界，如果不能夠分明記憶，念還是生不起來，所以念心所必定不是徧行心所所攝。

還有一種人說：「凡是心起的時候，必定和念心所同起，能做後時憶念的因。」這種說法是不對的，因為不可以說後時有癡和有信，就說前面也有；前時的心王心所或者是想的勢力，就能夠做後時憶念的因啊。

> 云何為定？於所觀境，令心專注，不散為性；智依為業。謂觀得失俱非境中，由定令心專注不散，依斯便有決擇智生。心專注言，顯所欲住，即便能住，非唯一境。不爾，見道歷觀諸諦，前後境別，應無等持。若不繫心，專注境位，便無定起，故非徧行。有說：爾時亦有定起，但相微隱。應說誠言。若定能令心等和合，同趣一境，故是徧行，理亦不然。是觸用故。若謂此定，令剎那頃，心不易緣，故徧行攝，亦不應理。一剎那心，自於所緣，無易義故。若言由定，心取所緣，故徧行攝。彼亦非理，作意令心取所緣故。有說此定，體即是心。經說為心學，心一境性故。彼非誠證。依定攝心，令心一境，說彼言故。根、力、覺支、道支等攝。如念慧等，非即心故。

怎樣叫做定呢？對於所觀察的境界，使令我們能緣的心，能夠專心注意不散，做它的體性。定的業用就是給智所依託的，就是說，定能夠觀察好的壞的或中容的。在這種境界上，由定纔能夠令心專注而不會散亂，依託於定，纔有決斷和揀擇的智慧生起來。

心專注這一句話，就是顯示他的心要安住那一種境界上，就可以安住在那裏。並不是從朝至暮連食飯睡覺走路說話都不知，糊裡糊塗只有緣一種境界，那就錯了。不然的話，那在見道用功的時候，來觀察四諦十六心的行相，前後境界的各別，應當就沒有定力。設若不是繫心專注在一個境界上，那就沒有定起，所以定不是徧行所攝。

有人說：“不繫心專注在一種境界上，也有定起，不過定的相狀微隱而不明顯罷了，並不是完全沒有定。”

你應當說真實話罷！設若你說“定能夠令心王心所和合，同趣向一種境界，可以叫做徧行”，這理由也是不對，因為那是觸的功用。設若你又說“這個定能令一刹那頃，心不至於變易而緣，所以定也是屬於徧行所攝”，那也更不應理。因為一刹那心對於自己所緣的境界上，它本來就沒有變易的意義。設若又說“由定，心纔能夠取所緣的境界，所以是徧行所攝”，那也不對。因為那是作意的功用，它能夠令心去取所緣的境界。

還有一種人說：“定的體就是心，佛經上說‘定學就是心學’，同時又說‘定是心一境性’。”你拿這種說法來證明定就是心，是不可能的。因為是依託定的力量，來收攝心的，所以說“令心能夠專注一境”，纔說這樣的話。

五根中有定根，五力中有定力，七覺支中有定覺支，八正道中有正定，所以定離開心王有體的，好像念心所和慧心所一樣。可見定是定，不可以說定就是心。

　　云何為慧？於所觀境，簡擇為性，斷疑為業。謂觀得失俱非境中，由慧推求，得決定故。於非觀境，愚昧心中，無簡擇故，非徧行攝。有說：爾時，亦有慧起，但相微隱，天受寧知？對法說為大地法故。諸部對法，展轉相違，汝等如何執為定量？唯觸等五，經說徧行。說十非經，不應固執。然欲等五，非觸等故，定非徧行，如信貪等。有義：此五，定互相資。隨一起時，必有餘四。有義：不定。《瑜伽》說此，四一切中，無後二故。又說此五，緣四境生，所緣能緣，非定俱故。應說此五，或時起一，謂於所樂，唯起希望；或於決定，唯起印解；或於曾習，唯起憶念；或於所觀，唯起專注。謂愚昧類，為止散心，雖專注所緣，而不能簡擇。世共知彼有定無慧。彼加行位，少有聞思。故說等持，緣所觀境；或依多分，故說是言，如戲忘天，專注一境，起貪瞋等，有定無慧。諸如是等，其類實繁；或於所觀，唯起簡擇，謂不專注，馳散推求。

甚麼叫做慧呢？就是在所觀察的境界上，能夠揀擇為它的體性，斷疑是它的業用。就是說，能夠觀察善的或不善的以及中容的境界上，都是由慧心所去推求，纔可以決定。如果它沒有觀察的境界，或者愚迷暗昧的心中，那是沒有揀擇，所以慧心所不在徧行裏面所攝。

有一種人說："在非觀境及愚昧心中也有慧心所生起，不過它的行相微細罷了。好像一個大缽放了一粒小微塵一樣，怎樣看得見？然而不能夠說它沒有，不過是不知道罷了。在小乘的《俱舍論》上，說慧心所是屬於十個大地法之一。"

唯識家說："你們拿小乘的教理來證明，要知道小乘的各派，他們自己就互相破斥，汝為甚麼還拿它來做依據呢？經中唯說觸、作意、受、想、思這五個心所，是屬於徧行的；若說欲、勝解、念、定、慧五個也屬徧行的話，經上沒有說過，所以不應當固執著說'連這五個也是徧行'。所以欲、勝解、念、定、慧五個決定和觸、作意、受、想、思五個不同，不是屬於徧行所攝。好像貪等煩惱和信等善法一樣，都不是徧行所攝。"

有一家又作這樣說："欲、勝解、念、定、慧這五個心所，它們是決定互相資助的。五個之中隨便那一個生起，必定有其餘的四個來幫助。"

第二家不贊成這種說法，他說："不定同起。因為在《瑜伽師地論》上說：'這五個心所在四一切（①一切性，②一切地，③一切時，④一切心）中，沒有後面兩個——一切時和一切心，所以第八識沒有這五個心所。又說："這五個是緣四種境：欲是緣所樂境，勝解是緣決定境，念是緣曾習境，定和慧是緣所觀境，所以所緣的境和能緣的行相都不是同起的。"

既然不是同起，那應當說這五個之中，有時候只起一個：對於所樂境上，但起希望。或者在決定境上生起印解，或者在曾習境上生起憶念，或者在所觀境上但起專注。就是說，一種愚昧之人，他們是因為要止息散心，雖然是專注所緣，然而不能夠揀擇，這是世人大家所共知的，這就是因為有定而無慧。或者因為在加行的時候，也有一點點聞慧和思慧，因此，也說定心所也緣所觀察的境界。或者依據多分說定慧俱有，而少分說有定無慧；好像欲界天中有一種天人，專門是遊戲快樂而忘失了正念，生起貪瞋等煩惱，也說他們是有定無慧。像這一類的事實很多很多，舉也舉不了。或者在所觀境上，但起揀擇；它不專注一境，所以馳散去推求，這就是有慧無定。

或時起二：謂於所樂，決定境中，起欲勝解。或於所樂，曾習境中，起欲及念。如是乃至於所觀境，起定及慧，合有十二。或時起三：謂於所樂、決定、曾習，起欲、解、念。如是乃至於曾習、所觀、起念、定、慧，合有十三。或時起四：謂於所樂、決定、曾習、所觀境中，起前四種。如是乃至於定、曾習、所觀境中，起後四種，合有五四。或時起五，謂於所樂，決定，曾習，所觀境中，俱起五種。如是於四，起欲等五。總別合有三十一句。或有心位，五皆不起，如非四境，率爾墮心，及藏識俱，此類非一。

上面這種說法，一種是簡單：或時起一，或時起二，或時起三，或時起四，或時起五。有智慧的人不必詳細開演，他能夠比類而知了。若是不怕麻煩的話，起一種當然是五次，起二種有十次，起三種有十次，起四種有五次，五種同起只有一次。現在我們可以用符號來做代表：欲、勝解、念、定、慧就用一二三四五做代表。起一已經講過了有五次。起二就是：①一二，②一三，③一四，④一五，⑤二三，⑥二四，⑦二五，⑧三四，⑨三五，⑩四五，一共豈不是十次嗎？起三就是：①一二三，②一二四，③一二五，④一三四，⑤一三五，⑥一四五，⑦二三四，⑧二三五，⑨二四五，⑩三四五。起三也是十次。起四就是：①一二三四，②一二三五，③一二四五，④一三四五，⑤二三四五，這不是五個四嗎？起五只有一次。現在總合起來起：起一有五次，起二有十次，起三有十次，起四有五次，起五有一次，所以連總及別，一共有三十一次。這演算法最好寫在黑板上面，一看便知。

或者，就是在有心位時，如果是非所樂境、非決定境、非曾習境，那欲、勝解、念、定、慧五個心所當然是不起。好像非四境，以率爾墮心，並藏識相應，在這幾種之中，這欲等五個心所都是不起。這一類說法很多很多，說也說不盡。

第七八識，此別境五，隨位有無，如前已說。第六意識，諸位容俱。依轉未轉，皆不遮故。有義：五識，此五皆無。緣已得境，無希望故。不能審決，無印持故。恆取新境，無追憶故。自性散動，無專注故。不能推度，無簡擇故。有義：五識，容有此五。雖無於境增上希望，而有微劣樂境義故。於境雖無增上審決，而有微劣印境義故。雖無明記曾習境體，而有微劣念境類故。雖不作意繫念一境，而有微劣專注義故。遮等引故，說性散動。非遮等持，故容有定。雖於所緣不能推度，而有微劣簡擇義故。由此聖教說眼耳通，是眼耳識相應智性。餘三準此，有慧無失。未自在位，此五或

無。得自在時，此五定有。樂觀諸境，欲無減故。印
境勝解，常無減故。憶習曾受，念無減故。又佛
五識緣三世故。如來無有不定心故。五識皆有作
事智故。

第七識和第八識這五種別境隨位或有或無，在前面已經說過
了。若是第六意識，那無論是有漏位或無漏位，都是有它們五個，因
為轉依或未轉依都是不遮的。在凡夫位第七識只慧心所一個，而
第八識是完全有沒；若是到了聖人位，那七八二識五個別境統統
都有了。

說到前五識，又有兩家不同。頭一家說："五識完全沒有五個
別境。甚麼原因呢？因為前五識它們是緣已得的境界，所以沒有
希望。它們又不能夠審決，所以沒有印持。五識是恆取新境，所
以沒有追憶。五識的自性是散動，所以沒有專注。五識的行相當
然不能推度，那裡有揀擇的慧心所呢？"

第二家說："前五識也容許有五種別境。它們對於所緣的境
上，雖然沒有增上的希望，然而也有微少的樂境。雖然是沒有增
上的審決，然而還有微劣的印境義。雖然是沒有明記曾習的境
體，然而也有微劣的念境類。雖然是不作意繫念一境，然而也有
微劣專注的意義。經論上雖然說'前五識沒有引生功德的等引
定'，然而沒有說連等持的心所也沒有，可見還是有定心所。前五
識對於所緣的境界，雖然是沒有推度，然而也有一點微劣的揀
擇。因此，所以經論上說：'天眼通和天耳通，就是和眼識耳識相
應的智。'眼、耳二識既然有智，那鼻、舌、身三識也是一樣。所以
說，前五識有慧心所，是沒有過失。"

在有漏位沒有轉依的時候，說前五識沒有這個別境或者是可以。如果在無漏位的時候，已經轉依了，得到了自在時，那這五個別境決定是有。因為前五識也有好觀諸境，所以是欲無減。因為它們也能夠印持境界，所以勝解也是恆常無減。因為能夠憶習曾受的境界，所以念無減。還有，佛的前五識能夠緣到過去、現在、未來的三世法，所以如來沒有不定心。佛的五識都轉成了成所作事智，那當然是有慧心所。並且佛的五識相應的別境心所，是最極增上的明利，不是和一般人那樣的微劣，這一層更要知道。

　　此別境五，何受相應？有義欲三，除憂苦受，以彼二境，非所樂故。餘四，通四，唯除苦受，以審決定，五識無故。有義一切，五受相應。論說憂根，於無上法，思慕愁慼，求欲證故。純受苦處，希求解脫，意有苦根，前已說故。論說貪愛，憂苦相應。此貪愛俱，必有欲故。苦根既有，意識相應，審決等四，苦俱何咎？又五識俱，亦有微細印境等四，義如前說。由斯欲等，五識相應。此五復依性界學等，諸門分別，如理應思。

現在要說到：“這五個別境和五受有甚麼關係？”這有兩家說法不同，頭一家說：“欲心所有樂、喜、捨三受，沒有憂受和苦受，因為憂苦二境不是所樂的，所以沒有欲。其餘的勝解、念、定、慧這四種通於四受，只除了苦受，因為審察和決定前五識沒有。”

第二家說：“五別境和五受通通都是相應的。論上說：‘欲心所也有憂受。因為對於無上的大法去思慕愁慼，希望得證的原故。欲心所也有苦受，因為純受苦的處所，好像在地獄、餓鬼、畜生的苦痛，他們也希望解脫，怎樣沒有欲呢？'意識有苦受，在前面已經說過了。論上面又說：'欲，必定有貪愛，有貪愛必定有憂苦相應；既然和貪愛有關係，那必定有欲心所。'前面說過，苦受既然和意識相應，那末，勝解、念、定、慧這四種和苦受同時，有甚麼過咎呢？還有，前五識和勝解、念、定、慧的四心所，也有微細的關係，這在前面不是說過了嗎？因為這個道理，所以五種別境和五識都有關係。"

那末，這別境五個心所和三性、三界、三學有沒有關係呢？從上面的道理想想也就可以知道了。因為這五個別境心所在四一切之中，它是有前面兩個一切——一切性和一切地，可見它們是和性界有關係。並且第六識無論是轉依位和依未轉依位，也都有它們；可見五別境與有學的初二三果和無學的四果以及非學的凡夫，都有關係了。

成唯識論講話（卷六）

已說徧行、別境二位。善位心所，其相云何？頌曰：“善謂信慚愧，無貪等三根，勤安不放逸，行捨及不害。”論曰：唯善心俱，名善心所。謂信慚等，定有十一。云何為信？於實德能，深忍樂欲，心淨為性。對治不信，樂善為業。然信差別，略有三種：一信實有，謂於諸法實事理中，深信忍故。二信有德，謂於三寶真淨德中，深信樂故。三信有能，謂於一切世出世善，深信有力，能得能成，起希望故。由斯對治不信彼心。愛樂證修世出世善。

徧行和別境二位前面已經說過了，現在來說善位中的心所。頌上面這樣說：①信，②慚，③愧，④無貪，⑤無瞋，⑥無癡，⑦精進，⑧輕安，⑨不放逸，⑩行捨，⑪不害。

論上說：“為甚麼要叫它們是善心所呢？因為它們唯有和善心同起，所以叫做善心所。”這與善心相應的心所共有十一個，前面已將它們的數目標舉出來了，下面各別解釋它們的意義。

怎樣叫做信呢？就是對於實事和實理以及功德和能力，能夠有很深的忍可和樂欲。令心清淨，就是它的體性；能夠對治不信的病，歡喜善法，就是它的業用。

然而信的差別簡略的分開來有三種：第一種是信有實在的實，就是說，對於一切諸法的實事和實理，能夠深信和忍可。第二是信有實在的德，就是說，對於佛法僧三寶真淨的功德有一種深信的好樂。第三種是信有真實的能，就是說，對於一切世間的善法及出世的善法，能夠深信它有力，可以得到，也可以成就，所以生起一種希望。因此，就可以對治不信的心，能夠好樂修證世間的善法和出世間的善法了。

忍謂勝解，此即信因；樂欲謂欲，即是信果。確陳此信，自相是何？豈不適言，心淨為性？此猶未了，彼心淨言。若淨即心，應非心所；若令心淨，慚等何別？心俱淨法，為難亦然。此性澄清，能淨心等。以心勝故，立心淨名。如水清珠，能清濁水。慚等雖善，非淨為相。此淨為相，無濫彼失。又諸染法，各別有相。唯有不信，自相渾濁，復能渾濁餘心心所。如極穢物，自穢穢他。信正翻彼，故淨為相。有說信者，愛樂為相。應通三性，體應即欲。又應苦集，非信所緣。有執信者，隨順為相。應通三性，即勝解欲。若印順者，即勝解故。若樂順者，即是欲故。離彼二體，無順相故。由此應知心淨是信。

前面說信，就是對於實德能上有一種深忍樂欲。那末，倒要請問："忍是甚麼意義？"忍就是忍可，也就是勝解。勝解就是信的因，如果沒有殊勝的見解，那裡會生起信仰來呢？可見勝解是信的因。樂欲就是欲心所，那是信的果；因為有了信，纔會有希望，可見希望是信的結果。那末，再告訴我們："信的自相是甚麼呢？""豈不是方纔告訴過了，能夠令心清淨，就是信的自性。""這樣說法，我還沒有明了。你說心淨，那末，淨就是心嗎？如果信就是心，那信就不是心所。設若講信不是心，不過信能夠令心清淨，那和慚等心所又有甚麼地方不同呢？因為慚等也能夠令心清淨。設若說'信和心有同時可以清淨'，那還是和慚愧心所一樣。"

答："信的自性就是澄清，它能夠令心王和心所清淨。不過因為心王的功用勝過心所，所以能淨心，其實也能淨心所。譬如有一種清水的珠，珠的自體固然是清潔，並且放在濁水裏面，令濁水也能夠清潔。慚愧等本身雖然是善法，然而不是以淨為相。信是以淨為相，所以和慚愧等不同，沒有信和慚愧等善法，有混濫的過失。反面說，就是一切的染法，都是各有各的自相。不過，獨有大隨煩惱裏面的不信心所，它的自相本身固然是渾濁，並且能夠渾濁其餘的心王心所；好像有一種極污穢的東西一樣，本身固然是污穢，同時亦能令其他的東西污穢——黑墨就是自黑黑人，大糞也是自臭臭物，與此是同樣的意義。信和不信正是相反，所以信的本身就是以淨為相。"

還有一種人說："信，不是淨心為相，是愛樂為相。"這一來，信不一定是善，可通於善、惡、無記三性，因為愛樂是欲，欲是通於三性的。同時欲又通於苦集二諦，當然不是信所緣之境。還有一種人，他們又執著信是隨順為相。既然說信是隨順，當然就通於三性，那怎能說信定是善性呢？隨順，就是勝解和欲的意思。怎樣知道呢？你說是隨順：若是印順，印證是屬於勝解的功用；若是樂順，所樂是屬於欲心所的功用。如果離開了勝解和欲的話，那也就沒有順相可得。因此，我們也就可以知道，能令心淨，那纔是信的體相，甚麼愛樂為相和隨順為相，那都是異說。

　　云何為慚？依自、法力，崇重賢善為性。對治無慚，止息惡行為業。謂依自、法尊貴增上，崇重賢善，羞恥過惡，對治無慚，息諸惡行。云何為愧？依世間力，輕拒暴惡為性。對治無愧，止息惡行為業。謂依世間訶厭增上，輕拒暴惡羞恥過惡，對治無愧，息諸惡業。

慚是甚麼意義呢？就是依託自增上和羞恥過惡的法增上的兩種力量，對於聖賢生起崇拜和尊重的心來，這就是慚的體性。慚又能夠對治無慚，所以止息惡行就是慚的業用。這就是說，依自增上和法增上能夠有一種尊重和寶貴的向上心；賢善的事情能夠尊崇，過惡的事情總覺得羞恥。所以慚能夠對治無慚，一切惡的行為統統便能夠止息了。

愧又是甚麼意義呢？就是依託世間輿論界的力量，能觸發自己對於暴惡的事情，能夠輕視它，抵拒它，就是愧的體性。愧能夠對治無愧，所以止息惡行就是愧的業用。這就是世間人的輿論或呵罵或厭棄的增上力量，使他輕拒暴惡，對於過惡的事總覺得羞恥，因此能對治無愧，息諸惡業。

　　羞恥過惡，是二通相；故諸聖教，假說為體。若執羞恥，為二別相；應慚與愧，體無差別。則此二法，定不相應。非受想等，有此義故。若待自他，立二別者，應非實有，便違聖教。若許慚愧實而別起，復違論說十遍善心。崇重輕拒，若二別相，所緣有異，應不俱生。二失既同，何乃偏責？誰言二法，所緣有異？不爾，如何？善心起時，隨緣何境，皆崇重善，及輕拒惡義。故慚與愧，俱遍善心，所緣無別。豈不我說，亦有此義？汝執慚愧自相既同，何理能遮前所設難？然聖教說：顧自他者，自法名自，世間名他。或即此中崇拒善惡，於己損益，名自他故。

羞恥過惡這句話，是慚和愧二法的通相，所以經論上假說是慚愧的別體。設若你一定要執著「羞恥是慚愧二法的別相」，那末，慚同愧這兩種體豈不是沒有差別嗎？既沒有差別，那就是一體；如果是一體，那二法就不能同起相應。好像受想等五個遍行，它們都是各別有體，並且是遍一切法，起則同起，沒有前後不相應的意義。慚愧也是這樣，它們是遍一切的善心，並不是不相應，所以你們不應當執通相來當別相。設若你們又說：「因為對自法是慚，對世間是愧，這樣建立二法不同。」如果照這樣說，有待而成，那應當就不是實有；然而說不實有，又違背了經論上的道理。設若許慚愧是實有而又是各別而起的，那又違背了論上所說的「十一種善法裏面除了輕安外，其餘的十種都是偏一切善法」的道理。可見不是各別而起。

又問：「慚是崇重善法，愧是輕拒惡法，這是慚和愧二種別相。所以所緣的對象既然有異，那慚愧二法就不應當同起。但不俱和別起兩種過失是相同的，為甚麼偏執著別起是不對呢？"

答："那一個說'慚愧二法所緣有異'呢？既然不是這樣，那又是怎樣說呢？就是善心生起的時侯，隨便緣到了那一種境界，都有崇重善法、輕拒惡法的心理。所以慚和愧都是徧於善心，所緣的對象是一樣。"

"照你這樣說起來，豈不是我們也有這種說法嗎？不然，你們所執著的慚和愧的自相既然是相同，那你有道理可以遮除我前面所設的疑難？"

然而，經論上說自法和世間的兩種力，自法叫做自，世間叫做他。或者，就是上面說的：善有益，所以要崇重叫做自；惡有損，所以要輕拒叫做他。要把慚愧兩種不同的定義弄清楚，就得要好好的用心研究經論及古人的註疏。

> 無貪等者，等無瞋癡。此三名根，生善勝故。三不善根，近對治故。云何無貪？於有有具，無著為性。對治貪著，作善為業。云何無瞋？於苦苦具，無恚為性。對治瞋恚，作善為業。善心起時，隨緣何境，皆於有等，無著無恚。觀有等立非要緣彼，如前慚愧，觀善惡立，故此二種，俱徧善心。云何無癡？於諸理事明解為性。對治愚癡，作善為業。有義：無癡，即慧為性。《集論》說此，報教證智，決擇為體。生得聞思修所生慧，如次皆是決擇性故。此雖即慧，為顯善品，有勝功能，如煩惱見，故復別說。有義：無癡，非即是慧，別有自性，正對無明。如無貪瞋善根攝故。論說大

悲，無瞋癡攝，非根攝故。若彼無癡，以慧為性，大悲如力等，應慧等根攝。又若無癡無別自性，如不害等，應非實物，便違論說。十一善中，三世俗有，餘皆是實。然《集論》說：慧為體者，舉彼因果，顯此自性。如以忍樂，表信自體，理必應爾。以貪瞋癡，六識相應，正煩惱攝。起惡勝故，立不善根。斷彼必由通別對治。通唯善慧，別即三根。由此，無癡必應別有。

頌上所說的無貪等的這一個"等"字，就是等於無瞋和無癡；這無貪、無瞋、無癡三種為甚麼要叫它是三善根？因為它們三個生善的功用殊勝，同時它們是對治貪、瞋、癡三種不善根的。

怎樣叫做無貪呢？就是對於三界之樂果以及三界有漏之樂因，沒有耽著，為它的體性。又能夠對治貪著而作一切善事，為它的業用。

怎樣叫做無瞋呢？就是對於三界的苦果以及苦果的資具，心中沒有一點瞋恚，為它的體性。能夠對治瞋恚，作一切善法，為它的業用。

問："無貪和無瞋這兩種善根，一個是緣樂境，一個是緣苦境，所緣既是有異，應當不可以同時而起；既不同時生起，怎能說徧一切善心呢？"答："只要善心生起的時侯，隨便緣到了那一種境界，都有它們的生起。對於三界的樂境它當然不貪著，對於三界的苦境也就不起瞋恨，這是觀待苦樂而建立的，並不一定要緣到的時侯纔說。好像前面說的慚和愧一樣，也是觀待崇善拒惡建立的，所以無貪和無瞋兩種善根是同徧一切善心的。"

怎樣叫做無癡呢？就是對於實事和真理，能夠完全澈底的明白了解，為它的體性，又能夠對治愚癡就是它的業用。下面又有兩家說法的不同：

頭一家說："無癡是用慧心所來做體性的。《集論》上面說：報是生得慧，教是聞思慧，證是修得慧。智慧是以決斷和揀擇為體性的，所以生得慧、聞慧、思慧、修慧都是以決擇為性。無癡雖然是屬於慧，然而為了顯示善品有一種殊勝特別的功能，好像煩惱裏面的見一樣。現在無癡雖然是慧，因為它有一種特別的功能，所以也提出來別說。"

第二家又說："無癡的體不一定就是慧，它是另外有自性的。因為無癡正是對治無明，好像無貪正是對治貪，無瞋正是對治瞋一樣。所以無癡正是對治癡，是屬於三種善根所攝。《瑜伽師地論》說'諸佛的大悲是屬於無瞋和無癡所攝'，並沒有說悲是慧根所攝。無癡既然能夠攝大悲，可見不是慧。

"設若無癡是以慧為體的話，那大悲就不是無瞋無癡所攝了，這應該和佛的十力、四無所畏一樣，屬於慧根所攝纔對。還有，無癡真沒有自體的話，那就和不害、行捨、不放逸一樣，自己沒有實體，完全依託它法，若依此說，那就違背論上的道理了。因為論中說：十一種善法中除了不害、行捨、不放逸三種是世俗假有之外，其餘的八種都是各有自體的。

"《集論》說無癡是以慧為體的，那是舉出聞思所生的慧是無癡的因，修所生的慧是無癡的果。舉出無癡的因果，來顯出無癡的自性，這與用忍樂來表顯信的自體，是一樣的道理。

"因為貪、瞋、癡是六識相應的染法，所以他們是煩惱所攝。因為它們三個起惡的力量特別的殊勝，所以立它們是不善的根本。如果要斷這貪、瞋、癡的話，那就要通別兩種來對治它們。通就是用善慧，別就是用無貪來對治貪，無瞋來對治瞋，無癡來對治癡。因為這種道理，無癡應當同無貪無瞋一樣，另外有體，纔可以對治無明。"

勤謂精進，於善惡品，修斷事中，勇悍為性。對治懈怠，滿善為業。勇表勝進，簡諸染法。悍表精純，簡淨無記。即顯精進，唯善性攝。此相差別，略有五種。所謂：被甲、加行、無下、無退、無足。即經所說：有勢、有勤、有勇、堅猛、不捨善軛，如次應知。此五別者：謂初發心、自分、勝進，自分行中，三品別故。或初發心、長時、無間、殷重、無餘，脩差別故。或資糧等五道別故，二乘究竟道欣大菩提故，諸佛究竟道樂利樂他故。或二加行、無間、解脫、勝進別故。

勤是甚麼意義呢？勤就是精進，對於善品努力去修，對於惡品努力去斷。它是以勇悍為它的體性，能夠對治懈怠，圓滿善法為它的業用。

怎樣叫做勇呢？勇是表示勝進，簡別不是惡和有覆無記，因為這兩種是屬於染污法。悍是表示精而純，連無覆無記都不在裏面，這就是顯示精進，完全是屬於善性。

這精進的義相，如果把它分開來，略說也有五種：第一是被甲精進，第二是加行精進，第三是無下劣精進，第四是無退轉精進，第五是無喜足精進。也就是經上所說的：①有勢精進，②有勤精進，③有勇精進，④堅猛精進，⑤不捨善軛精進。這可以照上面五種次第分配。下面有四個五種分別。第一種是：①初發心，②下品行，③中品行，④上品行，⑤勝進行。第二種是：①初發心修，②長時修，③無間修，④殷重修，⑤無餘修。這是五種修的差別不同。第三種是：①資糧位，②加行位，③通達位，④修習位，⑤究竟位。問："佛是究竟的極果，也還要用精進嗎？"答："二乘的究竟他們是欣求佛果而精進，諸佛的究竟他們是為利有情而精進，所以到了佛果，還有無喜足的精進。"第四種是：①資糧位加行道，②加行位加行道，③無間道，④解脫道，⑤勝進道。有這五種分別。綜上四種：第一是約行明，第二是約修明，第三是約位明，第四是約道明。其餘每一個名詞的解釋，只好慢慢的去研究。

安謂輕安，遠離麤重，調暢身心，堪任為性。對治惛沉，轉依為業。謂此伏除能障定法。令所依止轉安適故。

安，就是輕安。因為輕而安，所以能遠離粗重。粗重一離，身心自然調暢，就堪能勝任一切善法了，所以它以堪任善法為體性。能夠對治惛沉，轉變身心為它的業用。有了輕安的人，就能夠降伏除滅障礙禪定的惛沉，令這所依止的身心，轉加安適。

不放逸者：精進三根，依所斷修，防修為性。對治放逸，成滿一切世出世間善事為業。謂即四法，於斷修事，皆能防修，名不放逸。非別有體，無異相故。於防惡事，修善事中，離四功能，無別用故。雖信慚等，亦有此能，而方彼四，勢用微劣，非根遍策，故非此依。豈不防修，是此相用。防

修何異精進三根？彼要待此，方有作用。此應復
待餘，便有無窮失。勤唯遍策，根但為依，如何
說彼有防修用？汝防修用，其相云何？若普依
持，即無貪等。若遍策錄，不異精進。止惡追善，即
總四法。令不散亂，應是等持。令同取境，與觸
何別？令不忘失，即應是念。如是推尋不放逸
用，離無貪等，竟不可得。故不放逸，定無別體。

不放逸它自己沒有獨立的自體，它是以精進、無貪、無瞋、無
癡四法斷惡修善，防惡修善為體性的。對治放逸，能夠成就圓滿
一切世間善事及出世間的善事，為它的業用。

精進、無貪、無瞋、無癡這四法對於斷惡修善的事上，有著特
別的大用。人若能夠努力防惡和努力修善，這就是不放逸行。故
不放逸離開上面精進等四法，別無自體。換句話說，不放逸如果
離開了精進等四法的功能，就沒有另外的功用了。

問：“信、慚、愧等也有防修的功能，為甚麼不放逸不依它們
為體呢？”答：“信慚等雖然也有防修的功能，然而比較精進等這
四法的功能，勢用要微劣一點。因為信慚等不是善法的根本，又
不是普遍的策勵，所以不放逸不依它們。因為無貪等三法是善
根，精進是遍策，不放逸所以要依它們為體。”

問：“不放逸既有防惡修善之功用，當然就是它的相，為甚麼
說它自己無體呢？防修和精進三根有甚麼地方不同呢？如果彼精
進四法要等待不放逸纔有作用，那不放逸又要等待其餘的纔有作
用，這樣，一直的等待下去，豈不是要犯無窮的過失嗎？”

答：“精進唯有遍策一切善法的功用，三根但為一切善法所

依，怎樣可以說它們就有防修的功用？所以防修的功用當然是屬於不放逸。"

試問你們所說的防修功用是怎樣的意義呢？設若說是為一切善法普依持，那就是三善根。如果說它是普遍策勵一切善法，那和精進又有甚麼不同呢？能夠止惡進善，那就是總合四法。設若能夠使令它不散亂，那應當是定。假定是使令它同一刹那去取境，那和觸又有甚麼不同？如果是令不忘失，那應當就是念。這樣研究下來，不放逸的作用如果離開了無貪、無瞋、無癡和精進，究竟不可得，所以不放逸決定自己無別體性。

> 云何行捨？精進三根，令心平等、正直、無功
> 用住為性。對治掉舉，靜住為業。謂即四法，令
> 心遠離掉舉等障，靜住名捨。平等，正直，無功
> 用住。初中後位，辯捨差別。由不放逸，先除雜
> 染；捨復令心，寂靜而住。此無別體，如不放逸。離
> 彼四法，無相用故。能令寂靜，即四法故。所令
> 寂靜，即心等故。

怎樣叫做行捨呢？行捨自己也是沒有體的，它也是依託精進和無貪、無瞋、無癡三種善根。行捨的體性：第一，能夠令心平等，不隨惛沉和掉舉這兩種禪病。第二，能夠令心正直，可以離私曲心。第三，無功用住，那就是住於安隱，所以它的業用能夠對治掉舉的亂動而安住寂靜的心境。

這就是精進和三根四法上，能夠令心遠離了掉舉等障，所以能夠靜住，這就叫做捨。捨的差別分為三種：最初用功是要離開了惛掉，而得到平等。再進一步就要離了私曲心，所謂正直。最

後安住在無功用，那就是得到自然的工夫。這就是捨的差別了。

由不放逸，先把雜染法除了它。捨的功用就是能夠令心寂靜而住，它也是依託精進和三善根，自己沒有另外的體性，同不放逸一樣。行捨如果離開了四法，它是沒有相用的。能夠使令內心寂靜，就是精進和三善根，所令的寂靜，那就是心王和心所。

> 云何不害？於諸有情不為損惱，無瞋為性。能對治害，悲愍為業。謂即無瞋，於有情所，不為損惱，假名不害。無瞋，翻對斷物命瞋。不害，正違損惱物害。無瞋與樂，不害拔苦。是謂此二粗相差別。理實無瞋實有自體，不害依彼一分假立。為顯慈悲，二相別故。利樂有情，彼二勝故。有說：不害，非即無瞋，別有自體。謂賢善性。此相云何？謂不損惱。無瞋亦爾，寧別有性？謂於有情不為損惱。慈悲賢善，是無瞋故。

怎樣叫做不害呢？就是對於有情，不肯去損害惱亂他們。不害是以無瞋做它的體性，能夠對治損害，慈悲憐憫就是它的業用。

不害就是無瞋，對於一切有情，不去做損害惱亂的事情，此即方便安立了不害的名字。無瞋就是對治斷害物命的瞋心，不害就是正正違背損惱物命的害。無瞋和不害一個是給眾生的快樂，一個是拔除眾生的痛苦，這是無瞋和不害兩種粗相的不同。在道理上實在說起來，無瞋自有體性，不害就是依託無瞋一分假立的。因為要顯示了無瞋是慈，不害是悲的二相差別，所以利樂一切有情，那是無瞋和不害的兩種超勝的力用。

還有一種說法：「不害不以無瞋為體，而是自己另有體性的。它的體性是甚麼呢？就是賢善。它的相用又是怎樣呢？就是不損惱眾生。"

如果這樣說，那末，無瞋豈不是一樣嗎？怎樣另外又有體性呢？又說：對於一切有情，都不損惱他們，因為慈悲和賢善就是無瞋啊。

> 及顯十一義別心所，謂欣厭等善心所法，雖義有別，說種種名，而體無異，故不別立。欣謂欲俱，無瞋一分，於所欣境不憎恚故。不忿恨惱嫉等亦然，隨應正翻瞋一分故。厭謂慧俱，無貪一分，於所厭境不染著故。不慳憍等，當知亦然，隨應正翻貪一分故。不覆誑諂，無貪癡一分，隨應正翻貪癡一分故。有義：不覆，唯無癡一分，無處說覆亦貪一分故。有義：不慢，信一分攝，謂若信彼不慢彼故。有義：不慢，捨一分攝，心平等者，不高慢故。有義：不慢，慚一分攝，若崇重彼，不慢彼故。有義：不疑，即信所攝，謂若信彼，無猶豫故。有義：不疑，即正勝解，以決定者，無猶豫故。有義：不疑，即正慧攝，以正見者，無猶豫故。不散亂體，即正定攝。正見，正知，俱善慧攝。不忘念者，即是正念。悔眠尋伺，通染不染，如觸欲等，無別翻對。

根本煩惱和隨煩惱一共有二十六種。善心所只有十一種，還有十五種善，統統攝在這個"及"字裏面。所以"及"字是顯十一種善心所之外其餘的十五種，在“及”字裏面所攝。問：“其餘的十五種善為甚麼不把它開開來說呢？”答：“欣厭等其餘的十五種善意義雖然有各各差別，名字也有種種不同，然而它們的體性倒沒有不同，所以不另外安立。”

欣是欣悅，它是和善欲同起的，是屬於無瞋的一分所攝，在所歡欣的境界上不會生起憎恚，其餘的不忿、不恨、不惱、不嫉都是一樣。這是正翻那些小隨煩惱中的“忿、恨、惱、嫉”，瞋心的一分。

厭是厭離，它是和善慧同起的，是屬於無貪的一分所攝，在所可厭的事上不會生起染著，其餘的不慳、不憍也是一樣。這也翻小隨煩惱中的慳和憍兩種，貪心的一分。

至於不覆、不誑、不諂這三種，都是屬於無貪和無癡各一分所攝，正翻根本煩惱中的貪癡各一分。不過有一種人說：不覆，但是無癡一分所攝，沒有看見過經論上說覆也是貪之一分，可見不覆和無貪是沒有關係。

又有人說：不慢是屬於信心所一分所攝，就是說：設若相信這個人，當然就不會輕慢他。不過，另有一家說法：不慢是屬於捨一分所攝，因為心能夠平等，當然不會高慢。又有人說：不慢，是屬於慚一分所攝，因為自知慚恥，即尊崇敬重於他，當然也就不會輕慢於他。

不疑，有一家說，是信所攝。就是說，設若信仰這個人，當然不會懷疑他。又有一種說法：不疑，就是正當的勝解，因為對一件事或對一個人心裡有了絕對的了解，當然不會有猶豫。又有一家說：不疑就是正慧，因為有了正見的人那就不會有猶豫。

不散亂的體是正定所攝，正見和正知都是屬於善慧所攝。不忘念，就是正念。

　　四不定的悔、眠、尋、伺這四個可以通染，又可以通不染。好像徧行中的觸等和別境中的欲等都是通於三性的，所以用不著對翻。

　　　何緣諸染，所翻善中，有別建立，有不爾者？相用別者，便別立之。餘善不然，故不應責。又諸染法，徧六識者，勝故翻之；別立善法，慢等忿等，唯意識俱。害雖亦然，而數現起，損惱他故，障無上乘勝因悲故。為了知彼增上過失，翻立不害。失念，散亂，及不正知，翻入別境，善中不說。染淨相翻，淨寧少染。淨勝染劣，少敵多故。又稱理通，說多同體。迷情事局，隨相分多。故於染淨，不應齊責。

　　問：染法有二十六種，善法只有十一種，其餘十五種善法不把它翻過來，是甚麼原因？

　　答：相用有特別的意義，所以要別立。其餘的十五種因為沒有特別的意義，所以不必一一對翻。

　　還有，好像染法中的中隨煩惱二、大隨煩惱八以及根本煩惱中的貪、瞋、癡，它們都是徧六識的，功用殊勝，所以要翻，別立善法。至於根本煩惱中的慢、疑、見以及十個小隨煩惱，前五識是沒有，唯有意識纔有，所以不翻。

　　害，是和意識同起的，然而，它常常損害和惱亂眾生；同時害又能障礙無上的佛乘，殊勝的大悲因，令我們不得成佛。因為我們了知害的過失太重，所以纔把它翻過來不害。至於失念、散亂、不正知那是翻入別境裏面——念、定、慧，所以善中不說。

問：染污和清淨相翻的時候，為甚麼淨法要少過染法？答：因為淨是超勝，染是卑劣，所以少淨能剋伏多染。還有，稱理是相通的，所以善法大多數是同體。至於迷情的事是局部的，所以隨它的名相而分開多種的說法，因此對於染淨不應當說一樣齊等。

此十一法，三是假有，謂不放逸、捨及不害，義如前說。餘八實有，相用別故。有義：十一，四徧善心，精進三根徧善品故。餘七不定。推尋事理未決定時，不生信故。慚愧同類，依處各別，隨起一時，第二無故。要世間道斷煩惱時，有輕安故。不放逸捨，無漏道時，方得起故。悲愍有情時，乃有不害故。論說：十一，六位中起。謂決定位，有信相應。止息染時，有慚愧起，顧自他故。於善品位，有精進三根。世間道時，有輕安起。於出世道，有捨不放逸。攝眾生時，有不害故。有義：彼說未為應理。推尋事理未決定心，信若不生，應非是善，如染心等，無淨信故。慚愧類異，依別境同，俱徧善心，前已說故。若出世道輕安不生，應此覺支非無漏故。若世間道無捨不放逸，應非寂靜防惡修善故，又應不伏掉放逸故。有漏善心既具四法，如出世道應有二故。善心起時，皆不損物，違能損法，有不害故。論說六位，起十一者，依彼彼增，作此此說。故彼所說，定非應理。

這十一種善法有三種是假有，就是不放逸、捨、不害。因為不放逸和捨它們是依靠精進和三根為體，不害是無瞋一分為體，這在前面已經說過了。除了這三種，其餘的八種是有體，所以相和用也是各別。

又有一種說法：在十一種之中有四種是偏於善心的，那就是精進和三種善根，因為這四法是偏於一切善品的。其餘的是不定，例如推尋事理沒有決定的時候，信仰當然就不會生起；慚和愧它們兩個本來是同類，不過慚是依自力，愧是依他力，依處各別罷了，所以兩個之中隨便起了一個就可以了，不一定兩個都要同起。要得到了世間道，能夠斷了煩惱的時候，那纔有輕安。至於不放逸和行捨，那是要得到了無漏道的時候，纔能夠生起。能夠慈悲憐愍一切有情，纔會有不害。並且拿論來證明。

論上說："十一種善法要在六位中纔可以生起。"就是說：在決定位纔和信心相應。能夠止息染污的時候，有慚是顧自，有愧是顧他。在善品的時候，那一定是有精進和三種善根。得到了世間道的時候，纔有輕安生起。在出世道的時候，纔有行捨和不放逸。能夠攝受一切眾生，那當然會不害有情。

又有一家駁斥他這種說法不一定合理！因為：你說的推尋事理，沒有決定心的時候，就沒有信心的話，那就應當不是善法，和染污心一樣，因為沒有淨信。至於慚和愧類雖然是不同，那不過慚是依自法力，愧是依世間力，所依的各別，然而境界還是相同，都是偏一切善心，這在前面已經說過。設若出世道沒有輕安的話，那末，七覺支裏面的輕安覺支就不是屬於無漏。設若世間道沒有行捨和不放逸，那就應當不是寂靜也就不能夠防惡修善了。既然沒有行捨和不放逸，那也就不能夠降伏掉舉和放逸；有漏善心中既然也有精進和三根同出世道一樣，那應當就要有行捨和不放逸。凡是善心生起的時候，都是不會損害有情；因為，違背了害的能損法，所以纔不害。

論上說：六位起十一種善法的話，那是約增勝方面說的。例如在決定位當然是信增，止息染時有慚愧增，於善品位有精進三根增，世間道時有輕安增，於出世道有行捨和不放逸增，攝眾生時有不害增。論中說"依彼彼增，作此此說"，就是這個意思。明白了這個道理，就知前面那種說法是不對的了。

> 應說信等十一法中，十徧善心，輕安不徧。要在定位，方有輕安。調暢身心，餘位無故。《決擇分》說：十善心所，定不定地，皆徧善心。定地心中，增輕安故。有義：定加行，亦得定地名。彼亦微有調暢義故。由斯欲界亦有輕安。不爾，便違《本地分》說，信等十一，通一切地。有義：輕安唯在定有。由定滋養，有調暢故。論說欲界諸心心所，由闕輕安，名不定地。說一切地有十一者，通有尋伺等三地皆有故。

照上面的道理看來，我們應當說：十一種善心所中有十種是徧一切善心的。只有輕安不徧，因為要在定位的時候方有輕安，調暢身心，其餘的位子沒有。在《瑜伽師地論·決擇分》裏面說：十種善心所無論是在色界和無色界的定位中、欲界的散亂位中都徧通的，唯有在色無色界定心位中增加輕安一種。

有一家說：《決擇分》說的定地增輕安，不必根本定纔有，就是在定前加行位的時候，也得定地的名字，因為他也有一點微微的調暢。由這一種道理，可見欲界也有輕安。如果不是這樣的話，那又違背了《瑜伽師地論本地分》中所說的"信等十一種善法是通於三界九地"的道理了。

又有一家說：輕安，唯有在定地纔有。因為由定的滋養，所以能夠調養身心，論上面也說，一切的心王和心所因為缺少了輕安，所以叫做不定地。然又說一切地都有十一種善法，那是對欲界和初禪的有尋有伺地和大梵天王的無尋唯伺地以及二禪以上的無尋無伺地說的，這三地都有輕安相。

此十一種，前已具說。第七八識，隨位有無。第六識中，定位皆具。若非定位，唯闕輕安。有義：五識唯有十種，自性散動，無輕安故。有義：五識亦有輕安。定所引善者，亦有調暢故。成所作智俱，必有輕安故。

這十一種善心所在前面已經說過了，七識和八識在有漏位統統沒有；到了無漏的時候，那通通都是有的。至於第六意識，若在定位十一種都有；如果不是定位，那只有十種，要除了輕安。有一家說：前五識只有十種，它們的自性是散動的，所以要除了輕安。又有一家說：前五識也有輕安。如果是定所引起的善，也有調和暢快的身心。前五識如果轉成成所作智的時候，必定是有輕安。

此善十一，何受相應？十五相應，一除憂苦，有逼迫受，無調暢故。此與別境皆得相應。信等欲等，不相違故。十一唯善。輕安非欲，餘通三界。皆學等三。非見所斷。《瑜伽論》說：信等六根，唯修所斷，非見所斷。餘門分別，如理應思。

這十一種善心所在苦、樂、憂、喜、捨的五受之中，和那一個相應？有十個都和五受相應，只有一個輕安不通五受。因為五受中的憂受和苦受是逼迫性的，不能調暢身心，所以輕安只和樂、喜、捨三受相應。

這十一種善心所都和五個別境心所相應的，因為信等十一個和欲等五個，它們的體性是不會相違的。這十一種在三性之中當然是屬於善性。十一種，欲界要除去輕安，其餘則通於三界。這十一善法，無論是有學的聖人、無學的聖人，乃至非學的一切凡夫，通通都有。

在三斷之中，這十一種善法都不是見道所斷，因為它們不同分別煩惱相應。在《瑜伽師地論》上有這樣說：信根、精進根、念根、定根、慧根、未知當知根這六種根，但是修道所斷，這是指有漏善及無漏加行善說的。若是無漏善，當然是非所斷。上面十一種善法用九門來分別，至於其餘的分別，只好自己去研究。

如是已說善位心所。煩惱心所，其相云何？頌曰：煩惱謂貪、瞋、癡、慢、疑、惡見。論曰：此貪等六，性是根本煩惱攝故，得煩惱名。云何為貪？於有有具，染著為性。能障無貪，生苦為業。謂由愛力，取蘊生故。云何為瞋？於苦苦具，憎恚為性。能障無瞋，不安隱性。惡行所依為業。謂瞋必令身心熱惱，起諸惡業，不善性故。云何為癡？於諸理事，迷闇為性。能障無癡，一切雜染，所依為業。謂由無明，起疑邪見，貪等煩惱，隨煩惱業，能招後生，雜染法故。云何為慢？恃己於他，高舉為性。能障不慢，生苦為業。謂若有慢，於德有德，心不謙下。由此生死輪轉無窮，受諸苦故。此慢差別，有七九種。謂於三品，我德處生。一切皆通見修所斷。聖位我慢既得現行，慢類由斯起亦無失。云何為疑？於諸諦理，猶豫為性。能障不疑，善品為業。謂猶豫者，善不生故。

如是上面已經把善心所說過了。然而煩惱心所的義相又是怎麼樣呢？頌上面說：煩惱第一是貪，第二是瞋，第三是癡，第四是慢，第五是疑，第六是惡見。

論上面說：這貪等六種的體性是屬於根本煩惱所攝，所以得到煩惱的名稱。

怎樣叫做貪呢？就是愛著三有（三界）有具（依報），故貪以染著為體。貪能障礙無貪，因此就生起了許多痛苦，故苦為它的業用。這就是說，由貪愛的力量生起了苦痛充滿的五取蘊的身體了。

怎樣叫做瞋呢？就是對於三界的苦果以及身體的苦具，生出了一種憎恚，瞋即以此憎恚為體性。能障礙無瞋，所以自己總覺得不安隱，一切的惡行都是依託瞋，這就是瞋的業用了。有了瞋心的人，必定令身心生起了熱惱，那一定會生起一切的惡業，不善的體性。

怎樣叫做癡呢？就是對於一切的真理和實事，統統都迷昧闇蔽了。這迷昧闇蔽便是癡的體性。能夠障礙無癡，所以一切有漏的雜染法都是依託癡，這就是癡的業用了。癡就是無明的別號，由無明的原故，纔會生起疑和邪見，然後貪瞋等煩惱以及一切隨煩惱業，也就能夠招感後生的雜染不清淨的法了。

怎樣叫做慢呢？就是仗恃自己，貢高我慢為它的體性；能障礙不慢，所以生出了許多痛苦。就是說：設若有了高慢的人，對於三寶真淨德中以及超過自己有德之人，自己的心不肯謙讓卑下，由此造業受報，生死輪轉無窮，因此便感受種種的苦惱。

如果把慢分類來說：差別有七種或九種。七種慢是：①慢，②過慢，③慢過慢，④我慢，⑤增上慢，⑥卑劣慢，⑦邪慢。甚麼叫做慢？就是對於不如我的人固然是看他不起，就是同我一樣的人，我也是看他不起。怎樣叫做過慢？明明是人家同我一樣，我以為總要比他好一點；或者人家比我好得多，我總以為同他一樣。怎樣叫做慢過慢？明明人家勝過我，我反過來說：我要超過他。"執著這身心以為有實我，所以叫做我慢。沒有得到道果，自己以為得到；沒有證到涅槃，自己以為證到，這叫做增上慢。在有德學的人前自甘卑劣，這叫做卑劣慢。沒有道德，自己總以為有德，這叫做邪慢。

九慢是：①我勝慢類，②我等慢類，③我劣慢類，④有勝我慢類，⑤有等我慢類，⑥有劣我慢類，⑦無勝我慢類，⑧無等我慢類，⑨無劣我慢類。這九種：①是過慢，②是慢，③是卑劣慢，④是慢，⑤是慢，⑥是過慢，⑦是慢，⑧是過慢，⑨是卑劣慢。

問："甚麼叫做三品我德處生？"答："依六事生慢。那六事呢？①劣有情，②等有情，③勝有情，④內取蘊，⑤已得未得顛倒，⑥妄謂功德顛倒。"

上面這些慢，或依分別而起，那是見道所斷；或依俱生而有，那是修道所斷。到了羅漢的聖位，我慢既然還要現行，那末，慢類由此，就是生起也沒有過失。

怎樣叫做疑呢？就是對於真實的道理他懷疑著："到底是有呢？還是沒有呢？"這種猶豫不決就是疑的體性，能夠障礙不疑的善品就是它的業用。就是說，凡是猶豫不信的人，善法是不容易生起的。

> 有義：此疑以慧為體。猶豫簡擇，說為疑故。毗助末底，是疑義故。末底般若，義無異故。有義：此疑別有自體，令慧不決，非即慧故。《瑜伽論》說：六煩惱中，見世俗有，即慧分故。餘是實有，別有性故。毗助末底，執慧為疑。毗助若南，智應如識。界由助力，義便轉變。是故此疑，非慧為體。

說到疑的體，有兩家說法不同，第一家說：疑是以慧為體。就是對於所觀察的境界有一種猶豫的簡擇，所以叫做疑。好像說"毗助末底"，毗是比的意思，助是輔助，末底是慧，合起來是比益輔助於慧。既然是輔助於慧，那當然就是慧。疑，就是因為有了染污的慧，總會生疑。末底和般若都是印度語，意思是相同，都是叫做慧。

又有一家說：疑是另外有自體的。因為疑是能夠令慧不決定的，所以疑並不就是慧。好像《瑜伽師地論》上說：六個根本煩惱之中，不正見是世俗的假有，它也是屬於邪慧的一分所攝，其餘的五個根本煩惱是自己有實體的。你如果執著毗助末底就是慧，那末，毗助若南就是智了。若南是印度語，意思就是智。例如識是識，智是智，你不能因為轉識成智這句話，說識就是智。所以說，不是因為"比益輔助"，就把疑的義轉變成慧，那豈不是好像有"比益輔助"的義，就把識的義轉變就成了智嗎？因此就可以知道，疑不是以慧為體的。

云何惡見？於諸諦理，顛倒推求，染慧為性。能障善見，招苦為業。謂惡見者，多受苦故。此見行相，差別有五：一薩迦耶見。謂於五取蘊，執我我所，一切見趣，所依為業。此見差別，有二十句、六十五等，分別起攝。

怎樣叫做惡見呢？就是對於一切的諦理，去顛倒推求，所以它是以染慧為體的。這惡見是能障善見的，起惑造業招感苦報就是惡見的業用，有惡見的人必多受苦。這惡見如果把它分開來說，它的行相有五種差別。

第一種叫做薩迦耶見，薩迦耶是印度語，譯成華言是我或身，合起來叫做我見或身見。就是在這五取蘊的身上，執著為我的主宰，或執著為所有的一切物。我見為一切邪見的依託處，這就是它的業用。這邪見的差別分開來有二十句，再分還有六十五種。這些邪見都是由邪師邪教以及邪思惟後來分別而生起的，並不是本來就有。

這二十句，或六十五的演算法，是從五蘊積起說的。例如色蘊有四句：①色是我，②我有色，③色屬我，④我在色中。色蘊是這樣，其餘的受、想、行、識四蘊也是一樣，不過把字面子換一換就是。好像說：①識是我，②我有識，③識屬我，④我在識中。這樣五蘊豈不是成了二十句嗎？

六十五的演算法是一蘊為我，其餘的四蘊就計為我所，有三種：①我瓔珞，②我僮僕，③我器物。一蘊有三，四蘊有十二，再加上一個我，所以我和我所合起來就有十三了。五蘊有六十個我所見，有五個我見，就成了六十五見。這些我見和我所見都是由邪分別而生起的。

二邊執見。謂即於彼，隨執斷常，障處中行，出離為業。此見差別，諸見趣中，有執前際，四偏常論，一分常論。及計後際，有想十六，無想、俱非各有八論，七斷滅論等，分別起攝。

第二種叫做邊執見，這邊執見就在身見上或者執常，或者執斷，障礙中道的行相，它的業用使人不得出離三界苦海。這邊執見的差別，頭緒很多，總括起來不出四十七種：常見四十，斷見七種。

（甲）四種偏常

一、心境常：他研究內心外境，在二萬劫內能知一切眾生，死此生彼，相續不斷，故以為常。二萬劫前，他無所知。

二、四大常：他研究地、水、火、風之堅、濕、煖、動四大之性，是常住不滅。他能見到四萬劫內的眾生，死此生彼，相續不斷，故以為常。見量超前一倍，而四萬劫外亦復不知。

三、八識常：他研究眼、耳、鼻、舌、身、意以及第七第八，這八識的體性是常住不滅。他能見到八萬劫內的眾生，死此生彼，相續不斷，故以為常，見量復倍於前，而八萬劫外冥無所知。

四、想盡常：他研究的想陰已盡，他以為想心既滅，而不生不滅常住的真心自然顯現。而見量不大，不能超出二萬劫之外。

綜上四種，見量的範圍大小雖然不同，而在所見的範圍，總以是常，所以叫做四偏常論。

（乙）四一分常

一、神我常：他以為神我是常，一切眾生是無常，所以叫做一分常。

二、四禪常：他以為欲界以及色界的初二三禪，都被火、水、風三大災所壞，所以是無常。而第四禪以上不被三大災所壞，所以是常，這也是一分常。

三、細心常：他以為不但世界是無常，連身體也是無常。唯有微細小我的心是常住，這也是一分常。

四、行陰常：他以為色、受、想三陰已盡是無常，而行陰是常在，川流不息的，所以是常，這也是一分常。

前面是四種徧常，這裡是四種一分常，所以都是屬於常見。是推究前際不可得，只在現在見量中，妄計徧常或一分常。以下是屬於斷見論者，是推究後際不可得，所以作此斷滅論。

（丙）十六有相

一、色陰：①色是我，②我有色，③色屬我，④我在色中。

二、受陰：①受是我，②我有受，③受屬我，④我在受中。

三、想陰：①想是我，②我有想，③想屬我，④我在想中。

四、行陰：①行是我，②我有行，③行屬我，④我在行中。

他是窮至行陰為止，未至識陰，故成十六。我有色，就是我大色小，色在我中。色屬我，就是離色有我。我在色中，就是色大我小，我在色中。這是見行陰無盡，以為色、受、想三陰亦無盡，同成有相，故名十六有相。

（丁）八種無相

一、見其色滅，形無所因，色陰無相。

二、觀其想滅，心無所繫，想陰無相。

三、知其受滅，無復連綴，受陰無相。

四、推知行滅，亦復是無，行陰無相。

現在既無，死後亦無，故成八種無相。前面是見行陰有相，所以計色、受、想三陰亦有相。這是見色、受、想三陰既無相，所以連行陰亦無相，故名八種無相。

（戊）八種俱非

一、色陰已滅，是無相；然與行陰同，故有相。

二、受陰已滅，是無相；然與行陰同，故有相。

三、想陰已滅，是無相；然與行陰同，故有相。

四、行陰未滅，是有相；然與三陰同，故無相。

因行陰未滅是有，故計色、受、想三陰雖滅亦是有。因色、受、想三陰已滅既是無，就計行陰雖未滅亦是無。一陰既有二種有相無相，四陰各有二種有相無相，所以成了八種俱非；俱非者，即非有相，非無相也。上面四十種是計常，所以是常見。下面七種是計斷，所以是斷見。

（己）七種斷滅

一、或計身滅，是四大洲，五趣雜居地。

二、或欲盡滅，是六欲天。

三、或苦盡滅，是初禪天，離生喜樂地。

四、或極樂滅，是二禪天，定生喜樂地。

五、或極樂滅，是三禪天，離喜妙樂地。

六、或極捨滅，是四禪天，捨念清淨地。

七、或極捨滅，是四空天。

此七種雖有近遠久暫之不同，然斷滅則一也。如有源之水較久，無源之水則暫，而水之乾涸終有一日則同。一般人計沒有輪迴，就是此種見解，他根本上就不知道人間以上還有天人，即此身死後，亦復斷滅。這四十七種常見和斷見都是由我見而起，是由分別而起的。

　　三邪見。謂謗因果、作用、實事，及非四見，諸餘邪執，如增上緣，名義徧故。此見差別，諸見趣中，有執前際二無因論、四有邊等、不死矯亂，及計後際五現涅槃。或計自在世主釋梵，及餘物類，常恆不易。或計自在等，是一切物因。或有橫計，諸邪解脫。或有妄執，非道為道。諸如是等，皆邪見攝。

第三是邪見：①謗因果，②謗作用，③謗實事。這種人他說“沒有施者，也沒有受者，更沒有祠祀”，這叫做謗因。“也沒有善行的果報和惡行的果報”，這叫做謗果。“沒有善行也沒有惡行”，這叫做謗作用。“沒有父母，也沒有化生的中陰身，世間也沒有真阿羅漢”，這叫做壞實事。除了①我見，②邊見，③見取見，④戒禁取見，這四見所不攝的，其餘的執見都歸邪見所攝。好像四緣中：①因緣，②所緣緣，③等無間緣，這三緣所不攝的，都歸增上緣所攝一樣。因為它的名義比較普徧寬大些。這邪見的差別，在諸見趣中有執前際的，有執後際的。執前際的有：

　　（庚）二種無因

　　一、本無因：他能見八萬劫內，一切眾生死此生彼，八萬劫外冥無所知。他說：過去本來無因，一切眾生是無因而有。這叫做本無因。

二、末無因：他說：人生人，鳥生鳥，烏鴉是黑的，白鶴是白的，人是豎的，畜是橫的，白鶴不是洗白的，烏鴉不是染烏的，這一切的一切從八萬劫以來都沒有改移過。這叫做末無因。

（辛）四種有邊

一、約三世說。他說：過去的已滅，未來又未生，這是有邊。現在念念相續，所以是無邊。

二、約見聞說。他說：我只看見八萬劫以內的事情，八萬劫以外的事情我見不到。所以見得到的是有邊，見不到的是無邊。

三、約彼我說。他說：我能徧知一切眾生，所以得無邊性。而一切眾生現我知中，故是有邊。

四、約生滅說。他說：想陰以前，半屬於生。行陰以後，半屬於滅。所以生是有邊，滅是無邊。他把行陰空寂當做無限際之勝性，這是執後際的邪見論。

（壬）四種矯亂

一、八亦矯亂：他說：一生所答人的話，最好是兩可，不要肯定。例如問生滅，你答"亦生亦滅"。問有無，你答"亦有亦無"。問增減，你答"亦增亦減"。一生能夠這樣答話，死了之後，就可生到天上永遠的不死。

二、惟無矯亂：這種人更好笑！無論問他甚麼話，他只答一個無字，除了無字之外他甚麼也不說。

三、惟是矯亂：這種人剛剛又和前相反，他一生只答一個是字，除了是字之外，甚麼也不說。

四、有無矯亂：他說：亦有即是亦無，如冰是水；亦無不是亦有，如水非冰。

總言之，這四種人是非不明，皂白不清，堅執己見，糊塗亂說。

（癸）五現涅槃

一、或以欲界，生愛慕故。

二、或以初禪，性無憂故。

三、或以二禪，心無苦故。

四、或以三禪，極悅隨故。

五、或以四禪，苦樂雙亡。

他們把這五樣各執一見，以為快樂就是涅槃。

以上四種徧常、四一分常、十六有相、八種無相、八種俱非、七種斷滅、二種無因、四種有邊、四種矯亂、五種涅槃，總名六十二見。除六十二見之外，還有計自在天王、常釋、梵王以及其餘的物類，是常恆不變易的，說上面這些天王，是萬物的因，話頭還多得很，邪解脫、邪道，亂七八糟，這些執著都是邪見所攝。（以上六十二見是參考《楞嚴經》行陰魔錄出。）

> 四見取。謂於諸見，及所依蘊，執為最勝，能得清淨。一切鬥諍，所依為業。五戒禁取。謂於隨順諸見、戒禁，及所依蘊，執為最勝，能得清淨。無利勤苦，所依為業。然有處說：執為最勝名為見取。執能得淨，名戒取者，是影略說，或隨轉門。不爾，如何非滅計滅，非道計道，說為邪見，非二取攝？

第四是見取，它是在邊見和邪見上或所依託的五蘊身上，隨執一種，以為是最殊勝的因，將來能得清淨的果。所以一切鬥諍、彼此互謗都從此而起，這就是它的業用。

第五是戒禁取，持戒守禁本是好事，然而，因為它們是隨順邪見而生起的：或持牛戒而吃草，或持狗戒而噉糞，乃至拔髮、眠針、臥棘、火炙、薰鼻種種慢性的自殺，以為是修行，或者以他所依的五蘊身執為是最勝無上，能夠得清淨的果報，這叫做無益的苦行，就是它們所依的業用。

然而有許多經論上說："執為最勝，叫做見取。執能得淨，叫做戒取。"這樣的分法是影略而說的，或者，是隨順小乘的教理。其實，無論是見取和戒取，都是一樣的執為最勝和執能得淨，如果不是這樣的話，為甚麼經論上又說"不是真正的涅槃，他以為是真正的涅槃——非滅計滅。不是無漏的聖道，他以為是無漏的聖道——非道計道。這兩種都是第三邪見所攝，不是見取和戒取所攝"呢？可見是互相影略啊。

如是總別十煩惱中：六通俱生，及分別起。任運思察，俱得生故。疑，後三見，唯分別起。要由惡友及邪教力，自審思察，方得生故。邊執見中，通俱生者。有義：唯斷。常見相粗，惡友等力，方引生故。《瑜伽》等說：何邊執見，是俱生耶？謂斷見攝。學現觀者，起如是怖！今者我我何所在耶？故禽獸等，若遇違緣，皆恐我斷，而起驚怖。有義：彼論依粗相說：理實俱生，亦通常見，謂禽獸等。執我常存熾然造集，長時資具。故《顯揚》等諸論皆說：於五取蘊，執斷計常，或是俱生，或分別起。

貪、瞋、癡、慢、疑為總，不正見中再分五種為別。這十種煩惱之中貪、瞋、癡、慢、身見、邊見這六種如果是任運而起的，則屬於俱生；設若是思察而起的，則屬於分別。疑、邪見、見取、戒取這四種完全是屬別起，因為這四種要由惡友及邪教力，還要自己去思惟一回，纔可以生起，所以叫做分別起。

邊執見中通俱生起的，有兩家說法不同。頭一家說：俱生起的只通於斷見，不通於常見。因為常見的行相很粗，要由惡友和邪教的力纔能夠引生。《瑜伽師地論》上也說：邊見中的斷常二見那一種是俱生起的呢？答：是斷見。怎樣知道斷見是俱生起的呢？例如在見道以前他們學現觀行的人，分別現起的煩惱他們已經伏住而不起了，然而他們心中還有怖畏、恐懼，即如果沒有了我，那豈不是斷滅了嗎？這不是分別起的，可見是俱生而起的斷見囉。如果不相信，我們可以拿禽獸來比例就可以知道：如果牠們遇到了違緣，斷牠們生命的時候，牠們也就驚慌恐怖起來，這不是怕斷滅的一個很好的證明麼？

第二家說：《瑜伽師地論》中認為斷見是俱生而起的，那不過是依粗顯的行相來說的，在理上講起來，其實常見也有俱生而起的。怎樣知道常見也有俱生起的呢？就拿你現在所舉的禽獸來說罷，牠們所以怕死，就是要生命常存，況且有許多動物，都是多積集資糧，好像蜜蜂、老鼠、螞蟻、許多鳥雀，儲蓄著許多食物，這不都是希望生命長久的一個證明嗎？在《顯揚聖教論》上也有這樣的說法：這種人在五取蘊的身上或執斷或執常，有俱生起的，也有分別起的。這明明常見也有俱生起的，你為甚麼單說斷見纔有俱生起的呢？

此十煩惱，誰幾相應？貪與瞋疑，定不俱起。愛憎二境，必不同故。於境不決，無染著故。貪與慢見，或得相應。所愛所陵，境非一故，說不俱起。所染所恃，境可同故，說得相應。於五見境，皆可愛故，貪於五見，相應無失。瞋與慢疑，或得俱起。所瞋所恃，俱非一故，說不相應。所蔑所憎，境可同故，說得俱起。初猶豫時，未憎彼故，說不俱起。久思不決，便憤發故，說得相應。疑順違事，隨應亦爾。瞋與二取，必不相應。執為勝道，不憎彼故。此與三見，或得相應。於有樂蘊，起身常見，不生憎故，說不相應。於有苦蘊，起身常見，生憎恚故，說得俱起。斷見翻此，說瞋有無；邪見誹撥，惡事好事。如次說瞋，或無或有。慢於境定，疑則不然，故慢與疑，無相應義。慢與五見，皆容俱起。行相展轉，不相違故。然與斷見，必不俱生。執我斷時，無陵恃故。與身邪見一分亦爾。疑不審決，與見相違，故疑與見，定不俱起。五見展轉，必不相應。非一心中，有多慧故。癡與九種，皆定相應。諸煩惱生，必由癡故。

這十種煩惱那一個和那一個是相應，那一個和那一個不相應，請你分別清楚！

貪和瞋以及疑決定不會同起的，因為貪的境界是愛，瞋的境界是憎，所以愛憎兩種境界必定不會同起。疑的境界是猶豫不決，不決定的境界是不會貪著的，所以貪和瞋以及疑是不同起的。

貪和慢以及見或者可以相應的，怎樣叫做或呢？"或"字是不定的意思，或可或不可。因為貪是所愛，慢是所陵，愛敬和欺陵境界既不是一種，當然不會相應。然而，所貪染的是愛他物，所仗持的是愛己物，愛物的境界既然是同，所以又說可以相應。五種邪見都是自己可愛的境界，所以貪和五見是可以相應，不會有過失的。

瞋和慢以及疑或者可以相應的，因為一個是所瞋，一個是所恃。瞋和慢是兩樣性質，所以不會相應。然而慢是輕蔑人，瞋是憎恚人，境界都是看人不起，所以同起。疑是猶豫，最初纔猶豫的時候，還沒有憎他，說不同起；如果久久不能決斷，脾氣也就會發起來，所以又說它是可以相應的。疑順違事，設若對於順事最初猶豫的時候，以及對於違事久思也不能決斷，那就不會起瞋，說它是不相應。設若對於順事久思也不能決斷，對於違事最初就有猶豫，那就有瞋心生起，這就叫做相應，所以說"隨應亦爾"。瞋和見取以及戒取它們是必不相應的，因為他們二種人執著自己的見解是很對，那裡會有瞋呢？所以是沒有相應的意義。然而瞋對於我見、邊見、邪見有相應，有不相應，甚麼原因呢？設若對於快樂的五蘊身生起一種常見，那當然不會生瞋，說它不相應；設若對於受苦的五蘊身生起一種憎恚心，那和瞋又得相應，所以說，瞋和常見又可以同起。瞋和斷見對上面的常見又剛剛相反，就是對於樂身斷見生憎說同瞋相應，對於苦身斷見不生憎，所以同瞋不相應。瞋和邪見也有俱起不俱起兩種：邪見說沒有五逆等惡事，它是沒有瞋，所以不俱起。邪見說有施戒等善事，有瞋，說有相應。

慢和疑必不相應，因為慢是對於境界已決定了，疑是對於境界未決定，所以慢和疑是不相應。

慢和五見容許可以同起，因為它們的行相是不相違的。就是說，凡有慢的人一定有己見，凡有己見的人一定會有慢。

慢對斷見不會俱生，他既然說"一死就永了"，那裡還起甚麼我慢？慢和身見以及邪見倒有一分，身見執苦劣的五蘊身，當然沒有慢；若是快樂的五蘊身，那就免不了慢，故說一分。邪見的人他是撥無——沒有快樂的好事，那當然也是沒有慢，所以慢和邪見也是不相應的。

疑和五見決不相應。疑是不審決，見是審決，所以相違，決定不俱起。五見它們自己和自己有相應嗎？決定不會相應的。因為有見一定有慧，一念中不能有兩個慧並起，所以五見是互不相應的。

癡和貪瞋慢等九種都能相應，因為無論那一個煩惱生起，都免不了愚癡的無明來幫忙，所以癡和其餘的九種決定是相應的。

此十煩惱，何識相應？藏識全無。末那有四。意識具十。五識唯三。謂貪瞋癡，無分別故。由稱量等，起慢等故。此十煩惱，何受相應？貪瞋癡三，俱生分別，一切容與五受相應。貪會違緣，憂苦俱故。瞋遇順境，喜樂俱故。有義俱生分別起慢，容與非苦四受相應。恃苦劣蘊，憂相應故。有義俱生，亦苦俱起。意有苦受，前已說故。分別慢等，純苦趣無，彼無邪師邪教等故。然彼不造引惡趣業，要分別起，能發彼故。

貪、瞋、癡、慢、疑、身、邊、邪、見、戒這十種根本煩惱心所和八個識的心王，同那一識相應呢？阿賴耶識只有五個徧行心所，所以和它們是不相應。第七染污末那識只有我癡、我見、我慢、我貪四個根本煩惱，第六意識當然統統都有。前五識只有俱生的貪、瞋、癡三個，是無分別起的，因為疑和慢以及不正見等，那都是由後來稱量分別而起的。

這十種煩惱在五種受中和那一個受相應呢？答：貪、瞋、癡三種無論是俱生的或分別的，和苦、樂、憂、喜、捨五受通通都可以相應。甚麼原因呢？因為貪愛的時候，一下子遇到了違背的因緣，所以憂和苦都來了；縱然是正在瞋怒的當兒，這時候假定遇到了順境，也會轉憂苦而成喜樂的。

至於慢，有兩家說法。第一家說：無論是俱生慢或分別慢，五受之中除了苦受，和四受一定是相應。或問：慢的體性是仗恃高舉，那裡有憂受呢？答：因為有苦受的劣蘊身，所以有憂受相應。

第二家說：俱生慢也有苦受俱起。因為意識有苦受，前面已經說過了。如果是分別慢，在純苦趣裡面當然是沒有，因為分別慢是由邪師和邪教而起的，在純苦趣的三惡道中那裡有邪師邪教呢？所以沒有分別慢。因為純苦趣的三惡道他們不能造引生惡趣的業，要有邪師邪教邪分別，纔可以發起分別慢，而造業受果。

　　疑後三見，容四受俱。欲疑無苦等，亦喜受俱故。二取若緣憂俱見等，爾時得與憂相應故。有義：俱生身邊二見，但與喜樂捨受相應。非五識俱，唯無記故。分別二見，容四受俱。執苦俱蘊，為我我所，常斷見翻此，與憂相應故。有義：二見若俱生者，亦苦受俱。純受苦處，緣極苦蘊，苦相應故。論說俱生一切煩惱，皆於三受現行可得。廣說如前，餘如前說。此依實義，隨粗相者，貪慢四見，樂喜捨俱。瞋唯苦憂捨受俱起。癡與五受，皆得相應。邪見及疑，四俱除苦。貪癡俱樂，通下四地。餘七俱樂，除欲通三。疑獨行癡，欲唯憂捨。餘受俱起，如理應知。

疑、邪見、見取見、戒禁取見這四種除了苦受，容許有其餘的四受俱起。問：「既然是疑，怎樣容許有喜？」答：「欲界眾生的疑，他們還猶豫以為來世是沒有苦事，所以還有喜受相應。」問：「見取見和戒禁取見為甚麼還有憂受呢？」試想：投灰、拔髮、臥針、薰鼻、食草、食糞種種苦行，怎樣沒有憂受呢？至於邪見，那一定有喜受和憂受俱起。

身見和邊見有兩家說法不同。第一家說：如果是俱生的身見和邊見，那是和喜、樂、捨三受相應。問：為甚麼不和苦受相應呢？答：身見和邊見它完全是從分別而起，不和前五識相應的，所以沒有苦受。問：二見為甚麼又沒有憂受呢？答：因為俱生二見是屬於有覆無記性，論上說：憂根不是無記性。分別二見，除了苦受以外，和其餘的四受是相應的。問：二見為甚麼又有憂受呢？答：他們怕苦身是常，又怕樂身是斷，所以都是有憂受相應。

第二家說：身見和邊見設若是俱生的二見，應當也有苦受。甚麼原因呢？因為三惡道純受苦的地方，他們是緣極苦五蘊身，所以也有苦受相應。論上面說：俱生一切煩惱都是和苦受、樂受、捨受三受現行的。要詳細知道內容，那在前面第五卷裏面說三受的地方說得很明白。

這是依據實在的意義來說的。如果是隨從粗相來說的話，貪和慢以及身見、邊見、見取見、戒禁取見這六種，只有樂受、喜受、捨受俱起。瞋，唯有苦受、憂受、捨受俱起。癡，它和五受都可以相應。邪見及疑除開了苦受，可以和其餘的四受相應。

貪、癡相應的樂受在三界九地中，只有通欲界以及色界的初二三禪四地相應。為甚麼不通四禪以上呢？因為四禪以上唯有捨受啦。十種根本煩惱除了貪、瞋、癡三種以外，其餘七種煩惱和樂受相應的，只通初二三禪，因為這是意地的快樂。為甚麼要除了欲界呢？因為欲界的眾生沒有意地的快樂。為甚麼又不說瞋呢？因為色界和無色界是不行瞋的。同時欲界的瞋有甚麼快樂呢？疑和獨行無明，欲界唯有憂受和捨受。色界和無色界只有七種煩惱相應，疑和獨行無明或者和喜受苦受相應。

此與別境，幾互相應？貪瞋癡慢，容五俱起。專注一境，得有定故。疑及五見，各容四俱。疑除勝解，不決定故。見非慧俱，不異慧故。此十煩惱，何性所攝？瞋唯不善，損自他故。餘九通二。上二界者，唯無記攝，定所伏故。若欲界繫，分別起者，唯不善攝，發惡行故。若是俱生，發惡行者，亦不善攝，損自他故。餘無記攝，細不障善，非極損惱自他處故。當知俱生身邊二見，唯無記攝，不發惡業。雖數現起，不障善故。

這十種根本煩惱和五種別境，有幾個互為相應呢？貪、瞋、癡、慢這四種容許和五種俱起。問：這四種行相是粗動，怎樣可以和定心所相應呢？答：例如在戲忘天上專注一境的快樂，起貪、瞋、癡的煩惱，可見也有定心所。疑以及五種見各各可以容許四種相應，要除了勝解心所；因為疑是猶豫，所以沒有勝解的決定。五見本身就是慧，所以要除了慧心所。

這十種煩惱在善惡無記三性之中是何性所攝？答：瞋，那完全是不善性，因為瞋是損害自己和他人的緣故。除了瞋之外，其餘的九種是通不善和有覆無記這兩種，這是約欲界眾生說的。若是色界和無色界，那沒有不善，只有無記性，因為上界的不善被禪定所伏住了，所以唯有"有覆無記性"。若是欲界的眾生，其餘的九種（瞋已說過）由分別而起的，那也是不善性所攝，因為它能夠發起惡的行為；俱生而起的也是一樣，因為都有損害自他的原故。其餘的如果是不發惡行的話，那是無記所攝。因為煩惱不是特別的粗猛，也不會障礙善法，因為它不是極點損惱自他的東西。應當知道俱生的身見和邊見，它們兩個都是無記性所攝。如果不發惡業，雖然是常常現起，也是不障礙善行。

此十煩惱何界繫耶？瞋唯在欲，餘通三界。生在下地，未離下染。上地煩惱，不現在前。要得彼地根本定者，彼地煩惱，容現前故。諸有漏道，雖不能伏，分別起惑，及細俱生，而能伏除，俱生粗惑。漸次證得上根本定。彼但迷事，依外門轉。散亂粗動，正障定故。得彼定已，彼地分別俱生諸惑，皆容現前。生在上地，下地諸惑，分別俱生，皆容現起。生第四定中有中者，由謗解脫生地獄故。身在上地將生下時，起下潤生俱生愛故。而言生上不起下者，依多分說，或隨轉門。下地煩惱，亦緣上地。《瑜伽》等說欲界繫貪，求上地生，味上地故。既說瞋恚憎嫉滅道，亦應憎嫉離欲地故。總緣諸行，執我我所，斷常慢者，得緣上故。餘五緣上，其理極成。

上面所說的這十種煩惱，三界之中是那一界所繫呢？答："瞋煩惱唯有欲界纔有，上二界沒有，其餘的九種煩惱則通於三界。"

問："生在下地，能起上地的煩惱嗎？"答："有兩種：一、生在下地，沒有離開下地的煩惱，當然上地的煩惱是不得現前。要得到上地的根本定，那上地的煩惱纔可以現前。二、修世間有漏道的人，他們雖然不能夠伏住分別起的煩惱以及微細俱生起的煩惱，然而能夠伏除俱生起的粗煩惱；這樣慢慢的依了次第，也可以證得上地根本定，這一種迷事的煩惱是依託外面的五塵而生起的。因為它是散亂粗動，是障礙定境的；如果得到了上地定，離開了下地，那上地分別和俱生兩種煩惱都容許可以現前。其實這種道理很容易明白，好像一個人從內至外穿了九件白衫，而每件白衫上都有油斑，然而外面第一件衣服如果不脫下來的話，那裏面第二件白衫上的油斑你是看不見的。就是脫了七件衣服，第八件的衣服如果不脫，那第九件貼體汗衫上的油斑你還是看不見。三界九地的煩惱能破不能破，和這九件衣服的污穢是一樣的道理。

生在上地的眾生對於下地的煩惱，無論是分別的或俱生的，都容許現起。好像從前有一個人，生在第四禪無想天中，他自己以為是證了阿羅漢果。後來五百劫壽命滿了的時候，看見自己的中陰身要生下地的時候，他忽然間生起一種誹謗三寶的惡念，他說：“佛也會打妄語，實在沒有無漏的涅槃法，那裡有甚麼阿羅漢的無漏果呢？”他以為自己證到了阿羅漢尚且要再去投生，那裡還有甚麼無漏的聖果呢？他不知道自己生在外道天，煩惱完全沒有斷得了，反而誹謗三寶，所以墮落到地獄裏面受苦。可見上地將要生下地的時侯，起下地的潤生，還是有俱生煩惱的貪愛。

然而經論上又說：生上地的眾生而不起下地的煩惱，那是依據多分而說，或者是隨順小乘，而轉變大乘的教理。下地的煩惱的眾生其實也可以緣上地的境界。在《瑜伽師地論》上就這樣說：“欲界繫貪煩惱的眾生如果求上地生的時侯，也可以貪上地的境界。”在論上又說：有漏的凡夫對於無漏的滅諦和道諦尚且起瞋恚憎嫉，那對於上界的離欲地起瞋嫉，更不必說了。除了貪瞋以外，還有身見、邊見、慢這三種，它們總緣三界的色心諸行，或執為我，或執為我所，或執我常，或執我斷，還有高慢輕人，所以身、邊、慢三種，也可以緣上界。貪、瞋、身、邊、慢這五種可以得緣上界，那癡、疑、見取、戒取、邪見這五種也可以緣上地了。

而有處言：貪瞋慢等，不緣上者，依粗相說，或依別緣。不見世間，執他地法為我等故，邊見必依身見起故。上地煩惱，亦緣下地。說生上者，於下有情，恃己勝德，而陵彼故。總緣諸行，執我我所，斷常愛者，得緣下故。疑後三見，如理應思。而說上惑，不緣下者，彼亦多分，或別緣說。此十煩惱，學等何攝？非學無學，彼唯善故。此十煩惱，何所斷耶？非非所斷，彼非染故。分別起者，唯見所斷，粗易斷故。若俱生者，唯修所斷，細難斷故。見所斷十，實俱頓斷。以真見道，總緣諦故。然迷諦相，有總有別。總謂十種皆迷四諦。苦集是彼因依處故。滅道是彼怖畏處故。別謂別迷四諦相起。二唯迷苦，八通迷四。身邊二見，唯果處起。別空非我，屬苦諦故。

然而，有許多經論上說"下地的貪、瞋、慢等是不緣上地的"，這又是甚麼理由？這有兩種原因：一是依大概說的，一是依自地說的。那裡有看見過執他地法為我或為我所嗎？所以我見不通上地，也不執他地法；我及我所，是斷是常，所以邊執見也不通於上地。這樣的說法，不過作一往而談，或是三界九地各別而緣。

然而，上地的煩惱倒是可以緣下地。在經論上有說：上地的眾生對於下地的有情，還有仗恃自己的勝德而欺陵他們，這不是有慢嗎？或者是總緣三界九地的諸行為我，或為我所，而起常見或斷見，生起愛者。這身見、邊見以及貪愛豈不是可以緣下地嗎？貪、慢、身見、邊見這四種既然可以緣下地，那末，疑、邪見、見取見、戒禁取見這四種也可以緣下地了。為甚麼沒有瞋呢？因為上界不行瞋。為甚麼又不說癡呢？因為癡是偏在一切染污法上的。

經論上又說"上地的煩惱是不緣下地"，那是依據多分而說，或者是自地別緣而說。

問："這十種煩惱在有學、無學、非學這三種之中，是那一種裡面所攝呢？"答："是非學的凡夫位所攝。因為有學的初二三果、無學的四果，他們都是善性，這十種煩惱完全是屬於染污，所以不屬於有學無學。"

問："這十種煩惱在三斷之中，見道斷、修道斷、非所斷，是那一種所攝？"答："不是非所斷的無漏道所攝，因為無漏道不是染污法。若是分別起的煩惱，那是屬於見道所斷，它是屬於粗的，所以容易斷的。若是俱生煩惱，那是屬於修道所斷的，因為它的行相很細，所以難斷一點。"見道所斷的十種煩惱，實實在在是同在一剎那時頓斷。因為到了真見道的時候，他是總緣三界四諦之理，所以見惑是頓斷。然而凡夫所迷的四諦，有總有別。總，就是十種煩惱，都是因迷昧四諦。集是煩惱的種現，所以是煩惱的因；苦是果報的身心，就是煩惱的依處；滅是斷了煩惱所得的果；道是對治煩惱的因。苦集是障，滅道是治；障和治是相違的，所以滅道是煩惱的怖畏處。由這十種煩惱迷昧了四諦的真理，所以使令有情不能夠知苦斷集，慕滅修道。

別，是別迷四諦的相起，十種煩惱之中唯有身見和邊見，是但迷苦諦。除了身邊二見，其餘的八種那都是通迷苦集滅道四諦的真理。又，身見和邊見這二見唯在世間果報五蘊身土生起的，怎樣知道呢？就是別修空觀及無我觀，來對治身邊二見，空觀和無我觀是觀苦諦的境界。

> 謂疑三見，親迷苦理。二取執彼，三見戒禁，及
> 所依蘊，為勝能淨。於自他見，及彼眷屬，如次
> 隨應起貪恚慢。相應無明，與九同迷，不共無明，親
> 迷諦理。疑及邪見，親迷集等；二取貪等，準苦
> 應知。然瞋亦能，親迷滅道，由怖畏彼，生憎嫉
> 故。迷諦親疏，粗相如是。委細說者，貪瞋慢三，見
> 疑俱生，隨應如彼。俱生二見，及彼相應，愛慢
> 無明，雖迷苦諦，細難斷故，修道方斷。瞋餘愛

等，迷別事生，不違諦觀，故修所斷。雖諸煩惱，皆有相分，而所仗質，或有或無，名緣有事無事煩惱。彼親所緣，雖皆有漏；而所仗質，亦通無漏。名緣有漏無漏煩惱。緣自地者，相分似質，名緣分別所起事境。緣滅道諦，及他地者，相分與質，不相似故。名緣分別，所起名境。餘門分別，如理應思。

疑、身見、邊見、邪見這四種是親迷苦諦的理，見取、戒禁取、貪、恚、慢這五種是疏迷苦諦的理。意思就是說：①見取見——就是妄取迷苦諦所有的諸見，以為第一，以為是清淨能得解脫出離。②戒禁取見——它是隨順諸見，而持邪戒，以為第一，以為此戒能得清淨，解脫出離。③貪——即對於上面邪見和邪戒愛染取著。④恚——例如斷見的人對於起常見的人心懷違損。⑤慢——對於自己的見戒以為是了不起，因此輕慢別人。在自己的見上就起貪，在別人的見上就起瞋，而慢彼眷屬。無明有兩種：若是相應無明，當然是和上面九種同迷，這是疏迷。若是不共無明，那是它自己親迷苦諦的真理。

上面說的是迷苦諦理，現在來說迷集滅道三諦理。在十種煩惱之中要除了身見和邊見兩種，有其餘的八種。怎樣知道呢？疑、邪見這兩種是親迷集滅道三諦，見取、戒禁取、貪、恚、慢它們也有疏迷集滅道三諦，和迷苦諦理是一樣。就是瞋也有親迷滅諦和道諦，因為它對於滅道生起一種怖畏，所以生起了憎嫉。

迷昧四諦理，有直接迷的，叫做親迷；有間接迷的，叫做疏迷。粗相的大概是這樣說，若是仔細說的話，前面所說的是分別所起的煩惱，下面要說俱生的煩惱了！

貪、瞋、慢、身見、邊見、邪見、見取見、戒禁取見、疑這九種在前面分別起的已經說過了，是見道所斷的。現在來講俱生所起的身見和邊見，是一分任運所起的二見，還有和二見相應的貪愛、慢、無明，這五種雖然是單迷苦諦，然而它是俱生，所以細故難斷，要在修道位方能斷除。為甚麼不說到瞋呢？因為在修道位中瞋心和二見不能並起。

還有在修道所斷迷事的煩惱，有瞋、愛、慢、無明。這四種是迷事生起的，不會理觀，所以也是修道所斷。雖然一切的煩惱都有自己的相分色，而所依託的本質色：或有本質，那叫做緣有事煩惱；或無本質，那叫做緣無事煩惱。一切煩惱的親所緣雖然都是有漏，而所仗託的本質有的時侯也通於無漏。甚麼原因呢？因為緣苦集二諦是屬於有漏，若是緣滅道二諦，那是屬於無漏了。

設若是緣自地，那所變的相分境和本質境是相似，這叫做緣分別所起的事境；如果是緣滅諦和道諦或者是緣他地的話，那相分境和本質境是不相似，這叫做緣分別所起的名言境。因為沒有修證，也沒有見到和聞到，所以但有名字而沒有實質。上面根本煩惱一共用十門來分別，至於餘門的分別，那只好照道理去思惟研究。

已說根本六煩惱相。諸隨煩惱，其相云何？頌曰：「隨煩惱謂忿，恨覆惱嫉慳，誑諂與害憍；無慚及無愧；掉舉與惛沉，不信並懈怠，放逸及失念，散亂不正知。」論曰：唯是煩惱分位差別，等流性故，名隨煩惱。此二十種，類別有三。謂忿等十，各別起故，名小隨煩惱。無慚等二，徧不善故，名中隨煩惱。掉舉等八，徧染心故，名大隨煩惱。

六種根本煩惱已經說過了。那隨煩惱的相狀又是怎樣呢？先用本頌來標明：①忿，②恨，③覆，④惱，⑤嫉，⑥慳，⑦誑，⑧諂，⑨害，⑩憍；⑪無慚，⑫無愧；⑬掉舉，⑭惛沉，⑮不信，⑯懈怠，⑰放逸，⑱失念，⑲散亂，⑳不正知。上面舉頌來標數，隨煩惱一共有二十個。這二十個隨煩惱它是根本煩惱分位上的差別，或者是從那一個煩惱流下來的。好像忿、恨、惱、嫉、害都是從根本煩惱中瞋心所流下來的，所以叫做等流性，名字叫做隨從根本煩惱而有的。

在這二十種裏面約類可分為三種：因為忿、恨、覆、惱、嫉、慳、誑、諂、害、憍，這十種是各起各的，所以名小隨煩惱。無慚和無愧它們兩個領域要大一點，能夠普遍到一切不善法上去，所以叫做中隨煩惱。掉舉以下的八種它們的領域那是更大了，它們不但是普遍於不善，並且能普遍到有覆無記性上去，所以叫做大隨煩惱。

云何為忿？依對現前不饒益境，憤發為性，能障不忿，執仗為業。謂懷忿者，多發暴惡身表業故。此即瞋恚，一分為體，離瞋，無別忿相用故。云何為恨？由忿為先，懷惡不捨，結怨為性。能障不恨，熱惱為業。謂結恨者，不能含忍，恆熱惱故。此亦瞋恚，一分為體。離瞋，無別恨相用故。云何為覆？於自作罪，恐失利譽，隱藏為性。能障

不覆，悔惱為業。謂覆罪者，後必悔惱，不安隱
故。有義：此覆，癡一分攝。論唯說此癡一分故。不
懼當苦，覆自罪故。有義：此覆，貪癡一分攝。亦
恐失利譽，覆自罪故。論據粗顯，唯說癡分。如
說掉舉，是貪分故。然說掉舉，遍諸染心，不可
執為唯是貪分。

甚麼叫做忿呢？就是依託眼面前所看見不順意的事，而生憤
怒——即刻發起脾氣來，這就是它的體性。能障礙不忿，還要拿
起鞭杖去打人，這就是忿的業用。意思就是說，凡是懷了有忿怒
心的人，大多數的人都會發現暴惡身體上的壞行為，這就是因為
忿的驅使。故忿是以瞋恚一分為體性的，如果離開了瞋心，那也
就沒有忿的相用了。

甚麼叫做恨呢？那是因為忿怒在先，罵過了，打過了，但不
就算了，他還放不下，惡念不捨棄，結怨在心，這就是它的體性。能
夠障礙不恨，心中非常的熱惱，就是它的業用。這就是說，凡是
結恨的人，就是不能夠含忍，所以自己心中恆常都是煩惱。這恨
心所也是依託瞋心一分為體的，如果離開了瞋心，另外也就沒有
恨的相用了。

甚麼叫做覆呢？就是對於自己所作的罪，恐怕失了財利和名
譽，所以把它隱藏起來，這就是它的體性。能夠障礙不覆，所以
做惡事的人自己常常懊悔，而心中也就非常的苦惱。就是說，遮
覆罪的人做過了之後，他必定會懊悔和苦惱，所以他的心中總是
不得安靜。這有兩家說法，第一家說：覆，是癡一分所攝。因為
論上只有說覆是癡一分所攝。因為覆罪的人，就是不怕將來受苦

報，所以他自己覆罪。

第二家說：覆，是貪和癡各一分所攝。為甚麼覆又是貪所攝呢？因為恐怕失掉了財利和名譽，所以纔遮蓋自罪。論上說"覆是癡攝"，那是依據粗顯而說的。好像說"掉舉是貪分所攝"，其實掉舉是徧一切染污心，不可以執著單屬貪心的。

云何為惱？忿恨為先。追觸暴熱，狠戾為性。能障不惱，蛆螫為業。謂追往惡，觸現違緣，心便狠戾，多發囂暴，凶鄙粗言，蛆螫他故。此亦瞋恚，一分為體，離瞋，無別惱相用故。云何為嫉？殉自名利，不耐他榮，妒忌為性。能障不嫉，憂感為業。謂嫉妒者，聞見他榮，深懷憂感，不安隱故。此亦瞋恚，一分為體，離瞋，無別嫉相用故。云何為慳？耽著財法，不能惠捨，祕吝為性。能障不慳，鄙畜為業。謂慳吝者，心多鄙澀，蓄積財法，不能捨故。此即貪愛，一分為體，離貪，無別慳相用故。云何為誑？為獲利益，矯現有德，詭詐為性。能障不誑，邪命為業。謂矯誑者，心懷異謀，多現不實，邪命事故。此即貪癡，一分為體，離二，無別誑相用故。云何為諂？為罔他故，矯設異儀，險曲為性。能障不諂，教誨為業。謂諂曲者，為罔冒他，曲順時宜，矯設方便，為取他意，或藏己失，不任師友，正教誨故。此亦貪癡，一分為體，離二，無別諂相用故。云何為害？於諸有情，心無悲愍，損惱為性。能障不害，逼惱為業。謂有害者，逼惱他故。此亦瞋恚，一分為體，離瞋，無別害相用故。瞋害別相，準善應說。云何為憍？於自盛事，深生染著，醉傲為性。能障不憍，染依為業。謂憍醉者，生長一切，雜染法故。此亦貪愛，一分為體，離貪，無別憍相用故。

怎樣叫做惱呢？它是先有忿恨在心裏面，然後追觸起來，所以就會暴躁，它的體性就是狠毒和乖戾。能障礙不惱，好像蛇蝎一樣蛆螫於人，就是它的業用。這就是說，追憶到過去的惡人，又觸到了現在的違緣，所以心中便狠戾起來，每每就發出囂張暴熱凶鄙的話，開口就罵人，這豈不是同蛇一樣去咬人嗎？這也是瞋恚心一分做它的體性。如果離開了根本煩惱（瞋心）的話，那也就沒有另外一種惱的相用了。

怎樣叫做嫉呢？完全為自己的名利，連生命都可以犧牲！看見別人家有一點好事，他都是放人家不下，不能夠忍耐，所以嫉的體性，就是妒忌。有了嫉妒心的人，當然障礙不嫉，自己心裏面也常常憂慼起來，這就是嫉的業用。這就是說，凡是有嫉妒心的人，只要一看見人家有好事，或聽到人家有好事，如升官發財、娶妻生子之類，他心裏面就很難過，也就不安樂起來，這不是愚癡和業障嗎？嫉妒和惱害都是以瞋恚心一部分做它的體性。如果離開了瞋心的話，也就沒有另外嫉妒的相狀和功用。

怎樣叫做慳呢？就是耽著財法，不肯惠捨於人，所以慳的體性就是祕吝；能夠障礙不慳，一種鄙吝的積蓄就是慳的業用。這就是說，如果心多鄙澀的人，他把許多錢財積蓄起來，就是懂了一點佛法，他也是不肯講給人家聽。這也是貪愛的一部分來做它的體性，如果離開了貪心所的話，那就沒有另外慳的相用可得。

怎樣叫做誑呢？因為自己要得到財利和名譽，本來是沒有道德，而裝模作樣的假裝得好像有道德，所以誑的體性就是詭詐。能障礙不誑，好像有一種人——高聲現威，自說功德，說得財利，預說禍福等等，這叫做不正當的生活，就是它的業用。凡是有矯誑的人，他的內心多懷著一種異謀，所以做的事都是不真實的邪命。這誑的體性是由貪癡各一分合成的，如果離開貪和癡，那就沒有另外誑的相用可得。

怎樣叫做諂呢？就是因為要欺騙人的原故，所以假做作許多承奉人的媚態，諂的體性就是心中不直的險詐和歪曲。能夠障礙不諂，令得別人不好意思規諫他，這就是諂的業用。因為凡是有諂曲心的人，他要哄騙別人，不得不曲順時宜，假設許多方便，無非是要取悅於人。或者，自己犯了過失，不給人家知道，隱藏起來，不肯任憑良師善友正當的教誨。所以諂也是以貪和癡各一分為體，假定離開了這貪癡的話，那就沒有另外諂的相狀和功用。

怎樣叫做害呢？就是對於一切有生命的動物，沒有慈悲憐愍的心腸，所以害的體性就是損惱眾生，能夠障礙不害，逼惱眾生就是害的業用。意思就是說：凡是有害人心腸的人，他一定是逼害惱亂別人的。所以這個害心所也是瞋恚一分做它的體性，如果離開了瞋恚的話，那也就沒有害的相狀和功用可得。請問：「瞋和害的別相是甚麼地方不同？」這和善心所上的不瞋和不害相反，就是沒有慈悲。

怎樣叫做憍呢？就是對於自己有一點好事，就深深生起染著起來，憍的體性就是沉醉高傲。能障礙不憍，一切的染污法都是依託憍傲生起的,這就是憍的業用。就是說:凡是有憍傲心的人,一定會生長一切染污的事情,所以憍也是以貪愛一部分做它的體性。如果離開了貪愛的話,那也就沒有另外憍的相狀和功用可得。

云何無慚? 不顧自法, 輕拒賢善為性。能障礙慚, 生長惡行為業。謂於自法, 無所顧者, 輕拒賢善, 不恥過惡, 障慚生長諸惡行故。云何無愧? 不顧世間, 崇重暴惡為性。能障礙愧, 生長惡行為業。謂於世間無所顧者, 崇重暴惡。不恥過罪, 障罪, 生長諸惡行故。不恥過惡, 是二通相, 故諸聖教, 假說為體。若執不恥, 為二別相, 則應此二體無差別。由斯二法, 應不俱生。非受想等有此義故。若待自他立二別者, 應非實有, 便違聖教。若許此二, 實而別起, 復違論說, 俱徧惡心。不善心時, 隨緣何境, 皆有輕拒善及崇重惡義。故此二法俱徧惡心。所緣不異, 無別起失。然諸聖教說不顧自他者, 自法名自, 世間名他。或即此中, 拒善崇惡, 於己益損, 名自他故。而論說為貪等分者, 是彼等流, 非即彼性。

怎樣叫做無慚呢? 凡是人不顧自己的人格, 又不顧所信奉的教法, 對於賢善的事情而輕視並且違拒, 這就是無慚的體性。因此就能障礙慚, 而生長一切惡行起來, 這就是無慚的業用。意思就是說, 一個人如果對於自己的人格以及教法都不顧了的話, 當然對賢善的人輕視違拒。作了過惡的事情, 又不怕羞恥, 障礙有慚，生長一切惡的行為起來。

怎樣叫做無愧呢？就是不顧世間人的非議和責罰，而崇敬尊重暴惡，這就是無愧的體性。障礙有愧，生長一切惡行，就是無愧的業用。這種人對於世間上的非議和責罰他都不顧了，崇敬暴惡，有過失和罪犯還怕羞恥嗎？所以他是障礙有愧，生長一切惡行了。

說到不恥過惡這句話，是無慚和無愧的兩種通相，所以《顯揚聖教論》上說它是假說為體性的。設若一定執著不恥過惡是無慚無愧兩個東西的別相，那應當兩個東西的體性豈不是沒有了差別嗎？如果真是沒有差別，那就是一體；既然是一體，那二法就不應當同生了。"非受想等有此義故"，這就好像不可以拿"苦受和樂受"的性質不同，一起領納是一樣。其實還有逼迫和適悅的分別，不同無慚無愧完全以不恥過惡為它們的通相。設若無慚是對自說的，無愧是對他說的，自他設立不同，那應當就不是實有。不是實有，即違背了經論上說這兩種是有實體的道理了。設若贊成這兩種實在是各別而起，那又違背了論上說的無慚無愧是遍一切惡心。

因為不善心的時候，隨便緣到那一種境界，都有輕拒賢善和崇重暴惡的意義在其中，所以無慚和無愧這兩種都是普遍到一切惡心上去。所緣既是不異，因此也就沒有各別而生起的過失了。

然而有的經論上說：不顧自他，是說自己和教法叫做自，世間上的人都叫做他。或者，也就是論上所說的拒善崇惡，於自己有益，那就是尊重自己的人格以及所奉之教法，這叫做自；怕世間上的人來非議和責罰，就叫做他。相反的，如果不尊重人格和教法，又不怕人家非議責罰，那就對於自他都有損害了。而論上又說無慚無愧是貪的等分，那是說是貪的等流，並不是說就是貪的體性。

> 云何掉舉？令心於境，不寂靜為性。能障行捨，奢摩他為業。有義：掉舉貪一分攝。論唯說此是貪分故，此由憶昔樂事生故。有義：掉舉非唯貪攝。論說掉舉徧染心故。又掉舉相，謂不寂靜。說是煩惱，共相攝故。掉舉離此，無別相故。雖依一切煩惱假立，而貪位增，說為貪分。有義：掉舉別有自性。徧諸染心，如不信等。非說他分，體便非實。勿不信等，亦假有故。而論說為世俗有者，如睡眠等，隨他相說。掉舉別相，謂即囂動。令俱生法，不寂靜故。若離煩惱無別此相，不應別說障奢摩他。故不寂靜，非此別相。

怎樣叫做掉舉呢？令心於境不寂靜為性。能障礙行捨的令心於境靜住，又能障礙奢摩他的止，令心等不寂靜。下面是掉舉的等流，有三家說法不同：

第一家說：掉舉是貪一分所攝，論上只有說掉舉是貪分所攝，這是迴憶從前快樂的事生起來的。

第二家說：掉舉不但是貪心所攝，因為論上有說"掉舉是徧一切染污心的"。又，掉舉的行相就是不寂靜，所以說是一切煩惱的共相所攝；如果掉舉離開了不寂靜的話，也就沒有另外一種行相。雖然掉舉是依託一切煩惱假立的，因為在貪位的時侯掉舉比較上要增盛一點，所以說掉舉是屬於貪之一分。

第三家說：掉舉還是另外有它自己的體性。雖然說掉舉是徧一切的染污心，然而同不信等它們一樣，還是各有別體。並不是說，屬於其他一分，連體性也不實有，那裡可以說不信等也是假有呢？而論上說掉舉是世俗的假有，那是好像同睡眠一樣，是隨無明相一分說的，其實還是有體的。

所以掉舉的別相就是囂動，令俱生心等法，不能常時寂靜。設若離開了一切的煩惱，那就沒有這掉舉的行相了，因此不應當別說掉舉是障礙奢摩他的止。故不寂靜不是掉舉的別相，可見既能障止，一定有它的別相。

云何惛沉？令心於境無堪任為性。能障輕安，毗缽舍那為業。有義：惛沉癡一分攝。論唯說此是癡分故。惛昧沉重是癡相故。有義：惛沉非但癡攝。謂無堪任是惛沉相。一切煩惱皆無堪任。離此無別惛沉相故。雖依一切煩惱假立，而癡相增，但說癡分。有義：惛沉別有自性。雖名癡分，而是等流；如不信等，非即癡攝。隨他相說，名世俗有，如睡眠等，是實有性。惛沉別相，謂即懵重。令俱生法無堪任故。若離煩惱，無別惛沉相。不應別說，障毗缽舍那。故無堪任，非此別相。此與癡相有差別者：謂癡於境，迷闇為相，正障無癡，而非懵重，惛沉於境懵重為相，正障輕安，而非迷闇。

怎樣叫做惛沉呢？就是令心對於所緣的境界上，沒有堪能任持的功能，就是惛沉的體性。並且能障礙輕安以及毘缽舍那的觀照，為惛沉的業用。下面說惛沉的等流有三家：

第一家說：惛沉是屬於癡一分所攝，因為論上只有說"惛沉是癡的一分"。惛昧和沉重就是癡的行相。

第二家說：惛沉不但是癡分所攝。意思就是說：無堪任纔是惛沉的行相，因為一切煩惱都是沒有堪任，如果離開了無堪任的話，那惛沉也沒有表相可得。雖然是依託一切煩惱假立的，因為在癡相上增盛一點，所以說它是癡分。

第三家說：惛沉另外有它的體性，是癡的等流，並不是癡攝。好像不信一樣，各有各的自體。惛沉隨癡相說，所以說是假有，其實是有它的自體。好像睡眠一樣，是隨癡相而說，說它是世俗的假有，其實睡眠也有它的體性。

惛沉的別相是甚麼呢？就是憒懂和沉重，它能夠使令俱生的心王和心所，無有堪能去負責任清楚的緣境。設若離開了煩惱，那就沒有惛沉的行相，也不應當別說惛沉的功能，能夠障礙毘缽舍那的觀。所以無堪任只可說是煩惱的通相，不可說是惛沉的別相，因惛沉有它自己的別相，它的別相就是憒懂沉重。

再問："惛沉和癡相在甚麼地方差別？"答："癡是對於境界迷闇為相，所以它是正障無癡，而不是憒重。惛沉是對於境界，憒重為相，它是正障輕安，而不是迷闇。這就是惛沉和癡相的差別。"

云何不信？於實德能不忍樂欲，心穢為性。能障淨信，墮依為業。謂不信者，多懈怠故。不信三相翻信應知。然諸染法，各有別相。唯此不信，自相渾濁，復能渾濁餘心心所，如極穢物，自穢穢他。是故說此心穢為性。由不信故，於實德能，不

忍樂欲，非別有性。若於餘事，邪忍樂欲，是此
因果，非此自性。

怎樣叫做不信呢？對於實事實理、三寶的功德、聖賢的道德、
善的能力不能夠忍受和好樂。這種人的內心是非常垢穢的，所以
不信即以心穢為體性。它能夠障礙清淨的信仰，一切懈惰懈怠都
是依託不信而有的，故懈惰即是不信的業用。就是說，不相信三
寶的人，他一定是懈怠，不肯努力去斷惡修善的。

不信也有三相，就是翻上面善心所裏面頭一個信心所的三
相——不信實、不信德、不信能。然而一切的染污法都是各別有行
相的，唯有這個不信，它的自相是垢穢渾濁。不但它自己渾濁，並
且能夠渾濁其餘的心王和心所，好像一種極穢的東西一樣。如糞
能夠自臭臭人，黑墨能夠自黑黑人，不信亦能自穢穢他，所以說
以心穢為性。

因為不信的原故，所以對於實事真理以及三寶的功德、聖賢的
道德、善法的能力，他都不能夠忍受和好樂，所以不信，沒有別的
體性。設若在其餘不合理的事情上生起了邪信邪欲，那是不信上
的因果關係，並不是不信上的自性。

云何懈怠？於善惡品，修斷事中，懶惰為
性。能障精進，增染為業。謂懈怠者，滋長染故。於
諸染事，而策勤者，亦名懈怠，退善法故。於無
記事，而策勤者，於諸善品，無進退故。是欲勝
解，非別有性。如於無記，忍可樂欲。非淨非染，無
信不信。

怎樣叫做懈怠呢？對於善品方面不肯努力去修，對於惡品方

面不肯努力去斷，它的體性就是懈惰。能夠障礙精進，所以增長一切的染污法，就是它的業用。就是說，懈怠的人一定是增長染污的。對於一切染污的事情雖然是策動努力地去做，還是叫它是懈怠，因為把許多善法統統退失了。對於非善非惡的無記事情，而策動努力去做，雖然不是惡事，然而對於善法無退也沒有進步，那是欲和勝解，並沒有其他的體性。好像在無記法上能夠忍可樂欲，所以不是淨也不是染污，無所謂信亦無所謂不信。可見精進的定義就是修善斷惡。

云何放逸？於染淨品，不能防修，縱蕩為性。障不放逸，增惡損善所依為業。謂由懈怠，及貪瞋癡，不能防修染淨品法，總名放逸，非別有體。雖慢疑等亦有此能，而方彼四，勢用微劣，障三善根，徧策法故。推究此相，如不放逸。

怎樣叫做放逸呢？對於惡法不能防，對於善法不能修，所以它的體性就是縱逸放蕩。障礙不放逸，惡事加增，善事損減，這些惡事的所依就是放逸的業用。

意思就是說，因為有了懈怠以及貪、瞋、癡這四法，所以對於惡事不能防，善事不能修，總名叫做放逸。除了四法，放逸便沒有另外的自體了。

雖然慢疑不正見等也不能防惡修善，不過比較懈怠和貪、瞋、癡四法，勢用稍微劣弱一點。因為貪、瞋、癡是障礙三種善根；懈怠是障礙精進，不能普徧的策勵修行一切善法。如果推究放逸是甚麼行相，那只要在善法不放逸中翻過來就知道了。

云何失念？於諸所緣，不能明記為性。能障

正念，散亂所依為業。謂失念者，心散亂故。有
義：失念，念一分攝。說是煩惱相應念故。有義：失
念，癡一分攝。《瑜伽》說此是癡分故。癡令念失，故
名失念。有義：失念，俱一分攝。由前二文，影
略說故。論復說此徧染心故。

怎樣叫做失念呢？就是對於一切所緣的境界，不能夠分分明
明記憶起來，這就是失念的體性。因此，能障礙正念，所有一切
的散亂都是依託失念來的，這就是失念的業用。就是說，凡是失
念的人，心一定是散亂的。下面是失念的分位，有三家不同：

第一家說：失念是屬於別境心所中的念心所，不過這個念是
有了煩惱和它相應，不是正念，所以叫做邪念。

第二家說：失念是屬於根本煩惱中的癡心所一分所攝，因為
《瑜伽師地論》上說"失念是癡一分所攝"的原故。它說："癡能
夠令人正念忘失，所以叫做失念。"

第三家說：失念是念和癡各一分所攝，所以失念老實叫它是
癡念。一個人不能沒有心念，不過是邪念和正念不同，那就是愚
和智慧、無明和光明的分別。所以前面一個說是念一分，一個說是
癡一分，那不過是互相影略，其實念和癡都有，因為論上說"失
念是徧一切染污心上都有的"。

云何散亂？於諸所緣，令心流蕩為性。能障
正定，惡慧所依為業。謂散亂者，發惡慧故。有
義：散亂，癡一分攝。《瑜伽》說此癡一分故。有
義：散亂，貪瞋癡攝。《集論》等說，是三分故。說
癡分者，徧染心故。謂貪瞋癡，令心流蕩，勝餘

法故，說為散亂。有義：散亂，別有自體。說三
分者，是彼等流。如無慚等，非即彼攝。隨他相
說，名世俗有。散亂別相，謂即躁擾。令俱生法，皆
流蕩故。若離彼三，無別自體，不應別說，障三
摩地。掉舉散亂，二用何別？彼令易解，此令易
緣。雖一剎那，解緣無易，而於相續，有易義故。染
污心時，由掉亂力，常令念念，易解易緣。或由
念等，力所制服；如繫猿猴，有暫時住。故掉與
亂，俱徧染心。

怎樣叫做散亂呢？就是對於所緣的境界，令心流動放蕩起
來，這就是它的體性。能夠障礙正定，一切不正當的鬼聰明都是
依託它而有的，這是它的業用。就是說，凡是散亂心重的人，他
一定發生許多惡慧。下面說散亂的分位有三家：

第一家說：散亂是癡心所一分所攝，在《瑜伽師地論》上說
散亂是癡一分故。

第二家說：散亂是貪、瞋、癡所攝，《雜集論》上有說是貪、瞋、
癡三分所攝的原故。然而單說癡分所攝，那是因為癡分是普徧一
切染污心的。就是說，貪、瞋、癡三毒能令心流蕩，勝過其餘的東
西，所以叫做散亂。

第三家說：散亂是另外有自體的，至於說是貪、瞋、癡三分，那
是它們三毒的同等流類，好像無慚無愧一樣，並不是說，就是它
們三毒所攝。不能說隨他的相，就是世俗的假有。

散亂的別相就是躁擾。令俱生的心王心所，統統成了流蕩。假
定說，離開了貪、瞋、癡三法，散亂就沒有自體的話，那就不應當

說"散亂能夠障礙正定"。掉舉和散亂兩種功用有什麼不同？掉舉是更易能知之心，散亂是更易所緣之境。雖然說在一那間，能知的心和所知的境是沒有變易，然而在相續的時候，還是有變易的。一到了有染污心的時候，因為有了掉舉和散亂兩種力量，所以令心和境，剎那剎那的念念變易。或者，由了正念的勢力，所以制伏它，好像繫住猿猴一樣，暫時不能夠走出去。所以掉舉和散亂都是普徧一切染污心的。

云何不正知？於所觀境，謬解為性。能障正知，毀犯為業。謂不正知者，多所毀犯故。有義：不正知，慧一分攝，說是煩惱相應慧故。有義：不正知，癡一分攝。《瑜伽》說此是癡分故。令知不正，名不正知。有義：不正知，俱一分攝。由前二文，影略說故，論復說此徧染心故。與並及言，顯隨煩惱，非唯二十，《雜事》等說：貪等多種，隨煩惱故。隨煩惱名，亦攝煩惱。是前煩惱，等流性故。煩惱同類，餘染污法，但名隨煩惱，非煩惱攝故。唯說二十隨煩惱者，謂非煩惱，唯染粗故。此餘染法，或此分位，或此等流，皆此所攝。隨其類別，如理應知。

怎樣叫做不正知呢？就是對於所觀的境界上，起了錯誤的見解，這就是它的體性。能夠障礙正知，而毀犯了一切正因果法，這就是它的業用。就是說，凡是知見不正的人，大多數是破壞因果，毀犯戒律的。不正知的等流有三家說的不同：

第一家說：不正知是別境裏面的慧心所一分所攝，不過這是和煩惱相應的染污慧罷了。

第二家說：不正知是根本煩惱中的癡心所一分所攝。在《瑜伽師地論》上說：“不正知是屬於癡分，因為愚癡能使知見不正，所以叫做不正知。”

第三家說：不正知是癡、慧兩種合起來的結果，所以叫做俱一分所攝。由前面兩家，一個講屬慧，一個講屬癡，其實是互相影略所說的，因為論上說“不正知是徧一切染污心的”。現在二十個隨煩惱——小隨十、中隨二、大隨八——總算講完了。頌上還有“與”“並”“及”三個字，又是甚意義呢？意思就是說，隨煩惱其實是不止二十個。在《瑜伽師地論》第五十八卷裏面雜事中說“貪、瞋、癡等裏面有多種的隨煩惱”，既說多種，當然不止二十個。可見其餘的隨煩惱，也通通攝在煩惱裏面，因為是從前面根本煩惱流出來的。至於其餘煩惱的同類染污法，但可以叫它是隨煩惱，而不是煩惱的本身。

所以但說二十種隨煩惱的話，是除去根本煩惱以及三性裏面的隨煩惱並細的隨煩惱。所以說“非煩惱，唯是染污和粗的隨煩惱”。其餘染污法或是隨煩惱的分位，或是隨煩惱的等流，都在這二十個裏面所攝，隨從它的分類，如理上可以推知。

　　如是二十隨煩惱中，小十大三，定是假有。無慚、無愧、不信、懈怠，定是實有，教理成故。掉舉、惛沉、散亂三種，有義是假，有義是實，所引理教，如前應知。二十皆通俱生分別。隨二煩惱，勢力起故。此二十中，小十，展轉定不俱起，互相違故。行相粗猛，各為主故。中二，一切不善心俱，隨應皆得小大俱起。論說大八徧諸染心。展轉小中，皆容俱起。有處說六徧染心者，惛掉增時，不俱起故。有處但說五徧染者，以惛掉等違唯善故。此唯染故，非第八俱。第七識中唯有大八，取捨差別，如上應知。第六識俱，容有一切。小十粗猛，五識中無。中大相通，五識容有。

以下是二十種隨煩惱用十二門來分別它。第一是假實門，如是前面這二十種隨煩惱裏面，小隨煩惱十個、大隨煩惱三個——放逸、失念、不正知，這十三個決定是假有的。中隨煩惱的無慚和無愧、大隨煩惱中的不信和懈怠那是決定有體的，因為有經論和道理可以作證據的。大隨煩惱中的掉舉、惛沉、散亂這三種有兩家說得不同：一家說是假有，一家說是實有。他們兩家所引的道理和經教，照前面所說過的可以知道。

第二是俱生分別門，這二十個隨煩惱無論是俱生的煩惱和分別的煩惱都有，因為它們這二十個是隨這俱生和分別兩種煩惱勢力生起的。

第三是自類相應門，這二十個隨煩惱裏面，十個小隨煩惱它們是決定不能同時俱起，因為是互相違背的原故。並且它們的行相是很粗猛，所以是各自為主。兩個中隨煩惱的行蹤徧於一切不善心中，並且可以同小隨大隨同起，不過有覆無記沒有它們兩個參加工作，唯通於大隨不善性而已。論上說，大隨八個它們是徧於兩種染污性的，即不善性和有覆無記性。又能和小隨中隨同起。設若是不善心俱，那就和七個小隨、兩個中隨同起。若是不善心及有覆無記，那就和小隨煩惱中誑、諂、憍三個同起。所以論上說：八個大隨是徧染二性啊。

然而，《瑜伽師地論》上說"只有六個大隨煩惱徧一切染心"，這是因為惛沉和掉舉兩個誰的勢力增盛，誰就生起。但他們是不能同時俱起的，所以八大隨中要除了它們兩個。又《雜集論》上說"五個大隨煩惱徧染心"，這是因為五個大隨煩惱，是徧染二性，但違背善性，所以要除了失念、散亂和不正知三個。因為失念和不正知兩個若是屬於癡一分攝的，即徧於染心；如果是念慧一分攝的，那就不徧染心了。至於散亂一法雖然是通不善和有覆無記，然而有時被定所伏，所以也是不徧，因此，說除這三個。

第四是諸識相應門。這二十四個隨煩惱完全是染污，所以和第八阿賴耶識沒有關係。第七末那識只有八個大隨煩惱，和小隨中隨也沒有關係。取捨差別就是前面《瑜伽師地論》和《集論》上說的"或取六個捨兩個，或取五個捨三個"，我們已經知道。第六意識那是完全有的，十個小隨煩惱它們的性質是粗猛，所以五識沒有。至於中隨和大隨是相通的，所以前五識是容許有的。

　　由斯，中大五受相應。有義：小十除三，忿等唯喜憂捨，三受相應。諂誑憍三，四俱除苦。有義：忿等四俱除樂。諂誑憍三，五受俱起。意有苦受，前已說故。此受俱相，如煩惱說，實義如是。若隨粗相，忿恨惱嫉害憂捨俱，覆慳喜捨，餘三增樂。中大隨粗，亦如實義。如是二十，與別境五，皆容俱起，不相違故。染念染慧，雖非念慧俱，而癡分者，亦得相應故。念亦緣現、曾習類境。忿亦得緣剎那過去。故忿與念，亦得相應。染定起時，心亦躁擾，故亂與定，相應無失。

第五是諸受相應門。由此第六識和前五識都同中隨大隨俱起，所以中隨和大隨都是同五受相應，這是沒有異論了。至於十個小隨對於五受就有兩家說法的不同，第一家說：十個小隨裏面要除了諂、誑、憍三個，其餘忿恨等七個在五受之中，只有和喜、憂、捨三受相應。至於諂、誑、憍三個它們除了苦受之外，就和其餘的四受相應。第二家說：十種小隨除了諂、誑、憍三種之外，其餘的忿、恨等七種除了樂受，和其餘的四受相應。至於諂、誑、憍三種那是完全和五受相應的。因為意識中是有苦受，前面已經說過了。這受俱相，同煩惱一樣的說法。好像貪、瞋、痴三種根本煩惱有俱生煩惱，又有由分別所起的煩惱，所以和五受都可以相應。同時除了諂、誑、憍三種之外，其餘忿、恨等七種小隨或是貪、瞋、癡的分位，也和苦受相應，所以二十種隨煩惱大多數都是五受，實義是這樣。

設若隨粗相方來說，忿、恨、惱、嫉、害這五種是與憂受和捨受俱起的，至於覆和慳二種那就與喜受和捨受俱起了。其餘的諂、誑、憍三種是與喜受、捨受、樂受三種相應的，至於中隨和大隨那是隨粗相說的道理一樣，都是和五受相應的。

第六是別境相應門。上面二十個隨煩惱同五個別境都可以同起，因為彼此是不相違背。染念的失念，染慧的不正知雖然是不能夠和念慧同起，然而屬於癡分所攝，還是可以和五別境相應的。念也緣現在曾習過的類似境，忿也可以緣剎那過去境，所以忿和念也可以相應。就是染定生起的時候，心中還是躁擾。故亂與定相應，是沒有過失的。

中二、大八，十煩惱俱。小十，定非見疑俱起。此相粗動，彼審細故。忿等五法，容慢癡俱。非貪恚並，是瞋分故。慳癡慢俱，非貪瞋並，是貪分故。憍唯癡俱，與慢解別，是貪分故。覆誑與諂，貪癡慢俱，行相無違，貪癡分故。小七中二，唯不善攝。小三大八，亦通無記。小七中二，唯欲界攝。誑諂欲色，餘通三界。生在下地，容起上十一。耽定於他，起憍諂故。若生上地，起下後十。邪見愛俱，容起彼故。小十，生上無由起下，非正潤生，及謗滅故。中二大八，下亦緣上。上緣貪等，相應起故。有義小十，下不緣上，行相粗近，不遠取故。有義嫉等，亦得緣上。於勝地法，生嫉等故。大八諂誑，上亦緣下。下緣慢等，相應起故。梵於釋子，起諂誑故。憍不緣下，非所恃故。

第七是根本相應門。中隨二、大隨八這十種隨煩惱可以和十種根本煩惱同起。小隨煩惱十個和根本煩惱中的見疑決定不能夠同起，因為十個小隨煩惱的行相粗動，見和疑的行相審細，所以不能相應。忿、恨、惱、嫉、害這五種小隨和慢、癡可以俱起，因為這五種是屬於瞋分所攝；貪和瞋的兩種對象是不同，所以說不並。慢是蔑視人，瞋是憎恨人，所以境界是同，癡是遍一切染污法的。慳隨煩惱和癡慢可以並起，因為同是屬於貪分，癡是遍一切染法。貪是所染，慢是所恃，境界是同，可以並起。貪不能同貪並起，貪也不能同瞋並起，所以說「非貪瞋並」。憍隨煩惱唯同癡起，因為是貪分，癡是徧一切染法。憍和貪、恚、慢不能並起，因為貪不能和貪同起，貪也不能和瞋同起，所以說"非貪瞋並"。憍是對於盛事，染著醉傲為它的體性，慢是仗恃自己的才德，對於他人貢高我慢，所以說"憍、慢兩種解釋各別不同"。憍是在自，慢對他人。憍慢同是貪分，貪不能和貪同起，所以憍慢不並。至於覆、誑、諂三種小隨那和貪、癡、慢三種根本煩惱是可以同起的，因為這六個根隨煩惱行相是無違的，都是屬於貪、癡分裏面所攝。

第八是三性相攝門。七個小隨、兩個中隨但是不善所攝，諂、誑、憍三種小隨以及八種大隨那又通於不善以及有覆無記二性所攝，理由是：誑、諂、憍三種小隨設若和無慚無愧同起，那是屬於惡；若不和它們兩個同起，那是屬於有覆無記。八個大隨設若和十個根本煩惱，無論和那一個同起，都是屬於不善；若是和其餘的煩惱任運的相應，就屬於有覆無記性攝了。

第九是界攝現緣門。七個小隨、兩個中隨唯是欲界所攝，諂、誑兩個小隨可通於欲界以及色界的初禪，至於憍以及八個大隨那就通於三界了。

現在要說到三界現起。如果身在下地，容許生起上地十一種煩惱——就是諂、誑、憍，以及八個大隨。因為耽著上地的禪定，對於他人生起了憍、諂、誑的眾生生到了初禪天上去，自己以為是深妙的快樂而生耽著，故對於上地的有情生起了諂、誑、憍三種小隨；八個大隨它們是普徧到一切染污法上去的，所以都有它們八個，更不消說了。

設若生在上地而起下地的中二、大八及十個小隨煩惱。若是有邪見的無想天人，到了要死的時候，看見自己的中陰身要去投胎，他就生起了誹謗的心，說沒有三寶和解脫的果，由此就墮落到地獄裏面去了！如果和貪愛同起到欲界受生的話，就和父母起了染愛的心，所以也和八個大隨煩惱有關係。

至於十個小隨煩惱，生在上地的有情不能起下地的小隨，因為小隨沒有潤生及誹謗的功用；潤生是屬於貪愛，誹謗是屬於邪見。

中二和大八下地的煩惱也可以相緣上地，因為生到上地而耽著上地的禪定，所以叫做緣上地的貪愛。八個大煩惱是普徧到一切染污法上的，所以和上地的貪也有關係。貪等之等是等於瞋恚，為甚麼下地的瞋恚也緣到上地去呢？因為在前面說過，既然對於無漏的滅道二諦都起瞋嫉，那對於離欲的上地不消說，當然也是照樣的憎恨嫉妒，所以中大二隨和瞋也是相應的。

至於十個小隨煩惱有兩家說的不同，第一家說：小隨十個下地的煩惱是不緣上地，因為小隨的行相是粗動且近，所以不能夠遠取。第二家說：嫉等也可以得緣上地，因為對於勝地法也會生嫉妒心。八大和諂誑上地的有情也可以得緣下地；生上地的人對於下地的有情，仗恃自己的勝德，而陵蔑下地的有情，所以有慢相應。例如梵王對於釋子比丘，以諂曲心來誑釋子，所以也有諂誑。至於上地之憍不緣下地，因為上地的有情對於下地的法他們生不起憍來，祇是仗恃自己的盛事而已。

　　二十，皆非學無學攝。此但是染，彼唯淨故。後十，唯通見修所斷，與二煩惱，相應起故。見所斷者，隨迷諦相，或總或別，煩惱俱生，故隨所應，皆通四部。迷諦親疏等，皆如煩惱說。前十，有義唯修所斷，緣粗事境，任運生故。有義亦通見修所斷，依二煩惱勢力起故。緣他見等，生忿等故。見所斷者，隨所依緣，總別惑力，皆通四部。此中有義：忿等但緣迷諦惑生，非親迷諦，行相粗淺，不深取故。有義嫉等亦親迷諦，於滅道等生嫉等故。然忿等十，但緣有事，要託本質方得生故。緣有漏等，準上應知。

第十是學等相攝門。這二十種隨煩惱不是有學也不是無學所攝，因為煩惱是屬於染污，學無學是屬於清淨，所以兩下沒有關係。

第十一是三斷相攝門。中二和大八及十個小隨煩惱是通於見道和修道所斷的，因為它們是和見思二惑相應而起的。設若是見道所斷的煩惱，它即隨從迷昧四諦的體相，或總迷四諦，或各別而迷四諦的道理，所以有親疏的煩惱生起。因為隨總別親疏的煩惱不同，所以叫做隨所相應，通於四諦的部分，而迷四諦的親疏的不同，那都是因為同煩惱不同的說法。

至於前面十種小隨那有兩家說法不同，第一家說：這十種不通於見道所斷，但屬於修道所斷，因為這十種是緣粗事的境界，任運而生起的。第二家說：這十種小隨不但是修道所斷，並且通於見道所斷，因為這十種小隨都是緣見思二惑勢力而起的。為甚麼通於見道所斷呢？因為緣他人冤愛之見，而生起忿等十個小隨煩惱。隨所應緣總別煩惱的勢力，那都是通於四諦的。這裏迷諦的親疏，也有兩家不同，有一家說：忿等十種小隨它們但是緣迷四諦的煩惱而生，不是親迷四諦之理，行相非常的粗淺，因為不深取的原故，所以疏而不親。又有一家說：嫉等小隨不但是迷四諦的煩惱，並且也迷四諦之理，對於滅道二諦也會生起憎嫉，所以也有親迷的。

　　第十二是隨境立名門。忿等十種小隨但緣有境界的事相，一定要託外境的本質，纔能夠生起。乃至緣有漏和無漏的事境，那都是一樣，如煩惱說。

成唯識論講話（卷七）

　　已說二十隨煩惱相，不定有四，其相云何？頌曰：“不定謂悔眠、尋伺二各二。”論曰：悔眠尋伺，於善染等，皆不定故。非如觸等，定徧心故；非如欲等，定徧地故，立不定名。悔謂惡作，惡所作業，追悔為性，障止為業。此即於果，假立因名。先惡所作業，後方追悔故。悔先不作，亦惡作攝。如追悔言，我先不作，如是事業，是我惡作。

　　已經說過了二十種隨煩惱的行相，不定法四種行相又是怎樣呢？先用頌標：不定——①悔，②眠，③尋，④伺。這四種中悔眠合為一，尋伺也合為一；這兩者之中又各有善和不善二種，所以叫做二各二。

　　論說：悔眠尋伺這四種為甚麼叫做不定呢？因為這四種不定屬於善，也不定屬於惡，所以叫做不定。它們不像觸心所等一樣，決定徧於心王；也不像欲心所等一樣，徧於三界九地，所以立不定的名字。

　　不定心所有四個，第一個叫做悔。悔又叫做惡（音污）作，就是厭惡在先所做過善惡的事。它的體性是追悔，它的業用是障礙修止。惡作是因，追悔是果，這就是在追悔的果上，假立惡作的因名，因為它是先厭惡自己所作過的事，然後纔追悔，以為自己不應該這樣做。還有，自己覺得這件事是應該先做，可是沒有去做，也是惡作所攝。好像自己懊悔的說："我先為甚麼不去做這樣的事情呢？這是我自己厭做啊。"

這有四種分別：①事善悔善，②事善悔惡，③事惡悔惡，④事惡悔善。懊悔這件善事何不早做，這是事善悔善。懊悔這件善事何必去做，這是事善悔惡。懊悔這件惡事何不早做，這是事惡悔惡。懊悔這件惡事何必去做，這是事惡悔善。明明是善事，一懊悔就變了惡；明明是惡事，一懊悔又變了善，所以叫做不定。

眠謂睡眠，令身不自在，昧略為性。障觀為業，謂睡眠位。身不自在，心極闇劣。一門轉故。昧簡在定，略別寤時，今顯睡眠非無體用，有無心位，假立此名，如餘蓋纏，心相應故。有義：此二唯癡為體。說隨煩惱，又癡分故。有義：不然：亦通善故。應說此二，染癡為體，淨即無癡。論依染分，說隨煩惱，及癡分攝。有義：此說亦不應理。無記非癡，無癡性故。應說惡作，思慧為體。明了思擇，所作業故。睡眠，合用思想為體，思想種種夢境相故。論俱說為世俗有故。彼染污者，是癡等流。如不信等，說為癡分。有義：彼說理亦不然。非思慧想，纏彼性故。應說此二各別有體，與餘心所，行相別故，隨癡相說，名世俗有。

眠，就是睡眠，使令我們的身體，而不得自由。它是以昧略為它的體性，障礙觀行，是眠的業用。就是說：一個人如果在睡眠位的時候，不但是身體不得自由，連心靈也非常的闇昧和劣弱，因為它但能向內一門緣法塵，而不能向外門緣多境多事。"闇昧"是簡別不是在定，"簡略"是揀別不是醒時。因為定心是明白，醒時是詳細。這是顯睡眠時並不是沒有體用，在有心位假立這睡眠的名字，好像五蓋和十纏一樣，和識是相應的。下面說悔眠的體性，有四家不同。

第一家說：這悔眠二種是以癡心所為體性的，論上說悔眠屬隨煩惱及癡心所一分所攝。

第二家說：不對。因為悔眠不是完全屬於惡，並且通於善。應當說悔眠若是染污的時候，當然是以癡為體；如果是清淨的時候，那又是以無癡為體。不過論上是依染污的一部分說的，所以說是隨煩惱及癡心所一分所攝。

第三家說：無記性的東西不是癡，也不是無癡性。應當說惡作是以徧行中的思心所和別境中的慧心所為它的體性。它能夠明了和思惟，揀擇自己所作過的事業。睡眠，它是合用徧行中的思心所和想心所為體的，因此它思想種種夢中的境相，論上說，它們兩個悔和眠都是世俗法上安立的假有的名字。如果是染污的方面，那是癡一分流下來的，好像不信等心所，為癡一分所攝一樣。

第四家說：這道理上也不對。因為惡作不是以思慧為體，睡眠也不是以思想為體，其實纏纏是它們兩種的體性，應當說這兩種都是各別有體的。這第六位不定心所，和前面的徧行、別境、善、根本煩惱、隨煩惱，和它們五位的行相，都是各別，因為隨癡相說，說為是世俗的假有。

　　尋，謂尋求，令心忽遽，於意言境，粗轉為性。伺謂伺察，令心忽遽，於意言境，細轉為性。此二，俱以安不安住，身心分位，所依為業。並用思慧一分為體。於意言境，不深推度，及深推度，義類別故。若離思慧，尋伺二種，體類差別，不可得故。二各二者，有義：尋伺各有染淨二類差別。有義：此釋不應正理。悔眠亦有染淨二故。應說如前諸染心所，有是煩惱，隨煩惱性。此二各有不善、無記。或復各有，纏及隨眠。有義：彼釋亦不應理。不定四後，有此言故。應言二者，顯二種二：一謂悔眠；二謂尋伺。此二二種，種類各別，如一二言，顯二二種。此各有二：謂染不染，非如善染，各唯一故。或唯簡染，故說此言。有亦說為隨煩惱故。為顯不定義，說二各二言。故置此言，深為有用。

尋就是尋求，使令我們的心，很匆忙急遽，意識取境，多在名言上粗尋瓶衣車乘等的粗相。伺就是伺察，它也能使令我們的心，很匆忙急遽，在意言取境上，仔細的去分別瓶衣等的差別的相狀。尋伺這兩種若是用思心所去尋伺，徐緩而細，所以身心就安住；如果用慧心所去尋伺，急暴而粗，所以身心就不安。所以身心安不安完全看尋伺徐緩與匆遽來判斷，故名尋伺是所依。

尋和伺這兩個心所都是用思心所和慧心所一分為它們兩個的體性，不過在意識取名言境上，有淺深推度的不同：若推度淺就叫做尋，若推度深就叫做伺，這是因義類來分別。設若離開了思心所和慧心所兩個，那尋伺兩種體類的差別不可得的。

二各二這句話有三家說法的不同，第一家說：尋和伺各有染污和清淨兩種差別，這叫做二各二。

第二家說：這樣解釋不對，因為悔和眠也有染淨兩種。應當說：同前面的染心所一樣，有根本煩惱和隨煩惱的體性。這根隨兩種煩惱各有不善和有覆無記。或者，這兩種各有現行的纏和種子的隨眠，這就叫做二各二。

第三家說：他這種說法也是不對。在不定四種後面，已經有這種說法。應當說：上面這個二是悔眠和尋伺二種。又悔和眠分二，尋和伺也分二，因為這四種法種類是各別的。所以頭一個二是說悔眠為二，尋伺也為二。至於各二的二，那是說悔眠和尋伺各有染和不染兩種，不像善心所那樣唯是善，或惡心所那樣唯是惡，不定四種是善惡都有分的。或者，單是揀去染污，因為論上說隨煩惱是染污，它不是純粹的染污，是三性不定，所以說，"二各二"這句話深有用意。

四中尋伺，定是假有。思慧合成，聖所說故。悔眠，有義：亦是假有。《瑜伽》說為世俗有故。有義：此二是實物有。唯後二種說假有故。世俗有言，隨他相說。非顯前二定是假有。又如內種，體雖是實，而論亦說世俗有故。

以下是諸門分別，第一門是假實門。四不定中尋伺二個決定是假有，因為它們兩個是思心所和慧心所合成為體的，經論上也有這樣說的。悔和眠有兩家說法不同。第一家說：悔眠都是屬於假有的。因為《瑜珈師地論》上說"悔眠是世俗的假有"。第二家說：悔眠是實有的，唯有尋伺二種纔是假有。"世俗有"是隨他說的，並不是說"悔眠決定是假有"。好像阿賴耶識裏面的種子一樣，本來有實體，而論上也說它是世俗的假有。

四中尋伺，定不相應。體類是同，粗細異故。依於尋伺，有染離染，立三地別，不依彼種，現起有無，故無雜亂。俱與前二，容互相應。前二亦有互相應義。

第二是自類相應門。在這四種之中尋和伺這兩個是決定不能夠相應的，因為它們的體性是同類，不過粗細有一點不同，好像指不觸指，刀不割刀，自己不能和自己相應。這尋伺的分位有三種：①欲界和初禪是有尋有伺；②初禪至二禪，這中間定，是無尋唯伺；③二禪以上統統是無尋無伺。這是依界地來分，並不是以現行和種子來分的，所以不會雜亂。尋伺和悔眠兩種是可以相應的，因為悔眠的時候，也有尋伺。悔和眠也可以相應，因為正睡眠的時候，也可以生悔，所以悔眠是可以相應的。

四皆不與第七八俱，義如前說。悔眠唯與第六識俱，非五法故。有義：尋伺亦五識俱。論說五識有尋伺故。又說尋伺即七分別，謂有相等。《雜集》復言，任運分別，謂五識故。有義：尋伺唯意識俱。論說尋求伺察等法，皆是意識不共法故。又說尋伺，憂喜相應。曾不說與苦樂俱故。捨受徧故，可不待說。何緣不說與苦樂俱？雖初靜慮，有意地樂；而不離喜，總說喜名。雖純苦處，有意地苦；而似憂故，總說為憂。又說尋伺，以名身等義為所緣。非五識身，以名身等義為境故。然說五識有尋伺者，顯多由彼起，非說彼相應。《雜集》所言：任運分別，謂五識者。彼與《瑜伽》所說分別，義各有異。彼說任運，即是五識。《瑜伽》說此，是五識俱，分別意識，相應尋伺，故彼所引，為證不成。由此五識定無尋伺。

第三是諸識相應門，這四個不定不和第七識第八識相應，這道理在前面已經說過。一、惡作等四，無記性者，有間斷故，定非異熟，故同第八不相應。二、惡作追悔先所造業，故同第七亦不相應。

悔眠但和第六意識相應，因為悔眠和前五識不相應。就是說，前五識是任運緣現在境的，所以不和悔相應；眠時五識不行，所以不和眠相應。

尋伺，有兩家說法不同。第一家說：尋伺也和五識相應，因為論上說“五識也有尋伺”，又說“尋伺是七種分別”——①有相分別，②無相分別，③任運分別，④尋求分別，⑤伺察分別，⑥染污分別，⑦不染污分別。所以前五識是任運分別，在《雜集論》上也說是任運分別，就是前五識。

第二家說：尋伺唯第六意識有。論上說：尋求和伺察都是意識獨有，和其餘的識是不共的，又說“尋伺只和憂受喜受相應”，向來沒有說過和苦受樂受相應，因為苦樂二受纔和五識相應。問：尋伺也應當有苦樂受，好像捨受雖有，不過沒有說而已。答：捨受是因為偏一切處，所以用不著說；如果尋伺和苦樂二受是有關係，那是應當說明白的。問：初禪有意地樂，地獄也有意的苦，這苦樂豈不是和尋伺有關係嗎？答：初禪的樂還是不能離喜，地獄的苦還是屬於憂，所以尋伺決定和五識無關。

論上又說：尋伺是以名身、句身、文身做它們的所緣，前五識不是以名身等為所緣之境，可見尋伺和前五識也是沒有關係。

問：為甚麼論上也說"前五識也有尋伺"呢？答：論上說的尋伺多分由率爾五識引起的，並不是說"和五識是相應"的。就是《雜集論》和《瑜伽師地論》所說的分別意義，也是不同。因為《雜集論》上所說的任運分別是五識上的自性分別，《瑜伽師地論》上所說的七種分別是五俱意識的相應尋伺，所以前面所引的二論是不能證明，由此就可以知道，五識是決定沒有尋伺。

> 有義：惡作，憂捨相應。唯感行轉，通無記
> 故。睡眠，憂喜捨受俱起，行通歡感中容轉故。尋
> 伺，憂喜捨樂相應；初靜慮中，意樂俱故。有義：此
> 四亦苦受俱，純苦趣中意苦俱故。

第四是諸受相應門，這有兩家說法不同。第一家說：惡作它是和憂受、捨受相應的，因為惡作多數是屬於憂感，也能夠通於無記，所以與憂捨二受相應。睡眠有憂受、喜受、捨受都有，因為睡眠是通於憂愁、歡喜、中容三種境界。尋伺是通於憂受、喜受、捨受、樂受四種相應，尋伺為甚麼還有樂受？因為初禪中還有意地的快樂。第二家說：悔眠尋伺這四種也有苦受，因為在地獄中純苦趣裏面還是有意地上的苦受。

四皆容與五別境俱。行相所緣，不相違故。悔眠，但與十善容俱。此唯在欲，無輕安故。尋伺容與十一善俱，初靜慮中，輕安俱故。悔但容與無明相應，此行相粗，貪等細故。睡眠尋伺，十煩惱俱，此彼展轉，不相違故。悔與中大隨惑容俱，非忿等十，各為主故。睡眠尋伺，二十容俱，眠等位中，皆起彼故。

第五是別境相應門。悔眠尋伺這四種和五種別境都是可以俱行，因為它們能緣的行相和所緣的境界都是不會相違的。

第六是信等相應門。悔和眠但同十種善法容許俱起，因為悔眠唯有欲界眾生纏有，所以沒有輕安。尋伺和十一種善法都可同起，因為色界的初禪也有輕安。

第七是煩惱相應門。悔和無明可以相應，和其餘的九種是不相應；因為悔的行相是粗，貪等九相是細，粗細所以不能相應。睡眠和尋伺和十種根本煩惱都可以同起，因為大家的行相都是不相違背。

第八是隨惑相應門。悔和中二大八十種隨煩惱容許俱起，因為都是不善性所攝。悔和十種小隨是不能俱起，因為十種小隨是各自為主。睡眠和尋伺和二十種隨煩惱可以容許俱起，因為睡眠和尋伺位中可以生起二十種隨煩惱故。

此四皆通善等三性。於無記業，亦追悔故。有義：初二唯生得善，行相粗鄙，及昧略故。後二亦通加行善攝，聞所成等，有尋伺故。有義：初二亦加行善，聞思位中，有悔眠故。後三皆通染淨無記，惡作非染，解粗猛故。四無記中，悔唯中二，行相粗猛，非定果故。眠除第四，非定引生，異熟生心，亦得眠故。尋伺除初，彼解微劣，不能尋察名等義故。

第九是三性相攝門。悔眠尋伺這四種都通於善惡無記三性，對於無記業也是有追悔。此有二說不同，第一家說：悔和眠唯有生得善，因為悔眠的行相非常的粗鄙，並且很昧略。尋和伺那是通於生得善及加行善所攝，因為聞思修三慧中也有尋伺。第二家說：悔和眠不單是生得善，並且也通於加行善，因為在聞思位的時候也有悔眠。

眠和尋伺這三種都通於有覆無記和無覆無記，惡作一種唯是無覆無記，不通有覆無記；因為悔的行相是粗猛，有覆無記的行相是細審故。

在四無記中——①異熟無記，②威儀無記，③工巧無記，④變化無記——悔有威儀無記和工巧無記兩種。因為悔的行相是粗猛，所以不是定引以及異熟果，因此，就說非定、果故。眠只有異熟無記、威儀無記、工巧無記，沒有變化無記。尋和伺只有三種無記，要除了異熟無記，因為異熟心的行相微劣，不能夠尋察名等的意義。

惡作睡眠，唯欲界有；尋伺在欲，及初靜慮。餘界地法，皆妙靜故。悔眠生上，必不現起。尋伺上下，亦起下上。下上尋伺，能緣上下。有義：悔眠不能緣上，行相粗近，極昧略故。有義：此二亦緣上境，有邪見者，悔修定故，夢能普緣所更事故。悔非無學，離欲捨故。睡眠尋伺，皆通三種。求解脫者，有為善法，皆名學故。學究竟者，有為善法，皆無學故。

第十是界繫現緣門。惡作和睡眠唯有欲界纏有。尋和伺在欲界以及色界的初禪也有，從初禪以上的界地就用不著尋伺，因為上界是妙靜的原故。悔和眠一生到上地，必定不會現起，因為悔眠唯在欲界纏有。尋和伺是通於欲界和初禪，所以上下都可以現起。欲界的尋伺能緣初禪，而初禪的尋伺也能夠緣欲界。這有兩說不同，第一家說：悔和眠不能夠緣上地，因為悔的行相是粗而且近，眠的行相是昧而且略，所以不能緣初禪。第二家說：悔和眠是可以緣上地，例如有人在欲界遇邪師聞邪法修邪定者，後生無想天或非非想天，而生懊悔心。又例如從上地死，來生欲界，故在夢中也可以緣上地的境。

第十一是學等相攝門。悔不是無學位所攝，因為三果阿那含就已經離開了欲界，而捨棄了悔故。睡眠和尋伺通於凡夫、有學的初二三果、無學的四果和菩薩。有學和無學他們雖然是有睡眠和尋伺，然而是有為的善法。求解脫者即有學，學究竟者即無學。

悔眠，唯通見修所斷，亦邪見等勢力起故。非無漏道，親所引生故。亦非如憂，深求解脫故。若已斷故，名非所斷，則無學眠，非所斷攝。尋伺雖非真無漏道，而能引彼。從彼引生，故通見修，非所斷攝。有義：尋伺非所斷者，於五法中，唯分別攝。《瑜伽》說彼是分別故。有義：此二亦正智攝。說正思惟，是無漏故。彼能令心尋求等故，又說彼是言說因故。未究竟位，於藥病等，未能徧知；後得智中，為他說法，必假尋伺。非如佛地，無功用說。故此二種，亦通無漏。雖說尋伺，必是分別，而不定說，唯屬第三；後得正智中，亦有分別故。餘門準上，如理應思。

第十二是三斷相攝門。悔和眠唯通於見道和修道所斷。若是邪見引生者，屬見道斷；若是有漏善力引起者，是修道斷。眠不是無漏道所引生，悔不是憂深求解脫，所以這兩種都不是非所斷。設若在見道和修道之後再有睡眠，羅漢及佛，那是屬於非所斷尋伺，雖然不是真無漏道，然而能夠引生無漏道，那是屬於見修道所斷的。若是從無漏引生的尋伺，當然是非所斷，故尋伺通於三斷。

如果以尋伺來對五法說：①名，②相，③分別，④正智，⑤如如。這有兩家不同，第一家說：尋伺不是所斷，在五法中唯是分別所攝。在《瑜伽師地論》上說：尋伺是分別所攝。第二家說：若是見道和修道所斷的，可說是分別所攝。若是非所斷，那也通於正智所攝，因為八正道中的正思惟就是無漏。同時菩薩說法，也要用後得智的尋伺，所以通於正智。

又說：沒有到佛果究竟位的時候，對於眾生的病以及諸佛的法藥都未能夠徧知。要得到了後得智，假借尋伺，和眾生說法，這纔能契眾生機；不能同佛一樣，不用尋伺，而能夠無功用說，所以尋伺也通於無漏。雖然說尋伺必定是分別，然而不定說唯屬第三，因為後得智中也有無漏的分別。第十三是結例餘門，本來還有其餘的許多分別，那只好照上面各種去類推。

如是六位諸心所法，為離心體有別自性，為
即是心分位差別？設爾何失？二俱有過。若離心
體有別自性，如何聖教說唯有識？又如何說心遠
獨行？染淨由心？士夫六界？《莊嚴論》說：復
云何通？如彼頌言："許心似二現，如是似貪等，或
似於信等，無別染善法。"若即是心分位差別，如
何聖教說心相應？他性相應，非自性故。又如何
說心與心所俱時而起？如日與光？《瑜伽論》
說，復云何通？彼說心所，非即心故？如彼頌
言："五種性不成，分位差過失，因緣無別故，與
聖教相違。"

總示二諦。問：上面這六位諸心所法，還是離開八個心王，另
外各別有體泥？還是心王上分出來的呢？答：假使是這樣，又有
甚麼過失呢？難：兩種都有過。甚麼原因呢？設若是離開了心
王，另外有心所各別的自性，為甚麼經論上但說有識，而不說有
心所呢？又，經論上為甚麼單說心識隨無明遠緣一切，諸心相續
一切轉變獨行？又說無論染污和清淨，都是由心？又說士夫（眾
生）只是六界（地水火風空識）所成？以上三種說法只有說到心
王，而都沒有心所。這在《莊嚴論》上所說的一首頌上單說的心，又
怎樣通得過呢？頌上說"許心似二現，如是似貪等，或似於信等，無
別染善法"，這不是明明告訴我們"離開了心以外，沒有染善的
心"嗎？

設若心所是心王分位出來的，那為甚麼經論上又說心所是和
心王相應呢？要知道一說到相應，一定是兩個東西，因為一個東

西怎樣可以說相應呢？所以說和他性相應，不可說同自性相應。為甚麼又說心王和心所是同時而起呢？因為心王和心所好像太陽和光一樣，是分不開來的，這與《瑜伽師地論》上說的，又怎樣去會通呢？答：它說心所，沒有說就是心。好像頌上說：若謂心所就是心王，那五蘊的體性就不得成就，因為既然沒有心所，那五蘊裏面的受、想、行三蘊豈不是沒有嗎？若說是由分位差別而立五蘊，也有過失，因為一剎那中它是沒有差別可得的。同時也和經論上說的五蘊法，是同在一剎那中橫具，不是依前後假立的，豈不是相違嗎？

> 應說離心，有別自性。以心勝故，說唯識等。心
> 所依心勢力生故，說似彼現，非彼即心。又識心
> 言，亦攝心所，恆相應故。唯識等言，及現似彼，皆
> 無有失。此依世俗。若依勝義，心所與心，非離
> 非即。諸識相望，應知亦然。是為大乘真俗妙理。

這是依世俗，應當說六位心所，離開八個識的心王，是各有各的自性。不過是因為心王的功用比較心所殊勝，所以說是唯識。同時也是心所，依託心王的勢力所生，所以說心所似彼心王所現，並沒有說心所就是心王。又無論是說識說心，都是把心所攝在裡面，因為心所和心王是恆常相應。因此，前面有的時候說唯識，有時候又說現似彼，都沒有心所就是心王的過失。

上面這種說法都是依世俗說的，設若依照勝義來說，心所和心王不可說它兩個是離，也不可說它是即。

心所和心王既然是非即非離，那末，八個識互相對望，也是非一非異了。能夠照上面這種說法，那纔是大乘真俗二諦的妙理。

已說六識心所相應，云何應知，現起分位？頌曰：「依止根本識，五識隨緣現；或俱或不俱，如波濤依水。意識常現起，除生無想天，及無心二定，睡眠與悶絕。」論曰：根本識者，阿陀那識，染淨諸識生根本故。依止者，謂前六轉識，以根本識為共親依。五識者，謂前五轉識，種類相似，故總說之。隨緣現，言顯非常起；緣，謂作意、根、境等緣。謂五識身，內依本識，外隨作意、五根境等，眾緣和合，方得現前。由此或俱或不俱起，外緣合者，有頓漸故。如水波濤，隨緣多少；此等法喻，廣說如經。

上面已經說過了六識的心所相應，但六識的現起和分位又怎樣知道呢？現在先用本頌來答。前六識所依託的和止宿的，就是第八根本識，所以前五識是隨緣多少而顯現的；有的時候五識俱起，有的時候不俱起，或四識俱起，三識俱起，二識俱起不一定。為甚麼會有這樣多少不一呢？這好像波浪依託水，看風的大小而生起波浪多少一樣。至於第六意識，那和前五識不一樣，它是常常現起的，不過也要除開了五個地方：①無想天，②無想定，③滅盡定，④睡眠無夢時，⑤生死悶絕位。這五個地方第六意識都是不顯現的。現在用本論再來解釋本頌。論說：根本識就是指的第八阿陀那識，它是前面七個染污識和清淨識生起的根本。「依止」就是說，前六識都是以第八識為根本，大家共依託它。

五識就是前五識。因為它們這五識種類是相似，所以合在一個地方來說。隨緣現這一句話，意思就是說，這前五識不是常常可以現起的。"緣"就是：①作意心所，②根，③境，④空間，⑤光明，⑥第六識的分別依，⑦第七識的染淨依，⑧第八識的根本依，⑨種子的因緣依。眼識依九緣，耳識依八緣（除光明），鼻、舌、身依七緣（除空間和光明）。這就是說，前五識除了依第八根本識，還有其餘的八緣；可見眾多因緣和合，五識方得現前。因此我們就可以知道，前五識同時俱起，或不俱起，那是要看各識的緣具足不具足。若是缺少了一種緣，那就不能起；若外緣具足的時候，那就生起，因此，就有頓起（俱起）和漸起（不俱起）的分別。

這種道理就好像水上波浪的多少，那是要看風的緣大小而定，說明白一點，就是風大波浪多，風小波浪就少了。用這種法喻，在經上也說得很詳細的。

> 由五轉識，行相粗動，所藉眾緣，時多不具，故起時少，不起時多。第六意識，雖亦粗動，而所藉緣，無時不具。由違緣故，有時不起。第七八識，行相微細，所藉眾緣，一切時有，故無緣礙令總不行。又五識身，不能思慮，唯外門轉。起藉多緣，故斷時多，現行時少。第六意識，自能思慮，內外門轉，不藉多緣。唯除五位，常能現起。故斷時少，現起時多，由斯不說，此隨緣現。五位者何？生無想等。無想天者，謂修彼定，厭粗想力，生彼天中，違不恆行心及心所，想滅為首，名無想天。故六轉識，於彼皆斷。

以下是起滅分位門。就是說，因為前五識的行相粗動，所以依賴的緣較多，缺緣不起。第六意識雖然也是粗動，然而所依的緣比較要少，故容易起。不過碰到了無想定、滅盡定、無想天、睡眠無夢時，悶絕位那也是不能生起。至於第七識和第八識，它們兩個識的行相較為微細，並且所依的緣也容易有，所以沒有緣可以使它們不行。

還有前五識，它們沒有隨念和計度分別，所以不能夠分別思慮，並且前五識是向外門轉，生起的時候依賴緣較多，所以間斷時多，現行時少。至於第六意識，自己能夠思慮，又能向內向外，所以依賴的緣很少。只要除了無想定等五個地方，那意識是常常能夠現起的，所以間斷時候少，而現起的時候較多。因此，就不說第六識也是隨緣現了，因為它的緣甚麼時候都有，根本上就用不著隨。

問：五位沒有意識，是那五位呢？答：即無想天等。怎樣叫做無想天呢？就是說，在修無想定的時候，厭離粗想，得到了功力，所以死了之後，生到色界第四禪無想天中去，把前六識的心王和心所違背了，而著重的就是把想心所滅掉了，所以叫做無想天。因此，前六識在無想天中統統都停止了活動。

> 有義：彼天常無六識，聖教說彼無轉識故，說彼唯有有色支故，又說彼為無心地故。有義：彼天將命終位，要起轉識，然後命終。彼必起下潤生愛故。《瑜伽論》說：後想生已，是諸有情，從彼沒故。然說彼無轉識等者，依長時說，非謂全無。有義：生時亦有轉識，彼中有必起潤生煩惱故。如餘本有初，必有轉識故。

說到無想天沒有心識，一共有三家說法不同。頭一家說：無想天上的天人是恆常沒有前六種識，因為經論上說他沒有前六種轉識，說無想天但有色法，又說他叫做無心地。

第二家說：無想天的天人到了將要死的時候，還是要生起六識來，然後纔命終，因為要生到下地去，一定要生起下地的愛，纔可以去潤生。所以在《瑜伽師地論》上說：後面的想心再生起之後，這無想天的有情一定就要死了。然而經論上又說他沒有前六識，這是說他在五百大劫中，四百九十九劫長時中沒有前六識，並不是說將死的時候，也沒有心識。

第三家說：不但將要死的時候，要生起意識，就是最初生到這無想天中去，也要有意識。因為初去投生的中陰身，必定要生起潤生的貪愛，和其餘有情初去投胎一樣，要有中陰身。有中陰身，就一定有意識了。

《瑜伽論》說：若生於彼，唯入不起；其想若生，從彼沒故。彼本有初，若無轉識，如何名入？先有彼無，乃名入故。《決擇分》言，所有生得心心所滅，名無想故。此言意顯，彼本有初，有異熟生，轉識暫起。宿因緣力，後不復生。由斯引起，異熟無記，分位差別，說名無想。如善引生，二定名善。不爾，轉識一切不行，如何可言唯生得滅？故彼初位，轉識暫起。彼天唯在第四靜慮。下想粗動，難可斷故。上無無想異熟處故。即能引發，無想定思。能感彼天，異熟果故。

在《瑜伽師地論》上這樣說：設若生到無想天去了，那當然是人而不起想，如果到了想念再生起的時候，那一定從無想天要命終了。可見彼本有的最初，設若沒有意識的話，那怎樣可以說甚麼人？因為一定先要有意識，生到了無想天之後，纔沒有了意識，這纔可以叫做人。

還有，在《瑜伽師地論・決擇分》裡也這樣的說：要所有的生得心王和心所完全滅了以後，纔可以叫做無想地。這句話的意思就是說：無想天的有情最初纔生去的本有，照常還是有異熟生的意識生起，因為沒有生無想天以前，先修無想定，因為宿習的因緣力，所以後來意識也就不生了。由這無想定引起了無想天的異熟無記的果報，所以也叫做無想。如善引生的無想定和滅盡定當然也是善定，不然的話，如果前六識統統都不現行，那怎樣可以說"生到了無想天中去，就沒有了意識"呢？因此，我們可以斷定，最初生到無想天的時候，意識有時候還是照常要生起一下，久久纔會完全沒有了意識。

無想天的位置是在色界第四禪天的第四位。為什麼不在色界的初二三禪呢？因為下地的想念粗動，所以不容易斷除想念。那末，為甚麼又不在無色界上地住呢？因為上地又沒有它住的地方，只有第四禪纔能夠引發無想定的思惟，後來纔感召到無想天的異熟果報。

> 及無心二定者，謂無想、滅盡定，俱無六識，故名無心。無想定者，謂有異生，伏徧淨貪，未伏上染。由出離想作意為先，令不恆行心心所滅，想滅為首，立無想名，令身安和，故亦名定。修習此定，品別有三：下品修者，現法必退；不能速

疾，還引現前；後生彼天，不甚光淨，形色廣大，定
當中夭。中品修者，現不必退；設退，速疾還引
現前；後生彼天，雖甚光淨，形色廣大，而不最
極；雖有中夭，而不決定。上品修者，現必不退；後
生彼天，最極光淨；形色廣大；必無中夭，窮滿
壽量，後方殞沒。此定唯屬第四靜慮。又唯是善，彼
所引故。下上地無，由前說故，四業通三，除順
現受。有義：此定唯欲界起，由諸外道，說力起
故；人中慧解，極猛利故。有義：欲界先修習已，後
生色界，能引現前。除無想天，至究竟故。此由
厭想，欣彼果入，故唯有漏，非聖所起。

上面是講的無想天，現在要講無想定和滅盡定了。因為這兩
個定都沒有前六識，所以都叫做無心定。

怎樣叫做無想定呢？就是說，有一類有情，已經伏住了色界
第三禪的貪煩惱，然而三禪以上的煩惱還沒有伏住；不過他在用
功的時候，起先是作意要離去這想念，所以久而久之，就把不是
恆常現行的前六識心王和心所都滅掉了。又因為他著重要滅了想
心所，所以就得了無想定的名稱；用功能夠令身心都得到安樂和
順，所以稱它也是一種定。

修習這種定，也有上中下三品不同。若是下品修的話，有時
候現生所修的這種方法還要退失，退失了之後，也不能夠很快的
還引起它現前。縱然死了之後生到無想天上去，光明也不很明
淨，形相雖然是很高大，有時候不到五百劫地也會短命，這是鈍
根人所修的定。

　　如果修中品的話，現生所修的法是不會退失的；縱然退，也就很快的還能夠引起它現前。所以死了之後，生到了無想天中去，雖然很光明清淨，形相也很高大，然而不是最極清淨，也不是最極廣大。不過雖有短命，但也不定，那是中根人所修的無想定。

　　至於上品修的話，現生決定不會退失。就是死了之後，生到無想天中去，那是最極光明清淨的，而形相也當然高大多了，就是中間也沒有短命的，要把他的五百大劫的壽命完全受滿了，纔會死的，這是利根人修無想定的果報。

　　雖然上中下三品修法的不同，然而一生到天上去了，那一定是色界第四禪的無想天，那是無疑了。同時要知道，修這種無想定，也是有漏的善心所引起的定。前面說過了，三禪以下想心是粗動，所以他不能住。四禪以上無色界：空處天是無色，他有色；識處天是有心，他無心；無所有是色心俱無，有頂天是半有半無，所以上地也都沒有他住的地方，只好住第四禪的有漏天了。此天在四業——①順現受的業，②順生受的業，③順後受的業，④不定受的業——中，只有來世受天報，或是二生以及多生受天報，或者不定那一生受天報。決定不會今生修定，今生就去生天。所以說，要除順現受，而通於其餘的三受。

　　說到無想定要在那一界纔可以起呢？這有兩家說法不同，第一家說：要在欲界人中纔可以起這種定，因為這種無想定是由一種外道的教法，勸他修的。因為在人中的智慧了解力比較餘趣的眾生來得殊勝，所以他能在修時，把想心所壓伏下去，可見心力是很猛利的。第二家說：先在欲界人中修習了之後，然後死了生到色界第四禪的無云、福生、廣果三天，還可以起定，不一定要專在欲界；因為他修慣了這種無想定，所以在第四禪無雲、福生、廣果也一樣起定。一生到無想天去，那就受這種定的果報了。然而這種定完全是有漏定，唯有凡夫和外道纔肯修，而出世的聲聞、緣覺、菩薩三乘聖人他們是不修此定的。

滅盡定者，謂有無學，或有學聖，已伏或離，無所有貪。上貪不定，由止息想，作意為先。令不恆行，恆行染污心心所滅，立滅盡名；令身安和，故亦名定；由徧厭受想，亦名滅彼定。修習此定，品別有三：下品修者，現法必退；不能速疾還引現前。中品修者，現不必退；設退，速疾還引現前。上品修者，畢竟不退。此定初修，必依有頂，遊觀無漏，為加行入。次第定中，最居後故。雖屬有頂，而無漏攝。若修此定，已得自在，餘地心後，亦得現前。雖屬道諦，而是非學非無學攝，似涅槃故。此定初起，唯在人中；佛及弟子，說力起故。人中慧解，極猛利故。後上二界，亦得現前。《鄔陀夷經》，是此誠證。無色亦名意成天故。於藏識教未信受者，若生無色，不起此定，恐無色心，成斷滅故。已信生彼，亦得現前，知有藏識，不斷滅故。

入滅盡定的是甚麼人入的呢？是有學和無學。有學要到三果聖人纔能入，初二果還是不能入此定的。因為他們欲界的九品思惑還沒有斷得了，所以不能入。無色界無所有處的貪或者已經伏住了現行，或者完全離了種子，而非非想天的貪還不一定伏斷。他們用功，起先也是作意的去止息想念，使令到前六識的心王心所以及第七識染污的末那心王心所，統統都滅除了，所以立滅盡的名字。因能夠令身安和，所以又稱做定。因為他用功的時候，專門討厭受想，所以又叫做滅受想定。

修習滅盡定的時候，也有三品不同。若是下品修的話，在現生修法的時候，弄得不好還要退失！退失了之後，還不容易很快的引回頭。至於中品修的話，那現生或者不會退失，縱然有時候退失，也很快的會把它引現前。如果是上品修，那是畢竟不會退的。

最初修滅盡定的時候，必定是依託無色界有頂天的非非想天而入的。所謂遊觀者，最初遊色界初禪，遊初禪至二禪，遊二禪至三禪……這樣一天一天的一直遊觀到有頂天的非非想天，進入滅盡定，這叫做九次第定。在有頂天修無漏的加行纔入此定，所以在最後。雖然是生在有頂，然而屬於無漏定所攝。行者若能夠修習此定，那身心已經得到安然自在了。其實此定設若工夫修純熟了的時候，在前面初禪以上，地地都可以起此定。滅盡定雖然是屬於道諦所攝，然而似涅槃寂靜微妙故，所以不是有學所攝；但也不真入涅槃，所以也不是無學所攝。

最初生起滅盡定的時候，只有在人中，由佛或佛的弟子一種說法的力用而修行的，因為在人中智慧的了解比較其他的五道要猛利得多。修成功了之後，在色界和無色界中，此定也可以照常的現前，這在《鄔陀夷經》上可以證明。因為無色界的有情雖然沒有色蘊，然而受想行識四蘊還是有，所以叫做意成天。在這無色界中的眾生也可以入滅盡定，不過對於大乘所說的阿賴耶識有相信有，有不相信有的。設若不相信有阿賴耶識，那雖然生到無色界去，他還是不起此定；他以為色法又沒有，前七識的心法也沒有，他為了恐怕斷滅，故不入此定。若是相信有阿賴耶識，前七識的心王心所雖滅，而第八識還存在，所以無色界的有情也起此定。

要斷三界，見所斷惑，方起此定；異生不能，伏滅有頂心心所故。此定微妙，要證二空，隨應後得所引發故。有義：下八地修所斷惑中，要全斷欲。餘伏或斷，然後方能初起此定。欲界惑種，二性繁雜，障定強故。唯說不還，三乘無學，及諸菩薩，得此定故。彼隨所應，生上八地，皆得後起。有義：要斷下之四地修所斷惑。餘伏或斷，然後方能，初起此定。變異受俱煩惱種子，障定強故，彼隨所應生上五地，皆得後起。若伏下惑，能起此定，後不斷退生上地者，豈生上已，卻斷下惑？斷亦無失。如生上者，斷下末那俱生惑故。然不還者，對治力強，正潤生位，不起煩惱。但由惑種，潤上地生。雖所伏惑，有退不退，而無伏下生上地義，故無生上卻斷下失。

起滅盡定唯一的條件，是要把三界的見惑，要統統斷了，纔能生起此定。因為三界所有的見惑沒有斷，那只可叫做凡夫的眾生，眾生不能夠伏滅無色界有頂天非非想地的心王心所。

這種滅盡定的力用非常的微妙，要證到了我空法空的根本智，然後隨應生起後得智，纔可以引起滅盡定。二乘人只要我空智，菩薩非要二空智不可。

上面講的斷見惑，現在來講斷修道所斷的惑，此有兩家不同。第一家說：三界九地中欲界一地的煩惱那是要完全斷了，其餘的初禪以上七地煩惱伏住也可以，纔能夠生起此滅盡定。為甚麼欲界的煩惱要完全斷了纔可以起定呢？因為欲界的煩惱種子是不善性和有覆無記性，最繁雜的，障礙定的力量最強，所以只有三果阿那含和三乘無學位，聲聞、緣覺、佛陀以及諸菩薩，纔能夠得此定。彼隨所應三果等，對於以上八地或完全超越，或超越一半，或遍沒，都可以起定。

第二家說：單斷欲界一地還是不夠，要連初禪二禪三禪的煩惱一齊斷完纔可以，其餘第四禪以上的五地煩惱伏住就可以了。為甚麼一定要連初二三禪的煩惱都要斷了呢？因為初禪有喜樂受，二禪也有喜樂受三禪還有樂受，這些喜受和樂受都屬於變異受，它們和煩惱種子都是同時起的，所以障礙定的力量很強。至於全超越半超越，那是同前面說的一樣，都可以起此滅盡定。

問：若照你上面說的"伏住下地的煩惱，也能夠起此定，不必完全斷了下地的煩惱"，那末，如果退了定，生到了上地去潤生，豈不是要在上地再斷下地的煩惱嗎？

先順彼答：意思就是說，假使生在上地而斷下地的煩惱，也沒有甚麼過失。好像生到上地去的聖者，再斷下地第七識的煩惱，經論上說也是可以；在上地可以斷下地第七識的煩惱，那末，在上地斷下地第六識的煩惱，豈不是一樣可以嗎？有甚麼過失呢？況且三果阿那含對治煩惱的力量很強，所以縱然去潤生，也可以不起煩惱。問：如果不起煩惱，怎樣可以去潤生呢？答：不一定要煩惱現行，煩惱種子也可以潤生啊。再逆彼答：其實，第七識的煩惱種子可在將證三乘無學果位時，一時頓斷。而前六識的煩惱種子它是由下而上，次第漸斷，所以雖然是伏惑，有退有不退。也不會有伏下地的煩惱，而能夠生上地的事實，所以也不會有生到了上地去的人，再來斷下地煩惱的過失。

> 若諸菩薩，先二乘位已得滅定，後迴心者，一切位中能起此定。若不爾者，或有乃至七地滿心，方能永伏一切煩惱。雖未永斷欲界修惑，而如已斷，能起此定。論說已入遠地菩薩，方能現起滅盡定故。有從初地，即能永伏，一切煩惱，如阿羅漢；彼十地中，皆起此定。經說菩薩，前六地中，亦能現起滅盡定故。

上面是講的二乘，現在來說菩薩。設若有一類菩薩，他從前在二乘位的時候，已經得過了滅盡定的人，後來又回小向大，發心行菩薩道，所以無論在那一個位次之中，都能生起這滅盡定。

設若不是由小向大，一向就是發大心的菩薩，不過是由漸而進的，那是要從初地以後，一地一地的漸次伏除諸煩惱障，一直到了七地菩薩，到這時纔能夠永遠地伏除一切煩惱，雖然是沒有永斷欲界的修道所斷的煩惱；然而好像三果阿那含一樣，也能夠起滅盡定。論上面也說：七地菩薩也能夠現起這滅盡定。

若是頓悟的菩薩，從初地的時候就能夠永伏一切煩惱，同四果的阿羅漢一樣，從初地至十地都能夠生起這滅盡定。經上說：菩薩在前六地中也能夠現起滅盡定的。

> 無心睡眠與悶絕者，謂有極重睡眠悶絕，令前六識，皆不現行。疲極等緣，所引身位，違前六識，故名極重睡眠。此睡眠時，雖無彼體，而

由彼似彼，故假說彼名。風熱等緣所引身位，亦
違六識，故名極重悶絕。或此，俱是觸處少分。除
斯五位，意識恆起。正死生時，亦無意識，何故
但說五位不行？有義：生死及與言顯。彼說非
理，所以者何？但說六時名無心故。謂前五位，及
無餘依。應說死生，即悶絕攝；彼是最極悶絕位
故，說及與言。顯五無雜。此顯六識斷已，後時
依本識中自種還起，由此不說入無餘依。此五位
中，異生有四，除在滅定；聖唯後三；於中如來、
自在菩薩，唯得存一，無睡悶故。是故八識，一
切有情，心與末那，二恆俱轉。若起第六，則三
俱轉。餘隨緣合，起一至五，則四俱轉。乃至八
俱，是謂略說，識俱轉義。

"無心"本來是通五位，無想天、無想定、滅盡定已經說過了，現
在來說睡眠和悶絕兩種無心位。就是說：有極重的睡眠和極重的
悶絕時，也能夠使令前六識，都不起現行。

為什麼會有睡眠呢？這就是因為疲勞到了極點，並其他的因
緣所引起的身分，對於前六識的現行相違了，所以叫做極重的睡
眠。這睡眠的時候，雖然沒有睡眠的心所，然而由睡眠心所引起
的睡眠，所以似彼，故假說睡眠的名字。

為甚麼又會有悶絕呢？這是由風或熱的原故，所引起的身
分，也是會違背前六識的，所以叫做極重的悶絕。這睡眠和悶絕
兩種大都是由疲勞過度以及感冒風熱所致的，所以說，都是身根

所對的觸處少分所攝。除開了前面所說的五位——無想天、無想定、滅盡定、極重睡眠和極重悶絕，那第六意識是要恆常現起的。

問：正受生時和正捨壽時，那時候也是最極悶絕的當兒，當然沒有意識，為甚麼單說五位意識不行呢？答：生死位雖然也是沒有意識，然而，在頌上及字和與字裡面已經顯示了。這種說法，又有一家反對它，說它是不合理的。甚麼原因呢？經論上但說六個時候沒有意識，就是前面所說的五位，再加一個無餘依涅槃的時候。因此，應當說生死位，是攝在悶絕的裡面，因為生死位是極悶絕的當兒。至於說及和與這兩個字，意思是說無心位只有前面五種，不再參加其餘的在內。

問：經論上既然說六位沒有意識，為甚麼前面但說五位無心，而不說無餘依涅槃呢？答：因為這是顯明這五位，六識雖然是現行了，然因後時依託第八識裡面的六識種子，將來還是照常要生起；而入了無餘依涅槃的人，六識就不會再現起，所以不說。

這五位中，若是凡夫，有四種，要除了滅盡定。若是三乘聖人，只有後面三種，沒有無想天和定。至於如來以及得了法自在第八地以上的菩薩，只有一種滅盡定，沒有其餘的四種。

照上面各種的說法看起來，八個識中，一切眾生第八和第七這兩個是恆常同起。設若第六意識生起的時候，那和第七第八一共三個識同起。若是前五識隨便那一個識生起的時候，一定和第六第七第八四個識同起。若是前五識統統都生起了，那一定八個識都同起了。這就是略說八個識同起多少的意義。

若一有情多識俱轉，如何說彼是一有情？若立有情，依識多少，汝無心位，應非有情。又他

分心，現在前位，如何可說自分有情？然立有
情，依命根數，或異熟識，俱不違理。彼俱恆時，雖
有一故。一身唯一等無間緣，如何俱時有多識
轉？既許此一，引多心所，寧不許此，能引多
心？又誰定言此緣唯一？說多識俱者，許亦緣多
故。又欲一時取多境者，多境現前，寧不頓取？諸
根境等，和合力齊，識前後生，不應理故。又心
所性，雖無差別，而類別者，許多俱生，寧不許
心，異類俱起？又如浪像，依一起多，故依一心，多
識俱轉。又若不許意與五俱，取彼所緣，應不明
了，如散意識，緣久滅故。

問：設若一個有情，有許多識同起，怎樣可以說他是一個有
情？答：設若照你的意思，建立有情的名義，是依識多少而立的；若
是真照你這種說法，那末，在無心位的時候，應當就不叫做有情
了。還有，設若這時起善心時，這當然是人趣的有情所攝。這時
設若起的是不善心的話，那怎樣也可以叫他是人趣的有情呢？因
為你執著一個有情只有一個識，上面這種道理就會通不過去！然
而，建立有情的名義，是依據第八識的種子識上命根一數，來建
立一個有情；或者是依據第八識異熟現行果報識上，來立一個有
情。這是不會違背道理的，並不是因為心識的多少，而建立有情
的定義，所以一個有情只有一個命根和一個異熟識。

問：一個身只有一個等無間緣，怎樣可以同一個時候引生多
識轉起呢？答：你們小乘既然贊成一個等無間緣，能夠引生後念
許多善惡心所生起，那怎樣又不贊成一個等無間引生後念許多心

王生起呢？這還是方便說的，其實，每個識各各都有等無間緣，那一個說等無間緣只限定一個呢？識既然是多，而等無間緣也應隨識而有，並不是一個等無間緣，來引生多識。

問：為什麼會有多識同起呢？這是因為境界多的原故。而這多境現前的時候，豈有不起頓取嗎？因為諸根對於諸境和合的力量既然是相齊，那諸識取境，豈不是同時，還要前後次第做什麼，恐怕沒有這種道理吧？

還有，心所法的體性雖然是一樣，而徧行、別境、善染不定的分類還是有各各不同。一個等無間緣既然能夠引起後念許多心所，那為其麼不允許能夠引起後念各類的心王呢？

還有，好像一個暴流遇到了許多的風緣，就有多波浪生起；又好像一面清淨的大鏡照到了許多的境界，當然有多的影像現起；因此，也可以知道，一個阿賴耶識遇到了許多境界的緣，所以有多識轉起。

還有，設若不贊成第六意識和前五識同起的話，那末，前五識取五塵的時候、就沒有隨念和計度分別的明了。好像散位意識緣從前的境界，已經過去了，所以就不明了。

　　如何五俱唯一意識，於色等境，取一或多？如眼等識，各於自境，取一或多，此亦何失？相見俱有種種相故。何故諸識同類不俱？於自所緣，若可了者，一已能了，餘無用故。若爾，五識已了自境，何用俱起意識了為？五俱意識，助五令起，非專為了五識所緣。又於彼所緣，能明了取，異於眼等識，故非無用。由此聖教，說彼意識，名有分別，五識不爾。多識俱轉，何不相應？非同境故。設同境者，彼此所依，體數異故。如五根識，互不相應。

問："為甚麼一個意識和前五識同起的時候，能取多境呢？"答："例如眼識，它能取一種青色，同時也能夠頓取青黃赤白各種顏色；耳識能取鼓聲，同時也可以頓取鐘聲鑼聲磬聲魚聲，這樣一個五俱意識能取各種的境界，又有甚麼過失呢？因為每一個識都有各各的見分種子和相分種子。"

問："為甚麼諸識同類又不能一時同起取境呢？"答："每一個識對於應當所取的境界，它既然能夠取的話，也用不到多識；如果取不到的話，多識也沒有用處。"問："照這樣說起來，前五識既然各各能了別自己的境界，為甚麼又要五俱意識來幫忙做甚麼？"答："意識能夠幫助前五識生起，並不是單單為的五識所緣。並且意識依五識更加明了取境，意識的作用不同眼識，所以不是無用。因此，經論上說意識有分別，五識的功用就不能和它一樣。"問："各識同起，為甚麼不相應呢？"答："各識不同境，所以不相應。設若是同境的話，好像眼識的心王和眼識的心所，它們同依一樣的眼根，同緣一樣的色境，所以可得相應。至於各識根境都不同，所以互不相應。"

八識自性，不可言定一。行相、所依、緣、相應異故。又一滅時，餘不滅故。能所熏等，相各異故。亦非定異，經說八識，如水波等，無差別故；定異，應非因果性故。如幻事等，無定性故。如前所說，識差別相，依理世俗，非真勝義，真勝義

中，心言絕故。如伽陀說："心意識八種，俗故相
有別；真故相無別，相所相無故。"

八個識的自體不可說是一，因為八識的行相和所依的根、所緣
的境，以及相應的心所，都是各各不同。還有，一個識滅的時候，其
餘的識照常的不滅。況且，前七識是能熏，第八識是所熏，它們
的行相也是各各不同。不過，也不是定異。經上說：八個識好像
水同波一樣，不是兩樣，也不是一樣。因為水是靜相，波是動相；然
而離開水外，也是沒有波浪的，所以是非一非異。如果八個識一
定是異的話，那八識就沒有因果的關係了，因為能熏的前七識是
因，所熏的第八識是果。這八識的相狀好像幻化的東西一樣，所
以沒有實在的固定性。

照前面所說，八個識各各都有差別的體相，這是依據道理世
俗來說的，並不是真勝義。如果是真勝義的話，那不但口不能夠
說出來，連心內也就不能想了。所以有一首偈頌上說：心意識這
八個東西在世俗諦上說起來，是有差別的；若是在真諦上說起
來，就沒有差別了。因此，也就沒有前七識的能相和第八識的所
相了。

已廣分別三能變相，為自所變二分所依。云
何應知依識所變假說我法，非別實有，由斯一切
唯有識耶？頌曰："是諸識轉變，分別所分別，由
此彼皆無，故一切唯識。"論曰：是諸識者，謂前
所說，三能變識，及彼心所，皆能變似見相二分，立
轉變名。所變見分，說名分別，能取相故。所變
相分，名所分別，見所取故。由此正理，彼實我

法，離識所變，皆定非有；離能所取，無別物故。非有實物，離二相故。是故一切，有為無為，若實若假，皆不離識。唯言，為遮離識實物，非不離識心所法等。

前面已經把三能變相的八個識，以及八個識自己所變的見分和相分所依託的，通通都詳細的說過了。然而怎樣知道依識所變的假我和假法，不是另外有實在的東西，而是唯識所變呢？偈頌這樣答：宇宙萬有都是由八個識的自體分，轉變出來的能分別的見分和所分別的相分。由此見相二分的原故，就知道彼我相法相是假有不實的了，因為一切法都是唯識所變的啊。

論上說：是諸識這句話就是前面所說的三能變的識——心王和心所都能轉變相似的見分和相分，所以建立了轉變的名字。所轉變出來的見分叫做分別，因為它能夠吸取相分。所轉變出來的相分叫做所分別，因為是見分所取的。由此見相二分的正理，彼實我實法離開了識所變的見相二分，那都非實有。試想想，離開了能取和所取，還有甚麼東西？換句話說，宇宙屬有，沒有一個實物，能夠離開能所二相而存在的。是故一切有為法無為法，無論是實法的色心和假法的不相應行，都不能離開了識體。唯識這一個唯字就是遮除離開識外沒有甚麼實物，並不是不離識的心所和無為法也沒有的。

或轉變者，謂諸內識，轉似我法，外境相現。此能轉變，即名分別，虛妄分別為自性故，謂即三界心及心所。此所執境，名所分別，即所妄執實我法性。由此分別，變似外境，假我法相。彼所分別，實我法性，決定皆無。前引教理已廣破故。是故一切皆唯有識，虛妄分別有極成故。唯既不遮不離識法，故真空等亦是有性，由斯遠離增減二邊。唯識義成，契會中道。

還有一種說法，"轉變"就是說的我們內心，轉變出來了相似的我相和法相，以為是外面的境界相狀顯現。所以這個能轉變的識就叫做能分別，虛妄分別就是它的自體，這三界眾生的心王和心所就是能分別。這所執的境界就叫做所分別，也就是虛妄執著的實我實法。由這與分別的原故，所以轉變了相似有外面的境界——假我和假法的相狀。至於彼所分別的實我和實法，那是決定沒有體性的。這在前面引了許多教理，已經破得很詳細。由這些道理看來，所以知道一切法都是唯識所變了。所有的東西都是虛妄分別的，這理由在前面已經成立了。唯識的這個唯字既然不是遮除不離識的東西，所以真如和心所等還是不離識的。因此，可以遠離徧計所執的我相和法相的增益執，和依他起的世俗以及圓成實勝義的損減執。離去了這增減二邊，便契會唯識中道義了。

由何教理，唯識義成？豈不已說？雖說未了，非破他義，己義便成。應更確陳，成此教理。如契經說：三界唯心。又說所緣唯識所現。又說諸法皆不離心。又說有情隨心垢淨。又說成就四智菩薩，能隨悟入唯識無境。一、相違識相智，謂於一處，鬼人天等，隨業差別，所見各異。境若實有，此云何成？二、無所緣識智，謂緣過未夢境像等，非實有境，識現可得。彼境既無，餘亦應爾。三、

自應無倒智，謂愚夫智若得實境，彼應自然成無
顛倒，不由功用，應得解脫。

下有九問答：

第一，唯識所因難問："由甚麼教理，唯識的意義可以成立
呢？""我前面不是已經說過了嗎！""你雖然是說過了，然而我還
是沒有明白。並不是破了人家的道理，自己意義就可以成立起來
的。應當再確實的陳說出來，成立唯識無外境的教理。"

好像佛經上有幾種說法，《華嚴經》上說："三界所有的東西
都是唯心所造的。"《解深密經》上也這樣說："我們識所緣的境界
都是自己唯識所變現的。"又說："一切事物都不能離開了心識去
知道的。"《維摩經》中說："心垢穢故，國土就垢穢；如果心清淨，則
國土也就清淨了。"

《阿毘達摩經》中還說：成就下面所說的四智菩薩，就能夠隨
順悟入唯識所變，沒有外面實在境界的道理。第一種叫做互相違
背心識所見相狀的智慧，就是說，好像同在一個地方，許多人同
見河水，但餓鬼看見的是膿血，天人看見的是琉璃，而魚蝦看見
的卻是牠們的舍宅。可見是隨眾生的業不同，而所見也就有異
了。如果外面的境界是一定實在有的話，那為甚麼眾生所見各各
不同呢？

第二種叫做沒有所緣的外境識智，就是說，過去的事已經過
去了，他還是想得起來；未來的事它雖然還沒有來，他可以預料
和計劃。好像夢中事、鏡中像、水中月、空中花，我們可以想像而
知，都不是實有的東西。其實不但夢中事、鏡中像等這些東西是虛
假，就是我們現在所見的一切外物，也一樣是虛假的。

第三種就是自己應當不是顛倒的智，就是說，我們愚癡的凡夫所分別的外境如果是有的話，那就不應當是顛倒的分別，那也用不著修行，就可以解脫生死了。

四、隨三智轉智：一隨自在者智轉智。謂已證得心自在者，隨欲轉變，地等皆成。境若實有，如何可變？二隨觀察者智轉智。謂得勝定修法觀者，隨觀一境，眾相現前。境若是真，寧隨心轉？三隨無分別智轉智。謂起證實無分別智，一切境相皆不現前。境若是實，何容不現？菩薩成就四智者，於唯識理決定悟入。又伽他說：“心意識所緣，皆非離自性；故我說一切，唯有識無餘。”此等聖教，誠證非一。

第四種叫做隨三智轉智，那三智呢？①隨自在者智轉智。就是說，已經證得了心自在的菩薩，他歡喜隨從自己的心，要轉變大地成黃金或成琉璃，都可以隨心轉變。如果外境是實有的話，怎樣可以隨心轉變呢？②隨觀察者智轉智。就是說，好像一班有禪定修法觀的人，他們隨便觀那一種境界，都可以眾相現前。如果外境是有實在的話，那怎樣可以隨心轉變呢？③隨無分別智轉智。就是說，有一類菩薩生起了親證無分別智的時候，一切的境相統統都不現前了。如果境界是實在的話，那怎樣可以令它不現前呢？

菩薩成就了四智，對於唯識的道理決定能夠悟入。所以頌上這樣說：“無論第八識的心、第七識的意、前六識的識，它們所緣的境界都不能離開了心識的自性。所以佛說一切法唯有識變，而沒有實在的外境。"這在經論上是有許多證明的。

極成眼等識，五隨一故，如餘，不親緣離自
色等。餘識識故，如眼識等，亦不親緣離自諸法。此
親所緣，定非離此，二隨一故，如彼能緣。所緣
法故，如相應法，決定不離心及心所。此等正理，誠
證非一。故於唯識，應深信受。我法非有，空識
非無。離有離無，故契中道。慈尊依此說二頌
言："虛妄分別有，於此二都無；此中唯有空，於
彼亦有此。故說一切法，非空非不空；有無及有
故，是則契中道。"此頌且依染依他說，理實亦有
淨分依他。

這裡有一個宗因喻，來成立心外無法：

宗：極成眼等識，不親緣離自色等。

因：五隨一故。

喻：同喻如餘識。

這個量先要明白簡別語。因為小乘有佛的有漏識和最後身菩
薩的染污識，這是大乘不贊成的。大乘有他方佛識及佛的無漏
識，小乘又不贊成，所以都叫做不極成的識。除了這四種之外，我
們大家的識都叫極成的識。所以我們的眼識都不能親緣離開相分
的外色。在五識之中眼識是五識中隨一所攝，好像其餘的耳識、
鼻識、舌識、身識一樣，都不能親緣自識外面的境界。

第二量：

宗：餘識亦不親緣離自諸法。

因：識故。

喻：如眼識等。

不說明，照眼識也就可以知道，無論那一個識，只可以親緣自己的相分色，決定不能親緣外面的本質色。

第三量：

宗：六識親所緣緣，定不離六識體。

因：見相二分隨一攝故。

喻：同喻如能緣見分。

第四量：

宗：一切隨自識所緣，決定不離我之能緣心及心所。

因：以是所緣法故。

喻：同喻如相應之相分色。

上面這些正理可以做證明的不是一種，因此，對於唯識的道理應當深深的信仰和受持。實我和實法當然不是實有，圓成實性的空和依他起性的識那是不能沒有。離了遍計所執的有和依他圓成的無，這纔契合於中道的正理。所以彌勒菩薩依這一種道理說了兩首頌，他說："眾生所以說一切法是有者，都是由於虛妄的分別，有所取的境和能取的心。其實在這虛妄分別中，決定沒有所取和能取二種的實性，在虛妄分別中但有離開了所取和能取的空性，在空性中亦但有虛妄分別。一切法——虛妄分別叫做有為法，二取空性叫做無為法。由有空性和虛妄分別，故說非空；由無所取和能取，故說非不空。有是有空性和虛妄分別，無是無所取能取二性。'有故'就是說，虛妄分別中有空性，而空性中又有虛妄分別。所以一切法不是一向空，也不是一向不空。因為這一種原故，所以叫做中道，也就合乎《般若》等經一切法是非空非有的正理。"上面這頌的意思還是說的染分依他起，在道理上說起來，還有淨分的依他起。

若唯內識，似外境起，寧見世間情非情物？處時身用，定不定轉？如夢境等，應釋此疑。何緣世尊說十二處？依識所變，非別實有。為入我空，說六二法。如遮斷見，說續有情。為入法空，復說唯識；令知外法，亦非有故。此唯識性，豈不亦空？不爾，如何？非所執故。謂依識變，妄執實法，理不可得，說為法空。非無離言，正智所證，唯識性故，說為法空。此識若無，便無俗諦。俗諦無故，真諦亦無；真俗相依，而建立故。撥無二諦，是惡取空。諸佛說為不可治者。應知諸法，有空不空，由此慈尊說前二頌。

第二，世事乖宗難問：「設若唯有內識，好像有外境現起，那末，為甚麼又看見世間上有眾生和無情的東西呢？並且有決定的處所、決定的時間，大家同見，還有境界的作用，這又是什麼原故呢？」答：「夢中也有定處、定時、作用。餓鬼見膿河，也不是一個鬼看見，難道夢中所見的境界，餓鬼共見的膿河，都是實在的東西嗎？這可見我們現在所見境界，和夢境鬼境是同樣的虛假啊。」

第三，聖教相違難問：「既然是沒有色法，那末，為甚麼世尊在《阿含經》中又說六根、六塵十二處的教法做甚麼？」答：「雖然是說六根六塵，其實這六根六塵還是依託內識所變現的，並不是識外有甚麼實在的根塵色法啊。佛為了要破眾生的我執，證得我空，所以說這六根六塵教法。好像有一班外道，他們說『人死了就斷滅了'，所以佛就方便說有一個中陰身去投胎。又為了要破眾生的法執，證得法空，所以再說唯識的教法，要我們眾生再進一步，覺悟了外法也不是實有。"

第四，唯識成空難問："這個唯識性豈不是也空了嗎？"答："不會空。"問："唯識性不會空是甚麼意思？"答："因為唯識的真如性，我們眾生不會執著它了。就是說，依託內識所變的一切法，我們眾生迷昧了，不知道是虛假，執為實我和實法。如果照真理上研究起來，實我實法是不可得的，所以說，法也是空的，並不說離言的正智，所親證到唯識的真如性，也是沒有。如果唯識也沒有了，那就沒有俗諦了；俗諦既然沒有了，真諦也就沒有，因為真俗二諦是互相對待而建立的。你看，撥無二諦的人還不是惡取空嗎？惡取空的人，連諸佛都說這種人是沒有藥可以醫治他的空病了！因為這種道理，可見一切法，有空和不空兩種，所以前面彌勒菩薩說了那兩首頌就是這個意思。"

若諸色處，亦識為體，何緣乃似色相顯現，一類堅住，相續而轉？名言熏習，勢力起故。與染淨法，為依處故。謂此若無，應無顛倒，便無雜染，亦無淨法，是故諸識，亦似色現。如有頌言："亂相及亂體，應許為色識；及與非色識，若無餘亦無。"色等外境，分明現證，現量所得，寧撥為無？現量證時，不執為外。後意分別，妄生外想。故現量境，是自相分，識所變故，亦說為有。意識所執外實色等，妄計有故，說彼為無。又色等境，非色似色，非外似外，如夢所緣，不可執為是實外色。"

第五，色相非心難問："設若色法也是以心識來為體的話，那末，我們緣境時，為什麼也好像色法顯現的一類堅硬的東西，而前後都是一樣沒有多大變動呢？"答：這就是無始以來多生多劫的名言習氣勢力所生起的原故，可以給染污法和清淨法做它們依託的處所。如果沒有這個依託的處所，也就沒有顛倒的迷執，那就不會有雜染法和清淨法，因此之故，所以心識也能夠顯現出似色。好像頌上這樣說：'無論是所變亂相的色相以及能變亂識的心體，都是前面所說的色相和心識；設若沒有所變的亂相，那也就沒有能變的亂識。'我們就可以知道，無論所見的色相以及能見的心識，都不能離開心識以外有東西啊。"

第六，現量違宗難問："色、聲、香、味外面的境界是分明現證，現量所得，怎樣可以說沒有呢？"答："現量證境界的時候，不會執為是外面的境界，後來由於意識起來分別的時候，虛妄生起了一種外境的錯想，所以現量的境界是虛妄計執有的，纔說它是沒有。又，色等境界本來是非色，好像是色；本來不是外，好像是外。你想想看，夢中所見的境界可以執為是外面的實色嗎？"

若覺時色，皆如夢境不離識者，如從夢覺，知彼唯心，何故覺時於自色境，不知唯識？如夢未覺，不能自知；要至覺時，方能追覺。覺時境色，應知亦爾。未真覺位，不能自知。至真覺時，亦能追覺。未得真覺，恆處夢中。故佛說為生死長夜，由斯未了色境唯識。外色實無，可非內識境；他心實有，寧非自所緣？誰說他心非自識境，但不說

彼是親所緣。謂識生時，無實作用。非如手等，親
執外物。日等舒光，親照外境。但如鏡等似外境
現，名了他心，非親能了。親所了者，謂自所變。故
契經言：無有少法，能取餘法。但識生時，似彼
相現，名取彼物。如緣他心，色等亦爾。

第七，夢覺相違難問：「設若我們醒的時候所見的境界，都和
晚上眠夢所見的境界一樣，也是不離心識而有的話，那末，為甚
麼睡覺醒來了的時候，知道夢中所見的境界完全是虛假，是唯識
所現的幻境；為甚麼我們現在醒的時候所見的山河大地，不知道
是虛假，是唯識所變現的呢？」答：「你知道嗎？好像眠夢的時
候，如果還沒有醒，他還是不知道是虛假；要到醒來了之後，他
纔回想到。明白了這個道理，我們現在所見到的境界也是一樣。沒
有到成佛的時候，自己不能夠知道，到了成佛之後，纔能夠知道
從前沒有得真覺以前，恆常處在無明長夜夢中，所以佛說為生死
長夜。因此，不能明白一切的色境，都是每人自己心識所變的。」

第八，外取他心難問：「設若外色是實無，可以說是內識所變
的境界，然而他心是實有，豈不是自己所緣的境界，還是心外有
法。」答：「那一個說別人的心識，不是我們自己所緣之境？不過
不說是親所緣緣罷了。就是說，自識生的時候，託他人的心識為
本質，自己沒有實在的作用，不能同手一樣，去親執外物；又好
像太陽光那樣，去直接照境，不能夠這樣。只可以同鏡子一樣，好
像有外境顯現，然而沒有實在的作用。他心智也是這樣，非親能
了，叫做了他心。親所了者，是託本質自識上所變的影像，纔是
親所緣。所以經上說：『沒有心內的少法（能取），去取心外的少

法（所取）.'可見能取的見分和所取的相分，都是自識自證分所變。但是自己識體生起的時候，變起了相似的影像，這樣叫做取彼物；緣他人的心是這樣，緣外面的一切色法也是這樣。"

　　既有異境，何名唯識？奇哉固執，觸處生疑！豈唯識教，但說一識？不爾，如何？汝應諦聽！若唯一識，寧有十方，凡聖尊卑，因果等別？誰為誰說？何法何求？故唯識言，有深意趣。識言，總顯一切有情各有八識，六位心所，所變相見，分位差別，及彼空理，所顯真如。識自相故，識相應故，二所變故，三分位故，四實性故。如是諸法，皆不離識，總立識名。唯言，但遮愚夫，所執定離諸識實有色等。若如是知唯識教意，便能無倒，善備資糧，速入法空，證無上覺，救拔含識生死輪迴。非全撥無惡取空者，違背教理。能成是事，故定應信一切唯識。

　　第九，異境非唯難問："既然離開自己心識之外，有他人心識之境，怎樣可以叫做唯識呢？"答："奇怪！你因了自己的執著而生出迷來！你想唯識的教理，難道但說你一個人有識，而別人就沒有心識了嗎？"問："既然不是這樣，又是怎麼樣的呢？"答："汝應當諦審而聽！假設只有一個心識，那裡有十方凡夫和聖人、尊的卑的、因果種種的差別呢？那一個來說，又有那一個來聽？甚麼人來說法，又有甚麼人來求法呢？"

　　所以唯識的教理有很深的意趣。說到"識"這一個字，並不是說一個人的識，是總顯一切眾生，各各都有八個識以及六位心所，還有所變的相分和見分、分位差別的不相應行法以及二空所顯的無為。因為八識心王是識的自相，五十一個心所是識的相應，色法是心王和心所二種所變現的，不相應法是心王二心所、色法三種分位出來的，六種無為法是心王、心所、色法、不相應法這四種實性。可見這五位百法，都不是離開每一個眾生心識而有，所以總立一個"識"的名字，"唯"的這一個字但是遮去愚夫所執定的離開諸識實在有色等諸法。設若能夠這樣知道唯識的教意，那就不會有顛倒的思想，能夠善備福慧資糧，對於法空很快的證入，成無上的佛果，來救拔眾生輪迴的苦海。不像一班惡取空的人，像他們那樣違背教理，能夠成就度生的大事。是故應當決定信仰一切法，不出每人心識所變。

若唯有識，都無外緣，由何而生種種分別？頌曰："由一切種識，如是如是變；以展轉力故，彼彼分別生。"論曰：一切種識，謂本識中，能生自果功能差別。此生等流、異熟、士用、增上果故，名一切種。除離繫者：非種生故。彼雖可證，而非種果。要現起道，斷結得故。有展轉義，非此所說，此說能生，分別種故。此識為體，故立識名。種離本識，無別性故。種識二言，簡非種識，有識非種，種非識故。又種識言，顯識中種，非持種識，後當說故。

第十，釋分別難問："設若照你們唯識家說'只有心識，沒有外緣'，那末，為甚麼有外面的種種分別？"答曰："因為有一切種識，所以如是如是的變現出來。因為展轉的力故，所以彼彼一切法就分別生起來了。"

論上說：一切種識就是根本識中，能夠生起各各不同的自果功能，能夠生起等流果、異熟果、士用果、增上果的緣故，所以叫做一切種。為甚麼要除了離繫果呢？因為離繫果不是由種子所生的，彼離繫果雖然是可證，然而不是由種子所生的果。要現起的道，斷了煩惱，纔可以證得。有展轉義，不是說的離繫果，這裡所說的是能生分別種子。這種子是用根本為體，所以立識來做名；因為種子離開了本識，就沒有另外的體性。種和識這兩個字是有簡別的——①非種非識，②有識非種，③有種非識，④有種有識，現在正是指的第四。又，種識這句話是顯示識中的種子，不是說的持種識，後面會詳細的解說。

　　此識中種，餘緣助故，即便如是如是轉變。謂從生位，轉至熟時，顯變種多，重言如是。謂一切種，攝三熏習，共不共等，識種盡故。展轉力者：謂八現識，及彼相應，相見分等，彼皆互有相助力故。即現識等，總名分別。虛妄分別，為自性故。分別類多，故言彼彼。此頌意說，雖無外緣，由本識中，有一切種，轉變差別。及以現行，八種識等，展轉力故，彼彼分別，而亦得生。何假外緣，方起分別？諸淨法起，應知亦然。淨種現行，為緣生故。

這第八識裡面的種子也要其餘的助緣，纔能夠這樣的轉變起來。種子從生至成熟的時候，變種更多，所以重言如是。就是說，這一切種總攝名言種、我執種、有支種，三種熏習皆盡，乃至共不共等識種都在裡面。展轉力者，是說八種現行識以及同八識相應的心所，還有相分、見分等，大家對於種子彼此互有相助的力量。就是八種現行識，總叫做分別。它是以虛妄分別為自性，從種子生現行。因為王所類多，所以叫做彼彼。

這首頌的意思就是說，雖然沒有外緣，然而由有第八根本識中，有一切種轉變差別以及現行八種識等展轉的力故，所以彼彼王所而得生起。何必假借外緣之力，方起分別呢？染法生起既是這樣，淨法生起應知亦然，因為淨種子生現行，也是緣生。

所說種現，緣生分別。云何應知此緣生相？緣且有四：一因緣，謂有為法，親辦自果，此體有二，一種子，二現行。種子者，謂本識中，善染無記，諸界地等，功能差別，能引次後，自類功能，及起同時，自類現果，此唯望彼，是因緣性。現行者，謂七轉識，及彼相應，所變相見性界地等，除佛果善，極劣無記，餘熏本識，生自類種，此唯望彼，是因緣性。第八心品，無所熏故，非簡所依，獨能熏故。極微圓故，不熏成種。現行同類，展轉相望，皆非因緣，自種生故。一切異類，展轉相望，亦非因緣，不親生故。有說異類，同類現行，展轉相望，為因緣者，應知假說，或隨轉門。有唯說種是因緣生，彼說顯勝，非盡理說。聖說轉識與阿賴耶，展轉相望為因緣故。

上面所說的是種子和現行，及緣生的分別。但緣生的義相又怎樣知道呢？答曰：緣有四種，一是因緣，就是有為法，能夠親自成辦自果。這果體有兩種，一是種子果，二是現行果。種子者，就是第八根本識中，有善、惡、無記三種種子，三界九地的功能各各差別不同。又能夠引起次後的自類功能，以及生起同時自類現行的果法，此唯望彼是因緣性。

現行者，是說前七識以及同前七識相應的心所，並所變的相見二分、三性、三界、九地等。除了佛果的善以及極劣的無記法，其餘的都可以熏第八識，而生起各各自類的種子；這現行望種子，也是屬於因緣。第八心王和心所四義之中缺自在義，所以心所不受熏持種，前七心王和心所能熏四義都具足，所以王所都能做能熏。劣無記法極微劣故，佛果善者極圓滿故，所以二皆不能受熏成種。

現行同類展轉相望，都不是因緣，因為現行法各從自種生故。一切異類展轉相望，也不是因緣，因為異類不能親生現果。有一家說：「無論是異類或是同類，現行法展轉相望，都可以做因緣。」應當知道，這是一種方便說的。或者是隨順外人，轉變自己的教理。還有一家，他只說種子是因緣性，這種說法是顯勝方面說的，究竟不是盡理；因為經論上面那都是說前七識的現行和第八識的種子，展轉相望，是互為因緣的。

二等無間緣，謂八現識，及彼心所，前聚於後，自類無間，等而開導，令彼定生。多同類種，俱時轉故。如不相應，非此緣攝。由斯八識，非互為緣。心所與心，雖恆俱轉，而相應故，和合似一。不可施設，離別殊異，故得互作等無間緣。入無餘心，最極微劣，無開導用，又無當起等無間法，故非此緣。云何知然？論有誠說：若此識等無間，彼識等決定生。即說此是彼等無間緣故。即依此義，應作是說：阿陀那識，三界九地，皆容互作等無間緣。下上死生，相開等故。有漏無間，有無漏生。無漏定無，生有漏者。鏡智起已，必無斷故。善與無記，相望亦然。此何界後，引生無漏？

第二是等無間緣，這是說，八個現行識以及同八識相應的心所，前面一聚對於後面一聚如果是自己一類，中間沒有間隔，前後能夠平等開導，令彼後念決定生起。問："八識種子相望，同是心種，為甚麼不是等無間緣？"答："等無間緣須要前後相引，今同類種但是同時而轉，是各各別異的，好像不相應法一樣，所以不是等無間緣所攝，由此八個識不是互相為緣。"同類現行俱時而轉，不作等無間緣。然而心所與心雖恆俱轉，而相相應，和合似一：同一所緣的境，同一所依的根，又同一刹那，又同一性攝，所以不可施設，離開來各別有異，因此可以互作等無間緣。

入無餘涅槃最後心時，最極微劣，因為他的身智俱泯，一入永入，前無開導之用，後無當起之法，所以也不是等無間緣。你怎樣知道它不是等無間緣呢？論上可以證明，它說："若此識的等無間，彼識等決定生，即說此識是彼識的等無間緣。"即依此義，應作是說：第八的阿陀那識無論是三界九地，都可以容許互作等無間緣。無論下死生上地或上死生下地，都可以互相開導，其義是相等。

有漏的無間可以生無漏，如果是無漏，決定不會生有漏，因為到了大圓鏡智生起以後，必定不會再斷除。無漏和有漏是這樣，善與無記也是這樣；好像異熟無記無間，有無垢識生起來，決定沒有無垢善識，來生起無記異熟識的道理。問：「此何界後，引生無漏？」

> 或從色界，或欲界後。謂諸異生，求佛果者，定色界後，引生無漏。後必生在淨居天上大自在宮，得菩提故。二乘迴趣大菩提者，定欲界後，引生無漏。迴趣留身，唯欲界故。彼雖必往大自在宮，方得成佛，而本願力，所留生身是欲界故。有義：色界亦有聲聞迴趣大乘願留身者。既與教理，俱不相違，是故聲聞第八無漏，色界心後，亦得現前。然五淨居無迴趣者，經不說彼發大心故。

答：或從色界，或欲界後。意思就是說：有一類求佛果的異生，一定是在色界之後，纔引生無漏，後來必定生在色究竟天大自在天宮，得成菩提。

如果是二乘，回小向大的人，決定在欲界後，引生無漏，因為迴趣大乘，願留身的人，唯在欲界。他雖然必定到大自在天宮，方可成佛，然而因為他自己的本願，所以要留身在欲界。又有一種說法，色界的聲聞也有迴趣大乘，願留身的。既然和教理都不相違，所以聲聞無漏的第八識在色界心後，也可以現前。但是色界的五不還天沒有回小向大的聲聞，因為經不說他們肯發大心。

> 第七轉識，三界九地，亦容互作等無間緣。隨第八識生處繫故。有漏無漏，容互相生。十地位中得相引故。善與無記相望亦然。於無記中，染

與不染，亦相開導。生空智果，前後位中，得相
引故。此欲色界，有漏得與無漏相生。非無色界，地
上菩薩不生彼故。第六轉識，三界九地，有漏無
漏，善不善等，各容互作等無間緣。潤生位等，更
相引故。初起無漏，唯色界後。決擇分善，唯色
界故。眼耳身識，二界二地；鼻舌兩識，一界一
地。自類互作等無間緣。善等相望，應知亦爾。有
義：五識有漏無漏，自類互作等無間緣。未成佛
時容互起故。有義：無漏有漏後起。非無漏後，容
起有漏。無漏五識，非佛無故。彼五色根，定有
漏故。是異熟識，相分攝故。有漏不共，必俱同
境。根發無漏識，理不相應故。此二於境，明昧
異故。

上面說的第八識，現在來說第七識。第七識無論是三界九
地，也容許互作等無間緣，因為它是隨著第八識生到甚麼地方，就
繫縛在那裡。有漏和無漏容許互相而生，十地位中得相引故。有
漏和無漏既然可互相生，那善與無記也是一樣。在無記中染與不
染也是互相開導，因為我空智果現前的時候，在前後位中都可以
相引。

此第七識在欲界和色界的有漏位中，可以同無漏相生，不是
無色界，因為地上菩薩不生無色界。

第六識無論是三界九地、有漏無漏、善與不善等，都可以容許
互作等無間緣，在潤生位中更相引起。初起無漏，唯色界後，因

為在決擇分善四加行位中，唯在第四禪。至於眼、耳、身三識，在界通於欲界和色界，在地通於五趣雜居地和離生喜樂地。至於鼻識和舌識，是欲界一地，自類都可以互作等無間緣，乃至善等相望，也是一樣。

有一家這樣說：前五識無論是有漏無漏，自類都能夠互作等無間緣。未成佛時，容互生起。另有一家說：無漏在有漏之後生起，不是無漏後，還可以再生起有漏。因為無漏的五識沒有成佛是沒有的，所以因地的五根決定是有漏，是第八識的相分所攝。有漏的五根既是不共，必定是同境和同根，發生無漏識，在道理上是不相應的。因為有漏根於所緣境，如醫目見物；無漏識於所緣境，如淨眼觀空，二者的差別實有天壤懸殊，豈能令昧根發明識哩！

　　三所緣緣，謂若有法，是帶己相，心或相應，所慮所託。此體有二：一、親；二、疏。若與能緣體不相離，是見分等內所慮託，應知彼是親所緣緣。若與能緣體雖相離，為質能起內所慮託，應知彼是疏所緣緣。親所緣緣，能緣皆有，離內所慮託，必不生故。疏所緣緣，能緣或有，離外所慮託，亦得生故。

因緣、等無間緣的意義已如前面所說，現在來講第三所緣緣。所緣緣者，上所緣兩字是客觀的所緣境，下緣一字是主觀生起的條件。意謂心心所法的生起必有它的所緣境，這所緣境能為心心所生起之緣，所以叫所緣緣。如有體的實法在為八識心王或其相應的心所，所慮所託而為所緣時，帶起它自己所緣的境相，如是有體法就是所緣緣。如能緣心緣於彼法，不能帶起己相的話，那縱然是有法，不得名為所緣緣。講到這所緣緣的自體，約有兩種：一是親所緣緣，一是疏所緣緣。什麼叫親所緣緣？謂所緣的對象，若與能緣的識體不相間離，為見分等內所慮託，應知這法就是能緣識的親所緣緣。如以四分來說，相分是見分的親所緣緣，見分是自證分的親所緣緣，乃至證自證分又是自證分的親所緣緣。如以無漏位說，真如是根本智的親所緣緣，因真如體也是不離識的。這麼說來，可知親所緣緣，必與能緣者有密切的關係，假定他人所變的相分或自身八識各各所變的相分，由於彼此互相相望，沒有親密的關係，所以皆不得說為親所緣緣。什麼叫做疏所緣緣？謂所緣的對象與能緣的識體，雖彼此間互相間隔，但能為質生起內識所慮所託的作用，應知這法就是能緣識的疏所緣緣。如他識所變及自身中別識所變而仗為本質者，就是這疏所緣緣。

親所緣緣，只要是能緣心，不管那一種，必然都是具有的，為什麼？因每一能緣心離開了內面所慮所託的相分，那一定是不能發生作用的。至於疏所緣緣，那就不同了，它在能緣心方面或有或無，是不一定的，有固可以生起能緣心，沒有能緣心亦得生起。如一個人憶念他過去所見所聞的事，雖說當時沒有境相現前，但能緣心照常現起憶念過去的種種事。

第八心品，有義：唯有親所緣緣，隨業因力任運變故；有義：亦定有疏所緣緣，要仗他變質，自方變故；有義：二說俱不應理！自他身土可互受用，他所變者為自質故；自種於他無受用理，他變為此不應理故；非諸有情種皆等故。應說此品疏所緣緣，一切位中有無不定。

此下就八識分別疏所緣緣的有無，現對第八心品來說，約有三師看法不同。第一師義說：第八心品唯有親所緣緣，絕對沒有疏所緣緣，因為第八心品所緣的境界完全是隨於業因的力量而任運變現的，在任運變現中時時都有親所緣境為自所緣。第二師義說：在我看來，第八心品不僅有親所緣緣，而且決定亦有疏所緣緣，因為第八心品所緣境要先仗它為變本質，然後自己纔能變現；假定沒有它先變為本質，則自己也就無從變起了。可是第三師義說：第一家所說固然不對，第二家所說也不盡理。所以不客氣的責斥他們道：你們兩家所說都是不合乎道理的！為什麼？要知自己的身土以及他人的身土，彼此之間是都可以互相受用的，如有時我人的第八識託他人所變的浮塵、器世間境，為自變相分的本質境為所緣，這就是疏所緣緣，怎可說沒有？（這是破第一家。）雖然如此，但自身的種子不至變緣，於他受用，那是沒有道理的。因而若說他人變此種子，自也是不應於理的，因為一切有情所有的種子，或多或少，或凡或聖，諸多差別，決不是相等的。（這是破第二家。）既前兩家所說皆不合理，那第三家的意思又是怎樣呢？應說此第八心品的疏所緣緣，不論在因在果的一切位中，其有無是不一定的。如破第一家所說，就是顯示有疏所緣緣的；如破第二家所說，就是顯示無疏所緣緣的。

> 第七心品未轉依位，是俱生故，必仗外質，故亦定有疏所緣緣；已轉依位，此非定有，緣真如等，無外質故。

第八心品已說，現說第七心品。這類心品有沒有疏所緣緣，要看轉依沒有轉依來分別。假定還在未轉依的有漏位，因為他是俱生的，沒有任運而轉的力量，必定要仗第八識以為外質，然後自己方有力量變影而緣，所以這第七心品一定是也有疏所緣緣的。假定到了已轉依的無漏位，則此疏所緣緣若有若無，那就沒有一定了。如以第七根本智相應心品緣真如，是就沒有疏所緣緣；如以後得智緣真如，是就有疏所緣緣。再就三世來說，如緣過去、未來法，不須要仗外質，是就沒有疏所緣緣；如緣現在世的有為法，因為要仗外質，所以就有疏所緣緣。

第六心品，行相猛利，於一切位，能自在轉，所仗外質或有或無，疏所緣緣，有無不定。

已說第七心品，今說第六心品。這類心品行相是極為猛利的，在因在果的一切位中都能很自在的轉起，所以當他緣一切法時，有的時候須要仗質而起，有的時候不須仗質就起，緣境最為普遍。所以疏所緣緣若有若無，那是不一定的。

前五心品，未轉依位，麤鈍劣故，必仗外質，故亦定有疏所緣緣；已轉依位，此非定有，緣過未等，無外質故。

已說第六心品，今說前五心品。這類心品有沒有疏所緣緣，如第七識一樣，要看轉依沒有轉依來分別。假定還在未轉依的有漏位，由於行相粗鈍微劣的關係，要生起緣慮的作用，必須要仗第八識所變的外質；因為如此，所以定有疏所緣緣。假定到了已轉依的無漏位，則此疏所緣緣的有無，那就沒有一定了——如緣過去或未來等境，因為不須要仗外質，所以沒有疏所緣緣；如緣現在的諸境，因仍須要仗託外質，所以也就有疏所緣緣了。

四增上緣，謂若有法，有勝勢用，能於餘法，或順或違。雖前三緣亦是增上；而今第四，除彼取餘，為顯諸緣差別相故。此順違用，於四處轉：生、住、成、得四事別故。然增上用，隨事雖多，而勝顯者，唯二十二，應知即是二十二根。

四緣已講三緣，現講最後增上緣。如有一類有體的法，不論是有為的還是無為的，只要它具有殊勝勢力的作用，而且對於其餘的諸法，或順或違，都能為緣，是為增上緣攝。但此所說的勢用只就它能不為障力所說，不是指的那與果等的功用。雖前因緣等的三緣望於所生的諸法，亦有增上的意義，但現在所說的第四增上緣是要除前面的三緣，而只取其餘的諸法為增上緣的，為什麼要這樣？當知是為顯示四緣的體相，各各差別不同的。原來四緣有通有別，就通名說，都可叫做增上；就別名說，這是因緣，那是等無間緣等。前三緣是從別立名，今第四緣得彼通名，所以除彼取餘。然此順違的勢用究於幾處轉呢？當知於生、住、成、得的四處轉，因為四事是差別不同的。然增上用隨事說來，雖則說是很多，而那比較勝顯的實唯二十二種，這二十二應知即是二十二根。二十二根的勝用增上，不論就小乘說，或者就大乘說，都是依六事而建立的：①眼等六根，望於所取的境界，有它的增上用。②命根，望於一期生命的相續，有它的增上用。③男女二根，望於種族的綿延不絕，有它的增上用。④樂等五根，望於能受用的善惡業果，有它的增上用，⑤信等五根，望於世間的清淨，有它的增上用。⑥未知等的三無漏根，望於出世間的清淨，有它的增上用。

前五色根，以本識等所變眼等淨色為性；男

女二根，身根所攝，故即以彼少分為性；命根，但
依本識親種分位假立，非別有性；意根，總以八
識為性；五受根，如應各自受為性；信等五根，即
以信等及善念等而為自性。

前雖說明依六事建立二十二根，但二十二根的自體是什麼，還
未指出，所以現在特別指出其自體，此文先明十九根體。眼等的
前五色根是以第八本識等所變現的眼等淨色，為它的體性。男女
二根因為是屬身根所攝的，所以就以那身根的少分為它的體性。命
根只是依第八本識親因種子分位而假施設的，所以並沒有它獨立
的體性。意根總以七轉識及第八識為它的體性。苦樂等的五受根
如其所應，各各就以苦樂等的自受為它的體性。信等五根是以信
等及善念等而為它們的自性；如分別說，信進二根以十一善中的
信勤為體，念定慧三根以五別境中的善念定慧為體。

未知當知根體，位有三種。一、根本位，謂在
見道，除後剎那，無所未知可當知故。二、加行
位，謂煖、頂、忍、世第一法，近能引發根本位
故。三、資糧位，謂從為得諦現觀故，發起決定勝
善法欲，乃至未得順決擇分所有善根，名資糧
位，能遠資生根本位故。

此明未知當知根的位次，約有三種，一是根本位——以小乘
來說，我們知道，見道有十六心，於前十五心見道時，因見所未
曾見的諦理，所以要當知。但到第十六心，進入了修道位，對於
法性已經了知，無所未知當知根，所以要除後剎那，因所除的這
後剎那已是入於修道位了的。二是加行位——就是煖等的四加

行，此位為什麼有未知當知根？因它與根本位接近，而且能引發根本位的。三是資糧位——謂向聖位進趣的行者，為了要求得到聖諦現觀，於是發起了決定殊勝的善法欲，乃至在未得順抉擇分以前的所有善根，通名資糧位，因它遠能資助生起根本位的。

　　於此三位，信等五根，意、喜、樂、捨，為此根性。加行等位，於後勝法，求證愁感，亦有憂根，非正善根，故多不說。

此出未知當知根體。謂在上面所說的三位中，所有未知當知根都以信等五清淨根及意、喜、樂、捨四根，合為九根，為它的體性。至在加行、資糧二位，因對最後的涅槃勝法要求努力的證得，不免還有愁感的情緒，理亦應有這憂根為此根性，但因這不是真正的善根，所以多略而不說。

　　前三無色有此根者，有勝見道，傍修得故；或二乘位，迴趣大者，為證法空，地前亦起。九地所攝，生空無漏，彼皆菩薩，此根攝故。菩薩見道，亦有此根，但說地前，以時促故。

此釋無色界的前三無色有未知根的所由。空無邊處以至無所有處，所以有未知當知根者，因有勝見道的菩薩，兼修上定，所以於三無色的定位亦有此根。或者已證二乘果位的聖人迴小向大，而趣向於大乘時，為要求證菩薩的法空，在地前也起五趣雜居地等九地所攝的生空無漏智，與那法空無漏智為菩薩修習現觀所起，因而皆為此未知當知根所攝。然而菩薩見道位也有此未知根，為什麼不說，而但說地前呢？這因見道只是一剎那，時間是很短促的，所以就隱而不談。

　　始從見道，最後剎那，乃至金剛喻定，所有
信等無漏九根，皆是已知根性。未離欲者，於上
解脫，求證愁感，亦有憂根，非正善根，故多不
說。諸無學位，無漏九根，一切皆是具知根性。有
頂雖有遊觀無漏，而不明利，非後三根。

　此明已知根與具知根。初從見道位的最後一剎那開始，一直
到金剛喻定那個時候止，在這時期間所有的信等無漏九根，都是
已知根的體性。至於那未離欲貪煩惱的人，於上解脫因為還要求
證的關係，不免仍有愁戚之感，所以也有憂根。雖然如此，但因
不是真正的善根，所以多略而不說。從金剛喻定進入無學位，諸
無學位所有無漏九根，一切都是具知根的體性。三界最高有頂天
中雖然也遊觀無漏，但因它偏重於定，慧力不怎麼明利，所以非
後三無漏根所攝。

　　二十二根自性如是。諸餘門義，如論應知。

　這是結說指廣。二十二根的自性就如前面所說的這樣，至於
其他諸門的義理，如二十二根的業用假實乃至界繫等餘門分別，並
如《瑜伽師地論》第五十七卷中廣明，只要一讀《瑜伽論》便知，這
裡不多說了。

成唯識論講話（卷八）

　　如是四緣，依十五處義差別故，立為十因。云
何此依十五處立？

　　如是像上所講的四緣，是依於十五處的差別意義而建立為十
因的。然這十因怎樣依於十五處建立的呢？下面一一略為說明。

　　一、語依處：謂法名想所起語性，即依此處立
　　隨說因。謂依此語，隨見聞等說諸義故。此即能
　　說為所說因。有論說此是名想見，由如名字，取
　　相執著，隨起說故。若依彼說，便顯此因，是語
　　依處。

　　第一，先說語依處。法，是現象界的一切法；名，是表詮一
切法的名稱；想，是緣諸法而起內心的想像。綜合起來說，緣於
諸法，起諸構想，由構想而立諸法的名稱，所以法、名、想三者為
所起語言的體性；同時亦即依於語依處，建立隨說因。所以如此
者，因詮一切法，起名取其相狀，方有言說，依這言說，隨諸有
情終日見聞覺知所了解的一切，宣說諸法的義理，這就是以能說
的語言，為所說一切法的因。然有一部《集論》，其中所說與此

不同。它說："這隨說因，不是以法、名、想為因，而是以名、想、見為因。名是名字，取相是想，執著是見。如諸法是能詮的名字，在名字上取所緣相，並生起執著，然後纔隨它起諸言說。"如依彼《集論》所說，那就是顯示這名、想、見的三者之因，為語言的依處。這兩種說法雖有所不同，但只是立場的不同，義理其實是一致的。

二、領受依處：謂所觀待能所受性，即依此處，立觀待因。謂觀待此，令彼諸事，或生或住，或成或得，此是彼觀待因。

第二，明領受依處。觀是對觀，待是藉待，意思是說，領受為所觀待能所受的體性。因此，即依這領受所依之處，建立觀待因。所謂觀待因者，就是觀待此法的因，能令其他的諸事，或者生起，或者安住，或者成就，或者獲得，所以這法就是那生、住、成、得諸事的觀待因。

三、習氣依處：謂內外種，未成熟位，即依此處，立牽引因，謂能牽引遠自果故。四、有潤種子依處：謂內外種已成熟位，即依此處立生起因，謂能生起近自果故。

此明第三、第四兩種依處。習氣就是種子，這是就內而身心，外而山河大地等一切諸法種子未成熟位而說的。如內種子沒有被貪愛等之所潤澤，外種子沒有被水土等之所潤澤，在這階段上都名為習氣依處，依此習氣依處，立為牽引因。因諸種子在沒有被滋潤時，但有牽引遠自果的功能，所以立此因名。如諸內外種子由未成熟位而到達了已成熟位，是為有潤種子依處，因已被善友等的助力之所滋潤了的，所以就依這有潤種子依處，立為生起因，因諸種子被滋潤後，已有生起近自果的功能的原故。

五、無間滅依處：謂心心所等無間緣。六、境界依處：謂心心所所緣緣。七、根依處：謂心心所所依六根。

此明第五、第六、第七三種依處。無間滅依處是指心心所法的等無間緣，而以心心所法為其自果的。這在明四緣中已經詳細講過，現在無須再為細說。境界依處是指心心所法的所緣境，雖則體通一切法，但其果唯心心所，其義如前所緣緣說。根依處是說心心所依的六根。

八、作用依處：謂於所作業、作具、作用，即除種子，餘助現緣。九、士用依處：謂於所作業、作者、作用，即除種子，餘作現緣。十、真實見依處：謂無漏見，除引自種，於無漏法，能助引證。

此明第八、第九、第十三種依處。什麼叫做作用？就是有情所造作的種種事業以及所有造作工具的作用，如鈝斧等有斫伐等的作用，車船等有裝載等的作用。總之，凡是間接有助於現緣，而能成功種種事業的，都是這作用依處，唯於此中要除去內外的一切種子，因它是親切的助緣，不是作用的依處。士就是人，或叫士夫，對於所作的事業，為能作者的作用，如人望於穀芽，人就是士用；但這也要除親因緣的內外種子，而以其他的一切現緣為士用依處。所謂真實見，就是說的無漏見，這同樣的要除去引發的自種子，為什麼？因引發的自種子是親因緣，為引發因中所攝，這裡所講的只是疏緣，所以對於無漏的有為法或無漏的無為法如能有所資助增上和引證者，都是這真實見的依處。

> 總依此六，立攝受因。謂攝受五，辨有漏法；具
> 攝受六，辨無漏故。

總依上面從五到十的六種依處，立為第五攝受因。換句話說，前六依處就是攝受因的自體。如把它分開來說，攝受前五依處，能夠成辦三界的一切有漏諸法；若具攝受前五和第六依處，能成辦出世的一切無漏諸法。由此看來，可知第六依處是不通於有漏的。什麼叫做攝受？助成因緣，叫做攝受，所以於中必須除去因緣的親能生法。

> 十一、隨順依處：謂無記、染、善現種諸行，能
> 隨順同類勝品諸法；即依此處，立引發因，謂能
> 引起同類勝行，及能引得無為法故。

第十一，明隨順依處。隨順是互不相違的意思。謂無記、染及善的三性法，不管是現行還是種子的諸行，一一都能隨順自己同類的勝品諸法。同類表示唯望自性，簡非異類為因；勝品表示唯望上品，簡別不與自己的同類以及下品為因。依此隨順依處而建立引發因，什麼叫做引發？就是能引起同類的勝行以及能引得諸無為法，所以說為引發。如欲界所繫的善法，一方面能引發自己欲界繫的一切殊勝善法，另方面又能引發色無色界所繫的一切殊勝善法，更進一步還能引得出世的無為殊勝善法。欲界如是，色無色界亦然；有繫法如是，不繫法亦然。雖則說是界繫不同，但能引發同類的勝行，因為在果位上講，其性是同類的。唯必須知道的，就是上法不與下法為因，如無漏法不與有漏為因，無色界不與色界為因，色界不與欲界為因。如是名為引發因義。

十二、差別功能依處：謂有為法，各於自果，有
能起證差別勢力；即依此處，立定異因，謂各能
生自界等果，及各能得自乘果故。

第十二，明差別功能依處。功能是種子的異名，差別功能是
說色心諸法各各差別的種子。這種子有能生自果和能證果的差別
勢力，望於所生的果法，絲毫不相雜亂，絕對互不顛倒，所以就
依此處立定異因。自性相稱名為定，不共於他叫做異。如欲界的
色心種子唯能生欲界的色心等現行果，色無色界的各自種子唯能
生色無色界的各自現行果，所以說各能生自界等果。如約三乘果
法來說，三乘各自所有的種子各各唯能證得自乘有為無為之果，所
以說及各能得自乘果故。如是名為定異因義。

十三、和合依處：謂從領受，乃至差別功能依
處，於所生、住、成、得果中，有和合力；即依此
處，立同事因，謂從觀待乃至定異，皆同生等一
事業故。

第十三，明和合依處。這是說從前第二領受依處，一直到第
十二差別功能依處的十一種，在生、住、成、得的四事果法中一一
都有它和合的力用，所以就依這和合的力用立為同事因。所謂同
事，就是從觀待因乃至定異因的六因，勢力相近，都能共成生或
住等的一種事業的。為什麼沒有言說因呢？因它對於所成的生住
等果法，勢力疏遠，沒有直接的作用，所以這同事因不依他立。

十四、障礙依處：謂於生、住、成、得事中，能
障礙法；即依此處，立相違因，謂彼能違生等事
故。十五、不障礙依處：謂於生、住、成、得事中，不

障礙法；即依此處，立不相違因，謂彼不違生等
事故。

此明最後的兩種依處。所謂障礙依處，就是對於生、住、成、
得的四事果法中，能夠為它們的障礙，使它們不生乃至不得等，所
以就依這障礙法立為相違因。所謂相違，就是此法與彼法不相隨
順，而有違於生、住、成、得的果事，所以名為相違因。第十五，不
障礙依處，與前十四障礙依處剛剛相反，就是對於生、住、成、得
的四事果法，讓它自由發展，毫不為它障礙，所以就依這不障礙
法立為不相違因。所謂不相違，就是此法與彼法的相互隨順，而
有利於生、住、成、得的果事發展，所以名為不相違因。

如是十因，二因所攝：一、能生；二、方便。菩
薩地說：牽引種子，生起種子，名能生因；所餘
諸因，方便因攝。此說牽引、生起、引發、定異、同
事、不相違中，諸因緣種，未成熟位，名牽引種，已
成熟位，名生起種。彼六因中，諸因緣種，皆攝
在此二位中故。雖有現起，是能生因，如四因中，生
自種者，而多間斷，此略不說。或親辦果，亦立
種名，如說現行，穀麥等種。所餘因謂初二五九，及
六因中非因緣法，皆是生熟因緣種餘，故總說為
方便因攝。非此二種唯屬彼二因，餘四因中，有
因緣種故；非唯彼八，名所餘因，彼二因亦有非
因緣種故。有尋等地，說生起因，是能生因，餘
方便攝。此文意說，六因中現種是因緣者，皆名

生起因，能親生起自類果故；此所餘因，皆方便
攝。非此生起唯屬彼因，餘五因中，有因緣故；非
唯彼九名所餘因，彼生起因中有非因緣故。

如是像上所講依十五處而建立的十因，實際以二因就可把它
攝盡無遺了。那二因呢？第一是能生因，第二是方便因。對這二
因的相攝有兩種解說的不同，現在先依第一家說。此師引《瑜伽
師地論》的菩薩地說：凡是屬於牽引的種子、生起的種子都叫能生
因，所有其餘的諸因都屬方便因攝。於中先解能生因，這是說十
因中的第三牽引、第四生起、第六引發、第七定異、第八同事、第十
不相違的六因中，所有的一切因緣種子在未得業種增上熏習，尚
未到達成熟的階位，都叫做牽引種子；假使已得愛水熏習，而已
到達成熟的階位，都叫做生起種子。怎麼知道的呢？因為在那六
因之中所有的諸因緣種都有它的能生性，所以皆攝在這牽引和生
起的二位中。雖也有現行能熏種子，是能生因，亦屬於因緣所攝，如
四因中的現行能生種子，但因它不能如種子一樣的恆時相續，所
以這裡就略而不說它是能生因了。或者這個現行能夠親辦自果，亦
可名為種子，屬於生起種攝。為什麼現行亦得名種？舉例來說，如
假說現行穀麥等的種子，是一樣的道理。能生因如此，方便因怎
樣呢？所餘的初言說因、第二觀待因、第五攝受因、第九相違因及
前六因中的非因緣法，都是屬於前說未潤生位，已潤熟位的二因
緣的種子之餘，所以總說這四因全六因少分為方便因所攝。依照
此師的意思，菩薩地所說，未必都是盡理的。因實際上說來，非
此牽引、生起二種的種子，唯獨是屬彼十因中的牽引、生起二因
的，為什麼呢？因在所餘的引發等四因中也有因緣種子的關係。反

過來講，也不能說除生起、牽引二因外，其餘的八因完全唯是屬於所餘諸因，為什麼呢？因在生起、牽引的二因中也有非因緣種子的關係。這麼說來，所以不能偏執一邊，這裡只不過是各就其殊勝點說一說而已。其次我們再看《瑜伽》第五卷的尋伺地文是怎樣說的。依照有尋有伺等地說：唯有第四生起因，是屬於能生因攝，其餘的所有諸因都是屬於方便因攝。根據這個文的意思，是說於六因中，不論是現行，抑或是種子；不論是已潤，抑或是未潤，只要它是互為因緣的，皆名生起因，全屬於能生所攝，因為這現行、種子、已潤、未潤都能親自生起自類果的。於此六因中除了因緣種外，所有其餘的四因全部以及六因的少分都是屬於方便因攝。大體分別雖則是這樣，但就道理建立，我們也不能說此生起因，唯獨屬於十因中的第四生起因，因為牽引等的餘五因中同樣有現行和種子的因緣法的；假定不攝，那就未免太狹，況且果真唯一生起因，生起因中又有非因緣法；假定攝盡，那又未免太寬。反過來講，也不能說除生起因外，其餘的九因唯名所餘因。因為在彼生起因中也有非因緣法的，假定方便定攝九因，那五因中有因緣者亦是方便所攝，那就未免有太寬的過失；假定方便不攝生起業種，就又不免有太狹的過失。這麼說來，我們知道，有尋等地所說，也是約其殊勝點而言的。

　　或菩薩地所說牽引、生起種子，即彼二因；所餘諸因，即彼餘八。雖二因內，有非能生因，而因緣種勝，顯故偏說；雖餘因內，有非方便因，而增上者多，顯故偏說。有尋等地，說生起因是能生因，餘方便者，生起即是彼生起因。餘因應知即彼餘九。雖生起中有非因緣種，而去果近，親顯故偏說；雖牽引中亦有因緣種，而去果遠，親隱故不說。餘方便攝，準上應知。

這是第二師的解說。或有以為菩薩地所說的牽引、生起的兩類種子，就是那十因中的牽引、生起的二因，所餘諸因就是那十因中的其餘八因所攝。雖說牽引、生起的二因內，也有屬於非能生因的成分，但因二因中的因緣種子具有親辦自體與受果無盡的兩種殊勝功能，所以從顯特別說為能生因。雖說其餘的八因內，也有屬於非方便因的成分，但因四因全、四少分中增上者特別多的關係，所以從顯偏說它為方便因。至於八因中的四因少數因緣種子，於此就隱而不談了。有尋有伺等地所說生起因是能生因，其餘屬於方便因者，當知他說的生起因，就是那十因中的第四生起因，餘因是指十因的其他九因。雖說生起因中也有業種等，不是屬於因緣種所攝，但它被滋潤了以後，距離得果已經很近，所以從其親顯而偏說為生起。雖說牽引因中也有因緣種，應該是屬於能生因，但因沒有被潤，望於生起尚遠，加以其貌相隱，所以不說其因緣種子。餘因是方便所攝，雖則餘四因中亦有因緣，而四因全，五因少分是方便攝，準上應知由於增上者特別多的關係，所以偏說。

所說四緣，依何處立？復如何攝十因二因？論說因緣，依種子立；依無間滅，立等無間；依境界，立所緣；依所餘，立增上。此中種子，即是三、四、十一、十二、十三、十五，六依處中，因緣種攝。雖現四處，亦有因緣，而多間斷，此略不說。或彼亦能親辦自果，如外麥等，亦立種名。或種子言，唯屬第四，親疏隱顯，取捨如前。言無間滅境界處者，應知總顯二緣依處，非唯五六，餘依處中，亦有中間，二緣義故。或唯五六，餘處雖有，而少隱故，略不說之。論說因緣，能生因攝；增上緣性，即方便因；中間二緣，攝受因攝。雖方便內具後三緣，而增上多，故此偏說；餘因亦有中間二緣，然攝受中顯故偏說。初能生攝，進退如前。

前面所說的四緣在十五處中是依於那一處建立的呢？又，此四緣與十因二因相攝，是怎樣的呢？這是我們進一步所應了知的。據《瑜伽師地論》第三十八說：因緣是依第四有潤種子依處立的，依於第五無間滅依處建立等無間緣，依於第六境界依處建立所緣緣，依於所餘的依處建立增上緣。然而此中所說的種子就是十五依處中的第三習氣、第四有潤種子、第十一隨順、第十二差別功能、第十三和合、第十五不障礙。合此六依處中，除去它的現行，其他皆是因緣種子所攝。換句話說，依於六依處中的因緣種立為因緣。除了第三、第四的兩依處，在其餘的四依處中雖說亦有現行，是屬於因緣的，但由於它多間斷的關係，所以這裡就略而不說。或者這四依處中的現行亦能親辦它的自果，所以如外界的穀麥等，亦可立為種子之名。或者有人這樣說：所謂種子，唯獨是屬十五依處中的第四有潤種子依處，於此有潤種子依處中雖則也有非因緣，但因距離果法親顯，所以這裡偏說它是種子。至於其他習氣依處中，雖則說有因緣種，但因距離果法疏隱，所以這裡略而不論，這種取捨的不同如前攝於二因是一樣的。其次，所要說的無間滅依處和境界依處，應知這是總顯等無間緣與所緣緣的二緣依處，並不是專指第五無間滅依處、第六境界依處，因為在其餘的依處中，也有中間的等無間緣和所緣緣的二緣的意義。或者有人這樣說：二緣的依處，唯彼第五、第六兩種依處，不是就其餘的依處說的；雖則說是餘三也有這二緣的依處，但因其相隱而又極其微少，所以此中略而不說。明白了四緣依於什麼依處而立，進一步來說明四緣與十因二因的相攝。據《瑜伽師地論》第三十八說：因緣是屬於能生因所攝，增上緣性是屬於二因中的方便因攝，中間的等無間緣及所緣緣的二緣是屬於十因中的攝受因攝，其餘的九因為因緣、增上緣所攝，準此可知，所以論中不說。雖則說是方便因內，亦具後面的三緣，如等無間及所緣緣，皆方便攝，不唯限於增上緣，然而由於增上緣攝因較多，所以特就其偏勝而說。雖則說是其餘的領受、攝受、同事、不相違的四因中，也有中間的等無間緣及所緣緣的二緣，然而由於攝受因中具有二依處的名體，其相特別顯現，所以特就其偏勝而說。至於最初因緣是屬能生因攝，這能生因或說是六因，或說是二因，進退取捨，如前菩薩地及有尋等地所說。依菩薩地說，通取六因，名之為進，唯取二因，名之為退；依有尋等地說，若取六因，就叫做進，唯取一因，就叫做退。

　　所說因緣，必應有果。此果有幾？依何處得？果有五種：一者異熟，謂有漏善及不善法，所招自相續異熟生無記；二者等流，謂習善等所引同類，或似先業後果隨轉；三者離繫，謂無漏道，斷

障所證善無為法；四者士用，謂諸作者，假諸作
具，所辦事業；五者增上，謂除前四，餘所得果。

前面所講的十因四緣必定有它所應得的果，然而這果究竟有
幾種呢？依於那一依處而得那一種果呢？此中先來解答果有幾
種。由因緣所感得的果大體約有五種：第一是異熟果，這乃由於
有漏的善法及不善法,所招感到的八識自體相續的異熟生無記。這
裡的有漏是簡別無漏的，自相續是簡別他身以及非情的。第二是
等流果，這乃由於所熏習的善、不善、無記三性種子所引生的同類
果法，如第八識中的有漏種子就生有漏現行，無漏種子就生無漏
現行，而有漏種中的善種生善的現行，不善種生不善的現行，無
記種生無記的善，或者由於相似的先業，後果就隨先前的業力而
轉生。如殺人者令他人短命，自己將來也就因殺業而招短命果，是
為先業的同類，這完全是由自業所招感，所以叫做等流果。第三
是離繫果，離繫就是離去煩惱的繫縛，此乃以無漏聖道斷去煩惱、
所知的二障，然後所證得的善無為法。如以唯識的六無為言，這
就是不動、想受滅、擇滅的三性真如。第四是士用果，士是士夫，就
是這裡所說的作者，諸有作者，假諸種種的作具，完成他所辦的
種種事業，都名為士用果。第五是增上果，此果是很寬的，除了
前面的四果外，其餘的所得果不論有漏無漏，不問有為無為，只
要為前四果所不取者，都攝在這增上果中。

《瑜伽》等說：習氣依處，得異熟果；隨順依
處，得等流果；真見依處，得離繫果；士用依處，得
士用果；所餘依處，得增上果。

此下是解答依處得果，於此先引《瑜伽》等文來說。依照《瑜

伽》第五及《顯揚》第十八說：因十五處中的第三習氣依處而得
異熟果，因第十一隨順依處而得等流果，因第十真實見依處而得
離繫果，因第九士用依處而得士用果，因所餘的依處而得增上
果。怎樣知道的呢？下面有二師解釋其依處得果的理由。

> 習氣處言，顯諸依處感異熟果一切功能；隨
> 順處言，顯諸依處引等流果一切功能；真見處
> 言，顯諸依處證離繫果一切功能；士用處言，顯
> 諸依處招士用果一切功能；所餘處言，顯諸依處
> 得增上果一切功能。不爾，便應太寬太狹。

依於第一師的意思解說，所謂習氣依處，是顯示於十五依處
中，就第三習氣、第四有潤種子、第十二差別功能、第十三和合、第
十五不障礙的五依處內，所有能感異熟果的一切功能而言。所謂
隨順依處，是顯示於十五依處中，就第三習氣、第四有潤種子、第
十真實見、第十一隨順、第十二差別功能、第十三和合、第十五不障
礙的七依處內，所有能感等流果的一切功能而言。所謂真見依
處，是顯示於十五依處中，就第十真見、十一隨順、十二差別功能、
十三和合、十五不障礙的五依處內，所有能證離繫果的一切功能而
言。所謂士用依處，是顯示於十五依處中，就第二領受、第八作用、
第九士用、第十三和合、第十五不障礙的五依處內，所有能招士用
果的一切功能而言。所謂所餘依處，是顯示於十五依處中，就第
一語言、第六境界、第七根、第十四障礙的四依處全以及其餘依處
內的少分，所有能得增上果的一切功能而言。假定不是像前這樣
解釋的話，那就不免有前四果太狹、第五增上果太寬的過失。

> 或習氣者，唯屬第三，雖異熟因，餘處亦有，此

處亦有非異熟因。而異熟因，去果相遠，習氣亦爾，故此偏說。隨順唯屬第十一處，雖等流果餘處亦得，此處亦得非等流果，而此因招勝行相顯，隨順亦爾，故偏說之。真見處言，唯詮第十，雖證離繫餘處亦能，此處亦能得非離繫，而此證離繫，相顯故偏說。士用處言，唯詮第九，雖士用果餘處亦招，此處亦能招增上等，而名相顯，是故偏說。所餘唯屬餘十一處，雖十一處亦得餘果，招增上果餘處亦能，而此十一多招增上，餘已顯餘，故此偏說。

依於第二師的意思解說：《瑜伽論》所講的習氣唯屬十五依處中的第三習氣依處。雖說異熟因在其餘的依處裡也有，但在這習氣依處中，也有非屬於異熟因的；然而由於異熟因熟時，離去果相很遠，不特這是如此，就是習氣依處，望於果相也是很遠的，所以這裡特別偏說習氣得異熟果。所謂隨順依處，唯屬十五依處中的第十一隨順依處。雖說等流果在其餘的依處，如前之六、七、八中，也能感得，但在這隨順依處中亦能感得非等流果；然由等流因招感有為法的行相特別勝顯，不特這是如此，就是隨順依處亦然，所以這裡特別偏說隨順招等流果。所謂真見處的這句話，是唯指十五依處中的第十真實見依處。雖則說是證離繫果，在其餘的依處，如前說餘四依處或五依處，也能證得；但此真實見依處，不特能證離繫果，亦能引非離繫果的同類等；然因真見依處證離繫果的相顯，所以這裡特別偏說。所謂士用處的這句話，是唯詮十五依處中的第九士用依處。雖則說是士用果，在其餘的依處中也能招感，但此士用依處不特能感士用果，同時也能招感增上等果，不過約它得士用果的行相顯著，所以這裡特別偏說。除前四果所不屬的其餘十一依處，雖則說是餘十一處，但也能感得前之四果；就是招增上果，在前之四果所屬的四依處，也有這種可能。不過這十一依處招增上果的功能特多，加以餘依處在前四果中，已經顯示過了，所以這裡就約其殊勝點而偏說之。

　　如是即說此五果中：若異熟果，牽引、生起、定異、同事、不相違因，增上緣得；若等流果，牽引、生起、攝受、引發、定異、同事、不相違因，初後緣得；若離繫果，攝受、引發、定異、同事、不相違因，增上緣得；若士用果，有義觀待、攝受、同事、不相違因，增上緣得，有義觀待、牽引、生起、攝受、引發、定異、同事、不相違因，除所緣緣，餘三緣得；若增上果，十因四緣，一切容得。

依處已經顯示，現在來說十因四緣的多少得果問題，前面說果有五種，在五果中假定是異熟果，那它望於十因，即由牽引、生起、定異、同事、不相違的五因而得；如果望於四緣，那就唯由增上緣得。假定是等流果，那它望於十因，即由牽引、生起、攝受、引發、定異、同事、不相違的七因得；如果望於四緣，設是種子生現行，這是由初因緣得，設是其餘的等流果，那就由增上緣得了。假定是離繫，於十因中唯取攝受、引發、定異、同事、不相違的五因，於四緣中就唯由增上緣而得。假定是士用果，它所取的因和所賴的緣有兩家解說不同。據第一師說：於十因中唯取觀待、攝受、同事、不相違的四因，於四緣中唯由一增上緣得。依第二師說：於十因中應取觀待、牽引、生起、攝受、引發、定異、同事、不相違的八因，於四緣中除去所緣緣，由餘三緣所得。假定是增上果，那就十因四緣一切皆容許得了，因這增上果與四緣中的增上緣一樣，範圍是最廣的。不過要知道的，所謂十因，只有四因是全部的，其餘六因只是少分而已。

傍論已了，應辨正論。本識中種，容作三緣，生現分別，除等無間。謂各親種，是彼因緣；為所緣緣，於能緣者；若種於彼，有能助力，或不障礙，是增上緣。生淨現行，應知亦爾。

關於四緣的道理，上來已引《瑜伽》等論，加以傍論，現在再回到本題上來，正論四緣。第八根本識中的種子容許作因緣、所緣緣、增上緣的三緣，而生起現行的分別，這裏說的分別是指心心所而言。於四緣中所以除去等無間緣者，因為此緣是唯就心心所法相望而立的，現在只是講的種子，所以必須除去等無間緣。種子的三緣：一、八識的各自親種就是彼八識的因緣，如善惡等種生善惡等的現行。二、要能緣種心心所法種子，方為彼所緣緣，所以於此必須除去相分及自體分，因為相分沒有能緣的作用，自體分不緣於種。雖則說是見分有能緣用，但仍要除去五七識的見分，因為它們是不緣種的，所以為所緣緣，唯與第八一切時的能緣見分作所緣緣。三、假定有類種子，對於那現行法能給與助力，如根種對於識種、作意種對於識等；或者雖沒有特別的助力，但對現行法的生起，不生一種障礙，如異識種子望異現行等，這都是屬於增上緣。雜染種子生染現行是如此，當知清淨種子生淨現行，也是這樣。

現起分別，展轉相望，容作三緣，無因緣故。謂有情類，自他展轉，容作二緣，除等無間。自八識聚，展轉相望，定有增上緣，必無等無間，所緣緣義，或無或有。八於七有，七於八無，餘七非八所仗質故。第七於六，五無、一有，餘六於彼，一切皆無。第六於五無，餘五於彼有，五識唯託第八相故。

這是以現相望於緣而生分別。現起分別，或自他，或自類，諸識前後展轉相望，容許作三種緣，於四緣中就是沒有因緣，因現望現，不是親辦自體的緣故。作三緣者，如現起的眼識，望餘耳鼻等的現起識，或者有所助力，或者不為障礙，是為增上緣。若現起的第六意識能緣其餘的諸識，或第七現行識能緣第八阿賴耶識，是為所緣緣。若前八的現起識望後八識的現起，各各對它的自類有一種開導力，是為等無間緣。這是總說，若別分別。諸有情類自他相望，分別展轉，容作所緣緣、增上緣的二緣，於三緣中除等無間緣，因等無間法唯自一識有，現約自他展轉說，所以必須除去。若諸有情各各自身的八識聚展轉相望，那他決定有增上緣，因為此緣是通於一切的，但必無等無間緣，因這是八識聚的展轉相望，不是自識的前後相望，唯自識的前後相望，方有這等無間緣的。所緣緣義或者是無，或者是有，那是不一定的。然這有無從何而知？謂第八識於餘七識有所緣緣義，即第八相分為前五識作所緣緣，第八四分為第六識作所緣緣，第八見分為第七識作所緣緣。總說一句，第八識的四分本質即前七識的見分變相分緣，所以八於七有所緣緣義。然而前七望於第八無所緣緣義，因為第八不緣前七，為什麼？因第八不托七識而生，所以八唯以自己的三境為所緣緣，而七非第八識的所緣緣。至於第七識望於前之六識，由於眼等五識唯緣外界的五性境，不緣內在的第七識，所以於初五識無此所緣緣義；由於第六意識遍能緣一切法，所以此有所緣緣義。而其餘的六識望於第七末那識，一切皆無彼所緣緣義，因第七識唯緣第八見分，而不緣於前六識的。其第六識望於前五識，無此所緣緣義，因前五識唯緣本識所變為境，不待第六識所變色等為自緣境。然而前五識望於第六意識，則有此所緣緣義，因第六識亦能緣於前五識的。

　　自類前後，第六容三，餘除所緣，取現境故。許五後見緣前相者，五七前後亦有三緣；前七於八，所緣容有，能熏成彼相見種故。

　　此明自類前後展轉為緣。自身八識，一一自類前後相望，能為幾緣？前第六識聚容作三緣而生，後自第六識聚即除因緣。第六現行識能緣三世，即以前念意識緣於後念，後念意識亦得緣於前念，所以有所緣緣；前後相望或者不相障礙，或者有能助力，所以有增上緣；前念為後念作開導依，所以有等無間緣。其餘的七識自類前後只具增上、等無間的二緣，不但要除去因緣，並且還要除去所緣緣，為什麼？因其餘的七識只能取現在境，不能緣於過未，所以沒有前後所緣義。然依陳那《觀所緣緣論》中所說，亦許五識後念見分，緣於前念相分，第七識亦然，因而前五及第七識自類前後相望，亦許具有三緣，即唯除去因緣。所以非第八識者，因它只是所熏而非能熏，不能引種，所以前念的相分不是自己的後念識所緣。若以自身八識相望而言，前七望於第八，亦容有所緣緣義，因前七識都是屬於能熏識，能熏成彼第八品相見種的。如以前五識為能熏，就能熏成彼第八相分色等的相分種，而為第八識的見分之所緣。如以第七識為能熏，就能熏成彼第八識的見分種，而為第八識的自證分所緣緣。如以第六識緣於第八見相為能熏，就能雙熏彼二分種子，為第八識的見分、自證分之所緣。所以前七望於第八，所緣是容許有的。然而這個意思不是顯示第八能緣前七，而正顯示前念第八相分於後念第八見分有所緣義。

> 同聚異體，展轉相望，唯有增上。諸相應法，所仗質同，不相緣故。或依見分，說不相緣，依相分說，有相緣義。謂諸相分，互為質起，如識中種，為觸等相質。不爾，無色彼應無境故。設許變色，亦定緣種，勿見分境不同質故。

此明同聚異體展轉為緣。同聚，約心與心所和合似一說；異體，約心心所法相用各別說。如諸俱時心心所各互相望，雖則說是同聚，但因各有別體，所以彼此相望，唯有一增上緣，因為不相障礙而有能助力之故。可是沒有所緣緣，為什麼？要知一切相應的心心所法，其所仗的本質雖則是相同的，但沒有相緣的意義，所以無有所緣。另一種的解說或依見分同聚心心所說不相緣，因為無有能緣俱時見分的。假定依於相分來說，那就又有相緣的意義了。為什麼？要知一切相分都是互為本質而得起的，如心王相分為所本質，那同聚諸心所的相分必然皆仗這心王的相分為本質而起，如本識中所持諸法種子為同時觸等五心所的相分本質。假定不是這樣的話，無色界既然無色，那無色界中的五種心所應沒有它所緣之境，然而事實上觸等是有它的所緣境的，所以必以本識所變為質而緣。即或容許無色界第八亦能變現下界的色等，然而觸等五種心所如本識一樣的，仍是決定緣種，不可說第八王所六個見分境不同質故。從諸相分容互為質說，所以有相緣義。

　　同體相分，為見二緣，見分於彼，但有增上，見

　　與自證，相望亦爾，餘二展轉，俱作二緣。此中

　　不依種相分說，但說現起互為緣故。

　　此明同體四分展轉為緣。同體是說諸心心所，雖各有其四分，但唯一識所變，所以名為同體。於四分中相分望於見分，能為其所緣、增上的二緣。可是見分望於相分，就只唯有增上緣，而無所緣了，因為相分在道理上是沒有能緣用的。見分與自證分展轉相望，如相與見一樣的，能為其所緣、增上的二緣。然而自證分望於見分，就如見分望於相分，唯有增上緣而無所緣緣，因為見通非量，不能內緣，所以無有所緣。餘自證及證自證的二分展轉相望，俱作二緣，因為彼此相互為緣的。假定以此內向的二分望於外向的見相二分，就唯有增上緣而無所緣緣義了。然而我人還得知道的，此中如前說的相分與見分為二緣，不是依於種子為相分說，而是但就現行互為緣說。

　　淨八識聚，自他展轉，皆有所緣，能遍緣故，唯

　　除見分，非相所緣，相分理無能緣用故。

　　現行染八識聚展轉為緣的道理，上來已略分別，現來比例說明現行淨八識聚相互為緣的意義。說到清淨八識所現起的分別，不論是自是他、自類前後、異體同體、展轉相望，除了增上緣外，一

定皆有所緣,因為佛果位上的清淨八識一一皆能遍緣一切法的。不過此中必須除去見分,因為見分非是相分之所緣的,相分在道理上講,絕對是沒有能緣用的。不特見分如此,就是自證分、證自證分,亦復非是相分所緣,可以比知。

> 既現分別緣種現生,種亦理應緣現種起,現
> 種於種能作幾緣?種必不由中二緣起,待心心所
> 立彼二故。現於親種具作二緣,與非親種但為增
> 上;種望親種亦具二緣,於非親種亦但增上。

此明種子亦應緣其現行及種子而起。意謂既現行分別由種現四緣而生,則其種子在道理上亦應緣藉現行種子而起。然而緣生分別現行及種能作幾種緣呢?於四緣中等無間緣及所緣緣居於中間,名中二緣。現在論文告訴我們,種子的生起必不由於中間的二緣,因待現起心及心所,方得立彼中間二緣,種子不是心心所,所以非二緣之果。今就因位來說,現行望自親所熏種,能作因及增上的二緣,若與非自親所熏種,因為不辦自體,所以除了自種外,唯有一增上緣。設種望自親種,亦具因及增上的二緣;若於異性非自親所熏種,亦唯一增上緣。

> 依斯內識互為緣起,分別因果,理教皆成。所
> 執外緣,設有無用,況違理教,何固執為?雖分
> 別言,總顯三界心及心所,而隨勝者,諸聖教中
> 多門顯示,或說為二、三、四、五等。如餘論中,具
> 廣分別。

依於這內識的種子及現行互為緣起,一切分別若因若果,若能生若所生,一切皆得成立。至於小乘學者所執的心外之緣,不

說根本沒有，就是有也沒有用，何況你們所說的違反正理及聖教？既然如此，又為什麼要這樣固執呢？頌中說的彼彼分別的這句話，雖則是總顯三界的一切心心所法，然而隨於勝者而言，諸聖教中曾以多門顯示，或說為二，或說為三，或說為四，或說為五等。這到卷下三性之中，自當詳細解說，此不具論。如餘論中具廣分別者，是指《瑜伽》三十八、七十三、七十四，《顯揚論》等，皆有詳細的說明，這裡不過是略略的說一說而已。

　　雖有內識，而無外緣，由何有情生死相續？頌曰：「由諸業習氣，二取習氣俱；前異熟既盡，復生餘異熟。」論曰：諸業，謂福、非福、不動，即有漏善、不善、思業，業之眷屬亦立業名，同招引滿異熟果故。此雖纔起，無間即滅，無義能招當異熟果，而熏本識，起自功能，即此功能，說為習氣，是業氣分，熏習所成，簡曾現業，故名習氣。如是習氣，展轉相續，至成熟時，招異熟果，此顯當果，勝增上緣。

此下解釋有情生死相續的責難。有人這樣難道：「我們雖然知道唯有內識而無心外的實緣，但是一切有情由於什麼原因而得生死相續呢？這不能不說是個問題。」先以頌文簡單的答覆說：「由於諸業的習氣，二取習氣的相應，所以前一生命的異熟體既盡，復又生起其餘的異熟果報體。由是因緣，有情的生死相續不絕了。」其詳細的意義，論文加以解釋，先釋第一句的頌文：諸業是指福、非福、不動的三業。如分別說，福業是感善趣異熟及順五趣受的善業，非福業是感惡趣異熟及順五趣受不善業，不動業是感色無色界異熟及順色無色界受的禪定定業，對於欲界的散動，所以得不動名。此之三業以有漏的善不善的二思為其自體，不特以思為業，就是善不善律善儀等的業之眷屬，亦得立為業名。為什麼眷屬亦說名業？因能與業同樣的招感引（總報）滿（別報）異熟果的。作此業時，雖說纔起已後，更無異間的就又滅去，似乎無別義理能招當來的真異熟果，然而現行之業當其正在造的時候，熏於第八根本識，能生起自己的功能性。當知這功能性，就是頌中所說的習氣。這熏成的本是種子，為什麼叫做習氣？由於它是業的氣分（氣義），又是現業熏習所成（習），所以就叫習氣。同時以此簡別薩婆多部過去有體的曾業，及簡順世外道作時即受的唯現業得，所以名為習氣。如是像這樣的習氣，展轉不斷的相續，一直到達成熟的時候，招感當來若別若總的異熟報果。應知這就是顯示習氣，是感受當果的最極殊勝的增上緣。

> 相見、名色、心及心所、本末、彼取，皆二取攝。彼所熏發，親能生彼本識上功能，名二取習氣。此顯來世異熟果心，及彼相應諸因緣種。俱，謂業種、二取種俱，是疏親緣，互相助義。業招生顯，故頌先說。

此釋第二句頌。先解二取習氣，次解“俱”字一字。一、取相見，就是取那實能取、實所取的二取。所取是相，能取是見。二、取名色，名是受等四蘊，色是第一色蘊，意即執取五蘊為義。三、取心及心所，以一切五蘊法都不離於此二。四、取本末，就是取二異熟的現果。本指第八識，因它是諸異熟的根本；末指餘識中的異熟，因它是第八識的末果。還有一說：第八識的總報品叫本，餘識等的異熟別報品叫末。即此本末,攝一切法盡。五、彼取,就是彼上所說的四取,而此諸取都是屬於二取之所收攝的。換句話說,就是現行之取。如是由彼四種二取之所熏發,一一親能生彼第八根本識上的功能,名為二取習氣。然這二取是欲顯示什麼意義的呢?當知這是顯示未來世的異熟果心及彼心相應法,各望自果為諸因緣種子,親能生果。頌中所說的俱是顯前之業種及後二取的種子俱,得以同時招感生果。業種是增上緣,名疏相助;二取種是因緣,名親相助,所以說是疏親緣互相助義。有人這樣問道:“兩類種子既然俱有,為什麼頌中先說業種,後說因緣?”這是有道理的,當知業種望於感果,雖則是疏,但就其招感生命果報來說,實在是來得殊勝及明顯,所以頌中特別先說。

前異熟者,謂前前生業異熟果;餘異熟者,謂後後生業異熟果。雖二取種受果無窮,而業習氣受果有盡,由異熟果性別難招,等流增上性同易感。由感餘生業等種熟,前異熟果受用盡時,復別能生餘異熟果。由斯生死輪轉無窮,何假外緣方得相續?

此釋後二句頌。前異熟者,假定是前一生業所感的果,這就叫做前生;假定是過去二生乃至百千生業所感的果,是前之前。由具這樣的二義,所以說為前前生業異熟果。餘異熟者,假定是後一生業所感的果,這就叫做後生;假定是未來二生乃至百千生業所感的果,是後之後。由具這樣的二義,所以說為後後生業異熟果。雖則說是二取種子,受果沒有窮盡,然而在業習氣方面,受果是有盡的。為什麼如此?一者由異熟果與業性別,不多相互隨順；二者由異熟果雖業招得，但必異世，其果方得成熟，所以業習氣是有盡的。至於等流果及增上果，剛剛與這相反，一者由於體同，就是體性相互隨順的；二者由於易感，就是可以同時的生起，所以二取種易於感果，如此念熏了已後，當下就能生果。由感當來餘生業等種子的成熟，所以在今身中前異熟果受用盡的時候，即在此身臨終的這階位，那所成熟的業復別能生其餘的異熟果起。由這所說業果無斷的關係，有情的生死得以相續不斷，輪轉無窮，何須假藉什麼心外之緣，方得生死相續不絕呢？

此頌意說：由業二取，生死輪迴，皆不離識，心心所法為彼性故。

上來已依頌文略釋，現在再來總申頌意，這一首頌的意思是說：由於業及二取為緣為因，所以證明了生死輪迴，皆不離於內在的心識，並不是心外之法令諸生死相續的，因為心心所法為彼生死因果的體性。

復次，生死相續，由諸習氣。然諸習氣總有三種：一、名言習氣，謂有為法各別親種。名言有二：一、表義名言，即能詮義，音聲差別。二、顯境名言，即能了境心心所法，隨二名言所熏成種，作有為法各別因緣。二、我執習氣，謂虛妄執我我所種。我執有二：一、俱生我執，即修所斷我我所執。二、分別我執，即見所斷我我所執。隨二我執所熏成種，令有情等自他差別。三、有支習氣，謂招三界異熟業種。有支有二：一、有漏善，即是能招可愛果業。二、諸不善，即是能招非愛果

業。隨二有支所熏成種，令異熟果善惡趣別。應
知我執、有支習氣，於差別果是增上緣。

復次，有情的生死相續不是由於別的原因，而是由於一切習
氣的動力。然諸習氣雖則說是很多，但總括起來，大約有三種差
別，第一叫做名言習氣，就是一切有為法的各別親種，依於前七
轉識善惡業力熏成功的種子，而能為生起八識三性諸法的親因緣
者是。不過講到名言有二種：一是表義名言，就是能詮表義理的
名句文的音聲差別。名句文都是施設於音聲的屈曲上的，唯獨屬
於無記性，本不能夠熏成色心等種，然而因名起種，所以叫做名
言種。二是顯境名言，就是能了別境界的心心所法；換言之，就
是一切七識見分等心，簡別不是相分心，因相分心不能顯了境界
的。隨著這二種名言所熏成的種子——即第六意識緣詮義的名句
文而緣諸法熏成的種子，前七轉識緣各各自境而熏成的種子，那
種子是由名言所熏成的，所以叫做名言種子。即此名言種子，作
八識的有為三性的諸法自果的親因緣。第二叫做我執習氣，就是
虛妄執有我我所而使自他差別，由此所熏成的種子是。然此我執
也有二種：一是俱生我執，就是屬於修所斷的我我所執，通六七
二識；二是分別我執，就是屬於見所斷的我我所執，唯屬第六意
識。隨這二種不同的我執所熏成的種子，實際亦即名言種子，因
它能令有情發生自他的差別，所以別立為我執習氣。第三叫做有
支習氣，就是由前有漏善惡六識所熏的業種子，能招三界異熟果
報者是。然這有支習氣也有二種：一是有漏善種，就是能招人天
趣可愛果的業。二是諸不善種，就是能招三惡趣不可愛果的業。隨
這二種不同的有支所熏成的種子，致令異熟果有善惡趣的差別。同

時我們更應知道的：我執、有支的二種習氣望於善惡差別的異熟果，在四緣中屬於增上緣。為什麼？因有支習氣在感有情生死的異熟果增勝，而我執習氣能令有情發生自他差別，所以都為增上緣。

此頌所言業習氣者，應知即是有支習氣；二取習氣，應知即是我執、名言二種習氣，取我我所及取名言而熏成故，皆說名取。俱等餘文，義如前釋。

在這頌文中所說的業習氣，應知即此三者之中的有支習氣。其次頌文中所說的二取習氣，應知即是長行所說的我執、名言二種習氣，因取我我所及取名言以為境界所熏成的二種習氣，皆名為取，所以叫做二取習氣。除上所說者外，其餘的俱義、習氣義、果有前盡而後生義，概如前師所釋，此中不再一一別說了。

復次，生死相續，由惑業苦：發業潤生煩惱名惑，能感後有諸業名業，業所引生眾苦名苦。惑業苦種，皆名習氣。前二習氣，與生死苦為增上緣，助生苦故；第三習氣，望生死苦能作因緣，親生苦故。頌三習氣，如應當知：惑苦名取，能所取故，取是著義，業不得名。俱等餘文，義如前釋。

復次，有情的生死相續，是由惑業苦的三道輪轉。什麼叫做惑？就是發業的無明與潤生的貪愛等，如是一切煩惱，說名為惑。什麼叫做業？就是能感後有的總報果的諸業，說名為業。什麼叫做苦？就是諸業所引生的三苦八苦，如是眾苦，說名為苦。惑業苦三，像上分別，是為現行；即此現行所熏成的種子，都可名為習氣。假定以這三類種子望所生果來論親疏，惑與業的前二種的習氣望於生死苦，但為增上緣，因它們僅能助生於苦，實際與苦果的體性是不同的。第三苦習氣望於生死苦果，正能作其因緣，因能辦體親生其苦的。頌中所說的三種習氣與此所做的三種習氣，如其所應，當知是這樣的：這裡的惑苦二種習氣就是頌文的二取習氣，因惑是能取，苦是所取的緣故。至於業種子，就是頌文的諸業習氣，不得名取，因取是執著的意思。但世間有情多於現果起執著，很少有於業起執著的。此外所有俱等餘文，其義亦如前釋，不再煩贅。

此惑業苦，應知總攝十二有支：謂從無明乃至老死，如論廣釋。然十二支略攝為四。一、能引支：謂無明行，能引識等五果種故。此中無明，唯取能發，正感後世善惡業者，即彼所發，乃名為行。由此一切順現受業，別助當業，皆非行支。

此下以十二有支釋惑業苦，前此所說的惑業苦三，應知總攝十二有支。所謂十二有支，就是無明、行、識、名色、六處、觸、受、愛、取、有、生、老死。這十二支的意義如《瑜伽論》等廣為解釋，平常亦說得很多，現在略而不論。然此十二支如把它總略起來，可以攝為四種，就是有名的四支。現在先說第一能引支，是指無明與行的初二支，因它能引發識、名色、六處、觸、受五支果的種子。此中所說的無明，唯取能發正感當果善惡業者而言；假定是不發業或助感別報的無明，那就不是這裡所說能引支的無明了。即彼無明所發正感後世總報體的善惡諸業，乃名此中所說的行。由此道理，我們也就知道，一切不感引果的順現受業，或者別助招感當來果報的業力中，那唯感別報之業，都不是這裡所說能引支的行支。

二、所引支：謂本識內親生當來異熟果攝識等五種，是前二支所引發故。此中識種，謂本識因；除後三因，餘因皆是名色種攝；後之三因，如名次第，即後三種。或名色種，總攝五因，於中隨勝，立餘四種。六處與識，總別亦然。《集論》說識，亦是能引，識中業種，名識支故；異熟識種，名色攝故。經說識支，通能所引，業種識種，俱名識故；識是名色依，非名色攝故。識等五種，由業熏發，雖實同時，而依主伴、總別、勝劣、因果、相異，故諸聖教假說前後，或依當來現起分位有次第故，說有前後。由斯識等，亦說現行，因時定無現行義故。復由此說生引同時，潤未潤時必不俱故。

此說第二所引支，就是第八本識之內，為前行等為增上緣，所發名言因緣所熏的習氣，親生當來五果的種子，屬於異熟果攝，是前無明與行二支之所引發，所以名為所引支。於此五支之中的識種就是第八本識的親因緣種。識中所有的種子，除了六處、觸、受的後三因，其餘色心的因緣種都是屬於名色種子所攝。後之六處、觸、受的三因種，如其名的次第，就是後三因種。或者以名色種總攝識中的五因，於五因中隨著它的殊勝者，建立其餘的四種：如執持識勝，建立識種；生識處勝，建立處種；觸境觸勝，建立處種；領納受勝，建立受種，所以別立四種。當知六處與識總別，也是這樣，謂以六入種總攝五因，於中隨其勝者建立其餘的四種，即於意處種勝者，別立識支與名以及觸支、受支；若於眼等五處勝者，別立色支。再說識種總別：於心種勝時，別立名及意處、觸、受四種；於色種勝時，別立色支種及眼等五處種。依此所說，識是所引；但據《集論》第二所說，識亦是能引，如說"能引支者，謂無明、行、識"。這是什麼道理？當知《集論》說識亦是能引，是以識中的業種說名為識支的，因種子識中通有行識，以行種為識支，所以是能引攝。既然這樣，那末，識種又是何法所攝呢？當知異熟識種，屬於名色所攝。上面把《集論》的道理會通了，但《緣起經》上卷說識支通於能所引，那又是怎麼回事？因為彼經把業種識種，都名為識支，所以說識支通能所引。為什麼識種不同《集論》說是名色所攝？因彼經中只說識種是名色的所依，而不就是名色，即於識外別說名色，所以非名色攝。識及名色等的五種由業熏發，本是同時而有的，為什麼分為前後次第？當知彼等為業熏發的時候，雖則說是實在同時，然而依於主伴等的相異，所以諸聖教中假說有其前後。主伴者，識支為主，就是異熟生；餘四為伴，就是助伴生，主先伴後，所以識居第一。總別者，名色為總，因體性寬；餘三為別，因義用狹，總先別後，所以餘三次之。勝劣者，六處為勝，因能為受等的所依；餘二是劣，因須依於六處而生，勝先劣後，所以六處居觸受前。因果者，六觸是因，能生於受；六受是果，為觸所生，因先果後，所以觸在受前。或者依於當來生起分位，或者依於現在已起分位，明白的有其次第，所以說有前後不同。由這識等當來現起的道理，諸聖教中亦把它們說為現行，以在因位的時候，決定是沒有現行的意義的。復即由這道理，經說所引所生，都是同時的，因為種生現果，必定俱有。雖然如此，但在識等初熏發位，卻不可說生引同時，因於潤未潤時必不相俱的。種子未被愛取滋潤時，不管經怎樣長久的時間，終不能生果的，可是若被愛取滋潤後，那就要發生現行了。

三、能生支：謂愛取有，近生當來生老死故。謂緣迷內異熟果愚，發正能招後有諸業為緣，引發親生當來生老死位五果種已；復依迷外增上果愚，緣境界受，發起貪愛，緣愛復生欲等四取，愛取合潤，能引業種及所引因，轉名為有，俱能近有後有果故。有處唯說業種名有，此能正感異熟果故。復有唯說五種名有，親生當來識等種故。

此釋第三能生支，就是愛、取、有的三支為能生體，以能近生當來的生、老死二支之果。有情在受內異熟時，由於迷內異熟果的無明，對後世的生、老死苦，不能如實了知，隨其所應就發正能招感後有的諸業（行支），以此諸業為增上緣，引發當來生、老死位的識等五果因緣種了。進一步復又依於迷外增上果的無明，以境界受為緣，發起貪愛煩惱（愛支）；以愛為緣，復又生起欲取、見取、戒取、我語取等的四取（取支）。由這愛取和合的資潤，能引業種及所引因的五種，就轉名為有了。但這為什麼叫做有呢？因這六種俱能近有生等後有果的緣故。有的地方唯說業種名之為有，推究它的原因，以此能正招感異熟果的關係。至於識等五種，雖正為因能生，但它並無力量正能生果，所以不得名有。復有唯說識等五種名有而業非有，這又是什麼道理？當知這是約其親生當來識等五法的種子說。正因為是約能生，不是約增上說，所以不說業名有。

四、所生支：謂生、老死，是愛、取、有近所生故。謂從中有，至本有中，未衰變來，皆生支攝。諸衰變位，總名為老；身壞命終，乃名為死。老非定有，附死立支。

此釋第四所生支，就是十二有支中的最後生、老死兩支為所生體，以是愛、取、有三支近所生的果。謂從中有位開始尋求受生的父母，經過初生的階段，直至在本有中，隨其壽命的長短，乃至未衰變以來，都是屬於生支所攝。由未衰變而進入衰變位，隨其時間的多少，身心俱衰，總名為老。等到衰變到某種程度，至於身壞命終，入滅相的階段，乃名為死。老位的時間極長，為什麼不別立支？再說餘支都是各別而立，為什麼老與死要合立一支？這因老不是決定有的，如夭逝者就沒有老相，所以將老附死立支。

病何非支？不遍定故。老雖不定，遍故立支。諸界趣生除中夭者，將終皆有衰朽行故。名色不遍，何故立支？定故立支。胎、卵、濕生者，六處未滿，定有名色故。又名色支，亦是遍有。有色化生，初受生位，雖具五根，而未有用，爾時未名六處支故。初生無色，雖定有意根，而不明了，未名意處故。由斯論說，十二有支，一切一分上二界有。愛非遍有，寧別立支？生惡趣者，不愛彼故。定故別立，不求無有。生善趣者，定有

愛故。不還潤生，愛雖不起，然如彼取，定有種
故。又愛亦遍生惡趣者，於現我境亦有愛故。依
無希求惡趣身愛，經說非有，非彼全無。

此下是釋諸妨難。生老病死四相遷流，生等既以立支，病為
什麼不立支？病，不特不遍於三界五趣，就是隨其所應有的界趣
之中，也不決定有的，如薄拘羅尊者年過八十，不知什麼叫做病，所
以不別立支。老法不然，雖現見世間亦有夭病而死的，不一定有
老的現象，但在三界五趣四生之中除了中夭者之外，任何一個有
情將要命終的時候，都有一種衰朽狀態的。若說遍就立支，不遍
就不立支，那三界中的無色界、四生中的化生，名色都是沒有的，可
見名色亦如病法不遍，為什麼又立為支？名色雖不遍於五趣四
生，但它是決定有的，所以立為一支；病即不定，不可為例。怎
知名色決定是有？謂於四生中，除了化生，其他胎卵濕等三生有
情乃至六處未滿已來，那它決定是有名色的，所以名色得立為
支。還有，名色不但定有，而且是遍，如有色二界的化生有情，於
初受生的階段雖完滿的具有五根，但還沒有發生明利的作用，換
句話說，就是還沒有生觸的功能；在這個時候，只可叫做名色，不
得名為六處。若無色界的化生，有情於初受生的階段，雖則說是
定有意根，但還不怎麼明了，只可叫做名，未得名為意處；不名
意處而名名，是即顯示它屬於名色的名攝。如依《瑜伽》九十三
說：「無色界的有情，識是依於名及色種子，而名及色種又是依於
識轉。」所以知道無色界亦有名色。由斯《瑜伽論》第十說：「十
二有支，一切一分上二界有。」若必要遍方可立為支者，愛是不遍
有的，怎可別立為支？怎知愛非徧有？因為經說生惡趣的有情，對

於那所感的苦果是不生愛樂的。要知愛雖不徧，但因定故，所以別立為支。怎知是定？因除了那求無後有及生惡趣的沒有愛以外，其他生善趣的有情一定是有愛的。因此，有人又發生這樣的問難：第三不還果的聖者在潤生位，對治的力量非常強的，愛絕對沒有生起的可能，怎麼可說善趣一定有愛？不還聖者在潤生位雖不現起愛，然如於彼自身取支，決定有種，愛亦如取，而定有種，因為有種，所以說是定有。又，愛不但徧於生善趣者，亦復徧於生惡趣者。怎麼知道？因生惡趣的有情對於當生處身，雖不有所愛樂，但於現我身及現在境，亦會生起愛來的。至於經說惡趣無有愛起，是依無有希求當來惡趣身愛說，並不是說生彼惡趣完全無愛。

> 何緣所生立生老死，所引別立識等五支？因位難知差別相故，依當果位，別立五支。謂續生時，因識相顯；次根未滿，名色相增；次根滿時，六處明盛；依斯發觸，因觸起受。爾時乃名受果究竟。依此果位，立因為五，果位易了差別相故。總立二支，以顯三苦。然所生果若在未來，為生厭故，說生老死；若至現在，為令了知分位相生，說識等五。

所生就是果，所引就是因，以因種望於現行果，因有好多，果亦應有好多，為什麼所生只立生、老死的二支，而所引立有識等五支呢？所引支是在因位，其差別相隱微難知，正由於難知，所以就依當生的果位別立因支為五，使令易曉。如正在結生相續時，以果初生，識持於種，其功用顯，所以名為因識相顯。在時間方面講，就是初刹那，或說一七日。次於識位之後，五根未滿之前，名色果起，令因名色相貌增長。在時間方面講，約在四七日前。次前名色四七日後，直至五根滿時，於是六處就明盛起來。依此六處發觸相顯，因觸而起於受，由於受相增長，爾時乃名所受五果究竟，依這當起五果的次第所以建立因支為五。至於果位，其差別相易於了知，所以就簡單的總立生、老死的二支，以顯示行苦、壞苦、苦苦的三苦。謂以生顯行苦，以老顯壞苦，以死顯苦苦。然那生果假定是在未來，為令有情生於厭離，所以為說生、老死的二支；那所生果假定是至現在，為令了知生、老死的分位相生，說有識、名色等的五支差別。

何緣發業總立無明，潤業位中別立愛取？雖諸煩惱皆能發潤，而發業位無明力增，以具十一殊勝事故。謂所緣等，廣如經說。於潤業位愛力偏增，說愛如水，能沃潤故，要數溉灌方生有芽。且依初後，分愛取二；無重發義，立一無明。雖取支中，攝諸煩惱，而愛潤勝，說是愛增。

此段文的問意：一切煩惱皆能發業，為什麼總立一個無明，而不更再別立？又諸煩惱皆能潤業，為什麼別分愛取，而不如無明唯立一個？不錯，一切煩惱皆有發業的功能，但是在發業位的時候，無明發業的力用增上，超過其他的煩惱。何以知之？因為具有十一種殊勝事的原故。那十一種殊勝？一、所緣勝，能遍緣染淨；二、行相勝，能隱真顯妄；三、因緣勝，為惑業生的根本；四、等起勝，就是等能發起能引、所引、能生、所生的諸緣起法；五、轉異勝，能為隨眠、纏縛、相應、不共的四種差別；六、邪行勝，謂能於四聖諦，起增益及損減的諸邪行過；七、相狀勝，謂彼微細因相，偏於愛非愛的共相而轉；八、作業勝，謂彼能作流轉的所依事，及作寂止的能障事；九、障礙勝，謂彼障礙勝法及廣法；十、隨轉勝，謂從欲界乃至有頂猶隨轉現前；十一、對治勝，謂彼為二種妙智之所對治。無明既有這種種的殊勝，所以立為發業支，不說餘惑。一切煩惱皆有潤業的功能，但在潤業位的時候，愛之潤業的力用偏增，而為其他的煩惱之所不及。怎麼知道？因為愛如於水，能沃能潤。既然如此，為什麼又分愛為取？這因要數數不斷的灌溉，方能生起後有的苗芽，如水灌田，禾芽得生。現在所以分為愛取二者，是依初後說的，即初名愛，後名取，其實並不是沒有多行現惑，所以潤業位廣。發業之義不同，不發則已，發了就再沒有重發的道理，如一芽生，不可再生，所以發業位略。再說取支有四，通攝一切煩惱，為什麼於潤業位只有說愛力偏增？據實而言，於取支中確是攝諸煩惱的，然而由於愛潤生勝，所以說是愛增，並不是說沒有其餘的煩惱。

> 諸緣起支皆依自地，有所發行依他無明。如
> 下無明發上地行。不爾，初伏下地染者，所起上
> 定，應非行支，彼地無明猶未起故。從上下地生
> 下上者，彼緣何受而起愛支？彼愛亦緣當生地
> 受，若現若種，於理無違。

諸緣起支互相相緣，是唯在自地呢？還是與他地呢？諸支緣起，在道理上講，皆唯依於自地，不過在諸支中或有所發行支，亦依他地無明，如下地無明能發上地之行。假定不是這樣的話，初伏下地染所起未至上定，那就應當不是行支。為什麼？因上地無

明在這個時候還沒有生起，要到入根本定，離欲界的九品欲盡，方得生起彼地無明的。或又有問：從上地生於下地以及從下地生於上地，那是緣於那一地境界的受支，而令那貪愛現前呢？當知彼愛亦緣當生地受，如從上地生下地，即緣當生下地受而起愛支；若從下地生上地，即緣當生上地受而起愛支，而且不管是俱時現行受或前時種子受，那在道理上都是沒有什麼違背的。

此十二支，十因二果，定不同世。因中前七，與愛取有，或異或同。若二三七，各定同世。如是十二，一重因果，足顯輪轉，及離斷常。施設兩重，實為無用，或應過此，便致無窮！

在這十二支中，前十支因與後二支果如約時間方面來講，那是決定不同世的，因為前十是在現在，後二是在未來的。至於十因中的前七支與愛取有三，或者說它是異世，或者說它是同世，那是不一定的。如果是順生受業，受初生時，其世就同；如果是順後受業等，其世就不同。假定是生、老死二支，愛、取、有三支，以及無明等的前七支，各各決定是同世的。依一般說，十二有支具有三世兩重因果，為什麼今唯說一？要知如是十二有支，依此所說一重因果，已經足夠顯示生死輪轉，及離斷常的二邊妄執。如果施設兩重因果，實在說來是沒有什麼用的。或者應更超過兩重，可是這麼一來，就犯無窮過了。這話怎講？古人解釋說："若愚前際，說過二因，更有愚於前前際者，二因猶少，應更多說；若謂愚於後際，說二果者，亦有愚於後後際者，二果猶少，應更多說，故云便致無窮。"

此十二支義門別者：九實、三假。已潤六支，合

為有故；即識等五，三相位別，名生等故。五是
一事，謂無明、識、觸、受、愛五，餘非一事。三唯
是染，煩惱性故；七唯不染，異熟果故。七分位
中，容起染故，假說通二，餘通二種。無明、愛、
取、說名獨相，不與餘支相交雜故，餘是雜相。六
唯非色，謂無明、識、觸、受、愛、取，餘通二種。皆
是有漏，唯有為攝；無漏無為，非有支故。無明、
愛、取，唯通不善、有覆無記，行唯善、惡，有通善、
惡、無覆無記，餘七唯是無覆無記。七分位中，亦
起善染。雖皆通三界，而有分有全。上地行支，能
伏下地，即粗苦等六種行相，有求上生，而起彼
故。一切皆唯非學無學。聖者所起有漏善業，明
為緣故，違有支故，非有支攝。由此應知聖必不
造感後有業，於後苦果不迷求故。雜修靜慮資下
故業，生淨居等，於理無違。

此下是諸門分別：①假實門：謂前九支是實，後三支是假。為
什麼說有是假？因這是由愛取所已滋潤的行及識等五的六支，合
而轉為有的，並無它的實在自體。為什麼說生、老死是假？因這是
所潤的六支之中，識等五種至現起時，由三相的差別假名生、老死
的。②一非一事門：謂唯獨一體事的有五，就是無明等的五支，其
餘的七支都不是一事。如行通於善惡，名色是二，六處有六，取
有四取，生、老死就是識等的五支，所以都非一事。③染不染門：謂
無明、愛、取的三支，唯獨是染污的，因為是煩惱性的；識、名色

等五及生、老死二，總此七支，唯獨是不染的，因這是屬異熟淨無記性。不過此之七支於現起的分位中容或可以生起染污，所以《瑜伽》第十假說通二，其實體非是染。餘行、有二支通於染不染的二種。④獨雜門：謂無明、愛、取的三支，說名獨相；獨是純獨的意思，顯是唯以此體為支，不與餘支相互交雜。其餘的九支是雜相，雜是交雜的意思，顯示行及識等五，轉名為有及生、老死，即此有、生等說名為雜。⑤色非色門：謂無明等六，唯是心法，所以說是非色；餘行等六支義兼色心，所以說是通二。如行通於三業，名色通於五蘊，六處通於二蘊，六支名有，五蘊現行名生、老死，可見各通二種。⑥有漏無漏及⑦有為無為門：如以有漏無漏說，十二有支都是有漏，因無漏是逆生死而又斷生死的。如以有為無為說，十二有支都是有為，因無為非是緣起義。總說一句，無漏無為皆非有支所攝。⑧三性門：謂無明、愛、取的三支，唯通不善及有覆無記；行支唯通善、惡，不通無記，因為無記是不感果的；有支通於善、惡以及無覆無記的三性；餘識等五及生老死二，總此七支，唯是無覆無記，因為是異熟性的；若此七支，於現起分位中亦可生起善或染。⑨三界門：十二有支雖則說是皆通三界，然而有分有全的不同。若分別說，在欲界中十二支是全具的，色無色界則具少分，如無想唯有色半支，無色唯有名半支，及六入支中唯有意處一分。⑩能治所治門：謂上地的行支，能伏下地的煩惱，即修厭下欲界苦、粗、障，欣求上界靜、妙、離的六種行相，而求上生，是即起彼上地行支，以伏下地的煩惱。⑪學等分別門：謂十二有支的一切，完全都是非學非無學，不通有學及無學，因學無學是與流轉相違的。如初果以上的聖者所起有漏的善業，是以無漏的智慧之明為緣，與有支相違，所以不屬有支所攝。由此我

們應當知道，聖者絕對是不造後有業的，為什麼？因他於後世的
生命苦果不會迷惑妄求的。於此有一問題：不還果等雜修五淨居
業，是不是屬於行支？假定說是，那就不能說聖不造業；假定說
不是，為什麼會生淨居天而感總報？關於這個問題，應當這樣了
解：不還果等以有漏無漏前後雜修第四靜慮，資助下無云等三天
的故業，得以生到五淨居天上去，這於理是沒有什麼違背的。為
什麼？因這總報業及名言種，在凡夫的時候就已造了生第四禪下
三天的業。由於是同一地所繫，所以後由無漏資生故業，得生淨
居天，並非是聖者現在所新造的。

有義：無明唯見所斷，要迷諦理能發行故，聖
必不造後有業故；愛取二支唯修所斷，貪求當有
而潤生故，九種命終心，俱生愛俱故；餘九皆通
見修所斷。有義：一切皆通二斷。論說預流果，已
斷一切一分有支，無全斷者故。若無明支唯見所
斷，寧說預流無全斷者？若愛取支唯修所斷，寧
說彼已斷一切支一分？又說全界一切煩惱，皆能
結生，往惡趣行，唯分別起煩惱能發，不言潤生，唯
修所斷；諸感後有行，皆見所斷發。由此故知無
明、愛、取三支，亦通見修所斷。然無明支正發行
者，唯見所斷，助者不定；愛、取二支正潤生者，唯
修所斷，助者不定。又染污法自性應斷，對治起
時彼永斷故。一切有漏不染污法，非性應斷，不
違道故。然有二義說之為斷：一、離縛故，謂斷緣

彼離彼煩惱；二、不生故，謂斷彼依令永不起。依
離縛斷，說有漏善、無覆無記，唯修所斷；依不生
斷，說諸惡趣、無想定等，唯見所斷。說十二支通
二斷者，於前諸斷，如應當知。

⑫三斷門：這有二師的解釋不同。第一師的意思說：一切能
夠發業的無明唯是屬於見道所斷，因要迷於諦理的無明行相，方
能發諸行業。同時諸有聖者絕對不造後有業的，所以證知是見所
斷，假定無明通於修斷豈不是聖者更要造後有業？愛取二支唯是
屬於修道所斷，因為貪求當有，皆以愛取而潤生的，對法第五說
九種命終心，俱生愛俱，唯是修道所斷的，其餘九支一一皆通見
修所斷。第二師的意思說：十二有支一一皆通見修所斷，就是無
明不唯見斷，亦通修斷；愛取不唯修斷，亦通見斷。為什麼？因
《瑜伽論》第十說：預流果者，已斷一切一分有支，沒有全斷的。假
定無明支唯是屬於見所斷，那預流者就應初支全斷，怎麼可說預
流無全斷者？假定愛取二支唯是屬於修所斷，怎麼可說彼預流已
斷一切支一分？既斷一分，可見亦通見所斷。又彼《瑜伽論》第
五十九等說：全界一切煩惱皆能結生，如於欲界結生相續時，則
全欲界一切煩惱皆能結生；如於色界結生相續時，則全色界一切
煩惱皆能結生；如於無色界結生相續時，則全無色界一切煩惱皆
能結生。論中又說往惡趣行，唯是分別所起的煩惱能發。諸聖教
中既不說潤生煩惱唯修所斷，怎麼可說愛取支唯是修斷？既不說
一切招感後有行，皆見所斷煩惱所發，怎麼可說無明支唯是見
斷？由這樣的分別，所以知道無明、愛、取的三支，都是通於見修
所斷的。不過無明有正發行與助發行的差別，假定是正發行的，那

就唯屬見道所斷；假定是助發行的，那就不一定了，因為助發人天總報之業，亦通於修道所斷的。愛取也有正潤與助潤生的差別，假定是正潤生的，那就唯屬修道所斷；假定是助潤生的，那就不一定了。因為全界一切煩惱皆能結生，四取都名為取支的，所以亦通於見道所斷。又諸染污法如無明、愛、取三支及行、有二支的一分，因為自性是煩惱染污法，所以應斷。什麼時候可斷？在對治無漏觀智起的時候，那它就永斷了。一切有漏的不染污法如諸有漏善及無覆無記，體非暗法，非性應斷，為什麼？因為這些不違於道品的。此善及無記既是非性應斷，怎麼又說皆通二斷？然這有兩個意義，說它通於二斷的：一、離縛斷，謂斷緣彼煩惱，雜彼煩惱。什麼叫做緣彼煩惱？就是有類煩惱，緣彼有漏而生，隨彼七識所緣有漏善等境是。假定斷了能緣的煩惱，說那所緣境，名為得斷。什麼叫做雜彼煩惱？就是第七識起煩惱的時候，雖不緣彼六識等法，但六識中所起施等，由第七識內的我見我慢，使它成為有漏性，所以名為雜彼。一旦第七識所起的煩惱斷時，六識等法也就名為得斷。二、不生斷，謂以分別煩惱為依，彼等得以生起；假定斷了這煩惱，彼等也就永不得生。依於前一離縛斷，所以《瑜伽》六十六說，諸有漏善以及無覆無記唯是屬於修所斷。依於後一不生斷，所以《瑜伽》六十六等說，諸惡趣的異熟趣體，無想定、無想天、半擇迦、二形、北俱盧洲等，唯是屬於見所斷。《瑜伽論》等說十二支通於見修二斷者，於二斷中如其所應，我們應當這樣知道：無明、愛、取的三支依正助說，通見修斷；所餘諸支依二義故，亦通見修二斷。

　　十樂捨俱，受不與受共相應故；老死位中，多

分無樂及客捨故；十一苦俱，非受俱故。十一少
分，壞苦所攝，老死位中，多無樂受，依樂立壞，故
不說之。十二少分，苦苦所攝，一切支中有苦受
故。十二全分，行苦所攝，諸有漏法皆行苦故。依
捨受說，十一少分，除老死支，如壞苦說。實義
如是。諸聖教中，隨彼相增，所說不定。皆苦諦
攝，取蘊性故。五亦集諦攝，業煩惱性故。

⑬三受相應門：十二有支依當起位，除受及老死，餘十支均
與樂捨二受相應。為什麼除受？因它是自體，受不與受相應的。為
什麼除老死？因老死位中多分無樂及客捨的。（客捨是對主捨
說，對外的客捨雖說沒有，但第八主捨並不是沒有。）除去受支，其
餘的十一支皆與苦受相應。除受之理，如前所說。⑭三苦分別
門：十二支中除去老死，其餘十一支的少分皆為壞苦所攝。為什
麼除老死？因老死位，多分是無樂受的。現在依樂立壞，所以不
說彼老死支為壞苦攝。十二支的一一少分皆為苦苦所攝，為什
麼？因一切支中都是有苦受的。十二支的一一全分皆為行苦所
攝，為什麼？因一切有漏法都含有行苦性的。假定依於捨受來
說，那就是十一支的少分，於中除去老死支，其義如前壞苦所說。上
來所說，依實義言，是這樣的，但在諸聖教中隨彼行相增盛來講，那
就不一定了。⑮四諦門：十二有支一一皆屬苦諦所攝，因為它們
是以有漏取蘊為性的，而且具有逼迫性的。唯其中的無明、愛、取、
行、有的五支亦屬於集諦所攝，因行、有二支是以業為性，無明、
愛、取三支是以煩惱為性，所以屬集諦攝。

　　諸支相望，增上定有，餘之三緣，有無不定，契

經依定，唯說有一。愛望於取，有望於生，有因
緣義。若說識支是業種者，行望於識，亦作因緣。餘
支相望，無因緣義。而《集論》說無明望行有因
緣者，依無明時業習氣說。無明俱故，假說無明，實
是行種。《瑜伽論》說諸支相望無因緣者，依現愛
取唯業有說。無明望行，愛望於取，生望老死，有
餘二緣。有望於生，受望於愛，無等無間，有所
緣緣。餘支相望，二俱非有。此中且依鄰近順次，不
相雜亂，實緣起說。異此相望，為緣不定。諸聰
慧者，如理應思。

⑯四緣分別門：十二支的一一相望，於四緣中增上緣決定是
有的，其餘的三緣若有若無，那就不一定了。《緣起經》中依決定
有，唯說有一增上緣，並不是遮無其他的緣。以愛望之於取，這
是有因緣義的，因為愛增名取，愛是取的種子，取是愛所生的現
行，所以能為因緣。以有望之於生，也有因緣義，因為識等五種
轉成為有，有種所生的現行名為生，現從種生，所以有是生的因
緣。若如《集論》所說識支是業種的話，行望於識，其行亦得為
識的因緣。除了這三支外，其餘的諸支相望，因為不能親辦自果，所
以無有因緣之義。然而《集論》所說無明望之於行有因緣者，那
是依於無明俱時的思業習氣說的。業的習氣與無明俱，假說業種
以為無明，實在講起來，還是行種生於行的現行。至於《瑜伽論》
說諸支相望沒有因緣的話，那是依於現行的愛望於現行的取以及
業有而說的，並不是依於種子而說，所以沒有因緣。假定以無明
望之於行，以愛望之取，以生望之於老死，不但說是有增上緣，而

且還有其餘的等無間及所緣的二緣。假定以有望之於生，以受望之於愛，於前二緣中無有等無間緣，唯有所緣緣。其餘行望於識，識望之於名色，名色望之於六入，六入望之於觸，觸望於受，取望之於有的諸支相望，因為都不是現行的心心所法相引生的，所以沒有等無間緣；因為都不是現行的心心所法，沒有能緣慮的作用，所以沒有所緣緣。然而我們必須知道的，就是此中的所說，是依鄰近說而不是依隔越說，是依順次說而不是依逆次說，是依因果前後不相雜亂說而不是依相雜亂說，是依實體緣起說而不是依於假有說。如果異於上來所說的相望，就是超越、逆次、雜亂相望，其為緣就不決定了。關於這個道理，有智慧的人如法合理的想一想，大概也就知道，這裡不再多說了。

　　惑業苦三攝十二者：無明、愛、取，是惑所攝；行、有一分，是業所攝；七、有一分，是苦所攝。有處說業全攝有者，應知彼依業有說故。有處說識業所攝者，彼說業種為識支故。惑業所招獨名苦者，唯苦諦攝，為生厭故。由惑、業、苦即十二支，故此能令生死相續。

　　以上所明的十二有支，若把它總攝起來，不出於惑、業、苦的三種，所以惑、業、苦三能總攝十二有支。如無明、愛、取的三支為發業潤生的煩惱（惑）所攝，行及有支的一分（為行支所潤的一分）為招感未來有漏善惡的諸業所攝，識、名色、六處、觸、受、生、老死的七支及有支的一分（識等五支所潤的一分）為業所感的三界果報（苦）所攝。《瑜伽》《十地》等說業完全攝於有的話，當知那是依於業有說的。《對法》第四說識屬於業所攝的話，那是因為它說業種為識支的緣故。還有，講到苦體，十二有支無不皆是。為什麼惑、業不叫做苦，而以惑、業所招的果獨名為苦？這因所招的果唯是屬於苦諦所攝，不如惑、業亦屬集諦；又為使令眾生對這生厭，而不再起惑、業，所以說此所招獨名為苦。由於惑、業、苦三，就是十二有支，所以惑等能令生死相續不斷，不要假藉什麼外緣而後生死纏得相續。

　　復次，生死相續，由內因緣，不待外緣，故唯有識。因謂有漏、無漏二業正感生死，故說為因；緣為煩惱、所知二障助感生死，故說為緣。所以者何？生死有二：一、分段生死，謂諸有漏善不善業，由煩惱障緣助勢力，所感三界粗異熟果，身命短長，隨因緣力，有定齊限，故名分段。二、不思議變易生死，謂諸無漏有分別業，由所知障緣助勢力，所感殊勝細異熟果，由悲願力，改轉身命，無定齊限，故名變易。無漏定願正所資感，妙用難測，名不思議，或名意成身，隨意願成故。如契經說：如取為緣，有漏業因，續後有者，而生三有。如是無明習地為緣，無漏業因，有阿羅漢、獨覺、已得自在菩薩，生三種意成身，亦名變化身。無漏定力，轉令異本，如變化故。

復次，有情的生死相續是由內在的因緣，不待外在的助緣，所以唯有心識。什麼是內因？就是有漏無漏的二種業力，以此二業能正招感生死，所以說名為因。什麼是內緣？就是煩惱所知的二

障，以此二障能助招感生死，所以說名為緣。為什麼要這樣說？當
知生死是有二類的：一為分段生死，這就是以有漏的善不善業為
正感因，由前所說的煩惱障為緣助勢力，而所感得的三界異熟無
記粗異熟果。此類生死為什麼叫做分段？以此異熟果報的身命短
長，若一歲、十歲、百歲、千歲等，是隨往昔的業因惑緣的力量使
之如此的；而且若身若命，有它一定的齊限，而不可前後改轉，所
以名為分段。二為不思議的變易生死，這就是以無漏有為諸業為
因，由前所說的所知障助力為緣，而所感得的殊勝細異熟果。此
類生死為什麼叫做不思議變易？以此生命的果報體由大悲大願的
力量，可以改轉原來的鄙惡身命，成為現在的殊勝生命；改轉先
前粗劣的身命，成今細妙的身命，而且若身若命，沒有一定的齊
限，所以名為變易。既是由無漏的定願之力，正所資生，正所感
得，其妙用當然是難測而不可知的了，所以名為不思議。又，這
生死果或還可以名為意成身，為什麼？因這是隨大悲意願之所成
的。如《勝鬘經》說：如以取為緣（即煩惱障），以有漏業為因
（即正因業），續後有者，而生三界之有，如是五住地中以無明習
地為緣（即所知障），以無漏業為因（即無漏有為諸業），因緣
和合，於是有阿羅漢、獨覺、已得自在菩薩，生這三種意成身。此
變易生死亦可名為變化身，為什麼？因這由無漏的定力能夠轉變
使令異於本來的分段身，似如變化，所以名為變化身。

　　如有論說：聲聞無學永盡後有，云何能證無
上菩提？依變化身，證無上覺，非業報身，故不
違理。

　　這是引證。如《顯揚聖教論》第十六說：諸聲聞者，證得了

無學果以後，那他已經"我生已盡"，永不復受分段之身了，怎麼還能出生入死，行菩薩道，化度有情，乃至究竟成於無上菩提果呢？當知這是依於變化身而證得無上正覺說的，並不是由於業報身，所以在道理上也沒有什麼相違。

　　若所知障助無漏業，能感生死，二乘定性，應不永入無餘涅槃。如諸異生拘煩惱故。如何道諦實能感苦？誰言實感？不爾，如何？無漏定願，資有漏業，令所得果，相續長時，展轉增勝，假說名感。如是感時，由所知障為緣助力，非獨能感，然所知障，不障解脫，無能發業潤生用故。何用資感生死苦為？自證菩提，利樂他故。謂不定性獨覺、聲聞及得自在大願菩薩，已永斷伏煩惱障故，無容復受當分段身。恐廢長時修菩薩行，遂以無漏勝定願力，如延壽法，資現身因，令彼長時與果不絕，數數如是定願資助，乃至證得無上菩提。彼復何須所知障助？既未圓證無相大悲，不執菩提有情實有，無由發起猛利悲願。又所知障，障大菩提，為永斷除，留身久住。又所知障，為有漏依，此障若無，彼定非有，故於身住，有大助力。

此有四重問答：一、假定說所知障助無漏業，能感變易生死，那二乘中的定性人有所知障在，就應常感生死，而永不入於無餘涅槃界。如有學凡夫由煩惱障助有漏業，能感分段生死，而不永入無餘涅槃一樣，請問是不是這樣呢？論主答說：「如諸異生，為煩惱之所拘礙，常期馳流於生死中，不得趣於涅槃；當知那趣寂聲聞，因為心樂趣寂，被趣寂之所拘礙，所以馳流無相，不得趣於無上正等菩提，就如異生為煩惱所拘一樣。」二、前言無漏為正因感，可是於此成為問題的，就是道諦怎麼實能感生死苦？論主反詰說：那個同你講實能感生死苦？外人復又問道：「假定不是實感，那又是怎樣的呢？」當知這是由第四禪無漏勝定，資助那感異熟的諸有漏業，令所得果，相續新生，長時不絕，以至展轉增勝。實在說來，還是有漏業感，不過由無漏的資助力勝，所以假說名感，並非無漏業實能感苦。此無漏業如是感的時候，由所知障為緣，助此無漏之力，非獨無漏業能感於果。為什麼所知障不感苦？因所知障其體非縛，不障解脫涅槃，無如無明等能發有漏業，或如貪等有潤生用的。三、生死是苦痛逼迫法，早點遠離還來不及，有什麼勝益反而資感生死苦？簡單的說，為了自證菩提及利樂有情，所以更須資生。如有一類不定性的聲聞、獨覺以及八地已上得自在的大願菩薩，或已永斷（二乘）煩惱障，或已永伏（菩薩）煩惱障，無容復受當來的分段身。然而既有二利之益，觀知分段報終，恐廢長時於生死中修菩薩行，遂以無漏的殊勝定願之力，如阿羅漢的延壽之法，資現有身之因，感今身業，令業長時與果不絕。如是繼續不斷的以定願資助，經過三大阿僧祇劫的長時間，乃至具諸相好，到了最後證得無上菩提。四、既由無漏定願資現身先業，令果長時，是則無漏定願，足可資感，那為什麼還須所知障的助力，方感此果呢？解答這問題，可從三方面來說：首先要知道的，不定性的二乘及得自在大願菩薩於因位中，既尚未能圓滿實證佛地所有無相大悲，假定不假這所知障，執有菩提可求，實有有情可度，那就無有因由，能發猛利大悲及猛利大願。因所知障執有菩提可求，眾生可度，這纔能夠發起諸無漏業。其次要知道的，那所知障雖不障於解脫，但能障大菩提，是很難卒斷的；現在為要永遠的斷除它，以期得成無上正覺，所以特別的留身久住。最後應要知道的，就是所知障這東西，能為一切有漏法的所依。有了所知障的存在，一切俱行諸法就不得成為無漏。所以這所依的所知障假定沒有，那能依的有漏也就決定非有，所以彼所知障對於變易生死身的久住，是有很大的助力的。

　　若所留身，有漏定願所資助者，分段身攝，二乘、異生所知境故；無漏定願所資助者，變易身攝，非彼境故。由此應知變易生死，性是有漏異熟果攝，於無漏業，是增上果。有聖教中說為無漏出三界者，隨助因說。

　　諸所留身是不是皆為變易？那要看它是由什麼所資助的，不可一概而論。若所留身是由世間有漏定願所資助的話，那它就屬於分段身攝；因為不是不思議的微妙勝用，所以為二乘、異生所知之境。若所留身是由聖者出世無漏定願所資助的話，那它就屬於變易身攝；因為這是微妙勝用難可測量的，所以不是凡夫、二乘所知的境界。由於這個道理，我們應當知道，變易生死，性是有漏，望感現業五果的當中是異熟果攝，因是有漏業正所感的。但以此果望於無漏業，即又為增上果攝，因是無漏業之所資助的。在有的聖教中說變易生死名為無漏出三界者，當知那是隨無漏業資助因說，而體實在不是無漏的。

　　頌中所言諸業習氣，即前所說二業種子；二

取習氣，即前所說二障種子，俱執著故。俱等餘
文，義如前釋。變易生死，雖無分段前後異熟別
盡別生，而數資助，前後改轉，亦有前盡餘復生
義。雖亦由現生死相續，而種定有，頌偏說之。或
為顯示真異熟，因果皆不離本識，故不說現。現
異熟因，不即與果。轉識間斷，非異熟故。

頌中所說的諸業習氣，就是前面說的有漏無漏的二業種子，也
就是能感二種生死的因；頌中所說的二取習氣，就是前面說的煩
惱所知的二障種子，也就是助感二種生死的緣。二障俱有執著，所
以都說名取。俱等餘文，等是等於“前異熟既盡，復生餘異熟”，其
義如前初師所釋。不過這裡成問題的：變易生死不如分段別死別
生，怎麼可說前異熟既盡復生餘異熟呢？聖者的變易生死雖沒有
分段那樣的前後異熟別盡別生，然而由於無漏定願的數數資助，令
後身命展轉改易而勝於前，亦有前盡餘復生的意義。或有問說：亦
容有現業及現二取，能令生死相續無窮，為什麼但言由二習氣？就
實而論，雖則亦由諸法現行生死相續，然而由於種子相續，一切
時中決定是有，不如現行多有間斷，所以頌中偏說種子，而云由
業習氣等。或者是為顯示真異熟因，業種子是果；因是本識之所
執持，果即本識的自果位，因果皆不離於本識，所以不說現行。為
什麼如此？當知現異熟因，其果在於未來，不即與果熏於種子
的。至於前六轉識，雖亦有異熟果，而且也是不離識的，因為其
多間斷，是異熟生，非真異熟，所以不說六識現行。這樣講來，我
們知道，現異熟因及異熟生果都不是不離本識的，所以頌中偏說
習氣。

前中後際，生死輪迴，不待外緣，既由內識；淨
法相續，應知亦然。謂無始來，依附本識有無漏
種，由轉識等，數數薰發，漸漸增勝，乃至究竟
得成佛時，轉捨本來雜染識種，轉得始起清淨識
種，任持一切功德種子。由本願力，盡未來際，起
諸妙用，相續無窮。由此應知唯有內識。

如上面所解說的，有情於前中後的三際生死輪迴，相續不
斷，是不待客觀的外緣，而純由內在的心識種子，是則諸佛菩薩
淨法相續，應知亦由內識，所以說亦然。但那是怎樣的呢？謂從
無始以來，依附於本識中的，有無漏清淨的種子，後由轉識等數
數不斷的熏發，漸次漸次的增勝，乃至到究竟得成佛的時候，於
是就轉捨本來的雜染識種，轉得始起的清淨種識，以此任持一切
的功德種子。由本願力，即佛世尊利他無盡清淨種識，盡未來際
的起諸妙用，相續無窮。由此上來說染淨道理，應知諸法相續，唯
有內識而無外境。

若唯有識，何故世尊處處經中說有三性？應
知三性亦不離識。所以者何？頌曰：「由彼彼徧
計，徧計種種物；此徧計所執，自性無所有。依
他起自性，分別緣所生；圓成實於彼，常遠離前
性。故此與依他，非異非不異，如無常等性，非
不見此彼。」

假定真的唯有內識而無外境，為什麼釋迦世尊在處處經中說
有三性？經既說三，就不應說唯有內識；若說只有內識，那就只
有依它的一性就好了，為什麼要說三性？現在告訴他：雖則說有

三性，應知三性也是不離於識的。怎知三性不離於識呢？為了解答這問題，論主特舉出三頌，來加以說明。在這三頌之中，初二頌正辨三性，次三句明三性的不一不異，後一句明依他圓成證到的前後之境。而初二頌中第一頌明徧計所執性，第二頌的上兩句是明依他起自性，下兩句是明圓成實自性。關於頌文所詮的意義，到下長行再為詳說，現姑不論。

　　論曰：周徧計度，故名徧計；品類眾多，說為彼彼。謂能徧計虛妄分別，即由彼彼虛妄分別，徧計種種所徧計物。謂所妄執蘊處界等，若法若我自性差別。此所妄執自性差別，總名徧計所執自性。如是自性，都無所有，理教推徵，不可得故。

頌文第一頌的解說，難陀分為能徧計與所徧計二門，護法、安慧分為能徧計、所徧計及徧計所執的三門。這一段文是難陀的解釋，彼謂第一句明能徧計，餘三句明所徧計。所徧計的種種物就是實我實法，在所徧計外沒有別立徧計所執一門，論說：具有周徧計度的作用，所以名為徧計，因徧緣一切的境界，而又計較推度是我是法的緣故。這個徧計心的品類眾多不一，所以說為彼彼。這個徧計心的自體是什麼？謂能徧計，虛妄分別，就是一切能起徧計依他性心。依難陀的意思，能有周徧計度作用的，實際上講起來，只限於第六識。第七識只有計度的意義，而沒有周徧的意義，然因是徧計的種類，所以也可說是徧計。即由彼彼虛妄分別的緣故，所以徧計種種的所徧計物。此中徧計為能徧計的行相，種種物為所徧計的境界。然這所徧計的種種物，究竟是指的什麼呢？就是虛妄所執的蘊處界等一切義理，若我若法的自體性及差別義。此所妄執的心外實我實法的自性差別，究其體性，猶如龜毛一樣，是無體的非有法，所以此所徧計，總名徧計所執自性。如是徧計所執自性，絕對的都無所有，怎麼知道無有？因從正理及聖教兩方面仔細推徵，其自性實在是不可得的。

　　或初句顯能徧計識，第二句示所徧計境，後半方申徧計所執若我若法自性非有，已廣顯彼不可得故。

此是護法、安慧的解說。彼謂頌文最初一句，是顯示的能徧計識，第二句頌是顯示的所徧計境，後半頌即下二句，方申徧計所執的實我實法，自性都無。這是護法、安慧在能所徧計之外，另立徧計所執的緣由。關於體性的非有，在前第七卷中已廣顯彼不可得了，所以這裡不再重說。

　　初能遍計自性云何？有義：八識及諸心所有漏攝者，皆能徧計，虛妄分別為自性故，皆似所取能取現故，說阿賴耶，以徧計所執自性妄執種為所緣故。

既言初句是能徧計，那末，初能徧計的自性是怎樣的呢？關於這個問題，安慧與護法等的看法是很不同的。此中有義，就是安慧的意思。安慧認為：八識及其所相應的諸心所法，凡是屬於有漏攝的，皆為能徧計心。為什麼？因八識及諸相應的有漏心心所，都是以虛妄分別為其自性的，都是似於能取（能緣）所取（所緣）相現的。既似能取所取相現，又以虛妄分別為其自性，所以證知有漏心皆能徧計。還有，所執自性的妄執習氣，就是能徧計心的種子，《瑜伽》《顯揚》等既說阿賴耶識，以徧計所執自性，妄執種而為所緣，亦可證知第八識是能徧計。總之，能徧計的妄執心的識體，安慧說是通於八識的，因八識的善惡無記三性，都是有執的，不說因位的有漏心是有執，就是因位的無漏心也還是有執的。不過所要加以分別的：前五識及第八識只有俱生起的法執，第七末那識只有俱生起的我執，至通俱生、分別我法二執的，唯第六識。

有義：第六、第七心品執我法者，是能徧計。唯說意識能徧計故，意及意識名意識故，計度分別能徧計故，執我法者，必是慧故，二執必與無明俱故，不說無明有善性故，癡無癡等不相應故，不見有執導空智故，執有執無不俱起故，曾無有執非能熏故。有漏心等不證實故，一切皆名虛妄分別。雖似所取能取相現，而非一切能徧計攝。勿無漏心亦有執故，如來後得應有執故。經說佛智現身土等種種影像，如鏡等故，若無緣用，應非智等。雖說藏識緣徧計種，而不說唯，故非誠證。由斯理趣，唯於第六、第七心品，有能徧計。識品雖二，而有二、三、四、五、六、七、八、九、十等徧計不同，故言彼彼。

此中有義，是護法等的意思。護法認為：要有計度分別，乃可成為能徧計；而具有計度分別的，唯是第六、第七心品執我法者，所以也就唯有這是能徧計。為什麼只有六七二識是能徧計？這有十個理由可以證明：第一，《攝論》唯說意識是能徧計，假定諸識都是能徧計，為什麼《攝論》不說？第二，《攝論》不是不說第七識，因為意及意識都叫做意識的，所以說意識是能徧計，就包含了六七二識。第三，能夠普於一切分別計度的，是能徧計；至於前五識及第八識，沒有這種計度分別的作用，所以不得名能徧計。第四，凡是有執我執法的功能作用的，必定是恆與慧俱的，前五及第八識既不能恆與慧俱，怎能容它有徧計妄執？第五，我法二執的現前必定是與無明相應的，而無明要在染污心中纔會現起，在善心中不會有無明的，因為它與無痴善根的性質相違的。第六，《瑜伽》等論沒有那個曾說無明是有善性的，因為二執唯是染污而不通於善性的。第七，若說善為不善的行相輕者，那也不對，因為痴與無痴等的兩個敵體相反的法，絕對不容相應俱起的。第八，若說痴相輕微者叫做無痴，那也不對，因為真正是無漏心，必二空觀隨一現前的；加行善心既還有法執的存在，怎麼能夠導那空智現前？因為從來不曾見到有執可以導空智的，如水引生於火，我們可曾見到過嗎？第九，有法執的存在，這就是執有；撥無一切所有，這就是執無。執有與執無是不能俱起的，所以執有的心與達無的智也就不能俱起。第十，假定承認第八識亦是有執的話，那第八識亦應當是能熏，因為從來不曾見到有執勢用之心，非能熏的。可是事實上，第八識是所熏而非能熏，因而不可說第八識是能徧計。這樣說來，既唯六七二識是能徧計，為什麼《楞伽》《中邊》等說，三界八識皆是虛妄分別？因為有漏心心所法，在沒有證得實理以前，皆名虛妄分別。但不是說，所有虛妄分別都是有執心的。若有漏心有的不是有執的話，怎麼說有二取相現？如《中邊》第一說虛妄心心所，似二相現，可見都是有執的。不然，要知雖有似所取似能取的相現，但這不過是相見二分，並不是說一切能所取，皆是能偏計攝，要有計度分別的二取相現之心，纔可說為能偏計的。假定說凡是似能所取的，就是偏計所攝的話，一切菩薩、二乘後得無漏之智都有似二取相現的，豈不是都屬能偏計攝了嗎？可是事實上，不可說無漏心亦有執的。不特如此，更進一步，如來後得無漏智心亦有似能所取義，難道說如來後得亦有執嗎？誰也知道，不應說如來後得亦有執的。假定說如來後得沒有似二取相現，那就有違如來所說的聖教，因為佛在《佛地經》中曾說佛智現身土等種種影像，如鏡等的。佛智，就是如來的四智，每一智皆有二相。現在既說現身土等種種影像，證知有無漏的相分。諸如來智一定有它的見分，假定沒有見分，那就沒有能緣的作用，假定沒有能緣的作用，那就應該不是智等，前師難說：如果真的有漏心非皆是執的話，為什麼說藏識緣偏計種？答：雖說藏識緣偏計種，然而沒有說第八唯緣偏計種，因為有漏種是很多的，並不是諸有漏種皆是偏計。由於如上所說的種種理趣，我們可以肯定的說一句，唯於第六、第七心品有能偏計，前五及第八識不可說為能偏計。識品雖則只是六七二識，但有二三等的種種偏計不同，所以頌中名為彼彼。二偏計者：①自性計，②差別計。三偏計者：①自性，②隨念，③計度。四偏計者：①自性計，②差別計，③有覺計，④無覺計。五偏計者：①依名計義，②依義計名，③依名計名，④依義計義，⑤依二計二。六偏計者：①自性計，②差別計，③覺悟計，④隨眠計，⑤加行計，⑥名偏計。七偏計者，即七分別：①有相，②無相，③任運，④尋求，⑤伺察，⑥染污，⑦不染污。八偏計者，即八分別：①自性分別，②差別分別，③總執分別，④我分別，⑤我所分別，⑥愛分別，⑦

不愛分別，⑧愛不愛俱相違分別。九徧計者，即緣九品計執。十徧計者：①根本分別——第八識，②緣相分別——色等識，③顯相分別——眼等識並所依，④緣相變異分別——老等變異，⑤顯相變異分別——變異所有變異，⑥他引分別——聞不正法類，⑦不如理分別外道類，⑧如理分別——聞正法類，⑨執著分別——我見類，⑩散動分別——即十散動。等是等於十一、十二等的種種徧計。

次所徧計自性云何？《攝大乘》說是依他起，徧計心等所緣緣故。圓成實性寧非彼境？真非妄執所緣境故。依展轉說，亦所徧計。徧計所執雖是彼境，而非所緣緣，故非所徧計。

能徧計的自性是什麼，已經知道了，其次所要問的，就是所徧計的自性是什麼？這依《攝大乘》說，於三性中唯依他起，是所徧計，因為這是徧計心等的所緣緣境，凡為所緣緣的，必定是有法的。這樣，圓成實性也是有法，寧得非彼徧計心所緣境？不！依他是妄，當然可計少分，為彼所緣之境；圓成是真，非彼徧計心妄執為所緣境。不過約徧計由依他故有，依他實性就是圓成，依此展轉之義來說，亦得為所徧計。還有，徧計所執既是徧計心等之境，為什麼不叫做所徧計呢？要知所執雖是彼徧計心境，因為沒有所緣緣義，所以不得說為所徧計。應知所緣緣義，須用實緣起法，令徧計所執我法。既沒有實體性，當就非所緣緣，既不是所緣緣，當就非所徧計。

徧計所執，其相云何？與依他起，復有何別？有義：三界心及心所，由無始來虛妄熏習，雖

各體一，而似二生，謂見相分，即能所取。如是
二分，情有理無，此相說為徧計所執。二所依體，實
託緣生，此性非無，名依他起，虛妄分別緣所生
故。云何知然？諸聖教說：虛妄分別是依他起，二
取名為徧計所執。

此下以徧計執對依他起，說明它們相互的關係。問：徧計所
執的體相究竟是什麼呢？其次問：徧計所執與依他起究竟又有什
麼差別？關於這兩問題的別答也有兩家的意思不同。此中有義，是
安慧的意見。他說三界所有的一切心心所，從無始來為虛妄之所
熏習，雖說各各自體是一自證分，但卻似有依他的見相二分而
生，此之所謂見相分，就是諸經論中所說的能所取。如是見相二
分在情執方面，雖則似乎是有，但在道理上實在是無的。此之情
有理無的能所取相，《中邊》等論說為徧計所執。能依的見相二分
雖則是徧計執無，但二所依的識等體事實是假託眾緣和合而生
的，所以這自體性不是沒有，其性非無自證分，名依他起，因為
是從虛妄分別種子緣所生的。怎麼知道二分非有、自證非無？諸聖
教說：三界心心所是虛妄分別，虛妄分別者，是為依他起，似能
所取的見相二分，名為徧計所執。

有義：一切心及心所，由熏習力所變二分，從
緣生故，亦依他起。徧計依斯妄執定實有無、一異、
俱不俱等，此二方名徧計所執。諸聖教說：唯量、
唯二、種種，皆名依他起故。又相等四法，十一識
等，論皆說為依他起攝故。不爾，無漏後得智品
二分，應名徧計所執，許應聖智不緣彼生，緣彼

智品，應非道諦；不許，應知有漏亦爾。又若二分是徧計所執，應如兔角等，非所緣緣，徧計所執體非有故。又應二分不熏成種，後識等生，應無二分。又諸習氣是相分攝，豈非有法能作因緣？若緣所生內相見分非依他起，二所依體，例亦應然，無異因故。由斯理趣，聚緣所生心心所體及相見分，有漏、無漏皆依他起，依他眾緣而得起故。

此中有義，是護法等的意思。護法認為：不論有漏無漏，是染是淨，世出世間，所有一切心及心所，所依體也好，相見分也好，只要是由熏習力，從緣所生的，都是屬於依他起。假定以徧計心依這緣生的見相二分，虛妄堅執決定真實，是有是無，亦有亦無，非有非無，為一為異，為俱為不俱等，像這樣的二分，方名徧計所執。諸聖教中如梁《攝論》說：唯有識量，外塵是無所有的，唯有相及見的二分，因為是識之所攝的，種種，就是諸識的種種見相分等。還有相、名、分別、正智的四法，身識、身者識、受者識、彼所受識、彼能受識、世識、數識、處識、言說識、自他差別識、善趣惡趣死生識的十一識，如是一切在《攝論》第四都說為依他起攝。假定不是這樣，而定認為相見二分非依他起是徧計所執的話，那末，佛等無漏後得智品所有相見二分，亦應名為徧計所執，你們承認不承認呢？假定承認無漏二分，亦是所執，那聖者後得智就應當不是緣彼見相二分生。假定說是緣相而生，便計所執，那緣彼見相二分所有智品就應不是無漏道諦，為什麼？有相分故，如有漏心。假定不承認無漏二分，亦是徧計所執，那有漏的二分也應不是所執，為什麼？有二分故，如無漏心。又，假定有漏二分，都是徧計所執的話，那就應當猶如龜毛兔角等，不是所緣緣，為什麼？因徧計所執體，根本是沒有的。又應所執二分，不可能熏成見相二分的種子，因如石女兒，是無自體法。既是這樣，後識等生應就沒有二分。又，諸有漏習氣是識相分所攝，相分既然沒有，那裡還有什麼體非有法，能作有為法的因緣？假法如無，不可說為因緣的。假定從緣所生，不離於識的內在二分，不是依他起的話，那二分所依的依他起識的自體例亦應當不是依他起，因為相、見、自證俱是分別緣所生，而無有異因的。由於這樣的理趣，所以眾緣所生的心心所法的自體以及相見二分，不論異生、二乘、有漏、無漏，都是屬於依他起，因為一切都是依他眾緣而得生起的。

頌言：分別緣所生者，應知且說染分依他，淨分依他，亦圓成故。或者諸染淨心心所法，皆名分別，能緣慮故。是則一切染淨依他，皆是此中依他起攝。

頌中所說分別緣所生的這句話，可有兩種解釋。第一種的解釋：分別，就是虛妄分別，名為有漏雜染法，應知這是且就染分依他說的。無漏清淨的有為法雖則也是依他起性，但因有為後面圓成實性所攝的意義，所以現在略而不論，只說染分的依他起性。第二種的解釋：分別，就是緣慮的異名，總而言之，諸有染淨有漏無漏的心心所法，皆名分別。為什麼這樣說？如色法等雖不是心心所，但是也不離心心所，亦是分別中所攝，所以漏無漏的心色諸法，都是分別。這末說來，可說一切染淨諸法，都是此中的依他起攝。而且分別二字若屬上一句，那就是所生法；若屬下一句，那就是能生緣。緣所生，乃是眾緣所生起的簡略。

二空所顯圓滿成就諸法實性，名圓成實。顯此徧常，體非虛謬。簡自共相，虛空我等。無漏有為，離倒究竟，勝用周徧，亦得此名。然今頌中，說初非後。此即於彼依他起上，常遠離前徧計所執，二空所顯真如為性。說於彼言，顯圓成實與依他起不即不離；常遠離言，顯妄所執能所取性理恆非有；前言義顯不空依他；性顯二空非圓成實，真如離有離無性故。

此明圓成實性。這是依於二空門所顯的真如，因為真如具有圓滿、成就、真實的意義，所以名為圓成實。圓滿，是顯體的周徧之義，乃簡別諸法的自相而言，因自相唯局於法體，而真如是周徧一切有為法的。成就，是顯示不論在什麼時候，不問在什麼地方，沒有說是不成就具足的；其體常住，即簡別共相無常苦等，因為共相不是常住，而真如是常住不變的。真實，就是諸法的真實體性，是顯示那個體性的不是虛妄，乃簡別小乘所說的虛空及外道所計執的我，因為他們所計的都是虛妄，而不是諸法的實性，真如的本體不是虛妄而是真實。至於無漏有為，離諸顛倒，這名為實；究竟為成，勝用周徧，說名為圓。由於具有三義與真如是一樣的，所以淨分依他，亦得這圓成實性之名，前一種的解釋是就常無常門的圓成實說，後一種的解釋是約漏無漏門的圓成實說。雖則有此二說不同，然今頌中說初真如，名圓成實，不是說後淨分依他，名圓成實。因為這就是依於次前的依他起性，永恆的長久的遠離前徧計所執性，而由我法二空所顯真如為其自性的。頌文所說於彼的兩個字，那是顯示圓成實與依他起的不即不離之義。因為依之於彼，不可說是隔離為二；因為彼此不同，所以又不可合而為一。頌文所說常遠離的三個字，是顯示虛妄所執的能所取性為徧計執，而這徧計執不是暫時的沒有，乃是恆時的無有，所以名常。此體非有，所以名遠離。既遠離言無計所執，更致前言有什麼用？當知此中所說的前字，義顯空只空於所執，不是空於依他起。常遠離前徧計所執，既已空去徧計所執，更說性者又有什麼用？當知這是顯示惟空所執不能成為圓成實，要由二空所顯的始是圓成實；即以觀智將徧計的妄執遮遣時所證到的真理，這個叫做圓成實，亦叫做二空真如。然雖說為二空真如，但真如的本體並不是空的，只是從能顯方面而說所顯的理是空的。以觀智除妄執而顯真如的道理，猶如以清風拂迷云，然後月光始能明亮，所以真如是離有離無性的。

由前理故，此圓成實與彼依他起，非異非不異。異應真如非彼實性，不異此性應是無常，彼此俱應淨非淨境，則本後智，用應無別。云何二性非異非一？如彼無常無我等性，無常等性與行等法異，應彼法非無常等，不異，此應非彼共相。由斯喻顯此圓成實與彼依他，非一非異。法與法性，理必應然，勝義世俗，相待有故。

此明三性的不一不異。由前圓成實於彼一句所說的道理，所以我們知道，這圓成實性與那依他起性是不可說它異，也不可說它不異的。因為圓成就是實體，依他就是現象；現象是實體的現象，實體是現象的實體，所以沒有別異，亦即頌中名為非異。雖然沒有別異，但因體像有別，而有為無為又是不同，所以名為非不異。假定有人認為二者是差別（異）的，那真如實體就應不是依他現象的實性，可是事實不然，所以不可說異。假定有人認為二者沒有差別（不異），依他是無常的，此圓成實性亦應是無常，因為彼此是相同的。事實既非如此，所以不可說不異。還有，彼依他起、此圓成實既然是一體的，那就應當俱是淨非淨境，這話怎樣？如圓成實唯是根本淨智的境界，依他起是後得智境，亦通非淨，假定二者不異，那就不唯依他起通淨非淨境，就是圓成實亦通淨非淨境。果真是這樣，那根本智與後得智的照用就應無有差別。依圓二性怎麼是非一非異的呢？這個道理本是很深的，現姑舉一個譬喻來說：如彼色等諸法與無常無我等共相的不一不異。假定說無常等性與諸行生滅法是差別的，那色等諸行法就不應屬無常性，事實無常等就是色等的無常，所以不可說有別異。假定說真的完全沒有別異的話，則此無常等性就應不是彼色等諸行的共相；事實色等是自相，而無常等是共相，所以不能說全是同一的。由於以這樣的譬喻顯示此圓成實與彼依他起，既不可說它一，也不可說它異，因為依他諸法與圓成法性在道理上必然應該是這樣的，為什麼？因勝義諦與世俗諦是相待而立的。有俗理必有真，沒有真，觀待什麼而說為俗？有真理必有俗，沒有俗，觀待什麼而說為真？依於這樣的勝理，所以說彼二性非一非異。

　　非不證見此圓成實，而能見彼依他起性。未達徧計所執性空，不如實知依他有故。無分別智證真如已，後得智中方能了達依他起性如幻事等。雖無始來心心所法，已能緣自相見分等，而我法執恆俱行故，不如實知眾緣所引自心心所虛妄變現，猶如幻事、陽燄、夢境、鏡像、光影、谷響、水月變化所成，非有似有。依如是義，故有頌言：「非不見真如，而能了諸行，皆如幻事等，雖有而非真。」

此釋第四句頌文，以明依他圓成所證位子的前後。根據這一意思說，行者必先證得了圓成實，然後始能了達如幻的依他，並不是說沒有證見此圓成實，而就能夠見彼依他起性的。為什麼呢？因在地前等位沒有通達徧計所執性體的空無，無論如何不能如實的了知依他有的，因第七識的我法執恆行不息，而將依他的如幻覆障，所以不能如實的了達依他；若二空的觀智生起，而將能障的妄執除去時，依他如幻的道理方得顯現。除妄執的觀智就是證圓成實的根本無分別智，所以無分別智先證圓成實，然後後得智方能了達依他起性的如幻事等。雖則說是一切異生，從無始已來，心心所法已各能緣自相見分等，但因有我法二執恆時俱起的關係，不能如實的了知眾緣所引的自心心所虛妄變現，以為它是客觀外在的實有自體，所以不能了達依他。如幻事等，變化所成，本來不是有的，而似乎是有。幻事等喻的說明，可閱《攝大乘論》。依於這樣的意義，所以《厚嚴經》中有頌說：「不是說沒有見到真如，而能了達有為的諸行；一切諸行皆如幻事等一樣的，雖好像是有，而實不是真實的。」

此中意說三種自性，皆不遠離心心所法。謂心心所及所變現，眾緣生故，如幻事等，非有似

有，誑惑愚夫，一切皆名依他起性。愚夫於此橫
執我法，有無、一異、俱不俱等。如空華等，性相
都無，一切皆名徧計所執。依他起上，彼所妄執
我法俱空，此空所顯識等真性，名圓成實。是故
此三不離心等。

於此三頌之中主要意思是說：徧計、依他、圓成的三種自性皆
不遠離心心所法。怎麼知道的呢？分開來說，心心所的自證分及
其所變現的相見二分，無不是由眾緣和合而生的，緣生諸法如幻
事等那樣似的，非有而又似乎是有，誑惑著諸愚夫；愚夫不了達
它的假有似現，而以為它的實有，所以名為誑惑，由此亦可知道
一切皆名依他起性。於此依他起上，愚夫既不能了達它的如幻，所
以就橫執為我法，或有或無，或一或異，或俱或不俱等。但執所
執如空華等，若性若相，都無少有，如是一切皆名徧計所執。若
於依他起上，了解那所妄執的我法都是空的，即此空所顯的識及
心所一切相分等真性，是即名為圓成實。由是之故，我們可以確
切的了知，這徧計等的三性都是不離心心所等的。

虛空、擇滅、非擇滅等，何性攝耶？三皆容
攝。心等變似虛空等相，隨心生故，依他起攝；愚
夫於中妄執實有，此即徧計所執性攝；若於真如
假施設有虛空等義，圓成實攝。有漏心等，定屬
依他；無漏心等，容二性攝；眾緣生故，攝屬依
他；無顛倒故，圓成實攝。

此明六無為與三性的相攝。虛空、擇滅、非擇滅、不動、想受滅、
真如的六無為，在三性中屬於那一性所攝呢？三性都可容許相攝

的。怎麼知道的呢？如曾聞說虛空等名，隨分別有虛空等相，由於數習的力量在心等生起的時候，變現似虛空等無為相現，此所現相前後相似，無有變易，假說為常；正因虛空等六，隨心所生起的，所以屬於依他起攝。愚夫不知是變現的，而於其中妄執實有，當知這就是屬於徧計所執性攝。假定於真如上假施設有虛空等義，當知這就是屬於圓成實攝。如約有漏無漏心解釋：假定是有漏心等所變現的，那就決定屬於染依他起；假定是無漏心等所變現的，那就容可為依他、圓成二性所攝。謂從清淨因緣所生的是屬清淨依他起，因為是離諸顛倒的，所以就屬圓成實攝。

　　如是三性，與七真如。云何相攝？七真如者：一、流轉真如，謂有為法流轉實性；二、實相真如，謂二無我所顯實性；三、唯識真如，謂染淨法唯識實性；四、安立真如，謂苦實性；五、邪行真如，謂集實性；六、清淨真如，謂滅實性；七、正行真如，謂道實性。此七實性，圓成實攝，根本、後得二智境故。隨相攝者，流轉、苦、集三，前二性攝，妄執雜染故，餘四皆是圓成實攝。

　此明七真如與三性的相攝。如是像上所說的三性與下所說的七種真如，又是怎樣相攝呢？在沒有解答這問題前，先指出七真如的名體：一、什麼叫做流轉真如？就是一切有為法生滅不停的流轉實性。二、什麼叫做實相真如？就是人法二無我所顯的實性。三、什麼叫做唯識真如？就是心染眾生染、心淨眾生淨的染淨諸法的唯識實性。四、什麼叫做安立真如？就是於染污法體所思惟的苦諦之實性。五、什麼叫做邪行真如？就是於染污法因所思惟的集諦之實性。六、什麼叫做法清淨真如？就是於清淨法體所思惟的滅諦之實性。七、什麼叫做正行真如？就是於清淨行所思惟的道諦之實性。此七真如的實性在三性中屬於圓成實攝，因為是根本及後得二智所緣的境界，如實相、唯識、清淨的三真如就是根本智所緣的境，餘流轉、安立、邪行、正行的四真如就是後得智所緣的境。以實性說，雖則都是屬於圓成實攝，若隨相說，那就應該是這樣：流轉、苦、集三種真如屬前徧計、依他二性所攝，為什麼如此？即此三者，假定是妄所執的，就都屬於徧計執攝；假定是詮雜染的，就都屬於依他起攝，所以作這樣說。其餘實相等的四種真如都是屬於圓成實攝，因為這唯是聖境聖智之所顯的。

　　三性六法，相攝云何？彼六法中，皆具三性。色受想行識及無為，皆有妄執緣生理故。

　　此明六法與三性的相攝。首先這樣問道："三性六法的相攝究竟是怎麼樣呢？"答曰："彼六法中一一皆具三性。所謂六法，就是有為的五蘊及無為。為什麼說這都具三性？因為它們都有妄執緣生之理的。如於色等之中計有實我實法，這就是徧計所執；色等五蘊都是從緣所生的，這就是依他起；色等自性是空，這就是圓成實。至於無為法的通三性，如前所說可知。"

　　三性五事，相攝云何？諸聖教說相攝不定。謂或有處，說依他起，攝彼相、名、分別、正智，圓成實性，攝彼真如，遍計所執，不攝五事。彼說有漏心心所法，變似所詮，說名為相；似能詮現，施設為名；能變心等，立為分別；無漏心等，離戲論故，但總名正智，不說能所詮。四從緣生，皆

依他攝。或復有處，說依他起，攝相、分別，遍計
所執，唯攝彼名，正智、真如，圓成實攝。彼說有
漏心及心所相分名相，餘名分別；遍計所執，都
無體故，為顯非有，假說為名；二無倒故，圓成
實攝。或有處說，依他起性，唯攝分別，遍計所
執，攝彼相、名，正智、真如，圓成實攝。彼說有
漏心及心所相見分等，總名分別，虛妄分別為自
性故；遍計所執，能詮所詮，隨情立為名相二事。復
有處說，名屬依他起性，義屬遍計所執。彼說有
漏心心所法相見分等，由名勢力成所遍計，故說
為名；遍計所執，隨名橫計，體實非有，假立義
名。諸聖教中所說五事，文雖有義，而義無違。然
初所說不相雜亂，如《瑜伽論》廣說應知。

此明五事與三性的相攝。所謂五事，就是名、相、分別、正智、
真如。這與三性的相攝究竟又是怎麼樣的呢？諸聖教中說到它們
的相攝，有種種的不同，是沒有一定的。謂或有處，如《瑜伽》
第七十四，《顯揚》第六及第十六說依他起，能攝那相、名、分別、
正智的四法，而圓成實唯攝那真如一法；至於徧計所執，為五事
之所不攝。彼《瑜伽》等論為什麼要這樣說呢？是從他們對於五
事的解釋不同而來的。據他們說：有漏的心心所法所變現的，假
定是變似所詮，為所說之義，就說名為相；假定是變似能詮，為
種種語言，就施設為名；而能變的心心所法等的本身，就建立為
分別。出世間的無漏心等，因為是離一切戲論顛倒的，所以但總

名為正智，不再說有能詮名所詮義的差別。相、名、分別、正智四者雖有有漏無漏的不同，但都從因緣和合所生的，所以都是依他起攝。徧計為什麼為五事之所不攝？因如空花而無實自體的，如《顯揚論》說：「徧計所執自相是無，五事所不攝故。」或復有處，如《辯中邊論》第二說依他起，只攝相與分別二事，徧計所執唯攝彼名一事，正智、真如二事皆屬圓成實攝。依此分別，五事為三性之所攝盡。為什麼這樣說？因彼說有漏的心及心所的相分，名之為相，即使有能詮名，亦相中所攝，是見分相的緣故；餘見分及自證分因為是能緣性，所以說名分別。若相若分別都是因緣所生的，皆屬依他起攝。至於徧計所執，完全沒有它的實在自體，為了顯示它的非有，所以假說為名。正智、真如的二事因為是無倒的，其體又是無漏的，所以屬於圓成實攝。或復有處，如《入楞伽經》說，依他起性唯攝五事中的分別，不攝其他，徧計所執能攝彼五事中的相與名二者，無漏的正智、真如則為圓成實性所攝。為什麼要這樣相攝呢？因為彼說有漏的心及心所的相見分等，總名叫做分別，是以虛妄分別為自性的。至於徧計所執，由能詮所詮的差別，即隨能計的妄情，假立能詮為名，所詮為相，所謂依名而計於義，依義而計於名，體實都無，實非名相。或復有處，如世親《攝論》第五卷說，五事中的名屬於依他起攝，義（相及分別）屬於徧計所執所攝。彼為什麼這樣說？因有漏心心所法的相見分等（等於自證分及證自證分），由於能詮名的勢分之力，隨那能詮名，緣之生起執著，始成所徧計，所以說依他是名所攝。徧計所執隨於這個名，橫計於其義，以為實有自體，其實並非實有。於此非有中假名為義，於非義中假立義名，真正講起來，這唯有所執之義，無隨依他之名。如前所引四節（諸）聖教所說五事，在文字方面看，雖則是不同的，而在義理方面實在沒有什麼相違，可說大家所說都是很合於理的。不過比較起來，最初《瑜伽》所說，不相雜亂，猶為盡善，這如《瑜伽論》七十二、七十三、七十四卷中廣說應知。

又聖教中說有五相，此與三性相攝云何？所詮能詮各具三性：謂妄所計，屬初性攝；相名分別，隨其所應，所詮能詮，屬依他起；真如正智，隨其所應，所詮能詮，屬圓成實，後得變似能詮相故。二相屬相，唯初性攝，妄執義名定相屬故。彼執著相，唯依他起，虛妄分別為自性故。不執著相，唯圓成實，無漏智等為自性故。

又聖教中說有所詮、能詮、相屬、執著、不執著的五相，此五相與三性的相攝究竟又是怎樣的呢？所詮能詮的二相各各具通三自性：謂若妄執實有所詮諸法、能詮諸名，那就是屬於最初的偏計所執性攝。前五事中相、名、分別三者，其中相名的少分是能詮相，其餘的少分及全部的分別是所詮相；隨其所應，不管是所詮相能詮名，都是屬於中間的依他起性攝。至五事中的真如、正智二者，真如的全部、正智的少分是所詮相；正智的另一少分是能詮相，隨其所應，不管是真如及正智的所詮或正智的能詮，都是屬於最後的圓成實攝，因為後得正智亦能變似能詮相的。由這種種的分別，所以知道所詮相及能詮相，並屬三性。第三能詮所詮的二相屬相唯屬最初的偏計所執性攝，不通後二性，為什麼？因妄執著義之與名，是決定相屬的。彼第四執著相唯屬依他起性所攝，不通初後性，為什麼？因能執著的，是以虛妄分別為它的自性的。第五不執著相唯屬圓成實性所攝，不通前二性，為什麼？因以無漏二智及俱行品，相見分等及無為法為它的自性的。

又聖教中說四真實，與此三性相攝云何？世間道理所成真實，依他起攝，三事攝故。二障淨智所行真實，圓成實攝，二事攝故。辯中邊論，說初真實，唯初性攝，共所執故。第二真實，通屬三性，理通執無執，雜染清淨故。後二真實，唯屬第三。

又聖教中如《顯揚》第六，說有世間所成真實、道理所成真實、煩惱障淨智所行真實、所知障淨智所行真實的四種真實，與這三性的相攝究竟又是怎樣的？在沒有說明相攝之前，先將四種真實略為解釋：什麼叫做世間所成真實？就是在世間人的常識上，共同認為這個就是這個而不是那個，那個就是那個而不是這個。如一茶杯在此，世人見之無不說為茶杯者，大家都是這樣講，不是出於個人的測度或推想，是為世間所成真實。什麼叫做道理所成真實？這所認識的一切不唯依於世俗的習慣，而是以論理的軌則為標準所建立的，如科哲學者研究事物而獲得合理的判斷，是為道理所成真實。什麼叫做煩惱障淨智所行真實？這所認識的一切不僅以推理為然，且以三學斷去煩惱障，分證真如的實相，為清淨智慧之所行的，所以名為煩惱障淨智所行真實。什麼叫做所知障淨智所行真實？這就是依於前面，再進一步的斷去使心不明事理的極微細所知障，以見萬法本如的真實相，是為所知障淨智所行真實。明白了四真實的意義，就可說明它與三性的相攝：第一世間所成、第二道理所成二種真實，在三性中屬依他起攝，什麼道理？因為是相、名、分別三事之所攝的。第三煩惱障淨智所行，第四所知障淨智所行二種真實，在三性中屬圓成實攝，什麼道理？因為是正智、真如二事之所攝的。可是在《辯中邊論》所說，與《顯揚論》不同：謂初世間所成真實，唯獨屬於最初徧計所執性攝，為什麼？因一切世間多共依此一處而起執的。第二道理所成真實，徧通三性所攝，為什麼？因道理之法通於執及無執的。執有能執所執的差別，所執屬於徧計執性所攝，能執屬於染依他攝；無執通於雜染以及清淨，雜染是依他起攝，清淨為圓成實攝。最後的二種真實同前所說，亦唯屬於第三圓成實攝。

三性四諦，相攝云何？四中一一皆具三性。且苦諦中，無常等四，各有三性。無常三者：一、無性無常，性常無故；二、起盡無常，有生滅故；三、垢淨無常，位轉變故。苦有三者：一、所取苦，我法二執所依取故；二、事相苦，三苦相故；三、和合苦，苦相合故。空有三者：一、無性空，性非有故；二、異性空，與妄所執自性異故；三、自性空，二空所顯為自性故。無我三者：一、無相無我，我相無故；二、異相無我，與妄所執我相異故；三、自相無我，無我所顯為自相故。集諦三者：一、習氣集，謂徧計所執自性執習氣，執彼習氣，假立彼名；二、等起集，謂業、煩惱；三、未離繫集，謂未離障真如。滅諦三者：一、自性滅，自性不生故；二、二取滅，謂擇滅二取不生故；三、本性滅，謂真如故。道諦三者：一、遍知道，能知遍計所執故；二、永斷道，能斷依他起故；三、作證道，能證圓成實故。然遍知道，亦通後二。七三三性，如次配釋。今於此中所配三性，或假或實，如理應知。

三性與四諦的相攝又是怎麼樣的？總說一句，四諦之中一一都具有三性的。且苦諦中有無常、苦、空、無我的四行相，而一一行相各具有三性。先無常三者：一、無性無常，因為體性常無，所以就是初遍計所執性。二、起盡無常，因為觀緣起法有生有滅，所以是第二依他起自性。三、垢淨無常，因觀垢時無淨，觀淨時無垢，隨其位之有所轉變，所以是第三圓成實自性。次苦觀三者：一、所取苦，謂觀所取的五蘊是苦，因為這是我法二能執心之所取的，所以是初遍計所執性。二、事相苦，謂觀緣起的事相是苦，因為是以苦苦、壞苦、行苦的三苦為事相的，所以是次依他起自性。三、和合苦，謂觀和合是苦，因真實法與一切有漏有為諸苦相合的，所以是後圓成實自性。次空觀三者：一、無性空，因觀自性的非有，所以是遍計所執。二、性異空，謂觀緣起法與妄計所執的自性不同，異於彼無，無無性故，說之為空，體實非空，緣之為空，此即是依他起性。三、自性空，因為這是以二空所顯真如為自性的，所以是圓成實性。次觀無我三者：一、無有無我，因觀遍計所執的我相本來是無的，所以是遍計執。二、異相無我，因觀緣起與遍計所執的我相是不同的，所以是依他起。三、自相無我，因觀圓成實，是以無我所顯為自性的，所以是圓成實。其次說到集諦三者：一、習氣集，就是遍計所執自性執習氣，謂我法一異俱不俱等，名遍計所執自性執。而那我法之見，名之為執。我法等雖然沒有實在的自體，但能徧計心執五蘊等為我法時，熏成執種，名為執彼習氣。所執雖無，而依能徧計心假立彼名，所以是徧計執性。二、等起集，這就是指的煩惱與業，因為它們是平等而起的。如由煩惱起業，由業而煩惱增長，此二互為因緣而有，同感苦報，名為等起。而惑業苦三為緣起的鉤鎖，所以是依他起。三、未離繫集，這就是指的尚未離障的真如，所以是圓成實。其次說到滅諦三者：一、自性滅，滅是不生的意思，徧計所執自性從來就是不生的。二、二取滅，二取就是能取所取，謂與擇滅智，令能所二取的不生，從所無得滅依他，所以是依他起。三、本性滅，本性就是真如，謂真如之體，本來是寂滅的，所以是圓成實。最後說道諦三者：一、徧知道，能知徧計所執性，從所知為名，名徧計性。二、永斷道，謂能永斷依他起，從所斷為名，名依他性。三、作證道，謂能證得圓成實，從所證為名，名圓成性。然而切實說來，最初徧知道不但能知徧計執，亦能知於依他圓成，所以說亦通後二。《瑜伽》七十四說"三性皆應徧知"，就是這意思。苦諦下的四種三及餘三諦的各三，總合有七種三，如是七三與彼三性相攝，如其次第相配解釋，已隨文說出，不再重論。然而現今在這當中所配的三性，或者說它是假，或者說它是實，如理所思，應可了知。說是這樣說，但這裡並沒有指出它的假實，如欲了知，請閱《唯識述記》。

三解脫門所行境界，與此三性相攝云何？理實皆通，隨相各一，空、無願、相，如次應知。緣此復生三無生忍：一、本性無生忍，二、自然無生忍，三、惑苦無生忍。如次此三，是彼境故。

空、無願、無相三解脫門所行的境界，與這徧計、依他、圓成的三性相攝，又是怎樣的呢？在道理上講起來，實在都是通於三性的。如在依他起上，原無徧計所執，因為就是顯示圓成實。圓成實既因空之所顯，那當然是空境了；俱不於此生起願求，當知這就是無願境；空緣此三是無相的，當知這就是無相境。然而隨諸事相來說，且各對一，謂空解脫門為徧計執所攝，無願解脫門為依他起前攝，無相解脫門，為圓成實所攝，所以說如次應知。緣此三性，復又生起三無生忍：一、本性無生忍，由徧計所執自性之所建立，因徧計所執的本體是無生的。二、自然無生忍，由依他起自性之所建立，因依他是緣生而非自然生的。三、惑苦無生忍，由圓成實自性之所建立，因證得圓成的時候，彼惑苦就不會再生起的。如其次第，當知此三種性，是彼三忍所緣之境。

此三云何攝彼二諦？應知世俗具此三種，勝義唯是圓成實性。世俗有三：一、假世俗，二、行世俗，三、顯了世俗。如次應知即此三性。勝義有三：一、義勝義，謂真如，勝之義故；二、得勝義，謂涅槃，勝即義故；三、行勝義，謂聖道，勝為義故。無變無倒，隨其所應，故皆攝在圓成實性。

此徧計等三性怎樣攝彼世俗、勝義的二諦呢？關於這個，首先我們應當知道的：世俗諦具此三種自性，勝義諦唯是圓成實攝。總說雖是這樣，分開來講，世俗、勝義各各有三，世俗三者：一、假世俗，即假名無實諦，如軍、林、瓶、車等唯有其名，所以叫假名世俗。二、行世俗，即隨事差別諦，如蘊、處、界等各有其體，所以叫行世俗。三、顯了世俗，即方便安立諦及四法假名非安立諦，前

者如苦、集等，後者就是二空真諦，所以名為顯了世俗。如其次第
與三性相配，第一世俗心外境無，依情立名，徧計為體，所以屬
於徧計所執性攝；第二世俗心所變事，依他為體，所以屬於依他
起自性攝；第三世俗心所變理，施設差別，所以屬圓成實自性攝。勝
義三者：一、義勝義，這就是說的真如，因為真如是勝智所觀的境
義，為勝家所有的義，名為義勝義。二、得勝義，這就是說的涅槃，因
為涅槃於諸義中是最極殊勝的，過此更無所欲求的義，勝的本身
就是義，名為得勝義。三、行勝義，這是指聖道說的，因於勝位所
有的本後智等，是以勝法而為所緣義的，名為行勝義。前二約理，無
變無易，就是無為圓成；後一約智，無顛無倒，就是離倒圓成。所
以隨其所應，一切攝在圓成實性中。

　　如是三性，何智所行？遍計所執，都非智所
　　行，以無自體，非所緣緣故。愚夫執有，聖者達
　　無，亦得說為凡聖智境。依他起性，二智所行。圓
　　成實性，唯聖智境。

　　如是徧計等的三性，在凡夫聖者二智之中為那一種智之所行
呢？且如徧計所執自性，為凡智所行？抑是聖智所行？尅實而
言，既非凡智所行，亦非聖智所行，所以說都非智所行。為什麼
這樣呢？因沒有它的自體，不是屬於所緣緣；凡是所緣緣，必有
其自體。不過，約愚夫在這上面妄執為有，聖者在這上面通達於
無，亦可說是凡聖之智所行的境界。再如依他起自性，為凡智所
行？抑聖智所行？當知這是為二智之所行的。然須特別了知的，即
此雖為二智所行，但在聖智方面來論，只可說是世間無漏聖智之
境，非出世間的聖智所行。其次，圓成實自性為凡智所行？抑聖

智所行？當知這唯是聖智所行的境界，凡智是不能親緣的。

此三性中，幾假？幾實？遍計所執，妄安立故，可說為假，無體相故，非假非實。依他起性，有假有實：聚集、相續、分位性故，說為假；心心所色從緣生故，說為實有。若無實法，假法亦無，假依實因而施設故。圓成實性唯是實有，不依他緣而施設故。

此明三性的假實。首先所要問的，就是在這三性中，那幾性是假有的？那幾性是實有的？現在分別解答如下：第一遍計所執性從妄情所安立的方面講，固可說它是假有的，但若從法體方面來講，既是沒有體相，那裡可說什麼假實？所以是非假非實。第二依他起自性是有實有假的兩方面的。如何說其假有？這有三種：一、聚集假，如瓶、盆、有情等是聚集法，多法一時所整合的，能整合的雖是實有，所整合的卻是假有。二、相續假，這是在時間方面講的，如過現未的三世唯有因果，是相續性，於多法多時上而假立的。三、分位假，這是指的不相應行，因為它們都是分位假立的。由於具此三假，所以說為假有。如何說其實有？這就是指的心、心所、色等諸法，因為這些都是從眾緣所生的，所以說為實有。或有人說：緣生諸法其體本來是虛幻的，怎麼可以說實？要知如無實法，假法也就沒有，假法實在是依於實因而施設的。第三圓成實自性，在假實二者之中唯獨是實有的，為什麼？因這是勝義所攝，不須依於其他的眾緣而施設的。

此三為異，為不異耶？應說俱非，無別體故，妄執、緣起、真義別故。

此辨三性異不異。此之三性為有差別？為無差別？應說這是非異非不異的，所以說俱非。為何非異？因為無有別體，謂初徧計，由於依他法上不了如幻而有，若於依他法上離前徧計，就是圓成，可見三者非異。為何非異？因徧計是妄執性，依他是緣起性，圓成是真義性，三者有此差別，所以不可說不異。

　　如是三性，義類無邊；恐厭繁文，略示綱要。

　　這是總結止繁，如文可知。

成唯識論講話（卷九）

　　若有三性，如何世尊說一切法皆無自性？頌曰："即依此三性，立彼三無性；故佛密意說，一切法無性。初即相無性，次無自然性，後由遠離前，所執我法性。此諸法勝義，亦即是真如，常如其性故，即唯識實性。"

外人又這樣的問道：假定如你們所說"三性也是不離於識"的話，為什麼世尊在聖教中說一切法皆無自性呢？在道理上講，既說諸法無有自性，就不應說唯有識；既然說唯有識，就不應說諸法無性。此一問難確實有他的理由。現在先以頌文回答他說：諸法雖都無自性，但主要的不出三無自性，而那三無自性實在就是依這徧計等的三性所建立的。雖立彼三無性，事實並不是真的全無自性，佛之所以說一切法無性，當知那是依於密意說的。關於此中詳細的道理，到後論文再為詳說。現在我們所要知道的：前二頌是正答所問，後一頌明唯識性。前二頌中第一頌總答所問，第二頌別答所問。自初能變唯三起至今三頌止，全是講的唯識境，但須稍為分別的，即此中的第三頌是廣明真諦境，以前所有諸頌是詳明俗諦境。

論曰：即依此前所說三性，立彼後說三種無性，謂即相、生、勝義無性。故佛密意說一切法皆無自性，非性全無。說密意言，顯非了義，謂後二性雖體非無，而有愚夫於彼增益，妄執實有我法自性，此即名為徧計所執。為除此執，故佛世尊於有及無總說無性。

論文解釋前面的偈頌說：三無性的建立不是依於別的，就是依於這個前來所說徧計執、依他起、圓成實的三自性，而立那個後面所要說的三種無自性性，那三種無自性呢？謂即相無自性性、生無自性性、勝義無自性性。因為是這樣的緣故，所以佛就以密意說一切法皆無自性，其實依他、圓成的二性並非也完全是無的。此中所說密意的這句話是顯示不是了義究竟之談，而是一種方便權巧之說；假使站在了義的立場講，要雙明三性三無性，方是不有不無的中道。方便說的意思是：後面的依他、圓成二性就它們的自體說，雖則不是沒有，然而由於有的愚夫對二自性認識不正確，就在上面生起增益的執著，妄執有個實在的我法自性，如是有上加有的妄執，當知這就名為徧計所執。釋迦世尊為了除去眾生這徧計的增益執，所以纔依三性的有體無體總括的說為三種無性。《解深密經》說「非由別觀三種自性，立三無性；然由有情，於依他起自性及圓成實自性上，增益徧計所執自性，故我立三種無自性性」，就是此意。可見三種無性，不是沒有後二自性，只是沒有最初的徧計所執自性而已。

云何依此而立彼三？謂依此初徧計所執，立

相無性，由此體相畢竟非有，如空華故。依次依
他，立生無性。此如幻事託眾緣生，無如妄執，自
然性故，假說無性，非性全無。依後圓成實，立
勝義無性。謂即勝義，由遠離前徧計所執我法性
故，假說無性，非性全無。如太虛空，雖徧眾色，而
是眾色無性所顯。雖依他起非勝義故，亦得說為
勝義無性，而濫第二，故此不說。

怎樣依於此三而立彼三呢？三性三無性的建立關係是這樣
的：依於這三性的最初徧計所執，建立那三無性的最初相無自
性。為什麼如此？因這徧計執的體相不論怎麼樣，畢竟是非有
的，猶如眼中有病所見的空華一樣。其次依於第二依他起，建立
那第二生無自性。為什麼如此？因這猶如幻師所作的幻事，是假
託眾緣所生起的，無有如外道所妄執的諸法自然而生的自然性，所
以也就假說它無有自性，並不是依他起的自性，完全無有。末了
依於這最後的圓成實，建立那最後的勝義無自性。為什麼如此？因
圓成實就是勝義，由於遠離了前之徧計所執的我法性，約它沒有
我法性而假說它無有自性，並不是圓成實的自性完全無有。舉例
來說，如太虛空（喻勝義）雖然徧於一切眾色（喻依他），而實
是眾色無性之所顯現的（喻此勝義，是依他起上，無徧計所顯），所
以名為勝義無自性性。本來依他起亦有勝義，為什麼現在但說圓
成實有，不說依他起有？對的，依他起雖然不是勝義，約他為無
漏後得清淨勝智之所緣，亦可說為勝義無性，然而今恐依他勝義
無性濫彼第二圓成勝義無性，所以頌中但說圓成勝義無性，不說
依他為勝義無性。

此性即是諸法勝義，是一切法勝義諦故。然勝義諦，略有四種：一、世間勝義，謂蘊處界等；二、道理勝義，謂苦等四諦；三、證得勝義，謂二空真如；四、勝義勝義，謂一真法界。此中勝義，依最後說，是最勝道所行義故。為簡前三，故作是說。此諸法勝義，亦即是真如。真謂真實，顯非虛妄；如謂如常，表無變易。謂此真實，於一切位，常如其性，故曰真如，即是湛然不虛妄義。亦言顯此復有多名，謂名法界及實際等。如餘論中，隨義廣釋。此性即是唯識實性，謂唯識性略有二種：一者虛妄，謂遍計所執；二者真實，謂圓成實性。為簡虛妄，說實性言。復有二性：一者世俗，謂依他起；二者勝義，謂圓成實。為簡世俗，故說實性。

此圓成實勝義無性，就是一切諸法的勝義諦。然而講到勝義諦，隨其淺深的不同，大略約有四種。第一叫做世間勝義，對假名無實諦說，是指五蘊、十二處、十八界等。這為什麼叫做世間勝義？事相粗顯，猶可破壞，叫做世間；雖屬世間，但亦為聖所知，超過第一世俗，名為勝義。第二叫做道理勝義，對隨事差別諦說，是指苦、集、滅、道的四諦因果等。這為什麼叫做道理勝義？智斷證修，因果差別，叫做道理，如是道理為無漏智所緣的境界，超過第二世俗，名為勝義。第三叫做證得勝義，對證得安立諦說，是指我法的二空真如。這為什麼叫做證得勝義？聖智依詮，空門顯理，名為證得，為凡愚之所不能測度，超過第三俗諦，名為勝義。第四叫做勝義勝義，對假名離言諦說，是指的真法界。這為什麼叫做勝義勝義？體妙離言，迴超眾法，名為勝義，如是勝義為聖智之所內證，超過第四世俗，復又名為勝義。此中頌文所說諸法勝義是依最後勝義勝義而說，怎麼知道？因這是最勝道品所行的境義之故。為了簡別前三勝義，所以特別作這樣的說。當知道所說的諸法勝義，亦即是我人常常說的真如。然而真如是什麼意思呢？真是真實的意思，顯示沒有一點虛妄；如是如是的意思，表示沒有一點變易。綜合的說，如此真實，於一切位的當中常常時恆恆時都如其性，是真是實，不變不易，所以叫做真如。換句話說，就是湛然不虛妄的意義。頌文的亦字是顯示勝義勝義，復有很多的名字，如叫做法界、空性、無相、無我性及實際等。關於這些名稱的意義，如餘對法，《顯揚諸論》中隨義廣釋，此地不再一一為之說明。同時要知道的：此圓成實性就是唯識學上所說的唯識實性。但講到唯識性，略有二種差別，一者是虛妄唯識性，這就是偏計所執性所遣清淨；二者是真實唯識性，這就是圓成實性所證清淨。為什麼說為實性？為了簡別虛妄，所以說實性言。如說唯識，亦有二性，一者是世俗唯識，這就是指依他起的所斷清淨；二者是勝義唯識，這就是指圓成實的所得清淨。為什麼說為實性？為了簡別世俗，所以說為實性。

　　三頌總顯諸契經中說無性言，非極了義；諸
　有智者不應依之，總撥諸法都無自性。

　　此中三頌所總顯示的，就是一切契經中所說的無性這句話，都不是極了義的。所以諸有智慧的人不應依於這個不了義教，總撥諸法都是無自性的，應該了知只有初偏計性無，餘二性定有。上來廣明唯識相性，已將前之頌意顯示完畢。

如是所成唯識相性，誰於幾位？如何悟
入？謂具大乘二種性者，略於五位漸次悟入。何
謂大乘二種種性？一、本性住種性，謂無始來依附
本識，法爾所得無漏法因；二、習所成種性，謂聞
法界等流法已，聞所成等熏習所成。要具大乘此
二種性，方能漸次悟入唯識。

如是於前二十五頌之中，初二十四頌成唯識相，次末後一頌
成唯識性。現在進一步所要問的：能入的人有五乘不同，那一種
的人能夠悟入唯識相性呢？所經的位次要經那幾個位子，始得悟
入唯識相性呢？簡單的解答這兩個問題：就能入的人講，是要具
有大乘二種種性的大根器者；就所經的位次講，大略要經五位，而
得漸次悟入。可是，所謂大乘二種種性者，是那兩種呢？一是本
性住種性，謂即本有無漏種子，從無始以來依附在本識中，自然
而然（法爾）所得的無漏法因。這種本有的無漏種子未聞正法而
無始自成的，即沒有經過熏習令其增長，名本種性。是本來就有
這菩薩種子性類差別，不由今有，名本性住種性。二是習所成種
性，謂即聽聞法界等流正法已後，由聞思修等令無漏舊種增長，名
為習所成種性。一定要具有大乘這二種種性的人，方能漸次漸次
的悟入唯識相性。不過此中所說的大乘不是唯指一乘性說，三乘
種性中的不定性者，亦屬於此類人攝。現在之所以說為大乘者，那
是簡彼定性及無種性的人的。

何謂悟入唯識五位？一、資糧位，謂修大乘順
解脫分；二、加行位，謂修大乘順抉擇分；三、通

達位，謂諸菩薩所住見道；四、修習位，謂諸菩薩
所住修道；五、究竟位，謂住無上正等菩提。

怎麼樣的悟入唯識五位呢？所謂五位者：第一是資糧位，謂
即修學大乘的順解脫分，大乘是簡別二乘的。對法等說，煖等四
善根已前，叫做順解脫分；現此中說，從初發心乃至十迴向的圓
滿，都叫做順解脫分。第二是加行位，謂即修學大乘的順抉擇分。如
依於修行的次序說，就是在煖等四善根中，加功修行。第三是通
達位，謂即修諸加行的菩薩，從世第一的後心證入初地，而進住
於見道之中。第四是修習位，謂諸已住見道的菩薩，從初地住及
出世心乃至金剛無間心位，所住的修道階段。第五是究竟位，謂
於金剛心後，解脫道中，盡未來際的安住於無上正等菩提。關於
五位的釋名、出體以及為三無數劫所攝等，到後會得一一解說，現
在不須預論。

云何漸次悟入唯識？謂諸菩薩，於識相性資
糧位中，能深信解；在加行位，能漸伏除所取能
取，引發真見；在通達位，如實通達；修習位中，如
所見理，數數修習，伏斷餘障；至究竟位，出障
圓明，能盡未來化有情類，復令悟入唯識相性。

怎麼樣子纔能漸次悟入唯識相性呢？謂發心修行的諸菩
薩，對於唯識相、唯識性，在資糧位中雖還沒有能夠證得，但已能
夠甚深信解唯識理趣。到了加行位，就能漸漸的伏除所取能取，使
令不起而引發真見。由加行位再進入通達位，就起無漏現行二
智，而如實的通達諸法的性相了。從通達再進入修習位，如所已
經見到的真理，數數不斷的繼續修習，就可伏餘煩惱，斷餘智障。最

後到達究竟位，全出二障，功德智慧沒有不周備的。由於不同小乘，所以說圓；由於不迷不暗，所以說明。到達了這階段，不但自己徹底的圓滿究竟的悟入唯識相性，而且還能盡未來際的化度一切有情類，使令一切眾生，亦能同樣的悟入唯識相性。

初資糧位，其相云何？頌曰："乃至未起識，求住唯識性；於二取隨眠，猶未能伏滅。"論曰：從發深固大菩提心，乃至未起順抉擇識，求住唯識真勝義性，齊此皆是資糧位攝。為趣無上正等菩提，修習種種勝資糧故。為有情故，勤求解脫，由此亦名順解脫分。此位菩薩，依因、善友、作意、資糧，四勝力故，於唯識義雖深信解，而未能了能所取空，多住外門修菩薩行，故於二取所引隨眠，猶未有能伏滅功力，令彼不起二取現行。

上是總說五位，此下別解五位。於中最初資糧位的狀態是怎樣呢？首以頌文簡單的答覆，次以論文詳細的解釋。意思是說，一個發心修行的行者從他開始發深固的大菩提心那個時候開始，乃至一直還未生起順抉擇識那個時候為止，一心求住唯識的真勝義性，齊此都是屬於資糧位所攝。為什麼叫做資糧位呢？因發心的行者為了趣求最高無上正等菩提，修習種種殊勝的資糧。資糧雖有種種，但趣求佛道，最主要的是福智二事資糧，這二事資糧不完具，那是不能獲得無上佛果的。菩薩不僅為了自利而求菩提，同時為了利益有情，而精勤不斷的求證解脫。在勤求的過程中雖不能即刻就可獲得，但已一步一步的趣向於彼，所以又名順解脫分。分是什麼意思？是因支的意思，就是解脫之因，因的一支，所以名分；順彼解脫之分，所以名順解脫分。於此位中修行的菩薩得到怎樣的程度呢？依於四種殊勝的力量，對於唯識的義理能夠甚深的信解。所謂四種力者：一、因力，就是大乘多聞熏習相續；二、善友力，就是已經逢事無量諸佛的出現於世；三、作意力，就是自己已經獲得決定性的勝解，不為任何惡友之所動搖的了；四、資糧力，就是已經善為積集善根而廣修福智資糧了。依於這四種的殊勝力量，對於唯識的義理雖能甚深的信解，但因多住外門而修，對於內在的能所二取尚未能夠了達其空，因而由於二取所引起的隨眠，猶還沒有一種功力，能夠將它伏滅，使令它不再現起二取的現行。為什麼如此呢？因為在此階段所修的施等多著有相，不能達到三輪空寂，所以二取隨眠猶未伏滅。

此二取言，顯二取取，執取能取所取性故。二取習氣，名彼隨眠，隨逐有情眠伏藏識，或隨增過，故名隨眠，即是所知煩惱障種。煩惱障者，謂執徧計所執實我，薩迦耶見而為上首。百二十八根本煩惱，及彼等流諸隨煩惱，此皆擾惱有情身心，能障涅槃，名煩惱障。所知障者，謂執徧計所執實法，薩迦耶見而為上首。見疑無明愛恚慢等，覆所知境，無顛倒性，能障菩提，名所知障。

頌中所說二取的這句話是顯示能執相見等二取的取，並非說的就是二取，因為執取二取，所以也得二取之名。此二取所熏成的習氣名彼二取隨眠，既是習氣，為什麼叫做隨眠？因它常在生死中隨逐於有情，有情到了什麼地方，它就隨逐到什麼地方，眠伏於阿賴耶的藏識中，不在其餘的地方顯現，所以名為隨眠。或者說隨逐有情多增過失，所以名為隨眠。當知這隨逐有情、眠伏不動的二取習氣，就是所知、煩惱二障的種子。什麼是煩惱障？所謂煩惱障者，就是執著徧計所執的實有自我，而以薩迦耶（我）見為首，於是產生種種的煩惱；假定我見沒有了的話，煩惱也就隨之而斷了。百二十八根本煩惱者：欲界四諦各有十惑，總為四十；上二界除瞋，各有三十六，合為七十二，如是三界計有百一十二，都是屬於見道的根本煩惱。此外再加屬於修道的十六煩惱，見修二道合辨，共有一百二十八根本煩惱，及彼根本所等流的諸隨煩惱，所以煩惱是很多的。然而不管是根本煩惱或隨煩惱，就其對於有情的身心方面來講，不特都有擾惱的作用，而且都有障礙涅槃的功能，所以名為煩惱障。什麼是所知障？所謂所知障者，就是執著徧計所執的實有諸法，而以薩迦耶見為上首的。如指出這所知障的體性，主要的有見、無明、愛、恚、慢等的諸惑。實在說來，這些都與煩惱障相同的，因為煩惱相應，必然是有所知障的。有這諸煩惱的存在，就能蓋覆我們所要了知的理境，使我們不能正確理解一一境為何物；同時又蓋覆無顛倒的真如法性之理，使我們不能親見諸法的真實性。由於覆此理境，障礙智慧不生，並障菩提不得現前，所以名為所知障。

　　此所知障，決定不與異熟識俱，彼微劣故，不與無明慧相應故，法空智品與俱起故。七轉識內，隨其所應，或少或多，如煩惱說，眼等五識無分別故，法見疑等定不相應，餘由意力皆容引起。

此下料簡，先以八識分別。上面所說的這所知障就與八識相

應來說，那它決定是不與第八異熟識相應的，為什麼？因彼異熟
識的性質微劣，同時也不與無明慧所相應的。如諸論中所說，此
第八識唯與作意等心所俱，而法執必然與慧及無明相應的，為什
麼？因此障的力量極為強勝的。還有，菩薩的法空智品，許可與
這第八識俱起的，所以第七有法執，到了法空智一起，那法執就
不現行。至於前七轉識內，隨其所應，或者是少，或者是多，如
煩惱說可知。怎麼可知？就是第七末那，有法見、法痴、法慢、法
愛的四根本惑，隨煩惱的八惑，及別境中的慧，共計有十三法；第
六識具有一切；前五識有根本惑三、隨煩惱十，與十三法俱。為什
麼五識沒有法見、法疑、法慢等的三根本惑？這因眼等的前五識沒
有計度分別的作用，所以法見、法疑、法慢等，決定不與之相應，由
於這些是由稱量等而起的。餘如法貪、法恚、法痴，由意識力之所
發動的，所以皆容引起。

　　此障但與不善、無記二心相應，論說無明唯通
不善、無記性故，癡無癡等不相應故。煩惱障中，此
障必有，彼定用此為所依故。體雖無異而用有
別，故二隨眠，隨聖道用，有勝有劣，斷或前後。此
於無覆無記性中，是異熟生，非餘三種。彼威儀
等，勢用薄弱，非覆所知，障菩提故。此名無覆，望
三乘說，若望菩薩，亦是有覆。

　　這是三性分別。此所知障在三性心中唯與不善及無記的二心
相應，絕對是不與善心相應的。如《瑜伽論》第五十九卷說：無
明唯通不善、無記的二性。既然說唯，當然是不通善性的了，為什
麼？要知善心是有無痴的，而此執是有痴的，痴與無痴如暗與

明，絕對是不相應的。就二障說，在煩惱障中一定有此所知障，因為法執體寬，煩惱障狹，彼煩惱障一定用此所知障為所依的。如迷於杌而謂是人，由迷法故，方起我執，我執必是依於法執而起的。煩惱所知的二障同以十根本為體，其體是無異的。雖然如此，但就它們的作用說，那是有差別的，所以如斷煩惱所知的二種隨眠，隨三乘聖道的作用，有勝有劣的不同；所以斷的時候，有前有後的差別。此所知障既是無記性的，那它在四無記中究竟屬於那一無記所攝呢？在無記性中是屬於異熟生無記所攝，不屬於其他的三種無記所攝。為什麼？因彼威儀等的三種無記勢用微劣薄弱，既不能覆所知，又不能障菩提，所以不可說為所知障的無覆無記。然而還有人問，此中所說無覆望於什麼人而說呢？當知此名無覆，是望於二乘說的，因它不覆二乘的轉依果，二乘無學仍可現行。假定說是望於菩薩，亦仍是為有覆，因覆所知境而障大菩提的。

　　若所知障有見疑等，如何此種契經說為無明住地？無明增故，總名無明，非無見等。如煩惱種，立見一處，欲、色、有愛，四住地名，豈彼更無慢、無明等？

　　假定說這所知障有見疑等的話，為什麼講所知障的契經中說為無明住地？既說為無明住地。就不應說有見疑等，若言此障有見疑等，是就違於契經所說。經之所以唯說無明為所知障，因此住地無明增故，所以把它總立無明，並不是說沒有見等。如煩惱種屬於惡見的，立為見一切住地，屬於欲、色、無色界攝的，即立彼為欲愛、色愛、有愛三住地名。然而我們不能說彼煩惱唯是見愛，更無慢及無明等。所以知道契經說此為無明住地，是專依增盛說的，並不是真的沒有見等。

如是二障，分別起者，見所斷攝；任運起者，修所斷攝。二乘但能斷煩惱障，菩薩俱斷。永斷二種，唯聖道能。伏二現行，通有漏道。菩薩住此資糧位中，二粗現行雖有伏者，而於細者及二隨眠，止觀力微未能伏滅。

如是像上所說的二障，假定是依邪師、邪教、邪覺觀而分別起的，那它就屬見道所斷攝；假定是不由邪師等生而任運起的，那它就屬修道所斷攝。至於何人斷何障，可以這樣的分別：二乘聖者為求解脫，但能斷煩惱障，不斷所知障，因所知障不障彼解脫；如果是菩薩，那就二障俱斷，因為涅槃菩提二果有別的，但斷的時候，由於作意，所以有先後的不同。永斷分別二障種子，在初地無間聖道；永斷任運二障種子，在十地中無間聖道，所以說永斷二種唯聖道能。至於伏二障的現行，不唯無漏道，就是有漏道也有此功能，所以說伏二現行通有漏道。行菩薩道者住在這資糧位中，二障的粗顯現行雖然說是已有被伏，而於微細的及二障中若粗若細的所有隨眠，由於能對治的止觀力量尚極微弱，還沒有能夠伏滅。

此位未證唯識真如，依勝解力修諸勝行，應知亦是解行地攝。所修勝行，其相云何？略有二種，謂福及智。諸勝行中，慧為性者，皆名為智，餘名為福。且依六種波羅蜜多，通相皆二，別相，前五說為福德，第六智慧，或復前三唯福德攝，後

一唯智，餘通二種。復有二種，謂利自他。所修
勝行，隨意樂力，一切皆通自他利行。依別相說：六
到彼岸，菩提分等，自利行攝；四種攝事，四無
量等，一切皆是利他行攝。如是等行差別無邊，皆
是此中所修勝行。

在這資糧位上的菩薩因為還沒有證得唯識真如性，所以唯依
聞思的勝解力，修於福智的殊勝諸行，能於諸法決定了知唯是有
識，應知這也是解行地所攝。為什麼要這樣說？因為解行地所攝
的有二位，一是資糧，二是加行，現為資糧位，所以名為亦。於
此地中所修勝行其相貌是怎樣的呢？大略說來，約有二種，就是
福德與智慧。十度諸勝行中假定是以慧為性的，都可說名為智，除
此而外，其餘皆名為福。現在且依六種波羅蜜多來說，就通相言，皆
俱福德智慧二種。這話怎講？意謂與智俱行，助成智業，是就可
以皆名為智；假定與福俱行，助成福業，是就可以皆名為福。就
別相言，前五波羅蜜多說為福德，第六波羅蜜多說為智慧，因為
前者是福而非智性，後者是智而非福性。或復這樣分別：前三唯
是屬於福德所攝，後一唯是屬於智慧所攝，中間精進、禪定二者通
屬福德、智慧二種所攝。即依精進修佈施、持戒、四無量等，屬福
所攝；若依精進修三慧、六善巧、觀四諦緣生法等，屬智所攝。若
依靜慮修四無量，名之為福；若依靜慮修六善巧等，名之為智。復
有二種，就是自利與利他。行者所修的勝行如果是隨意樂力，所
為一切諸功德等一切皆通自利行與利他行。然而依別相說，六到
彼岸、三十七菩提分、禪支、十八不共法、諸相隨好等，都是屬於自
利行攝。四種攝事——佈施、愛語、利行、同事，四無量心——慈、

悲、喜、捨等，一切都是利他行攝。如是等的一切自他利行，其差別雖有無量無邊，而皆是資糧位中所修的勝行。

　　此位二障雖未伏除，修勝行時有三退屈，而能三事練磨其心，於所證修勇猛不退。一聞無上正等菩提廣大深遠，心便退屈；引他已證大菩提者，練磨自心勇猛不退。二聞施等波羅蜜多甚難可修，心便退屈；省己意樂能修施等，練磨自心，勇猛不退。三聞諸佛圓滿轉依極難可證，心便退屈；引他粗善況己妙因，練磨自心，勇猛不退。由斯三事練磨其心，堅固熾然修諸勝行。

在這資糧位上的菩薩對於煩惱所知的二障，雖說還未能夠伏除，但是在修勝行的時候，有三種事情可能使之退屈。然而當蒙退屈之念，復又能以三事練磨其心，對於自己所證修的勝行繼續精進勇猛的進而不退。那三退屈呢？第一，從聽聞正法中，聽說無上正等菩提非常的廣大、非常的深遠，自己覺得不是我所能做得到的，於是其心便生退屈。進而再一回想，他人既能證得大菩提，我為什麼不能？所謂"彼既丈夫我亦爾，不應自輕而退屈"，引用其他已證大菩提者，來練磨自己一顆已欲退屈的心，於是就又勇猛不退的向前進。第二，從聽聞正法中，聽說施等的諸波羅蜜多，如果真正的修起來，那是非常困難的，我能修這樣的波羅蜜多嗎？這樣的一想，其心便生退屈。正當退屈時，立刻就又省察到自己的意樂，已能遠離慳貪、瞋恚等的種種弊惡，只要我現在稍加功用，就可將施等修習圓滿；以此練磨自心，於是勇猛不退，如有頌說："汝昔惡道經多劫，無益勤苦尚能超；今行少善得菩提。大利不應生退屈。"第三，從聽聞正法中，聽說諸佛的圓滿轉依，要想確切的證得，那是極為困難的，我是何人？怎可有此厚望？這麼一想，心便退屈；繼而三思，他人行施，尚感貴樂，我修如是清淨妙善，怎可說是空無有果？引他微因粗善，況己勝大妙因，練磨自心，勇猛不退，如有頌說："博地一切諸凡夫，尚擬遠證菩提果；汝以勤苦經多劫，不應退屈卻沈淪。"行者雖有三退屈義，由於以此三事練磨其心，所以能夠堅固熾然的修諸勝行而不再退。

次加行位其相云何？頌曰："現前立少物，謂是唯識性；以有所得故，非實住唯識。"論曰：菩薩先於初無數劫，善備福德智慧資糧，順解脫分既圓滿已，為入見道住唯識性，復修加行，伏除二取，謂煖、頂、忍、世第一法。此四總名順決擇分，順趣真實抉擇分故；近見道故，立加行名，非前資糧無加行義。煖等四法，依四尋思、四如實智，初後位立。四尋思者：尋思名、義、自性、差別，假有實無。如實偏知，此四離識及識非有，名如實智。名義相異，故別尋求；二二相同，故合思察。

前明資糧位，此明加行位，而此加行位的狀態是怎樣的呢？先以頌文簡單的答覆，次以論文詳細的解釋。意思是說：加行位上的菩薩先於從初發心至資糧位的第一無數大劫，善為貯備福德智慧的殊勝資糧，滿足順解脫分的善根；為欲入見道時住於唯識的實性，乃又更修加行，希望藉此加行的力量，伏除二取隨眠，此即所謂煖、頂、忍、世第一法的四加行位。此四又可總名為順抉擇分，因這抉擇分是欣求見道的智而順趣於真實的。由於它的近於初地見道，所以特別立為加行名，非如前資糧位，無加行的意義。在這煖等四加行位中依於四尋思、四如實智的觀，以觀能取所取皆空。所謂初後位立者，即四加行的初二位與後二位。謂依下尋思立為煖法，依上尋思立為頂法；依下如實智立為忍法，依上如實智立世第一法。四尋思等所取的對象，要不出於名、義、自性、差別的四法。"名"就是能詮的名言，"義"就是所詮的義理，若名若義皆有它的自性和差別。"自性"就是法體的自相，乃是色心各自的性體；"差別"是指那體性上的無常、苦等的差別意義。"尋思名"名為名尋思，"尋思義"名為義尋思；"尋思名義自性"名為自性尋思，"尋思名義差別"名為差別尋思。假有實無者，是說色聲等的諸法，在凡夫方面雖把它執取為實有，但色等的名言是由假名符號上而給它的名目，所以聲等名心可以說做心等聲等，因為名言與實義是不相稱的。而且叫做名、叫做義的，並不是實有的東西，只是由因緣的和合而假現為色等，如幻如化，那裡有什麼實在色等？把這名、義、自性、差別四種假有實無的東西，推求尋思，叫做四尋思觀。雖然如此，但還沒有到印可位，更進而如實遍知，所取名等固然是離識非有，就是彼能取識，也是不可得的。如是空掉能取所取，成為印可位，就名為四如實智的觀。或者有人這樣問：為什麼名義各別尋求，而名義自性及與差別合觀察呢？名義之所以各別尋求，因為其相是各別不同的，而名義自性及與差別之所以綜合觀察，因為名義自性及其差別，此二種二，其相是相同的，所以合為思察。

依明得定，發下尋思，觀無所取，立為煖位。謂

此位中，創觀所取名等四法，皆自心變，假施設
有，實不可得。初獲慧日前行相故，立明得名，即
此所獲道火前相，故亦名煖。

這個尋思如實的觀智發生，是依定力的。定有明得、明增、印
順、無間的四定。依明得定，發下品的尋思觀，觀無實有的所取
境，立為煖位。依明得定的明，是指無漏慧，因為初得無漏慧的
明相，所以名為明得。明得之定，名明得定。在此煖位當中開始
創觀所取名等四法，都是我人自心之所變現的。我們所認為的這
是名，那是義，這是自性，那是差別，乃是假施設有的，而名義
等的實性實在是不可得的。修此尋思觀，如日從東方剛要出時，有
它的前起相；當知慧日現起前，也有它的前方便相，即此慧日前
行相，立為明得名。又如鑽木取火，先有煖氣為引火的前相，喻
此位是實智火的前相，所以亦名為煖。

依明增定，發上尋思，觀無所取，立為頂位。謂
此位中，重觀所取名等四法，皆自心變，假施設
有，實不可得。明相轉盛，故名明增。尋思位極，故
復名頂。

此明頂位。此位依明增定，發生上品的尋思觀；復觀所取空，其
觀法與前煖位同，所不同的就是無漏明慧的前相，較前更為轉
盛，方便智增，所以名為明增。尋思觀修習至此，已達於至極之
位，所以復名為頂。

依印順定，發下如實智，於無所取，決定印
持，無能取中，亦順樂忍。既無實境離能取識，寧
有實職離所取境？所取能取，相待立故。印順忍

時，總立為忍。印前順後，立印順名；忍境識空，故
亦名忍。

此明忍位。於此位中依著印順定而發下品的實智，對於空無
所取，決定印持；對於空無實在的能取，亦順樂忍。於此位中創
得如實智果，所以名下。忍即別境的勝解，含有兩個意思：一是
印持決定，二是順樂忍可。今則印前無所取，順後無能取，二義
皆俱，所以名忍。為什麼會從所取無而知能取亦無？要知道，既
然沒有實在的所取境可以離開能取識而獨存，又那裡有什麼實在
的能取識可以離開所取境而獨有？所取能取相待而立的啊。依下
文看，忍有下中上的三品，合此三位，四善根中總立為忍，所以
說印順忍時，總立為忍。名印順者，印前所取無，順後能取無，及
印能取無，所以立印順名。此三位中忍可境空識空，所以亦名為
忍。雖說中忍並不印可，然因順於樂忍，所以亦名為忍。

依無間定，發上如實智，印二取空，立世第
一法。謂前上忍，唯印能取空，今世第一法，二
空雙印。從此無間，必入見道，故立無間名。異
生法中，此最勝故，名世第一法。

此明世第一位。於此位中依無間定，發生上品的如實智，更
雙印可能所二取都是空無，所以此位立名世第一法。為什麼這樣
講？因前忍位中的上忍，唯能印可能取空，不能同時印可所取
空；今此世第一法不特能印可能取空，亦能印可所取空，而是二
空雙印的。依斯而觀，從此無間必然入於見道，所以立無間名。無
間是什麼意思？就是定的意思。行者修諸加行，到此階段，於異
生法中可說這是最極殊勝的，沒有那個再超過它，所以名世第

一法。

> 如是煖、頂，依能取識，觀所取空；下忍起
> 時，印境空相；中忍轉位，於能取識，如境是空，順
> 樂忍可；上忍起時，印能取空；世第一法，雙印
> 空相。

這是總攝上義。如是所說四加行位，於煖、頂中依於能取的心識而觀所取的境空；到了下忍起時，印持所取境的空相，進而轉成中忍位，對於能取識的觀察，了知它如鏡一樣是空，順樂忍。從此再進一步，到達上忍起時，不特知能取空，而且印可能取空，至世第一法，就可雙印能取所取的二空相。

> 皆帶相故，未能證實。故說菩薩此四位中，猶
> 於現前安立少物，謂是唯識真勝義性。以彼空有
> 二相未除，帶相觀心有所得故，非實安住真唯識
> 理，彼相滅已，方實安住。依如是義，故有頌言："菩
> 薩於定位，觀影唯是心，義相既滅除，審觀唯自
> 想。如是住內心，知所取非有，次能取亦無，後
> 觸無所得。"

此正釋本頌文。菩薩行者這樣的在加行位，雖然觀察印忍沒有固定的所取，也沒有實在的能取，但在這觀心之前還浮著真如的相，未能真正的證實。所以說菩薩於此四位中，猶於現前定中安立少物，以為這個就是唯識的實在真勝義諦，因此頌說"現前立少物，謂是唯識性"。"少物"是說在能觀的心上，變現似真如的東西。因在觀心之前思惟安立，所以說為立。因為那個空有二相未除，而帶相又有所得的觀心，故還沒有住於實在的無相唯識

實性，因此頌說"以有所得故，非實住唯識"。有所得者，是說有所憑依的相；住唯識者，是說能緣的根本智冥契於唯識的實性真如。一定要待彼空有二相滅了已後，方能真實的安住於唯識實性。依於這樣的意義，所以《分別瑜伽論》有頌說：菩薩在三摩地——定中，觀察名義等的影像相唯是心的顯現，沒有離心的名義自性差別。忍位的四如實智悟入了影現的義想實無所有，既滅了義想，就能審諦觀察這名義等，唯自想心所現。如是既觀察到唯是自心，便安住於內心，了知其所取義想的非有，進而滅唯識想，能取的心亦無，一剎那世第一法以後，就能觸證到平等法性，通達無所得的法界。於此兩首頌中初兩句是明煖位，次兩句是明頂位，次兩句明下忍位，第七一句明中上忍位，最後一句明世第一法。

　　此加行位，未遣相縛，於粗重縛，亦未能斷，唯能伏除分別二取，違見道故。於俱生者及二隨眠，有漏觀心，有所得故，有分別故，未全伏除，全未能滅。此位菩薩，於安立諦，非安立諦，俱學觀察。為引當來二種見故，及伏分別二種障故。非安立諦，是正所觀，非如二乘，唯觀安立。

　　在此加行位中對於二縛的伏斷是這樣的：因為未能遣除空有二相，所以既未能夠遣除相縛，對於粗重縛當亦未能斷滅，所能伏除者唯是分別二取現行，為什麼？因為違於見道的，見道位中方能永斷分別二障粗重縛。雖然如此，但於俱生二障現行，只能有少分伏，未能全伏分別俱生二種隨眠。為什麼？以有漏帶相觀心，有空有二相的所得，有種種不同的分別，所以俱生現行未全伏除，二種隨眠全未能滅。在此加行位上的菩薩對於安立諦以及

非安立諦，都是學習觀察的。什麼叫做安立諦？安立是施設義，即
方便安立諦，謂於苦等諸法之中，安立苦等四聖諦理。什麼叫做
非安立諦？就是二空真如之理。此諦通一切法，無有差別。此位
菩薩若加行不作二種觀，是就不能引發真相見道，亦復不能伏分
別二種障。今為引當來真相二種見道，以及伏除分別二種障故；換
句話說，為入二空，觀真如理，特以無差別離名言的非安立諦，為
正所觀，非如二乘唯觀安立；不過為起遊觀，起勝進道，成熟佛
法，降伏二乘，亦觀有差別名言的安立諦。

　　菩薩起此煖等善根，雖方便時，通諸靜慮；而
　　依第四，方得成滿。託最勝依，入見道故。唯依
　　欲界善趣身起，餘慧厭心非殊勝故。此位亦是解
　　行地攝，未證唯識真勝義故。

　　此辨所依處。菩薩起此煖等四善根，在三資糧四加行的方便
時，雖說通諸靜慮能入聖諦現觀，然而最後入時，必須依於第四
靜慮，方能獲得成就圓滿。第四靜慮望餘靜慮最為殊勝，要託最
勝依，始得入於見道的。然此四善根於三界中依何界起？五趣之
中何趣身起？非生上地或色界或無色界，能入聖諦現觀，因為彼
處極難生厭的，所以唯依欲界人中善趣身起，餘界餘趣的慧心及
與厭心非是最極殊勝的。於此加行位中因為未證真如，唯依勝解
之力，修諸加行，所以如前資糧位亦是解行地攝。

　　次通達位其相云何？頌曰："若時於所緣，智
　　都無所得，爾時住唯識，離二取相故。"論曰：若
　　時菩薩於所緣境，無分別智都無所得，不取種種
　　戲論相故。爾時乃名實住唯識真勝義性，即證真

　　如。智與真如，平等平等，俱離能取所取相故，能
　　所取相俱是分別，有所得心戲論現故。

　　前明加行位,此明通達位,而此通達位的狀態是怎樣的呢？先
以頌文簡單的答覆，次以論文詳細的解釋。意思是說：若時，即
無分別智的發生時，就是世第一法的次刹那。在這時候，菩薩對
於前面加行位住的唯識性（諸法真如），以能證悟所緣真如的無
分別智觀察，一切都無所得。所謂無所得，就是不取種種的戲論
相。"不取"是顯示沒有能取執，"不取戲論相"是顯示沒有所取
相。觀真勝義，名無所得。到理智冥會都無所得的相時，能取的
執固已離掉，所取的相亦復離掉，至此乃名真實住於唯識實性真
勝義諦，亦即是證得真如。能證的智與所證的真如俱離二取，絕
諸戲論，所以名為平等平等。為什麼要如此纔得平等？因為能所
取相俱是分別，有所得心，就有種種戲論相現。一定要達到"無
有智外如為智所證，無有如外智慧證於如"，方算是如智平等。

　　　有義：此智二分俱無，說無所取能取相故。有
　　義：此智相見俱有，帶彼相起，名緣彼故。若無
　　彼相名緣彼者，應色智等名聲等智。若無見分應
　　不能緣，寧可說為緣真如智？勿真如性亦名能
　　緣，故應許此定有見分。有義：此智見有相無，說
　　無相取，不取相故，雖有見分而無分別；說非能
　　取，非取全無，雖無相分，而可說此帶如相起，不
　　離如故。如自證分緣見分時，不變而緣，此亦應
　　爾！變而緣者，便非親證。如後得智應有分別，故
　　應許此有見無相。

　　此下廣釋上頌，於中先說正智。明正智中，此智二分有三家的解釋不同。有師義說：此緣真如的根本無分別智，見相二分都是沒有的，所以說為無所取相無能取相。有師義說：此緣真如的根本無分別智，見相二分都是有的，因為帶彼相起，方可名為緣彼真如。帶彼真如相起，是即顯示有相分；能夠緣彼真如，是即顯示有見分，所以說見相俱有。假定說是沒有似彼境相，而說名為緣彼真如者，那就應當這個色智等雖無聲等相，亦應名此聲等智。假定說是沒有見分，那就應當沒有能緣的作用，如真沒有能緣，怎可說為緣真如智？不可說是真如性亦名為能緣。所以我們應當承認：此緣真如的根本無分別智，決定是有見分的。有師義說：此緣真如的根本無分別智，見分固是有的，相分卻是無的。說無相取，不取相故者，《瑜伽》第七十三卷說"真如無相可取，正智不取於相"，是說的這個意思。如初師說，是有見分的，怎能名無？當知雖有見分，然而並無分別，假定有分別的話，頌文就只應說離所取，不應說是離二取。雖然說是沒有能取，但並不是說取完全無。如二師說，假定沒有相分，何得名有所緣？當知雖無相分，而可說此緣真如智，挾帶真如的體相起，名有所緣，因根本智不離於真的。如自證分緣於見分的時候，雖不變現相分，而亦得名所緣；當知此智帶相而緣，亦應當是這樣的。若見道中，變相而緣的話，那就不是親證了。既非親證，如後得智應有分別。可是事實上，根本智是不同於後得智的，既異後得，所以應當承認此緣真如的根本無分別智，是有見分而無相分的。

　　　加行無間，此智生時，體會真如，名通達位；初
　　照理故，亦名見道。

此釋位及見道名。通達位者，是說此位的菩薩，由前加行無間，一刹那中生起此無分別智的時候，以此無分別智體會得唯識實性真如，所以名為通達位，通達就是體會的意思。此位亦名見道，為什麼？因在此位，初以無分別智照見真如之理，所以名為見道。

然此見道，略說有二：一、真見道，謂即所說無分別智。實證二空所顯真理，實斷二障分別隨眠。雖多刹那事方究竟，而相等故，總說一心。有義：此中二空二障，漸證漸斷，以有淺深粗細異故。有義：此中二空二障，頓證頓斷，由意樂力有堪能故。

此下解說見道真相差別，於中先解真見道。然這上面所說的見道若再略為分說，有二種的不同。第一真見道是即以所說的無分別智為體，因為唯此可以證真的。所以開發的根本無分別智，能夠實證二空所顯的真如之理，能夠實斷二障分別的種子隨眠。再說得明白一點：在無間道斷惑的種體，在解脫捨那個習氣，然後證得擇滅的理體。如是於一心中雖經多刹那，其事方得究竟，但因其相相似相等的，所以總說為一心的真見道。可是對這真見道，有二師的解說不同。有師義說：此見道中證二空理，斷二種障，都是漸次漸次的證，漸次漸次的斷的。為什麼？因為理有淺深，而障及智有粗有細，所以不能一時頓證頓斷。這是三心家的見解。有師義說：此見道中證二空理，斷二種障，都是二空頓證，二障頓斷的。為什麼？因在前加行位時，由欲俱斷的意樂力，有此堪能的。

二、相見道，此復有二，一觀非安立諦，有三
品心：一、內遣有情假緣智，能除軟品分別隨
眠。二、內遣諸法假緣智，能除中品分別隨眠。三、
偏遣一切有情諸法假緣智，能除一切分別隨眠。前
二名法智，各別緣故；第三名類智，總合緣故。法
真見道，二空見分，自所斷障，無間解脫，別總
建立，名相見道。有義：此三是真見道，以相見
道緣四諦故。有義：此三是相見道，以真見道不
別緣故。

此明相見道有二，於中先觀非安立諦。非安立諦就是真如，有
三品心，是即顯示三心見道。一、內是內身，假是顯其無體，謂唯
緣內身而遣於假。有情假者，先解有情皆妄所計，但有內心，似
有情現，談其無體，名之為假。緣智者，能緣心，即緣內身為境，遣
有情假之緣智。以下二心準此可知。首先我們須要了知的，就是
人法二障，各各分為上下，上下之分在於粗細，粗者為上，細者
為下，這樣綜合而為四類。於中二粗須要各別遣除，因為這時智
的力量還很薄弱，不能雙斷。如欲雙斷，須上品智。這是隨智說
為軟中上。最初生起的智名軟，其次生起的智名中，最後生起的
智名上，因為於斷見惑，此智是最上的。惑隨於智，說三品別。初
二兩品智由於力量不夠堅強，但緣內身，除我法假；第三上品智
慧廣緣一切內外我法，所以一切分別隨眠也就都能遣除。於此三
心，前二是法智，因為是各別緣的；第三名類智，因為是總合緣
的。法真見道等者，法是法則，倣學為義。真見道中不特有二空
見分，而且亦有二空自證分。雖說亦有二空自證分，而不能如彼

見分親緣真如，所以乃效法之。然見分中有無間道與解脫道，隨自所斷的惑障，是就有了四種見分。無間道中斷惑別故，人法二見分各別法之，所以立初二心；解脫道中正理同故，人法二見分總合法之，所以立第三心。論說別總建立，名相見道，就是此意。有師義說——即前第一漸證漸斷師義，謂此三心都是真見道，不可說為相見道，為什麼？因相見道是緣四諦十六心而起的。所以說，若三心是真見道，若十六心是相見道。同時《對法》中說：「謂真見道，緣非安立，非相見道中，能緣非安立故。」所以此師肯定的說三心為真見道。有師義說——即前第二頓證頓斷師義，謂此三心都是相見道，為什麼？因真見道是不別緣的，今者既然別緣，可以證知是相見道。所以此師說：若一心是真見道，若三心是相見道。

二緣安立諦，有十六心。此復有二：一者依觀所取能取，別立法類十六種心。謂於苦諦有四種心：一、苦法智忍，謂觀三界苦諦真如，正斷三界見苦所斷二十八種分別隨眠。二、苦法智，謂忍無間，觀前真如，證前所斷煩惱解脫。三、苦類智忍，謂智無間，無漏慧生，於法忍智，各別內證。言後聖法，皆是此類。四、苦類智，謂此無間，無漏智生，審定印可，苦類智忍。如於苦諦，有四種心，集、滅、道諦，應知亦爾。此十六心，八觀真如，八觀正智。法真見道，無間解脫，見自證分，差別建立，名相見道。二者依觀下上諦境，別立法類十六種心。謂觀現前不現前界，苦等四諦各有

二心：一現觀忍，二現觀智。如其所應法真見道，無
間解脫，見分觀諦，斷見所斷百一十二分別隨
眠，名相見道。

此明第二緣安立諦，有十六心，復分為二：一者，依觀所取
真如能取正智，所以這裡說的所取是指所觀的諦理，這裡說的能
取是指緣於諦理的忍智。由此忍智若法若類各別而立，有十六
心。十六心如何別立？謂於苦諦有四種心：一、苦法智忍：苦就是
苦諦，法為苦諦的教，智是加行道中緣於苦法的智；忍是無漏忍，就
是對於前苦法智，加以忍可。以此觀於三界苦諦真如的時候，能
正斷除三界見苦所斷的二十八種分別隨眠。二十八隨眠者：欲界
苦下有十，上二界苦下除瞋各有九，三界總合有二十八。二、苦法
智：法謂苦如，能緣苦如之智，名苦法智。此緣苦法之智具足的
說，應該叫做苦法智忍智。忍的作用在於斷惑，智的功能在於證
理，是為忍智的差別。所以在忍無間的觀前所觀的真如，獲證前
面所斷的煩惱解脫，名為苦法智。三、苦類智忍：這就是苦法智忍
的無間解脫道中的自證分之無漏慧生，緣於前之法忍法智的二見
分而各別內證。從此二心以後直至無學聖法，一切由此二心而彼
得生，是此第三心的流類，所以說皆是此類。四、苦類智：這就是
印可緣於苦類的智，因為它只緣第三苦類智忍。《雜集論》說：“於
苦類智忍內證印可，故名苦類智。”如於苦諦有這四種心的差別，應
知於集滅道的三諦，各各亦有四種心的差別，即集法智忍、集法智、
集類智忍、集類智、滅法智忍、滅法智、滅類智忍、滅類智、道法智
忍、道法智、道類智忍、道類智，合前苦諦四心，總為十六心。此
十六心屬於法忍法智的八者，觀於真如；屬於類忍類智的八者，觀

於正智。法真見道等者，謂法忍為法真無間道的見分，法智為法真解脫的見分；類忍為法無間的自證分，類智為法解脫的自證分，如是種種印前智故，所以各各差別建立。二者，依觀下現前界的欲界及上不現前界的色無色界四諦之境，別別建立法類十六種心。十六心者，謂觀現前欲界苦等四諦，別立法忍法智八心；依觀不現前上二界苦等四諦，別立類忍類智八心。然論但舉欲界苦諦以為法。第一現觀忍是指無間道，第二現觀智是指解脫道。如其所應，那現觀忍、法真見道、無間道見分觀諦，那現觀智、法真見道、解脫道見分觀智，不法自證分，因為要有觀智才法，既無觀智所以不法。如是觀三界四諦，斷見所斷的百一十二分別隨眠，名為相見道。百一十二者：欲界四諦四十，上二界四諦，一一除瞋，八諦減八，各有三十六，所以總合為一百一十二。對此如作較為清楚的說明：苦法智忍緣欲界如，做無間道見分，斷欲界惑。苦法智緣欲界如，做解脫道見分，證欲界的諦理。苦類智忍緣上二界如，做無間道見分，斷上界的煩惱。苦類智緣上界如，做解脫道見分，證上界的諦理。苦諦是如此，餘三諦亦然。

　　若依廣佈聖教道理，說相見道有九種心。此即依前緣安立諦二十六種止觀別立：謂法類品忍智合說，各有四觀，即為八心；八相應止，總說為一。雖見道中止觀雙運，而於見義觀順非止，故此觀止開合不同。由此九心，名相見道。

　　此辨九心相見道。前辨行相見道，此廣佈教道理。意即菩薩行者，在見道等不作此觀，但欲佈教，所以說其差別。前相見道安立諦，有二種十六心的說法，現在這個就是依於前面的緣安立諦，法彼二個十六種止觀，所以二心別立。謂法類品忍智合說等者，以前依觀能所取中，法忍法智八合為四，緣如為境，所以合為四者，因為其品類是相同的；類忍類智八合為四，緣智為境，所以合為四者，因為其品類是相同的。《瑜伽》五十八又一說：忍智合者，八忍合為四，為什麼？因都是屬於忍的一類；八智合為四，為什麼？因都是屬於智的一類，如是各有四觀，即為八心。然與八觀相應之止，照道理說，亦應有八止。現不說有八，而總說為一，這是什麼道理？要知於見道中，雖則是止觀雙運，並行不悖，而於見義觀順非止；所以這觀止就開合不同，即觀開為八，止合為一，止觀合說有九心，由此九心名相見道。

　　諸相見道，依真假說。世第一法無間而生，及斷隨眠，非實如是。真見道後，方得生故；非安立後，起安立故；分別隨眠，真已斷故。前真見道，證唯識性；後相見道，證唯識相。二中初勝，故頌偏說。

　　以上所說，不管是三心相見道、十六心相見道、九心相見道，一切都是依真之義而假說的。為什麼？因世第一法無間而生出的十六心以及斷諸隨眠，並不是實實在在是這樣的，要在真一心見道後，方得生起的；非在安立諦後，起十六心而安立的，分別所起的隨眠，在真見道中已斷了的。至於頌文偏說真見道，因為前之真見道在於證唯識的實性，而後之相見道在於證唯識的法相，比較起來，二者之中初真見道勝，所以頌特偏說。

　　前真見道，根本智攝；後相見道，後得智攝。諸後得智有二分耶？有義：俱無，離二取故。有義：此

智見有相無，說此智品有分別故，聖智皆能親照
境故。不執著故，說離二取。有義：此智二分俱
有。說此思惟似真如相，不見真實真如性故。又
說此智，分別諸法自共相等，觀諸有情根性差
別，而為說故。又說此智現身土等，為諸有情說
正法故。若不變現似色聲等，寧有現身說法等
事？轉色蘊依不現色者，轉回蘊依應無受等。又
若此智不變似境，離身體法，應非所緣，緣色等
時，應緣聲等。又緣無法等，應無所緣緣，彼體
非實，無緣用故。由斯後智，二分俱有。

　　此明二道為二智所攝。前之真見道屬於根本智攝，因為是無
相的；後之相見道屬於後得智攝，因為是有相的。然而講到後得
智，現在我們所要問的，就是諸後得智，是不是都有二分？這有
三師解說不同。有師義說：後得智中見相二分俱無，為什麼？因
離於二取相的。若依此說，佛不說法，亦無十五界。有師義說：此
後得智見分是有的，但沒有相分。什麼道理？《瑜伽論》說：此
智品是有分別的，所以知有見分。聖智慧親照諸法的理境，而此
理境無相，所以知無相分。頌說離二取者，是約不執著說，並不
是真的全無見分。有師義說：此後得智，見相二分完全俱有。《瑜
伽》七十三說：此智託真如為質，變似真如相而觀，不能如實見
真如性。所變真如就是相分，思惟之心就是見分，所以二分俱有。又
破初師無見分說：此後得智慧能分別諸法的自相共相，能夠觀諸
有情的種種根性差別，而後為之說種種法的，由此可知見分非
無。又破次師無相分說：此後得智慧能變現種種的身土——他受

用身土，這就是變似色；為諸有情說諸正法，這就是變似聲。假定不變現似色似聲等，那裡會有什麼現身說法等事？既然變似色聲，證知相分非無。再從反的方面證有相分說，若如汝說轉依位中色蘊已轉，所以沒有現色之事的話，那末，轉受等四蘊依亦應沒有受等。然轉餘四蘊依，既不無受等，豈轉色蘊便不現色？又若此後得智離自體之法，真的不變似境為所緣，既無相分自他之心，亦無他身土等，豈不是應非所緣緣？若說不帶相起，亦可名為所緣緣，那末，緣色等時，亦應緣於聲等，為什麼？緣色等智不帶聲等相故。還有，緣無過去未來等法，現在是沒有體的，假定不變相而緣，那就應無所緣緣。為什麼？因無相分，真照於無，無非有體，所緣緣義如何得成？不特菩薩行者，就是佛亦不能親緣於無，所以說彼體非實，無緣用故。由於上面所說的種種道理，此後得智一定是二分俱有的。

　　此二見道，與六現觀，相攝云何？六現觀者：一、思現觀：謂最上品喜受相應思所成慧，此能觀審諸法共相，引生煖等加行道中觀察諸法。此用最猛，偏立現觀。煖等不能廣分別法，又未證理，故非現觀。二、信現觀：謂緣三寶世出世間決定淨信。此助現觀令不退轉，立現觀名。三、戒現觀：謂無漏戒，除破戒垢，令觀增明，亦名現觀。四、現觀智諦現觀：謂一切種緣非安立根本、後得無分別智。五、現觀邊智諦現觀：謂現觀智諦現觀後，諸緣安立世出世智。六、究竟現觀：謂盡智等究竟位智。此真見道，攝彼第四現觀少分；此相見道，攝

彼第四、第五少分。彼第二、三，雖此俱起，而非
自性，故不相攝。

此真相二見道與彼思等六現觀互相相攝，是怎樣的呢？在未
說明它們相攝之前，先略解說六現觀的意義。一、思現觀：謂由思
所成慧，能令觀境分明現前，即思的現觀名為思現觀。為什麼唯
說最上品喜受相應？因為思慧為欲界意識中有，而欲界意無苦無
樂，唯有喜、憂、捨的三受相應，憂不是無漏根，捨不與最上品思
俱，所以唯說最上品喜受相應。此思現觀能觀察一切諸法的共
相，如觀諸行無常，有漏皆苦等，或觀一切法真如等是最勝的，名
觀共相而不言觀自相；此能引生煖等加行道中觀察諸法，謂思能
生於修的。於見道前此用最極猛利，不同加行，所以特偏立為現
觀。煖等四加行近於見道，境界微略，觀空無我等，有一定的分
齊，不能廣分別法；但觀所取無等，又未能證於四聖諦理，所以
不得說為現觀。雖見道等亦不能廣分別法，然因證於四聖諦理，所
以得立為現觀。二、信現觀：謂緣佛法僧的三寶以及世出世間的諸
法，而生決定的淨信。現觀諸法的現觀本來是慧的作用，現說信
為現觀者，因為淨信能助現觀，使令現觀不再退轉，所以亦得立
現觀名。三、戒現觀：這就是說的無漏戒，謂當無漏法現前時，即
成為戒體。戒之所以名為現觀，因無漏戒，除去破戒的垢染，使
所修的現觀，益發增明，故得現觀名。四、現觀智諦現觀：一切種
就是諸法的真如，依於這一切種所起的緣非安立諦的根本，後得
二種無分別智，是名現觀智諦的現觀。五、現觀邊智諦現觀：謂在
現觀智諦現觀之後，諸緣安立世出世等所得之智，通於有漏無漏
一切見修道的緣安立諦智。怎麼知道？《瑜伽》七十一等說，緣

安立諦境慧，是此自性故。六、究竟現觀：這是無學道後所生的盡智、無生智的究竟位智。若廣泛的說，通於十智，而且都是無漏的。明白了六現觀是什麼，進而就可說明它與二見道的相攝。謂這真見道，攝彼第四現觀諦智現觀的少分；所謂少分，就是只攝根本智，不攝後得智。此相見道攝彼第四現觀後得智的少分，及彼第五現觀緣安立諦的少分。至彼第二現觀及第三現觀，雖則說是也與此二見道俱起，然而因為不是自性之類，所以不得彼此相攝。因為凡觀必以慧為體性，今六現觀除第二、第三觀，餘四俱以慧為體性。而上品淨信與無漏戒為第二、第三兩觀的別體，但助令不退及令觀增明，都不是慧的自性，所以不為二道所攝。第一亦不攝者，因為是增明的；第六亦不攝者，因為尚未起的。

　　菩薩得此二見道時，生如來家，住極喜地，善達法界，得諸平等，常生諸佛大集會中。於多百門，已得自在，自知不久證入菩提，能盡未來利樂一切。

　　此明入地功德。菩薩不管在什麼時候，只要得此二見道，那他立即就生如來家，安住於極喜地中。什麼叫做如來家？《無性攝論》說："謂佛法界，名如來家。於此證會，故名為生。於此所緣，勝智生故；轉先所依，生餘依故。紹隆佛種，令不斷絕。"於諸法界，深為作證，名為善達法界。得一切有情、一切菩薩、一切如來三種平等性故，名為得諸平等。由於具有這樣高深的程度，所以常常的得能生於諸佛的大集會中。於多百門已得自在，就是能於百世界中作佛，智見能入百法明門，以百菩薩而為眷屬等。不特如此，而且因為親證到諸法的真如，自知不久一定能夠證得佛果位上的大菩提，並能盡未來際的利樂一切有情。

次修習位，其相云何？頌曰：“無得不思議，是出世間智；捨二粗重故，便證得轉依。”論曰：菩薩從前見道起已，為斷餘障證得轉依，復數修習無分別智。此智遠離所取能取，故說無得及不思議。或離戲論，說為無得，妙用難測，名不思議。是出世間無分別智。斷世間故，名出世間。二取隨眠，是世間本，唯此能斷，獨得出名。或出世名，依二義立，謂體無漏及證真如。此智具斯二種義故，獨名出世。餘智不然，即十地中無分別智。

前明通達位，此明修習位，而此修習位的狀態是怎樣的呢？先以頌文簡單的答覆，次以論文詳細的解釋。現在先解釋初二句頌，謂此位的菩薩，出了通達位的現行，就是所謂從見道起，為欲更斷除其餘俱生的二障，及為欲證得二種轉依，復又數數不斷的修習無分別智，所以叫做修習位，或名修道位。此所修的無分別智，遠離掉徧計所執的能取所取而沒有所得，為言議思慮之所不能及，所以頌說“無得不思議”。或者還可這樣解說：遠離一切有漏分別的妄執，說為無得；能違生死的無漏智，離諸過失，微妙作用難以測度，名不思議。這個無得不思議的智是出世間的無分別智，為什麼叫做出世間？因它能夠斷除有漏世間的諸染污法，所以名出世間。什麼為有漏世間的根本？能所二取的隨眠為世間的根本，但能斷此的唯有無分別智，所以也就唯有此智，獨得出名。或出世的這個名稱是依於二義而得名的，就是根本智的自體是無漏的，同時它又能夠親證於諸法真如的。由於這無分別智具有這二種的意義，所以獨名出世。除此而外，其餘的如後得智不得名為出世，換句話說，就是十地中的無分別智。

> 數修此故，捨二粗重。二障種子，立粗重名，性
> 無堪任，違細輕故。令彼永滅，故說為捨。此能
> 捨彼二粗重故，便能證得廣大轉依。

此釋頌文第三句。行者如果數數不斷的修此無得不思議的出世間智，那就可以斷捨俱生的二障種子及其習氣，所以頌說捨二粗重故。謂煩惱所知二障的種子並那個習氣，立為二粗重名。為什麼說為粗重？以其性無堪任，違於微細輕妙的無漏無分別智。現在運用一種工夫，令彼二種粗重永滅，所以說之為捨。由十地修智逐漸捨彼二種粗重以至究竟，便能證得佛果位上的廣大轉依。

> 依謂所依，即依他起，與染淨法為所依故。染
> 謂虛妄遍計所執，淨謂真實圓成實性。轉謂二分
> 轉捨轉得。由數修習無分別智，斷本識中二障粗
> 重，故能轉捨依他起上徧計所執，及能轉得依他
> 起中圓成實性。由轉煩惱得大涅槃，轉所知障證
> 無上覺。成立唯識，意為有情證得如斯二轉依果。

此釋頌文第四句，於中有二師義，現在先釋第一師義。依是什麼意思？為所依之義，就是依他起。為什麼把他說為所依？以其為染淨法作所依故。染是指的虛妄徧計所執，淨是指的真實圓成實性。轉是什麼意思？為染淨二分轉捨轉得之義。謂諸行者，由於不斷的修習出世間的無分別智，斷除了本識中的煩惱所知的二障，所以就能轉捨依他起上的虛妄徧計所執，並且能夠轉得依他起中的真實圓成實性。由於轉捨煩惱，所以就得到了大菩提；由

於轉捨了所知障，所以就證得無上大覺。成立唯識的用意就是為了使令有情，證得像這樣的二大轉依果。

　　或依即是唯識真如，生死涅槃之所依故。愚
　夫顛倒，迷此真如，故無始來，受生死苦。聖者
　離倒，悟此真如，便得涅槃畢竟安樂。由數修習
　無分別智，斷本識中二障粗重，故能轉滅依如生
　死，及能轉證依如涅槃。此即真如離雜染性，如
　雖性淨，而相雜染，故離染時，假說新淨，即此
　新淨，說為轉依。修習位中，斷障證得，雖於此
　位亦得菩提，而非此中頌意所顯，頌意但顯轉唯
　識性。二乘滿位，名解脫身；在大牟尼，名法身故。

此為第二師釋第四句頌。或者有的人說：依不是指的依他起，而是指的唯識真如。為什麼？因為它是生死涅槃之所依的。如世間的愚夫惑亂顛倒，迷於這唯識真如，所以從無始來，一直至於今日，受種種的生死苦。而出世聖者離去一切顛倒戲論，悟達於這唯識真如，所以立即就證得涅槃，而獲畢竟安隱之樂。然而怎樣能得轉依？是由不斷的修習出世間的無分別智，斷除了本識中的煩惱、所知的二障粗重，因而得能轉滅依於真如的生死，並且能夠轉證依於真如的涅槃。這就是顯示真如離一切的雜染性。或有人說：真如之體猶淨明珠，本來清淨，那得說是離染方能證得？要知真如的體性，雖然說是本來清淨的，但是在眾生分上，因為其相是雜染的，所以到了離去染相的時候，就假說為新淨。即此新所得的清淨，就又說為轉依。於此修習位中一步一步的斷障，到了金剛心後而開始證得。或又有說：在此修習位中亦能獲

得菩提，為什麼但說轉證依如涅槃？要知此位雖亦證得菩提，然而那並不是此中頌意之所顯示的，頌意所要顯示的唯在轉染污法成唯識性。此唯識性假定是在二乘究竟位中，名為安樂解脫身；假定是在大乘究竟極果位上，名為大牟尼法身。牟尼是寂默的意思，謂善寂空有二邊，默契中道之理。

云何證得二種轉依？謂十地中，修十勝行，斷十重障，證十真如，二種轉依，由斯證得。

此下廣顯前所說的頌文。怎樣能夠證得二種轉依？於中含有能證之因與所得之果二問。“十地”是明所經的位次，“十勝行”是明所修的因行，“十重障”是明所治的斷法，“十真如”是明所證的真理。由於這四種因緣，二種轉依果由此而能證得。

言十地者：一、極喜地，初獲聖性，具證二空，能益自他，生大喜故。二、離垢地，具淨尸羅，遠離能起微細毀犯煩惱垢故。三、發光地，成就勝定大發總持，能發無邊妙慧光故。四、焰慧地，安住最勝菩提分法，燒煩惱薪，慧焰增故。五、極難勝地，真俗兩智，行相互違，合令相應，極難勝故。六、現前地，住緣起智，引無分別最勝般若令現前故。七、遠行地，至無相住功用後邊，出過世間二乘道故。八、不動地，無分別智，任運相續，相用煩惱不能動故。九、善慧地，成就微妙四無礙解，能徧十方善說法故。十、法雲地，大法智云，含眾德水，蔭蔽一切，如空粗重，充滿法身故。如是十

地，總攝有為無為功德，以為自性，與所修行，為

勝依持，令得生長，故名為地。

此廣明十地。所謂十地者：一、極喜地，就是初地。因為初登
地的菩薩，最初斷除凡性而得聖者之性，具證我法二空的理體，不
像二乘人唯證我空；由此能夠成辦利益自己及其他有情的兩種義
利，內心生起極端的踴躍歡喜，所以叫做極喜地。二、離垢地，菩
薩在初地已離去了粗重的犯戒垢，具有清淨的戒行。到此第二
地，更能遠離生起那個微細毀犯的煩惱垢，獲得戒波羅多圓滿，所
以叫做離垢地。三、發光地，此地菩薩成就勝定大法總持，因定力
的深入，克服無明黑暗，從勝定發出無量無邊的勝妙慧光，所以
叫做發光地。總持是中國話，印度叫做陀羅尼。四、燄慧地，此地
菩薩修習三十七品等諸菩提分法，生起智慧的火燄，焚燒一切根
本煩惱及隨煩惱薪皆為灰燼，像火燒毀一切柴薪一樣，慧燄增
加，所以名為燄慧地。五、極難勝地，菩薩所修的真智與俗智一個
是無分別的，一個是有分別的，二者行相更互相違，彼此難得合
作一致。所以初地到四地，如真智現前時，俗智就不現前；俗智
現前時，真智就不現前。要想二智並觀，那是很困難的。登了五
地的菩薩能夠合此難合的二智，使其相應相順不違，這是極為難
能可貴的，所以叫極難勝地。六、現前地，此地菩薩觀十二諸緣起
支，安住於最勝緣起智，能令般若波羅蜜多的無分別智現在前，親
證緣起即空的如性，通達諸法緣起相，離一切染淨相，所以叫現
前地。七、遠行地，此地菩薩平衡的以真俗二智觀察，而且不加強
有力的功用，到達了無相住的有功用行的最後邊際，能過世間二
乘出世間之道；再進一步，入於八地，就是無功用行，與第八清

淨地共相鄰接，已遠行到與八地相距不遠，所以名為遠行地。八、不動地，七地菩薩雖已能作一切相的無相觀，但還不能放棄有功用行，仍不得自然而然的任運而轉，因而也就不能說是不動。到了第八地菩薩，由於無分別智的任運相續，不特不為有相有功用所動，且也不為一切煩惱所動，所以名為不動地。九、善慧地，菩薩進入此地，就可成就微妙不可思議的四無礙解，以此法、義、詞、辯的四無礙解，而能徧於十方世界為一切有情善說妙法。"無礙力說法，成就利他行"，智慧妙善，所以名為善慧地。十、法雲地，謂總緣一切諸法的智慧，譬如徧覆虛空的大云一樣，所以名為大法智云。"眾德"就是陀羅尼門、三摩地門等，猶如淨水，智慧藏彼眾德，如云層中包含著有水一樣，有能生彼最極殊勝的功能。蔭蔽一切如空粗重者，太空是廣大無量的，像眾生無始來的微細障，法智如浮云，可以覆蔽這如虛空一般廣大的惑智二障，不使現前。充滿法身者，如大云可以降注淨水，充滿虛空，法智慧出生無量的殊勝功德，圓滿所證所依的法身，所以叫做法雲。如是像上所說的十地，總攝一切有為無為的功德，以為其自性，亦即以能證智所證如而為地體。有為功德是指四智中的妙觀察智及平等性智，因為登地菩薩還在因位，所以不說成所作智及大圓鏡智。無為功德是指每一地中所證的真如法性。為什麼此諸階位皆名為地？地是生長義，如大地的能生長萬法；又為依持義，如大地的為萬有所依持。能證正智、所證真如，皆能與所修行，作殊勝的依持，並令獲得生長，所以名之為地。

　　十勝行者，即是十種波羅蜜多。施有三種：謂財施、無畏施、法施。戒有三種：謂律儀戒、攝善法戒、饒益有情戒。忍有三種：謂耐怨害忍、安受苦忍、諦察法忍。精進有三種：謂被甲精進、攝善精進、利樂精進。靜慮有三種：安住靜慮、引發靜慮、辦事靜慮。般若有三種：謂生空無分別慧、法空無分別慧、俱空無分別慧。方便善巧有二種：謂迴向方便善巧，拔濟方便善巧。願有二種：謂求菩提願、利樂他願。力有二種：謂思擇力、修習力。智有二種：謂變受用法樂智、成熟有情智。

此明所修的勝行。所謂十種勝行，就是十種波羅蜜多。第一佈施波羅蜜有三種：一、財施，謂懷清淨無染的心，以種種的錢財或資生之具，施諸有德或貧窮無依的眾生，使他不受飢寒的痛苦而得身心的安樂。二、無畏施，謂眾生遇到種種的災害或其他什麼危險的事情，菩薩能以種種的方便，協助他解決困難，安慰他不要怖畏，使其除去內心怖畏的痛苦。三、法施，就是以清淨無染的心，為諸人類說諸法要，使令聽者得到法樂，增長自己的善根。第二戒波羅蜜有三種：一、律儀戒，就是佛教七眾弟子所受各種不同的戒，禁止眾生不作無意的一切惡業，離去種種的雜染諸法。二、攝善法戒，就是修習一切善法，集諸一切的善根。三、饒益有情戒，就是濟拔一切有情，饒益一切有情，毫不做有損於眾生的事情。第三忍波羅蜜有三種：一、耐怨害忍，這是忍受眾生所給予的痛苦。謂發心的菩薩，為了救拔苦海中的眾生，眾生不了解菩薩運用種種不同的方便，不特不接受菩薩的濟拔，反而時時給予菩薩的難堪，可是菩薩不因此而退屈自己利生的工作。二、安受苦忍，這是忍受自然界所給予的痛苦。謂發心的菩薩，在廣大的自然界中去利益眾生的時候，雖然遭受自然界的風吹雨打，寒熱交迫，但菩薩一一都能忍受，而不退失自己的初心。三、諦察法忍，謂發心的菩薩，以般若智慧審諦觀察諸法的實相，了達緣起諸法的空無自性，名為諦察法忍。第四精進波羅蜜多有三種：一、被甲精進，謂發心的菩薩，為了完成無上的佛道，特先修習六波羅蜜多，積集福智資糧，以助成精進，如軍隊上前線作戰，須要披起鎧甲一樣，所以名為被甲精進。二、攝善精進，謂發心的菩薩，開始向菩提大道出發時，為更積極的修諸一切善法，乃精進勇猛的不斷前進，如準備好了的軍隊，勇往直前的向前線出發一樣。三、利樂精進，謂發心的菩薩，為完成自利的事情，固然精進不已，就是為利樂一切有情的事，也一樣的精進不息。第五靜慮波羅蜜多有三種：一、安住靜慮，就是在定中住心一境，身心得到輕安。二、引發靜慮，就是從靜定中引發種種神通等的殊勝功德。三、辦事靜慮，就是從定中引發起來的種種神通，能夠成辦種種利生的事業。第六般若波羅蜜多有三種：一、生空無分別慧，就是通達人空的智慧。二、法空無分別慧，就是通達諸法空無自性的智慧。三、俱空無分別慧，就是通達人法皆空的智慧。第七方便善巧波羅蜜多有二種：一、迴向方便善巧，這是從大智出發的，謂菩薩所作施等的種種善事，不是專為自求，而是要迴向一切有情的，所以不住生死。二、拔濟方便善巧，這是從大悲出發的，謂菩薩在生死苦海中的種種活動，都是為了拔濟諸有情類，即為大悲心之所激動，而不安住於涅槃中。第八願波羅蜜多有二種：一、求菩提願，就是無上佛道誓願成。二、利樂他願，就是眾生無邊誓願度。第九力波羅蜜多有二種：一、思擇力，力是堪能的意思，由於有思擇力，所以有勝堪能，正思抉擇什麼是應該做的，什麼是不應該做的。二、修習力，由於有此修習力，所修靜慮有勝堪能，無怯弱性。或綜合二者說：思擇諸法而起修習，名為力波羅蜜多。第十智波羅蜜多有二種：一、受用法樂智，謂由前六波羅蜜多，成立不可思議的殊勝妙智，以自己所得的妙智在如來的大集會中，受用種種的法樂。二、成熟有情智，謂由此殊勝妙智，觀察有情的根性，以六波羅蜜多去成熟有情，使之獲得解脫。受用法樂是自利，成熟有情是利他。

> 此十性者：施以無貪及彼所起三業為性；戒以受學菩薩戒時三業為性；忍以無瞋、精進、審慧及彼所起三業為性；精進以勤及彼所起三業為性；靜慮但以等持為性；後五皆以擇法為性，說是根本、後得智故。有義：第八以欲、勝解及信為性，願以此三為自性故。此說自性，若並眷屬，一一皆以一切俱行功德為性。

這是出十波羅蜜多的自體。第一，施以無貪及相應思並彼所發起的三業為體性。此中主要的是無貪，因為要於財等不貪，方能真正的施捨。第二，戒以正在受學菩薩戒的那個時候，所有三業行為活動而為體性。因菩薩對於菩薩戒，不論是在受的時候，或是在學的時候，都要運用到身語意的三業的。第三，忍以無瞋等為體性者，《瑜伽》四十二說："自無憤勃，不報他怨，亦不隨眠流注相續，是名菩薩耐怨害忍，即以無瞋及三業為性。若安受苦忍，即精進三業為性，若諦察法忍，即審慧三業為性。"第四，精進以勤勇及彼所起的三業為體性。第五，靜慮但以等持為性者，等持就是三摩地，雖為別境心所的一種，可是現在專約定說，不通於散。至於後五波羅蜜多，完全都是以擇法為體性的，為什麼？因論說第六般若波羅蜜多是根本智，後方便等四波羅蜜多是後得智。有師義說：其餘的雖沒有不同的解說，但第八願波羅蜜多，應說以欲、勝解及信為它的體性，為什麼？因為願是以這三法而為自性的。前來所說都是剋就自性而言，假使並及眷屬來講，一一波羅蜜多皆是以一切俱行的功德為體性的。簡單的說，十度總以五蘊為體。

　　此十相者，要七最勝之所攝受，方可建立波羅蜜多。一、安住最勝，謂要安住菩薩種性。二、依止最勝，謂要依止大菩提心。三、意樂最勝，謂要悲愍一切有情。四、事業最勝，謂要具行一切事勝。五、巧便最勝，謂要無相智所攝受。六、迴向最勝，謂要迴向無上菩提。七、清淨最勝，謂要不為二障間雜。若非此七所攝受者，所行施等非到彼岸。由斯施等十對波羅蜜多，一一皆應四句分別。

此明十波羅蜜多相。所謂相，就是諸波羅蜜多的體相。什麼是十度的體相呢？要由七種最勝之所攝受，方可建立為波羅蜜多。一、安住最勝，就是要安住於菩薩種性當中，依五性言，須簡除其餘的四性。為什麼？當知若非菩薩種性的人，那所行的施等只能感得人天有漏及二乘的果，不能成為無上極果的正因。二、依止最勝，就是要以大菩提心為所依止，假定離了上求下化的大菩提心，那所行的佈施持戒等就都不能成為波羅蜜多。如經說：「一不發菩提心而行施等，是為魔業。」三、意樂最勝，就是對於一切有情，要有悲愍之心。換句話說，菩薩行六度，不是為了自己，而是為了利益安樂有情。前依止最勝，是與菩提心相應；此意樂最勝，是以大悲心為根本，所以二者不同。四、事業最勝，就是要具行一切事勝，假使不具行隨順度生所有事業，是則施等行寡，不能滿足無上菩提大果。五、巧便最勝，就是在修六度的時候，要為通達一切法性空的無相智之所攝受。如佈施時，不見有施者、受者及佈施的財物，三輪體空。如經說：「不以色佈施，不以聲香味觸法佈施。」不住於相，名為相智。六、迴向最勝，就是將修波羅蜜多所得的一切功德，全部迴向無上正等菩提，不作其餘人天或小果的資糧。前面的依止最勝，是約修習十度的動機說；現在的迴向最勝，是約修習以後的歸趣說，二者是有所不同的。七、清淨最勝，就是要不為煩惱所知二障之所間雜。具有這七相的佈施持戒等，纔是真實的波羅蜜多；假定不是為此七之所攝受的話，那所行的施等就不得名為到彼岸了。根據前面的定義，分別施等是否就是波羅蜜多？這一一度皆應作四句分別。現在且以施度為代表：一、有是施而不是波羅蜜多，如離七種最勝所行的佈施；二、有是波羅蜜多而不是佈施，如隨喜他施等；三、有是佈施亦是波羅蜜多，如依七種最勝而行的佈施；四、有非佈施亦非波羅蜜多，如離七種最勝而行的戒等五度。明白了佈施的四句，於餘戒等波羅蜜多亦有這四句分別，例此可知。

此但有十不增減者，謂十地中，對治十障，證十真如，無增減故。復次，前六不增減者，為除六種相違障故，漸次修行諸佛法故，漸次成熟諸有情故。此如餘論廣說應知。又施等三，增上生道，感大財體及眷屬故；精進等三，決定勝道，能伏煩惱，有熟有情，及佛法故。諸菩薩道，唯有此二。又前三種，饒益有情：施彼資財，不損惱彼，堪忍彼惱，而饒益故。精進等三，對治煩惱；雖未伏滅，而能精勤修對治彼諸善加行，永伏、永滅諸煩惱故。又由施等，不住涅槃，及由後三，不住生死，為無住處涅槃資糧。由此前六不增不減。後唯四者，為助前六，令修滿足，不增減故。方便善巧，助施等三；願助精進；力助靜慮；智助般若：令修滿故。如《解深密》廣說應知。

此明十波羅蜜多的不增不減。有人這樣問道：“為什麼波羅蜜多但有十數而不增不減呢？”謂依所治所證而建立的。而於十地之中所對治的障有十，所證得的真如也有十，因而能治能證的波羅蜜多也就無增無減的唯有十數。其次分開來說：先明六度的無增無減，次明四度的無增無減。如有人問：“菩薩所應修學的前六為什麼不增不減的但有六數？”所以唯說六者，其原因有六種：一、為除六種相違障故：眾生心中因有慳貪、毀犯、瞋恚、懈怠、散亂、惡慧的六種障蔽，菩薩行者為了除去這六種的相違障，所以說有佈施等的六度。二、漸次修行諸佛法故：諸佛法就是十力、四無所畏、十八不共法等。為了漸次修行而證得如是的佛法，所以說有佈施等的六度。三、漸次成熟諸有情故：謂菩薩於隨順化導成熟諸有情的過程中，為了漸次使諸有情獲得利益解脫，特別運用這六度法門，而且即此六度法門，已經足夠化導有情，所以說有佈施等的六度。此三種因，如餘《攝論》等，廣說應知，這裡不必再為煩說。四、為二道的因門：又，佈施、持戒、忍辱的三度是諸菩薩的增上生道。謂行佈施，能感大財，多饒財寶；嚴持淨戒，能感大體，即尊貴身；實行忍辱，能感眷屬、一切有情，咸來歸附。由富、勝形及多眷屬趣中增上，名增上生道；次，精進、禪定、智慧的三度是諸菩薩的決定勝道。謂修精進，以善方便，能伏一切煩惱；修諸靜慮，以定發通，能夠成熟一切有情；修諸佛法，養成智慧，由此智慧，佛法得以成熟。有此三德，名決定勝。諸菩薩道唯有這二種，假定缺了一種，那道就不得成就了。五、為利生斷惑門：又，前佈施、持戒、忍辱的三度是為饒益諸有情的。怎麼知道？因為佈施波羅蜜多，施彼眾生種種資財，以給予饒益；持戒波羅蜜多，不損害、不惱亂彼諸有情，以給予饒益；忍辱波羅蜜多，能夠堪任彼諸有情，所加於自己的惱亂，決不因為他對我的迫害，我就捨棄他，我仍行我饒益有情的事業。其次精進、靜慮、智慧的三度是為對治諸煩惱的，怎麼知道？煩惱是一股最強有力的反動分子，由精進力，雖還不能永伏煩惱永害隨眠，但已能夠勤修對治煩惱諸善加行，而彼煩惱不能傾動這善品加行。由修靜慮因緣，能夠永遠的降伏煩惱；由修般若智慧因緣，能夠永滅一切煩惱。前三利生，後三斷惑。諸菩薩道唯有此二，是故但有六數不增不減。六、為無住涅槃因門：又，由佈施、持戒、忍辱的三度，以大悲心而廣饒益一切有情，所以菩薩不安住於涅槃之中；及由精進、靜慮、般若的三度，以大智慧而斷滅一切煩惱，所以菩薩不安住於生死之中。六度為無住大般涅槃的資糧，亦即所謂無住涅槃之因。由此六種原因，所以前六波羅蜜多如是不增不減。如有人問：菩薩所應修學的後四，為什麼不增不減的但有四數？要知六度之後唯有四者，那是為了助成前六，使令修學圓滿具足的，所以不增不減的唯有四數。如分別說：方便善巧波羅蜜多助成施、戒、忍的三度，菩薩行者為了饒益有情，修學佈施、持戒、忍辱的三度，以攝受廣大的有情，但要完全饒益有情，須要運用種種方便善巧，所以方便善巧能助成施等。願波羅蜜多能助成精進度，謂由弘誓願力，能實踐精進波羅蜜多。力波羅蜜多能助成靜慮度，謂由思惟抉擇力，獲得最極殊勝的意樂，能使內心安住有所堪能，所以力為靜慮的助伴。智波羅蜜多能助成般若度，謂由多聞、緣慮、修習的聞、思、修三慧，引發靜慮，從靜慮中引發出世間慧，所以智波羅蜜多與慧波羅蜜多而為助伴。上來所說六度、四度的增減，如《解深密經》，廣為解說，當可了知，現在不勞多敍。

十次第者：謂由前前引發後後，及由後後持淨前前。又前前粗、後後細故。易難修習，次第如是。釋總別名，如餘處說。

此明十度的次第。我們知道，十波羅蜜多最初是施，最後是智，它的前後為什麼一定如是次第？這是有理由的。第一原因，是由前前引發後後，就是由於前一波羅蜜多，而能引發後一波羅蜜多，謂由佈施等以引生戒忍等。第二原因，是由後後持淨前前，就是由於後一波羅蜜多，能使前一波羅蜜多獲得清淨。如要佈施，必須持戒，持戒能使佈施清淨，乃至由任持智波羅蜜多，能淨力波羅蜜多。第三原因，是由前前粗、後後細的緣故。謂諸行中施行最粗，戒細於施，所以如是次第建立，乃至一切行中，智為最細，故最後立。再就修習的難易說，行施最易，持戒較難，易者先行，難者後行，所以次第如是。至於釋波羅蜜多的總名及釋施等的別名，如其餘的地方所說。《無性釋論》說："釋總名者，施等善根最為殊勝，能到彼岸，是故通名波羅蜜多。"釋別名者，如前所說。

此十修者，有五種修：一、依止任持修；二、依止作意修；三、依止意樂修；四、依止方便修；五、依止自在修。依此五修，修習十種波羅蜜多，皆得圓滿。如《集論》等廣說其相。

此門十波羅蜜多的修相應門。修此十度，約有五種：一、依止任持修者，謂住種性的菩薩，於自體中，於所依中，具足一切佛法，悉能任持。以此種性修行施等，是名依止任持修。二、依止作意修者，謂以勝解決定願樂等心，誓求無上正等菩提。以此作意修行施等，名為依止作意修。三、依止意樂修者，謂以無厭足的廣大意樂，起大慈悲憐愍一切有情，志期度脫是諸有情。用此意樂修行施等，是為依止意樂修。四、依止方便修者，有說是由無分別智攝受而修。實際就是在修諸度時，以無所得為方便，了達三輪清淨，如於施中，不見有施物、施者、受者的三種分別。五、依止自在修者，這是約佛果位上的六度說。如來對諸波羅蜜多的自法，本早已究竟圓滿，但為了成熟廣大的有情，仍自由自在的任運修行施等，所以名為依止自在修。菩薩行者依此五種修法而修，其所修習的十種波羅蜜多，一一皆能獲得圓滿。關於五修的行相，如《集論》等廣說，這裡也不再多論了。

此十攝者：謂十，一一皆攝一切波羅蜜多，互相順故。依修前行而引後者，前攝於後，必待前故；後不攝前，不待後故。依修後行持淨前者，後攝於前，持淨前故，前不攝後，非持淨故。若依純雜而修習者，展轉相望，應作四句。

此明諸度的自類相攝。講到十度的相攝，可說每一度每一度，都能攝於一切波羅蜜多的，為什麼道理？因為十行相資，彼此互相隨順的。依修前波羅蜜多行而引起後波羅蜜多者，我們可知前者能攝於後，因為後者必待於前，然後方得成故。由此亦知後者不攝於前，因為前者不待於後，自己就得完成的。依修後波羅蜜多行而持淨前波羅蜜多者，我們可知後者能攝於前，因為前者要由後者的任持，始得清淨的；同時亦知前者不攝於後，因為前者不能持淨於後的。若依純雜而修習等者，於中有純修與雜修之別，因而彼此展轉相望，應可作為四句：一、是施非戒；二、是戒非施，這二者是屬於純修的。三、亦施亦戒，這是屬於雜修的。四、非施非戒，這是約不修度而說的。依此而言，是則一行為純，諸行為雜。因為純雜不同，所以有此差別。

此實有十而說六者，應知後四第六所攝。開為十者，第六唯攝無分別智，後四皆是後得智攝，緣世俗故。此十果者，有漏有四，除離繫果；無漏有四，除異熟果。而有處說具五果者，或互相資，或二合說。

此明諸度的開合及五果的分別。這波羅蜜多實在說來，是有十種的，然而有的地方但說六者，這是什麼道理？應知有處說六不說十，那是因為後四是屬於第六所攝，而本後二智合為一的緣故。有的地方又開為十者，那是將本後二智分開來講，以第六度攝根本智，而後四度皆是屬於後得智攝，為什麼？因方便等皆緣世俗而生起的。其次講到這十度所得的果：約實而言，有漏與無漏各有四果。有漏方面，於五果中除去離繫果；無漏方面，於五果中除去異熟果。然而有的地方說是具五果者，那是約有漏無漏相互資助說，即以有漏資於無漏的時候，得異熟果；以無漏資於有漏的時候，得離繫果。或者有漏無漏二位合說，所以得五果。

　　十與三學互相攝者，戒學有三：一、律儀戒，謂正遠離所應離法。二、攝善法戒，謂正修證應修證法。三、饒益有情戒，謂正利樂一切有情。此與二乘有共不共，甚深廣大，如餘處說。

此明諸度與三學的相攝。先出三學的名體，於中戒學有三者：一、律儀戒，以七眾戒為體，謂正遠離所應遠離的一切品類惡不善法。二、攝善法戒，以有為無為無漏善法為體，謂正修證所應修證的力無畏等一切佛法。三、饒益有情戒，以活動的三業為體，就是正式的去做利樂一切有情的事業。此菩薩戒與二乘戒有一部分是共通的，有一部分是彼此不共的，這從不共的一點上建立菩薩的學處殊勝。如殺盜淫妄的一切性罪，不論如來製與未製，犯了就是有罪的，聲聞人固然不現行，菩薩乘同樣也一定不現行，這可說完全是共同的。但關於遮罪的不現行，菩薩是與聲聞人不共的，如有在聲聞方面是犯的，而在菩薩卻是不犯；或有在菩薩方面是犯的，而在聲聞卻是不犯。像這種種，甚深廣大，分別起來非常眾多，如其餘的地方，像《攝論》等所說。

　　定學有四：一、大乘光明定，謂此能發照了大乘理教行果智光明故。二、集福王定，謂此自在集無邊福，如王勢力無等雙故。三、賢守定，謂此能守世出世間賢善法故。四、健行定，謂佛菩薩大健有情之所行故。此四所緣、對治、堪能、引發、作業，如餘處說。

此明定學的四種：一、大乘光明定，謂從定中發出無分別的慧光，照了一切大乘的理、教、行、果，名光明定。三地名發光定，所以有人將此定配前三地。二、集福王定，王是自在的意義，菩薩在禪定中修集無量福德而得自在，如世間的國王，具大自在，有大勢力，能集多財，無有與此相等的。三、賢守定，賢是仁慈，守是護，得此定的，能守護世出世間的賢善之法而不散失。四、健行定，就是首楞伽三摩地，十地菩薩與佛是雄猛無畏大精進的健者，健者所修的定最為剛健，所以名為健行定。此四的所緣，謂一切大乘教法，不論世俗行相或勝義實性，行相果相等，皆為菩薩定心的所緣境。此四的對治，謂菩薩在定中，發出無分別智，遣除阿賴耶識中的二障粗重。此四的堪能，謂菩薩安住於靜慮中，能不受定力的拘限而受果，能隨其所欲的要到什麼地方受生，就到什麼地方受生，如是名為堪能。此四的引發，謂由禪定的力量，能引發隨往一切世界自在無礙的神通。此四的作業，謂能振動等，就是可作十八種的變化。如餘處說，就是如餘《攝大乘論》等詳說。

慧學有三：一、加行無分別慧，二、根本無分別慧，三、後得無分別慧。此三自性、所依、因緣、所緣、行等，如餘處說。如是三慧，初二位中，種具有三，現唯加行。於通達位，現二種三。見道位中，無加行故。於修習位，七地已前，若種若現，俱通三種；八地以去，現二種三，無功用道，違加行故。所有進趣，皆用後得，無漏觀中，任運起故。究竟位中，現種俱二，加行現種，俱已捨故。

此明慧學的三種。三慧的主要者，在根本無分別慧、加行慧。雖僅作相似的無分別觀，但能引發根本無分別慧，所以就從所引發而得名加行無分別慧。後得慧是從根本無分別慧所生的，帶相觀如，所以就從能生的，得名後得無分別慧。此三慧的自性據《攝大乘論》說，離五種相以為自性。"所依"謂三慧是以非心而是心的東西為所依的，"因緣"謂三慧是以聞熏習及從聞熏習所起的如理作意為因緣，"所緣"謂三慧是以無我真如為所緣的。行是行相，等是等於任持、助伴等。如是一切，如其餘的《攝大乘論》處所說。像上所說的三慧，在資糧、加行的初二位中就三慧的種子說，悉皆具有，因為具有法爾無漏種的；就三慧的現行說，是即唯有加行慧，無根本、後得的二慧，因為還未證到真如的。於第三通達位就三慧的現行說，有根本、後得的二慧，因於見道十五心中剛剛證得真如，是沒有加行的；就三慧的種子說，三者悉皆具有。於第四修習位若在七地已前，不論是種是現，都是通於三種的，因為七地已前，位位之中皆有無間解脫及勝進道的；假使至八地以去，現行方面唯有根本、後得的二慧，無有加行，因到無功用的地步，不假加行而得勝進的，所以說無功用道，違加行故。然而一步一步的向前進趣，是用什麼慧呢？所有進趣都是用的後得慧，因為於無漏觀中一切都是任運而起的。於第五究竟位中，若現若種，都唯俱有根本、後得的二種；至於加行慧，不管是現是種，在金剛道後的解脫道中都已經捨去了的。

　　若自性攝，戒唯攝戒，定攝靜慮，慧攝後五。若並助伴，皆具相攝。若隨用攝，戒攝前三，資糧、

自體、眷屬性故；定攝靜慮；慧攝後五；精進三
攝，偏策三故。若隨顯攝，戒攝前四，前三如前，及
守護故；定攝靜慮；慧攝後五。

此正解說三學與諸度的相攝。假定是自性相攝，各舉其當體
而言，那就三學中的戒學唯攝諸度中的戒度，定學唯攝靜慮度，慧
學攝最後的五度。假定是並諸助伴相攝，助伴理通於三，三學一
一具攝十度。假定是隨作用互相相攝，戒學攝前佈施、持戒、忍辱
的三度，因為施是戒的資糧，戒是戒的自體，忍是戒的眷屬，所
以能攝前三。定學攝靜慮度，慧學攝最後的五度。精進總為三學
所攝，因為它能偏策三學的。假定是隨相顯明其相攝，戒學攝前
佈施、持戒、忍辱、精進的四度；攝前三度的理由，如前所說，所
以加攝精進者，由精進力勤加守護，令戒得以清淨。定學唯攝靜
慮度，慧學能攝最後的五度。

此十位者，五位皆具。修習位中，其相最顯。然
初二位，頓悟菩薩，種通二種，現唯有漏。漸悟
菩薩，若種若現，俱通二種，已得生空無漏觀故。通
達位中，種通二種，現唯無漏。於修習位，七地
已前，種現俱通有漏無漏；八地以去，種通二種，現
唯無漏。究竟位中，若現若種，俱唯無漏。

此明五位的現種相攝。此十波羅蜜多於五階位來說，二位中
皆悉具足。不過比較起來，在第四修習位中其相是最明顯的，因
通有漏無漏，而能無邊行的，所以經說：初地菩薩於檀波羅蜜最
為增上等，是即最顯義。然而在資糧加行的初二位，如果是頓悟
的菩薩，種子通於有漏無漏的二種，現行則唯是屬於有漏。為什

麼現唯有漏？應知有一類的菩薩，在初二位中煩惱所知的二障種
現，完全沒有伏滅，一直到達初地，纔開始頓斷分別二障種現，名
為頓悟。所以於初二位中所修勝行，不論是種是現，唯是屬於有
漏的。為什麼種亦通於無漏？當知這是約法爾的無漏種說。如果
是漸悟的菩薩，不論是種是現，都是通於有漏無漏的二種。為什
麼會如此呢？這因在地前已伏分別煩惱的現行，已得生空的無漏
觀，所以通於無漏；但因俱生現起的煩惱猶還未能永滅，所以亦
通有漏。在第三通達位中種子通於有漏無漏的二種，現行則唯是
屬於無漏。在第四修習位中如果是七地已前，若種若現，都通於
有漏無漏的二者；到了八地以去，種子通於有漏無漏的二種，現
行則唯屬於無漏。到最後究竟位中，不論是現行還是種子，統統
唯是無漏的。

> 此十因位，有三種名。一、名遠波羅蜜多，謂
> 初無數劫，爾時施等勢力尚微，被煩惱伏，未能
> 伏彼，由斯煩惱不覺現行。二、名近波羅蜜多，謂
> 第二無數劫，爾時施等勢力漸增，非煩惱伏，而
> 能伏彼，由斯煩惱故意方行。三、名大波羅蜜多，謂
> 第三無數劫，爾時施等勢力轉增，能畢竟伏一切
> 煩惱，由斯煩惱永不現行。猶有所知微細現種及
> 煩惱種，故未究竟。

此明十度在因位中，有三種差別不同的名稱。一、名遠波羅蜜
多，謂行菩薩道的菩薩，經過最初第一大無數劫的長時間，修行
施等諸波羅蜜多，成就無量的功德善法；可是這時的施等波羅蜜
多的勢力仍還非常的微弱，不特未能制伏種種活動的煩惱，而且

被諸煩惱之所制伏。由於是這樣的關係，所以煩惱在不自覺間而起現行作用。煩惱既還不自覺的現行，依勝解力所修勝行當然只有到彼岸的名字。如約位次判別，是屬資糧加行的初二位。二、名近波羅蜜多，謂行菩薩道的菩薩，從初無數劫進入第二大無數劫，經過這樣一個長時間，所修施等的力量一天天的增加，而又成就了無量善法。雖說這時煩惱仍經常的生起活動，但所修施等，不特不為煩惱之所制伏，而且施等的力量能夠制伏一切煩惱。由於這樣的關係，所以作意現行了。由此繼續不斷的前進，漸漸接近大菩提果，所以名為近波羅蜜多。如約位次判別，是屬通達位及修習位的七地已前。三、名大波羅蜜多，謂行菩薩道的菩薩，從第二無數劫進入第三大無數劫，經過這樣一個長時間，所修的施等勢力，越發轉為增長，而又成就無量善法。菩薩到這地步，由於任運的修一切波羅蜜多，所以有力量能畢竟克服一切煩惱。由於是這樣的關係，所以從此煩惱永遠的不再現行。雖然如此，但猶有所知微細現種及煩惱種的存在，所以仍未達到究竟。不過由煩惱的不起現行活動，而且能於一行中起無量行，所以名為大波羅蜜多。如約位次判別，是即修習位中八地已去乃至十地。

此十義類，差別無邊；恐厭繁文，略示綱要。十
於十地雖實皆修，而隨相增，地地修一。雖十地
行有無量門，而皆攝在十到彼岸。

此十波羅蜜多的義類，如果詳細的說起來，其差別是有無量無邊的，如《解深密經》說的度清淨、度最大等，恐怕學者厭惡繁文，所以只好略示綱要，其他請讀《解深密經·地波羅蜜多品》可知。十度的修習，在十地中實是每地都修的。雖說地地皆修十

度，但隨其相的相增，又可說是地地唯修一度，如初地施為增上而修一施度，乃至十地智為增上而修一智度。菩薩行者在十地中所修勝行，雖說是有無量門那麼多，但都可以攝在這十到彼岸，並不是但說十度，更不說餘行。

十重障者：一、異生性障：謂二障中分別起者，依彼種立異生性故。二乘見道現在前時，唯斷一種，名得聖性；菩薩見道現在前時，具斷二種，名得聖性。二真見道現在前時，彼二障種必不成就，猶明與暗定不俱生，如秤兩頭，低昂時等。諸相違法，理必應然。是故二性無俱成失。無間道時，已無惑種，何用復起解脫道為？斷惑證滅，期心別故，為捨彼品粗重性故。無間道時雖無惑種而未捨彼無堪任性。為捨此故，起解脫道及證此品擇滅無為。

從此以下明十種障。第一，異生性障，有的地方叫做異生性無明。這異生性障，是依見道所斷的分別煩惱所知二障而立，所以說依彼種立異生性故。行者未入見道時，不能了達諸法實相，是凡夫，就因有這障存在。假使入於見道，將這異生性斷了，就證悟諸法實相，名為聖者。所不同的：二乘學者的見道現在前的時候，唯斷分別煩惱的一種，名為獲得聖性；大乘菩薩的見道現在前的時候，就要具斷分別煩惱所知的二障，始可名得聖性。於此成為問題的：有部宗的學者認為見道之前，斷異生性，無間道起，與惑得俱，因而如我所說，若異生性在見道前捨，無漏果起，沒有凡聖俱成就的過失；汝今既依見斷種立，即無間道有惑種俱，異生未斷，怎麼凡聖無俱成就的過失？現在回答他說：二真見道現在前的時候，彼煩惱所知的二障種子必定是不得成就的。猶如光明與黑暗，明來則暗去，二者是決定不能俱生的。又如秤的兩頭，或低或昂，其時絕對是相等的。為什麼呢？要知一切相違不同的法，在道理上必然都是這樣的，是故凡聖二性，沒有俱成的過失！反過來說：假使如你主張無間道與惑可以相俱的話，的確倒是有凡聖俱成的過失的。小乘學者又這樣的難道：我所說的無間道還有惑得可以生起，其解脫道自與惑得相違；如汝所說的無間道，已經沒有惑種的存在，還要復起解脫道做什麼呢？現在回答他說：生起無間已後，復又生起解脫道者，約有兩個原因：一、無間的目的是希望斷惑，解脫的期求則在於證理，所期之心有別，能起之道當然更起。二、是為捨去彼惑無堪任的粗重性，但這一定要起解脫道方捨。當知無間道生起的時候，雖然說是已經沒有惑種，但還沒有捨彼無堪任性。現在為捨這個無堪任性，所以特又生起解脫道，一方面斷彼無堪任的粗重性，一方面以證此品的擇滅無為。

雖見道生，亦斷惡趣諸業果等，而今且說能起煩惱，是根本故。由斯初地，說斷二愚及彼粗重。一、執著我法愚，即是此中異生性障；二、惡趣雜染愚，即是惡趣諸業果等。應知愚品，總說為愚。後準此釋。或彼唯說利鈍障品，俱起二愚。彼粗重言，顯彼二種，或二所起無堪任性。如入二定，說斷苦根，所斷苦根，雖非現種，而名粗重，此亦應然。後粗重言，例此應釋。

此釋不說業果之疑。經說菩薩見道，亦斷惡趣諸果及感惡趣諸業，現為什麼但說斷異生性？答曰：當見道生的時候，雖亦斷除惡趣諸業果等，而今姑且就能起的煩惱說。因為煩惱是業果的二種根本，以本攝末，所以略而不說諸業及果。由於這樣的因緣，初地菩薩說斷二種愚以及彼之粗重。那二種愚？一、執著實有我法的愚痴，就是此中所說的異生障。因未見道的行者站在異生位的立場，觀察我及諸法，不知我無主宰，法無自性，於是執著有個實我實法，所以有此妄執，是因有這愚痴的存在。二、惡趣雜染的愚痴，就是惡趣的諸惡業果。未入見道的行者既還是個凡夫，當就不免要造惡趣的三雜染，其原因是就有這愚痴的存在。有這樣問：業果為什麼也名為愚？因為所起之業及所感之果都是屬於愚的品類，如業是由愚所起，果是由愚所感，所以總說為愚，後面所要講到的愚皆準於此釋。或彼初地說要斷的二種愚，就是利鈍障品相應而起的二愚。如執著我法愚，明是利障品俱起的愚；而惡趣雜染愚不一定是指業果，但是鈍障品俱起的愚。所謂彼粗重的這句話，是顯示彼二種愚的種子，或者就是彼二愚所起的無堪任性。如《瑜伽論》第十一說：入第二定，斷彼苦根。苦根種子在初定中雖說已斷，而今復再斷彼苦根粗重。所斷的苦根雖然不是現行或種子，但可名為粗重。當知此中所說粗重無堪任性，其義也是一樣。後面所要講到的粗重兩個字例此應該也是這樣解釋。

　　雖初地所斷，實通二障，而異生性障，意取所知。說十無明，非染污故，無明即是十障品愚。二乘亦能斷煩惱障，彼是共故，非此所說。又十無明，不染污者，唯依十地修所斷說。雖此位中亦伏煩惱，斷彼粗重，而非正意，不斷隨眠，故此不說。理實初地修道位中，亦斷俱生所知一分。然今且說最初斷者，後九地斷，準此應知。住滿地中，時既淹久，理應進斷所應斷障。不爾，三時道應無別。故說菩薩得現觀已，復於十地修道位中，唯修永滅所知障道，留煩惱障，助願受生，非如二乘速趣圓寂。故修道位，不斷煩惱；將成佛時，方頓斷故。

於初地中見道所斷的煩惱，實實在在是通於二障的，然而就異生性障說，意思以取所知為正。為什麼？因世親《攝論》說十種無明，望於二乘來講，那是不能算為染污的，如果取煩惱的話，則十無明就通於染污了，因為無明就是十障品類之愚。為什麼不說煩惱染污性？蓋二乘聖者亦能斷煩惱障，以煩惱障是共於二乘的，所以不是這兒所要說的。又此十種無明所以不是染污者，那唯是依於十地修所斷而說，並不是說見道所斷，也名不染污。雖此位中亦伏煩惱，並且斷彼粗重，而現在所以不說者，因為那不是正意，不斷煩惱的隨眠，所以此中不說。在道理上講，於初地的修道位中，實亦斷俱生所知的一分。為什麼說初地但斷分別起的異生性？要知聖者的登地，地地都有入、住、出的三心，現今所以說唯斷分別起，是約最初斷者來說，不說修障。初地既約初入心說，後九地中所斷九障，準此應知皆從初說。怎麼知道初地等入地心，出見道等已，更斷其餘的煩惱？因於住（住地心）滿（出地心）地中所經的時間既然是很久，在道理上應更進一步的斷除所應斷的障。假定不是這樣，初中後的三時道那就應該沒有差別。可是事實不然，所以《對法》十四說：菩薩行者得到六現觀中的四五兩現觀已，復又在十地的修道位中唯修永滅所知障的聖道。至於煩惱障，不特不斷它，而且保留它，以助悲願受生，不如二乘人要趕快的把它斷除，以趣於圓寂涅槃。這樣講起來，所以在修道位是不斷煩惱的，要到成佛的那個時候，方同時頓斷的。

二、邪行障，謂所知障中俱生一分，及彼所起誤犯三業。彼障二地極淨尸羅，入二地時便能永斷。由斯二地說斷二愚及彼粗重。一、微細誤犯愚，即是此中俱生一分。二、種種業趣愚，即彼所起誤犯三業。或唯起業，不了業愚。

此明第二邪行障。邪行障就是所知障中的俱生一分，以及從彼而在眾生分上所起誤犯身口意三業的染行。這在初地還是存在著，即由於它的存在，所以就障二地的極淨屍羅。若從初地趣證二地時，不再依有情身等誤犯三業，便能永斷。由於這樣的因緣，所以說二地斷二種愚以及它的粗重。那二種愚？一、誤犯微細戒行的愚癡，未入二地的聖者所以還不能絕對的不犯微細戒行，即因有這誤犯的愚癡存在，而此愚亦即這裡所說的俱生一分。二、種種業趣的愚癡，就是那個所起誤犯微細戒行的三業。三業毀犯了微細戒行，由於愚癡的蓋覆，自己還不知道。或者有說：前一唯是起業的愚癡，後一則是不了業的愚癡。

三、闇鈍障，謂所知障中俱生一分，令所聞思修法忘失。彼障三地勝定總持，及彼所發殊勝三慧。入三地時，便能永斷。由斯三地說斷二愚及彼粗重。一、欲貪愚，即是此中能障勝定及修慧者。彼昔多與欲貪俱故，名欲貪愚；今得勝定及修所成，彼既永斷，欲貪隨伏，此無始來依彼轉故。二、圓滿聞持陀羅尼愚，即是此中能障總持聞思慧者。

此明第三闇鈍障。闇鈍障亦是所知障中的俱生一分，它有一種力量，使所聽聞、所思惟、所修習的法，時常忘失，不能明記。因而彼能障於三地所修的無漏勝定及其總持，以及從彼總持與勝定所發聞思脩的殊勝慧。由二地進入三地時，脩習勝定總持，便能永遠的斷除。由於這樣的因緣，所以說三地斷二種愚以及它的粗重。那二種愚？一、欲貪的愚癡，就是此中所說能障勝定及彼修慧的那個東西。為什麼名此愚？因彼在過去世的時候，多與欲貪相應，以此因緣，名欲貪愚。今因得到無漏勝定以及修所成慧，彼障定及修慧的所知障既已永斷，欲貪隨之也就被克伏，為什麼？因此欲貪煩惱，無始以來，都是依於彼所知障而轉的。二、圓滿聞持陀羅尼愚，就是此中所說能障總持聞思慧的那個東西。

四、微細煩惱現行障，謂所知障中俱生一分，第六識俱身見等攝。最下品故，不作意緣故，遠隨現行故，說名微細。彼障四地菩提分法，入四地時便能永斷。彼昔多與第六識中任運而生執我見等同體起故，說煩惱名。今四地中，既得無漏菩提分法，彼便永滅，此我見等，亦永不行。初二三地，行施戒修，相同世間，四地修得菩提分法，方名出世，故能永害二身見等。寧知此與第六識俱？第七識俱執我見等，與無漏道性相違故，八地以去，方永不行，七地已來，猶得現起，與餘煩惱為依持故。此粗彼細，伏有前後，故此但與第六相應。身見等言，亦攝無始所知障攝定愛法愛，彼定法愛，三地尚增，入四地時，方能永斷，菩提分法特違彼故。由斯四地說斷二愚及彼粗重。一、等至愛愚，即是此中定愛俱者。二、法愛愚，即是此中法愛俱者。所知障攝二愚斷故，煩惱二愛亦永不行。

此明第四微細煩惱現行障，當知這也是所知障中的俱生一分。三地聖者有漏心現起時，還有俱生微細的我我所見可以現起，而此是屬第六意識相應的俱生見等所攝。為什麼說為微細？約有三義：一、這是無記，為最下品的；二、這是任運而生，不假作意緣的；三、這是無始以來隨逐於身，常遠隨現行的。具此三義，名為微細。彼微細的煩惱現行能障四地的菩提分法，使不能夠證入四地。從三地悟入四地時，便能永遠斷除這微細障。為什麼說名煩惱？因彼所知在過去的時候，多與第六識中的任運而生的執我見等的煩惱，是同一體而俱起的，所以其本身雖為所知，但亦不妨說煩惱名。今者證入於第四地中，既已獲得無漏的菩提分法，以此菩提分法正斷所知，使之永滅，所以這煩惱之末的我見等也就永遠不再現行。為什麼初二三地不斷我見等而必須要到第四地方斷呢？因於初地行施，二地行戒，三地行修，其相同於世間，世間有情多能做此三種福業事的，未能修證菩提分法。今之四地已經修得菩提分法，方能名為出世，因為是出世的，所以能正永害所知障及煩惱障中二種身見等。怎麼知道這微細煩惱，唯與第六識俱而不與第七識相應？答：第七識執我見等煩惱，與生空純無漏道其性相違，要到八地以後，無漏相續，方得永遠不再現行。若在七地以前，因為尚未獲得純粹無漏，所以七識俱我執見等，猶未伏滅，仍得現起，與餘貪瞋等諸煩惱作為依持。再說，此六識相應身見等粗，彼七識相應身見等細，粗者前伏，細者後伏，所以說伏有前後。因為這樣，故此微細煩惱但與第六識相應。所謂第六識身見等的這句話，此等字義是顯非唯貪、痴、慢及餘俱行隨煩惱，而實亦攝無始來為所知障所攝的定愛法愛。定愛是得勝定而起的貪愛，法愛是聞大法而起的貪愛。彼之定愛、法愛在三地中不是沒有，所以說三地尚增。等到從三地而證入四地時，因得菩提分法，彼法定二愛也就永遠斷滅，為什麼？因菩提分法是特別違於彼二愛的。由於這樣的因緣，所以說四地斷二種愚以及它的粗重。那二種愚？一、等至愛的愚痴，就是此中所說定愛相應的那個東西。由於被這愚癡之所障礙，所以行者不能繼續上進。二、法愛的愚癡，就是此中所說法愛相應的那個東西，此最主要的是貪愛所聽聞的大法。屬於所知障所攝的這二愚痴斷了，那為煩惱障所攝的二愛自然也就永遠不再現行。

　　五、於下乘般涅槃障，謂所知障中俱生一分。令厭生死樂趣涅槃，同下二乘厭苦欣滅，彼障五地無差別道，入五地時便能永斷。由斯五地說斷二愚及彼粗重。一、純作意背生死愚，即是此中厭生死者。二、純作意向涅槃愚，即是此中樂涅槃者。

此明第五於下乘般涅槃障，當知亦即所知障中的俱生一分。由此障的存在，使令行者，厭離苦惱的生死，樂趣寂靜的涅槃。此種厭離樂趣的心理，同下聲聞緣覺的二乘厭生死苦，欣涅槃樂，是一樣的。由於彼障的存在，就障礙了五地的證入。五地菩薩開始能夠真俗並觀，通達法界的生死涅槃都無差別性，所以一從四地證入五地的時候，便能永斷下乘的般涅槃障，證得相續無差別的法界。由於是這樣的因緣，所以說五地斷二種愚以及它的粗重。那二種愚？一、純作意背生死的愚痴，就是此中所說的厭生死者。流轉中的生死在實有者看來，以為有實生死可得可了，所以就一心一意的想著如何背棄苦痛的生死。二、純作意向涅槃的愚痴，就是此中所說的樂涅槃者。寂靜的涅槃在實有者看來，也認為是實有的，所以就專門注意要怎樣方能趣向涅槃。

六、粗相現行障，謂所知障中俱生一分。執有染淨粗相現行，彼障六地無染淨道，入六地時便能永斷。由斯六地說斷二愚及彼粗重。一、現觀察行流轉愚，即是此中執有染者，諸行流轉染分攝故。二、相多現行愚，即是此中執有淨者，取淨相故。相觀多行，未能多時住無相觀。

此明第六粗相現行障，當知亦即所知障中的俱生一分。粗相現行，別觀十二緣起的流轉門是雜染的，還滅門是清淨的。執有若染若淨的差別粗相現行，因而彼就障蔽了無染無淨的妙道，使不得證入六地。如修緣起智，觀緣起畢竟空，通達染淨平等，證入於六地時，便可以永斷這粗相現行障了。由於是這樣的因緣，所以說六地斷二種的愚痴以及它的粗重。那二種愚？一、現觀察行流轉愚，這就是此五地中，執有實在的雜染者。如觀十二緣起的諸行流轉，不知這是緣起的鉤鎖，無實染者的輪迴，行者不知，妄執有個實有染者於中不息的流轉。二、相多現行的愚痴，這就是此五地中，執有實在的清淨者。因為妄取清淨相的緣故，於是就多作有相觀行，而不能夠多時的安住於無相妙觀當中。行者不知，名為愚痴。

七、細相現行障，謂所知障中俱生一分。執有生滅細相現行，彼障七地妙無相道，入七地時便能永斷。由斯七地說斷二愚及彼粗重。一、細相現行愚，即是此中執有生者，猶取流轉細生相故。二、純作意求無相愚，即是此中執有滅者，尚取還滅細滅相故。純於無相作意勤求，未能空中起有勝行。

此明第七細相現行障，當知亦即是所知障中的俱生一分。細相現行，是說前六地的菩薩，對於生死流轉的細生相以及涅槃還滅的細滅相，還有所執著而未能完全捨棄。彼細相現行能障第七地的妙無相觀，使不能證入七地；如修純無相觀，從第六地而證入第七地時，便能永遠的斷除彼障了。由於是這樣的因緣，所以說七地斷二種的愚痴以及它的粗重。那二種愚？ 一、細相現行愚，這就是此第六地中，執有微細的緣生生滅的生相，所以說猶取流轉細生相故。二、純作意求無相愚，這就是此六地中，執有微細的緣生生滅的滅相，所以說尚取還滅細滅相故。既還取於還滅的細滅相，對於無相觀行當然就要一向作意方便勤求加行，而不能於無相空中，生起有的勝行。到第七地，既然除掉了此障，對於無相觀行自能不專勤求，就可於空無相中起諸有的勝行了。

八、無相中作加行障，謂所知障中俱生一分。令無相觀不任運起。前之五地，有相觀多，無相觀少；於第六地，有相觀少，無相觀多；第七地中，純無相觀，雖恆相續而有加行，由無相中有加行故，未能任運現相及土。如是加行，障八地中無功用道，故若得入第八地時，便能永斷，彼永斷故，得二自在。由斯八地說斷二愚及彼粗重。一、於無相作功用愚；二、於相自在愚。令於相中不自在故，此亦攝土相一分故。八地以上，純無漏道任運起故，三界煩惱永不現行，第七識中細所知障，猶可現起，生空智果不違彼故。

此明第八無相中作加行障，當知亦即所知障中的俱生一分。第七地的菩薩雖已能夠作無相行，但還是有功用；有這無相有功用的存在，就障令無相觀不能任運而自然的現起，於此順便辨別一下諸地的障相。如前歡喜地等的五地，由於觀心的微劣，作有相觀的時間多，作無相觀的時間少；到了第六地，由於觀心的稍增，重在觀染淨平等的真如，所以作有相觀的時候少，而作無相觀的時候多；進而至第七地，由於斷了微細生滅相，就不再作有相觀，而純粹的是無相觀了。雖無相觀已能恆時相續的不斷，但仍有精進的加行，與第八地等不同。由於在無相中還有加行的因緣，不能任運自在的入無相觀，所以也就未能任運自在的欲現相就現相，欲現土就現土。如是加行，能障第八地中的無功用道，因而也就不能進入第八地的聖階。如修無功用行，從第七地證入第八地的時候，便能永遠的斷除於無相中作加行障。由於彼障永斷的因緣，就獲得相土的二種自在。因此說第八地斷二種的愚痴以及它的粗重，那二種愚？一、於無相作功用愚，謂於無相觀中，本不須要作功用的，行者不知，一向作意方便勤求而作功用，所以名愚。二、於相自在愚，相指身相及國土。觀一切法無礙，隨心所欲現起什麼即能顯現，名相自在。可是現為愚痴所惑，令於相中不得自在，說名為愚。到了八地以上，因為純無漏道，不加功用而任運自然的現起，於是三界所有煩惱永遠不再現行。雖說一切煩惱不再現行，但第七識中的微細所知障仍然可以現起，這是什麼道理？因生空無分別智及果是不違彼第七法我執的。所謂生空智果，就是生空智所引的後得智及滅盡定。

　　九、利他中不欲行障，謂所知障中俱生一分。令於利樂有情事中，不欲勤行，樂修己利。彼障九地四無礙解，入九地時便能永斷。由斯九地說斷二愚及彼粗重。一、於無量所說法、無量名句字、後後慧辯、陀羅尼自在愚。於無量所說法陀羅尼自在者，謂義無礙解，即於所詮總持自在，於一義中現一切義故。於無量名句字陀羅尼自在者，謂法無礙解，即於能詮總持自在，於一名句字中現一切名句字故。於後後慧辯陀羅尼自在者，謂詞無礙解，即於言音展轉訓釋總持自在，於一音聲中現一切音聲故。二、辯才自在愚。辯才自在者，謂辯無礙解，善達機宜巧為說故。愚能障此四種自在，皆是此中第九障攝。

　　此明第九利他中不欲行障,當知亦即所知障中的俱行一分。第
八地的菩薩雖得無相樂,但於無相寂滅還有些耽著,還不能無功
用行去利樂有情,所以令於利樂有情的事中,不大想精進勇猛的
去行,而只樂意的修自己的自利工作。這對饒益有情的事不欲去
行,是第九地四無礙解的大障,菩薩入九地時,便能永遠的斷此
大障,而得四無礙解。由於是這樣的因緣,所以說九地斷二種的
愚癡以及它的粗重。那二種愚? 一、於無量所說法、無量名句字,後
後慧辯陀羅尼自在的愚癡。此中包括三種無礙辯:於無量所說法
陀羅尼自在者,是說的義無礙解,謂即於所詮的意義總持獲得自
在,為什麼? 因能於一義中而現起一切義的。於無量名句字陀羅
尼自在者,是說的法無礙解,謂於能詮的教法獲得總持自在,為
什麼? 因能於一名(身)句(身)字(文身)中而現起一切的名
句文字的。於後後慧辯陀羅尼自在者,是說的詞無礙解,謂以種
種的言音,展轉為諸眾生作種種訓說解釋,使諸眾生皆能了解其
所說的言音,獲得總持自在,能於一音聲中而現起一切的音聲
的。可是有種愚癡,障這三種自在,使不能得,所以名為愚癡。二、
辯才自在的愚癡,這是指的辯無礙解,謂能善巧的洞達眾生的機
宜,作種種的無礙辯說,使諸眾生了知其為善說法者。可是有種
愚癡,障這自在,使不能得,所以名愚。此愚之用能障四無疑解
的自在,所以都是此中第九利他中不欲行障所攝。

　　　十、於諸法中未得自在障,謂所知障中俱生一
　　　分。令於諸法不得自在,彼障十地大法智云,及
　　　所含藏所起事業,入十地時便能永斷。由斯十地
　　　說斷二愚及彼粗重。一、大神通愚,即是此中障所

起事業者。二、悟入微細秘密愚，即是此中障大法
智云及所含藏者。

此明第十於諸法中未得自在障，當知亦即所知障中的俱生一
分。有了此障的存在，令於諸法就不能獲得自在了。彼障主要的
是障第十地中緣於真如的大法智云，及所含藏的陀羅尼門、三摩地
門諸功德等所起的神通事業。如從九地入於十地的時候，那就能
永遠的斷除此障。由於是這樣的因緣，所以說十地斷二種的愚痴
以及它的粗重。那二種愚？一、大神通愚，這就是此九地中障礙所
起的事業者。謂十地的菩薩，通達十地位上的法界相，獲得廣大
的神通，以此神通現起身、口、意的自在三業，自在的做化導眾生
的事業。可是未入十地前，為一愚痴障礙神通現前，所以名為大
神通愚。二、悟入微細秘密愚，這就是此九地中障大法智云及所含
藏者。謂十地的菩薩，通達十地位上的法界相，就是悟入最極微
細的秘密境相，因為到此地步，所有因中所悟的境界唯此微細深
密。可是未入十地前，為一愚痴障礙行者的悟入，所以名愚。

此地於法雖得自在，而有餘障，未名最極。謂
有俱生微所知障，及有任運煩惱障種，金剛喻定
現在前時，彼皆頓斷入如來地。由斯佛地說斷二
愚及彼粗重。一、於一切所知境極微細著愚，即是
此中微所知障。二、極微細礙愚，即是此中一切任
運煩惱障種。故《集論》說：得菩提時，頓斷煩
惱及所知障，成阿羅漢及成如來，證大涅槃大菩
提故。

此明佛地所有的障。謂於第十地中，雖已對法得到自在，但

還有餘障存在，未得名為最極。如有俱生的微細所知障以及有任運的煩惱障種，要到金剛喻定現前的時候，彼纏一切頓斷而入於如來地。由於是這樣的因緣，所以說佛地斷二種的愚痴以及它的粗重。那二種愚？一、於一切所知境界極微細著的愚痴，這就是此十地中所還未能泯除的最極微細的所知障。二、極微細礙的愚痴，這就是此十地中所有的一切任運而自然存在的煩惱障種。有最微細的所知障在，就不能證大菩提；有煩惱障種在，就不能證大涅槃。斷此二愚，就得大菩提、大涅槃的二果了。引《集論》說，如文可知。

成唯識論講話（卷十）

　　此十一障，二障所攝。煩惱障中見所斷種，於
極喜地見道初斷。彼障現起，地前已伏。修所斷
種，金剛喻定現在前時，一切頓斷。彼障現起，地
前漸伏，初地以上，能頓伏盡，令永不行，如阿
羅漢。由故意力，前七地中雖暫現起，而不為失。八
地以上，畢竟不行。

　　上來所說的十一障總為煩惱、所知的二障所攝，因而現在進一
步的說明二障種現伏斷的位次。先明煩惱障，煩惱障中屬於見所
斷的分別種子，就菩薩行者說，在初極喜地見道的時候，開始俱
斷。但這所說的見道是指真見道說，不是約相見道說。由於惑滅
智生，所以說為初斷。然彼煩惱障的現行，就直往的菩薩說，在
登地以前就已被伏。所不同的：資糧位中伏粗現行，加行位中更
伏分別的微細現行。至煩惱障中的修所斷的俱生種，要到金剛喻
定現在前的時候，纔能一切頓斷。然彼俱生煩惱障的現行，在登
地以前已能少分被伏，不過到了初地以上，就能頓為伏盡，使令
永遠不再現行，如證阿羅漢者一樣。既然如此，為什麼七地以前

猶起貪瞋等？由於故意力，在前七地中雖仍暫時現起煩惱，然而已能不為過失。到了八地以上，由於道力的殊勝，已能畢竟不復現行了。

> 所知障中見所斷種，於極喜地見道初斷。彼障現起，地前已伏。修所斷種，於十地中漸次斷滅，金剛喻定現在前時，方永斷盡。彼障現起，地前漸伏，乃至十地，方永伏盡。八地以上，六識俱者不復現行，無漏觀心及果相續能違彼故。第七俱起猶可現行，法空智果起位方伏。前五轉識，設未轉依，無漏伏故，障不現起。

此明所知障的伏斷位次。所知障中屬於見所斷的分別種子，就菩薩行者說，在極喜地見道的時候初斷。然彼所知障的分別現行，就直往菩薩說，在登地以前就已被克伏。至所知障中修所斷的俱生種子，由於地地皆能為障，所以於十地中漸次漸次的將之斷滅，一直到金剛喻定現在前的時候，方能永遠的徹底的將之斷盡。然彼所知障的俱生現行，在登地以前就已漸次的降伏，乃至一直到十地，方能永遠的徹底的將之伏盡。雖然是這樣講，但從八地以去，第六七識何者猶行，還不怎麼明白，所以進一步的說：八地以上假定是與第六識相應的所知俱生，那是決定不再現行。什麼道理？因二空無漏無分別智心及此果滅定，後得智等，相續不斷，能違第六識，所以不復現行。假定是與第七識相應的所知俱生，那是還可生起現行的，為什麼？因法空智及果，方有違於法執，第七生空智及果，行相並粗，無有違於第七識，所以仍得現行。於十地中前五轉識假使還沒有轉依而得無漏智的話，由第六識的無漏道殊勝勢力，而伏於彼，使令不得現起。

雖於修道十地位中，皆不斷滅煩惱障種，而彼粗重亦漸斷滅。由斯故說二障粗重，一一皆有三位斷義。雖諸位中皆斷粗重，而三位顯，是故偏說。

有人提出難問說：假定真的如此所說俱生煩惱十地不斷，為什麼《瑜伽》四十八說二障三位中斷？答：雖說在修道的十地位中，完全不斷煩惱障的種子，然而那個能障修道的無堪任性的粗重，也還能夠漸漸的斷滅。由於這樣的因緣，所以《瑜伽》說煩惱所知的二障粗重，一一都有三位斷的意義。所謂三位，就是在皮（見道位）、在膚（不動地位）、在肉（佛地位）的三位。因此又問：假定是煩惱粗重而不是彼種子，那就地地皆斷，怎麼可說但三位斷？答：雖說諸地的每一階位皆能斷於粗重，但因三劫分齊的成滿位顯，是故特別偏說。

斷二障種，漸頓云何？第七識俱煩惱障種，三乘將得無學果時，一剎那中三界頓斷。所知障種，將成佛時，一剎那中一切頓斷，任運內起無粗細故。餘六識俱煩惱障種見所斷者，三乘見位真見道中，一切頓斷。修所斷者，隨其所應。一類二乘，三界九地，一一漸次，九品別斷；一類二乘，三界九地，合為一聚，九品別斷；菩薩要起金剛喻定，一剎那中三界頓斷。所知障種，初地初心，頓斷一切見所斷者。修所斷者，後於十

地修道位中，漸次而斷，乃至正起金剛喻定，一
刹那中方皆斷盡。通緣內外粗細境生，品類差別
有眾多故。二乘根鈍，漸斷障時，必各別起無間、
解脫、加行、勝進，或別或總。菩薩利根，漸斷障
位，非要別起無間解脫，刹那刹那能斷證故。加
行等四，刹那刹那，前後相望，皆容具有。

此明斷障頓漸以及四道差別。斷煩惱所知的二障種子，若漸
若頓，其行相究竟是怎樣的？謂與第七末那識相應的煩惱障的種
子，聲聞、緣覺、菩薩的三乘聖者在剛要得無學果的那個時候，一
刹那中三界所有的煩惱悉皆頓斷。而與第七末那識相應的所知障
的種子，在菩薩剛要成佛的那個時候，一刹那中一切頓斷。為什
麼？因與此識相應的見等，唯執第八以為自內實我實法，任運而
起，不緣於外，無有粗細的品類，所以一時頓斷。若與其餘六識
相應的煩惱之分別種子而為見所斷的三乘者在見道位的真見道
中，一切都是同時頓斷的。假定是修所斷的煩惱障之俱生種子，隨
其所應，三乘聖者斷有頓漸。如有一類鈍根的二乘行者，三界九
地各有九品修所斷惑，一一地中漸次漸次的九品別斷。或有一類
利根的二乘行者，將三界九地的九九八十一品的修所斷惑，合為
一聚，共成九品，於一生中別別而斷。說得明白一點：如九個上
上品合為一聚而斷，乃至九個下下品合為一聚而斷。若上根者，九
品頓斷；若中根者，先斷上三品，次斷中三品，末斷後三品；若
下根者，九品一一別斷，先斷上上品，次斷中上品，乃至最後斷
下下品。假定是菩薩行者，要起金剛喻定的那個時候，於一刹那
中，三界九地的煩惱同時頓斷。然與六識相應分別而起的所知障

種，在菩薩初地的最初入心，一切見所斷者，頓時而斷。至於修所斷的俱生種子，後於十地的修道位中漸次漸次而斷，乃至一直到正起金剛喻定的那個時候，始得於一刹那中完全斷盡。為什麼？以第六識不同第七識唯緣內境，而是可以通緣內外一境而起的；同時彼所緣境各通粗細，不同第七識唯是細境，品類差別是有眾多的，所以要於十地中分分別斷。其次所要說的，是三乘四道的同異。二乘聖者的根機是鈍的，所以漸次斷障的時候，必然的各別生起無間道與解脫道。無間道是斷惑的道，解脫道是證真的道，必先斷惑而後證真，所以無間道後名解脫道，謂已解脫所應斷障。若加行道，若勝進道，或別或總，沒有一定。《述記》說：「二乘加行、勝進可有別別起，九品為九品；加行及勝進者，或但一加行，及但一勝進故。加行、勝進，總別不決定也。」若菩薩利根，在漸次斷障的階位，不須要各別生起無間道與解脫道，因為前品的解脫可作後品的無間，刹那刹那的能夠斷惑證理。是以加行、無間、解脫、勝進的四道，刹那刹那的前後相望，皆容具有。如二品解脫可作三品無間，望起於後，成為加行；望初無間，成為勝進。《述記》對此作明白的說：「如初品無間至第二念即為解脫，此初品無間望第二念即為加行。此解脫道望自第二品即為無間，望初為解脫，望後為加行。至第三無間道，望第一為勝進，與第二品為解脫，自品為無間，與第四為加行。第二無間望前即非勝進，但是解脫。此是菩薩十地位中，斷所知障時分品類，排次斷法。若別別斷，一一別起。由能印證及能斷惑，復能容豫，復能欣求，故具四道。不爾，便無四義具足。」

十真如者：一、徧行真如，謂此真如，二空所顯，無有一法而不在故。二、最勝真如，謂此真如具無邊德，於一切法最為勝故。三、勝流真如，謂此真如所流教法，於餘教法極為勝故。四、無攝受真如，謂此真如無所繫屬，非我執等所依取故。五、類無別真如，謂此真如類無差別，非如眼等類有異故。六、無染淨真如，謂此真如本性無染，亦不可說後方淨故。七、法無別真如，謂此真如雖多教法，種種安立，而無異故。八、不增減真如，謂此真如離增減執，不隨淨染有增減故。即此亦名相土自在所依真如：謂若證得此真如已，現相現土俱自在故。九、智自在所依真如，謂若證得此真如已，於無礙解得自在故。十、業自在等所依真如，謂若證得此真如已，普於一切神通作業總持定門，皆自在故。雖真如性實無差別，而隨勝德假立十種。雖初地中已達一切，而能證行猶未圓滿，為令圓滿，後後建立。

此明所證的真如，別為十種：一、徧行真如，這是初地聖者斷異生性障所顯的一分真理。因此真如為我法二空所顯，徧一切一味相，無一法而不存在。二、最勝真如，這是二地聖者離去邪行障所顯的一分真理。因此所證的真如，為具無邊的淨德之所依止，於一切法中最為殊勝，無能測量，不可比對。三、勝流真如，這是三地聖者斷闇鈍障所顯的一分真理。謂修勝定，契證於真如的實相，從平等真如現起大悲大智所起的等流法，望於其餘非證真如之所流出的教法，這是最極殊勝的。如此殊勝教法，雖捨身命，亦當勤求。四、無攝受真如，這是四地聖者斷微細煩惱現行障所顯的一分真理。謂通達法界性中的無我我所而證此真如，自然是就無有我我所的繫屬，為什麼？因這不是我執等所依所取的。五、類無別真如，這是五地聖者斷於下乘般涅槃障所顯的一分真理。謂通達此真如的生死涅槃都無差別性，不如眼等隨諸有情相續差別，各各有異。六、無染淨真如，這是六地聖者遠離粗相現行障所顯的一分真理。謂此所證的真如，無染無淨，既其本性是無染的，所以也就不可說後來方淨。換句話說，真如隨障不染，隨智不淨。七、法無別真如，這是七地聖者遠離細相現行障所顯的一分真理。謂此所證的真如，雖則是由很多的能詮教法而作種種的安立，但是這所詮的真如，並不隨能詮的教法而有差別。八、不增減真如，這是八地聖者遠離了無相中作加行障所顯的一分真理。謂此所證的真如，雙離增減的二執。為什麼？因它不隨於淨而有增益，又不隨於染而有損減。即此不增不減的真如，亦可名為相土自在所依真如。這是什麼道理？謂諸聖者，若能證得這真如已後，不管是現身相或者是現國土，都可獲得無礙自在了。九、智自在所依真如，這是九地聖者遠離利他中不欲行障所顯的一分真理。謂諸行者，若能證得了這真如已後，對於四無礙解就能獲得自在，而在人天眾中任運自在的運用四無礙解，善說法要。十、業自在等所依真如，這是十地聖者遠離於諸法中未得自在障所顯的一分真理。謂諸行者，若能證得了這真如已後，那就可以普於一切神通、陀羅尼、三摩地，並身等三業作總持定門，化作種種利樂有情的事業，了無呆滯，名為自在。或者有說：真如之理唯一法界，體無異殊，何容有十？現在回答他說：雖真如性實在是無差別的，但隨其所證、所生、能證勝德，假立十種真如之名。或者又問：當於初地見到真如理的時候，可說已經了知一切，為什麼還要依後後位立此十種？現在答說：雖於初地之中已能通達一切真如，然而能證真如的妙行猶還沒有圓滿。為使能證之行圓滿，所以依後後位次第建立。

如是菩薩於十地中，勇猛修行十重勝行，斷十重障，證十真如，於二轉依便能證得。

此下明轉依果，"二轉依"就是菩提與涅槃。餘如文可知。

轉依位別，略有六種：一、損力益能轉，謂初二位，由習勝解及慚愧故，損本識中染種勢力，益本識內淨種功能，雖未斷障種實證轉依，而漸伏現行，亦名為轉。二、通達轉，謂通達位，由見道力，通達真如，斷分別生二障粗重，證得一分真實轉依。三、修習轉，謂修習位，由數修習十地行故，漸斷俱生二障粗重，漸次證得真實轉依。《攝大乘》中，說通達轉，在前六地。有無相觀，通達真俗間雜現前，今真非真，現不現故。說修習轉，在後四地。純無相觀，長時現前，勇猛修習，斷餘粗重，多令非真，不顯現故。四、果圓滿轉，謂究竟位，由三大劫阿僧企耶，修集無邊難行勝行，金剛喻定現在前時，永斷本來一切粗重，頓證佛果圓滿轉依，窮未來際利樂無盡。五、下劣轉，謂二乘位，專求自利，厭苦欣寂，唯能通達生空真如，斷

煩惱種，證真擇滅。無勝堪能，名下劣轉。六、廣
大轉，謂大乘位，為利他故，趣大菩提。生死涅
槃，俱無欣厭，具能通達二空真如，雙斷所知煩
惱障種，頓證無上菩提涅槃。有勝堪能，名廣大
轉。此中意說廣大轉依，捨二粗重而證得故。

此明轉依位別，略有六種差別：一、損力益能轉，這是約資糧
加行的初二位說。謂由過去聞熏習的勝解力及由聞熏而有的慚愧
力，使本識中所保存的染種勢力一天天的減損，令本識內新增加
的淨種功能一天天的增益。如是一損一益，雖還沒有能夠斷除二
障的種子，真真實實的證得轉依，然而就是這樣，已能漸伏現行，所
以亦名為轉。二、通達轉，這是約第三通達位說的。謂由開始悟入
見道的力量，通達真如法性之理，斷除分別起的煩惱所知的二
障，證得一分真實的轉依，所以名為通達轉。三、修習轉，這是約
第四修習位說的。謂由數數不斷的修習十地的十波羅蜜行，漸次
漸次的斷除俱生的煩惱所知的二障粗重，漸次漸次的證得諸餘真
實的轉依，所以名為修習轉。通達轉與修習轉在《攝大乘論》所
說，略有不同。彼說通達轉，是在前六地。謂於此六地中，以有
相無相觀，通達真俗間雜現前，即以有相觀通俗，無相觀達真，令
真非真有現不現。如入觀時，於真實顯現現前住，非真實的義相
就不顯現；若出觀時，當非真實的義相顯現現前住，真實的空性
就不顯現。到第七地纔進到純粹的無相觀，所以真妄出入的境界
到六地為止。真實的法性現前，所以叫通達轉。本論說初地是通
達，二地以上叫修習，《攝論》從初地至六地，總名通達位，這是
二論的不同點。又《攝論》說修習轉，是在於後四地。謂於此四

地中，所修純無相觀，長時期的現前，勇猛精進的修習，斷除其餘的粗重，能多使令一切遍計執性的非真實的義相不再顯現，而無相的真實顯現。四、果圓滿轉，這是約究竟位說的。謂菩薩行者，由於在三大阿僧祇劫的長時間中，修集無量無邊難行而行的波羅蜜多勝行，一旦到了金剛喻定現在前的那個時候，就可永遠的斷除本來的一切粗重，頓證佛果最極圓滿的轉依；從此自利功畢，今後唯有窮未來際的利樂無盡的眾生，所以名為圓滿轉依。五、下劣轉，這是約聲聞、緣覺二乘位的轉依說的。二乘聖者專門是為求得自己的利益，厭怖生死的痛苦，欣求寂滅的安樂。他們唯能通達生空真如，不能通達法空真如；唯能斷除煩惱障種，不能斷除所知障種；唯能證真擇滅涅槃，不能證得大菩提果；由這種種因緣，所以無勝堪能，名為下劣轉依。六廣大轉，這是約諸大菩薩的轉依說的。謂大乘階位的菩薩，為了利他而趣向於大菩提故，既不厭於生死，也不欣於涅槃，所以說生死涅槃俱無欣厭。不唯通達生空真如，亦能通達法空真如，所以說具能通達二空真如。不唯能斷煩惱障種，亦復能斷所知障種，所以說雙斷所知煩惱障種。不唯能證大般涅槃，亦復能證無上菩提，所以說頓證無上菩提涅槃。具一切智，有勝堪能，名為廣大轉依。頌說"捨二粗重故，便證得轉依"，其所取的轉依體意，唯在於廣大轉依，為什麼？因這是捨二種粗重而證得的。同時，此廣大轉，除二乘的下劣轉外，可攝其餘的諸轉的。

　　轉依義別，略有四種：一、能轉道，此復有二：一、能伏道，謂伏二障隨眠勢力，令不引起二障現行。此通有漏無漏二道。加行、根本、後得三智，隨其所應，漸頓伏彼。二、能斷道，謂能永斷二障隨眠。此道定非有漏加行，有漏曾習相執所引，未泯相故；加行趣求所證所引，未成辦故。有義：根本無分別智，親證二空所顯真理，無境相故，能斷隨眠；後得不然，故非斷道。有義：後得無分別智，雖不親證二空真理，無力能斷迷理隨眠，而於安立非安立相，明了現前，無倒證故，亦能永斷迷事隨眠，故《瑜伽》說：修道位中，有出世斷道，世出世斷道，無純世間道，能永害隨眠，是曾習故，相執引故。由斯理趣，諸見所斷及修所斷迷理隨眠，唯有根本無分別智親證理故，能正斷彼。餘修所斷迷事隨眠，根本後得俱能正斷。

這是正釋轉依的意義。講到轉依，略有能轉道、所轉依、所轉捨、所轉得的四種意義。一、能轉道，就是能轉掃二障轉得二果的智（道即是智）。這復有二種：①能伏道，謂此智慧伏二障的種子（隨眠）勢力，令其不能引起二障現行的活動。此能伏道，在漏無漏方面來講，通於有漏無漏的二道；在三智方面來講，通於加行、根本、後得的三智。隨其所應漸頓伏彼者：地前有漏道由加行智漸伏二障分別現行，登地見道（無漏道）由根本、後得智頓伏二障俱生現行；修道亦由二智漸伏二障。②能斷道，就是無漏的根本後得的二智，此智慧永斷除煩惱所知的二障種子。唯我們所要知道的，即此智（道）決定不是地前的有漏加行。為什麼？因有漏心加行智及有漏後得智，前者是曾習者，後者是相執之所引者，未能泯伏滅除此相，所以不能斷惑；或加行智是能趣求，所證真如是趣求，所引無分別智還未成辦，所以不能斷惑。《述記》說："由無分別智是加行所引，真如是加行所趣求證，即由所引無分別智慧證所證真如成辦故，能斷二障，非加行智。"有師義說：唯有根本無分別智，親切的證得二空所顯的真理，無有相分的境相，所以能斷二障隨眠。後得智則不然，不說它作有相觀，就是作無相觀，相分境相仍有，所以沒有斷二障的功能。也就因為如此，諸經論中無有說後得智慧斷隨眠的。有師義說：後得無分別智雖不能夠親證我法二空的真理，沒有一種力量能夠斷除迷理的見疑等隨眠，然而在安立諦相和非安立諦相明了現前的時候，能無顛倒的證知，所以亦能永斷迷事的隨眠。《述記》說："迷理隨眠行相深遠，要證彼理，方能斷之；迷事隨眠行相淺近，雖實有相觀，亦能斷之。"由是之故，《瑜伽》五十五說：修道位中有二種道：一、出世斷道，就是根本無分別智；二、世出世斷道，就是後得無分別智。世出世者，揀別不是純粹的世間，意言是世之出世，名為世出世。有漏道是純世間的，無有純世間道（有漏加行智），能夠永害二障隨眠。為什麼？第一原因，是曾習故；第二原因，相執引故。由於是這樣的理趣，所以諸見所斷，雖有迷事忿等十法，見斷頓斷，然迷事的隨眠隨理觀一品斷，此及修所斷無明、二見，此俱根本及隨迷理隨眠，唯有根本無分別智，親證我法二空真理，能夠正式的斷彼；餘之貪、恚、慢、無明及此相應的修所斷迷事隨眠，不唯根本智慧正斷彼，就是後得智亦能斷彼，所以說根本後得俱能正斷。

二、所轉依，此復有二：一、持種依，謂根本
識。由此能持染淨法種，與染淨法俱為所依，聖
道轉令捨染得淨。餘依他起性，雖亦是依，而不
能持種，故此不說。二、迷悟依，謂真如。由此能
作迷悟根本，諸染淨法依之得生，聖道轉令捨染
得淨。餘雖亦作迷悟法依，而非根本，故此不說。

二、所轉依，就是能轉的智，轉捨染法，轉得淨法而成為所依
的東西。這也有二種：①持種依，就是第八根本識。謂此根本識，能
夠任持染淨諸法的種子，與染淨的諸法俱為所依。地上菩薩修聖
道時，轉捨依止本識染分依他，轉得依附本識淨分依他，所以持
種識，有轉依的意義。其餘的依他起性，雖然說是亦聖所依，但
因沒有持種的功能，所以此中不說。②迷悟依，就是真如。謂此
真如，能作迷悟的根本，如迷真如，一切染法就依之而生；若悟
真如，一切淨法就依之而生。等到聖道起的時候，令捨染法，轉
得淨法。其餘的依他起法雖然亦作迷悟法依，然而因為不是根
本，所以此中不說。

三、所轉捨，此復有二：一、所斷捨，謂二障
種。真無間道現在前時，障治相違，彼便斷滅，永
不成就，說之為捨。彼種斷故，不復現行妄執我
法，所執我法，不對妄情，亦說為捨。由此名捨
遍計所執。二、所棄捨，謂餘有漏劣無漏種。金剛
喻定現在前時，引極圓明純淨本識，非彼依故，皆
永棄捨。彼種捨已，現有漏法及劣無漏，畢竟不

生，既永不生，亦說為捨。由此名捨生死劣法。有
義：所餘有漏法種及劣無漏，金剛喻定現在前
時，皆已棄捨，與二障種俱時捨故。有義：爾時
猶未捨彼，與無間道不相違故，菩薩應無生死法
故，此位應無所熏識故，住無間道應名佛故，後
解脫道應無用故。由此應知餘有漏等，解脫道
起，方棄捨之，第八淨識，非彼依故。

三、所轉捨，就是由能轉道被轉捨的東西。此復分為二類：①
所斷捨，就是煩惱所知的二障種子。當無漏的真無間道現在前的
時候，這個種子就被斷捨。為什麼？因惑障和治道是兩個敵體相
違的東西，有此無彼，有彼無此，所以真無間道現前，彼便不能
不斷滅。何名為捨？永遠的不再成就，說之為捨。由彼二障種子
斷的緣故，不復能生現行之心，妄執我法現行。又，所執的實我
實法，但對妄情好像是有，實際自性本來是無的；現在能執的妄
情既然斷了，所執的我法當然亦隨之而被斷捨。由此道理，名捨
遍計所執。②所棄捨，就是非障的有漏法及劣無漏法的種子。這
些雖不是障法而不用斷捨，但到金剛喻定現在前的那個時候，引
起最極圓明純淨的本識，由這純淨圓明的本識，非餘有漏善法及
劣無漏種的所依，故自行將它的永遠的棄捨。彼種捨了以後，現
行的有漏法及劣無漏也就跟著畢竟不再生起。既然是永遠的不再
生起，由此道理，名捨生死法以及劣法。此所棄捨法是在什麼時
候捨呢？有二師說法不同，有師義說：善及無記的有漏法種以及
劣無漏法，在金剛喻定現在前的時候，都已棄捨掉了。為什麼？因
二障種有二此者，所以就與二障種子同時棄捨。有師義說：在金

剛道生起的那個時候，還不能夠說是已經捨彼，因彼如餘有漏，與無間道不相違的。假定說是此時彼已捨了的話：一、菩薩應該已經沒有諸生死法。生死法就是有漏法，如果生死法無，怎得名為菩薩？所以不可說菩薩無生死法。二、於此位中應該說是沒有所熏識，因有漏等種，亦為異熟所持，要須金剛道後，解脫道起，此識方空。若說無間道時已捨所持，那能持異熟亦捨，如此，豈不是此位無有所熏識了嗎？三、此位菩薩假定真的已經沒有所熏識，那他就是安住在無間道上，應該名之為佛，不可說是菩薩。四、若在此位，就可名之為佛，其後解脫道的生起，應該就成為無用。由此種種道理，我們應當知道，餘有漏法及無漏種等要到解脫道生起的時候，方能真正的棄捨，因為第八淨識非彼劣無漏及餘有漏法的所依。

四、所轉得，此復有二：一、所顯得，謂大涅槃。此雖本來自性清淨，而由客障覆令不顯，真聖道生，斷彼障故，令其相顯，名得涅槃。此依真如離障施設，故體即是清淨法界。

四、所轉得，就是以能轉道，轉捨二障，因之而轉得者。此復分為二類：①所顯得，就是大涅槃。涅槃是印度文，中國譯為圓寂，或譯滅度，亦名安隱。此之涅槃自性雖說本來清淨，然由客塵煩惱所知的二障蓋覆了它，令它不得顯現。等到真正的聖道生起了的時候，斷除彼煩惱所知的二障，使令其本來清淨相顯現，名為得涅槃。這是依於真如離障而施設的，所以其體就是清淨法界。由此涅槃在纏未顯，離障方顯。

涅槃義別，略有四種：一、本來自性清淨涅

槃，謂一切法相真如理，雖有客染而本性淨，具
無數量微妙功德，無生無滅，湛若虛空，一切有
情平等共有，與一切法不一不異，離一切相一切
分別，尋思路絕，名言道斷，唯真聖者自內所證，其
性本寂，故名涅槃。二、有餘依涅槃，謂即真如出
煩惱障，雖有微苦所依未滅，而障永寂，故名涅
槃。三、無餘依涅槃，謂即真如出生死苦，煩惱既
盡，餘依亦滅，眾苦永寂，故名涅槃。四、無住處
涅槃，謂即真如出所知障，大悲般若常所輔翼，由
斯不住生死涅槃，利樂有情窮未來際，用而常
寂，故名涅槃。

真如的理體雖說唯有一種,但就義邊差別安立,略有四種:一、
本來自性清淨涅槃，謂蘊處界等一切諸法法相所依真如之理，雖
為客塵煩惱所覆，如淨明珠處淤泥，而其性體本來清淨，並且具
足無數無量不可思議的微妙功德。無生無滅，凝寂湛然，猶如虛
空一樣。此真如理不簡聖凡，一切有情平等共有。與一切法，既
不可說它一，又不可說它異。假定是一，真如理性應是無常；假
定是異，真如應非彼之實性。離一切相者，是離所取相；離一切
分別者,是離能取相。真如唯是內自所證，不是尋思所行的境界,所
以說尋思路絕。真如自相非名言所安足處，言語所不能宣說的，所
以說名言道斷。能證此真如理的，唯是真正的聖者，自內所證，不
是外所得的。為什麼把這叫做涅槃？因其自性本來湛寂的，所以
名為涅槃。二、有餘依涅槃，謂即由斷煩惱障而顯出的真如。這時
聖者雖還有異熟的殘餘微細的苦果所依未滅，然而因為煩惱障已

永遠的寂滅，所以名為涅槃。三、無餘依涅槃，謂即真如澈底的超出生死之苦，換句話說，是由斷生死的苦果而所顯的真如。因於煩惱既盡時，更把餘殘的所依之生命報體亦滅掉，所有一切眾苦永寂，所以名為涅槃。四、無住處涅槃，謂即真如的出離所知障，換句話說，就是由斷所知障而所顯的真如。假使證得這涅槃時，即生起悲智，大悲般若常常為所輔翼。就是由於有了大悲的輔翼，就常常的在生死中度眾生，而不住於涅槃；由於有了般若的輔翼，就常常的不為有漏雜染法所染，而不住於生死。涅槃生死二俱不住，故名無住。菩薩既在生死中盡未來際的利樂有情，這就是利他的妙用，怎麼可以說為涅槃？要知緣此雖起悲智之用，然而即用而常寂，所以名為涅槃。

　　一切有情，皆有初一；二乘無學，容有前三；唯我世尊，可言具四。如何善逝有有餘依？雖無實依，而現似有；或苦依盡，說無餘依，非苦依在，說有餘依，是故世尊可言具四。若聲聞等有無餘依，如何有處說彼非有？有處說彼都無涅槃，豈有餘依彼亦非有？然聲聞等身智在時，有所知障，苦依未盡，圓寂義隱，說無涅槃，非彼實無煩惱障盡所顯真理有餘涅槃。爾時未證無餘圓寂，故亦說彼無無餘依，非彼後時滅身智已，無苦依盡無餘涅槃。或說二乘無涅槃者，依無住處，不依前三。

此下分別凡聖及三乘具不具四種涅槃。一切有情不管是凡夫還是聖者，都具有最初的一種本來自性清淨涅槃。正因為是這樣的關係，所以經說一切有情本來涅槃。凡夫以及二乘有學雖具第一涅槃，但未證後三種涅槃。二乘無學不定性未入地的，有初自性涅槃及二有餘依涅槃，無後二種涅槃；如果是定性的，有初三種涅槃，無後第四涅槃。如果是直往而已入地的菩薩，有初自性涅槃及後無住涅槃，無中間的有餘無餘的二種涅槃；如果是無學迴心而且已入地的菩薩，有自性及有餘依的二種涅槃及後無住涅槃，無第三無餘依涅槃。唯我釋迦世尊，可說四種完全具足。有人以為：佛具有餘三涅槃，那是不成問題的，怎麼還有有餘依涅槃？如果佛還有有餘依，豈不是佛的苦依猶尚未盡？為了解答這問題，所以說，在佛方面雖沒有真實苦依未盡的有餘涅槃，而現為苦諦等似有有餘涅槃。或者約苦依盡，說佛無餘依，雖然如此，但有非苦的所依身在，所以說名有餘依。怎麼知道？因佛具有無漏所依蘊在，是故世尊可以說是具有四種。如來亦有有餘依，或者是不錯的，然而聲聞、緣覺等二乘聖者，如平常說，既有無餘依，為什麼有的地方，如《勝鬘經》，說彼非有無餘依？答：有的地方——《勝鬘經》所以說彼二乘都無涅槃者，豈有餘依涅槃彼二乘亦非有？然而實在說來，聲聞、緣覺的二乘聖者報身報智尚在而未滅的時候，有所知障所依苦身未盡，圓寂的意義非常隱覆，所以說都無涅槃，並不是說二乘聖者實無煩惱障斷盡已後所顯真理之有餘依涅槃。那個時候因為還沒有證得無餘圓寂（涅槃），所以也就說他沒有無餘依涅槃，並不是說二乘聖者滅了身智已後，所謂灰身泯智，無有苦依滅盡的無餘依涅槃。或者經說二乘都無涅槃者，是依第四無住處涅槃而說，不是依於前三種的涅槃而說。

　　又說彼無無餘依者，依不定性二乘而說。彼

纔證得有餘涅槃，決定迴心求無上覺，由定願力，留身久住，非如一類入無餘依。謂有二乘深樂圓寂，得生空觀，親證真如，永滅感生煩惱障盡，顯依真理有餘涅槃。彼能感生煩惱盡故，後有異熟無由更生。現苦所依任運滅位，餘有為法既無所依，與彼苦依同時頓捨，顯依真理無餘涅槃。爾時雖無二乘身智，而由彼證，可說彼有。此位唯有清淨真如，離相湛然，寂滅安樂，依斯說彼與佛無差，但無菩提利樂他業，故復說彼與佛有異。

又說彼二乘聖者，無有無餘依涅槃者，是依不定性的二乘而說的。為什麼？因彼不定性者剛剛證得有餘依涅槃的小果，立即就又發廣大心，決定迴心求最高無上的大覺。並且由其所修定及所發願的力量，留身久住在世間，廣行菩薩道，非如一類定性二乘，唯取小果，永入無餘依，所以說二乘無無餘依。然而上說一類入無餘依者，又是怎樣的呢？謂有二乘行人，深深的愛樂圓寂，畏生死苦，但念空無相無作，得生空觀慧，親證於諸法的真如，永滅招感生死的煩惱障盡，顯示依於離障所顯的真理，名為有餘涅槃。因為彼能招感生死苦果的煩惱障盡，後有的異熟果報就無由更生。現在的生命苦果是依過去的惑業所感，如今現苦所依的惑業既然漸盡，則能依的果報身自然亦隨之任運而滅。是則餘二乘觀智及相應心品的諸有為法，既然失去了它的所依，當然就與彼苦依同時頓捨，顯示依於真理無餘涅槃。苦依與智既然同時而捨，誰能證於無餘真理？要知入無餘的那個時候，雖說沒有二乘的身智，然而由彼二乘能證此滅，故亦可說二乘有無餘依，並不是說身智在的時候，可說二乘名有無餘依。或者有說：既證無餘，便與佛等，為什麼二乘與佛有異？答：此位既斷煩惱，證得清淨真如，離分別想，得寂滅樂，根據這一點意義，可說彼二乘與佛，是沒有差別的；但因二乘沒有上求菩提下利樂他的事業，所以又說彼二乘與佛，是有差別的。

　　諸所知障，既不感生，如何斷彼，得無住處？彼能隱覆法空真如，令不發生大悲般若，窮未來際利樂有情，故斷彼時顯法空理，此理即是無住涅槃，令於二邊俱不住故。

　一切的所知障既然都不招感生死，怎麼可說斷了所知障，能得無住處涅槃？所知雖不感於生死，然能隱覆障蔽法空真如，使令不能發生大悲般若，窮未來際的利樂一切有情。所以斷了所知障的時候，顯示出法空的真理，當知此所顯示的法空理，就是無住處涅槃，因為令於生死涅槃的二邊俱不住的緣故。《述記》說：「令不發生大悲般若者，真如為所證緣，起後得智，後得智即般若。般若能起大悲，故於生死涅槃二俱不住，如既不證，悲智不生。」

　　若所知障，亦障涅槃，如何斷彼，不得擇滅？擇滅離縛，彼非縛故。既爾！斷彼寧得涅槃？非諸涅槃，皆擇滅攝。不爾，性淨應非涅槃！能縛有情住生死者，斷此說得擇滅無為，諸所知障不感生死，非如煩惱能縛有情，故斷彼時，不得擇滅。然斷彼故，法空理顯，此理相寂，說為涅

槃，非此涅槃，擇滅為性。故四圓寂諸無為中，初
後即真如，中二擇滅攝。若唯斷縛得擇滅者。不
動等二，四中誰攝？非擇滅攝，說暫離故，擇滅
無為唯究竟滅，有非擇滅，非永滅故。或無住處，亦
擇滅攝，由真擇力，滅障得故。擇滅有二：一、滅
縛得，謂斷感生煩惱得者；二、滅障得，謂斷餘障
而證得者。故四圓寂諸無為中，初一即真如，後
三皆擇滅，不動等二，暫伏滅者，非擇滅攝，究
竟滅者，擇滅所攝。

假定說是所知障亦障涅槃的話，為什麼斷了所知障不能得到
擇滅？我們知道，擇滅無為是離煩惱障縛所顯的，彼所知障既不
感生，非同煩惱有縛有情住於生死的力量，所以斷了彼時，但證
真如無為，不能獲得擇滅。彼所知障既然非縛，為什麼斷了它亦
得無住涅槃？要知前面所說的四種涅槃，有的是擇滅，有的不是
擇滅，並不是說四種皆是擇滅所攝。假定不是這樣，而說一切涅
槃皆為擇滅所攝的話，那第一本來自性清淨涅槃就應當不是涅
槃，因為性淨的理體原來不是斷障之所得的。能夠繫縛有情住於
生死中的煩惱，斷了這繫縛的煩惱，方可說得擇滅無為。諸有所
知障，如前所說，是不感生死的，與能縛有情的煩惱不同。煩惱
是縛，擇滅離縛，所以斷彼煩惱時，可以證真擇滅。所知非縛，但
障大悲及法空理，所以斷彼所知時，不能得於擇滅。既斷所知不
得擇滅，為什麼名為涅槃？這是因為斷彼所知，得顯法空真理，此
法空理其相本寂，所以說為涅槃，並不是說這無住處涅槃，以擇
滅為性。因此之故，四種圓寂諸無為中最初的自性與最後的無

住，其體就是真如，中間的有餘無餘二種是屬擇滅所攝。外人又問：假定說是唯有斷縛方得擇滅者，不動及想受滅的二種無為，於四無為中又是屬於那個所攝呢？這應說它是屬緣缺不生的非擇滅所攝，為什麼？因此二種無為只是暫時離繫，不是究竟離繫，有似緣缺不生的非擇滅義，所以不是擇滅所攝。為什麼不屬擇滅？因擇滅無為唯究竟滅，永害隨眠。有非擇滅非永滅故者，謂不動等二，乃是緣缺所顯的非擇滅，以非永滅故，所以不是本性清淨的非擇滅，因本性清淨是永滅的。或者可說無住處亦是擇滅所攝，什麼道理？要知此體雖然不是繫縛，但由法空觀智真擇滅力，斷所知障而證得的。於此有人或又將生起這樣的疑問：前說無住非擇滅攝，現在又說亦擇滅攝，前後所說為什麼有這樣的不同？現在特為解釋這一個疑問說：擇滅是有二種的，一為滅縛所得，謂即斷除招感生死的煩惱而所得的擇滅，所以說擇滅不攝無住；二為滅障所得，謂即斷除其餘的所知障而證得的擇滅，所以說擇滅亦攝無住。由是之故，四種圓寂諸無為中，初一就是真如，由性淨涅槃，不依抉擇而證得，所以不屬擇滅，後三皆是擇滅所攝。不動與想受滅的二種無為，因為是暫伏滅，所以非擇滅攝，究竟滅除，方得算為擇滅所攝。

　　既所知障亦障涅槃，如何但說是菩提障？說煩惱障但障涅槃，豈彼不能為菩提障？應知聖教依勝用說，理實俱能通障二果。如是所說四涅槃中，唯後三種，名所顯得。

　　有人這樣問：既所知障亦障無住涅槃，為什麼聖教但說是菩提障，而不說為涅槃障？對的，問得很有理由，不過你要知道，經說煩惱障但障涅槃，難道它真的就不能為菩提障嗎？亦能障於菩提少分的。聖教所以說二障障別者，應知諸聖教中是依勝用而說，所以各別障一，在道理上講起來，實在俱能通障二果的。如是像上所說的四種涅槃，於中唯後三種名所顯得，第一自性清淨涅槃，非由斷障之所顯得，所以不名所顯得。

二、所生得，謂大菩提。此雖本來有能生種，而所知障礙故不生。由聖道力，斷彼障故，令從種起，名得菩提。起已相續，窮未來際。此即四智相應心品。

上說所顯得，此說所生得。所謂所生得，就是大菩提，其體為無漏智。那個能生的種子雖無始來法爾存於第八識中，但有所知障存在的時候，即被障礙而不能生起。若由能斷的聖道力，斷除了那個障礙，使令從種子生起現行，這就名為得大菩提。既已生起了以後，就能展轉相續的至於盡未來際。這菩提就是四智相應的心品。

云何四智相應心品？一、大圓鏡智相應心品，謂此心品，離諸分別，所緣行相，微細難知，不妄不愚，一切境相，性相清淨，離諸雜染，純淨圓德現種依持，能現能生身土智影，無間無斷，窮未來際，如大圓鏡，現眾色像。

第一大圓鏡智相應心品，這是由轉變有漏的第八識聚所生得的東西。謂此第八識的心品，遠離我我所執，名為離諸分別。一切所取能取分別境及行相，都是窮極微細難可了知的，所以說所緣行相微細難知。不妄不愚一切境相，由此如來名一切種智及一切智。因中雖則相染而性淨，但自智光開發以後，有漏永亡，於是性相俱得清淨，離於一切虛妄雜染。純淨圓德者，純是純一而無雜的意思，淨是清淨而離染的意思，圓是圓滿而無缺的意思。純簡因中的無漏，淨簡一切的有漏，圓簡二乘無學。如是純淨圓滿功德現種依持者，就是為現行的功德之所依，為種子的功德之任持。換句話說：任持勝無漏的種子，變現佛果的諸現行功德法而為其所依。能現自受用的佛身，亦能現自受用的佛土，更能現起其餘的三智之影。而且這個現起，不是一時的，能無間無斷的，至於窮未來際。如是身土等諸相現於此智品上時，猶如於大圓鏡中，影現種種的色相，所以名為大圓鏡智。

二、平等性智相應心品，謂此心品，觀一切法自他有情，悉皆平等。大慈悲等恆共相應，隨諸有情所樂，示現受用身土影像差別。妙觀察智不共所依，無住涅槃之所建立。一味相續，窮未來際。

第二平等性智相應心品，這是由轉變有漏的第七識聚所生得的東西。謂此第七識的心品，在有漏位上的時候，恆向內緣第八識的見分而起我執；因為有這我執的緣故，第六識在外執著自他彼此的差別，不能生起平等大悲。然而一旦從有漏轉成無漏時，在內則證平等的理性，在外則觀一切諸法及自他的有情，完全是平等平等的，不見有一點兒的自他差別。因有自他平等的思想存於腦際，所以大慈悲等就恆恆時的與之相應而起，隨著十地覺有情（菩薩）的所樂，示現他受用身土的影像差別，而使他們受用法樂。因為因中的第七識是第六識的不共所依，所以果上的平等性智也就為妙觀察智的不共所依。無住涅槃之所建立者，因為此識

成唯識論講話（卷十）

恆與悲智相應。涅槃名能立，悲智是所立，名為建立。《佛地論》
說："建立佛地無住涅槃，更無易轉，名為一味；無間斷故，名為
相續。"由此智品證悟諸法的平等理性，所以名為平等性智。

　　三、妙觀察智相應心品，謂此心品，善觀諸法
　自相共相，無礙而轉。攝觀無量總持之門，及所
　發生功德珍寶。於大眾會，能現無邊作用差別，皆
　得自在，雨大法雨，斷一切疑，令諸有情皆獲利樂。

　　第三妙觀察智相應心品，這是由轉變有漏的第六識聚所生得
的東西。謂此第六識的心品，善能觀察諸法的自相共相，其神用
無方，名之為妙；具緣諸法自共相等，名為觀察，合而言之，名
為妙觀察智。又因巧妙的觀察諸法的自相共相，故能攝觀無量的
陀羅尼門（總持）。雖餘三智並不是沒有這樣的功德，但是入出
諸禪，總持差別，此智是勝餘三智的。及所發生的功德珍寶，就
是六度道品、十力等法。並且，由於善巧的觀察諸法的自相共相，能
於大眾會中現無量無邊的神通妙用差別，一一皆得自在，雨大法
雨，轉大法輪，斷除一切眾生的疑惑，令諸有情皆獲利益安樂。

　　四、成所作智相應心品，謂此心品，為欲利樂
　諸有情故，普於十方示現種種變化三業，成本願
　力所應作事。

　　第四成所作智相應心品，這是由轉變有漏的前五識聚所生得
的東西。謂此前五識的心品，為欲利樂地前的菩薩、二乘、凡夫等
的一切有情，乃於十方所有世界示現種種的身土及變化等的三
業，以成就本願力所應作的一切事業，所以名為成所作智。關於
示現種種變化三業，《佛地經》有很好的解釋說："由是如來動身

化業，示現種種工巧等處，摧伏諸技傲慢眾生，以是善巧方便力故，引諸眾生令入聖教，成熟解脫。由是如來慶語化業，宣揚種種隨所樂法，文義巧妙，小智眾生初聞尚信，以是善巧方便力故，引諸眾生令入聖教，成熟解脫。由是如來決意化業，抉擇眾生八萬四千心行差別，以是善巧方便力故，引諸眾生令入聖教，成熟解脫。"

　　如是四智相應心品，雖各定有二十二法，能變所變種現俱生，而智用增，以智名顯。故此四品，總攝佛地一切有為功德皆盡。此轉有漏八、七、六、五識相應品，如次而得。智雖非識，而依識轉，識為主故，說轉識得。又有漏位，智劣識強，無漏位中，智強識劣。為勸有情依智捨識，故說轉八識而得此四智。

　　如是像上所說的四智相應心品，各各一定具有五遍行、五別境、信等十一，並所依淨識的二十二法。此二十二法的自體假定屬於能變的，就是見分；假定屬於所變的，就是相分。或說識的自體名為能變，相見二分名為所變。或說能變是種子。為什麼？以是因能變的緣故。所變是現行，為什麼？以是果能變的緣故。雖說具有二十二法，然而智的作用增勝，它能決斷了達一切，所以特以智的這個名稱來顯示他。不唯如此，而且這四智心品總攝佛地的一切有為功德皆盡，因無漏位中智用增勝，以智為主，其餘一切功德都是智的差別。然則轉什麼識而得什麼智呢？此轉有漏的八、七、六、五諸識的相應心品，如其次第而得大圓鏡智、平等性智、妙觀察智、成所作智的四智。於此成為問題的：智是心所，識是心王，已轉未轉，其體原來是差別的，怎可說是轉八識而得四智？智雖然不就是識，但依識轉智，並不是轉識的自體，只不過因為識是心王，有其主義，所以說轉識得。還有一個道理，在有漏位上是智劣而識強的，到無漏位中，則變為智強而識劣了。為了勸化有情依智以捨去有分別的識，所以說轉八識而得此四智相應心品。

大圓鏡智相應心品，有義：菩薩金剛喻定現在前時，即初現起，異熟識種與極微細所知障種，俱時捨故，若圓鏡智爾時未起，便無能持淨種識故。有義：此品解脫道時，初成佛故，乃得初起。異熟識種，金剛喻定現在前時，猶未頓捨，與無間道不相違故，非障有漏劣無漏法，但與佛果定相違故。金剛喻定無所熏識，無漏不增，應成佛故。由斯此品，從初成佛，盡未來際，相續不斷，持無漏種令不失故。

大圓鏡智相應心品在什麼時候現起呢？這有兩家的意思解說不同。有師義說：當菩薩金剛喻定正現在前的時候，即初現起大圓鏡智。怎麼知道？

因為異熟識種以及最極微細的所知障種，就在這個時候同時俱捨的。假定說是大圓鏡智在這時候尚未現起的話，那就應當沒有執持清淨種子的心識，可是事實不然，所以必須承認這時現起大圓鏡智。有師義說：此圓智心品要到解脫道的那個時候，剛剛開始成佛，乃可說是初起。什麼道理？因為異熟識種在金剛喻定現在前的那個時候，猶還沒有頓捨，此時所斷的只是二障種子，未捨有漏善及劣無漏法。因這與那無間道是不相違背的，換句話說，不為障礙的有漏善法及劣無漏法，但與佛果強有力的無漏法是定相違的。假定金剛喻定時捨去異熟種的話，則金剛喻定就沒有了所熏識。所熏識無，無漏不增，那就應當已經成佛。可是事實不然，由此因緣，所以此品從初成佛的那個時候起，一直到盡未來際，都是相續不斷的，而且持無漏種，使令永不散失。

> 平等性智相應心品，菩薩見道，初現前位，違
> 二執故，方得初起。後十地中，執未斷故，有漏
> 等位，或有間斷，法雲地後，與淨第八相依相續，盡
> 未來際。

平等性智相應心品，在什麼時候現起呢？謂於菩薩見道時真見道初現前的階位，此智心品就現起了。但這不是自力起的，而是由第六引生的，即由第六識轉成的妙觀察智引起第七平等性智。違二執故，因此觀察智的二空無漏，違犯第七識相應的二執，使第七識的二執不能生起，於是第七識無漏智品乃得初起。後十地中因為未能斷盡俱生二執，所以第六識入生法觀時，觀我法空，伏二種執，此智就得現前。假定出了二觀的時候，與有漏心俱，此智則又不現。因為是這樣的關係，所以說有漏等位，或有間斷。到了第十法雲地的後心，乃成究竟無漏，以淨第八識為所依，相續無間，盡未來際。

> 妙觀察智相應心品，生空觀品，二乘見位，亦
> 得初起。此後展轉至無學位，或至菩薩解行地
> 終，或至上位，若非有漏，或無心時，皆容現起。法
> 空觀品，菩薩見位，方得初起。此後展轉乃至上

位，若非有漏，生空智果，或無心時，皆容現起。

妙觀察智相應心品在什麼時候現起呢？這也是在因中轉，而且通於大小乘的。如生空妙觀察智假定是在二乘位，於見道時亦得初起，從此見道以後，展轉一直至於無學位，方得究竟。假定是在漸悟的菩薩，到菩薩的十住、十行、十迴向的解行地終；假定是在頓悟的菩薩，或者要至十地的上位。在如是等的階位，如果不是有漏，或是在無心時，皆容許彼現起的。若法空妙觀察智，要是菩薩的見道位，方纔可以初起。從此生起以後展轉乃至上位——十地後心，假定不是有漏（有漏與彼相違），生空智果（生空後得不違法執），或無心（入滅盡定）的時候，那都是容可現起的。

　　成所作智相應心品，有義：菩薩修道位中，後得引故，亦得初起。有義：成佛方得初起，以十地中，依異熟識所變眼等，非無漏故；有漏不共，必俱同境，根發無漏識，理不相應故；此二於境，明昧異故。由斯此品，要得成佛，依無漏根，方容現起，而數間斷，作意起故。

成所作智相應心品在什麼時候現起呢？這有兩家的意思解說不同。有師義說：菩薩在修道位中由於第六意識的後得所引，此智心品亦得初起，怎麼知道？於淨土中起五識故。有師義說：在修道位中是不能引的，一定要到成佛的時候，方得初起。什麼道理？以在因位中，能變的第八識是有漏的，依異熟識所變的眼等五根，也就不能不隨著而成為有漏。可是我們知道，第八識所變的五根為五識不共的俱有所依，亦即是所謂親同境依。此親同境依根既然是有漏的，說此有漏根，能發無漏識，這在道理上怎麼相應呢？要知此有漏識與無漏識的二者，望之於境是有明昧不同的，即無漏識取境明，有漏識取境昧。由於是這樣的因緣，所以此智心品要到成佛的那個時候，依於無漏的五根，方容現起。雖於佛果已成無漏，然而仍數數的間斷，必假作意緣力，方得生起，非如餘智，相續無間。

此四種性，雖皆本有，而要熏發，方得現行。因
位漸增，佛果圓滿，不增不減，盡未來際。但從
種生，不熏成種，勿前佛德勝後佛故。

此四智相應心品皆從本有的無漏種子生，若起現行，是就應一切時皆成無漏，為什麼會有前後因果轉依的不一？要知此四種性，雖說皆本來有，然而要無漏法的熏發，然後方得現行，不是說要現起就現起的。而且熏有勝劣的不同，所以在因位的時候漸次漸次的增，到最後佛果位上達到圓滿，既圓滿已，是就不增不減的相續至於盡未來際。為什麼不增不減？因佛果位但能從無漏種生起現行，其所生起的現行不復再熏成種子。假定有說還可熏成種子，則前佛熏多似乎就較優，後佛熏少似乎就較劣，但事實不是這樣，所以說勿前佛德勝後佛故。

大圓鏡智相應心品，有義：但緣真如為境，是
無分別，非後得智，行相所緣，不可知故。有義：此
品緣一切法。《莊嚴論》說：「大圓鏡智，於一切
鏡，不愚迷故。」《佛地經》說：「如來智鏡，諸處
境識，眾像現故。」又此決定緣無漏種，及身土等
諸影像故，行緣微細，說不可知，如阿賴耶亦緣
俗故。緣真如故，是無分別，緣餘境故，後得智

攝。其體是一，隨用分二。了俗由證真，故說為
後得，餘一分二，準此應知。

大圓鏡智相應品是以什麼為所緣境界呢？這有兩家的解說不
同。有師義說：大圓鏡智不緣別的，唯以真如為所緣境，因為它
是緣真的根本無分別智，而不是緣俗的後得智，而且大圓鏡智的
行相所緣都是最極微細不可知的。有師義說：此大圓鏡智相應心
品不唯以真如為境，而是以真俗一切法為所緣的。如《莊嚴論》
說：大圓鏡智對於真俗的一切境，都是不愚迷的。《佛地經》也
說：如來的智鏡諸內六處、諸外六境，以及六識，一切眾像，無不
皆現的。又，此大圓鏡智決定能緣無漏的種子及身土等的諸影
像。初師所說行相所緣微細不可知的原因，以因位的阿賴耶緣
俗，既然是不可知，果位的鏡智亦緣於俗，當然也是不可知的。根
本後得的二智差別，是由於緣境不同而來，謂緣於真如境的，這
是無分別智的功用；緣於其餘境界的，是就屬於後得智攝。其體
原來是一，不過隨用而分為二，體一用二，怎麼可以俱生？要知
了達世俗，實在由於證真，所以說為後得。謂能了俗之智，是由
根本智證了真如之後而得的，所以說了俗名後得智。如大圓鏡智
的一體分二，當知其餘平等、妙現二智，亦為一體分二。準此當可
知道，到下無庸再說。

平等性智相應心品，有義：但緣第八淨識，如
染第七，緣藏識故。有義：但緣真如為境，緣一
切法平等性故。有義：遍緣真俗為境。《佛地經》
說："平等性智，證得十種平等性故。"《莊嚴論》
說："緣諸有情自他平等，隨他勝解，示現無邊佛

影像故。"由斯此品，通緣真俗二智所攝，於理
無違。

平等性智相應心品是以什麼為所緣境界呢？這有三師解脫不
同。有師義說：此平等性智但以第八淨識為所緣境，如染污第七
末那以第八藏識為所緣境，其道理是一樣的。有師義說：此平等
性智但以真如為所緣境，因為它是緣一切法的平等性（真如）
的。有師義說：此平等性智遍以真俗諸法為所緣境，怎麼知道？《佛
地經》說：平等性智證得十種的平等性的，十種平等如前所說。《莊
嚴經論》也說：緣諸有情的自他平等是此智的特殊功用。因隨他
人所有的勝解力，而示現無量無邊的佛影像的。由於是這樣的因
緣，所以此平等性智相應心品為通緣真俗的二智所攝，這在道理
上是沒有什麼相違的。

妙觀察智相應心品，緣一切法自相共相，皆
無障礙，二智所攝。成所作智相應心品，有義：但
緣五種現境。《莊嚴論》說："如來五根，一一皆
於五境轉故。"有義：此品亦能遍緣三世諸法，不
違正理。《佛地經》說："成所作智，起作三業諸
變化事，決擇有情心行差別，領受去來現在等
義。"若不遍緣，無此能故，然此心品，隨意樂力，或
緣一法，或二或多。且說五根於五境轉，不言唯
爾，故不相違。隨作意生，緣事相境，起化業故，後
得智攝。

妙觀察智相應心品是以什麼為所緣境界呢？這是任何學者都
這樣講的：緣一切法的自相共相，都是毫無障礙的，因為是這樣

的關係，所以通為根本、後得二智所攝。成所作智相應心品又是以什麼為所緣境呢？這有二師的解說不同。有師義說：此智相應心品但緣色等五種現實境界，怎麼知道？《莊嚴經論》說：如來的眼等五根，每一根每一根都於五種境界上轉的。雖然遍於五境上轉，但只緣現在，不緣過去未來。有師義說：此智相應心品不唯能緣現在，亦能亦能緣於過未，而是能夠遍緣三世一切諸法的，為什麼？因不違於正理的。怎麼知道？《佛地經》說：如來的成所作智起作身語意的三業諸變化事，決擇有情的種種心行差別，領受過去、未來、現在的諸義。假定說是此智不能遍緣的話，那就可說沒有這樣的功能。然而事實上，此智相應心品隨於意樂之力，或者唯緣一法，或者緣於二法，或者緣於多法。現在姑且這樣說眼等五根於色等五境上轉，不是說決定如此，所以前後之說並沒有什麼相互違背的地方。此智既是隨於作意的生起，緣於種種的事相之境，而起三業諸變化事，所以唯後得智攝，不同前三通二智攝。

> 此四心品，雖皆遍能緣一切法，而用有異：謂鏡智品，現自受用身淨土相，持無漏種；平等智品，現他受用身淨土相；成事智品，能現變化身及土相；觀察智品，觀察自他功能過失，雨大法雨，破諸疑網，利樂有情。如是等門，差別多種。

上來所講的四智相應心品，雖說一一皆能緣於一切諸法，然而它們所發生的作用，卻顯然是有很大的差別。謂大圓鏡智相應心品，能現起自受用身及自受用淨土相，而執持清淨無漏種子。平等性智相應心品能現起他受用身及他受用淨土相，為它的特別功用。成所作智相應心品能現起變化身及淨穢土相，為它的特別功用。妙觀察智相應心品能觀察自他的功能過失，於淨穢二土中雨大法雨，轉大法輪，破諸眾生的疑網，利樂一切的有情，為它的殊勝功能。如是像上所說的種種諸門，假定一一說起來，其差別是有很多種的，現在不能一一為說。

> 此四心品，名所生得。此所生得，總名菩提，及前涅槃，名所轉得。雖轉依義總有四種，而今但取二所轉得，頌說證得轉依言故。此修習位，說能證得，非已證得，因位攝故。

此之四種相應心品就是這兒所說的所生得。這裡說的所生得，總括一句話，名為大菩提，而前說的大涅槃是即名為所轉得。雖說轉依的意義，總有四種的差別，然而現今但取第四所顯得與所生得的二所轉得，為什麼？因為頌說"便證得轉依"這句話的緣故。同時我們要知道的：此中明轉依果，正是說的修習位中的能證得，並不是說的已證得，為什麼？因為這還是屬於因位所攝的，並沒有到達果位。

> 後究竟位，其相云何？頌曰：此即無漏界，不思議善常，安樂解脫身，大牟尼名法。論曰：前修習位所得轉依，應知即是究竟位相。此謂此前二轉依果，即是究竟無漏界攝。諸漏永盡，非漏隨增，性淨圓明，故名無漏。界是藏義，此中含容無邊希有大功德故；或是因義，能生五乘世出世間利樂事故。

前明修習位，此明究竟位，而此位的狀態是怎樣的呢？先以頌文略為解答，後以長行再為詳釋。於中最初一句頌是出其體，其次七字是顯它的勝德，後八字是簡別二乘，而顯與三乘有別。頌文所說的此字是指前面所說的所轉得的二種轉依，就是真涅槃與大菩提。這個真涅槃大菩提的二轉依，其所證得的大果就是究竟位，所以現在所說究竟位之體就是指此，亦即是究竟無漏界所攝。無漏就是不與煩惱相應，不為煩惱所縛。這二轉依的果體因能斷一切二執，離諸雜染，諸漏永盡，煩惱不相應，不被所縛，非漏之所隨增，是體性清淨圓滿勝明的究竟無漏。譬如二乘，雖也得到無漏，但尚與第七相應的所知細障相俱，所以不是勝明。又如菩薩，雖也得到無漏，但是只得到一分，沒有達到圓滿，所以都不能說是究竟。界就是藏的意思，謂於此大菩提中，能含容無量無邊的甚為希有的有為功德，而於真涅槃中又能包藏無為的大功德故。界或又可以說是因義，因這大果，或為所緣，或為增上緣，能出生五乘世出世間的利樂事業的。

清淨法界，可唯無漏攝，四智心品，如何唯無漏？道諦攝故，唯無漏攝。謂佛功德及身土等，皆是無漏種性所生，有漏法種已永捨故。雖有示現作生死身，業煩惱等似苦集諦，而實無漏道諦所攝。

有人這樣問道：清淨法界，有佛無佛，性相常住，可以說是唯屬無漏所攝。因為它是一種理法，四智菩提從種所生，有為無漏，怎麼可說亦唯無漏所攝？答：所以說這是無漏攝者，因為它是屬於道諦所攝的緣故。我們知道，苦等四諦前二屬有漏，後二屬無漏。佛果位上十力四無所畏等的一切功德以及所有四智身土等，都是從無漏種所生的，屬於道諦所攝，所以唯是無漏，聖說道諦唯無漏的。或又問道：佛的變化身示同眾生有生老病死及業煩惱，怎麼可說唯是道諦？解釋這問題說：如來雖有示現叱呵身語現起，入滅現有背痛病苦，好像是苦諦與集諦，而實是屬無漏道諦所攝，並不可以把它看為有漏。

　　《集論》等說：十五界等，唯是有漏，如來豈無五根、五識、五外界等？有義：如來功德身土，甚深微妙，非有非無，離諸分別，絕諸戲論，非界處等法門所攝，故與彼說理不相違。有義：如來五根五境，妙定生故，法界色攝。非佛五識，雖依此變，然粗細異，非五境攝。如來五識，非五識界，經說佛心恆在定故，論說五識性散亂故。

　　若佛功德身土等皆唯無漏攝者，為什麼《集論》等說除後三界，餘十五界唯是有漏？既十五界唯是有漏，如佛有十五界，當亦屬於有漏，怎麼可說唯是無漏？若定說佛一切唯是無漏，難道如來就沒有五根、五識、五境的十五界嗎？關於這個問題，有三師的解說不同。有師義說：如來所有功德以及若身若土，非常甚深，非常微妙，既不可以說它有，也不可以說它無，離諸能所分別，絕諸名言戲論，那不是蘊處界等法門所攝的，不可說此五根五境等，因而也就不可以十五界等有漏為間。彼所謂有漏，不是約佛身講的，所以此之所說與彼所說，在道理上是沒有什麼衝突的。有師義說：如來所有的五根五境都是殊勝的妙定所變，屬於無漏，是法界色一分攝。非佛以外所餘菩薩及異生等，雖依此佛五根所變者，變為身土等，然而不若佛的微妙，換句話說，佛變者細，餘變者粗。所變者粗，可以說是界處等攝；為質者細，是則就非為五境所攝了．根境既無，當知如來五識，亦非五識界收。為什麼？因為在經中說：佛心恆常都是在定中的；又在論中說：眼等五識身其性是散亂的。既然如此，恆在定中的佛心當然不是散亂的五識身。

　　成所作智何識相應？第六相應，起化用故。與觀察智性有何別？彼觀諸法自共相等，此唯起化，故有差別。此二智品應不並生，一類二識不俱起故。許不並起，於理無違；同體用分，俱亦非失。或與第七淨識相應，依眼等根緣色等境，是平等智作用差別。謂淨第七，起他受用身土相者，平等品攝；起變化者，成事品攝。豈不此品攝五識得？非轉彼得，體即是彼，如轉生死言得涅槃，不可涅槃同生死攝，是故於此，不應為難。

　　外人根據上說，又發生這樣的問題：如來五識假定不是屬於五識界攝，那所轉變而成的成所作智，又與什麼淨識而相應呢？現在告訴他說：與第六淨識相應，為什麼？由第六識觀機，能起三類分身的化用。假定果真這樣，那與妙觀察智的體性又有什麼差別呢？答：彼妙觀察智唯能觀於諸法的自相共相，而此成所作智唯能現起三類分身的化用，所以二者是有差別的。既然是這樣，那麼，此妙觀察與成所作的二智就應該不能並生；若許並生，於一類識同時起二，這是不合道理的，所以說一類二識不俱起故。對的，前後剎那別異而起，就是承認它不並起，這在道理上也沒有什麼相違的。再說，同一識體義用分二，說二智俱，也沒有什麼過失。或說成所作智，與第七淨識相應，因為依於眼等諸根緣於色等諸境，這就是平等性智的作用差別。謂平等智起他受用身，有成事智品亦緣色等。假定是這樣，那與平等智又有什麼差別？謂第七淨識，起他受用的若身若土之相的，是屬於平等性智相應心品所攝；如起變化身土而化諸異生類者，則是屬於成所作智相應心品所攝。人又這樣問：此成事智品豈不明白的是轉（攝）五識而得的嗎？為什麼說是七識俱？答：雖說這是由轉五識而得，但我們必須知道，並不是說轉彼五識得此智品，其體就是屬於彼五識攝。如轉生死而說得涅槃，那是約生死滅涅槃顯來講的，並不是涅槃性就是涅槃，所以說不可涅槃同生死攝。既然是這樣的道理，是故於此，不應提出這樣的問題來為難！

　　有義：如來功德身土，如應攝在蘊處界中，彼三皆通有漏無漏。《集論》等說十五界等唯有漏者，彼依二乘粗淺境說，非說一切。謂餘成就十八界中，唯有後三通無漏攝；佛成就者雖皆無漏，而非二乘所知境攝。然餘處說佛功德等非界等者，不同二乘劣智所知界等相故。理必應爾！所以者何？說有為法，皆蘊攝故；說一切法，界處攝故；十九界等，聖所遮故。若絕戲論，使非界等。亦不應說即無漏界善常安樂解脫身等。又處處說：轉無常蘊，獲得常蘊，界處亦然，寧說如來非蘊處界？故言非者，是密意說。又說五識性散亂者，說餘成者，非佛所成。故佛身中，十八界等，皆悉具足，而純無漏。

有師義說：如來的一切功德以及所現身土，如其所應，是可攝在蘊、處、界的三科法門中的，為什麼？因彼蘊、處、界三，是都可以通於有漏無漏的。如凡夫二乘所有，就是有漏；佛果位上所有，就是無漏。《集論》等所以說十五界等唯是有漏者，那是依於二乘粗顯境界說的，並不是指的佛地微妙境界而言，更不是說一切凡聖有情十五界等，皆唯有漏。謂餘九界有情所成就的，在十八界中唯有意根、意識、法境的後三，通於無漏所攝。然而在其餘的聖教中如《般若經》及處處經說：佛的功德智慧等所以非界攝者，因為這是殊勝之境，與二乘劣智所知界等境相不同。因以理而言，如應攝於蘊、處、界中的。什麼道理？因佛功德等屬於有為，經說"諸有為法都是蘊所攝的"，又經中說"諸法都是界處攝的"。進一步說，假定不是界等所攝，那就應當是十九界、十三處、六蘊所攝。可是說十九界等，為聖所遮，換句話說，佛是不承認有十九界等的。若絕戲論便非界等者，是則亦不應此頌說如來功德，就是無漏界是善、是常、是安樂，亦不應名解脫身等。解脫身等既然可名，所以蘊、處、界三，在道理上亦應可名。又論中說，前五識身其性散亂者，那是說的其餘九界眾生所成就的，不是說的佛所成就的。這樣講來，所以知道，佛身中的十八界等不但一切皆悉具足，而且一切純是無漏。

　　　　此轉依果，又不思議，超過尋思言議道故，微

　　妙甚深自內證故，非諸世間喻所喻故。

　　此二轉依的果體所具殊勝的德性，雖則說是很多，現在且舉四種。第一是不思議，謂此二轉依的果體，用我人的尋思去尋思它，或我人的言議去討論它，都是不可能的。因為其體超過尋思

之道，不是尋思的境界；斷絕言議之道，不是言議的境界。真是所謂微妙最微妙，甚深最甚深，唯大聖者自內證知，要用世間的譬喻來比喻它，那是不可能的，所以說不可思議。

> 此又是善，白法性故；清淨法界，遠離生滅，極安隱故；四智心品，妙用無方，極巧便故；二種皆有順益相故，違不善故，俱說為善。論說處等，八唯無記，如來豈無五根三境？此中三釋，廣說如前。一切如來身土等法，皆滅道攝，故唯是善。聖說滅道唯善性故，說佛土等，非苦集故。佛識所變有漏不善無記相等，皆從無漏善種所生，無漏善攝。

第二，說此二轉依果是善。謂此二轉依的果體，以白法為性，不同不善及無記，而且能斷於黑，所以名白。假定是這樣的話，那與有漏善又有什麼差別？不然！要知清淨法界的真涅槃，是遠離了生滅之法而極其安隱的；四智心品的大菩提微妙不可思議的大用，無方應物，澤被群生，那是極巧便的。如是涅槃的無為、菩提的有為，二皆具有順益之相，與不善相反，所以俱說為善。或者有人這樣難說：四智心品如果真的唯是善性的話，為什麼《對法論》說「五根與香味觸的三境此之八處唯是無記」呢？豈如來身無有五色根及香味觸的八處嗎？關於這問題，此中有三種解釋，廣說如前有漏等三解，這裡不再複述。一切如來的若身若土等法，完全都是屬於滅道所攝，凡為滅道攝的，諸經論中既說唯是無漏，所以此亦唯獨是善。聖說滅道二諦，唯獨是善性的；《瑜伽》等說佛身上等，不是屬於苦集的，而且佛之淨識所變相似有漏的不善及無記相等，一一皆從無漏善種所生，所以唯是無漏善攝。

> 此又是常，無盡期故。清淨法界，無生無滅，性
> 無變易，故說為常。四智心品，所依常故，無斷
> 盡故，亦說為常。非自性常，從因生故；生者歸
> 滅，一向記故；不見色心，非無常故。然四智品，由
> 本願力，所化有情，無盡期故，窮未來際，無斷
> 無盡。

第三，說此二轉依果是常。謂此二轉依的果體，都是無有窮
盡之期的。因清淨法界的真涅槃是無生無滅，其性無有變易的，所
以說之為常。四智心品的大菩提以常住真如為所依，因為所依是
常住的，所以能依的四智品其體無斷無盡，所以亦說為常。無斷
常者，是報身的不斷常義；無盡常者，是化身的相續常義。四智
菩提雖則可以說常，但並不是自性常，因為是從因所生的。生者
必歸於滅，這是一向都這樣說的，若初唯生而後不滅的話，那就
違於佛說。又若色心是自性常者，不特不見聖教中有說，而且也
是違於比量的，因為事實上，實無一色心是非無常的。然四智相
應心品所以獲得常色等者，這是由於本誓願力，為了化度一切有
情；由於所化有情是沒有盡期的，窮未來際，無斷無盡，所以是常。

> 此又安樂，無逼惱故。清淨法界，眾相寂靜，故
> 名安樂。四智心品，永離惱害，故名安樂。此二
> 自性，皆無逼惱及能安樂一切有情，故二轉依俱
> 名安樂。

第四，說此二轉依果名為安樂。謂此二轉依的果體，自身固
然無逼無惱，亦不逼惱一切有情，所以得名安樂。如分開來說，清

淨法界的真涅槃，所有眾相寂靜，沒有一點紛擾，是故名為安樂。四智心品的大菩提永離一切的惱害，再也沒有逼迫性的現象，所以名為安樂。由於這菩提涅槃的二種自性完全沒有逼害惱亂，並能利益安樂一切有情，所以此二轉依俱得名為安樂。

> 二乘所得二轉依果，唯永遠離煩惱障縛，無殊勝法，故但名解脫身。大覺世尊，成就無上寂默法故，名大牟尼。此牟尼尊，所得二果，永離二障，亦名法身。無量無邊力無畏等，大功德法所莊嚴故。體依聚義，總說名身。故此法身，五法為性，非淨法界，獨名法身，二轉依果，皆此攝故。

頌說解脫身大牟尼名法者，這是簡別二乘，顯示三乘之果各有不同。解脫身是解脫煩惱障的纏縛而得到的果身。二乘聖者雖可得到一分的二轉依果，但因唯是永遠離去煩惱的障縛，而仍被所知障所覆，無有成為莊嚴的十力等殊勝功德法，所以但得名為解脫身，不得名為法身。然而大覺世尊由於成就最極無上的寂默法故，所以就名為大牟尼。牟尼譯為寂默，即名為一切法的性相離言之不二法門。唯我大牟尼尊所得二轉依果，由於永離二障的關係，此不二法門能成就無上寂默法，所以不但名為解脫身，亦可名為法身（報化身實亦包括在內）。為什麼叫做法身？因這是無量無邊十力四無所畏等大功德法之所莊嚴的。為什麼叫做身？因這是具有體性、依止、眾德聚的三義，所以總說名身。因此之故，這個法身是以清淨真如及四智菩提的五法為性的，以清淨法界名為涅槃，四智心品名為菩提。合此二種，名為法身，不獨

一種清淨法界可得名為法身。因二轉依果攝此五法，而五法皆是
此法身所攝的。

> 如是法身，有三相別。一、自性身，謂諸如來
> 真淨法界，受用變化平等所依，離相寂然，絕諸
> 戲論，具無邊際真常功德，是一切法平等實性，即
> 此自性，亦名法身，大功德法所依止故。

如是像上所說的法身，乃三身的總稱，不是任何一身，都是
法身，所以法身有三相的差別。一、自性身，這就是一切如來所證
得的真淨法界，為受用身與變化身平等所依的實性。遠離十相，尋
思路絕，絕諸戲論，寂然不動，具有無邊無際的真常功德，是一
切法的平等實性（真如）。即此諸法自性，亦復名為法身，因是
有為無為諸大功德法之所依止的。此平等實性雖說一切凡夫悉皆
具足，但因被惑障之所蓋覆，不能顯現，所以在凡夫位只名為如
來藏，不名自性法身。到了究竟果位，因為已經證到此理，所以
名為自性身，亦名為法身，其所居住的叫做法性土。

> 二、受用身，此有二種：一、自受用，謂諸如
> 來三無數劫，修集無量福慧資糧，所起無邊真實
> 功德，及極圓淨常遍色身，相續湛然，盡未來際，恆
> 自受用廣大法樂。二、他受用，謂諸如來由平等
> 智，示現微妙淨功德身，居純淨土，為住十地諸
> 菩薩眾，現大神通，轉正法輪，決眾疑網，令彼
> 受用大乘法樂。合此二種，名受用身。

二、受用身，這有兩種差別：①自受用身，這是酬報三大長
劫所修集的無邊勝因而感得的。謂諸如來於三大阿僧祇劫之中，修

集無量無邊的福慧資糧,引生本有無漏種子所起無邊真實功德,及從鏡智所起究竟極圓(眾相咸備)、極淨(體離眾患)、極常(無間無斷)而無所不在的常遍色身,相續(揀別不生滅的自性身,因為這是有生滅的)、湛然(揀別他受用及化身,因為彼時斷故),盡未來際的恆自受用廣大法樂,其所居住的叫做自受用淨土。②他受用身,這是因自己身證圓滿,為欲利他十地菩薩而示現的。謂諸如來證得自受用身後,由平等性智相應心品示現一種微妙清淨的功德身,居住於他受用的淨土中,為住十地的諸大菩薩眾,示現廣大的神通,轉如來的正法輪,決諸眾生的疑網,令他們受用大乘的法樂。合此自他受用的二種,名為受用身。

三、變化身,謂諸如來由成事智,變現無量隨類化身,居淨穢土,為未登地諸菩薩眾、二乘、異生,稱彼機宜,現通說法,令各獲得諸利樂事。

三、變化身,謂諸如來,由於成所作事智,變現無量的隨類不同的化身,居住在淨土或穢土,為未登地的諸菩薩眾以及二乘並諸凡夫有情,隨著那個各各不同的機宜,示現八相成道,或現神通,或說法門,或變化其他三業的種種事業而利樂他們,使令他們各各獲得諸利樂事。

以五法性攝三身者,有義:初二攝自性身。經說真如是法身故;論說轉去阿賴耶識,得自性身,圓鏡智品轉去藏識而證得故。中二智品,攝受用身。說平等智,於純淨土,為諸菩薩現佛身故;說觀察智,大集會中,說法斷疑,現自在故;說轉諸轉識,得受用身故。後一智品,攝變化身。說

成事智，於十方土，現無量種難思化故。又智殊
勝，具攝三身，故知三身，皆有實智。

以真如及四智品的五法與三身的相攝，是怎樣的呢？這有二
師的解說不同。有師義說：最初的真如及第二大圓鏡智攝三身中
的自性身。為什麼這樣相攝？《佛地經》說"真如就是法身"的，所
以證知一真法界攝自性身。《攝大乘論》說"轉去阿賴耶識而證得
自性身"的，所以證知大圓鏡智攝自性身，同時從《攝論》說"圓
鏡智品是由轉去藏識而證得"的話，亦可證知圓鏡智攝自性身。中
間的平等、觀察二智心品攝三身中的受用身。怎麼知道？因有論
說：平等性智於純淨土中為諸地上菩薩或地前菩薩，示現佛身
的。或有論說：妙觀察智在大集會中現通說法，斷決眾疑，示現
自在的。《攝大乘論》說：轉諸轉識，就得受用身。換句話說，是
以妙觀察智配屬受用身。最後一種成所作事智品攝三身中的變化
身，怎麼知道？《莊嚴論》說：成所作事智於十方世界示現無量
種的難思化的，所以以成所作事智配屬變化身。又《攝論》說：由
於智的殊勝，四智總攝三身。因此之故，我們知道，三身都是有
實智的。

有義：初一攝自性身。說自性身，本性常故；說
佛法身，無生滅故；說證因得，非生因故；又說
法身，諸佛共有，遍一切法，猶若虛空，無相無
為，非色心故。然說轉去藏識得者，謂由轉滅第
八識中二障粗重，顯法身故。智殊勝中說法身
者，是彼依止彼實性故。自性法身，雖有真實無
邊功德，而無為故，不可說為色心等物。四智品

中真實功德：鏡智所起常遍色身，攝自受用；平
等智品所現佛身，攝他受用；成事智品所現隨類
種種身相，攝變化身。

有師義說：於五法中，初一真如攝三身中的自性身。為什麼
大圓鏡智不攝自性身？因《莊嚴論》只說自性身是本性常，而沒
有說鏡智品是本性常；又說佛的法身是無生滅的，而鏡智品是有
生滅的；又說自性身是證因得，非如大圓鏡智是生因之所生
的。又，《佛地論》以及諸經論說法身是諸佛之所共有的，遍一切
法而無所不在，猶若虛空的遍一切處，是無相無為，非色非心的；鏡
智是有相有為的色心法。二者不相類，所以不相攝。然第一師引
《攝論》說轉去藏識而證得者，當知那是由轉滅第八識中的二障粗
重，以顯示法身而說，非同鏡智轉去彼識而證得者，所以不可以
鏡智亦能攝於自性身。又，《攝論》於智殊勝中說法身者，那是因
為法身是彼四智的依止，是彼四智實性的關係，所以說具攝三
身，其實在道理上是不攝法身的。為什麼不攝法身？因自性法身
雖說具有真實無邊的功德，然而由於它是無為的關係，所以不可
說為鏡智色心等物所攝。四智相應心品中的真實功德與三身相
攝，是這樣的：大圓鏡智所現起的常遍色身攝三身中的自受用
身，平等性智相應心品所現起的佛身攝三身中的他受用身，成所
作事智相應心品所現起隨類種種變化身相攝三身中的變化身。

說圓鏡智是受用佛，轉諸轉識得受用故。雖
轉藏識亦得受用，然說轉彼顯法身故，於得受用
略不說之。又說法身無生無滅，唯證因得，非色
心等。圓鏡智品，與此相違。若非受用，屬何身

攝？又受用身，攝佛不共有為實德。故四智品，實
有色心，皆受用攝。

所以說圓鏡智是受用身佛而不是自性身者，因為這是由轉諸
轉識而得其受用的。既然如此，轉去藏識亦得自受用身，為什麼
不說？當知轉於藏識，雖亦得自受用，然而現在主要的是說轉彼
藏識以顯法身，至於轉染成淨得受用的一義，則略而不說。又如
前說，法身是無生無滅的，唯是清淨聖智的證因之所證得的，非
色非心等；而此大圓鏡智，不但是有生有滅，而且是有色心的，與
無生無滅、非色非心相違。從這道理上推論起來，可以證明圓智，定
屬自受用攝。若非受用，試問又是屬於何身所攝？又受用身通攝
佛果位上一切不共的有為真實功德，所以知道，四智菩提相應心
品實有色心，都是自受用所攝。

又他受用及變化身，皆為化他方便示現，故
不可說實智為體。雖說化身智殊勝攝，而似智
現，或智所起，假說智名，體實非智。但說平等，成
所作智，能現受用三業化身，不說二身即是二
智，故此二智自受用攝。

還有一個道理，就是他受用身及變化身，都是為了化他有情
而方便示現的，所以不可說它以實智為體。可是有人問說：聖教
明白的說「變化身智殊勝攝」，怎麼可說不是實智？雖說化身是屬
智殊勝攝，然而那不過似智所現，或者是由智所現起的，假說它
為智名，而其體實在是非智的。所以說：「然以自受用實智為體，唯
他受用身等，不說實無漏智。」由此復有人問：聖說二身就是二智
所現，怎麼可說體實非智？要知聖所說者，是但說平等性智慧現

起受用身，成所作事智慧現起三業化身，並沒有說受用變化二身，就是平等成事的二智，所以平等成事的二智是自受用身攝。

　　然變化身及他受用，雖無真實心及心所，而有化現心心所法。無上覺者神力難思，故能化現無形質法。若不爾者，云何如來現貪瞋等？久已斷故。云何聲聞及傍生等，知如來心？如來實心，等覺菩薩尚不知故。由此經說化無量類皆令有心；又說如來成所作智化作三業；又說變化有依他心，依他實心，相分現故。雖說變化無根心等，而依餘說，不依如來。又化色根心心所法無根等用，故不說有。

有人這樣問道：他受用以及變化假定真的非以實智為體，那豈不是與偶像無異，怎麼還能說法利生呢？當知變化身以及他受用身，雖然沒有真實的心及與心所，可是有化現的心心所法，與偶像是絕對不同的。《佛地論》說"此實相分，似見分現"，就是此意。但是問題又來了，身等有質，固然可說化現，心等無形，怎麼能夠化現？當知最高無上的覺者，其神通力是不可思議的，所以能化現無形質法，不可以我人的心行去測度他。假定不是這樣變化的話，那末，如來的貪瞋等煩惱久已就斷掉了，怎麼還能從變化身現起貪瞋等相？既有貪瞋等相的現起，可知這是化現的。再說，如來的實心，不說一般眾生不知，就是等覺菩薩也不能知。然而為什麼經說聲聞及傍生等，知如來心？當知這所知的如來心，不是如來的實心，而是如來的化心。所謂聲聞等知佛心，如有經說："諸天亦知佛心，如佛一時深擯眾僧，還念欲取，梵王悉知。又於一時心念為王，如法化世，魔王即知，而來勸請。又諸比丘亦知佛心，如佛將泥洹時，阿那律陀次第知佛所入諸禪三昧。"像這些，都是能知佛心的明證。由於是這樣的因緣，所以《涅槃經》說："人天百萬設最後供，唯純陀供是佛親受，餘悉化人；此化人者，皆似有心，令彼人天各各自謂佛受我供故。"故論文說："化無量類皆令有心。"又《佛地經》說：如來的成所作智慧能化作不思議的身語意的三業。又《解深密經》如來成所作事品說：如來的變化身不可說他是有心，也不可說他是無心。為什麼？因是無自依心而有依他之心的。無自依心是約佛的法身自性無有心法生起的相說，有依他心是約依諸善根成熟眾生的因緣而有變化心生起的相說。所以說："依他實心，相分現故。"如來的變化身既然是有根心的，為什麼《瑜伽》九十八說無根心呢？雖說如來的變化身，不能化現根心等，但這是依佛陀之外，對其餘的菩薩二乘人說，不是依於如來實智所起根心說的。又依二乘劣定所化色根及心心所法，不同佛本體有根識用，因為是無根等之用，所以《瑜伽論》不說有化根心。

　　如是三身，雖皆具足無邊功德，而各有異。謂自性身，唯有真實常樂我淨，離諸雜染，眾善所依無為功德，無色心等差別相用。自受用身，具無量種妙色心等真實功德。若他受用及變化身，唯具無邊似色心等利樂他用化相功德。

　　如是像上所說的三身，雖然一一皆具足無量無邊的功德，但彼此所具的功德，是各各不同的。第一自性身唯獨具有常樂我淨等的功德。本性是常，所以具有常德；自淨法善，所以具有淨德；寂靜安隱，所以具有樂德；解脫離縛，所以具有我德。性淨圓明，所以離諸雜染；含容眾德，故為眾善所依。雖然具有這麼多的無為功德，但無色心等的差別相用。第二自受用身具有無量種的微妙不可思議的色心等的真實功德。至若他受用以及變化身，是就唯有具足無量無邊似色心等的利樂他用的化相功德。

又自性身，正自利攝，寂靜安樂，無動作故；亦兼利他，為增上緣，令諸有情得利樂故。又與受用及變化身為所依止，故俱利攝。自受用身，唯屬自利。若他受用及變化身，唯屬利他，為他現故。

此就三身二利說。如來的自性身正式的說起來，應該是屬自利所攝，因為他是寂靜安樂而毫無動作的；若從傍說，亦可兼屬利他，因為增上緣能令一切有情獲得利益安樂的。又此自性身為受用身及變化身作所依止，所以為自他俱利所攝。如來的自受用身唯獨的是屬自利，不兼利他，因為這是恆自受用廣大法樂的。若他受用身及變化身是就唯屬利他，不兼自利，因為這是為他有情而示現的。如他受用身為地上菩薩所現，令彼受用大乘法樂；若變化身為未登地菩薩以及二乘、異生所現，使令他們各各獲得利益安樂的。

又自性身，依法性土。雖此身土體無差別，而屬佛法，相性異故。此佛身土，俱非色攝。雖不可說形量小大，然隨事相，其量無邊，譬如虛空遍一切處。

此下明三身所依土的差別。如來的自性身是依法性土為所居住的，雖說這能住的自性身與所住的法性土，其體一如而無有差別，然而因為一屬於佛，一屬於法，相性是有差別的。謂以佛義為相，為有為的功德法所依，是眾德聚義，為二身的自體。謂以法為性，是功德的自性，能持的自性，諸法的自性。體為土義，相義為身。換句話說，屬佛是相，屬法是性。直語所依名土，所以說體為土義；以能依名所依，為法性身，所以說相義為身。不過我們要知道的，就是此自性身、法性土，都不是屬於色法所攝。雖不可說他們的形量是大是小，然而隨於變化等三身三土的事相，其量是無邊的，猶如虛空的遍一切處而無所不在。

　　自受用身，還依自土。謂圓鏡智相應淨識，由昔所修自利無漏純淨佛土，因緣成熟，從初成佛，盡未來際，相續變為純淨佛土，周圓無際，聚寶莊嚴，自受用身常依而住。如淨土量，身量，亦爾。諸根相好一一無邊，無限善根所引生故。功德智慧既非色法，雖不可說形量大小，而依所證及所依身，亦可說言遍一切處。

　　如來的自受用身還依自受用的淨土而住。謂大圓鏡智所相應的清淨識，由過去所修的自利無漏的純淨佛土，因為因緣成熟的關係，從初成佛的那個時候起，一直到盡未來際，總是那樣相續不斷的變為純潔清淨的佛土。其土周圓，無邊無際，無量眾寶之所莊嚴，因而自受用身也就常常的依此而住，受用大乘法樂。此身的身量是怎樣呢？如淨土的量有多麼大，其身量也就有多麼大。身土諸根所具的相好一一都是無邊的，真是所謂身有無量相，相有無量好，因為這是無限善根之所引生的。此自性身所具功德智慧也不是屬於色法，既然不是色法，當然也就不可說身相的形量大小。雖不可說身相的形量大小，然而依於所證的二空真如，所依的自性法身亦可說它是遍一切處而無所不在的。

> 他受用身，亦依自土。謂平等智大慈悲力，由
> 昔所修利他無漏純淨佛土，因緣成熟，隨住十地
> 菩薩所宜變為淨土，或小或大，或劣或勝，前後
> 改轉，他受用身依之而住。能依身量，亦無定限。

如來的他受用身亦是依於他受用的淨土而住。謂平等性智的大慈大悲的力量，由過去所修的利他無漏的純佛淨土，因為因緣成熟的關係，所以就隨住於十地位上的菩薩，各隨其所宜，變為各種不同的淨土，或小或大，或劣或勝，前後是有改變轉易的。所謂小大劣勝，是這樣的：為初地所變的淨土望於為二地所變的淨土，則初地的是小是劣；展轉乃至第九地望於第十法雲地，則九地的淨土為小為劣，而十地的淨土為大為勝。他受用身依於所變現的他受用土，安住其中。至於能依的身量大小如何，那是沒有一定限量的。

> 若變化身，依變化土。謂成事智大慈悲力，由
> 昔所修利他無漏淨穢佛土，因緣成熟，隨未登地
> 有情所宜，化為佛土，或淨或穢，或小或大，前
> 後改轉，佛變化身依之而住。能依身量，亦無定限。

如來的變化身是依自己所變化的變化土而住的。謂成所作事智的大慈大悲的力量，由過去所修的利他無漏的淨穢佛土，因為因緣成熟的關係，所以就隨未登地的地前菩薩、二乘以及凡夫的諸有情，各隨其所宜，化作種種不同的佛土，或者是淨，或者是穢，或者是小，或者是大，前後改轉，那是沒有一定的。佛所修因本來

都是淨行，那裡還有什麼穢土成熟之理？不過由於眾生的根性有殊，所以變現有淨穢之別。如有宜於順導者，就現淨土而攝受之；若有宜於逆化者，就現穢土而折伏之。因而彌陀現居淨土，釋迦示生堪忍，經說"菩薩隨所化眾生而取佛土"，就是這個意思。淨穢大小前後改轉者，淨如螺髻梵王見此佛土無非七寶，穢如身子所見唯瓦礫荊棘等。淨穢如此，大小亦然，佛變化身依於這變化土而住。至於能依的身量大小怎樣，那也是沒有定限的，因為這是由於機感的不一，所以或見千丈，或唯丈六，乃至或有見佛只三尺等。

　　自性身土，一切如來同所證故，體無差別。自受用身及所依土，雖一切佛各變不同，而皆無邊不相障礙。餘二身土，隨諸如來所化有情，有共不共。所化共者，同處同時，諸佛各變為身為土，形狀相似，不相障礙。展轉相雜為增上緣，令所化身自識變現。謂於一土有一佛身，為現神通說法饒益。於不共者，唯一佛變。諸有情類無始時來，種性法爾更相繫屬，或多屬一，或一屬多，故所化生有共不共。不爾，多佛久住世間，各事劬勞，實為無益，一佛能益一切生故。

　　此明所化的同異。自性身與法性土這是十方三世一切如來之所同證的，所以其體無有絲毫差別，如一室的虛空一樣，有什麼不同可言？自受用身及所依的自受用土，雖則是一切諸佛各自所變有所不同，然而皆是無邊無際，其相不相障礙；如千燈光同照室內，雖則各自發光，而一一光都能遍照全室，光光相似，相涉相入而不相障礙。其餘的受用、變化的二種身土，隨於諸佛如來所化有情的差別，而有共與不共的不同。所化共者，謂於同一個地方、同一個時候，諸佛如來各各變現為身為土，而且此所變現的若身若土，形狀互相相似，彼此不相障礙。"如今釋迦化身，若一類眾生昔與阿閦、彌陀、藥師、寶集皆悉有緣，應受其化。所化之者，身不可分。在賢劫時，閻浮之處，則阿閦如來化一佛身為釋迦文，阿彌陀佛亦化一身為釋迦文，藥師琉璃光亦化一身為釋迦文，寶集如來亦化一身為釋迦文，同在迦毘菩提樹下一時成佛，令諸眾生但謂一釋迦文佛。如五盞燈同照一物，共發一影，實有多光奮發一影，而相雜故，謂之為一。如其一人屬於五佛，如上聽明；若百千人同屬五佛，亦如是見五佛為一。"所以論說展轉相雜互為增上緣，使令所化度的眾生，在自己的心識上這樣變現，謂於一佛土中，有一佛身，為現神通說法饒益。假定是於不共的話，那就唯一佛變，謂即使見到十方百千化佛，亦覺得是一佛化現諸身。為什麼有這共不共的差別？這因諸有情類，從無始來，種性必然是這樣的，更相繫屬的。或多生相屬一佛，或一生相屬多佛，或多生相屬多佛，或一生相屬一佛。由於是這樣的關係，所以所化眾生有共不共。假定不是這樣的話，很多的佛久住世間，各事劬勞，實在沒有利益，為什麼？因一佛能利益於一切眾生故。

此諸身土若淨若穢，無漏識上所變現者，同能變識俱善無漏，純善無漏因緣所生，是道諦攝，非苦集故。蘊等識相不必皆同，三法因緣雜引生故。有漏識上所變現者，同能變識皆是有漏，純從有漏因緣所生，是苦集攝，非滅道故。善

等識相，不必皆同，三性因緣雜引生故。蘊等同
異，類此應知。不爾，應無五、十二等。然相分等
依識變現，非如實性依他中實。不爾，唯識理應
不成！許識內境俱實有故。或識相見等從緣生，俱
依他起，虛實如識，唯言遣外，不遮內境。不爾，真
如亦應非實。

上來所說的這諸身諸土，不管是淨還是穢，只要它是無漏識
上所變現的，一定同於能變識，完全是善無漏的。為什麼？因是
純善無漏的因緣種子之所生的，屬於道諦所攝，而不是苦集二
諦，因而證知它是無漏的。或者有人問道：如能變識是無漏的，所
變身土一定亦是無漏，那末，能變現者是識，所變現者亦應唯是
識相，不應有蘊等的差別。答曰：能變雖是識，所變蘊處界等從
能變識起，總皆識相，不必皆同，為什麼？以從蘊處界三法因緣
種子所雜引生的。此上所說的諸身諸土假定是從有漏識上所變現
的，那它就同能變識一樣，一定皆是有漏的。為什麼？因是純從
有漏因緣種子之所引生的，屬於苦集二諦所攝，而不是滅道二
諦。或有這樣問道：如能變識是有漏的，所變身土一定亦是有漏，那
末，能變現的識性是無記，所變現的身土豈不是也唯無記？答
曰：能變的心識雖然是無記的，所變的善等三性是識的相分，不
必皆同無記識相，換句話說，不妨有三性的差別，為什麼？因從
三性因緣種子所雜引生的。蘊處界三的同異，類此也就應當知
道，謂蘊等識相不必皆同，因是三法因緣種子所雜引生的。假定
不是這樣的話，那就應當沒有五蘊、十二處、十八界法。然相分見
分依識之所變現，當知此所變現的相見二分，為遍計所執，而能

變現的自證分識性乃是依他起。依他起法從因緣生，所以是唯識的；遍計所執是虛妄起，沒有它的真實性，所以非如識性依他中實。假定不是這樣，而說相見分亦是依他中實，那唯識的道理就應當不能成立，為什麼？因許相見與識自體都是實有的。或者有師這樣的說：識與相見分等都是從因緣生的，因而俱是依他起的因緣法。既然如此，那末，相見二分的若虛若實當然就如識自證分是一樣的了。謂依真勝義說，識如幻夢，所變相見自然亦是虛幻的；但依世俗諦說，依他不無，所變相見自然也是實有的。這樣說來，豈不是有實境界？如果有實境界，則就應說諸法唯境，怎麼可說萬法唯識？不然，所謂唯的這個字，是遣心外的遍計所計，不是遮內識所變的相分等。假定不是這樣講的話，真如內境也應當不是實有。然而事實上真如既然是實有的，境即實的這個道理也就成立。能緣如心，寧容是假？若是假者，應不緣真如！

內境與識，既並非虛，如何但言唯識非境？識唯內有，境亦通外，恐濫外故，但言唯識。或諸愚夫迷執於境，起煩惱業，生死沈淪，不解觀心，勤求出離，哀愍彼故，說唯識言，令自觀心，解脫生死，非謂內境如外都無。或相分等皆識為性，由熏習力，似多分生。真如亦是識之實性。故除識性，無別有法。此中識言，亦說心所，心與心所定相應故。

外人難說：內境與識既然都不是虛假的，怎麼可以但說唯識非境？現在回答說：所謂識，唯獨是屬於內所有的，然而境不但有諸於內，而亦通之於外，即境相分內是依他，外是遍計。因恐心內之境，濫於心外之境，所以但說唯識。還有一個道理，就是愚痴凡夫，迷惑妄執客觀外在的境界，生起種種的煩惱，由煩惱而造業，由業而沈淪於生死苦海中，不了解如何觀心，以勤求出離生死。大覺世尊出現於世，為了哀愍彼諸愚痴凡夫，特別為說唯識的道理，令自觀察心識，以期解脫生死。這樣說來，所謂唯識無境，並不是說內境也如外境都無。或者也可這樣的說：相見二分都是以識為性，不過由昔虛妄熏習力，好似有多分生，若攝末歸本，實唯一自證分。假定是這樣，真如不是妄習所生，那就應當不是唯識。不！真如也是識的實性，所以說言唯識，因為除了識性，是無別有法的。此中識言，不唯是指心王，而亦攝於心所，為什麼？因心與心所一定是相應的，所以雖說唯識，復有五十一心所有法。

　　此論三分成立唯識，是故說為《成唯識論》。亦說此論名淨唯識，顯唯識理極明淨故。此本論名《唯識三十》，由三十頌，顯唯識理，乃得圓滿，非增減故。

　　此論之所以得名為《成唯識論》，因為是由唯識相、唯識性、唯識位的三分，以成立唯識的道理的，是故說為《成唯識論》。此論還有個名字，叫做淨唯識，這是什麼道理？亦說此論名為淨唯識者，因為論中顯示唯識的理體，極為明淨透澈，沒有一點含混，所以得淨唯識名。此本論名為《唯識三十》者，那是因為由五言四句的三十首頌，顯示唯識的道理，乃能圓滿的表達，既不須要增加一頌，亦不可以減少一頌，非增減故，所以本論依此得名《唯識三十論》。

　　已依聖教及正理，分別唯識性相義；所獲功
德施群生，願共速登無上覺。

　　這是論師所唱的結釋施願的一頌。初二句是結歸，後二句正
是迴施發願。其義如文可知，不必再為贅說。

　　（註：本論最後三卷是演培法師補述。）

崇文学术文库 · 西方哲学

崇文学术文库 · 中国哲学

唯识学丛书（26种）

禅解儒道丛书（8种）

徐梵澄著译选集（4种）

西方哲学经典影印（24种）

西方科学经典影印（7种）

古典语言丛书（影印版，5种）

出品：崇文书局人文学术编辑部

联系：027-87679738，mwh902@163.com

我
思

敢于运用你的理智

崇文学术译丛·西方哲学

1. 〔英〕W. T. 斯退士 著，鲍训吾 译：黑格尔哲学
2. 〔法〕笛卡尔 著，关文运 译：哲学原理 方法论 [待出]
3. 〔英〕休谟 著，周晓亮 译：人类理智研究 [待出]
4. 〔英〕休谟 著，周晓亮 译：道德原理研究 [待出]
5. 〔美〕迈克尔·哥文 著，周建漳 译：于思之际，何者入思 [待出]
6. 〔美〕迈克尔·哥文 著，周建漳 译：真理与存在 [待出]

崇文学术译丛·语言与文字

1. 〔法〕梅耶 著，岑麒祥 译：历史语言学中的比较方法
2. 〔美〕萨克斯 著，康慨 译：伟大的字母 [待出]
3. 〔法〕托里 著，曹莉 译：字母的科学与艺术 [待出]

崇文学术译丛·武内义雄文集（4种）

1. 老子原始　2. 论语之研究　3. 中国思想史　4. 中国学研究法

中国古代哲学典籍丛刊

1. 〔明〕王肯堂 证义，倪梁康、许伟 校证：成唯识论证义
2. 〔唐〕杨倞 注，〔日〕久保爱 增注，张觉 校证：荀子增注 [待出]
3. 〔清〕郭庆藩 撰，黄钊 著：清本《庄子》校训析

萤火丛书

1. 邓晓芒　批判与启蒙